A ARTE DE
ESCREVER BEM
NA LÍNGUA PORTUGUESA

Copyright © 2023 Carlos Nougué
Copyright desta edição © 2023 É Realizações

EDITOR
Edson Manoel de Oliveira Filho

PRODUÇÃO EDITORIAL E PROJETO GRÁFICO
É Realizações Editora

CAPA E DIAGRAMAÇÃO
Mauricio Gonçalves Nisi | Nine Design

REVISÃO
Valquíria Della Pozza

Reservados todos os direitos desta obra. Proibida toda e qualquer reprodução desta edição por qualquer meio ou forma, seja ela eletrônica ou mecânica, fotocópia, gravação ou qualquer outro meio de reprodução, sem permissão expressa do editor.

Dados Internacionais de Catalogação na Publicação (CIP) de acordo com ISBD

N927a Nougué, Carlos
A Arte de Escrever Bem na Língua Portuguesa: todas as regras gramaticais e normas estilísticas com um modo prático de consultá-las / Carlos Nougué. – São Paulo : É Realizações, 2023.
624 p. ; 16cm x 23cm.

Inclui índice e bibliografia.
ISBN: 978-85-8033-411-1

1. Língua portuguesa. 2. Gramática. I. Título.

2023-66   CDD 469.5
                                                                    CDU 81'36

Elaborado por Odilio Hilario Moreira Junior - CRB-8/9949
Índice para catálogo sistemático:
1. Língua portuguesa : Gramática 469.5
2. Língua portuguesa : Gramática 81'36

É Realizações Editora, Livraria e Distribuidora Eireli.
Rua França Pinto, 498 · São Paulo SP · 04016-002
Telefone: (5511) 5572 5363
atendimento@erealizacoes.com.br · www.erealizacoes.com.br

Este livro foi impresso pela Gráfica Paym em janeiro de 2023. Os tipos são da família Adobe Garamond e News Gothic. O papel do miolo é o Offset 90g., e o da capa, cartão Ningbo C2 300g.

CARLOS NOUGUÉ

A ARTE DE ESCREVER BEM
NA LÍNGUA PORTUGUESA

Todas as regras gramaticais e normas estilísticas
com um modo prático de consultá-las

É Realizações
Editora

*À minha família;
a Marcel Barboza;
e a Daniel C. Scherer,
com agradecimento por
sua generosa e aguda revisão
dos originais desta gramática.*

Amo-te, ó rude e doloroso idioma,
Em que da voz materna ouvi: "meu filho!"
OLAVO BILAC

Sumário

PRÓLOGO, ou um convite ao leitor a que não incorra aqui no desleixo tão comum de não ler nenhuma apresentação de livro feita pelo próprio autor 25

CAPÍTULO I: O ATUAL SISTEMA ORTOGRÁFICO

1.1. O alfabeto português 37
    As vogais, 37; As semivogais, 37; As consoantes, 37; As letras k, w e y, 37; As consoantes mudas, 38; As consoantes dobradas rr e ss, 38; A letra h, 39; A letra h nos dígrafos ch, lh e nh, 39

1.2. Letra inicial maiúscula 40
1.3. A divisão silábica 42
1.4. Notações léxicas 43
    Os três acentos, 43; O acento agudo, 43; O acento circunflexo, 43; O acento grave, 43; O til, 43; O trema, 44; O apóstrofo, 44; A cedilha, 45; O hífen, 45

1.5. Os sinais de pontuação 46
1.6. As regras da acentuação gráfica 46
    Das palavras monossilábicas (essencialmente) tônicas, 46; Das palavras oxítonas, 46; Das palavras paroxítonas, 47; Das palavras proparoxítonas, 47; Palavras de acentuação duvidosa, 48; (A regra de acentuação) Dos hiatos, 53; Dos verbos aguar, averiguar, enxaguar, apaziguar; delinquir; etc., 53; Os acentos diferenciais, 53

Apêndice: Fonética e ortoépia 56

CAPÍTULO II: A FORMAÇÃO DAS PALAVRAS

2.1. As classes gramaticais (noções básicas) 63
    Os substantivos, 63; Substantivos concretos, 64; Substantivos abstratos, 64; Os adjetivos, 64; Adjetivos qualificativos, 64; Adjetivos determinativos, 64; Os pronomes, 65; Pronomes impropriamente ditos, 65; Os artigos, 65;

Os numerais, 65; Os verbos, 65; Os advérbios, 66; Os conectivos, 66; Os conectivos absolutos: as preposições e as conjunções, 66; As preposições, 66; As conjunções, 66; Os conectivos não absolutos, 67

2.2. As partes morfológicas das palavras 67

A palavra, unidade significativa mínima, 67; As partes morfológicas das palavras, 68; A raiz, 68; O radical, 68; Os acidentes das palavras, 69; A vogal temática, 69; Os sufixos flexionais (ou desinências), 69; Os nominais, 69; De gênero, 69; De número, 70; De grau, 70; De grau dimensivo, 70; Aumentativos, 70; Diminutivos, 70; De grau intensivo, 70; Classificação dos sufixos de grau dimensivo segundo o uso, 71; Os (sufixos ou desinências) verbais, 72; As modo-temporais, 72; As número-pessoais, 73; O tema, 74; Palavras atemáticas, 74; As vogais e as consoantes de ligação, 75; As apócopes, 75

2.3. A formação de novas palavras 76

As duas possibilidades gerais, 76; Outros modos de formar novas palavras, 76; A formação de novas palavras por composição, 77; A primeira espécie de composição: a prefixação, 77; Os prefixos mais usados em palavras portuguesas, 77; Prefixos de origem latina, 77; Prefixos de origem grega, 80; A composição mais propriamente lexical e suas duas espécies, 81; A justaposição, 82; A aglutinação, 82; Principais radicais de origem latina que funcionam como primeira parte morfológica na aglutinação, 83; Principais radicais de origem latina que funcionam como segunda parte morfológica na aglutinação, 84; Principais radicais de origem grega que funcionam como primeira parte morfológica na aglutinação, 85; Principais radicais de origem grega que funcionam como segunda parte morfológica na aglutinação, 88; "Pseudoprefixos" e "recomposição", 90; A formação de novas palavras por derivação própria (ou sufixal), 92; Os sufixos nominais, 92; Os que formam substantivos de outros substantivos, 92; Os que formam substantivos de adjetivos, 94; Os que formam substantivos de substantivos e de adjetivos, 95; Os que formam substantivos e adjetivos de outros substantivos e de outros adjetivos, 95; Os que formam substantivos de verbos, 95; Os que formam adjetivos de substantivos, 96; Os que formam adjetivos de verbos, 98; Os sufixos verbais do português, 98; Aspectos fornecidos aos verbos por certos sufixos, 99; Os principais sufixos verbais de primeira conjugação, com algumas de suas respectivas noções aspectuais, 99; Um último sufixo verbal, da 2.ª conjugação: -ec-er (ou -esc-er), 100; O sufixo adverbial da língua portuguesa (-mente), 100; A parassíntese, 101; Hibridismo, 101; A derivação regressiva, 102; A onomatopeia, 102; Outros modos de formação de palavras, 103; A abreviação, 103; A sigla, 103;

Os hipocorísticos, 103; Corrupção semântica, 104; Legítimo progresso semântico, 104; A metáfora, 104; Catacrese, 105; Sinestesia, 105; Expressões metafóricas consagradas, 105; Clichê, 105; Símile, 105; Provérbio ou adágio, 105; Moral parabólica, 105; A metonímia, 106; A extensão ou ampliação do significado, 107; Sinônimos e antônimos, 107; Homonímia, 107

Apêndice 1: Orientação quanto ao emprego de certas letras..................108
Apêndice 2: O uso do hífen..112

CAPÍTULO III: OUTROS PARADIGMAS E PRIMEIROS EMPREGOS DAS CLASSES GRAMATICAIS

Preâmbulo: Noções básicas de sintaxe................................121

Oração e frase, 121; A palavra e suas partes, 121; Locução ou palavra composta por justaposição?, 122; Os grupos, 122; Grupo substantivo, 122; Grupo adjetivo, 122; Grupo adverbial, 122; Oração imperfeitíssima, 123; Oração mais propriamente dita, 123; Orações ainda imperfeitas, 123; As orações perfeitas, 123; Oração absoluta, 124; Oração subordinante e oração subordinada, 124; As duas espécies de oração perfeita e absoluta, 124; A enunciativa (ou assertiva, ou declarativa), 124; A imperativa, 124; A deprecativa, 124; A optativa, 124; A vocativa, 124; Observação a respeito da oração vocativa (oração imperfeita), 125; As orações perfeitas são ou afirmativas ou negativas, 125; As orações dubitativas, 125; As suspensivas, 125; As assinalativas (ou indicativas), 125; A oração interrogativa, 125; A oração interrogativa retórica, 125; Qualquer oração perfeita e absoluta pode ser de algum modo exclamativa, 126; A frase na escrita, 126; O período (uma visão própria), 126; Os termos da oração: uma primeira aproximação, 127; O que são os termos da oração, 127; As funções sintáticas, 127; Os termos da oração mais propriamente ditos, 127; O sujeito, 127; O predicado, 128; Núcleo do sujeito e do predicado e seus complementos e adjuntos, 128; "Circuito fechado", 128; A "oração sem sujeito" só o é segundo a figura, 128; O "sujeito indeterminado" segundo a figura e segundo o significado, 129; Sujeito elíptico ou implícito ("oculto"), 129; Um primeiro quadro das classes gramaticais e suas funções sintáticas, 130; O substantivo, 130; Sujeito, 130; Complemento verbal (objeto direto ou acusativo; objeto indireto dativo; objeto indireto relativo; complemento circunstancial), 131; Complemento nominal, 131; Aposto, 131; Predicativo, 131; O adjetivo, 132; Adjunto adnominal, 132; Predicativo, 132; O verbo (é o próprio predicado, ou ao menos seu núcleo), 132; O advérbio, 132; Adjunto adverbial, 132; Predicativo, 133; A preposição e a conjunção, 133

3.1. O substantivo 133
    Classificação dos substantivos, 133; Os concretos, 133; Os abstratos, 133; Os concretos, ademais, podem ser comuns ou próprios, 133; Os comuns, 133; Os próprios, 133; Os substantivos coletivos, 133; O coletivo específico, 134; Os outros tipos de coletivos, 134; As flexões dos substantivos, 135; Gênero e flexão de gênero, 135; O plural, 140; A desinência universal de plural, 140; O plural dos substantivos terminados em vogal ou em ditongo oral, 140; O plural dos substantivos terminados em -ão, 141; O plural dos substantivos terminados em consoante, 143; O plural dos diminutivos sufixados com -zinho e -zito, 144; O plural dos substantivos compostos (ou das locuções substantivas), 144; Os substantivos não numeráveis, 146; Os substantivos que só se empregam ou mais usualmente se empregam no plural, 146; O singular não coletivo para nomear coisas plurais, 147; O grau, 147; Desinências de grau dimensivo e desinências de grau intensivo, 147; A classificação dos sufixos de grau dimensivo, 147

¶ Notas prévias sobre a relação entre o substantivo e o adjetivo.......................... 147

3.2. O adjetivo 149
    Os adjetivos determinam ou modificam os substantivos, 149; Os adjetivos qualificativos, 150; A flexão de gênero, 152; O adjetivo sempre tem de si um gênero, 152; Mas concorda com o substantivo, 152; Os adjetivos uniformes no superlativo absoluto sintético, 152; Como se forma o feminino dos adjetivos, 152; Dos biformes, 152; Os adjetivos uniformes permanecem invariáveis, 153; A flexão de número, 154; Os adjetivos primitivos (ou simples), 154; Dos adjetivos compostos cujas partes morfológicas se ligam por hífen, 154; A flexão de grau, 155; Dos adjetivos qualificativos, 155; A de grau dimensivo, 155; A de grau intensivo, 155; Os sufixos de grau superlativo, 155; Os modos morfossintáticos de indicação de grau intensivo, 158; O comparativo, 158; O superlativo, 159; Comparativos e superlativos especiais, 159

3.3. Os pronomes 161
    Os pronomes pessoais, 161; Os pronomes pessoais são sempre substantivos, 161; Os pronomes retos, 161; Os pronomes oblíquos, 161; Os pronomes pessoais oblíquos são átonos ou tônicos, 161; Os átonos, 162; Os tônicos, 163; Alterações na figura dos pronomes oblíquos, 166; Comigo, contigo, consigo, conosco, convosco, consigo sozinhos ou determinados por outros, todos, mesmos e próprios, 168; Empregos dos pronomes pessoais, 169; Os retos, 169; Os oblíquos, 172; Os pronomes demonstrativos, 176; As formas contratas demonstrativas, 176; Os pronomes demonstrativos reduzem-se a substantivos

e a adjetivos, 176; Primeiro paradigma (isto, isso, aquilo, etc.), 176; Empregos desta espécie de pronome demonstrativo, 177; Os demonstrativos o(s) e a(s), 181; Os demonstrativos tal/tais e semelhante/semelhantes, 182; Os pronomes possessivos, 184; Os pronomes possessivos reduzem-se essencialmente e quase sempre a adjetivos (determinativos), 184; Quando usados em referência a substantivo elíptico e não em lugar dele, 184; Os poucos casos em que o possessivo pode dizer-se substantivo, 185; Os possessivos coexpressam outras noções, 185; Possessivo e artigo, 186; Colocação do possessivo, 187; O possessivo de terceira pessoa e grave ambiguidade, 188; O nosso de modéstia e o nosso de majestade, 189; Evite-se o uso constante dos possessivos, 189; Os pronomes indefinidos, 190; Os pronomes indefinidos são sobretudo substantivos neutros, 190; Mas podem ser adjetivos determinativos, e então são indefinidores, 190; O paradigma destes pronomes, 190; Locuções pronominais indefinidas (quem quer que, o que quer que), 191; Cada um e cada qual, 191; Os pronomes enquanto substantivos e enquanto adjetivos, 191; Alguém, ninguém, outrem, algo, nada, um, qual e se (indeterminador) são sempre substantivos, 191; Alguém, 191; Ninguém, 191; Outrem, 191: Algo, 191; Nada, 191; Um, 191; Qual, 192; Se (indeterminador), 192; O comportamento desigual de alguém e ninguém, 192; Emprego de algo e de nada, 192; Algum, nenhum, todo, outro, muito, pouco, tanto, quanto e qualquer são antes adjetivos, que por vezes se empregam como pronomes substantivos, 193; Algum, 193; Nenhum, 194; Todo (e diferenças entre Portugal e Brasil quanto a seu uso), 194; Todo e possessivo mediados por artigo, 195; Todo o mundo (e não "todo mundo"), 195; Locuções como a toda a brida, a todo o galope, a todo o pano, a toda a pressa, a todo o vapor, a toda a velocidade, 196; Todo e adjetivo substantivado mediados por artigo, 196; Toda parte, todo lugar, em todo caso ou toda a parte, todo o lugar, em todo o caso?, 196; Todo e qualquer (locução), 196; Todo e o (pronome), 196; Todo em fronteira turva entre adjetivo e advérbio, 197; Todo-poderoso e seu feminino, 197; De todo, 197; Outro, 197; Muito, 198; Pouco, 198; Tanto, 198; Quanto, 198; Qualquer (pl. quaisquer), 199; Qualquer e nenhum, 199; Qualquer (e não "qualquer um"), 199; Cada e certo, determinado e dado são pronomes indefinidores, 199; Cada (invariável em gênero e em número), 199; Certo, determinado e dado, 200; Um e certo, 200; Um e dado ou determinado, 200; Vários é sempre indefinidor (e sua posição com respeito ao substantivo), 200; Os pronomes interrogativos, 200; Quais e por que o são, 201; Onde, aonde e como, advérbios interrogativos, 201; Onde e aonde interrogativos com os verbos de estada e com os de movimento, 201; Interrogativos invariáveis e variáveis, 201; Que, 201; Que nem sempre interrogativo, 203; Que com cunho seletivo, 203; Que é que, 203; Em que vs. "No que", etc., 204; Quem, 204; Qual, 204; Quanto, 205; Pronomes interrogativos e exclamativos, 205; Os pronomes relativos, 205; Os pronomes relativos: um dos capítulos mais espinhosos da Gramática, 205; Por que se chamam relativos, 205; Os relativos são pronomes impropriamente ditos, 205; Alguns relativos são variáveis em gênero e em número, 206; O antecedente do pronome relativo, 206; São várias as funções sintáticas exercidas pelos relativos, 206; Os empregos dos relativos, 206; Que, 206; O qual (a qual, os quais, as quais), 207; Quem, 209; Cujo, 211; Quanto, 211; Onde e aonde, 211

3.4. Os numerais 213

Para que se empregam os numerais, 213; Os numerais adjetivos, 213; Os numerais substantivos, 213; Os numerais cardinais, 214; Os numerais ordinais, 214; Os numerais multiplicativos, 214; Os numerais fracionários, 215; Os numerais coletivos, 215; A flexão dos numerais, 215; Os cardinais, 215; Os ordinais, 216; Os multiplicativos, 216; Os fracionários, 216; Os coletivos, 216; Emprego dos cardinais, 216; Emprego dos ordinais, 218; Emprego dos cardinais pelos ordinais, 218; Emprego dos multiplicativos, 220; Emprego dos fracionários, 220; Quadro de numerais cardinais e de numerais ordinais, 221

3.5. Os artigos 222

Os artigos reduzem-se a adjetivos determinativos (ou pronomes adjetivos), 222; Os artigos só podem colocar-se antes do substantivo, 222; As duas espécies de artigo, 222; O artigo definidor, 222; O artigo indefinidor, 223; Contrações entre algumas preposições e os artigos, 223; As principais notas morfossintáticas dos artigos, 225; Outros empregos dos artigos, 225; O nome próprio deveria dispensar o artigo, 225; Os topônimos e o artigo definidor no português atual, 231; O uso do artigo definidor antes de nome próprio de pessoa, 232; Antes dos nomes especialmente de obra literária ou dramática, 233; Com as palavras senhor, senhora e senhorita, 234; O artigo definidor e o adjetivo santo/santa, 234; Antes de outro ou depois de ambos e de todo, 234; Artigo definidor e sequência de substantivos, 234; Artigo definidor e sequência de adjetivos, 235; Omissão do artigo definidor, 236; Outros empregos dos artigos indefinidores, 236; Omissão do artigo indefinidor, 236

3.6. Os verbos 238

Os verbos constituem a classe mais complexa, 238; Os paradigmas verbais, 239; Os paradigmas dos verbos regulares, 239; Os verbos irregulares (incluídos os anômalos), 244; Da primeira conjugação, 244; Dar, 244; Estar, 244; Os terminados em -ear, 244; Os terminados em -iar, 245; Mobiliar, 245; Aguar, apropinquar, desaguar, enxaguar, minguar, 245; Pugnar, impugnar, dignar-se, indignar-se, 246; Captar, optar, obstar, ritmar, 247; Obviar, 247; Afrouxar, estourar, roubar, inteirar, peneirar, 247; Da segunda conjugação, 248; Caber, 248; Crer, 248; Dizer, 248; Fazer, 249; Haver, 249; Ler, 249; Perder, 250; Poder, 250; Pôr, 250; Querer, 251; Saber, 251; Ser, 251; Ter, 252; Trazer, 252; Valer, 253; Ver, 253; Da terceira conjugação, 253; Verbos com mutação vocálica no radical, 253; Agredir (modelo), 253; Subir (modelo), 254; Frigir (modelo), 254; Tossir (modelo), 254; Vestir (modelo), 254; Verbos com mutação consonantal no radical, 254; Medir, pedir, ouvir, 254; Ir, 255; Vir, 255; Rir, 256; Os verbos defectivos, 257; Primeiro grupo, 258; Banir (modelo), 258; Segundo grupo, 258; Falir (modelo), 258; Concernir, 258; Os verbos abundantes, 259; Da primeira conjugação, 259; Da segunda conjugação, 260; Da terceira conjugação, 260; Verbos unipessoais e verbos "impessoais", 261; Os modos e os tempos verbais e seus usos semantossintáticos, 263; O modo indicativo, 263; O presente, 263; O pretérito imperfeito, 264; O pretérito perfeito (simples e composto), 265; O pretérito-mais-que-perfeito (simples e composto), 266; O futuro do presente (simples e composto), 267; O futuro do pretérito (simples e composto), 268; O modo subjuntivo, 270; Um quadro de correspondência ou correlação verbal, 271; Emprego do subjuntivo, 272; O subjuntivo subordinado e o que expressa, 273; Nas orações subordinadas substantivas, 273; Nas orações subordinadas adjetivas, 274; Nas orações subordinadas adverbiais, 275; Substitutos do subjuntivo, 278; O imperativo, e o que expressa, 279; Seus usos, 279; Imperativo afirmativo e imperativo negativo, 280; Substitutos do imperativo, 280; Já se expuseram as notas gerais das formas nominais do verbo, 281; O emprego das formas nominais, 281; Onde se tratará o emprego do infinitivo, 281; Do gerúndio, e o que expressa, 282; Do chamado particípio "passado", o que expressa, e como o chamamos, 285; Do particípio "presente", o que expressa, e como o chamamos, 287; O gerundismo, e um erro de paralelismo, 288; As vozes verbais, 290; Conjugação da voz passiva, e duvidosos ou falsos tempos compostos, 294

3.7. Os advérbios..298

Os advérbios são a classe de mais difícil definição, 298; As subclasses do advérbio, 299; Os advérbios modificadores tão somente de verbos, 299;

Os advérbios modificadores tanto de verbos como de adjetivos e/ou de advérbios, 299; As notas do advérbio, 299; Classificação dos advérbios, 300; Advérbios de tempo, 300; Advérbios de lugar, 300; Advérbios de modo, 300; Advérbios de intensidade, 300; Advérbios de ordem, 301; Advérbios de exclusão, 301; Advérbios de inclusão, 301; O advérbio de designação, 301; Advérbios de retificação, de esclarecimento; locuções e vírgula, 301; Advérbios de afirmação, 302; Advérbios de dúvida, possibilidade, probabilidade, 302; Advérbios de negação, 302; Não se use "e nem" senão quando se siga de sequer, 302; Sequer, 302; Não se use "nem tampouco" sem mediação de vírgula, 302; As locuções adverbiais, 303; Locuções adverbiais vs. locuções prepositivas, 303; Advérbios interrogativos, 303; Por que (não porque), 303; Colocação dos advérbios, 304; Os advérbios em -mente, 305; Uso de advérbios no comparativo (de superioridade, de igualdade e de inferioridade), 306; De que são comparativos melhor e pior, 307; A impropriedade de empregar melhor e pior com particípio, 307; De que são superlativos otimamente e pessimamente, 307; Advérbios e grau dimensivo, 307; Já e mais, 308

3.8. As preposições 309

As preposições são conectivos absolutos, 309; As preposições e a subordinação, 309; As preposições podem ser simples ou compostas, 311; As preposições simples, 311; Preposições simples essenciais e acidentais, 311; Contrações de preposições com artigos, 311; As principais locuções prepositivas, 311; Em ordem a, 312, nota. Carga semântica relacional das preposições simples, 313; A, 313; Ante, 314; Após, 314; Até, 314; Com, 315; Contra, 315; De, 315; Desde, 316; Em, 317; Entre, 318; Para, 318; Perante, 319; Por/per, 319; Sem, 321; Sob, 321; Sobre, 321; Quando é necessário repetir a preposição, 322

CAPÍTULO IV: AS FUNÇÕES SINTÁTICAS E AS ESPÉCIES DE ORAÇÃO

4.1. Os termos essenciais da oração..325

O sujeito, 325; Orações sem sujeito segundo a figura, 326; O sujeito e a ordem da oração, 328; O predicado, 330; O predicado verbal, 330; O predicado nominal, 330; O predicado verbo-nominal, 331; Os demais termos da oração: as demais funções sintáticas, 332; O que é ser parte integrante de um nome ou de um verbo, 332; As duas espécies de termos integrantes, 333; O complemento nominal, 333; São quatro os complementos verbais, 334; O complemento acusativo ou objeto direto, 334; O objeto direto preposicional ou preposicionado, 336; O chamado "objeto direto interno", 340; O complemento indireto é duplo, 341; O complemento ou objeto indireto dativo, 341; A primeira classe de dativo, 341; A segunda classe de dativo, 343; Alguns dativos da segunda classe se comutam por objeto direto, 343; O dativo de verbo de cópula, 345; O dativo de posse, 345; Os dativos livres: o dativo de interesse e o dativo de ético, 346; Dativo com verbos causativos e sensitivos, 347; Lhe e verbos de colocação, 347; O complemento ou objeto indireto relativo, 348; Verbos transitivos a relativos que são antigos transitivos diretos, 349; Complementos relativos que se comutam por complementos dativos, 349; Verbos pronominais que deixam de sê-lo, 349; O complemento circunstancial, 349; Complementos circunstanciais introduzidos por preposição, 350; Complementos circunstanciais não introduzidos por preposição, 351; O agente da passiva, 352; A classificação dos verbos quanto à transitividade, 353; Verbo de cópula, 353; Verbo de cópula com dativo, 353; Verbo intransitivo, 353; Verbo intransitivo que se acompanha de predicativo, 353; Verbo transitivo direto, 354; Verbo transitivo direto que também requer predicativo, 354; Verbo transitivo indireto, 354; Verbo transitivo indireto a dativo, 354; Verbo transitivo indireto a dativo com predicativo, 354; Verbo transitivo indireto a relativo, 354; Verbo transitivo a complemento circunstancial, 354; Os chamados "auxiliares aspectuais" são transitivos diretos, 354; As três classes de termos adjuntos, 355; O adjunto adnominal, 355; Qualquer adjetivo qualificativo, 355; Qualquer adjetivo determinativo, 355; Qualquer artigo, 355; Qualquer grupo adjetivo, 356; Qualquer oração subordinada adjetiva adjuntiva, 356; Orações subordinadas adjetivas, 356; Os três modos de ser predicativo, 356; Distinção entre complemento nominal e adjunto adnominal, 357; Complemento nominal de adjetivos, 357; De advérbios, 357; De adjunto adnominal, 357; O aposto, 359; Definição de aposto, 360; A primeira espécie de aposto, que se subdivide em outras duas espécies, 360; Aposto individualizador ou de individualização, 360; Aposto (de)nominativo, 360; Aposto de epíteto (ou de alcunha), 361; Aposto de explicitação ou esclarecimento, 361; Aposto enumerativo, 361; A segunda espécie é o aposto resumitivo, 361; Aposto (enumerativo) antecipado, 362; Inequívoco aposto resumitivo, 362; "Aposto distributivo", 362; "Aposto comparativo", 363; "Aposto explicativo", 363; O adjunto adverbial, 364; Exemplos de adjunto adverbial exercido por grupo iniciado por de, 365; Diferença entre adjunto adverbial e complemento circunstancial, 365; Casos de fronteira turva, 366; O vocativo, 366

4.2. As espécies de oração 368
"Período": oração ou frase, 368; Oração mais propriamente dita, 368; Oração de substantivo + verbo sem sentido completo, 368; Subordinantes e subordinadas, 368; Orações ainda perfeitas, 368; Orações perfeitas, 368; Oração absoluta, 369; Oração perfeita com duas ou mais orações, 369; Insiste-se na distinção entre subordinantes e subordinadas, 369; As subordinadas completivas ou integrantes, e subordinadas adjuntivas, 369; Adjunto não é sinônimo de "acessório" ou "dispensável", 369; Oração sindética e oração assindética, 370; A ordem das assindéticas, 371; As orações alternativas nem sempre têm ordem aleatória, 372; Uma oração pode ter anterioridade não cronológica, 372; A ordem das orações subordinadas adverbiais da primeira espécie, 373; As chamadas orações justapostas, 373; Conjunção e subordinação, 373; As espécies de conjunções estudar-se-ão com as orações que introduzem, 374; As espécies de oração subordinada, 374; As orações desenvolvidas, 374; As orações reduzidas, 374; As orações subordinadas substantivas, 375; A subjetiva, 376; A objetiva direta, 377; A completiva relativa, 378; A completiva nominal, 378; A apositiva, 378; A predicativa, 378; Dificuldade quanto à oração substantiva predicativa, 378; Se há oração objetiva dativa, 378; As orações subordinadas adjetivas, 379; A adjetiva adjunta adnominal, 380; A adjetiva predicativa, 380; A adjuntiva e a predicativa desenvolvidas sempre se introduzem por algum relativo, 381; Os relativos e seu variado exercício sintático, 381; O uso de quem, que, quanto, onde e como sem antecedente, 381; As subordinadas adverbiais dividem-se em duas espécies, 383; As subordinadas (adjuntivas) adverbiais da primeira espécie, 383; As aditivas, 384; As alternativas ou disjuntivas, 385; As adversativas, 386; As explicativas, 386; A distinção entre porque explicativa e porque causal, 387; As conclusivas ou ilativas, 389; As continuativas, 389; As orações subordinadas da segunda espécie, 390; As causais, 390; As concessivas, 391; As condicionais (ou hipotéticas), 392; As conformativas, 394; As comparativas, 395; As consecutivas, 396; As finais, 397; As modais, 397; As proporcionais, 398; As temporais, 398; Quadro sinóptico das espécies de orações coordenadas e subordinadas, 400

CAPÍTULO V: REGÊNCIA NOMINAL E VERBAL; E CRASE

5.1. Definição de regência 405
5.2. A regência de alguns nomes 405

5.3. Boa parte dos verbos admite mais de uma regência 415
Com variação significativa, 415; Sem variação significativa, 415; Variação significativa sem variação de regência, 415

5.4. A regência de alguns verbos 416
Acreditar, crer, 416; Agradar, 417; Agradecer, 417; Ajoelhar, deitar, levantar, sentar, 417; Antepor, opor, pospor, 418; seguir, 418; Apelar, 418; Aspirar, 419; Assistir, 419; Atender, 420; Avisar, certificar, informar, notificar e outros que tais, 421; Chamar, 421; Chegar, ir, vir e voltar, 422; Chorar, 422; Comentar, 423; Comparecer, 423; Comunicar, 423; Confraternizar e sobressair, 423; Simpatizar, 423; Constituir, 424; Custar, 424; Debater, 424; Deparar, 424; Desfrutar, fruir, gozar, usufruir, 425; Ensinar, 425; Esquecer e olvidar, 426; Gostar, 426; Impedir, 427; Implicar, 427; Importar, 427; Iniciar, 428; Insistir, 429; Interessar, 429; Lembrar, relembrar, recordar, 430; Obedecer/desobedecer e responder, 430; Pagar e perdoar, 431; Pedir, 432; Preferir, 432; Proceder, 432; Servir, 434; Visar, 434; A sintaxe do verbo haver, 435

5.5. A crase 437
Sentidos do termo crase na Gramática portuguesa, 437; Há uma só regra da crase, 437; Atenção: não caem sob a regra os seguintes casos, 437; Não se dá crase nos seguintes casos, 438; Uso especial do acento grave, 441

CAPÍTULO VI: CONCORDÂNCIA NOMINAL E CONCORDÂNCIA VERBAL

6.1. As duas espécies de concordância 447
6.2. Concordância nominal 447
A concordância nominal tem apenas uma regra, 447; Os adjetivos podem exercer dupla função sintática, 447; O adjetivo referido a um ou a mais de um substantivo, 448; Concordância com o adjetivo anteposto a dois ou mais substantivos, 449; Concordância com o adjetivo posposto a dois ou mais substantivos, 451; Outros modos de concordar que encerram grave ambiguidade, 452; Maneiras de sua perfeita desambiguação, 453; A "concordância parcial", 453; Concordância do adjetivo predicativo com sujeito oracional, 454; Construções como "a Primeira e a Segunda Guerras", 455

6.3. Concordância verbal 455
A concordância verbal é mais complexa que a nominal, 455; Regra geral da concordância nominal, 455; A concordância dita "parcial", "por atração", etc. não é facultativa, 457; Concordância com sujeito composto constituído de

palavras sinônimas ou quase sinônimas, 458; A posição da tradição gramatical e a nossa com respeito ainda à concordância parcial, 458; A imprecisamente chamada "voz passiva sintética", 459; Variações da regra geral da concordância verbal, e exceções a ela, 461; Com um e outro, 461; Com um ou outro, 461; Com nem um, nem outro; nem um nem outro, 462; Com um dos que, 463; Com mais de um, 463; Com expressões de sentido quantitativo acompanhadas de complemento no plural, 464; Com quais, quantos, alguns, muitos, poucos, vários + de nós, de vós, dentre nós, dentre vós, 466; Com qual de nós ou de vós, dentre nós ou dentre vós, etc., 467; Com núcleos do sujeito unidos por com, 467; Com tanto... como/quanto, assim... como, não só... mas (também), etc., 468; Com os núcleos do sujeito unidos por e, 469; Com sujeito oracional composto, 470; Com sujeito composto cujos núcleos vêm antecedidos por nem, 471; Com cerca de, perto de, mais de, menos de, obra de, etc., 473; Com dar, bater, soar (horas), 473; Com núcleos do sujeito unidos por ou, 474; Concordância com os nomes próprios plurais, 476; Haja vista, 476; A regra especial: a concordância de ser enquanto verbo de cópula, 477; O verbo ser concorda já com o sujeito já com o predicativo, 477; Variações da regra da concordância do verbo ser, 477; Se os dois termos são substantivos, 477; Pronome reto, 478; Quando a função de sujeito é exercida por tudo, isto, isso, aquilo, 479; Duas variações da regra, 479; Concordância com oração subjetiva precedida de oração adjetiva com verbo no plural, 479; Concordância quando o predicativo é exercido por advérbio, 480; O verbo ser usado unipessoalmente, 481; Uso do verbo ser para efeito de realce, 481; É que, locução de realce, 481; As silepses, 482

6.4. A flexão do infinitivo 484

CAPÍTULO VII: REGRAS DE COLOCAÇÃO DOS PRONOMES PESSOAIS ÁTONOS

7.1. Preâmbulos 493

7.2. A colocação dos pronomes pessoais átonos 493
    A tripla posição dos pronomes pessoais átonos, 494; Em ênclise, 494; Em mesóclise, 494; Em próclise, 494

7.3. As regras de colocação dos pronomes pessoais átonos 495
    Primeira regra: não começar frase nem oração assindética por pronome átono, 495; Segunda regra: não usar próclise a nenhuma forma de imperativo, nem em orações deprecativas, 495; Terceira regra: usar próclise ao verbo em orações optativas, 495; Quarta regra: usar próclise ao verbo quando este se antecede,

a qualquer distância, de palavra negativa, 495; Quinta regra: usar próclise ao verbo quando este se antecede, a qualquer distância, de conectivo (excluídas em princípio as conjunções da primeira espécie), 496; Sexta regra: usar próclise ao verbo quando este se antecede, a qualquer distância, de pronome interrogativo (ou exclamativo) ou de advérbio interrogativo (ou exclamativo), 496; Sétima regra: usar próclise ao verbo quando este se antecede de advérbio, 497; Oitava regra: nunca usar ênclise a nenhuma forma de futuro (do indicativo nem do subjetivo) nem a nenhum particípio, 497; Brasileiros e portugueses, 497; Ainda Brasil e Portugal, 498; O infinitivo sem flexão e o gerúndio e a ênclise, 498; O infinitivo flexionado e a próclise, 499; O pronome átono com respeito aos grupos verbais e aos "grupos verbais", 499

CAPÍTULO VIII: PARA BEM USAR DA PONTUAÇÃO

8.1. Definição de pontuação...503
8.2. Os sinais de pontuação e seus usos..504

O ponto-final (ou ponto), 504; O ponto de interrogação, 504; O ponto de exclamação, 505; As reticências, 505; A vírgula, 505; Emprega-se a vírgula para separar núcleos ou predicativos ligados assindeticamente, 505; Para separar núcleo (de complemento) ligado pela aditiva e, 506; Para separar orações ligadas pela aditiva e se tiverem sujeito diferente, 506; Para separar orações ligadas pela aditiva e ainda que tenham o mesmo sujeito, 506; Para separar orações ligadas por par aditivo como não só... mas (também) quando têm sujeitos e verbos diferentes, 507; Para separar orações ou núcleos ligados por conjunção disjuntiva ou por par alternativo, 507; Em princípio, usa-se a vírgula para separar orações ligadas por conjunção adversativa, 508; Tratamento global do caso das orações ligadas pela adversativas mas e porém, 508; As demais adversativas (todavia, contudo, no entanto, etc.), 510; Para separar a oração explicativa, 511; Em princípio, para separar orações ligadas por conjunção conclusiva, 511; Tratamento global das orações ligadas por conclusiva, 512; Para separar da subordinante a oração adverbial antecipada, 514; Todo termo posto antecipadamente no rosto da frase pode separar-se por vírgula, 514; Da vírgula obrigatória que separa as orações adjetivas predicativas, 515; Para separar alguns apostos, 515; Para separar obrigatoriamente o vocativo, 515; Para separar nas datas o nome do lugar, 515; Para indicar a elipse do verbo, 515; Para separar etc., 516; Para separar sim e não, 516; O ponto e vírgula, 517; O travessão, 517; Os dois-pontos,

518; Os parênteses, 518; Os colchetes, 520; As aspas (duplas) e as aspas simples, 520; A chave, 521; O asterisco, 521

CAPÍTULO IX: AS NORMAS ESTILÍSTICAS GERAIS

9.1. Estilo e normas de estilo 525
9.2. A finalidade das normas estilísticas gerais......................................526
9.3. As normas estilísticas gerais..527

Quanto ao léxico, 527; Como adquirir e dominar suficientemente o léxico de nossa língua, 532; Quanto à frase, 533; As seis normas negativas, 535; Não escrever frases que façam o leitor desandar a leitura, 535; Não escrever frases que padeçam de ambiguidade, 536; Não escrever frases emaranhadas, 539; Não escrever frases labirínticas ou centopeicas, 539; Não escrever frases picadinhas ou fragmentárias sucessivas, 544; Não escrever frases que padeçam de queísmo, 548; As quatro normas positivas, 550; Escrever frases de todo claras, 551; Escrever frases com as palavras colocadas segundo a intenção, 551; Escrever frases com lugar de destaque para a oração central, 558; Escrever frases com paralelismo morfossintático, 563; Discurso direto e discurso indireto, 571; Correspondência ou correlação verbal no discurso direto e no indireto, 574; Correspondência ou correlação pronominal e adverbial no discurso direto e no indireto, 577; Entre pronomes demonstrativos, 577; Entre advérbios de lugar e de tempo e entre pronomes pessoais, 578; Entre pronomes possessivos e pronomes pessoais, 578; Posição do verbo de elocução, 579; Posição do sujeito do verbo de elocução, 580; A pontuação no discurso direto, 581; Discurso indireto livre ou semi-indireto, 582; Quanto ao parágrafo, 584; Notas do bom parágrafo, 585; Unidade, 585; Extensão conveniente, 586; Concisão conveniente, 590; Se há um modo-padrão de iniciar parágrafo, 591

Apêndice: Os gêneros de texto e a Gramática 597

A Poética ou Literatura, 597; O Poema, 597; O Conto, a Novela e o Romance, 598; O Apólogo (fabuloso) e a Fábula, 599; O Teatro, 599; A Retórica, 599; Os gêneros de texto que se cingem necessariamente às regras e normas gramaticais, 600

Bibliografia 603
Índice de assuntos..613

A ARTE DE ESCREVER BEM
NA LÍNGUA PORTUGUESA

Todas as regras gramaticais e normas estilísticas com um modo prático de consultá-las

Prólogo,
ou um convite ao leitor a que não incorra aqui no desleixo tão comum de não ler nenhuma apresentação de livro feita pelo próprio autor

Com efeito, é pelo prólogo (ou prefácio, ou preâmbulo) que o bom autor de livro não literário permite ao leitor começar sua leitura sabendo já perfeitamente o que o espera. E, esperando nós que também sejamos um bom autor, dizemos de início que com a *Suma Gramatical da Língua Portuguesa*[1] tivemos um fim expresso: indo a contrapelo das três correntes dominantes nos estudos de nosso idioma e mais ou menos nefastas para a arte da Gramática – de mais para menos: o antinormativismo, o cientificismo linguístico e o beletrismo –,[2] reestabelecer a arte da escrita em toda a sua integridade. Tratava-se de, sobre o alicerce da Lógica, erguer sólidas paredes doutrinais próprias e coroar o prédio com a finalidade imediata de nossa arte – as regras e normas que permitem ao homem escrever com facilidade, com ordem e sem erro na língua portuguesa.[3] Dados todavia o mesmo árduo embate com aquela tripla corrente e a mesma complexidade da construção do referido prédio, a *Suma* não podia deixar de ser uma *gramática geral* (ou seja, teórico-normativa) *e avançada*, destinada antes de tudo a estudiosos, a professores e a experientes escritores que pudessem, como correias de transmissão, contribuir para a superação do estado calamitoso em

---

[1] Cuja primeira edição, a que se seguiram uma segunda edição revista em 2017 e numerosas reimpressões até o ano corrente, foi lançada pela É Realizações em 2015.

[2] Chamamos *beletrismo* ao mais que bimilenar mau hábito dos gramáticos de fundar sua arte na arte das belas-letras, da Poética – justificando e adotando tudo quanto saia da pena dos literatos –, em vez de fazê-lo em seu âmbito próprio, ou seja, o dos melhores escritores não literários (mas também dos literários que sigam as regras e normas gramaticais). É que a Literatura ou Poética não se cinge essencial ou necessariamente aos ditames da Gramática. Por isso podemos ter um grande novelista e romancista como Guimarães Rosa (dizemo-lo pensando sobretudo em sua obra de estreia, *Sagarana*), o qual, no entanto, se vale em sua escrita de linguagem dialetal e/ou de todo inventada por ele mesmo.

[3] Cf. Carlos Nougué, *Suma Gramatical da Língua Portuguesa* (doravante *Suma*), prólogo e primeira parte, p. 25-66.

que se encontra nossa língua neste país. Sucede todavia que a mesma densidade da obra pode erguer-se para alguns como muro de difícil transposição e impedir-lhes o usufruto daquilo mesmo com que ela se coroa e em ordem a que ultimamente está escrita: repita-se, as regras e normas gramaticais.

Ficava faltando-nos, pois, escrever uma segunda gramática que fosse mais estritamente de ordem prática, e que portanto não só pudesse ser compulsada, consultada e usufruída mais facilmente por todos sem o muro da densidade da *Suma*, mas constituísse complemento desta. Pois bem, *A Arte de Escrever Bem na Língua Portuguesa*, que o leitor tem agora diante dos olhos, é tal obra. Esta nossa gramática, com efeito, é antes de mais nada como que a *Suma* despida do que a torna justamente avançada (ainda que, como se verá, tampouco nos tenha sido possível despojar totalmente *Para Bem Escrever* de teoria, porque sem um mínimo desta nem sequer se entenderiam muitas de suas regras e normas). Mas, depois, é mais que isso. Como diz seu longo subtítulo – "Todas as regras gramaticais e normas estilísticas com um modo prático de consultá-las" –, oferecem-se nela ao leitor ou ao consulente:

- uma completude de regras gramaticais que não está presente na mesma *Suma* e, ademais, um conjunto de normas estilísticas que não se encontra aí senão incoadamente;
- e, para que melhor se cumpra sua praticidade:
- um sumário detalhadíssimo, que permite ao consulente encontrar com facilidade o que busca seguindo a ordem mesma da gramática: capítulos, seções, subseções, pontos, singularidades, e até muitas observações;
- e um índice *de assuntos* também detalhadíssimo, que permite ao consulente encontrar com facilidade o que busca sem seguir a ordem mesma da gramática.

Não podemos, contudo, deixar de sugerir sobretudo àquele que seja ou queira ser escritor não literário que não só consulte ou leia mas estude detidamente *A Arte de Escrever Bem*: porque ou o escritor não literário dominará as regras gramaticais e as normas estilísticas, ou não poderá transmitir perfeitamente a quem esteja distante no tempo e no espaço seu pensamento ou doutrina, além de prestar um desserviço à sua mesma língua, à sua mesma pátria, à mesma civilização (ou ao que dela resta) – a tudo, ao fim e ao cabo.[4] Com efeito, na justa ordenação

---

[4] Não podemos porém deixar de sugerir o mesmo àquele que seja escritor literário ou o queira ser, se em sua arte se cinge ou quer cingir-se às regras e normas gramaticais.

das coisas, a Gramática serve imediatamente à escrita, mas também à fala; estas servem à Lógica; a Lógica serve à Ciência; e esta, à Sabedoria propriamente dita. Sim, porque, assim como a alimentação se ordena à saúde do corpo e o corpo sadio se ordena à mente, razão por que a primeira se ordena afinal à terceira, assim também tudo quanto existe não pode senão ordenar-se ao que é o Fim dos fins.

Ademais, entre a escrita da *Suma* e a desta segunda gramática decorreram sete anos – sete anos de amadurecimento nosso também com respeito à Gramática. Por isso, se a *Suma* foi a semente de uma cremos bem fundada renovação gramatical, *A Arte de Escrever Bem* é seu fruto maduro. Se pois no essencial nossa segunda gramática jamais se afasta da primeira – antes, nunca deixa de fundar-se nela –, não deixa porém de retificar tudo o que esta ainda tinha de caudatário daquilo mesmo que queria superar. Afinal, apesar de nosso ingente esforço por arrostar teórica e normativamente na *Suma* aquela tripla corrente hegemônica, não é da noite para o dia que nos desembaraçamos de todos os defeitos de uma tradição tão vetusta e tão arraigada. Para nós, foram necessários mais sete anos.

*

A exposição das regras gramaticais e das normas de estilo far-se-á segundo o mesmo "desenho" ou modo da *Suma*[5] e seguindo uma consequente ordem.

Como devido, com efeito, começar-se-á por tratar os elementos da escrita – as letras – no capítulo O ATUAL SISTEMA ORTOGRÁFICO, que inclui as seguintes seções: "O alfabeto português", "Letra inicial maiúscula", "A divisão silábica", "Notações léxicas", "Os sinais de pontuação", "As regras da acentuação gráfica"; além de um excurso: "Palavras de acentuação duvidosa", e de um apêndice: "Fonética e ortoépia", onde se dão normas mínimas do bem falar segundo o que é possível à arte da escrita.

Passa-se depois, no capítulo A FORMAÇÃO DAS PALAVRAS, a tratar as partes morfológicas destas. Para que todavia o leitor o possa entender perfeitamente, oferecem-se primeiro noções mínimas de morfossintaxe na seção antecipatória "As classes gramaticais". Em seguida a isto, então, sim, podem-se expor e classificar

---

[5] Ou seja, o modo espiralado ou antes helicoidal, de maneira que cada assunto seja retomado tantas vezes quantas necessárias, mas alargando-se progressivamente. – Além disso, fazem-se nesta segunda gramática numerosas remissões à *Suma* – para quem queira maior aprofundamento teórico –, antecedidas sempre do símbolo ➤.

tais partes, em ordem agora à seção mais importante do capítulo: "A formação de novas palavras". Sem dúvida, todas as disciplinas intelectuais requerem sempre, ainda que em justa medida, novas palavras para poder expressar suas novas concepções, e cabe a seus escritores sabê-las formar – e formar bem. Ainda neste capítulo, ademais, em dois apêndices, tratam-se dois pontos pertencentes em essência ao primeiro capítulo, os quais, todavia, não podem compreender-se cabalmente sem que antes se conheçam as partes morfológicas das palavras: "Orientação quanto ao emprego de certas letras" e "O uso do hífen".

No capítulo Outros paradigmas e primeiros empregos das classes gramaticais, oferece-se o que diz seu título, não sem que antes, no entanto, se antecipem num preâmbulo certas noções básicas de sintaxe – sem as quais seria impossível compreender as regras de uso das classes das palavras. Oferecem-se em seguida, portanto, os paradigmas e os empregos do *substantivo* e do *adjetivo* (antecedidos de "Notas prévias sobre a relação entre o substantivo e o adjetivo"), dos *pronomes* e dos *numerais* (os quais são sempre ou substantivos ou adjetivos), dos *artigos* (que são sempre adjetivos), dos *verbos* em extensíssima seção com um excurso ("O gerundismo, e um erro de paralelismo"), dos *advérbios* e, por fim, das *preposições*. Devidamente, as conjunções só se tratam no capítulo seguinte, no bojo do estudo das orações.

E, com efeito, o capítulo As funções sintáticas e as espécies de oração" é nesta gramática o mais teórico. Mas é indispensável: sem este não se entenderiam os quatro capítulos seguintes, que são os mais estritamente normativos. Isso não quer dizer, contudo, que este estudo da Sintaxe não encerre regras e normas; ao contrário, estas abundam nele, onde ademais se antecipa algo quanto a paralelismo e correlação, assunto do último capítulo. São duas as seções do capítulo IV. Em primeiro lugar, "Os termos essenciais da oração", onde se tratam também os demais termos enquanto, como se verá, são em verdade partes dos essenciais; e onde se dão dois importantes anexos: "A classificação dos verbos", com o qual se antecipa a parte teórica do capítulo seguinte, permitindo a este, assim, ser exclusivamente normativo; e a sempre complexa "Distinção entre complemento nominal e adjunto adnominal". A segunda seção expõe "As espécies de oração", com dois complementos: "Conjunção e subordinação" e "A distinção entre *porque* explicativa e *porque* causal".

Com o capítulo V – Regência nominal e verbal; e crase – começa, como dito, a parte mais estritamente normativa desta gramática. Divide-se ele nas seguintes seções: "Definição de regência"; "A regência de alguns nomes"; "Os verbos e a regência"; "A regência de alguns verbos", com tratamento particular da "Sintaxe do verbo *haver*"; e por fim "A crase" – talvez o ponto mais árduo da Gramática portuguesa.

O algo longo Concordância nominal e concordância verbal divide-se nas seguintes seções: "As duas espécies de concordância"; "Concordância nominal", âmbito em que em verdade não há senão uma única regra geral com várias aplicações; "Concordância verbal", onde se dão suas duas regras – uma geral, com suas múltiplas aplicações, e uma especial, "A concordância de *ser* enquanto verbo de cópula" – e um como apêndice ("As silepses"); e por fim "A flexão do infinitivo", essa sempre controversa questão.

O capítulo VII é o mais simples: ocupa-se das Regras de colocação dos pronomes pessoais átonos. Mas simplicidade não é sinônimo de desimportância.

O importantíssimo capítulo Para bem usar da pontuação completa o capítulo da *Suma* sobre o mesmo ponto e até o precisa aqui e ali. E dizemo-lo importantíssimo porque, com efeito, se não se sabe pontuar corretamente, tampouco se saberá aplicar o ministrado no capítulo seguinte. São duas as seções do capítulo VIII: "Definição de pontuação" e "Os sinais de pontuação e suas regras".

Por fim, As normas estilísticas gerais – o nono e último capítulo – são o próprio desta gramática, uma novidade com respeito à mesma *Suma*. Compõem este capítulo as seguintes seções: "Estilo e normas de estilo", onde se soluciona uma dificuldade; "A finalidade das normas estilísticas gerais"; "As normas estilísticas" quanto ao léxico, quanto à frase – com respeito à qual se dão sete normas negativas e quatro normas positivas, além das relativas a seu uso no discurso direto e no indireto – e quanto ao parágrafo, com a questão de se há um modo-padrão de iniciá-lo. Termina-o e ao livro o apêndice "Os gêneros de texto e a Gramática", onde se tratam os gêneros de texto que não necessariamente se cingem às regras e normas gramaticais (os literários, o dramático e o retórico) e os que se cingem necessariamente a elas.[6] Com este capítulo, portanto, cumpre-se uma como promessa feita na *Suma*: "Busque-se", lê-se ali, "escrever com harmonia e com ritmo. [...] Se se pergunta como consegui-lo, ou antes, como aprendê-lo, a resposta não pode ser senão esta: sobretudo pela leitura assídua dos melhores; como que 'por

---

[6] Com isso damos um passo além da distinção e contraposição simples entre gêneros de texto literários e gêneros de texto não literários, da qual nos valemos algo acomodaticiamente ao longo de toda a *Suma* e de quase toda esta segunda gramática, até justamente o capítulo IX, exclusive.

osmose'. É possível, sim, até certo ponto, ensiná-lo; mas, no âmbito deste livro, não podemos dar a este respeito senão algumas indicações".

☞ Observação 1. Em todos os capítulos de *A Arte de Escrever Bem*, dão-se em algum grau e de algum modo tanto regras gramaticais como normas estilísticas, de modo tal que não raro umas não se distinguem facilmente das outras.

☞ Observação 2. Além do dito na Observação anterior, as regras gramaticais dão-se ou como preceitos pétreos, ou como sugestões do gramático, o que sempre implica de algum modo o estilístico. No segundo caso, anteceder-se-ão sempre do símbolo ♭.

☞ Observação 3. No último capítulo, contudo, por sua perfeita uniformidade, não se usará este símbolo para distinguir nada, porque o modo e o fim com que as normas estilísticas se propõem aí é essencialmente nosso: com efeito, nunca nenhum outro gramático lusófono tratou o estilo senão marginalmente ou, invadindo em algum grau ou de algum modo o âmbito da Poética, beletristicamente (como é o caso de Othon M. Garcia, de quem voltaremos a falar ainda neste prólogo). Absolutamente não é o nosso caso.

*

Apenas, todavia, acabamos de dizer tudo isso, já nos assaltam cinco dificuldades.

α. A primeira é exatamente a mesma que se erguia diante da *Suma*: a hegemonia entre nós daquela tripla corrente prejudicial à arte da Gramática (o antinormativismo, o cientificismo linguístico e o beletrismo), corrente que em parte é causa mais ou menos próxima do estado lamentável em que se encontra nosso idioma no Brasil. Contra sua hegemonia, de fortes raízes, ademais, sociopolíticas, não podemos fazer em nossa segunda gramática senão o que fizemos na primeira: continuar a ser efetivamente gramático, continuar a cumprir a função precípua de nosso ofício, continuar a oferecer regras, normas e sugestões para o bem escrever, fundado sempre de algum modo, no entanto, nos melhores escritores não literários (e nos literários que buscam fazer sua escrita cingir-se às regras gramaticais). – Como porém se verá ainda mais especialmente pelo nono e último capítulo de *A Arte de Escrever Bem*, nada mais distante de nosso fim que dar regras e ensinar redação para aprovação em concursos para cargos públicos, no Enem (Exame Nacional do Ensino Médio), etc. Entenda-se bem: não desdenhamos quem o faça, porque, afinal, por várias razões é necessário que se faça. Como todavia se lê na *Suma*, "restringiu-se o ensino da Gramática à transmissão de regrinhas e 'macetes' que capacitassem para a aprovação em concursos e vestibulares. Passados tais exames, com aprovação ou sem ela, nada mais natural que se deixassem para trás tais 'artinhas' atormentadoras". Em suma, ao pôr-se pendente de algo efêmero, o ensino da escrita tornou-se, ele mesmo, efêmero, pelo que certamente atrofiou e atrofia multidão de talentos em germe. Não: nosso fim é formar escritores, não concursandos.

β. A segunda diz respeito ao uso algo frequente que fazemos da noção de *fronteira turva* e da distinção entre *figura* e *significado*. Com efeito, ambas essas coisas parecem não condizer com uma gramática que se quer prática e que, pois, deveria trabalhar com instrumentos estritamente didáticos e o menos complexos possível. – Isto porém não convém a nosso intento. Dado que nosso fim, como dito, não é formar concursandos, mas escritores, nem, ademais, formar professores de concursandos, mas mestres de escritores, nada nos seria menos conveniente que identificar didática e facilidade com simplificação deformadora.

• Quanto pois à noção de *fronteira turva*, corresponde a algo que se dá efetivamente na linguagem e que resulta da impossibilidade desta de significar com estrita precisão filosófica, por um corpo de signos necessariamente limitado e paradigmaticamente cingido, o potencialmente infinito tecido da realidade. Em outras palavras, se uma língua sem corpo de signos limitado e cingido de paradigmas não é nenhuma língua, isso mesmo, todavia, é o que a faz turvar-se em certas zonas limítrofes para, assim, significar como possível a complexidade do real. Por isso, não deve o gramático tentar reduzir a língua, *more geometrico*, a uma sorte de tabuleiro de xadrez, em que cada casa é tal e inamovivelmente tal. Já o tentaram, entre outras, as oficinas racionalistas de Port Royal, infrutífera e prejudicialmente.

• Quanto, depois, à distinção entre *figura* e *significado*, é análoga ao anterior. Com efeito, o corpo de signos necessariamente limitado e paradigmaticamente cingido com que a linguagem expressa a complexidade do real não pode deixar de aplicar-se plasticamente, ou seja, de modo tal que alguns de seus signos e construções acabem por aplicar-se a coisas a que não estavam originalmente destinados. Nesse caso, sua figura, feita para um significado, passa a usar-se para outro significado. Que pois o mestre de escritores e estes não reconheçam esta distinção, tal certamente se porá em seu caminho como dura pedra de tropeço.

Não se passe todavia do dito ao outro extremo, ou seja, o afirmar que a linguagem é incapaz de significar a realidade. Se o fosse, como então se quereria significar por ela que ela é incapaz de significar a realidade? Justamente para expressar a realidade é que a linguagem não raro se encontra em fronteira turva e tem de fazer seus signos aplicar-se plasticamente. Não tem em tal expressão, sem dúvida, repita-se, a precisão da filosofia. Mas é justamente com ela que a filosofia é capaz de expressar a realidade com a máxima precisão possível ao homem.

γ. A terceira é um argumento de autoridade. É que Othon M. Garcia escreveu uma célebre obra, *Comunicação em Prosa Moderna*,[7] onde se ocupa exclusivamente das normas estilísticas, sem tratar nem minimamente as regras gramaticais, ao contrário do que fazemos nós nesta gramática, onde não só nos ocupamos de ambas as coisas mas não raro misturadamente. – Diga-se todavia que, por estimulante que seja, a obra de Garcia incorre em muitos problemas. Primeiro: ainda que vitupere – com razão – um ensino da língua restrito à mera e aborrecida análise sintática, não há quase nenhuma página sua que não suponha o conhecimento da sintaxe – ou antes, da morfossintaxe. Segundo: ainda que ofereça preciosos ensinamentos quanto ao estilo, mas porque seu autor desconhece a necessidade de distinguir e de ordenar devidamente as disciplinas intelectuais, é uma mescla confusa de Gramática, de Poética, de Retórica, de Dialética, de Sofística e de Lógica sem ser cabalmente nenhuma delas. Voltamos a este assunto, aprofundando-o, no último capítulo.

δ. A quarta é ainda de fundo. Com efeito, quanto ao individual não pode haver ciência nem norma. Mas *estilo* é o que cada autor tem de mais seu em termos de expressão; ou seja, é estritamente individual. Por conseguinte, parece não proceder nossa intenção de dar normas estilísticas. – Esta não é objeção ociosa, razão por que no último capítulo nos debruçamos detidamente sobre ela.

ε. A quinta é, digamos, mais sutil. Se muitas das regras gramaticais que damos podem ser rastreadas de *algum modo* na tradição gramatical, não assim as normas estilísticas que propomos. Há que responder primeiro, contudo, que algumas podem ser rastreadas em tal tradição (e particularmente na referida obra de Othon M. Garcia). E há que pôr depois que as normas estilísticas desta nossa gramática se fundam sobretudo em nossa mesma experiência. De que falamos? De que dedicamos 45 de nossos atuais 70 anos de vida à tradução de quatro línguas (latim, francês, espanhol e inglês) – do que resultaram cerca de 250 livros dos mais variados gêneros, do técnico ao literário, do poético ao histórico, do filosófico ao

---

[7] Quanto a esta célebre obra, não raro estimulante, ➤ *Suma*, p. 399, n. 5, e p. 468.

teológico, muitos dos quais de alguma relevância – e à escrita da *Suma Gramatical* e de outros quatro livros já publicados, além de milhares de páginas que esperam acabamento para transformar-se, elas também, em livros. Em razão disso, aos 70 anos somos dono[8] não só de um grande cabedal gramático-literário mas de um estilo perfeitamente identificável e perfeitamente condizente com o que ministramos tanto na *Suma* como em *A Arte de Escrever Bem na Língua Portuguesa*.

E, dizendo-o, terminamos este prólogo, convidando o leitor a verificar ao longo desta gramática se resolvemos de fato as referidas dificuldades e a desfrutar assim, conosco, as delícias da arte da escrita.

*

Breve nota quanto ao título da obra

O título *A Arte de Escrever Bem na Língua Portuguesa*[9] pode parecer pleonástico, porque o termo *arte* já implica *bondade*: com efeito, em sentido estrito seria uma contradição de termos dizer "arte má". A arte ou é de algum modo boa, ou não é arte de modo algum. E, como isso é indubitavelmente certo, sem dúvida nosso título encerra certo pleonasmo. Trata-se todavia de pleonasmo intencional, cujo fim é evitar que, segundo determinado pensar muito estendido, se considere aqui arte de escrever o simples fato de escrever, independentemente de que se faça bem, mediocremente ou mal. Em verdade, segundo o fim que damos à nossa obra, o *bem* do título poderia substituir-se por *otimamente*. Mas é evidente que este advérbio daria ao título, já longo com *bem*, uma extensão de todo inusual nos dias de hoje.[10]

---

[8] Para que não se nos impute certo erro ortográfico ou gramatical constante, diga-se desde já que, quando *nós* é plural de modéstia, convém deixar no singular os termos adjetivos que o determinam. Retoma assim seu posto, de algum modo, o *eu*. Exemplo: "Estamos *certo* da necessidade da Gramática" (➤ *Suma*, p. 243).

[9] Ocorreu-nos dar este título à nossa obra ao ler o excelente *El Arte de Escribir Bien en Español – Manual de Corrección de Estilo*, de María Marta García Negroni (coord.) e Laura Pérgola – Mirta Stern. Nossa dívida para com este manual, todavia, restringe-se ao título.

[10] Ademais, fique desde já este pleonasmo como exemplo de nossa posição contrária à "caça do pleonasmo" infelizmente tão em voga no Brasil. Naturalmente, aprofundando em termos de regras e normas o já dito quanto a isto na *Suma*, também o tratamos ao longo desta gramática.

CAPÍTULO I

O ATUAL SISTEMA ORTOGRÁFICO

1.1. O ALFABETO PORTUGUÊS

1.1.1. Valemo-nos na escrita das seguintes 26 LETRAS: *a, b, c, d, e, f, g, h, i, j, k, l, m, n, o, p, q, r, s, t, u, v, w, x, y, z*.

- *a, e, i, o, u* são as VOGAIS;

- *i* e *u* são SEMIVOGAIS quanto unidas na mesma sílaba[1] a outra vogal, ou seja, quando se encontram nos *ditongos* e nos *tritongos*: *ca*i, *co*u*ro*, *sér*i*e*, *uru-gua*i*os*, etc. –

☞ OBSERVAÇÃO 1: se a semivogal vem antes da vogal, o *ditongo* diz-se CRESCENTE (*cár*i*e*, *Már*i*o*, *enxág*u*a*, *adéq*u*e*, etc.); se porém a semivogal vem depois da vogal, o *ditongo* diz-se DECRESCENTE (*sa*i, *se*i, *na*u, *te*u, etc.);

☞ OBSERVAÇÃO 2: em *ãe*, *õe* e *ão* as letras *e* e *o*, que representam os fonemas *i* e *u* nasais, também se dizem SEMIVOGAIS: *mã*e, *põ*e, *clarã*o, etc., razão por que os mesmos encontros *ãe*, *õe* e *ão* se dizem DITONGOS –;

- as demais letras são as CONSOANTES.

1.1.2. As letras *k*, *w* e *y* – acrescentadas ao alfabeto pelo atual Acordo Ortográfico – só se usam

- em abreviaturas e em siglas de nomes e de títulos estrangeiros;
- como símbolos de termos técnicos de uso internacional:
    - ✓ K – *potássio*; *kelvin*;
    - ✓ kA – *quiloampère*;
    - ✓ Kr – *criptônio*;
    - ✓ kg – *quilograma*;
    - ✓ km – *quilômetro*;
    - ✓ kW – *quilowatt*;
    - ✓ kWh – *quilowatt-hora*;
    - ✓ W – *tungstênio*; *oeste*;
    - ✓ w – *watt*;
    - ✓ Y – *ítrio*; *hipercarga*;
    - ✓ yd – *jarda*;
    - ✓ etc.;
- em estrangeirismos: **Kyrie**, **western**, **hobby**, etc. –

---

[1] Para SÍLABA, ➤ *Suma*, p. 93-94. Mas relembre-se aqui que SÍLABA é o grupo fonético que se pronuncia de um só golpe ou esforço de voz. Exemplos: *ah!* compõe-se de uma só sílaba; *alma*, de duas (*al-ma*); *atracar*, de três (*a-tra-car*); etc.

⌗ OBSERVAÇÃO: os estrangeirismos desta classe devem pôr-se sempre em destaque –;
- em nomes próprios estrangeiros: *Kuwait, Walter, Yvonette*, etc.;
- em palavras derivadas de nomes estrangeiros: *kantismo, wagneriano, taylorismo*, etc.

¶ O atual Acordo Ortográfico recomenda que, quando possível, os topônimos estrangeiros se aportuguesem:
   ✓ *Genebra* (em lugar de Genève);
   ✓ *Madri* (em lugar de Madrid);
   ✓ *Munique* (em lugar de Munich);
   ✓ etc.

⌗ OBSERVAÇÃO. ♭ O preferível neste ponto, parece-nos, é seguir o usado majoritariamente. Por exemplo, no Brasil já de há muito se usa, preferentemente, o híbrido *Nova York* (e não "New York" nem "Nova Iorque"); sigamo-lo pois os brasileiros. Ainda por exemplo, no Brasil se usa *Moscou*, enquanto em Portugal se usa *Moscovo*; siga-se usando em cada país, portanto, o que já lhe é tradicional. E assim sucessivamente.

1.1.3. Quanto às consoantes mudas,
- não se escrevem as que não se pronunciam em parte alguma: assim, por exemplo, *asma, diretor, salmo* (e não "asthma", "director", "psalmo");
- conservam-se as constantemente pronunciadas: *cooptar, dicção, eucalipto*, etc.;
- quando se trata de dicções diversas segundo os diferentes países lusófonos, a escrita das consoantes mudas é facultativa: *contacto* ou *contato*; *subtil* ou *sutil*; *sumptuoso* ou *suntuoso*; etc.

¶ Atenção, porém: em *óptico, óptica* e derivadas, o *p* não é opcional, mas obrigatório. – ♭ Ademais, ainda que sejamos brasileiro, preferimos *intacto, veredicto* e *céptico/cepticismo* por diversas razões, entre as quais a tradição.

1.1.4. As consoantes dobradas *rr* e *ss* – que representam, respectivamente, o fonema vibrante alveolar múltiplo /rr/ e o fricativo alveolar surdo /s/ – só se escrevem entre vogais: *co<u>rr</u>er, co<u>rr</u>elacionar, ante<u>ss</u>ala, sacro<u>ss</u>anto*, etc. Para representarem os mesmos fonemas quando em início de palavra, usam-se o *r* e o *s* simples (<u>r</u>ezar, <u>s</u>aúde, etc.); mas o segundo destes dois fonemas também pode ser representado por *c*, por *ç*, por *x* ou por *z* (<u>c</u>edo, ca<u>ç</u>a, má<u>x</u>imo, ve<u>z</u>, etc.).

1.1.5. A letra *h*, que em português não representa fonema algum, pode encontrar-se em três posições:

• INICIAL, onde permanece por tradição e por etimologia: <u>h</u>onra, <u>h</u>óstia, <u>h</u>umilde, etc.;

• MEDIAL, de onde é supressa se não se seguir a hífen: assim, *desarmonia* (e não "des<u>h</u>armonia"), *inabitado* (e não "in<u>h</u>abitado"), *reaver* (e não "re<u>h</u>aver"), etc.; mas *anti-<u>h</u>orário, pré-<u>h</u>istória, sub-<u>h</u>umano*, etc.;[2]

• FINAL, na maioria das interjeições: *a<u>h</u>!, e<u>h</u>!, o<u>h</u>!*, etc.

1.1.6. O *h* encontra-se ainda em *ch, lh* e *nh*, os quais, no entanto, são dígrafos propriamente ditos: representam fonemas simples.[3]

• O primeiro representa o fonema fricativo palatal surdo /x/ (que porém também pode ser representado pela letra *x*): <u>ch</u>amamento, ca<u>ch</u>ecol, <u>ch</u>egar, etc.

• O segundo representa o fonema lateral palatal /lh/ (que não é representado por nenhuma letra simples): ca<u>lh</u>ar, me<u>lh</u>or, ri<u>lh</u>eira, etc.

• O terceiro representa o fonema oclusivo palatal nasal /nh/ (que tampouco é representado por nenhuma letra simples): ga<u>nh</u>o, ni<u>nh</u>o, sa<u>nh</u>a, etc.

> ¶ Põe o atual Acordo que os nomes próprios bíblicos podem conservar ou não os dígrafos finais de origem hebraica (*ch, ph, th*): *Baruch* ou *Baruc, Loth* ou *Lot*, etc. Mas também põe que, quando os dígrafos não se pronunciam, devem então eliminar-se: *José* (em lugar de "Joseph"), *Nazaré* (em lugar de *Nazareth*), etc. – ☙ Recomendamos sejam sempre eliminados tais dígrafos: *Baruc, Lot, José, Nazaré*. Há, porém, nomes bíblicos que tradicionalmente já estão adaptados ao português: por exemplo, *Judite* (de "Judith"); mantenha-se a adaptação e evite-se, ainda, o dígrafo final.

---

[2] Quanto ao prefixo *co-* + palavra começada por *h*, *vide, infra*, no final do CAPÍTULO II, o APÊNDICE 2 ("O uso do hífen").

[3] *Dígrafo*: grupo de duas letras usado para representar um único fonema. São os seguintes os dígrafos da língua portuguesa: *ch, lh, nh, rr, ss, sc, xc* e *gu* e *qu* antes de *e* e de *i* (quando, obviamente, o *u* não soe).

1.2. Letra inicial maiúscula
Emprega-se letra maiúscula:
- no início de qualquer frase;
- no início de qualquer verso –

⌦ OBSERVAÇÃO: há poetas, porém, que preferem começar seus versos com minúscula, à espanhola –;

- no início de citação direta (quando corresponde ao original):
    ✓ *Lê-se n'Os* Sertões*: "O sertanejo é antes de tudo um forte".*;
- como primeira letra de nome próprio, seja este: prenome, sobrenome, alcunha, hipocorístico, antonomástico, etc., nome de ente divino (verdadeiro ou falso), de ente fabuloso, de personagem ficcional, de corpo celeste, de lugar (topônimo), de logradouro, de empresa, de repartição, de estabelecimento ou de edifício públicos, de embarcação, *et reliqua*:
    ✓ *Paulo, Marta, Sócrates*;
    ✓ *Cunha, Silva, Soares*;
    ✓ *Cid, o Campeador; Ivã, o Terrível*;
    ✓ *Aleijadinho; o Salvador*;
    ✓ *Deus; Júpiter, Zeus*;
    ✓ *Cérbero, Medusa, Pégaso*;
    ✓ *Espanha, América Central, Cracóvia*;
    ✓ *Avenida Paulista, Rua do Rosário, Praça Central*;
    ✓ *Estreito de Magalhães, Morro da Conceição, Rio Amazonas*;[4]
    ✓ *a Lua, a Terra, Vesúvio*;
    ✓ etc.;
- como primeira letra de título (sempre em destaque) de obra filosófica, ou literária, etc., (*idem*) de peça musical, de peça teatral, de filme, de quadro, etc., (*idem*) de periódico, etc.:
    ✓ **História da Literatura Ocidental** (de Otto Maria Carpeaux), **Suma Teológica** (de Santo Tomás de Aquino);
    ✓ **Prelúdio, Coral e Fuga** (de César Franck), **Tabula Rasa** (de Arvo Pärt);

---

[4] Veja-se que pomos maiúscula não só no início do nome próprio de logradouros e de acidentes geográficos, mas também no início do nome comum que o antecede: *Rua do Rosário, Estreito de Magalhães*. Procedendo assim, o nome comum fica incluído no próprio. As duas maneiras são aceitas pelo Acordo: *Morro da Conceição* ou *morro da Conceição*, *Rio Amazonas* ou *rio Amazonas*, etc. ⌦ Preferimos e usamos sempre a primeira.

✓ ***Antígona*** (de Sófocles), ***Rei Lear*** (de William Shakespeare);
✓ ***O Dinheiro*** (de Robert Bresson), ***Céu e Inferno*** (de Akira Kurosawa);
✓ etc.;[5]

- como primeira letra de nome de era histórica, de data religiosa ou histórica, de fato religioso ou histórico, de grande empreendimento, etc.:
  ✓ *Medievo, Natal, Onze de Setembro, Páscoa, Acordo Ortográfico*, etc.;[6]
- como primeira letra de substantivo comum quando individuado ou quando usado elevada ou simbolicamente:
  ✓ *a Academia* (platônica), *o Liceu* (aristotélico), *a Igreja, a Teologia, o Direito, a Poética, o Amor*, etc.;
- como primeira letra de qualquer palavra referente a nome sagrado:
  ✓ "E recebeste-O nos teus braços. Vinha
  Do alto do Lenho onde estivera exposto
  Ao ímpio olhar, tão ímpio! da mesquinha
  Multidão que insultava o santo Rosto..."
  (ALPHONSUS DE GUIMARAENS);[7]
- como primeira letra dos chamados pronomes de tratamento:
  ✓ *Senhor* (*Sr.*), *Senhora* (*Sra.*), *Dom* ou *Dona* (*D.*); *Vossa Majestade* (*V. M.*), *Vossa Excelência* (*V. Ex.ª*), *Meritíssimo* (*MM.* ou *M.ᵐᵒ*), etc.

¶ Atualmente não se empregam com inicial maiúscula os nomes dos povos, incluídos os povos indígenas. Grafem-se, pois, *os albaneses, os brasileiros, os celtas, os cherokees* (também *cheroquis*), *os guaranis, os incas, os iroqueses, os judeus, os medas, os mongóis, os romanos, os sioux, os tamoios*, etc.

---

[5] Quanto a usar maiúscula em todas as palavras (excetuados os artigos e os conectivos postos no meio) de cada título, ou usá-la tão só em sua primeira palavra, há inteira liberdade. ♭ A maneira como acima o exemplificamos é, naturalmente, a que preferimos.
[6] Afora casos como o citado acima (*Onze de Setembro*), o nome de *mês* e o de *dia da semana* devem grafar-se com minúscula: *março, junho, outubro*, etc.; *segunda-feira, sábado, domingo*, etc.
[7] Também neste caso se trata de maiúscula facultativa. – Quando aqui citemos como exemplo um passo de qualquer escritor, não o faremos necessariamente por apreciar sua arte, senão sempre por julgar que tal passo seja adequado a algum propósito gramatical. (A Alphonsus de Guimaraens, todavia, o simbolista cujos versos postos acima ensejaram esta nota, consideramo-lo o maior dos poetas brasileiros.) Neste caso, ademais, daremos sempre o nome do autor do passo, mas não a obra de que este é parte.

1.3. A divisão silábica

• A separação das sílabas faz-se pela silabação, não pelo étimo das partes constitutivas das palavras: *bis-ne-to*, mas *bi-sa-vô*; *trans-fun-dir*, mas *tran-sal-pino*; etc.
• Separam-se sempre:
a. os hiatos: *pa-ís, sa-ú-de, situ-a-ção, en-vi-u-var*;
b. os dígrafos *rr*, *ss*, *sc* e *xc*: *mor-rer, pas-sar, nas-cer, ex-ce-ção*;
c. os encontros consonantais disjuntos:[8]
  ♦ de *uma* consoante com *uma* consoante: *cap-tar, ig-no-to*;
  ♦ de *uma* consoante com *duas* consoantes: *es-tra-ga-do*;
  ♦ de *duas* consoantes com *uma* consoante: *feld-ma-re-chal*;
  ♦ de *duas* consoantes com *duas* consoantes: *pers-cru-tar*;
  ♦ de *três* consoantes com *uma* consoante: *felds-pa-to*.
• Não se separam nunca:
a. os ditongos: *dói, goi-a-ba, pai-nei-ra*;
b. os tritongos: *a-ve-ri-guei, Pa-ra-guai, sa-guão*;
c. os dígrafos *ch, lh, nh, qu* e *gu*: *ca-cho, ca-lha, ma-nha, que-rer, guel-ra*;
d. os grupos consonantais não disjuntos: *bra-si-lei-ro, psi-co-lo-gi-a, gnós-ti-co*.
• Especialmente no português do Brasil, os ditongos crescentes finais átonos *ia*, *ie* e *io* (como em *família, série, Mário*) podem pronunciar-se também como hiatos: *famíli-a, séri-e, Mári-o*. Por isso mesmo podem separar-se ou não na escrita.

¶ *Sugestão* do atual Acordo: evite-se, na divisão silábica, deixar uma só letra em qualquer das duas linhas.

• Estabelece o atual Acordo que os sufixos *-iano* e *-iense* devem manter o *i* inicial em substantivos e em adjetivos ainda que estes apresentem primitivamente um *e* (átono) na sílaba final. Exemplos:
  ✓ *acriano* (de Acre), e não "acreano";
  ✓ *shakespeariano* (de Shakespeare), e não "shakespeareano";
  ✓ *torriense* (de Torres), e não "torreense".

↻ Observação. Se, porém, se tratar de *e* tônico (por exemplo, *Daomé*) ou de ditongo tônico com base *e* (por exemplo, *Arqueu*), ou até de *e* átono seguido de

---

[8] Nos encontros consonantais disjuntos, cada consoante pertence a uma sílaba.

vogal átona (por exemplo, *cúneo*), devem manter-se, com a consequente queda do *i* do sufixo: *daomeano, arqueano, cuneano*.

1.4. Notações léxicas

• Além das letras do alfabeto, temos em português também as chamadas notações léxicas, que servem para diversos fins. São as seguintes.

1.4.1. Os três acentos, dois dos quais – o *agudo* (´) e o *circunflexo* (^) – servem para indicar, quando necessário, a correta pronúncia das palavras. O terceiro é o *grave* (`).

• O acento agudo é empregado para assinalar, em condições que se verão adiante:[9]

♦ as vogais tônicas fechadas *i* e *u*: *saí, sensível, visível; baú, saúde, lúgubre*; etc.;

♦ as vogais tônicas abertas *a, e* e *o*: *recitá-lo, saudável, cálido; fé, tivésseis, sestércio; Jó, dói, inóspito*; etc.;

♦ às vezes a tonicidade de uma vogal nasal: *contém, sobrevém*, etc.

• O acento circunflexo é empregado para assinalar, nas mesmas condições que o acento *agudo*:

♦ as vogais tônicas fechadas *a, e* e *o*: *câmara, crisântemo, frâncico; mês, lêmure, têxtil; avô, compôs, cômoro*; etc.

> ¶ Se no Brasil grafamos *Antônio, ônix, fêmur*, etc., e em Portugal e em outros países *António, ónix, fémur*, etc., tal se deve a uma diferença de timbre. No Brasil, o timbre da vogal tônica de palavras como as referidas é fechado; em Portugal, aberto. O atual Acordo Ortográfico admite a dupla acentuação nestes casos.

• O acento grave é empregado para assinalar a *crase* da preposição *a* com o artigo feminino *a(s)*, com o pronome demonstrativo *a(s)* e com a primeira letra dos pronomes demonstrativos *aquele(s), aquela(s), aquilo, aqueloutro(s), aqueloutra(s)*:

✓ *à(s), àquele(s), àquela(s), àquilo, àqueloutro(s), àqueloutra(s)*.[10]

1.4.2. O til (~) serve para indicar, em certos casos, a nasalização das vogais. Emprega-se:

---

[9] Ou seja, quando se tratarem as regras da acentuação gráfica.
[10] Tratar-se-á este tipo de acentuação na seção de crase do capítulo V, *infra*.

- sobre o *a* e sobre o *o* nasais tônicos em fim de palavra ou em fim de parte (de palavra) seguida de hífen: *lã, chão, Grã-Bretanha; põe, soluções, visões*, etc.;
- sobre o *o* nasal tônico da terceira pessoa do plural do presente do indicativo do verbo *pôr* e de seus derivados: *põem, dispõem, repõem*, etc.;
- ou sobre o *a* nasal subtônico a que se segue ou o sufixo -*mente* ou algum sufixo iniciado por *z*: *cristãMENTE, irmãMENTE, sãMENTE; lãZUDO, manhãZINHA, romãZEIRA*; etc.[11]

¶ Nos demais casos, a nasalidade das vogais é indicada por *m* ou por *n*. Aceita-se *cãibra*, ♭ que, porém, a nosso ver, melhor se grafa *caimbra*.

1.4.3. O TREMA (¨) só se usa atualmente (sempre segundo o atual Acordo Ortográfico) nas palavras estrangeiras que já o tenham e em seus derivados portugueses: *Stürmer, Königsberg, Günter, Müller; günteriano, mülleriano*; etc.

¶ Desse modo, deixa-se de pôr o trema sobre o *u* que, ao contrário do que sucede nos dígrafos homógrafos, soa nos encontros *gu* e *qu*: *aguentar, consequência; equidade, tranquilo*; etc. Parece-nos o pior do atual Acordo. Sem ele, torna-se muito mais difícil fazer que os falantes memorizem se soa ou não soa o *u* após *g* e após *q* (e lembre-se, ademais, que mesmo com o trema já muito se errava nestes casos). Tampouco há, agora, sem tal suporte gráfico, maneira de ensiná-lo perfeitamente aos estrangeiros.

1.4.4. O APÓSTROFO (') serve para assinalar:
- a supressão do *e* de *de* em palavras compostas ligadas por esta preposição: *caixa-d'água, fios-d'ovos, galinha-d'água, pau-d'alho*, etc.; e às vezes antes de *água* em geral (especialmente no Brasil): copo *d'água*, curso *d'água*, etc.
- a supressão de vogais em poesia, em ordem ao metro: *c'roa* (coroa), *esp'rança* (esperança), *p'lo* (pelo), etc.;

---

[11] As palavras de mais de três sílabas, sobretudo as derivadas de outras, quase sempre têm, além do acento tônico principal, um ou mais acentos secundários; e é à mais perceptível das sílabas com acento secundário que a Gramática chama *subtônica*. Ponham-se os seguintes exemplos, além dos postos acima: *confortável* + *mente* = confortavelmente (sílaba tônica: -men-; subtônica: -tá-); *atual* + *i* + *dade* = atualidade (sílaba tônica: -da-; subtônica: -a-).

- a supressão de fonemas na reprodução do falar coloquial ou popular: *'tá bem*, etc.;
- a contração ou aglutinação de preposições em diversos grupos vocabulares: *d'Os Lusíadas* (de *Os Lusíadas*), *n'Os Sertões* (em *Os Sertões*), *n'Ele* (em Ele, Deus), etc.;[12]
- a elisão da vogal final da palavra *santo/santa*, quando seguida do nome próprio aposto: *Sant'Ana*, etc.[13]

> ¶ Se porém as ligações desta espécie constituem unidade morfológica, então suas partes se aglutinam: *Jorge Santana*, etc.

1.4.5. A CEDILHA coloca-se debaixo de *c* antes de *a*, de *o* e de *u* para representar o fonema surdo /s/: *caça, maciço, açúcar*, etc.

1.4.6. O HÍFEN serve:

1.4.6.a. para ligar as partes de palavras "compostas ou derivadas por prefixação":[14] *bem-te-vi, mais-que-perfeito, quartel-general; ex-presidente, pré-escolar, sub-humano*; etc.;

1.4.6.b. para unir pronomes átonos a formas verbais: *chamar-te, forneceram--lhe, revisar-se-ão*, etc.;[15]

1.4.6.c. no fim da linha, para separar uma palavra em duas partes, indo a segunda para a linha seguinte: *resultan- / te; resul- / tante; re- / sultante*.[16]

> ¶ Recomenda o atual Acordo que, se um pronome átono cai para a linha seguinte à da forma verbal a que se liga por hífen, então se dobre o hífen: (final de linha) *disseram- /* (início da linha seguinte)*-nos*; (final de linha) *fazer- /* (início da linha seguinte)*-lhes*; (final de linha) *limpá- /* (início da linha seguinte) *-la*; etc.

---

[12] As duas maneiras, com apóstrofo ou sem ele, são consideradas corretas. ↳ Preferimos e empregamos sempre a primeira. – Não obstante, escreva-se "O prêmio foi concedido a *A Infância de Ivã*", em vez de "'à' *Infância de Ivã*", porque aqui esta maneira mutila o próprio título da obra.

[13] Mas também se pode grafar *Santa Ana*.

[14] Os termos que pusemos entre aspas são do atual Acordo. Para a razão de o fazermos, ➤ *Suma*, p. 157-58.

[15] O uso do hífen em ambos estes casos, tratá-lo-emos no final do CAPÍTULO II, no APÊNDICE "O uso do hífen".

[16] *Vide* ainda, no final do CAPÍTULO II, o APÊNDICE "O uso do hífen".

1.5. Os sinais de pontuação

Além das *letras* e das *notações léxicas*, contamos para a escrita da língua portuguesa com os SINAIS DE PONTUAÇÃO: a *vírgula* [,], o *ponto e vírgula* [;], o *ponto-final* ou *ponto*[.], o *ponto de interrogação* [?], o *ponto de exclamação* [!], as *reticências* [...], os *dois-pontos* [:], as *aspas simples* [' '], as *aspas duplas* [" ", que podem substituir-se por « »], o *travessão* [–], os *parênteses* [( )] e os *colchetes* [[ ]]; além de sinais que, embora não sejam propriamente de pontuação, podem de algum modo reduzir-se a eles: as *chaves* [{ }], a *barra* [/], etc. Trataremos detida e extensamente a pontuação no momento devido.

1.6. As regras da acentuação gráfica[17]

1.6.1. Acentuam-se as palavras MONOSSILÁBICAS (essencialmente) TÔNICAS terminadas:[18]

- em *a(s)* – *cá, já, hás, pás*, etc.;
- em *e(s)* – *pé, ré, vê-lo, três*, etc.;
- em *o(s)* – *pó, só, nós, pôs*, etc.;
- em *eis (aberto)* – *féis, réis*, etc.;
- em *eu(s) (aberto)* – *céu, réu, véus*, etc.;
- em *oi(s) (aberto)* – *dói, mói, sóis*, etc.

☞ OBSERVAÇÃO 1. Veja-se que as formas verbais monossilábicas que perdem o *r*, o *s* ou o *z* finais pela presença ligada de pronome átono se incluem nas regras de acentuação como qualquer outra palavra: *recitá-lo-á, vê-lo, pô-lo*, etc.

☞ OBSERVAÇÃO 2. Se se acentuam as monossilábicas terminadas em ditongo *eis* aberto ou em ditongo *oi* aberto, não assim, porém, as terminadas em ditongo *ei* fechado ou em ditongo *oi* fechado: *réis*, mas *sei*; *dói*, mas *boi*.

☞ OBSERVAÇÃO 3. Porque em português nunca se usa acento sobre nenhuma outra notação léxica, não se acentuam as monossilábicas terminadas em *ã(s), ão(s)* e *ãe(s), õe(s)*: por exemplo, *cã, mão, pães, pões*.

NOTA PRÉVIA ☞. As palavras *oxítonas* são aquelas cuja sílaba tônica ou forte é a última; as *paroxítonas*, a penúltima; e as *proparoxítonas*, a antepenúltima.

1.6.2. Acentuam-se as palavras OXÍTONAS terminadas:

- em *a(s)* – *cajá, rajá, amarás, atrás*, etc.;

---

[17] Quanto à acentuação gráfica, damos ordenação e explicação *muito distintas* das que se encontram no texto do atual Acordo.
[18] Para as noções de *monossilábica essencialmente átona* e de *monossilábica essencialmente tônica*, ➤ *Suma*, p. 101-03.

- em *e(s)* – *até, jacaré, revê-lo, francês*, etc.;
- em *o(s)* – *cipó, após, avô, pôs*, etc.;
- em *em* – *alguém, retém, também*, etc.;
- em *ens* – *deténs, parabéns, vinténs*, etc.;
- em *eis* (aberto) – *papéis, pincéis, tonéis*, etc.;
- em *eu(s)* (aberto) – *sobrecéu, incréu, chapéus*, etc.;
- em *oi(s)* (aberto) – *destrói, remói, rouxinóis*, etc.

☞ Observação 1. Se se acentuam as oxítonas terminadas em ditongo *eis* aberto, não assim, porém, as terminadas em ditongo *ei* fechado: *papéis*, mas *rezei*.

☞ Observação 2. Veja-se que as formas verbais oxítonas que perdem o *r*, o *s* ou o *z* finais pela presença ligada de pronome átono se incluem nas regras de acentuação como qualquer outra palavra: *recitá-lo-á, perdê-lo, repô-lo*, etc.

☞ Observação 3. Porque em português nunca se usa acento sobre nenhuma outra notação léxica, não se acentuam as oxítonas terminadas em *ã(s), ão(s), ães* e *ões*: *irmã, cação, Magalhães, portões*, etc.

1.6.3. Acentuam-se as palavras PAROXÍTONAS **não** terminadas em *a(s)*, em *e(s)*, em *o(s)*, em *em(ns)*, em *am*:

- ✓ *aljôfar, éden* (mas *edens*), *hífen* (mas *hifens*), *abdômen, amável, éter, cadáver, júri, útil, lápis, elétron, álbum, bônus*, etc.;
- ✓ *bênção, Estêvão, sótãos, imã; pênseis, renegásseis; vácuo, imundície, ignorância*; etc.

☞ Observação 1. Note-se, pela segunda sequência de exemplos, que se incluem nesta regra as paroxítonas terminadas em *vogal nasal com til*, em *ditongo nasal com til* e em *ditongo oral* (seguidos ou não de *-s*).

☞ Observação 2. O atual Acordo eliminou o acento dos ditongos abertos *ei* e *oi* quando se encontram na sílaba tônica de palavras paroxítonas: *ideia* (e já não "idéia"), *heroico* (e já não "heróico"). Mas a vogal tônica destes ditongos se acentuará, sim, se a palavra se enquadrar na regra geral da acentuação das paroxítonas. Assim, *Méier* (bairro do Rio de Janeiro) e *destróier* acentuam-se não por terem na sílaba tônica um destes dois ditongos abertos, mas por não terminarem em *a(s)*, *e(s), o(s)*, etc., segundo o dito acima.

☞

1.6.4. Acentuam-se **todas** as palavras PROPAROXÍTONAS:

- ✓ *análise, analógico, ânimo, Atlântida, átomo*, etc.;
- ✓ *bárbaro, básico, belíssimo, bólido, bússola*, etc.;

- ✓ *cálice, câmara, católico, cônjuge, coreógrafo*, etc.;
- ✓ *Dâmocles, didático, dinâmico, dízimo, dúvida*, etc.;
- ✓ *elástico, esdrúxulo, específico, espírito, ética*, etc.;
- ✓ *fábula, fenômeno, fígado, física, fonética* etc.;
- ✓ *gênero, glóbulo, gótico, gráfico, gramática*, etc.;
- ✓ *Hércules, hérulo, hipótese, histórico, húngaro*, etc.;
- ✓ *iatralíptica, impávido, íngreme, íntegro, ípsilon*, etc.;
- ✓ *jafético, jâmbico, Jerônimo, jurássico, jurídico, etc.;*
- ✓ *lâmpada, leucócito, líquido, lógica, lúdico*, etc.;
- ✓ *mácula, matemática, mérito, míope, música*, etc.;
- ✓ *nítido, noético, nômade, númeno, número*, etc.;
- ✓ *obstáculo, óculos, ômega, óptica, oxítona*, etc.;
- ✓ *pântano, parêntese, paroxítona, poético*, etc.;
- ✓ *quádruplo, questiúncula, quilômetro*, etc.;
- ✓ *rápido, relâmpago, ridículo, romântico*, etc.;
- ✓ *sábado, sinônimo, síntese, sôfrego, sólido*, etc.
- ✓ *Tântalo, tártaro, técnica, término, triângulo*, etc.;
- ✓ *úlcera, último, úmido, único, uníssono*, etc.;
- ✓ *válido, vândalo, verborrágico, vinícola*, etc.;
- ✓ *xácara* (canção, forma poética), *xântico, xícara*, etc.;
- ✓ *zéfiro, zeugmático, zodíaco, zoológico*, etc.

*

PALAVRAS DE ACENTUAÇÃO DUVIDOSA

§ Escrevam-se (e digam-se):
- como OXÍTONAS (ou seja, com o acento tônico na última sílaba):
  - ✓ ⚐ *cateter* e não "catéter";
  - ✓ *condor* e não "côndor";
  - ✓ *imã* (= imane, pregador islâmico) e não "ímã" (cf. *ímã, infra*);
  - ✓ *Nobel* e não "Nóbel";
  - ✓ *novel* e não "nóvel";
  - ✓ *refém* e não "réfem";
  - ✓ *ruim* e não "ruim";

- ✓ *sutil* ou *sub<u>til</u>* ('fino, penetrante, pequeno, enigmático') e não "<u>su</u>til" ou "<u>sub</u>til" (cf. *sútil, infra*);
- ✓ ♭ *ure<u>ter</u>* e não "u<u>ré</u>ter";
- ✓ ♭ *xe<u>rox</u>* e não "<u>xé</u>rox";
- como PAROXÍTONAS (ou seja, com o acento tônico na penúltima sílaba):
  - ✓ *al<u>a</u>no* e não "<u>á</u>lano";
  - ✓ *ambro<u>sia</u>* (alimento) e não "am<u>bró</u>sia";
  - ✓ *am<u>bró</u>sia* (árvore) e não "ambro<u>sia</u>" –

↷ OBSERVAÇÃO: também pode dizer-se como proparoxítona: *am-<u>bró</u>-si-a*[19] –;
  - ✓ *anto<u>ní</u>mia* e não "antoni<u>mia</u>" –

↷ OBSERVAÇÃO: como *ambrósia* e pela mesma razão, também pode dizer-se como proparoxítona: *an-to-<u>ní</u>-mi-a* –;
  - ✓ *av<u>a</u>ro* e não "<u>á</u>varo";
  - ✓ *azi<u>a</u>go* e não "a<u>zí</u>ago";
  - ✓ *barba<u>ria</u>* e não "bar<u>bá</u>ria"
  - ✓ *bar<u>bá</u>rie* e não "barba<u>rie</u>" –

↷ OBSERVAÇÃO: como *ambrósia* e pela mesma razão, também pode dizer-se como proparoxítona: *bar-<u>bá</u>-ri-e* –;
  - ✓ *bat<u>a</u>vo* e não "<u>bá</u>tavo";
  - ✓ ♭ *boê<u>mia</u>* (vida airada ou vadia) e não "boe<u>mia</u>" –

↷ OBSERVAÇÃO: como *ambrósia* e pela mesma razão, também pode dizer-se como proparoxítona: *bo-<u>ê</u>-mi-a* –;
  - ✓ *cartoman<u>cia</u>* e não "carto<u>mân</u>cia" –

↷ OBSERVAÇÃO: como *cartomancia*, também são paroxítonas todas as demais palavras terminadas em *-mancia* ('adivinhação [por meio daquilo significado pela parte morfológica anteposta]', 'predição'; 'arte adivinhatória': *acriman<u>cia</u>, aeroman<u>cia</u>, axinoman<u>cia</u>, biblioman<u>cia</u>, cartoman<u>cia</u>, cleroman<u>cia</u>, dafnoman<u>cia</u>, geoman<u>cia</u>, hidroman<u>cia</u>, litoman<u>cia</u>, oniroman<u>cia</u>, piroman<u>cia</u>, quiroman<u>cia</u>, rabdoman<u>cia</u>, sicoman<u>cia</u>, teoman<u>cia</u>, xiloman<u>cia</u>*) –;
  - ✓ *ci<u>clo</u>pe* e não "<u>cí</u>clope";
  - ✓ *e<u>di</u>to* ('lei', e 1.ª pessoa do singular do presente do indicativo de *editar*) e não "<u>é</u>dito" (cf. *édito, infra*);

---

[19] É que, repita-se, em português – e em especial o do Brasil – os ditongos crescentes finais átonos *ia, ie* e *io* (como em *famí<u>lia</u>*, em *cá<u>rie</u>*, em *Má<u>rio</u>*) podem pronunciar-se também como hiatos: *famíli-<u>a</u>, séri-<u>e</u>, Mári-<u>o</u>*, etc.

- ✓ *efebo* e não "*éfebo*";
- ✓ *fluido* e não "*fluído*";
- ✓ *filantropo* e não "*filântropo*";
- ✓ *gratuito* e não "*gratuíto*";
- ✓ *ibero* e não "*íbero*";
- ✓ *ímã* (metal) e não "*imã*" (cf. *imã*, *supra*);
- ✓ *impudico* e não "*impúdico*";
- ✓ *levedo* (= *levedura*, e 1.ª pessoa do singular do presente do indicativo do verbo *levedar*) e não "*lêvedo*" (cf. *lêvedo*, *infra*);
- ✓ *maquinaria* e não "*maquinária*";
- ✓ *maquinário* e não "*maquinario*" –

⚠ OBSERVAÇÃO: como *ambrósia* e pela mesma razão, também pode dizer-se como proparoxítona: *ma-qui-ná-ri-o* –;

- ✓ *misantropo* e não "*misântropo*";
- ✓ *mercancia* e não "*mercância*";
- ✓ *nenúfar* e não "*nênufar*";
- ✓ *Normandia* e não "*Normândia*";
- ✓ *Oceania* e não "*Oceânia*";
- ✓ *onagro* e não "*ônagro*";
- ✓ *opimo* e não "*ópimo*";
- ✓ ♭ *ortoépia* e não "*ortoepia*" –

⚠ OBSERVAÇÃO: como *ambrósia* e pela mesma razão, também pode dizer-se como proparoxítona: *or-to-é-pi-a* –;

- ✓ *pletora* e não "*plétora*";
- ✓ *policromo* e não "*polícromo*" –

⚠ OBSERVAÇÃO: não se confunda *policromo* ('que tem muitas cores, multicor') com *polícrono* ('que é duradouro') –;

- ✓ ♭ *psique* e não "*psiquê*";
- ✓ *pudico* e não "*púdico*";
- ✓ *quéchua* (= *quíchua*) e não "*quechua*";
- ✓ *quíchua* (= *quéchua*) e não "*quichua*" –

⚠ OBSERVAÇÃO I: como *ambrósia* e pela mesma razão, também podem dizer-se como proparoxítonas: *qué-chu-a* e *quí-chu-a* –;

- ✓ *sinonímia* e não "*sinonimia*" –

⟣ OBSERVAÇÃO: como *ambrósia* e pela mesma razão, também pode dizer-se como proparoxítona: *si-no-ní-mi-a* –;
- ✓ *sútil* ('consútil', e 'coroa de flores', 'cabana', 'escudo') e não "sutil" (cf. *sutil, supra*);
- ✓ *têxtil* e não "textil";

• como PROPAROXÍTONAS (ou seja, com o acento tônico na antepenúltima sílaba):
- ✓ *ádvena* e não "advena";
- ✓ *aeródromo* e não "aerodromo" –

⟣ OBSERVAÇÃO: como *aeródromo*, são proparoxítonas todas as demais palavras terminadas em -*dromo* ('recinto destinado a corridas' [ex.: *autódromo, canódromo, tauródromo*]) –;
- ✓ *ágape* e não "agape";
- ✓ *álacre* e não "alacre";
- ✓ *álcali* e não "alcali";
- ✓ *alcíone* e não "alcione";
- ✓ *amálgama* (substantivo) e não "amalgama" –

⟣ OBSERVAÇÃO: *amalgama* é ou a 3.ª pessoa do presente do indicativo ou a 2.ª pessoa do singular do imperativo afirmativo de *amalgamar* –;
- ✓ *anêmona* e não "anemona";
- ✓ *antífona* e não "antifona";
- ✓ *antífrase* e não "antifrase";
- ✓ *antístrofe* e não "antistrofe";
- ✓ *areópago* e não "areópago" (nem, muito menos, "aerópago");
- ✓ *aríete* e não "ariete";
- ✓ *arquétipo* e não "arquetipo" (*vide*, porém, *biotipo/biótipo, infra*);
- ✓ *azáfama* (subst.) e não "azafama" –

⟣ OBSERVAÇÃO: *azafama* é ou a 3.ª pessoa do singular do presente do indicativo ou a 2.ª pessoa do singular do imperativo afirmativo de *azafamar* –;
- ✓ *bávaro* e não "bavaro";
- ✓ *bímano* e não "bimano";
- ✓ *bólido* (= *bólide*) e não "bolido";
- ✓ *brâmane* (= *brâmine*) e não "bramane";
- ✓ *Cérbero* e não "Cerbero";
- ✓ *cotilédone* e não "cotiledone";

- ✓ *crisântemo* e não "crisantemo";
- ✓ *édito* ('ordem, mandado afixado em lugar público') e não "edito" (cf. *edito*, *supra*);
- ✓ *égide* e não "egide";
- ✓ *etíope* e não "etiope";
- ✓ *fagócito* (substantivo) e não "fagocito" –

↗ OBSERVAÇÃO: *fagocito* é a 1.ª pessoa do singular do presente do indicativo de *fagocitar* –;

- ✓ *férula* e não "ferula";
- ✓ *gárrulo* (adjetivo e substantivo) e não "garrulo" –

↗ OBSERVAÇÃO: *garrulo* é a 1.ª pessoa do singular do presente do indicativo de *garrular* –;

- ✓ *hégira* e não "hegira";
- ✓ *ínclito* e não "inclito";
- ✓ *ínterim* e não "interim";
- ✓ *leucócito* e não "leucocito";
- ✓ *lêvedo* (adjetivo, e 'fungo') e não "levedo" (cf. *levedo*, *supra*);
- ✓ *Niágara* e não "Niagara";
- ✓ *ômega* e não "omega";
- ✓ *périplo* e não "periplo";
- ✓ *plêiade* e não "pleiade";
- ✓ *prófugo* e não "profugo";
- ✓ *protótipo* e não "prototipo" (cf. *biótipo/biotipo*, *infra*);
- ✓ *quadrúmano* e não "quadrumano";
- ✓ *refrega* e não "rêfrega";
- ✓ *revérbero* (substantivo) e não "reverbero" –
- ✓ OBSERVAÇÃO: *reverbero* é a 1.ª pessoa do singular do presente do indicativo de *reverberar* –;
- ✓ *rubrica* e não "rúbrica";
- ✓ *sátrapa* e não "satrapa";
- ✓ *Tâmisa* e não "Tamisa" –

↗ OBSERVAÇÃO: *tamisa* é ou a 3.ª pessoa do singular do presente do indicativo ou a 2.ª pessoa do singular do imperativo afirmativo de *tamisar* –;

- ✓ *Tânatos* e não "Tanatos";
- ✓ *trânsfuga* e não "transfuga";

✓ z*éfi*ro e não "ze*fi*ro";
✓ z*ê*nite e não "ze*ni*te".

§ Prefere-se *bió̱tipo*, mas *bioti̱po* domina amplamente.

§§ Aceitam-se ambas as prosódias *anidri̱do* e *ani̱drido*, *projéti̱l* e *projeti̱l*, *ré̱ptil* e *repti̱l*, *só̱ror* e *soro̱r*, *zangão* e *zângão*. Mas *anidri̱do*, *projéti̱l*, *ré̱ptil*, *só̱ror* e *zangão* dominam amplamente.

*

1.6.5. A regra da acentuação dos HIATOS, por seu lado, é demasiado complexa. Vejamo-la por partes.

1.6.5.a. Acentua-se a *segunda vogal do hiato* quando for *i* ou *u* tônicos, seguidos ou não de *s* na mesma sílaba: *sa-í, dis-tri-bu-í-lo; ra-í-zes* (mas não *ra-iz*), *pa-ís, pa-í-ses; re-ú-so, sa-ú-de, vi-ú-va, ba-la-ús-tre;* etc. (mas não *Ra-ul*, etc.);

1.6.5.b. desde que não haja *nh* na sílaba subsequente: *mo-i-nho, ra-i-nha, ta-i-nha*, etc.;

1.6.5.c. nem *ditongo decrescente* na sílaba antecedente, se a palavra for *paroxítona*: *bo-cai-u-va, fei-u-me, fei-u-ra,* etc. (mas *Pi-au-í, tei-ú, tui-ui-ú*, etc.).

⌖ OBSERVAÇÃO. O atual Acordo eliminou o acento dos hiatos *o-o* e *e-e(m)* em que são tônicos, respectivamente, o primeiro *o* e o primeiro *e*: *vo-o, en-jo-o, ma-go-o; cre-em, de-em, le-em, ve-em;* etc. (e já não "vô-o", "dê-em", etc.).

1.6.6. Caso especial constitui a acentuação de verbos como *aguar, averiguar, enxaguar, apaziguar, delinquir;* etc. Seguem estes dois paradigmas:

1.6.6.a. com *u* tônico em formas rizotônicas[20] sem acento gráfico: *averiguo, averiguas, averigue; delinquo, delinques;* etc. – este paradigma é o da norma lusitana;

1.6.6.b. com o *a* e o *i* do radical tônicos e acentuados graficamente: *averíguo, averígue; enxáguo, enxáguas; delínques, delínque;* etc. – este é o que se emprega majoritariamente no Brasil.

⌖ OBSERVAÇÃO. Importante: nos verbos terminados em *inguir* (*distinguir, extinguir,* etc.), nunca se pronuncia este *u*.

---

[20] Dizem-se *rizotônicas* as formas cujo acento tônico recai em sílaba do radical (*cant-o, beb-o,* por exemplo); e *arrizotônicas* as formas cujo acento tônico não recai ao menos inteiramente no radical (*am-amos,* por exemplo) ou recai em sufixo (*livr-eiro,* por exemplo).

1.6.7. Os acentos diferenciais

1.6.7.a. Nossos atuais ACENTOS DIFERENCIAIS obrigatórios servem para distinguir:
- as seguintes palavras tônicas de suas homógrafas átonas:
- *pôr* (verbo) de *por* (preposição):
  - ✓ *Pode <u>pôr</u> os livros <u>por</u> aí.*;
- *quê* (substantivo, ou em fim de frase, etc.) de *que* (pronome, conjunção, etc.):
  - ✓ *Bem sei que ainda não se apreendeu o <u>quê</u> da questão.*;[21]
- *porquê* (substantivo) de *porque* (conjunção):
  - ✓ *... <u>porque</u> há que saber o <u>porquê</u> de ter agido assim.*;
- este par de formas verbais de timbre diverso:
- *pôde* (pretérito perfeito) de *pode* (presente do indicativo):
  - ✓ *<u>Pôde</u>-o fazer, mas já não o <u>pode</u>.*;
- as seguintes terceiras pessoas verbais:
- *têm* (plural) de *tem* (singular):
  - ✓ *Ela <u>tem</u> de estudá-lo, mas eles não <u>têm</u> de estudá-lo.*;
- *atêm, contêm, detêm, retêm* e semelhantes (plural) de *atém, contém, detém, retém* e semelhantes (singular):
  - ✓ *Nunca se <u>atém</u> ao que lhe é pedido.*;
  - ✓ *Estes livros <u>contêm</u> preciosos ensinamentos morais.*;
- *vêm* (verbo *vir*, plural) de *vem* (verbo *vir*, singular):
  - ✓ *Os rapazes <u>vêm</u> de carro, mas ela <u>vem</u> de ônibus.*;
- *devêm, revêm, sobrevêm* e semelhantes (plurais) de *devém, revém, sobrevém* e semelhantes (singulares):
  - ✓ *A situação <u>devém</u> [= torna-se] complexa.*;
  - ✓ *<u>Sobrevêm</u> [= Dão-se subitamente] eventos funestos.*

⌖ OBSERVAÇÃO. A regra da acentuação do *que* é das mais intricadas ou obscuras. Tentemos dar-lhe alguma clareza.
- Acentua-se o *que* sempre que seja substantivo: *Este é o <u>quê</u> da questão.* – Esta parte da regra procede e não constitui escolho.
- Acentua-se ainda o *que* sempre que esteja:
- em fim de frase:
  - ✓ *Gosta sabe-se lá de <u>quê</u>.*;

---

[21] *Vide*, na primeira OBSERVAÇÃO *infra*, as regras de acentuação do *que*.

- ✓ ✓ *Por quê?*;
  - ✓ ✓ *Quê!*;
  - ✓ etc.;
- em fim de oração:
  - ✓ *Sua atitude resulta não se sabe de quê: se de prudência ou de covardia.*;
  - ✓ etc.;
- antes de vocativo a que se siga o fim da frase ou da oração:
  - ✓ *Sabemos por quê, Maria.*;
  - ✓ *Sabemos por quê, Maria: porque o move a prudência.*;
  - ✓ etc.

- Mas já não se acentuará se não se seguir ao vocativo o fim da frase ou da oração:
  - ✓ *Não sabemos por que, José, ela não aceitou a incumbência.*;
  - ✓ etc.

1.6.7.b. Assinalam-se **facultativamente** com ACENTO DIFERENCIAL as seguintes palavras:

• *fôrma*, para que se distinga de *forma* (substantivo, ou presente do indicativo, ou ainda imperativo):

  ✓ *A fôrma em que o sapateiro pôs o calçado lhe devolverá a forma.*;

• *louvámos, amámos*, etc. (pretérito perfeito), para que se distingam de *louvamos, amamos*, etc. (presente do indicativo):

  ✓ *Um dia o amámos, mas já não o amamos.*;

• *dêmos* (presente do subjuntivo e, por extensão, imperativo), para que se distinga de *demos* (pretérito perfeito):

  ✓ *Dêmos-lhes agora o que outrora não lhes demos.*

¶ Parecem-nos de grande utilidade estes três acentos diferenciais, razão por que consideramos improcedente a opinião de que os dois últimos não se devem usar senão em Portugal. Nós mesmo usamo-los sempre.

☞ OBSERVAÇÃO. Pelo atual Acordo Ortográfico, já não se assinalam com acento diferencial as seguintes palavras ou partes de palavra: *coa* (verbo); *para* (verbo, ou parte de substantivo [*para-choque*, por exemplo]); *pela* [é] (verbo); *pera* (substantivo, ou parte de substantivo [*pera-d'água*, por exemplo]); *pelo* [ê] (substantivo) e *pelo* [é] (verbo); *polo* (dois substantivos ['extremidade' e 'jogo']).

⇔ Apêndice ⇔
FONÉTICA E ORTOÉPIA[22]

Nota prévia ⇘. O que por reflexo propicia mais cabalmente o bem falar é o ler bons autores e o bem escrever, tudo o que, por sua vez, não é propiciado senão pelo ensino não rudimentar da Gramática. Esta, todavia, se é a arte normativa da escrita, também o pode ser – *dentro de estritíssimos limites* – da fala. Por isso podemos pôr aqui, ao final deste capítulo sobre o atual sistema ortográfico, as seguintes regras e sugestões quanto à fonética e à ortoépia, as quais regras são de aplicar sobretudo na ministração de uma aula ou de uma conferência, no pronunciamento de um discurso, etc. – sempre em ordem à didática ou à eficácia.[23]

α. Prefira-se (se se consegue):

- pronunciar o *rr* ao modo gaúcho ou espanhol, como *rr* velar ou vibrante: ca*rr*o; canta*r*; *r*ibonucleico [êi]; etc.;

- pronunciar o *l* em final de sílaba ainda ao modo gaúcho ou espanhol, como *l* mesmo e não como *u*:

  ◆ *algum* e não "augum";

  ◆ *mal* (advérbio) e não "mau" (até para distingui-lo do adjetivo *mau*);

  ◆ *sol* e não "sou";

  ◆ etc.

β. Pronuncie-se o *r* final dos infinitivos e de formas do futuro do subjuntivo: canta*r*, bebe*r*, parti*r*, vi*r* (futuro do subjuntivo do verbo *ver*), vie*r* (futuro do subjuntivo do verbo *vir*), fize*r* (futuro do subjuntivo do verbo *fazer*); etc.

γ. Ainda que algo levemente, pronuncie-se a semivogal *u* nos ditongos *ou*:

- c*ou*ro e não "c*o*ro";
- l*ou*co e não "l*o*co";
- l*ou*ro e não "l*o*ro";
- r*ou*pa e não "r*o*pa";
- t*ou*ro e não "t*o*ro";
- etc.

---

[22] Para aprofundamento deste ponto, ▸ *Suma*, p. 49 e 93-101.

[23] Não obstante, há que manter inflexivelmente que à Gramática não compete solucionar e normatizar todas as questões relativas à boa dicção dos fonemas, das palavras, das frases, dos discursos. Isso cabe antes à Oratória, que é arte auxiliar da Retórica. Para isto, ▸ *Suma*, p. 46 e 97.

δ. Os verbos em *ear* recebem *i* nas formas rizotônicas,[24] e este *i* deve pronunciar-se:
- *c<u>ea</u>r* – *ce<u>i</u>o, ce<u>i</u>as, ce<u>i</u>a,* ceamos, ceais, *ce<u>i</u>am*;
- *fr<u>ea</u>r* – *fre<u>i</u>o, fre<u>i</u>as, fre<u>i</u>a,* freamos, freais, *fre<u>i</u>am*;
- *rec<u>ea</u>r* – *rece<u>i</u>o, rece<u>i</u>as, rece<u>i</u>a,* receamos, receais, *rece<u>i</u>am*;
- etc. –

↬ OBSERVAÇÃO: em contrapartida, porém, que não se imiscua nenhum *i*, nem leve, nas formas arrizotônicas destes mesmos verbos: *cear* (e não "cei̯ar"), *ceamos* (e não "cei̯amos"), *ceais* (e não "cei̯ais"); *frear* (e não "frei̯ar"), *freamos* (e não "frei̯amos"), *freais* (e não "frei̯ais"); *recear* (e não "recei̯ar"), *receamos* (e não "recei̯amos"), *receais* (e não "recei̯ais"); etc.[25]

ε. Diga-se:
- ♭ *colm<u>e</u>ia* [ê] e não "colm<u>e</u>ia" [é];
- ♭ *fecha* [ê] e não "fecha [é]";
- *inc<u>e</u>sto* [é] e não "inc<u>e</u>sto [ê]";
- *ó* [interjeição vocativa] e não "<u>ô</u>":
    - ✓ *Dai-me esta graça, ó meu Deus* (e não "<u>ô</u> meu Deus").;
    - ✓ *Ó garçom, traga-me uma garrafa de água mineral* (e não "<u>Ô</u> garçom...").;
    - ✓ etc. –

↬ OBSERVAÇÃO 1: use-se "ô" apenas para representar – em teatro, ou em cinema, ou em literatura, ou ainda em retórica – este modo vulgar de falar;

↬ OBSERVAÇÃO 2: note-se que a interjeição vocativa, *ó*, nunca se segue de ponto de exclamação;

↬ OBSERVAÇÃO 3: não se confunda a interjeição vocativa, *ó*, com a interjeição exclamativa *oh!*, que, esta sim, deve sempre seguir-se de ponto de exclamação (sem que este, por sua vez, se siga de vírgula):
- ◆ *<u>Oh</u>! quão superior é a arte de Rembrandt!* (e não "<u>Ó</u>! quão superior...").
- ◆ *Mas eles, <u>oh</u>! recusaram-se a abjurar de seu erro* (e não "Mas eles, <u>ó</u>! recusaram-se...").;
- ◆ etc.

---

[24] Para radical e sufixo, *vide* no CAPÍTULO II a seção "As partes das palavras".

[25] Aliás, também cinco verbos em *iar* se grafam com *ei* nas formas rizotônicas:
- *ans<u>i</u>ar* – *ans<u>ei</u>o, ans<u>ei</u>as, ans<u>ei</u>a,* ansiamos, ansiais, *ans<u>ei</u>am*;
- *incend<u>i</u>ar* – *incend<u>ei</u>o, incend<u>ei</u>as, incend<u>ei</u>a,* incendiamos, incendiais, *incend<u>ei</u>am*;
- *med<u>i</u>ar* – *med<u>ei</u>o, med<u>ei</u>as, med<u>ei</u>a,* mediamos, mediais, *med<u>ei</u>am*;
- *od<u>i</u>ar* – *od<u>ei</u>o, od<u>ei</u>as, od<u>ei</u>a,* odiamos, odiais, *od<u>ei</u>am*;
- *remed<u>i</u>ar* – *remed<u>ei</u>o, remed<u>ei</u>as, remed<u>ei</u>a,* remediamos, remediais, *remed<u>ei</u>am*.

¶ Certos substantivos cuja vogal tônica é um *o* fechado, ao receberem a desinência de plural (*-s*), têm esse *o* mudado em *o* aberto. Eis os mais importantes: *abrolho*; *caroço*, *corcovo*, *coro*, *corno*, *corpo*, *corvo*; *despojo*, *destroço*; *escolho*, *esforço*; *fogo*, *forno*, *foro*, *fosso*; *imposto*; *jogo*; *miolo*; *osso*; *ovo*; *poço*, *porco*, *porto*, *posto*, *povo*; *reforço*, *renovo*, *rogo*; *socorro*; *tijolo*, *tojo*, *tordo* (= sabiá), *tremoço*.

⌦ Observação 1. Admite-se em geral que o *o* tônico de *forros*, *tornos* e *trocos* tenha, indiferentemente, timbre aberto ou timbre fechado.

⌦ Observação 2. Note-se que, quando tais substantivos admitem feminino, quase sempre a vogal tônica deste também é de timbre aberto: *ovo* (fechada)/*ova* e *ovos* (aberta); *porco* (fechada)/*porca* e *porcos* (aberta); *sogro* (fechada)/*sogra* e *sogros* (aberta);[26] etc.

⌦ Observação 3. *Poça* forma-se por feminização de *poço* (fechada)/ *poços* (aberta), razão por que também deveria ter a vogal tônica aberta. E, com efeito, ainda que em boa parte do Brasil, incluindo nossa cidade de origem, *poça* se diga com a vogal tônica fechada [ô], ☙ preferimos dizê-la com a tônica aberta [ó].

¶¶ Mas muitos substantivos conservam no plural o *o* fechado do singular. Exemplos: *acordo(s)*, *adorno(s)*; *bojo(s)*, *bolso(s)*;[27] *cachorro(s)*, *coco(s)*, *colmo(s)*, *consolo(s)*; *dorso(s)*; *encosto(s)*, *engodo(s)*, *esposo(s)*, *estojo(s)*; *ferrolho(s)*; *globo(s)*, *golfo(s)*, *gosto(s)*; *lobo(s)*, *logro(s)*, *moço(s)*, *morro(s)*, *mosto(s)*; *pescoço(s)*, *piloto(s)*, *piolho(s)*, *poldro(s)*, *polvo(s)*, *potro(s)*, *reboco(s)*, *rebojo(s)*, *repolho(s)*, *restolho(s)*, *rolo(s)*, *rosto(s)*; *sogro(s)*, *sopro(s)*, *soro(s)*, *suborno(s)*; *topo(s)*.

→ A palavra *molho* que significa 'feixe ou conjunto de objetos seguros juntos' diz-se com o *o* tônico aberto, e a palavra *molho* que significa 'condimento em caldo' diz-se com o *o* tônico fechado. São de fato palavras distintas, o que se pode comprovar por seu étimo: a primeira deriva do latino *manucŭlus ou *manŭclus* (alteração de *manupŭlus*, por *manipŭlus* ou *maniplus*, 'punhado, feixe'), enquanto a segunda se formou por derivação regressiva de *molhar*. Pois bem, no plural as duas mantêm o timbre das respectivas formas singulares.

---

[26] Só em Portugal se diz *sogros* como a devida vogal tônica aberta.

[27] No entanto, *bolsos* diz-se em Portugal com a vogal tônica aberta.

ζ. ◊ Digam-se como /s/ simples – e não como se escrevem – os encontros consonantais disjuntos[28] *s-c* quando seguido de *e* ou de *i* (ou *s-ç* quando seguido de *a* ou de *o*) e *x-c* quando seguido de *e* ou de *i*: *adolescente, ascensão, condescender, crescente, floresceis, fosforescência, nascem, obsceno; renasçam, cresço; consciente, fascismo, nasci, piscina, suscinto, suscitar; exceção, excedente, excesso, excitamento*; etc.[29]

η. Pronuncie-se como /s/, e não como /z/, o *s* do encontro consonantal disjunto *b-s*: *absolveu, obsessão, obsedado, subsídio, subsumir*.

θ. Diga-se *inexorável* [z] e não "inexorável [cs]". – Quanto todavia a *exotérico* ('público'), conquanto os dicionários e as gramáticas insistam em que seu *x* tem som de *z*, nós sempre o dizemos com som de *cs*, porque de outro modo o adjetivo não se distinguiria de seu antônimo (*esotérico*) na oralidade: por exemplo, *as obras exotéricas* [cs] *de Aristóteles*.

ι. Diga-se:

• *ab-rogar, ab-rogado*, etc. (com *b* mudo ou travado), e não "abirrogar", "abirrogado", etc.;

• *absurdo, absurdamente*, etc. (com *b* mudo ou travado), e não "abissurdo", "abissurdamente", etc.;

• *advogado, advogar*, etc. (com *d* mudo ou travado), e não "adivogado", "adivogar", etc., nem, muito menos, "adevogado", "adevogar", etc.;

• *captar, captei*, etc. (com *p* mudo ou travado), e não "capitar", "capitei", etc.;

• *evicção* (com *c* mudo ou travado) e não "eviquição";

• *gnose* (com *g* mudo ou travado) e não "guinose";

• *gnoseologia* [ou *gnosiologia*] (com *g* mudo ou travado) e não "guinoseologia" [ou "guinosiologia"];

• *indignar, indignado*, etc. (com *g* mudo ou travado), e não "indiguinar", "indiguinado", etc.;

• *Naftalina* e *naftaleno* (com *f* mudo ou travado) e não "Nafitaliana" e "nafitaleno";

• *pneu, pneumático*, etc. (com *p* mudo ou travado), e não "pineu", "pineumático", etc., nem, muito menos, "peneu", "peneumático", etc.;

• *pseudo-* (com *p* mudo ou travado) e não "pisseudo-" –

---

[28] Para *encontros consonantais disjuntos*, *vide* mais adiante a seção "A divisão silábica".
[29] Esta sugestão, naturalmente, diz respeito ao Brasil, não a Portugal e demais países lusófonos, e apesar de algumas regiões brasileiras, nas quais tais encontros consonantais disjuntos se dizem como se leem.

⟡ OBSERVAÇÃO: em português, *pseudo-* é sempre *parte morfológica*,[30] ou seja, nunca se escreve separadamente: *pseudoargumentação*, *pseudofilósofo*, *pseudorreflexão*, *Pseudo-Agostinho*, *Pseudo-Dionísio*, etc. –;

- *psicologia*, *psicólogo*, *psicanalisar*, *psicanálise*, *psicanalista*, etc. (com *p* mudo ou travado), e não "pissicologia", "pissicólogo", "pissicanalisar", "pissicanálise", "pissicanalista", etc.;
- *ritmo*, *ritmado*, etc. (com *t* mudo ou travado), e não "rítimo", "ritimado", etc.;
- *subsumir*, *subsumido*, etc. (com *b* mudo ou travado), e não "subissumir", "subissumido", etc.;
- *et reliqua*.

---

[30] Para a noção de *parte morfológica*, ➤ *Suma*, p. 140-98, mais particularmente p. 141; e aqui, *infra*, no CAPÍTULO II, a seção "As partes das palavras".

CAPÍTULO II
A FORMAÇÃO DAS PALAVRAS

Nota prévia ☙. Ainda que para uma compreensão mais profunda de como se formam as palavras remetamos o leitor à nossa *Suma* (especialmente p. 140-91), e ainda que o escopo de *A Arte de Escrever Bem* seja antes prático, não podemos esquivar-nos aqui de oferecer-lhe noções morfológicas mínimas, sem as quais não se poderiam compreender suficientemente as partes mais propriamente normativas deste capítulo.

2.1. As classes gramaticais[1] (noções básicas)

2.1.1. A linguagem reflete de algum modo em suas construções a própria constituição da realidade. É o que se dá com as diversas classes de palavras, as quais expressam *de alguma maneira* as dez categorias ou gêneros máximos do ente,[2] a saber: a *substância* e seus nove acidentes: *quantidade, qualidade, relação, onde, quando, situação* (ou *posição*), *posse* (ou *habere*), *ação* e *paixão* (ou *ser paciente de uma ação*). Expliquemo-lo o mais simplesmente possível. Com efeito, olhe-se para qualquer homem, que por subsistir em si é uma substância, assim como o é qualquer laranjeira ou qualquer cisne, e constatar-se-á, por exemplo, que tem 1,80 metro de altura e 85 quilos de peso (*quantidade*); que é branco ou negro (*qualidade*); que é pai ou filho de alguém (*relação*); que ocupa um lugar (*onde*); que se encontra em determinado instante (*quando*); que está de pé ou sentado (*situação* ou *posição*); que vai armado ou calçado (*posse* ou *habere*); que caminha ou toca um violino (*ação*); e que é molhado pela chuva ou queimado pelo sol (*paixão*).

Não é difícil concluir que a classe do substantivo expressa as *substâncias* ou os *acidentes tomados como substâncias*; que o adjetivo expressa a *qualidade* – e a *relação*, a *situação*, a *posse*, etc., tomadas ao modo da qualidade; que o verbo expressa, propriamente, a *ação* e a *paixão*, mas também a *posse* entendida como ação de possuir, etc.; e que o advérbio se ocupa do *quando* e do *onde* (além, naturalmente, de aplicar-se à indicação do modo, etc.).

2.1.2. Segundo o que se acaba de dizer, são as seguintes as classes gramaticais:

2.1.2.a. A dos substantivos. Valemo-nos do substantivo ou nome para significar substâncias ou coisas entendidas, de algum modo, como substâncias. Assim, quando dizemos *rio, cão, homem, alma*, etc., significamos verdadeiras substâncias, ou seja, entes que existem ou subsistem em si (ou que ao menos assim

---

[1] Para aprofundamento deste ponto, ➢ *Suma*, p. 126-35.
[2] São as dez categorias descobertas por Aristóteles.

são pensados); e, quando dizemos *negrura, alegria, saudade, suavidade, decisão*, etc., significamos acidentes, ou seja, entes que não existem em si mas somente nas substâncias – os quais, porém, são aqui pensados separadamente, como se se tratasse de efetivas substâncias.

⌦ Observação 1. Os substantivos com que significamos *substâncias* chamam-se concretos. Exemplos: *homem, animal, cavalo, árvore, limoeiro, Maria, Pernambuco, sacerdote, máquina, ciclope, tio*, etc. – Os substantivos com que significamos *acidentes entendidos a modo de substâncias* são os abstratos: *justiça, colheita, juventude, amplidão, verdade, bondade, doença, pessimismo, brandura, limpeza, caridade, ira*, etc.

⌦ Observação 2. Para indicar o gênero, o número e o grau dos substantivos, como voltaremos a ver, usam-se ao final destes certas flexões: *menin<u>a</u>, livro<u>s</u>, cas<u>inha</u>*, etc.

2.1.2.b. Os adjetivos (*negro, alegre, saudoso, suave, decidido*, etc., e *vosso, aquele, algum, uns, doze*, etc.) são as palavras que *determinam ou modificam os substantivos* (ainda que como estes também se digam *nomes*). E fazem-no porque significam aspectos acidentais[3] das substâncias exatamente enquanto *acidentes*.

• Se os adjetivos significam algo que modifique *intrinsecamente* a substância, ou seja, uma *qualidade*, chamam-se qualificativos: obra <u>profunda</u>, mar <u>azul</u>, gato <u>gordo</u>, <u>longa</u> estrada, comportamento <u>filial</u>, pessoa <u>sentada</u>, etc.;[4]

• Se no entanto significam algo que modifique *extrinsecamente* a substância, ou seja, como *certa medida*, chamam-se determinativos. Tal medida pode dar-se em razão de diversas coisas: da *posse*, e têm-se então os adjetivos **possessivos** (<u>nossa</u> *criança*); do *lugar*, e têm-se então os adjetivos **demonstrativos** (<u>essa</u> *criança*); da *quantidade indeterminada*, e têm-se então os adjetivos **indefinidores** ou **indeterminadores** (<u>algumas</u> *crianças*, <u>muitas</u> *crianças*);[5] e do *número*, e têm-se então os adjetivos **numerais**, que indicam quantidade precisa (<u>quatro</u> *crianças*).

⌦ Observação 1. Para indicar o gênero, o número e o grau dos adjetivos, usam-se ao final destes as mesmas flexões que se usam, para o mesmo fim, ao

---

[3] Em verdade, aspectos que ou de fato são acidentais ou ao menos são assim considerados.
[4] Trata-se, pois, ou de qualidade propriamente dita, ou de qualquer outro acidente que seja ou possa considerar-se, ainda que impropriamente, modificação intrínseca – a quantidade contínua, a relação, a posição.
[5] Discrepamos pois da terminologia tradicional também quanto aos artigos: porque, com efeito, estes não são "definidos" ou "indefinidos", senão que, justamente por *definir* ou *indefinir* os substantivos, devem chamar-se como o fazemos: artigos *definidores* ou *indefinidores*.

final dos substantivos: *bela, altos, pequenininho*, etc., além de algumas que lhe são próprias: *cultíssimo*, etc.

⟁ Observação 2. Como se verá imediatamente, os adjetivos determinativos são, por certo ângulo, ou pronomes adjetivos, ou numerais adjetivos, ou ainda artigos.

§ Os pronomes (*nós, teu, isto, algo*, etc.) não podem dizer-se classe senão por certo ângulo ou aspecto, ou seja, por comporem paradigmas; mas reduzem-se a *substantivos* ou a *adjetivos*. Como indica seu mesmo nome,[6] com efeito, podem comutar-se não só por algum outro substantivo ou por algum outro adjetivo, mas ainda por algum grupo substantivo ou por algum grupo adjetivo, por alguma oração substantiva ou por alguma oração adjetiva.[7]

⟁ Observação. Alguns dos vocábulos tradicionalmente chamados pronomes são em verdade pronomes impropriamente ditos (que se tratarão mais detidamente mais adiante). São os relativos (*que, quem, quanto, cujo, o qual*, etc.), o *se* chamado "pronome apassivador" e o *se* chamado "pronome indeterminador", além dos por vezes chamados "advérbios relativos" (*onde* e *aonde*).

§§ Os numerais, como os pronomes, são ou adjetivos ou substantivos e compõem paradigmas, que, todavia, diferentemente dos paradigmas pronominais, são *potencialmente infinitos* (um, dois, três, quatro, cinco... cinquenta... quinhentos... cinco mil... cinco milhões, cinco bilhões ∞, ou seja, *ad infinitum*).

§§§ Os artigos (*o, a, os, as, um, uma, uns, umas*) reduzem-se a pronomes adjetivos e, pois, a adjetivos determinativos. Às vezes não é senão por eles que sabemos o gênero e o número de alguns substantivos: *o amálgama*, *uns leva e traz*, etc.

2.1.3. Os verbos constituem a classe mais complexa, por diversas razões. Antes de tudo, como os adjetivos mas diferentemente deles, atribuem-se a substantivos. Depois, significam *com tempo* (*eles estudam*), enquanto os substantivos

---

[6] Do lat. *pronomen, ĭnis*, de *pro-*, "em lugar de", + *nomen*, "nome", modelado por sua vez sobre o gr. *anthōnymos*, de *antí*, "em lugar de", + *ónoma, atos*, "nome".

[7] Chamamos grupo substantivo ao conjunto de duas ou mais palavras, excluídos os verbos, que tenha caráter substantivo mas não constitua locução: por exemplo, *uma pessoa muito tranquila*. E chamamos grupo adjetivo ao conjunto de duas ou mais palavras, excluídos os verbos, que tenha caráter adjetivo mas não constitua locução: por exemplo, *muito tranquila*. Os gramáticos influídos pela Linguística chamam "sintagma" ao que aqui chamamos grupo. – Eis, ademais, um exemplo de oração substantiva: *Disse que viajaria* (que pode comutar-se pelo pronome *isso* ou pelo pronome *o*); e um exemplo de oração adjetiva: *O livro que é de João* (que pode substituir-se pelo pronome adjetivo *seu*).

significam *sem tempo* (*o estudo*). Depois ainda, como se voltará a ver no momento adequado, são sempre na oração o *predicado* (ou seu núcleo) que se atribui ao *sujeito*, função sintática exercida sempre pelo substantivo. Ademais, enquanto, como visto, o substantivo e o adjetivo têm três espécies de flexão (gênero, número e grau), o verbo tem duas que sintetizam quatro: *modo* e *tempo*, *número* e *pessoa*; além de contar com *modos nominais*. Por fim, ordenam-se os verbos em três paradigmas ou conjugações (a primeira em *-ar*, a segunda em *-er* e a terceira em *-ir*: lou*var*, ced*er*, part*ir*).

2.1.4. Os ADVÉRBIOS, conquanto não tenham a complexidade dos verbos, são porém de mais difícil definição. Por e em princípio invariáveis, modificam antes de tudo o verbo (*meditam intensamente*), e estão para este assim como os adjetivos estão para o substantivo. Mas também podem modificar o adjetivo (*muito forte*) e outro advérbio (*muito bem*), e até, de certo modo, uma oração inteira (*Infelizmente não foi possível deter-lhe o desvario*). Mais ainda: parece que podem modificar ainda um substantivo ou um pronome substantivo (*muito homem, quase major, até ele*), dificuldade que também voltaremos a ver.

2.1.5. Agora, os CONECTIVOS.[8]

2.1.5.a. Antes de tudo, os CONECTIVOS ABSOLUTOS, ou seja, as *preposições* e as *conjunções*.

• As PREPOSIÇÕES, como seu próprio nome indica, põem-se sobretudo antes de palavras que expressam ideia subordinada a outra: *ficou* [subordinante] *em casa* [subordinada]; *feito* [subordinante] *por Maria* [subordinada]; *útil* [subordinante] *a todos* [subordinada]; etc. Mas põem-se também antes de verbo em forma nominal justamente para subordinar sua *oração* a outra: *Por rejeitar a proposta indecorosa* [subordinada], *passaram a persegui-lo* [subordinante]; *Em chegando à cidade* [subordinada], *telefone-nos* [subordinante]; etc. Há preposições que só o são (*a, ante, após, até, com, contra, de, desde, diante, em, entre, para, perante, por, sem, sob, sobre*); há porém palavras oriundas de outras classes gramaticais, em geral adjetivos ou particípios, que, por contiguidade semântica, podem usar-se como preposições (*conforme, consoante, tirante*, etc.).

• Depois, as CONJUNÇÕES, que precipuamente são enlaces de subordinação entre orações, dividem-se em duas subclasses, segundo as orações mesmas que elas

---

[8] Como se vê na *Suma* (p. 381-94 e 464-97) e como se voltará a ver aqui, o tratamento que damos aos conectivos discrepa grandemente do das gramáticas correntes.

enlaçam.⁹ Na primeira, estão as **integrantes** (cujo modelo é *que*), as **condicionais** (cujo modelo é *se*), as **causais** (cujo modelo é *porque*), as **finais** (cujo modelo é a locução *para que*), as **comparativas** (cujo modelo é *como*), as **concessivas** (cujo modelo ora é *embora* ora é a locução *ainda que*), as **temporais** (cujo modelo é *quando*), as **proporcionais** (cujo modelo é a locução *à medida que*), as **correlativas** ou **consecutivas** (sempre em par com certos advérbios de intensidade, e cujo modelo é *tão ... que*). Na segunda, estão as **copulativas** ou **aditivas** (cujo modelo é *e*), as **disjuntivas** ou **alternativas** (cujo modelo é *ou*), as **adversativas** (cujo modelo é *mas*). De mais difícil classificação são as conjunções **conclusivas** ou **ilativas** (cujo modelo é *portanto*) e as **continuativas** (cujo modelo é *pois* ou *ora*), além das **explicativas** (cujo modelo pode ser *pois*) e das **conformativas** (cujo modelo pode ser *conforme* ou *como*).

☞ OBSERVAÇÃO. Mas as conjunções também podem ligar palavras (*moça boa e bela, pessoa bela mas fútil, livro bom ainda que árduo*, etc.).

2.1.5.b. Depois, os CONECTIVOS NÃO ABSOLUTOS: são os já referidos *pronomes relativos*. Voltaremos a tratá-los. Diga-se porém desde já que a diferença entre a *conjunção* e o *relativo* é que a conjunção se interpõe entre duas orações tão somente para manter entre elas uma relação de subordinação, ao passo que o pronome relativo, que se refere sempre a um nome antecedente, também *representa* de algum modo a ideia deste na oração seguinte – é como um traço de continuidade semântica entre as duas orações. Insista-se por ora, todavia, em que o relativo também funciona sempre como uma juntura, como um engaste de duas orações – coisa em que consiste sua semelhança com os conectivos absolutos.

2.1.6. Tem-se por fim a classe à parte das INTERJEIÇÕES: *ah!*, *oh!*, etc. As interjeições expressam tão somente um afeto ou uma impressão súbita da alma, razão por que se aproximam de signos naturais como um gemido de dor ou um rosto lívido. Não são, porém, signos naturais, porque, diferentemente destes, se impõem convencionalmente na linguagem.

2.2. AS PARTES MORFOLÓGICAS DAS PALAVRAS

2.2.1. Diga-se, antes de mais nada, que a PALAVRA é a *unidade significativa mínima*, noção que, se requer aprofundamento e prova, como lhe damos em nossa primeira gramática,¹⁰ deve ter-se aqui por suposta.

---

⁹ Quanto pois a algo que tem que ver estreitamente com as conjunções, e como o aprofundaremos mais adiante, negamos que as orações correntemente chamadas "coordenadas" o sejam – outro ponto em que divergimos em profundidade das gramáticas correntes.
¹⁰ Para aprofundamento deste ponto, ➢ *Suma*, p. 135-40.

2.2.2. As PARTES de que se compõem as palavras *em português* podem classificar-se em:
- *sílaba*;
- *raiz*;
- *radical*;
- *acidentes da palavra*:

α. *vogal temática* (*nominal* ou *verbal*);

β. *sufixo flexional* (*nominal* ou *verbal*);
- *prefixo*;
- *sufixo derivacional*.

2.2.2.a. A SÍLABA trata-se em seu âmbito próprio, o dos fonemas e das letras.[11]

2.2.2.b. Todas as demais partes de que se compõem as palavras são do âmbito morfológico, razão por que as chamamos PARTES MORFOLÓGICAS.[12]

- RAIZ é a parte morfológica *etimologicamente* irredutível de uma palavra. Ponhamos um exemplo: a raiz hipotética **sed-*, do também hipotético indo-europeu, da qual se teriam originado: *sĕdeo, es, ēre, sēdi*, etc. ('estar sentado') em latim; *sedere* ('sentar') em italiano; *to sit* ('sentar') em inglês; *sidet'* ('estar sentado') em russo; *sedentário* em português; *et reliqua*. Como se vê, o conceito de *raiz* pertence propriamente à Etimologia.

- RADICAL é o mesmo núcleo lexical da palavra e não raro de uma família de palavras:
    ✓ *pedr*-a, *pedr*-inh-a, *pedr*-ada, *pedr*-eir-o, *pedr*-e-g-ulh-o, a-*pedr*-ej-ar, etc.;
    ✓ *bel*-a, *bel*-íssim-o, *bel*-eza, *bel*-a-mente, em-*bel*-ez-ar, em-*bel*-ez-a-mento, etc.

O radical, todavia, nem sempre se mantém intacto como nas séries acima, e apresenta então uma ou mais variantes. Tome-se o caso do radical *-faz-*, a que se filiam, por exemplo:

✓ *faz*-e-r, *fác*-il, in-*fec*-to, di-*fíc*-il, per-*fei*-to, etc.

Como se vê, todavia, o RADICAL é a *raiz* atual de uma palavra ou de uma família de palavras em determinada língua.

- Ser masculino, feminino ou neutro, singular ou plural, de primeira ou de segunda pessoa, deste ou daquele tempo, e pertencer a este ou àquele paradigma

---

[11] Para SÍLABA, ➤ *Suma*, p. 93-94.
[12] Para aprofundamento deste ponto, ➤ *Suma*, p. 141-56.

gramatical, nada disso constitui diferença essencial entre as coisas. Por essa razão é que, para significar tudo isso, convinha manter a *mesma* palavra com *variações* unidas ao radical. São os ACIDENTES das palavras, e dividem-se em *vogais temáticas* e *sufixos flexionais* (ou *desinências*).

α. A VOGAL TEMÁTICA serve precipuamente para dividir os substantivos e os verbos portugueses em distintos grupos.[13] É mero *instrumento gramatical*.

◆ Os SUBSTANTIVOS distribuem-se por três destes grupos, cada um dos quais, como dito, identificado por uma *vogal temática*:

- *-a*: *grama, marmota, rosa*, etc.;
- *-e*: *dente, morte, veste*, etc.;
- *-o*: *gato, livro, palco*, etc.

◆ Os VERBOS, por sua vez, como dito mais acima, agrupam-se em *três conjugações*, cada uma das quais indicada por uma vogal temática:

- a primeira por *-a*-: *falar, julgar, pensar*, etc.;
- a segunda por *-e*-: *escrever, ler, suceder*, etc.;
- a terceira por *-i*-: *influir, partir, resistir*, etc.

β. Os SUFIXOS FLEXIONAIS (ou DESINÊNCIAS) são as partes morfológicas que se juntam ao radical ou ao tema[14] das palavras para assinalar-lhes o *gênero* e o *número* – no caso dos substantivos e dos adjetivos –, o *grau* – no caso dos substantivos, dos adjetivos e de alguns advérbios – ou o *modo* e o *tempo* e a *pessoa* e o *número* – no caso dos verbos. Em outras palavras, os sufixos flexionais podem ser *nominais* ou *verbais*.

¶ Em consequência de algo já visto, *nominal* também pode dizer-se muitas vezes de traços dos adjetivos, e, conquanto só rara vez, ainda de traços dos advérbios.

→ Os NOMINAIS são:

◆ de GÊNERO:
 ◊ *-o* (masculino): *garoto, moço, raposo*, etc.;[15]
 ◊ *-a* (feminino): *gata, raposa, mestra, doutora*, etc.;

---

[13] Assinale-se aqui *en passant* que nem todos os substantivos e formas verbais têm vogal temática. Para este ponto, ➢ *Suma*, p. 142-43. – Para o motivo por que discrepamos da opinião dominante nos meios linguístico-gramaticais quanto à questão da vogal temática do adjetivo, ➢ *Suma*, ainda p. 142-43.

[14] Para TEMA, *vide* mais abaixo.

[15] Como se vê, o *-o* pode ser cumulativamente vogal temática e desinência de gênero masculino. Para isto, ➢ *Suma*, p. 142.

- de NÚMERO:
  - ***-s*** (com a variante ***es***, depois de consoante): *gata_s_; mar_es_*; etc. –
- ⌐ OBSERVAÇÃO: é barbarismo consagrado pelo uso *gol_s_* para plural de *gol*, certamente por influxo do inglês; mas em Portugal se diz, convenientemente, *golo, golo_s_* –;
- de GRAU (dimensivo ou intensivo):
  - ◇ nos substantivos, nos adjetivos e, mais coloquialmente, em certos advérbios, os de *grau dimensivo*:
    - AUMENTATIVOS: **-ão** [o sufixo aumentativo português por excelência], **-aço, -alhão, -alhaz, -anzil, -aréu, -(z)arrão, -arra, -arraz, -astro, -az, -ázio, -eirão, -orra, -uço**, etc.:
      - ✓ abelh*ão*, amig*aço*, barc*aça*, grand*alhão*, fac*alhaz*, corp*anzil*, fog*aréu*, homenz*arrão*, boc*arra*, prat*arraz*, poet*astro*, lob*az*, cop*ázio*, voz*eirão*, cabeç*orra*, magr*uço*; temp*ão*; etc.;
    - DIMINUTIVOS: **-(z)inho** [o sufixo diminutivo português por excelência], **-ato, -acho, -ebre, -eco, -ejo, -ela, -elho, -ete, -eto, -icho, -ico, -ilho, -im, -ino, -isco, -(z)ito, -ola, -ote, -oto, -ucho, -usco**, e os mais cultos **-ulo/-ula** e **-culo/-cula** (com as variantes **-áculo/-ácula**), **-ículo/-ícula, -úsculo/-úscula, -únculo/-úncula**:
      - ✓ peda*cinho*; lob*ato*, ri*acho*, cas*ebre*, livr*eco*/son*eca*, animal*ejo*, vi*ela*, rapaz*elho*, lembr*ete*, sal*eta*, govern*icho*/barb*icha*, burr*ico*, pecad*ilho*, espad*im*, pequen*ino*, chuv*isco*, cas*ita*/cão*zito*, fazend*ola*, frac*ote*, lebr*oto*, papel*ucho*, velh*usco*; agor*inha*, pert*inho*; glób*ulo*, nót*ula*, mont*ículo*, febr*ícula*, corpús*culo*, hom*únculo*, questi*úncula*; etc.;
  - ◇ nos adjetivos, os de *grau intensivo*:
    - SUPERLATIVOS: **-íssimo** [o sufixo superlativo português por excelência] e **-imo**:
      - ✓ inteligent*íssimo*; humíl*imo*, facílimo, nigérr*imo*; etc.
- ⌐ OBSERVAÇÃO ⌐. Temos perfeita ciência de que, ao reintroduzirmos na Gramática da língua portuguesa a noção de que há desinências de grau ou *dimensivo* ou *intensivo*, vamos a contrapelo da grande maioria dos gramáticos atuais. Mas provamos alhures[16] a justeza desta reintrodução, além de solver, no mesmo lugar, as dificuldades que supõe. – Assinale-se, ademais, a importância de conhecer

---

[16] ➤ *Suma*, p. 145-48.

o conjunto destas desinências e suas funções para o bem escrever, como se patenteará a seguir.

*

Classificação dos sufixos de grau dimensivo segundo o uso

α. Entre os AUMENTATIVOS:
- *-ão* é o usado mais geralmente e tem caráter antes neutro (ou até apreciativo);
- *-aço, -alhão, -alhaz, -anzil, -aréu, -arra, -(z)arrão, -arraz, -az, -ázio* são usados mais ou menos raramente, mas comumente de modo neutro (ou até apreciativo);
- *-eirão, -orra, -uço* usam-se não raro com caráter pejorativo;
- *-astro* é sempre usado pejorativamente.

β. Entre os DIMINUTIVOS:
- *-(z)inho* é o mais usado, e é-o antes neutramente;
- *-acho, -ejo, -ela, -elho, -ete, -eto, -ilho, -im, -ino, -(z)ito, -ola, -ote* e *-usco* são usados antes neutramente, e mais ou menos raramente;
- *-eco, -icho, -ico* e *-ucho* usam-se ora neutramente, ora pejorativamente, ora carinhosamente, etc.;
- *-ebre* só se usa em *case<u>bre</u>*;
- *-ato* e *-oto* situam-se em fronteira turva: com efeito, hoje são antes usados para formar nomes de filhote de certos animais (com o que não cumprem papel de desinência de grau): *leb<u>roto</u>* (de lebre), *perdig<u>oto</u>* (de perdiz); *chib<u>ato</u>* ('cabrito com mais de seis meses e menos de um ano'), etc.; mas, em contrapartida, um *leb<u>roto</u>* não deixa de ser uma lebre pequena;
- *-isco* rara vez é efetivo sufixo diminutivo: em *chuv<u>isco</u>*, por exemplo; o mais das vezes ou é sufixo derivacional (em *mour<u>isco</u>*, ponha-se), ou já nos chega como parte de palavra estrangeira (*obel<u>isco</u>* é uma delas), ou é falso sufixo, como em palavras formadas por derivação regressiva[17] (é o caso, entre outros, de *apr<u>isco</u>* < *apriscar*), etc.;
- *-ulo/-ula* e *-culo/-cula* (com as variantes *-áculo/-ácula*), *-ículo/-ícula, -úsculo/úscula, -únculo/-úncula* são de uso mais estritamente culto.

---

[17] Para DERIVAÇÃO REGRESSIVA, *vide* mais abaixo.

⚗ OBSERVAÇÃO. Nem sempre a língua se vale de sufixos flexionais para significar o que não seja diferença essencial entre as coisas. Muitas vezes, por exemplo, o feminino é indicado por substantivo aposto: *o jacaré fêmea*, *a garça macho*; o plural e o grau por adjetivo quantitativo: *muita gente*, *quanta preocupação*, *sala grande*, *pequeno barco*; ou ainda o grau por advérbio: *excepcionalmente difícil*, *demasiadamente rápido*, etc.

*

→ Há duas espécies de SUFIXO OU DESINÊNCIA VERBAL,[18] e ambas expressam dupla e cumulativamente.

• A primeira espécie é a MODO-TEMPORAL, que indica, obviamente, o *modo* e o *tempo* do verbo:

◊ *-va-* (*-ve-*), do imperfeito do indicativo da 1.ª conjugação: *fala-va*, *falá-ve-is*, etc.;

◊ *-a-* (*-e-*), do imperfeito do indicativo da 2.ª conjugação e da 3.ª: *escrevi-a*, *escreví-e-is*; *parti-a*, *partí-e-is*; etc.;

◊ *-ra-* (*-re-*), do mais-que-perfeito do indicativo das três conjugações: *fala-ra*; *escrevê-ra-mos*; *partí-re-is*, etc.;

◊ *-rá-* (*-rã-*; *-re-*), do futuro do presente das três conjugações: *fala-re-i*; *escreve-rá-s*; *parti-rã-o*; etc.;

◊ *-ria-* (*-rie-*), do futuro do pretérito das três conjugações: *fala-ria-s*; *escreve-ríe-is*; *parti-ria-m*; etc.;

◊ *-e-*, do presente do subjuntivo da 1.ª conjugação: *fal-e*, *fal-e-mos*, etc.;

◊ *-a-*, do presente do subjuntivo da 2.ª conjugação e da 3.ª: *escrev-a*; *part-a-is*; etc.;

◊ *-sse-*, do imperfeito do subjuntivo das três conjugações: *fala-sse*; *escrevê-sse-mos*; *parti-sse-m*; etc.;

◊ *-r-*, do futuro do subjuntivo das três conjugações: *canta-r-es*; *escreve-r-mos*; *parti-r-em*.

⚗ OBSERVAÇÃO 1. Como se vê, nem todos os tempos verbais têm desinência modo-temporal: carece dela, por exemplo, o *pretérito perfeito do indicativo*.

---

[18] Para aprofundamento deste ponto, ➤ *Suma*, p. 150-55.

⟐ Observação 2. Para assinalar as FORMAS NOMINAIS do verbo, dispõe o português de quatro desinências:
- ◊ *-r* – para o **infinitivo** (impessoal): *fala-r, escreve-r, parti-r,* etc.;
- ◊ *-ndo* – para o **gerúndio**: *fala-ndo, escreve-ndo, parti-ndo,* etc.;
- ◊ *-do* – para o **particípio**: *fala-do, devi-do, parti-do,* etc.;[19]
- ◊ *-nte* – para o **particípio modal**: *passa-nte, corre-nte, conduce-nte,* etc.[20]
- ◊ A segunda espécie é a NÚMERO-PESSOAL, que indica, naturalmente, a *pessoa* e o *número* da forma verbal:[21]
- ◊ do presente do indicativo: *-o, -s, -mos, -is (-des), -m*:
- ✓ *fal-o; escreve-s; deve-mos; part-is; segue-m*; etc.;
- ◊ do pretérito imperfeito do indicativo, do pretérito mais-que-perfeito do indicativo, do futuro do pretérito, do presente do subjuntivo e do imperfeito do subjuntivo: *-s, -mos, -is, -m*:
- ✓ *falava-s; escrevíamo-s; partíe-is; seguia-m*; etc.;
- ✓ *falara-s; escrevêra-mos; partíre-is; seguira-m*; etc.;
- ✓ *falaria-s; escrevería-mos; partiríe-is; seguiria-m*; etc.;
- ✓ *fale-s; escreva-mos; parta-is; siga-m*; etc.;
- ✓ *falasse-s; escrevêsse-mos; partísse-is; seguisse-m*; etc.;
- ◊ do futuro do presente: *-i, -s, -mos, -is, -o*:
- ✓ *falare-i; escreverá-s; devere-mos; partire-is; seguirá-o*; etc.;
- ◊ do futuro do subjuntivo e do infinitivo pessoal: *-es, -mos, -des, -em*:
- ✓ *falar-es; escrever-mos; dever-des; partir-em*; etc.[22]

¶ Como acabamos de ver, não é incomum a mutação dos acidentes das palavras, como a da vogal temática da segunda conjugação, *-e-*, em *-i-*. Pudemos, de algum modo, incluir as "mais regulares" nos paradigmas.

---

[19] Há verbos cujo particípio é irregular, e há verbos que, abundantemente, têm o particípio regular e um particípio irregular: no primeiro caso, por exemplo, *escrever – escrito*; e no segundo, ainda por exemplo, *eleger – elegido* e *eleito*. Mais adiante, sugeriremos uma regra para o segundo caso.
[20] Conquanto quase sempre a desinência *-nte* seja formadora, no português atual, de adjetivos e/ou de substantivos (*canta-nte, urge-nte, ouvi-nte,* etc.), não perdeu de todo, no entanto, o vigor participial, como veremos mais adiante. – Para a razão de chamarmos *modal* ao particípio comumente chamado "presente", ➤ *Suma*, p. 356.
[21] As que se arrolam a seguir valem para as três conjugações.
[22] Quanto às formas verbais que carecem de desinência número-pessoal e a outras particularidades, ➤ *Suma*, OBSERVAÇÃO 1-6, p. 152-53.

Sucede, porém, que não só as demais alterações dos acidentes não têm "regularidade" alguma, mas tampouco é incomum a mutação dos radicais. Estamos diante dos verbos irregulares e dos verbos anômalos. Na seção própria dos verbos, veremos como se conjugam.[23]

• Os *prefixos* e os *sufixos derivacionais* tratar-se-ão mais adiante, na seção "A formação de novas palavras".

2.2.3. Quando ao *radical* se une a *vogal temática*, tem-se o TEMA. Assim, do radical *cas-* mais a vogal temática nominal *-a* resulta o tema *casa*.

Outros exemplos:
• do radical *braç-* + a vogal temática *-o* temos o tema *braço*;
• do radical *trabalh-* + a vogal temática da 1.ª conjugação, *-a-*, temos o tema *trabalha*.

Pois bem, ao tema acrescentam-se não só os outros acidentes da palavra: *braço-s*, *trabalha-rá*, etc., mas também sufixos derivacionais. Exemplo: do tema verbal *casa-* + o sufixo *-mento* temos *casamento*.

⌲ OBSERVAÇÃO 1. Com os sufixos de grau e na derivação sufixal, no entanto, muito comumente a vogal temática cai ou se transforma. Exemplos:
  ▪ *ros-inha* e *ros-eira*, onde o sufixo se junta imediatamente ao radical;
  ▪ *afet-u-oso*, onde o sufixo se junta ao tema, mas com a vogal temática mudada de *-o-* em *-u-*.

⌲ OBSERVAÇÃO 2. Dizem-se ATEMÁTICAS as palavras sem vogal temática; são as terminadas em consoante ou em vogal tônica (seguida ou não de *-s* [por exemplo, *aloés*, variante de *aloé*]).
  ▪ Nestes casos, o radical identifica-se com o tema, e muitas vezes é a ele que pura e simplesmente se juntam tanto os acidentes da palavra como os sufixos: *pé-s*; *tambor-im*, etc.
  ▪ Mas nas ATEMÁTICAS terminadas em consoante não raro reaparece uma vogal etimológica: *mar-es*, *mar-e-moto*; etc.

¶ As partes morfológicas da palavra vistas até aqui ou têm alguma carga semântica ou são instrumentos classificatórios. Há, todavia,

---

[23] Para as mutações dos acidentes e dos radicais das formas verbais, ou seja, para os verbos irregulares e os verbos anômalos, ➤ *Suma*, p. 153-55.

partes que não cumprem nenhuma dessas funções, e servem tão somente para evitar certos hiatos ou certos encontros consonantais sentidos como dissonâncias. São AS VOGAIS E AS CONSOANTES DE LIGAÇÃO. Exemplos:

- ✓ A palavra *gasômetro* é formada de *gás* + *o* + *metro*, e a vogal *-o-* que se interpõe entre as partes extremas não está aí senão para evitar um encontro consonantal "sm"; é uma vogal de ligação.
- ✓ A palavra *cafezal*, por seu turno, é formada de *café* + *z* + *al*, e a consoante *-z-* que se interpõe entre as partes extremas não está aí senão para evitar um hiato "e-a"; é uma consoante de ligação.
- De notar é o uso da consoante de ligação *-z-* antes da desinência de diminutivo *-inho*. Alternam-se os modos de dizer: *baldinho* e *baldezinho, salinha* e *salazinha; colherinha* e *colherzinha, florinha* e *florzinha*; etc. As razões para tal alternância são de difícil precisão: podem ter que ver com ritmo, ou com eufonia, ou com clareza, ou com integridade, etc.[24]

§ Caso à parte é o da *redução* do corpo de certas palavras dissilábicas tônicas: são as APÓCOPES, que hoje em dia se limitam às seguintes:
- são (*santo*) antes de nomes próprios começados por **consoante**: São José, São Paulo, etc. (mas *Santo Agostinho, Santo Estêvão*, etc.) –
  - ↗ OBSERVAÇÃO: constituem exceção Santo Tomás de Aquino e poucos mais, como Santo Tirso –;[25]
- FREI (*freire*) antes de nomes próprios: *o* Frei Damião, *o* Frei Vicente de Salvador, etc. –
  - ↗ OBSERVAÇÃO: contra certo uso corrente, ponha-se que antes de *Frei*, como de *Padre* (mesmo com inicial maiúscula), sempre se deve usar o artigo: *o* Frei José, *o* Padre Pio, etc. –;
- QUÃO (*quanto*): Quão belos são estes poemas!, etc.;
- as atualmente pouco usadas MUI (*muito*) e GRÃO, GRÃ (*grande*): *mui* apressadamente; *grão* problema; uma *grã* cidade, etc.

---

[24] Para isto, ➤ *Suma*, p. 156.
[25] É uso antigo, que, ao que parece, desapareceu ou vai desaparecendo em Portugal, mas segue vigente no Brasil. Diga-se e escreva-se, porém, São Tomás (ou *Thomas*) Becket, etc.

2.3. A FORMAÇÃO DE NOVAS PALAVRAS

Nota prévia ↳. É sobretudo nesta seção que ressalta a importância de fazer conhecer, tal qual fizemos acima, as partes das palavras – e os modos como estas se formam. Porque, com efeito, a Ciência geralmente necessita de novas palavras para significar novos conceitos, e é parte do bem escrever que a formação delas se dê de modo conveniente.

§ Para a formação de novas palavras, contamos antes de tudo com duas possibilidades gerais:

α. ou se junta a um radical ou a um tema
  a. um prefixo,
  b. um radical
  c. ou um tema;

β. ou se junta a um radical ou a um tema um sufixo derivacional (ou seja, não flexional).

São 1) a COMPOSIÇÃO e 2) a DERIVAÇÃO PRÓPRIA (ou SUFIXAL).

• Se se trata de COMPOSIÇÃO, a palavra *derivada* pode continuar ou não na mesma família do radical ou do tema *primitivos*.

• Se se trata de DERIVAÇÃO, a palavra *derivada* continua na mesma família do radical ou do tema *primitivos*.

↗ OBSERVAÇÃO. Chama-se família de palavras, insista-se, ao conjunto de palavras que se agrupam em torno de um radical comum: *olho*, *olhadela*, *entreolhar-se*, etc.

Há ainda, todavia, outros modos de formar novas palavras:

γ. a PARASSÍNTESE, em que a palavra é formada ao mesmo tempo por composição e por derivação própria (ou sufixal);

δ. a DERIVAÇÃO REGRESSIVA, que é o contrário da *derivação própria*;

ε. a ONOMATOPEIA, em que se formam palavras imitativas de som ou de ruído;

ζ. outros ainda.

¶ Trata-se efetivamente de NOVAS PALAVRAS. Por exemplo, as palavras constituídas por derivação formam-se de antiga palavra mediante o acréscimo a esta de um sufixo não flexional: *are-al* (areia + -*al*); *viceja-nte* (vecejar + -*nte*); *bela-mente* (bela + -*mente*); *azul-ar* (azul + -*ar*); etc.; e sem dúvida alguma *areal* não é a mesma palavra que *areia*, assim como *vicejante* não é a mesma que *vicejar*, *belamente* não é a mesma que *bela*, e *azular* não é a mesma que *azul* – conquanto sejam da mesma família que a palavra de que derivam. – Se porém se pergunta se *rapos-o*, *bel-a*, *areia-s*, *gat-inho*, *frent-e*, *fal-a-rá-s*, formadas mediante o acréscimo de sufixos flexionais ou desinências, são palavras diversas de *raposa*, *belo*, *areia*, *gato*, ou do radical *frent-*, ou do radical *fal-*, ou se são simples variações daquelas palavras e destes radicais, a resposta também é evidente.

2.3.1. A FORMAÇÃO DE NOVAS PALAVRAS POR *COMPOSIÇÃO*

2.3.1.a. A primeira espécie de *composição*, portanto, é a PREFIXAÇÃO.[26] Os *prefixos*, que de modo geral são partes morfológicas de origem ou prepositiva ou adverbial (as quais podem ter ou não ter vida própria na língua atual como preposições ou como advérbios), modificam com sua carga semântica mais ou menos precisa o sentido do tema primitivo, para assim formar a nova palavra: *leal* → *desleal* (prefixo *des-* + tema *-leal*), *pôr* → *impor* (prefixo *in*[*m*]- + tema *-por*), etc.

⌗ OBSERVAÇÃO. Não raro não se sente claramente a relação entre a carga semântica do prefixo e a do tema, justamente a relação que na prefixação dá o significado à nova palavra. Em *exceder*, *preceder*, *proceder*, por exemplo, não se vê nitidamente a ideia de *ceder*, nem se sente de todo que relação se estabelece entre este tema e os prefixos *ex-*, *pre-* e *pro-*. Por outra parte, nem sempre os temas a que se juntam os prefixos têm vida própria em português. Pode tratar-se de radicais latinos ou de radicais gregos transpostos e meramente adaptados à nossa língua, como nestes exemplos: *aduzir*, *conduzir*, *deduzir*, *eduzir*, *induzir*, *produzir*, *reduzir* (do radical de *ducĕre*); *afonia*, *apofonia*, *eufonia*, *metafonia*, *protofonia* (do radical de *phónē*).[27]

✥ São os seguintes os **PREFIXOS** mais usados em palavras portuguesas:

- **Prefixos de origem latina:**
  - AB-, ABS-, A- (afastamento, separação):
    - ✓ *abdicar*, *abjurar*, *abuso*; *abster*, *abstrair*; *amovível*, *aversão*; etc.;

---

[26] Para a justificação e defesa desta nossa posição, ou seja, que a prefixação é uma espécie de composição e não de derivação própria, ➤ *Suma*, NOTA PRÉVIA, p. 157-58.

[27] As séries de exemplos, excelentes, que se encontram nesta observação tomamo-las de ROCHA LIMA, *Gramática Normativa da Língua Portuguesa*, p. 251, embora lhes façamos um que outro acréscimo. – Nas notas de rodapé, damos das citações tão somente o nome do autor e o título da obra e a(s) página(s) em que se encontram. Os demais dados bibliográficos podem ver-se na BIBLIOGRAFIA, no final do livro.

- AD-, A- [AR-, AS-] (movimento para, aproximação, direção):
  ✓ _ad_jacente, _ad_junto, _ado_rar, _a_firmar, _ar_rendar, _as_similar, etc.;
- ANTE- [ANTES-, ANT-] (anterioridade, precedência):
  ✓ _ante_braço, _ante_ontem, _antes_sala, _ant_olhos, etc.;
- CIRCUM- [CIRCUN-] (movimento em torno):
  ✓ _circum_-adjacente, _circum_-navegar, _circum_-murado, _circun_círculo, _circun_lóquio, _circun_scrito, etc.
- CIS- (posição aquém):
  ✓ _cis_alpino, _cis_atlântico, _cis_platino, etc.;
- COM- [CON-], CO- [COR-] (contiguidade, companhia):
  ✓ _com_bater, _com_por, _con_jurar, _con_soante; _co_irmão, _co_mover, _cor_relacionar, _cor_religionário; etc.;
- CONTRA- [CONTRAR-, CONTRAS-] (oposição, aposição):
  ✓ _contra_dizer, _contra_prova, _contrar_revolucionário, _contras_selo, etc.;
- DE- (movimento de cima para baixo):
  ✓ _de_capitar, _de_crescer, _de_por, etc.;
- DES- (separação, ação contrária, privação, negação):
  ✓ _des_fazer, _des_folhar, _des_mascarar, _des_verde, _des_umano, etc.;
- DIS-, DI- [DIR-] (separação, movimento para diversos lados, negação):
  ✓ _dis_sidente, _dis_tender, _dis_cordar; _di_fícil (dis + fácil), _di_lacerar, _dir_imir; etc.
- ENTRE-, INTER- (posição intermediária, relação entre):
  ✓ _entre_abrir, _entre_ato, _entre_ver; _inter_romper, _inter_vir, _inter_nacional; etc.;
- EX-, ES-, E- (movimento para fora, estado anterior):
  ✓ _ex_cêntrico, _ex_patriar, _ex_trair; _es_buracar, _es_correr, _es_tender; _e_fusão, _e_migrar; etc.;[28]
- EXTRA- (posição exterior, excesso):
  ✓ _extra_linguístico, _extra_muros, _extra_ordinário, etc.;
- IN- [IM-], I- [IR-], EM- [EN-] (movimento para dentro):
  ✓ _in_correr, _in_crustar, _im_portar; _i_luminar, _ir_romper; _em_barcar, _en_terrar; etc.;
- IN- [IM-], I- [IR-] (negação, privação):
  ✓ _in_ativo, _im_perdoável, _im_possível; _i_legal, _i_mutável, _ir_restrito; etc.;
- INTRA- (posição interior):
  ✓ _intra_muscular, _intra_verbal, _intra_venoso, etc.;

---

[28] É comum es- alternar-se com des-: _es_farelar ou _des_farelar, _es_tripar ou _des_tripar, etc.

- **INTRO-** (movimento para dentro):
  ✓ _intro_jetar, _intro_meter, _intro_spectivo, etc.;
- **OB-, O-** (posição em frente, oposição):
  ✓ _ob_jeto, _ob_star, _ob_ter, _o_correr, _o_por; etc.;
- **PER-** (movimento através de):
  ✓ _per_correr, _per_durar, _per_furar, etc.;
- **POS-** [**PÓS-**] (posterioridade):
  ✓ _pos_por, _pos_tônico, _pós_-homérico, etc.;
- **PRE-** [**PRÉ-**] (anterioridade):
  ✓ _pre_fácio, _pre_fixo, _pre_liminar, _pré_-fabricado, etc.;
- **PRO-** [**PROR-, PROS-**] (movimento para frente):
  ✓ _pro_mover, _pro_meter, _pror_romper, _pros_seguir, etc.;
- **RE-** (movimento para trás, repetição):
  ✓ _re_fluir, _re_dizer, _re_fazer, _re_nascer, etc.;
- **RETRO-** (movimento mais para trás):
  ✓ _retro_agir, _retro_cesso, _retro_trair, _retro_spectivo, etc.;
- **SEMI-** (metade, quase):
  ✓ _semi_círculo, _semi_deus, _semi_morto, etc.;
- **SOTO-, SOTA-** (posição inferior):
  ✓ _soto_-mestre, _soto_por; _sota_-vento, _sota_-voga; etc.;
- **SUB-, SUS-, SU-, SOB-, SO-** [**SOR-**] (movimento de baixo para cima, inferioridade):
  ✓ _sub_alterno, _sub_ir; _sus_pender, _sus_ter; _su_ceder, _su_por; _sob_estar, _sob_por; _so_erguer, _so_terrar, _sor_rir; etc.;
- **SUPER-, SOBRE-** (posição em cima, excesso):
  ✓ _super_cílio, _super_por, _super_-hidratação; _sobre_scrito, _sobre_viver, _sobre_por; etc.;
- **SUPRA-** [**SUPRAR-, SUPRAS-**] (posição acima, excesso):
  ✓ _supra_citado, _suprar_renal, _supras_sumo, etc.;
- **TRANS-, TRAS-** [**TRA-**], **TRES-** (movimento e posição para além de):
  ✓ _trans_bordar, _trans_luzir, _trans_alpino; _tras_ladar, _tra_dição, _tra_duzir; _tres_malhar, _tres_noitado; etc.;[29]
- **ULTRA-** [**ULTRAR-, ULTRAS-**] (posição além do limite):
  ✓ _ultra_marino, _ultra_passar, _ultrar_realista, _ultras_sensível, etc.;

---

[29] Em algumas palavras, alternam-se estes prefixos: _trans_passar, _tras_passar ou _tres_passar, etc.

- VICE-, VIS- [VIZO-] (substituição, em lugar de):
  ✓ *vice-reitor, visconde, vizo-rei*; etc.
- **Prefixos de origem grega:**
- AN- [A-] (privação, negação):
  ✓ *anarquia, anônimo, afonia, ateu,* etc.;
- ANÁ- (de baixo para cima, inversão, repetição, progressão):
  ✓ *anagrama, analogia, anástrofe, anábase,* etc.;
- ANFI- (de um e de outro lado):
  ✓ *anfíbio, anfibologia, anfiteatro,* etc.;
- ANTI- (oposição, ação contrária):
  ✓ *antídoto, antípoda, antítese, antiaéreo,* etc.;
- APÓ- (afastamento, separação):
  ✓ *apogeu, apóstata, apoteose,* etc.;
- ARQUI- [ARC-, ARQUE-, ARCE-] (superioridade):
  ✓ *arquipélago, arquiteto, arcanjo, arquétipo, arcebispo,* etc.;
- CATÁ- (de cima para baixo, oposição):
  ✓ *cataclismo, catacumba, catadupa, catacrese,* etc.;
- DIÁ- [DI-] (movimento através de):
  ✓ *diáfano, diagnóstico, diagonal, diocese,* etc.;
- DIS- (dificuldade, mau estado):
  ✓ *dispneia, dispepsia, disenteria,* etc.;
- EC- [EX-] (movimento para fora):
  ✓ *eclipse, écloga, exegese, exorcismo,* etc.;
- EN- [EM-, E-] (posição interior):
  ✓ *encéfalo, energia, embrião, elipse,* etc.;
- ENDO- [END-] (posição interior, movimento para dentro):
  ✓ *endotérmico, endosmose,* etc.;
- EPI- (posição superior; movimento para, posterioridade):
  ✓ *epidemia, epitáfio, epístola,* etc.;
- EU- [EV-] (bem, bom):
  ✓ *eucaristia, eufemismo, evangelho*; etc.;
- HIPER- (sobre, além de, excesso):
  ✓ *hipérbole, hipertrofia, hipertensão,* etc.
- HIPO- (posição inferior, escassez):
  ✓ *hipótese, hipotensão, hipoglosso,* etc.;

- **META-** [**MET-**] (posterioridade, mudança):
  ✓ *meta*morfose, *metá*fora, *met*onímia, etc.;
- **PARÁ-** [**PAR-**] (proximidade, ao lado de):
  ✓ *para*digma, *para*doxo, *para*logismo, *par*ônimo, etc.;
- **PERI-** (em torno de):
  ✓ *peri*frase, *perí*metro, *perí*odo, *peri*pécia, etc.;
- **PRÓ-** (posição em frente; movimento para frente, anterior):
  ✓ *pro*blema, *pró*dromo, *prog*nóstico, *pró*logo, etc.;
- **SIN-** [**SIM-**, **SI-**] (simultaneidade, reunião, companhia):
  ✓ *sin*crônico, *sin*fonia, *sim*patia, *sí*laba, etc.

¶ Observe-se que há correspondência algo numerosa entre prefixos gregos e prefixos latinos: *an-* e *des-*, *en-* e *in-*, *catá-* e *de-*, etc.

↗ OBSERVAÇÃO GERAL. Respondamos à seguinte objeção: Não é possível considerar muitos de tais prefixos como da língua portuguesa, porque, com efeito, nela não têm curso próprio. Deve dizer-se porém que, se não têm curso próprio na língua coloquial, podem servir, e servem, sim, de partes morfológicas formadoras de novas palavras no âmbito da Ciência em geral – e também no da Poética. E é isso o que nos interessa aqui. Insista-se: ainda quando não tenham curso próprio atual nestes âmbitos, estão *em potência* para tê-lo. É o que, por exemplo, se deu em francês com *synchronie* (*syn-* + *chron-* + *ie*). E diga-se o mesmo com respeito aos radicais e aos sufixos provenientes do grego e do latim (ou de outras línguas). Prova disso é o chamado hibridismo, ou seja, o modo linguístico em que se formam palavras mediante a junção de um radical grego e de um latino, por exemplo. Não se trata, portanto, tão só de que tenhamos tomado daquelas línguas tais partes morfológicas: mais que isso, naturalizámo-las, tornámo-las nossas. Pode dizer-se, analogicamente, que tal naturalização está para a língua assim como a nutrição está para o ser vivo.

2.3.1.b. A segunda espécie de composição é a que se dá pela junção de um radical ou de um tema verbais ou nominais e de outro radical ou de outro tema verbais ou nominais. É a esta espécie que pode chamar-se COMPOSIÇÃO MAIS PROPRIAMENTE LEXICAL.[30]

---

[30] Para o reconhecimento de que a fronteira entre a composição por prefixação e a composição mais propriamente lexical nem sempre é de todo nítida, ➢ *Suma*, p. 162-63.

- As partes morfológicas de uma palavra formada por composição mais propriamente lexical podem apenas *justapor-se*, conservando cada qual sua integridade temática (*guarda-chuva, vaivém*); ou *aglutinar-se*, com o que ao menos uma delas perde a integridade temática (*agricultura, pernilongo*). No primeiro caso se tem JUSTAPOSIÇÃO; no segundo, AGLUTINAÇÃO.

✥ A JUSTAPOSIÇÃO PODE SER:
- de **substantivo + substantivo**:
  - ✓ <u>arco</u>-íris, <u>parede</u>-cega, <u>peixe</u>-espada, <u>porta</u>-bandeira, etc.;
- de **substantivo e preposição + substantivo**:
  - ✓ <u>queda-d'</u>**água**, <u>pé de</u> **vento**, <u>pé-de-</u>**cabra** (planta), <u>pé de</u> **cabra** (alavanca), <u>pé-de-</u>**meia** (pecúlio), etc.;
- de **adjetivo + substantivo**:
  - ◊ com o adjetivo como *segunda parte morfológica*:
    - ✓ água-<u>forte</u>, amor-<u>perfeito</u>, fogo-<u>fátuo</u>, mão-<u>morta</u>, vitória-<u>régia</u>, etc.;
  - ◊ com o adjetivo como *primeira parte morfológica*:
    - ✓ <u>baixa</u>-mar, <u>belas</u>-artes, <u>bom</u>-nome, <u>gentil</u>-homem, <u>meio</u>-dia, etc.
- de **adjetivo qualificativo + adjetivo qualificativo**:
  - ✓ <u>azul</u>-marinho, <u>claro</u>-escuro, <u>hispano</u>-americano, <u>luso</u>-brasileiro, <u>verde</u>-escuro, etc.;
- de **adjetivo determinativo + substantivo**:
  - ✓ <u>meu</u>-**bem**, <u>Nosso</u> **Senhor**, <u>Vossa</u> **Excelência**, <u>segunda</u>-feira, <u>três</u>-marias, etc.;
- de **verbo + substantivo**:
  - ✓ <u>beija</u>-**flor**, <u>ganha</u>-**pão**, <u>manda</u>**chuva**, <u>pica</u>-**pau**, <u>quebra</u>-**nozes**, etc.;
- de **verbo + verbo** (ou de **verbo e preposição + verbo**):
  - ✓ <u>corre</u>-corre, <u>vaivém</u>, <u>leva</u> e <u>traz</u>, etc.;
- de **advérbio + adjetivo**:
  - ✓ <u>sempre</u>-**viva**, etc.;
- outros casos:
  - ✓ bem-te-vi, louva-a-deus, não-te-esqueças-de-mim, etc.

✥ QUANTO À ORIGEM DE TEMAS E DE RADICAIS, A AGLUTINAÇÃO PODE DAR-SE DIVERSAMENTE.

a. A AGLUTINAÇÃO pela qual se formam nossas palavras de uso mais corrente dá-se mais geralmente entre radicais ou temas já de todo portugueses: *embora* (<u>em</u> + <u>boa</u> + <u>hora</u>), *malograr* (<u>mal</u> + <u>lograr</u>), *pernalta* (<u>perna</u> + <u>alta</u>), etc.

β. Mas na AGLUTINAÇÃO pela qual se formam nossas palavras de uso antes científico, artístico ou técnico entra geralmente ou um radical de origem latina ou um radical de origem grega – origens essas não remotas, mas próximas.

• Entre os principais RADICAIS DE ORIGEM LATINA que funcionam como **primeira parte morfológica** na AGLUTINAÇÃO, e que majoritariamente terminam em *-i*, temos:[31]

- AMBI- [< *ambi-*] (ambos):
  ✓ *ambi*cídio, *ambi*destro, *ambi*valente, etc.;
- ARBORI- [< *arbor, ŏris*] (árvore):
  ✓ *arbori*cola, *arbori*cultor, *arbori*forme, etc.;
- AVI- [< *avis, is*] (ave):
  ✓ *avi*cola, *avi*cultura, *avi*fauna, etc.;
- BIS-, BI- [< *bis*] (duas vezes):
  ✓ *bis*avô, *bis*neto, *bí*pede, etc.;
- CALORI- [< *calor, ōris*] (calor):
  ✓ *calorí*fero, *calorí*fico, *calorí*gero, etc.;
- CRUCI- [< *crux, crŭcis*] (cruz):
  ✓ *cruci*fixo, *cruci*forme, *crucí*gero, etc.;
- CURVI- [< *curvus, a, um*] (curvo):
  ✓ *curvi*córneo, *curvi*líneo, *curvi*nérveo, etc.;
- EQUI- [< *aequŭus, a, um*] (igual):
  ✓ *equi*ângulo, *equi*calórico, *equi*látero, etc.;
- FERRI-, FERRO- [< *ferrum, ī*] (ferro):
  ✓ *ferri*cianeto, *ferrí*fero, *ferro*via, etc.;
- OLEI-, OLEO- [OLEOR-] [< *olĕum, i*] (óleo, azeite):
  ✓ *olei*geno, *oleo*duto, *oleor*resina, etc.;
- ONI- [< *omnis, e*] (todo):
  ✓ *oni*sciente, *oni*potente, *oni*presente, etc.;
- PEDI- [< *pēs, pĕdis*] (pé):
  ✓ *pedi*algia, *pedi*lúvio, etc.;
- PISCI- [< *pĭscis, -is*] (peixe):
  ✓ *pisci*cultura, *pisci*forme, *piscí*voro, etc.;

---

[31] As relações de radicais latinos e de radicais gregos que se seguirão foram em grande parte tomadas, com alguma adaptação, de CELSO CUNHA & LINDLEY CINTRA, *A Nova Gramática do Português Contemporâneo*, p. 122-29. Não assim os étimos dos radicais nem os exemplos de palavras formadas por aglutinação.

- QUADRI-, QUADRU- [< *quattŭor*] (quatro):
  - ✓ *quadrimotor, quadrúmano, quadrúpede*, etc.;
- RETI- [< *rectus, a, um*] (reto):
  - ✓ *reticórneo, retifloro, retilíneo*, etc.;
- SESQUI- [< *sesqui-*] (um e meio):
  - ✓ *sesquicentenário, sesquióxido, sesquipedal*, etc.;
- TRI- [*trēs, trĭa*] (três):
  - ✓ *triângulo, tricolor, tricorne*, etc.;
- UNI- [UNIS-] [< *unus, a, um*] (um, uno):
  - ✓ *unilabiado, uníloquo, uníssono*, etc.;
- VERMI- [< *vermis, is*] (verme):
  - ✓ *vermiculura, vermiforme, vermífugo*, etc.

• Entre os principais RADICAIS DE ORIGEM LATINA que funcionam como **segunda parte morfológica** na AGLUTINAÇÃO, temos:

- -CIDA [< *-cīda*] (que mata):
  - ✓ *fratricida, regicida, tiranicida*, etc.;
- -COLA [< *-cola*] (que habita ou cultiva):
  - ✓ *aerícola, arborícola, vitícola*, etc.;
- -CULTURA [< *cultūra*] (ato de cultivar):
  - ✓ *agricultura, apicultura, ovicultura*, etc.;
- -FERO [< *-fĕrō*] (que contém ou produz):
  - ✓ *aurífero, flamífero, lanífero*, etc.;
- -FICO [< *facĭō, is, fēcī, factum, ĕre*] (que faz ou produz):
  - ✓ *benéfico, frigorífico, terrífico*, etc.;
- -FORME [< *-formis*] (que tem forma de):
  - ✓ *cuneiforme, falciforme, uniforme*, etc.;
- -FUGO [< *-fugo*] (que foge ou faz fugir):
  - ✓ *centrífugo, febrífugo, vermífugo*, etc.;
- -GERO [< *-ger (gĕrus), a, um*] (que contém ou produz):
  - ✓ *armígero, belígero, flamígero*, etc.;
- -PARO [< *parĭo, is, pepĕri, partum, ĕre*] (que produz):
  - ✓ *cissíparo, multíparo, ovíparo*, etc.;
- -PEDE [< *pēs, pĕdis*] (pé):
  - ✓ *bípede, palmípede, velocípede*, etc.;
- -SONO [< *-sonus < sŏnus, i*] (que soa):
  - ✓ *cônsono, horríssono, uníssono*, etc.;

- -VOMO [< *fŭmus, i*] (que expele ou expulsa):
  ✓ *fulminívomo, fumívomo, ignívomo*, etc.;
- -VORO [< *vŏro, as, āvi, ātum, āre*] (que come):
  ✓ *carnívoro, frugívoro, herbívoro*, etc.

• Entre os principais RADICAIS DE ORIGEM GREGA que funcionam como **primeira parte morfológica** na AGLUTINAÇÃO, temos:

- ANEMO- [< *ánemos, ou*] (vento):
  ✓ *anemocórdio, anemógrafo, anemômetro*, etc.;
- ANTROPO- [< *ánthrōpos, ou*] (homem):
  ✓ *antropocentrismo, antropologia, antropomorfia*, etc.;
- ARQUEO- [<*arkhḗ, ês*] (antigo):
  ✓ *arqueobactéria, arqueografia, arqueologia*, etc.;
- BIBLIO- [< *biblíon, ou*] (livro):
  ✓ *bibliofilia, bibliografia, biblioteca*, etc.;
- CACO- [< *kákkē, ēs*] (mau):
  ✓ *cacoépia, cacofonia, cacografia*, etc.;
- COSMO- [< *kósmos, ou*] (mundo):
  ✓ *cosmógrafo, cosmogonia, cosmologia*, etc.;
- CROMO- [CROMOS-] [< *khrôma, atos*] (cor):
  ✓ *cromófilo, cromolitografia, cromossomo*, etc.;
- CRONO- [< *khrónos, ou*] (tempo):
  ✓ *cronogeologia, cronologia, cronômetro*, etc.;
- DA(C)TILO- [< *dáktylos, ou*] (dedo):
  ✓ *dactilospasmo, datilografia, datiloscopia*, etc.;
- DECA- [< *dekás, ádos*] (dez):
  ✓ *decabráquido, decaedro, decalitro*, etc.;
- DI- [DIS-] [< *di-* < gr. *dís-*] (dois):
  ✓ *dipétalo, dípilo, dissílabo*, etc.;
- ENEA- [ENEAS-] [< *ennéa*] (nove):
  ✓ *eneaédrico, eneágono, eneassílabo*, etc.;
- FARMACO- [< *phármakon, ou*] (medicamento):
  ✓ *farmacocinética, farmacologia, farmacopeia*, etc.;
- FISIO- [< *phýsis, eōs*] (natureza):
  ✓ *fisiogênese, fisiologia, fisionomia*, etc.;

- HELIO- [<*hḗlios, ou*] (sol):
  ✓ heliocentrismo, heliografia, helioscópio, etc.;
- HEMI- [< *hḗmi-*] (metade):
  ✓ hemiciclo, hemisfério, hemistíquio, etc.;
- HEMO-, HEMATO- [< *haîma, atos*] (sangue):
  ✓ hemoglobina, hem(o)aglutinina, hematócrito, etc.;
- HEPTA- [HEPTAS-] [< *heptá*] (sete):
  ✓ heptadáctilo, heptágono, heptassílabo, etc.;
- HOM(E)O- [< *hómoios, a, on; homós, ḗ, ón*] (semelhante):
  ✓ homeografia, homeomorfismo, homógrafo, etc.;
- ICTIO- [< *ikhthýs, yos*] (peixe):
  ✓ ictiodonte, ictiófago, ictiologia, etc.;
- ISO- [< *-ísos, os, on*] (igual):
  ✓ isócrono, isonomia, isósceles, etc.;
- LITO- [< *líthos, ou*] (pedra):
  ✓ litocarpo, litografia, litogravura, etc.;
- MEGA(LO)- [< *megal(o)*] (grande):
  ✓ megatério, megalópole, megalomania, etc.;
- MELO- [< *mélos, eos-ous*] (canto):
  ✓ melodia, melomania, melopeia, etc.;
- MESO- [< *mésos, ē, on*] (meio):
  ✓ mesóclise, mesoderma, Mesopotâmia, etc.;
- MIRIA- [< *myríos, a, on*] (dez mil):
  ✓ miriagrama, miriâmetro, miríade, etc.;
- MITO- [< *mýthos, ou*] (fábula):
  ✓ mitologia, mitômano, mitonímia, etc.;
- NECRO- [< *nekrós, oû*] (morto):
  ✓ necrópole, necropsia, necrotério, etc.;
- NEO- [< *néos, a, on*] (novo):
  ✓ neobarroquismo, neolatino, neologismo, etc.;
- NEURO-, NEVRO- [< *neûron, ou*] (nervo):
  ✓ neuroanatomia, neurologia, nevrogenia, etc.;
- ODONTO- [< *odoús, odóntos*] (dente):
  ✓ odontoblasto, odontologia, odontólito, etc.;
- OFTALMO- [< *ophthalmós, oû*] (olho):
  ✓ oftalmoblenorreia, oftalmologia, oftalmoscópio, etc.;

- ONOMATO- [< *ónoma, atos*] (nome):
  ✓ onomatofobia, onomatologia, onomatopeia, etc.;
- ORTO- [< *orthós, ḗ, ón*] (reto, justo):
  ✓ ortobiose, ortografia, ortodoxo, etc.;
- PALEO- [< *palaiós, á, ón*] (antigo):
  ✓ paleoártico, paleografia, paleontologia, etc.;
- PAN- [< *pâs, pâsa, pân*, genit. *pantós, páses, pantós*] (todos, tudo):
  ✓ panaceia, panteísmo, pan-africanismo, etc.;
- PATO- [< *páthos, eos-ous*] ([sentimento] doença):
  ✓ patofobia, patogenia, patologia, etc.;
- PEDO- [< *paîs, paidós*] (criança):
  ✓ pedodontia, pedologia, pedotrofia, etc.;
- POTAMO- [< *potamós, oû*] (rio):
  ✓ potamofobia, potamografia, potamologia, etc.;
- PSICO- [< *psychḗ, ês*] (alma):
  ✓ psicofarmacologia, psicologia, psicopatia, etc.;
- QUILO- [< *khílioi, ai, a*] (mil):
  ✓ quilocaloria, quilograma, quilômetro, etc.;
- QUIRO- [< *kheír, kheirós*] (mão):
  ✓ quiromancia, quiroplasto, quiróptero, etc.;
- RINO- [< *rhís, rhinós*] (nariz):
  ✓ rinoceronte, rinofaringe, rinofima, etc.;
- RIZO- [< *rhíza, ēs*] (raiz):
  ✓ rizófilo, rizófito, rizotônico, etc.;
- SIDERO- [< *síderos, ou*] (ferro):
  ✓ siderofilia, siderografia, siderólito, etc.;
- TAQUI- [< *tákhos, eos*] (rápido):
  ✓ taquiarritmia, taquicardia, taquigrafia, etc.;
- TELEO- [*téleios, a* ou *os, on*] (acabado, perfeito):
  ✓ teleologia, teleonomia, teleósteo, etc.;
- TEO- [< *Theós, oû*] (Deus):
  ✓ teocentrismo, teofania, teologia, etc.;
- TETRA- [< *téttares, es, a*] (quatro):
  ✓ tetracloreto, tetrarca, tetraedro, etc.;
- TIPO- [< *týpos, ou*] (figura, marca):
  ✓ tipofonia, tipografia, tipologia, etc.;

- **TOPO-** [< *tópos, ou*] (lugar):
  ✓ *to*po*grafia, to*po*nímia, to*po*nomástica*, etc.;
- **XENO-** [< *xénos, ē, on*] (estrangeiro):
  ✓ *xeno*fobia, *xeno*fonia, *xenô*mano, etc.;
- **XILO-** [< *xýlon, ou*] (madeira):
  ✓ *xilo*carpo, *xilo*fagia, *xilo*gravura, etc.;
- **ZOO-** [< *zôion, ou*] (animal):
  ✓ *zoó*foro, *zoo*grafia, *zoo*logia, etc.

• Entre os principais RADICAIS DE ORIGEM GREGA que funcionam como **segunda parte morfológica** na AGLUTINAÇÃO, temos:

- **-AGOGO** [< *-agogos < agōgós, ós, ón*] (que conduz):
  ✓ *dema*gogo, *epa*gogo, *peda*gogo, etc.;
- **-ALGIA** [< *-algía < alg(o) + -ia*] (dor):
  ✓ *cefal*algia, *fibromi*algia, *nevr*algia, etc.;
- **-ARCA** [< *-árkhēs* ou *-arkhos < árkhō*] (que comanda ou governa):
  ✓ *heresi*arca, *mon*arca, *patri*arca, etc.;
- **-ARQUIA** [< *arkhḗ, ês*] (comando, governo):
  ✓ *aut*arquia, *di*arquia, *mon*arquia, etc.;
- **-ASTENIA** [< *sthénos, eos-ous + -ia*] (debilidade, fraqueza):
  ✓ *mi*astenia, *neur*astenia, *psic*astenia, etc.;
- **-CÉFALO** [< *kephalḗ, ês*] (cabeça):
  ✓ *abraquio*céfalo, *dolico*céfalo, *micro*céfalo, etc.;
- **-CRACIA** [< *krátos, eos, ous + -ia*] (poder):
  ✓ *aristo*cracia, *auto*cracia, *pluto*cracia, etc.;
- **-DOXO** [< *-dóxos < dóxa*] (que opina):
  ✓ *filo*doxo, *hetero*doxo, *orto*doxo, etc.;
- **-EDRO** [< *drómos, ou*] (base, face):
  ✓ *penta*edro, *poli*edro, *tri*edro, etc.;
- **-FAGIA** [< *-phagos < phageín, + -ia*] (ato de comer):
  ✓ *aero*fagia, *creo*fagia, *dis*fagia, etc.;
- **-FAGO** [< *phagos < phageín*] (que come):
  ✓ *acrid*ófago, *ictió*fago, *zoó*fago, etc.;
- **-FILIA** [< *phílos, ē, on + ia*] (amizade):
  ✓ *anglo*filia, *biblio*filia, *luso*filia, etc.;
- **-FOBIA** [< *phóbos, ou + ia*] (inimizade, ódio, temor):
  ✓ *foto*fobia, *hispano*fobia, *hidro*fobia, etc.;

- **-GAMIA** [< *gámos, ou* + *-ia*] (casamento):
  ✓ exo*gamia*, iso*gamia*, mono*gamia*, etc.;
- **-GÊNEO** [< depreendido do gr. *homogenḗs, és*] (que gera):
  ✓ hetero*gêneo*, homo*gêneo*, paleo*gêneo*, etc.;
- **-GLOTA, -GLOSSA** [< *glôtta, glôssa, ēs*] (língua):
  ✓ di*glota*, poli*glota*, hipo*glossa*, etc.;
- **-GONO** [< *-gōnos* < *gōnía, as*] (ângulo):
  ✓ hexá*gono*, pentá*gono*, polí*gono*, etc.;
- **-GRAFIA** [< *graphḗ, ês*] (escrita, descrição):
  ✓ esteno*grafia*, orto*grafia*, geo*grafia*, etc.;
- **-GRAMA** [< *grámma, atos*] (escrito, peso):
  ✓ tele*grama*, mili*grama*, quilo*grama*, etc.;
- **-LOGIA** [< *-logo* + *-ia*] (discurso, tratado, ciência):
  ✓ filo*logia*, genea*logia*, onco*logia*, etc.;
- **-MANCIA** [< *-manteía*] (adivinhação):
  ✓ necro*mancia*, piro*mancia*, quiro*mancia*, etc.;
- **-MANIA** [< *manía, as*] (loucura, tendência):
  ✓ clepto*mania*, megalo*mania*, mono*mania*, etc.;
- **-MAQUIA** [< *-makhía* < *mákhē, ēs*] (combate):
  ✓ hetero*maquia*, logo*maquia*, nau*maquia*, etc.;
- **-METRIA** [< *-metro* + *ia*] (medida):
  ✓ antropo*metria*, bio*metria*, pluvio*metria*, etc.;
- **-METRO** [< *metro* < *métron*] (que mede):
  ✓ diâ*metro*, hidrô*metro*, pentâ*metro*, etc.;
- **-MORFO** [< *morphḗ*] (que tem forma [de]):
  ✓ antropo*morfo*, iso*morfo*, poli*morfo*, etc.;
- **-PEIA** [< *poiéō*] (ato de fazer):
  ✓ eto*peia*, melo*peia*, onomato*peia*, etc.;
- **-PÓLIS, -POLE** [< *pólis, eōs*] (cidade):
  ✓ Tereso*polis*, metró*pole*, megaló*pole*, etc.;
- **-PTERO** [< *pterón, oû*] (asa):
  ✓ coleó*ptero*, dí*ptero*, helicó*ptero*, etc.;
- **-SCOPIA** [< *kopéō* + *-ia*] (ato de ver):
  ✓ endo*scopia*, micro*scopia*, oto*scopia*, etc.;
- **-SOFIA** [< *sophía, as*] (sabedoria):
  ✓ acro*sofia*, filo*sofia*, pan*sofia*, etc.

- **-STICO** [< *stíkhos, ou*] (verso):
  ✓ acró<u>stico</u>, dí<u>stico</u>, monó<u>stico</u>, etc.;
- **-TECA** [< *thḗkē, ēs*] (lugar onde se guarda):
  ✓ biblio<u>teca</u>, fito<u>teca</u>, glipto<u>teca</u>, etc.;
- **-TERAPIA** [< *therapeía < therapeýō*] (cura, tratamento):
  ✓ fisio<u>terapia</u>, hidro<u>terapia</u>, quimio<u>terapia</u>, etc.;
- **-TOMIA** [< *tomḗ, ês + -ia*] (corte, divisão):
  ✓ dico<u>tomia</u>, mastec<u>tomia</u>, neuro<u>tomia</u>, etc.;
- **-TONO** [< *tónos, ou*] (tensão, tom):
  ✓ á<u>tono</u>, barí<u>tono</u>, monó<u>tono</u>, etc.

☞ OBSERVAÇÃO FINAL SOBRE A COMPOSIÇÃO.[32] Costumou-se chamar "pseudoprefixos", "falsos prefixos" ou "prefixoides" a certos radicais de origem latina ou de origem grega que adquiriram sentido especial nas línguas modernas; e "recomposição" ao modo de formação de novas palavras em que aqueles concorrem.[33] Não podemos concordar com isso, e as razões dos que o sustentam não só são insuficientes, mas padecem de obscuridade. Vejam-se os seguintes exemplos dados comumente como de "pseudoprefixo":

- **AERO-** [< lat. *aer, aëris* < gr. *aḗr, aḗros*] (ar, atmosfera):
  ✓ <u>aero</u>fagia, <u>aero</u>moça, <u>aero</u>plâncton, etc.;
- **AGRO-** [< gr. *agrós, ou*] (campo):
  ✓ <u>agro</u>logia, <u>agro</u>negócio, <u>agro</u>pecuária, etc.;
- **ASTRO-** [< gr. *ástron, ou*] (astro, constelação):
  ✓ <u>astro</u>cito, <u>astro</u>nomia, <u>astro</u>nauta, etc.;
- **AUTO-** [< gr. *autós, ḗ, ó*] (de si, por si mesmo, espontaneamente):
  ✓ <u>auto</u>aprendizagem, <u>auto</u>biografia, <u>auto</u>móvel, etc.;
- **BIO-** [< gr. *bíos, ou*] (vida):
  ✓ <u>bio</u>atividade, <u>bio</u>degradável, <u>bio</u>logia, etc.;
- **CINE-** [< gr. *kínēsis, eōs > kínēma, atos*, 'movimento', *kinētós, ḗ, ón*, 'movível', *kinētikós, ḗ, ón*, 'motor, promotor, cinético']:
  ✓ <u>cine</u>mática, <u>cine</u>sia, <u>cine</u>stesia, etc.;

---

[32] Temos de tratá-lo aqui para que se entendam algo que diz o atual Acordo Ortográfico quanto ao uso do hífen e as críticas que lhe faremos. – Relembre-se desde já, contudo, que nossas críticas não implicam não seguimento prático do Acordo.

[33] Leia-se para a defesa da tese CELSO CUNHA & LINDLEY CINTRA, *op. cit.*, p. 128. – Os autores do atual Acordo Ortográfico compartilham esta tese.

- GEO- [< gr. *gê, és*] (terra [em todos os sentidos]):
  ✓ <u>geo</u>cêntrico, <u>geo</u>grafia, <u>geo</u>político, etc.;
- HETERO- [< gr. *héteros, a, on*] (outro, diferente):
  ✓ <u>hetero</u>átomo, <u>hetero</u>bafia, <u>hetero</u>clise, etc.;
- HIDRO- [< gr. *hýdōr, hýdatos*] (água):
  ✓ <u>hidro</u>avião, <u>hidro</u>elétrica, <u>hidro</u>fobia, etc.;
- MACRO- [< gr. *makrós, á, ón*] (longo, grande):
  ✓ <u>macro</u>economia, <u>macro</u>grafia, <u>macro</u>melia, etc.;
- MAXI- [< lat. *maxĭmus, a, um*] (grandíssimo, máximo):
  ✓ <u>maxi</u>casaco, <u>maxi</u>desvalorização, etc.;
- MICRO- [< gr. *mikrós, á, ón*] (pequeno, curto; parco; pouco importante):
  ✓ <u>micro</u>filme, <u>micro</u>granito, <u>micro</u>-onda, etc.;
- MINI- [< lat. *minĭmus, a, um*] (pequeníssimo, mínimo):
  ✓ <u>mini</u>biblioteca, <u>mini</u>fúndio, etc.;
- MONO- [< gr. *mónos, ē, on*] (único, só, solitário, isolado):
  ✓ <u>mono</u>́logo, <u>mono</u>cultura, <u>mono</u>linguismo, etc.;
- MULTI- [< lat. *multus, a, um*] (abundante, numeroso):
  ✓ <u>multi</u>angular, <u>multi</u>face, <u>multi</u>nacional, etc.;
- PLURI- [< lat. *plus, plūris*] (muitos):
  ✓ <u>pluri</u>anualidade, <u>pluri</u>floro, <u>pluri</u>língue, etc.;
- PROTO- [< gr. *prôtos, ē, on*] (primeiro, principal, primitivo):
  ✓ <u>proto</u>́geno, <u>proto</u>língua, <u>proto</u>mártir, etc.;
- PSEUDO- [PSEUDOR-] [< gr. *pseudḗs, ḗ, és*, e *pseûdos, eos-ous*] (mentiroso, falso/mentira, falsidade):
  ✓ <u>pseudo</u>ciência, <u>pseudo</u>̂nimo, <u>pseudo</u>rreligião, etc.;
- RADIO- [< lat. *radĭus, i*] (raio [de roda, círculo, luz, etc.]); rádio (osso do antebraço):
  ✓ <u>radio</u>difusão, <u>radio</u>grafia, <u>radio</u>estesia, etc.;
- TELE- [< gr. *têle*] (longe, ao longe, de longe):
  ✓ <u>tele</u>grama, <u>tele</u>guiar, <u>tele</u>visão, etc.;
- TERMO- [< gr. *thermós, ḗ, ón*] (quente, ardente):
  ✓ <u>termo</u>dinâmica, <u>termó</u>lise, <u>termo</u>nuclear, etc.

Pois bem, como fica provado na *Suma*, não há nada aí que os distinga de verdadeiros radicais de origem latina ou de origem grega, razão por que não só negamos a cientificidade da expressão "falso prefixo" e de suas sinônimas mas mostramos, tanto na *Suma* como aqui, mais adiante, que são causa de grandes inconveniências quanto ao uso do hífen.[34]

2.3.2. A FORMAÇÃO DE NOVAS PALAVRAS POR *DERIVAÇÃO PRÓPRIA* (OU *SUFIXAL*)

§ São as seguintes as principais notas da DERIVAÇÃO PRÓPRIA OU SUFIXAL:

- os sufixos sempre se *pospõem* ao radical ou ao tema, ou seja, sempre se encontram ao final do vocábulo;
- trazem menos carga semântica ao radical ou ao tema do que o fazem tanto os prefixos como, sobretudo, na composição mais propriamente lexical, os radicais;
- a palavra *derivada* continua na mesma família do radical ou do tema *primitivos*;
- são os instrumentos próprios para constituir famílias vocabulares com presença nas classes fundamentais. Com efeito,
  - pelos chamados **sufixos nominais** criam-se novos substantivos e novos adjetivos: por exemplo, de *barba* (substantivo) criam-se *barb-eiro* (substantivo) e *barb-udo* (adjetivo);
  - pelos chamados **sufixos verbais** criam-se novos verbos: por exemplo, de *arca*, *arqu-ejar*; de *ameno*, *amen-izar*; de *noite*, *anoit-ecer*;
  - pelo único **sufixo adverbial**, *-mente*, criam-se novos advérbios: por exemplo, de *bela*, *bela-mente*; de *caridosa*, *caridosa-mente*; de *tranquila*, *tranquila-mente*.

⌦ OBSERVAÇÃO ⌫. Damos a seguir boa parte dos principais sufixos portugueses, com algumas das respectivas noções que emprestam ao radical ou ao tema primitivos.[35]

2.3.2.a. OS SUFIXOS NOMINAIS

- Formam substantivos de outros substantivos:
  - **-ADA:**
    - ◊ (multidão, coleção): *boiada*, *papelada*, etc.;
    - ◊ (porção contida em algo): *colherada*, *garfada*, etc.;
    - ◊ (marca de instrumento): *penada*, *pincelada*, etc.;
    - ◊ (ferimento ou golpe): *dentada*, *facada*, etc.;
    - ◊ (alimento, bebida): *goiabada*, *laranjada*, etc.;

---

[34] ➤ *Suma*, p. 171-74 (incluído o caso de *vinagre* e de *bancarrota*) e p. 196-97. – Ademais, quanto a se há distinção entre *palavra composta por justaposição* e *locução*, questão árdua que está na origem de diversas incongruências ou de diversas obscuridades, sobretudo ortográficas, ➤ *Suma*, p. 174-75.

[35] E de fato não podemos dar aqui senão *pouquíssimas* dessas noções. Para uma visão mais exaustiva de tais noções, *vide* os melhores dicionários, alguns dos quais estão arrolados na BIBLIOGRAFIA ao final deste livro.

◊ (duração prolongada): *invernada*, *temporada*, etc.;
◊ (ato ou movimento enérgico): *cortada*, *saraivada*, etc.;
- **-ADO:**
    ◊ (território sob titular): *condado*, *episcopado*, etc.;
    ◊ (instituição, título): *almirantado*, *doutorado*, etc.;
- **-AGEM:**
    ◊ (coletivo): *folhagem*, *plumagem*, etc.;
    ◊ (ato ou prática): *ajustagem*, *aprendizagem*, etc.;
- **-AL:**
    ◊ (cultura de vegetais): *arrozal*, *laranjal*, etc.;
    ◊ (coletivo ou quantidade): *areal*, *lamaçal*, etc.;
- **-ALHA:**
    ◊ (coletivo pejorativo): *canalha*, *gentalha*, etc.;
- **-AMA, -AME:**
    ◊ (coletivo e quantidade): *mourama*, *raizama*; *vasilhame*, *velame*; etc.;
- **-ÂNEO:**
    ◊ (tempo): *instantâneo*, *momentâneo*, etc.;
- **-ÃO:**
    ◊ (proveniência, origem): *alemão*, *beirão*, etc.;[36]
- **-ARIA:**
    ◊ (atividade, ramo de negócio): *ourivesaria*, *livraria*, etc.;
    ◊ (coletivo): *gritaria*, *pedraria*, etc.;
    ◊ (ação própria de certos indivíduos): *fidalgaria*, *pirataria*, etc.;
- **-ÁRIO:**
    ◊ (ocupação, profissão): *operário*, *secretário*, etc.;
    ◊ (lugar onde se conserva ou guarda algo): *herbário*, *vestiário*, etc.;
- **-ATO:**
    ◊ (instituição, título): *baronato*, *cardinalato*, etc.;
    ◊ (sal, éster [em química]): *carbonato*, *nitrato*, etc.;
- **-EDO:**
    ◊ (lugar onde crescem vegetais): *olmedo*, *vinhedo*, etc.;
    ◊ (coletivo): *lajedo*, *passaredo*, etc.;

---

[36] Com este sufixo, a derivação dá-se quase sempre de nomes próprios de lugar.

- **-EIRO (-A):**
  - (ocupação, ofício, profissão): *barbeiro, cozinheira*, etc.;
  - (lugar onde se guarda algo): *galinheiro, leiteira*, etc.;
  - (árvore, arbusto): *craveiro, mangueira*, etc.;
  - (intensidade): *nevoeiro, poeira*, etc.;
  - (coletivo): *berreiro, formigueiro*, etc.;
- **-ETO, -ITO:**
  - (sal [em química], rocha, etc.): *cloreto, granito*, etc.;
- **-IA:**
  - (profissão, título): *advocacia, baronia*, etc.;
  - (lugar onde se exerce uma atividade): *padaria, reitoria*, etc.;
  - (coletivo): *cavalaria, clerezia*, etc.;
- **-INA:**
  - (alcaloide e álcali artificiais): *cafeína, anilina*, etc.;
- **-IO:**
  - (coletivo, reunião): *gentio, penedio*, etc.;
  - (elemento químico): *potássio, sódio*, etc.;
- **-ITA:**
  - (espécie mineral): *azurita, pirita*, etc.;
  - (gentílico, etc.): *israelita, sibarita*, etc.;
- **-ITE:**
  - (inflamação): *bronquite, otite*, etc.;
  - (fóssil): *amonite, helicite*, etc.;
- **-OL:**
  - (derivado de hidrocarboneto): *fenol, naftol*, etc.;
- **-UGEM:**
  - (semelhança [por vezes pejorativo]): *ferrugem, lanugem*, etc.;
- **-UME:**
  - (coletivo, quantidade, intensidade): *cardume, pesadume*, etc.
- **Formam substantivos de adjetivos:**

☞ OBSERVAÇÃO ☜. Os substantivos formados mediante algum dos sufixos seguintes são o mais das vezes abstratos e indicam qualidade, estado, modo de ser.

- **-DADE:** *bondade, dignidade*, etc.;
- **-(I)DÃO:** *gratidão, retidão*, etc.;

- **-EZ**: *honradez*, *intrepidez*, etc.;
- **-EZA**: *beleza*, *nobreza*, etc.;
- **-IA**: *alegria*, *valentia*, etc.;
- **-ICE**: *tolice*, *velhice*, etc.;
- **-ÍCIE**: *calvície*, *imundície*, etc.;
- **-OR**: *amargor*, *verdor*, etc.;
- **-(I)TUDE**: *altitude*, *finitude*, etc.;
- **-URA**: *assadura*, *doçura*, etc.

↗ OBSERVAÇÃO. Ao receberem o sufixo *-dade*, os adjetivos terminados em *-az, -iz, -oz* e *-vel* retornam à forma latina em *-ac(i)*, *-ic(i)*, *-oc(i)* ou *-bil(i)*: *rapaz > rapacidade*; *feliz > felicidade*; *atroz > atrocidade*; *inesgotável > inesgotabilidade*.

- **Formam substantivos de substantivos e de adjetivos:**
- **-ismo**:
    ◊ (doutrina ou sistema filosófico): *platonismo*, *aristotelismo*, etc.;
    ◊ (doutrina ou sistema artístico): *classicismo*, *simbolismo*, etc.;
    ◊ (doutrina ou sistema político): *federalismo*, *monarquismo*, etc.;
    ◊ (religião): *catolicismo*, *judaísmo*, etc.;
    ◊ (modo de agir): *cinismo*, *heroísmo*, etc.;
    ◊ (defeito, doença): *daltonismo*, *reumatismo*, etc.;
- **Formam substantivos e adjetivos de outros substantivos e de outros adjetivos:**
- **-ista**:
    ◊ (seguidor de doutrina ou sistema filosófico): *kantista*, *tomista*, etc.;
    ◊ (seguidor de doutrina ou sistema artístico): *classicista*, *simbolista*, etc.;
    ◊ (seguidor de doutrina ou sistema político): *federalista*, *monarquista*, etc.;
    ◊ (seguidor de religião): *budista*, *hinduísta*, etc.;
    ◊ (ocupação, ofício): *oftalmologista*, *pianista*, etc.
- **Formam substantivos de verbos:**
- **-ança, -ância**:
    ◊ (ação ou resultado de ação): *lembrança*, *vingança*; *relutância*, *tolerância*, etc.;
- **-ante, -ente, -inte**:
    ◊ (lugar de onde, ofício, ocupação): *mirante*; *cliente*; *pedinte*; etc. –

⚔ OBSERVAÇÃO: estes sufixos, *-ante*, *-ente* e *-inte*, provêm das terminações do chamado particípio presente latino (*-ns*, *-ntis*), às quais se junta a vogal temática da conjugação correspondente. Ademais, não só estes sufixos formam substantivos (menos frequentemente) e adjetivos (abundantemente), senão que estes mesmos adjetivos se substantivam com certa facilidade –;

- **-ção, -são:**
  - ◊ (ação ou resultado de ação): *indica*ção, *trai*ção; *divi*são, *exten*são; etc.;
- **-douro, -tório:**
  - ◊ (lugar ou meio de ação): *bebed*ouro, *matad*ouro; *lavat*ório, *vomit*ório, etc.;
- **-ença, -ência:**
  - ◊ (ação ou resultado de ação, condição): *descr*ença, *pert*ença; *concor*rência, *insist*ência, etc.;
- **-mento:**
  - ◊ (ação ou resultado de ação): *acolhi*mento, *feri*mento, etc.;
  - ◊ (meio): *orna*mento, *instru*mento, etc.;
  - ◊ (coletivo): *arma*mento, *farda*mento, etc.;
- **-(D)OR, -(S)OR, -(T)OR:**
  - ◊ (agente, instrumento): *conten*dor, *rega*dor; *agres*sor, *ascen*sor; *inspe*tor, *interrup*tor; etc.;
- **-(D)URA, -(S)URA, -(T)URA:**
  - ◊ (ação ou resultado de ação, exercício, qualidade): *anda*dura, *quei*madura; *clau*sura, *ton*sura; *magistra*tura, *manufa*tura; etc.;

⚔ OBSERVAÇÃO. Em *-dor*, *-sor* e *-tor*, e em *-dura*, *-sura* e *-tura*, os sufixos são propriamente *-or* e *-ura*. As consoantes *-d-*, *-s-* e *-t-* pertencem ao tema do particípio latino.

- Formam adjetivos de substantivos:
- **-aco:**
  - ◊ (propriedade, pertinência, origem): *paradisí*aco, *ilí*aco, *austrí*aco, etc.;
- **-ado:**
  - ◊ (provido ou cheio de): *barb*ado, *dente*ado, *pen*ado, etc.;
  - ◊ (com forma ou com qualidade de, que as apresenta): *abaul*ado, *acinzent*ado, *esporongi*ado, etc.;

- **-aico**:
  ◊ (referência, pertinência): jud*aico*, pros*aico*, ptolem*aico*, etc.;
- **-al, -ar**:
  ◊ (relação, pertinência): camp*al*, conjug*al*; escol*ar*, famili*ar*, etc.;
- **-ANO**:
  ◊ (proveniência, origem, pertença): litu*ano*, rom*ano*, serr*ano*, etc.;
  ◊ (seguidor ou partidário de): luter*ano*, parnasi*ano*, pelagi*ano*, etc.;
- **-ÃO**:
  ◊ (proveniência, origem): alem*ão*, bret*ão*, gasc*ão*, etc.;
- **-ÁRIO**:
  ◊ (coleção, lugar próprio para): fabul*ário*, berç*ário*, confession*ário*; etc.;
- **-EIRO**:
  ◊ (origem, ofício, objeto para guardar): min*eiro*, sapat*eiro*, tint*eiro*, etc.;
- **-ENGO**:
  ◊ (relação, pertinência, posse): avo*engo*, real*engo*, solar*engo*, etc.;
- **-ENHO**:
  ◊ (relativo a, natural de): ferr*enho*, estrem*enho*, panam*enho*, etc.;
- **-ENO, -ENSE, -ÊS**:
  ◊ (referência, origem): terr*eno*, chil*eno*, rom*eno*, etc.;
  ◊ (relação, procedência, origem): for*ense*, parisi*ense*; cort*ês*, finland*ês*; etc.;
- **-(L)ENTO**:
  ◊ (provido ou cheio de): ciu*mento*, corpu*lento*, fuma*rento*, etc.;
- **-EO**:
  ◊ (relação, semelhança, matéria): argênt*eo*, férr*eo*, óss*eo*, etc.;
- **-ESCO**:
  ◊ (relação, referência, qualidade): grot*esco*, quixot*esco*, roman*esco*, etc.;
- **-ESTE, -ESTRE**:
  ◊ (situação, relação): agr*este*, cel*este*; camp*estre*, terr*estre*; etc.;
- **-EU**:
  ◊ (procedência, origem): europ*eu*, hebr*eu*, pigm*eu*, etc.;
- **-ÍCIO**:
  ◊ (proveniência, referência): advent*ício*, aliment*ício*, natal*ício*, etc.;

- **-ICO:**
  - ◊ (pertinência, referência): *biológico, metálico, típico*, etc.;
- **-IL:**
  - ◊ (referência): *pastoril, primaveril, senhoril*, etc.;
- **-INO:**
  - ◊ (relação, origem, natureza): *albino, cristalino, londrino*, etc.;
- **-ITA:**
  - ◊ (pertinência, origem): *iemenita, ismaelita, israelita*, etc.;
- **-ONHO:**
  - ◊ (causador, hábito, estado): *enfadonho, medonho, risonho*, etc.;
- **-OSO:**
  - ◊ (provido ou cheio de) *afetuoso, brioso, venenoso*, etc.;
- **-UDO:**
  - ◊ (provido ou cheio de): *barbudo, felpudo, pontudo*, etc.

⌔ Observação. Alguns destes sufixos servem também para formar adjetivos de outro adjetivo: *angélic(o)* + *-al* = *angelical*; *trist(e)* + *-onho* = *tristonho*; etc.

- **Formam adjetivos de verbos:**
- **-ante, -ente, -inte:**
  - ◊ (ação, qualidade, estado): *semelhante, tolerante; doente, resistente; constituinte, seguinte*; etc.;
- **-(á)vel, -(í)vel:**
  - ◊ (possibilidade de ou de ser alvo de): *lavável, louvável; perecível, punível*; etc.;
- **-(d)iço, -(t)ício:**
  - ◊ (possibilidade de, referência): *movediço, quebradiço; acomodatício, factício*; etc.;
- **-io, -ivo:**
  - ◊ (ação, referência, modo de ser): *fugidio, tardio; afirmativo, pensativo*; etc.;

2.3.2.b. Os sufixos verbais do português

• Os novos verbos da língua portuguesa formam-se majoritariamente pela junção da terminação *-ar* a substantivos e a adjetivos: ***conceptu-ar, pactu-ar; (a)fin-ar, espanhol-ar***; etc. A terminação *-ar*, como dito, é constituída da vogal temática *-a-* (a da 1.ª conjugação) e do sufixo *-r* (o do infinitivo impessoal). Por vezes, todavia, esta terminação se junta não ao radical primitivo, mas a este mesmo radical acrescido de:

α. -e- (*folh-**e**-ar*);
β. -iz- (*util-**iz**-ar*);
γ. -ent- (*amol-**ent**-ar*);
δ. -isc- (*mord-**isc**-ar*);
ε. -ej (*esbrav-**ej**-ar*);
ζ. ou ainda -ic-, -ilh-, -(z)inh-, -it, etc. (*depen-**ic**-ar, ferv-**ilh**-ar, escrev-**inh**-ar, espe-**zinh**-ar, salt-**it**-ar*, etc.).[37]

• Cada um de tais sufixos fornece a certos verbos algum dos seguintes aspectos:[38]

- *diminutivo*;
- *durativo*;
- *factitivo*;
- *frequentativo*;
- *pejorativo*.

• Eis os principais sufixos verbais de primeira conjugação, com algumas de suas respectivas noções aspectuais:

♦ -EAR, -EJAR:
◊ (frequentativo, durativo): *cabec**ear**, folh**ear**, forc**ejar**, vel**ejar***, etc.;

♦ -ENTAR:
◊ (frequentativo, factitivo): *aformos**entar**, apoqu**entar**, amol**entar***, etc.;

♦ -ICAR, -ILHAR:
◊ (frequentativo-diminutivo): *beber**icar**, depen**icar**, ded**ilhar**, ferv**ilhar***; etc.

♦ -(Z)INHAR:
◊ (frequentativo-diminutivo e/ou pejorativo): *def**inhar**, escrev**inhar**, espe**zinhar***, etc.;

---

[37] Para as razões destes casos, ➤ *Suma*, p. 182-83.
[38] O ASPECTO é parte da significação global de dada palavra. Assim, *saltitar* é 'saltar repetidas vezes em saltos pequeninos', e *repetidas vezes em saltos pequeninos* é justamente o aspecto fornecido pelo sufixo ao radical *salt-* – e o que faz *saltitar* distinguir-se de *saltar*. Contrariamente, todavia, ao que diz talvez a maioria das gramáticas atuais, o sufixo que fornece aspecto não é acidente ou desinência verbal, senão que é isto mesmo: *sufixo*. *Saltou* e *saltavam* são a mesma palavra, apesar das distintas desinências; mas *saltar* e *saltitar* são palavras distintas. É que, insista-se, toda desinência é, por certo ângulo, sufixal, mas nem por isso os sufixos são desinenciais.

- **-ISCAR, -ITAR:**
  - ◊ (frequentativo-diminutivo): *mordiscar, neviscar, dormitar, saltitar*; etc.;
- **-IZAR:**
  - ◊ (durativo, frequentativo, factitivo): *agonizar, civilizar, suavizar*, etc.
- Resta um último sufixo verbal, da 2.ª conjugação: *-ec-er* (ou *-esc-er*), característico de verbos incoativos ou inceptivos, isto é, verbos que indicam o começo de um estado e, às vezes, seu desdobramento: *amanhecer, enobrecer, crescer, florescer*; etc.[39]

¶ Chamar *sufixo* a todas essas terminações verbais não nos deve fazer perder de vista que, decompostas em suas últimas partes, *sufixo flexional verbal* de fato será sempre o **r**.

2.3.2.c. O SUFIXO ADVERBIAL DA LÍNGUA PORTUGUESA (-MENTE)

- O único sufixo adverbial existente em português é *-mente*, que provém do substantivo latino *mens, mentis* ('mente, espírito, intento'). De início com a noção de "intenção" e, depois, com a de "modo", passou a aglutinar-se a adjetivos para indicar exatamente a circunstância de modo. Com efeito, *boa-mente* = com boa intenção; mas ter boa intenção é um modo bom; por conseguinte, agir *boamente* também é agir de modo bom.

- Porque tanto o substantivo latino *mens, mentis* como o português *mente* são femininos, o sufixo adverbial mais geralmente se junta a adjetivo no feminino: *aplicada-mente, bondosa-mente, corajosa-mente*, etc. – isso, como é óbvio, se não se tratar de adjetivo uniforme (como *inteligente*).[40]

↗ OBSERVAÇÃO. Desta regra excetuam-se os advérbios derivados de adjetivo em *-ês*: *cortes-mente, portugues-mente*, etc. Tem explicação histórica: estes adjetivos foram um dia uniformes, traço, aliás, que se conserva até hoje em alguns deles, como *montês, pedrês*, etc.: um *bode montês*, uma *cabra montês*, diferentemente de *inglês/inglesa* e tantos outros. Mas a formação adverbial segue ainda, de modo absolutamente geral, o antigo modelo: *inglesmente, francesmente*, etc. Constitui erro, portanto, dizer e escrever "portuguesamente", "francesamente", etc.

---

[39] Para a origem deste sufixo, ➤ *Suma*, p. 184.
[40] Chama-se *uniforme* ao adjetivo aplicável igualmente – ou seja, sem variação flexional – tanto a nomes masculinos como a nomes femininos.

2.3.3. A PARASSÍNTESE

2.3.3.a. Em português, a PARASSÍNTESE consiste na simultaneidade de *composição por prefixação* e de *derivação própria* (*ou sufixal*) sobretudo para formação de novos verbos, quer de base substantiva, quer de base adjetiva: *acorrentar* (*a* + *corrente* [*t*] + *ar*); *enternecer* (*en* + *tern*[*o*] + *ecer*). Outros exemplos:

- de base substantiva: *ajoelhar, amanhecer, desalmar, embarcar, enraizar, despedaçar, esburacar*, etc.;
- de base adjetiva: *afear, afrancesar, emudecer, enegrecer, endireitar, esclarecer, esfriar*, etc.

2.3.3.b. Parassintéticos de outras classes, como *subterrâneo, desnaturado*, etc., não se formam com igual facilidade nos domínios da língua portuguesa. Mas aqui não deixa de ter alguma produtividade o sufixo *-âneo*: *conterrâneo, contemporâneo, extemporâneo*, etc., além de *subterrâneo*.

2.3.3.c. Também é possível dar-se parassíntese mediante a simultaneidade de *composição mais propriamente lexical* e de *derivação própria* (ou *sufixal*). Tal é raríssimo em português, e dá-se um pouco mais, por exemplo, em espanhol: *misacantano* (*misa-* + -*cant-* + -*ano*), ou seja, 'padre, sacerdote'; *quinceañero* (*quince-* + -*añ-* + -*ero*), ou seja, 'que tem quinze anos'; etc.

↗ OBSERVAÇÃO. Note-se que não pode haver parassíntese sem as simultaneidades mostradas acima, em **2.3.3.a-c**. Não são parassinteticamente formadas palavras como *deslealdade, espreguiçamento, injustiça*, etc. Nelas, a análise descobre, sim, prefixo e sufixo; cada uma destas palavras, no entanto, já possuía ou o prefixo ou o sufixo quando se lhe juntou a outra parte constitutiva. Veja-se o exemplo de *injustiça*: há autonomamente em português tanto *injusto* como *justiça*. Não pode dizer-se o mesmo de *desalmar* ou *enraizado*: com efeito, não há na língua portuguesa "desalma" nem "almar", "enraiz" nem "raizado".[41]

¶ HIBRIDISMO

Chama-se hibridismo à formação de novas palavras com partes morfológicas de procedência diversa: *monóculo* (grego e latim); *sociologia* (latim e grego); *alcaloide* (árabe e grego); *burocracia* (francês e grego);

---

[41] Em verdade, há um *raizado* (= *barbado*); mas é substantivo de uso exclusivo da Viticultura ('bacelo radiculado, pronto para o plantio').

zincografia (alemão e grego); *moscardo* (latim e germânico); *caferana* (árabe e tupi); *bananal* (africano e latim); etc. E a mais acumulada das formações híbridas em português é talvez *macadamização*: *mac-* (radical celta); *-adam-* (radical hebraico); *-iz-* (sufixo grego); *-a-* (vogal temática da primeira conjugação portuguesa); *-ção* (sufixo latino).[42]

2.3.4. A DERIVAÇÃO REGRESSIVA

2.3.4.a. Na chamada DERIVAÇÃO REGRESSIVA ocorre o oposto do que se dá na derivação flexional: o vocábulo derivado resulta não da ampliação do derivante, mas de sua *redução* por subtração de um segmento qualquer de seu final. Assim, *rosmano* deriva regressivamente de *rosmaninho*, *sarampo* de *sarampão*, etc.

2.3.4.b. Pela DERIVAÇÃO REGRESSIVA forma-se de verbos grande quantidade de substantivos: é a também chamada DERIVAÇÃO DEVERBAL. Segundo a lição de Said Ali, que se tornou clássica, os *deverbais* distribuem-se em quatro grupos:

- os masculinos em *-o*: *castigo, choro, embargo, erro, recuo, repouso, voo, vozeio*, etc.;
- os masculinos em *-e*: *corte, debate, destaque, embarque, levante, rebate, toque*, etc.;
- os femininos em *-a*: *apanha, denúncia, disputa, dúvida, lavra, perda, réplica, visita*, etc.;
- os tanto masculinos como femininos: *achego* e *achega*, *ameaço* e *ameaça*, *grito* e *grita*, *pago* e *paga*, etc.

2.3.4.c. Como se pode ver por todos os exemplos acima, os *substantivos deverbais* nomeiam alguma *ação* despida dos acidentes de modo e de tempo, de número e de pessoa, próprios do verbo. De sua parte, os *substantivos concretos* são primitivos sempre: deles é que derivam verbos, como de *escudo escudar* e de *sacola sacolejar*.

2.3.5. A ONOMATOPEIA

§ As ONOMATOPEIAS são palavras que, em sua mesma configuração sonora, buscam reproduzir ou o som ou o ruído feito por aquilo mesmo que nomeiam. Assim, *tique-taque*, que nomeia e ao mesmo tempo reproduz, de algum modo, o som cadenciado e repetitivo do relógio; *catraca*, que nomeia e ao mesmo tempo reproduz, de algum modo, o ruído produzido por esse dispositivo ao ser acionado; etc. São de notar algumas coisas mais:

---

[42] Cf. ROCHA LIMA, *op. cit.*, p. 279.

- as ONOMATOPEIAS sempre nomeiam o som ou o ruído de algo em movimento ou em ação;
- há línguas, como o inglês, nas quais as onomatopeias são muito mais numerosas;
- como quaisquer palavras, as onomatopeias são signos convencionais, e não naturais.

2.3.6. *De certa maneira*, podem considerar-se modos de formação de palavras ainda os seguintes.

2.3.6.a. A ABREVIAÇÃO: *auto* (por *automóvel*), *foto* (por *fotografia*), *moto* (por *motocicleta*), etc.

⚐ OBSERVAÇÃO. A *abreviação* é apenas uma espécie de braquissemia (ou mudança de uma palavra em outra mais curta). Também o são a *derivação regressiva* (vista acima), a *apócope*, a *contração*, etc.; e de todas também se pode dizer, *de certa maneira*, que são modos de formação de palavras.

2.3.6.b. A SIGLA (ou redução de títulos a suas letras iniciais) e o ACRÔNIMO (ou redução de títulos a suas sílabas e/ou letras iniciais): *FAB* (de *Força Aérea Brasileira*); *Anvisa* (de *Agência Nacional de Vigilância Sanitária*); etc.

2.3.6.c. Os HIPOCORÍSTICOS dividem-se em duas espécies:
- os nomes de tratamento intrafamiliar: *papai, mamãe, titia, vovô*, etc.;
- as simplificações ou modificações de nome próprio usadas em trato mais íntimo: *Dudu* (por *Eduardo*), *Toninho* (por *Antônio*), *Zeca* (por *José*), etc.

⚐ OBSERVAÇÃO 1. Costumou-se incluir entre os modos de formação de novas palavras uma chamada "derivação imprópria". Nomeia-se assim a simples mudança de classe ou categoria gramatical sem alteração material: desse modo, como basta antepor o artigo a qualquer palavra (ou até a qualquer frase) para transformá-la em substantivo (como se dá em *o célere*), ter-se-ia uma nova palavra por "derivação imprópria". E de fato são muitos os casos de mera mudança de classe ou de subclasse gramatical: de substantivos comuns em próprios (*castelo > Castelo, pinheiro > Pinheiro*, etc.); de substantivos próprios em comuns (*Damasco > damasco, Hércules > hércules*); de adjetivos em substantivos (*a circular, a veneziana*, etc.); de verbos (no infinitivo) em substantivos (*andar > o andar, jantar > o jantar*, etc.); de adjetivos em advérbios ([*falar*] *alto*, [trabalhar] *rápido*, etc.); de particípios em substantivos, em adjetivos e em preposições (*a corrente*; [*livro muito*] *lido*; *mediante*; etc.); de verbos e de advérbios em conjunções (*seja ... seja, ora ... ora*, etc.); *et reliqua*. — Não se trata porém aqui de derivação própria nem imprópria, razão por que negamos se trate de modo de formação de novas palavras.[43]

⌖ OBSERVAÇÃO 2. Nos casos porém de corrupção semântica, há, sim, *de certa maneira*, formação de novas palavras: do latino *cor, cordis* ('coração') vem-nos a palavra *cor* (ó), mas esta, por corrupção – insista-se – semântica, tem entre nós o sentido único de 'memória'. No entanto, também se dá corrupção semântica em derivações dentro de uma mesma língua, como em português é o caso de *falaz* ('que engana, que ilude'), que no entanto se vem usando equivocadamente com o sentido de 'falastrão' (pela semelhança material de radical [*fal-*]). Pois bem, em ambos estes casos surge – por corrupção, insista-se – uma nova palavra, ainda que materialmente idêntica à anterior, assim como, *mutatis mutandis*, são distintas a palavra *boato* portuguesa e a palavra *boato* espanhola. Há todavia grande diferença entre o caso de *cor* e o de *falaz*: *cor* com o sentido de 'memória' já está há muito incorporada ao padrão culto, enquanto *falaz* com o sentido de 'falastrão' ainda é sentida como corrupção e portanto é de evitar.[44]

⌖ OBSERVAÇÃO 3. Não se confunda, contudo, corrupção semântica com LEGÍTIMO PROGRESSO SEMÂNTICO, que se dá quando, *sem que se esqueça o sentido original*, dada palavra adquire novo ou novos significados de algum modo análogos ou contíguos ao original. Por tal aquisição de novos significados análogos ou contíguos, as palavras vão-se adequando ao esforço mental de significar a realidade em seus múltiplos aspectos e em suas múltiplas inter-relações. São muitos os modos por que se dá tal aquisição e por que as palavras se fazem, assim, *polissêmicas*. Eis alguns deles.

- A METÁFORA, ou seja, a designação de coisa ou de qualidade mediante palavra significativa originalmente de outra coisa ou de outra qualidade com as quais, todavia, aquelas têm certa relação analógica.[45] Note-se porém que a metáfora só passa a interessar propriamente à Gramática quando de algum modo se torna, segundo a magnífica expressão de Susanne Langer,[46] *fossilizada*, ou seja, corrente na língua – ao ponto de já nem sequer sentir-se como metáfora. (Se todavia o

---

[43] Para as razões desta nossa negação, ➤ *Suma*, p. 187-89.
[44] Para um tratamento mais profundo da CORRUPÇÃO SEMÂNTICA, ➤ *Suma*, p. 189.
[45] A METÁFORA também se diz *analogia de proporcionalidade imprópria*, e é nela que mais propriamente se dá sentido translato ou figurado.
[46] Em *Philosophy in a New Key: A Study in the Symbolism of Reason, Rite, and Art*. – Ao referirmos, no entanto, esta aguda filósofa, havemos de deixar consignado que sua doutrina filosófica está nos antípodas da nossa.

autor escreve "o incêndio de seus cabelos", está-se ainda no âmbito da Poética.)[47]
Exemplos de *metáforas fossilizadas*:
- ✓ *as <u>batatas das pernas</u>* (por *as <u>panturrilhas</u>*);
- ✓ *as <u>maçãs do rosto</u>* (por *os <u>pômulos</u>*);
- ✓ *o rio <u>corre</u>* (por *o rio <u>flui</u>*);
- ✓ *o tempo <u>voa</u>* (por *o tempo <u>passa rapidamente</u>*);
- ✓ *os <u>dentes</u> do garfo* (por *as <u>pontas</u> do garfo*);
- ✓ *os <u>pés</u> da mesa* (por *as <u>partes terminais sobre as quais se assenta</u> a mesa*);
- ✓ *vontade <u>férrea</u>* (por *vontade <u>forte</u>*);
- ✓ etc.

↗ OBSERVAÇÃO 1. Muitos chamam CATACRESE (que em Retórica se usa com o significado de 'emprego abusivo') à metáfora fossilizada. Não o fazemos nós, justo por tal significado.

↗ OBSERVAÇÃO 2. Reduz-se à categoria da *metáfora* a SINESTESIA, ou seja, a combinação de percepções de natureza sensorial distinta: *cor* (visual) *berrante* (auditiva); *sorriso* (visual) *amargo* (do paladar); *voz* (auditiva) *áspera* (tátil); etc.

↗ OBSERVAÇÃO 3. Não se hão de incluir certas expressões metafóricas consagradas (que portanto também interessam à Gramática) na categoria do CLICHÊ. Este é termo despectivo que deve reservar-se – escrupulosamente – para metáforas que, além de se terem tornado lugares-comuns, são por qualquer razão de expressividade ou de gosto duvidosos ou não têm verdadeira necessidade linguística: por exemplo, *berço da nacionalidade, torrente de paixões, ventre da terra*. Mas são de expressividade e de gosto nada duvidosos, por exemplo, *árvore genealógica, cortina de fumaça, espelho da alma* (rosto, olhos), *laços matrimoniais, montanha de (papéis, problemas, etc.), ramo das ciências, vale de lágrimas*.

↗ OBSERVAÇÃO 4. Chama-se SÍMILE à comparação metafórica. Exemplos: *forte como um touro, negro como o carvão, rápido como o vento, (a notícia) estourou como uma bomba*, etc. Como se vê, este modo de comparação tende a ser hiperbólico.

↗ OBSERVAÇÃO 5. Reduzem-se à categoria da *símile* o PROVÉRBIO OU ADÁGIO popular e a MORAL PARABÓLICA. Exemplos do primeiro: *A cavalo dado não se olham os dentes; Água mole em pedra dura tanto bate até que fura; Antes só que mal acompanhado; De noite todos os gatos são pardos; Mais vale um pássaro na mão que dois voando; Porta da rua, serventia da casa*. Exemplos do segundo: *A cada dia seu cuidado; Conhece-se a árvore por seus frutos; Como vês a palha no olho do teu irmão e não vês a trave no teu?*.

---

[47] Isto não quer dizer, é claro, que um autor não literário não possa valer-se aqui e ali de metáfora não fossilizada. Tratar-se-á então, no entanto, de recurso literário aplicado a escrito não literário.

- A METONÍMIA, que de certa maneira se reduz à metáfora. Mas, enquanto esta se dá por relação ou comparação analógica, a metonímia dá-se mais propriamente em razão de contiguidade semântica. Do mesmo modo que a metáfora, todavia, a metonímia não interessa à Gramática senão quando já está de algum modo *fossilizada*.[48] Pode dar-se:
  - se se toma o efeito pela causa ou a causa pelo efeito:
    - ✓ *um <u>Murillo</u>* (por *um <u>quadro de Murillo</u>*);
    - ✓ *<u>ganhar</u> a vida* (por *<u>ganhar os meios de sustentação da</u> vida*);
    - ✓ etc.;
  - se se tomam o tempo ou o lugar pelos entes que se encontram neles:
    - ✓ *escrever para a <u>posteridade</u>* (por *escrever para os <u>pósteros</u>*);
    - ✓ *falar à <u>cidade</u>* (por *falar aos <u>cidadãos</u>*);
    - ✓ etc.;
  - se se toma o lugar pelo produto:
    - ✓ *um <u>havana</u>* (por *um <u>charuto da cidade de Havana</u>*);
    - ✓ etc.;
  - se se toma o continente pelo conteúdo:
    - ✓ *Comeu um bom <u>prato</u>* (por *Comeu a boa <u>quantidade de comida que estava no prato</u>*);
    - ✓ etc.;
  - se se toma a matéria pela coisa feita de tal matéria:
    - ✓ *um <u>níquel</u>* (por *uma <u>moeda de níquel</u>*);
    - ✓ etc.;
  - se se toma o abstrato pelo concreto:
    - ✓ *praticar a <u>caridade</u>* (por *praticar <u>atos de caridade</u>*);
    - ✓ etc.;
  - se se toma a parte pelo todo:[49]
    - ✓ *Necessita-se de muitos <u>braços</u> para a colheita* (por *Necessita-se de muitos <u>trabalhadores</u> para a colheita*);
    - ✓ etc.;
  - se se toma o qualificativo pelo qualificado:[50]
    - ✓ *um <u>borgonha</u>* (por *um <u>vinho da Borgonha</u>*);
    - ✓ etc.;

---

[48] E valha para a metonímia o dito, na nota imediatamente anterior, com respeito à metáfora.
[49] Chama-se SINÉDOQUE a esta espécie de metonímia.
[50] Chama-se ANTONOMÁSIA a esta espécie.

- *et reliqua.*
- A EXTENSÃO OU AMPLIAÇÃO DO SIGNIFICADO. Exemplos:
- *aliviar*, que de 'diminuir o peso de' passa a significar também 'diminuir qualquer coisa (culpa, dor, tristeza, etc.)';
- *embarcar*, que de 'entrar ou colocar em embarcação' passa a significar também 'entrar ou colocar em qualquer veículo';
- *espraiar*, que de 'lançar (algo) à praia' passa a significar também 'derramar, estender pela praia', e 'estender-se por vasta área', e 'estender-se no discurso, num assunto';
- etc.

§ Se contudo se criam SINÔNIMOS ou ANTÔNIMOS, sem dúvida se criam novas palavras. Na antonímia, tal é evidente: *belo vs. feio*; *bom vs. mau*; *grande vs. pequeno*; etc. Mas a sinonímia pode dar-se duplamente: ou por intenção, para expressar aspectos diversos de uma mesma coisa (como na série *casa, residência, morada, lar*) — e neste sentido a sinonímia de modo algum é absoluta; ou por acaso ou deriva linguística, e assim a sinonímia pode ser absoluta de algum modo. É o que se dá com *cachorro* no Brasil, palavra que não se tornou sinônimo perfeito de *cão* senão por certo esquecimento: esqueceu-se aqui, com efeito, o significado original de *cachorro* ('filhote de cão' < talvez de um lat. vulgar *cattŭlus*, por *catŭlu* ['filhote de cão']). A única diferença, acidental, que pode dar-se no Brasil entre uma e outra palavra diz respeito ao uso; ☞ mas nós mesmo preferimos usar sempre *cão*, para tornar-nos inteligíveis também quanto a isto para os lusófonos dos demais países.

§§ No âmbito da chamada HOMONÍMIA, por fim, obviamente se trata sempre de palavras de todo distintas: *cão* (animal), *cão* ('certo tipo de estalagem pública do Oriente Médio'), *cão* (= *cã*, cabelo branco; ou 'que tem cãs'), *Cão* (constelação), etc. São as palavras EQUÍVOCAS, ou seja, idênticas na figura, mas diversas segundo o significado.[51]

NOTA PRÉVIA ☞. Os dois apêndices que se seguem são relativos à ortografia. Como porém supõem tudo o que se acaba de pôr quanto à formação das palavras em nossa língua, só agora encontram seu lugar.

---

[51] Por outro lado, chamam-se UNÍVOCAS as palavras que se dizem igualmente de vários: por exemplo, *animal*, que se diz igualmente do homem, do cão, do tigre, do cisne, etc. E chamam-se ANÁLOGAS as que se dizem de vários mas ou segundo semelhança e dessemelhança (*ente* se diz de todas as coisas existentes, mas não igualmente), ou antes de um primeiro e por referência a ele: assim, tanto a comida como o exercício se dizem *sãos*, mas sempre de algum modo em referência ao animal, que é o que propriamente se diz *são* ou *sadio*.

◇ **Apêndice 1** ◇
ORIENTAÇÃO QUANTO AO EMPREGO DE CERTAS LETRAS[52]

α. Os verbos terminados em *-izar* ou *-isar*

- Há apenas um sufixo para formar verbos: *-izar*, sempre grafado com *z*. Resta saber quando e como empregá-lo.
- A vogal final átona não faz parte do radical dos nomes:
  - *anális/e* – radical: *anális*;
  - *fris/o* – radical: *fris*;
  - *pesquis/a* – radical: *pesquis*;
  - etc.

Para que se forme o verbo, acrescenta-se-lhe a vogal temática *a* e a desinência de infinitivo, *r*:
  - *analis/a/r*;
  - *fris/a/r*;
  - *pesquis/a/r*;
  - etc.

Em outras palavras, não há sufixo: verbos terminados em *-isar* sempre se originam de nomes cujo radical termina em *is*. Insista-se: não apenas em *s*, mas em *is*.

- Quando todavia o radical do nome não termina em *is*, forma-se o verbo com a queda (quando a há) da vogal temática e com a junção do sufixo *-izar*:
  - *canal/* – *canalizar*;
  - *cateques/e* – *catequizar*;
  - *final/* – *finalizar*;
  - *poet/a* – *poetizar*;
  - *real/* – *realizar*;
  - etc.

β. Substantivos terminados em *-eza* ou em *esa*

- Emprega-se o sufixo *-eza* tão somente para formar substantivos a partir de adjetivos qualificativos:
  - *bel/o* – *beleza*;
  - *cert/o* – *certeza*;
  - *cru/* – *crueza*;
  - *nobr/e* – *nobreza*;
  - etc.

---

[52] Fundado em César Guilmar, *Aulas de Português*, p. 22-36; mas adaptado.

Justo porque não provêm de adjetivos qualificativos, todos os outros substantivos terminados foneticamente em /eza/ se grafam, por razões diversas, com *esa*:

✓ *def__esa__, duqu__esa__, ingl__esa__, m__esa__, princ__esa__, surpr__esa__*, etc.

↗ OBSERVAÇÃO. O substantivo *proeza* grafa-se com *z* porque se origina diretamente de um substantivo do francês arcaico em que ocorre o grupo *ce*, que, ao passar ao português, primeiro se muda em *ze* e por fim em *za*: *proe__ce__* (atual *prouesse*) > *proe__ze__* > *proe__za__*.

γ. NOMES TERMINADOS EM -*EZ* OU EM -*ÊS*

- Grafam-se com -*ez* substantivos derivados de adjetivos qualificativos:
  - *acid__ez__* < *ácido*;
  - *altiv__ez__* < *altivo*;
  - *lucid__ez__* < *lúcido*;
  - *pequen__ez__* < *pequeno*;
  - *redond__ez__* < *redondo*;
  - *timid__ez__* < *tímido*;
  - etc.

- Grafam-se no entanto com -*ês* adjetivos ou substantivos derivados de substantivos:
  - *burgu__ês__* < *burgo*;
  - *campon__ês__* < *campo*;
  - *cort__ês__* < *corte*;
  - *dinamarqu__ês__* < *Dinamarca*;
  - *pequin__ês__* < *Pequim*;
  - *politiqu__ês__* < *política*;
  - etc.

δ. EMPREGO DO *G* ANTES DE *E* E DE *I*

- Usa-se *g* nas terminações (sufixais ou não) *ágio, agem, ege, égio, igem, ígio, oge, ógio, ugem, úgio*:

  ✓ *adá__gio__, sufrá__gio__; ara__gem__, gara__gem__* (e não "garage"); *here__ge__; egré__gio__; ré__gio__; fuli__gem__, verti__gem__; frí__gio__; parago__ge__; reló__gio__; ferru__gem__; refú__gio__*; etc.

↗ OBSERVAÇÃO. Exceções: *lambujem* e *pajem*. Aceita-se ademais "micajem", a par da preferível *micagem*.

Em palavras de origem árabe, grega ou latina:

✓ *ginete; falange; agente, ágil, agir, agitar, tanger*; etc.

- Em geral depois de *r*:
  - ✓ aspe*r*g*ir*, dive*r*g*ir*, subme*r*g*ir*, etc.
  ♪ OBSERVAÇÃO. Por razões etimológicas, alguma se grafa com *j*: *alforje* (do árabe *al- khurj*), por exemplo. Mas em Portugal se escreve *alforge*.
- Em palavras derivadas de outras já com *g*:
  - *ferruginoso* < *ferrugem*;
  - *tangerina* < *tangerino* (< *Tânger*);
  - *viageiro* < *viagem* –
  ♪ OBSERVAÇÃO: mas com *j* em todas as formas de *viajar*: *viajei, viaje, viajem*, etc. –;
  - etc.

ε. EMPREGO DO *J* ANTES DE E DE *I*

- Usa-se *j* em palavras de origem africana, tupi ou popular, e em alguma de origem obscura:
  - ✓ *berinjela* (em Portugal, também *beringela*), *jiló*; *jenipapo, jerimum, jia, jiboia, pajé; jeca; manjericão*; etc.
- Nas palavras derivadas de outras grafadas com *j* antes de *a* ou de *o*:
  - *canjica* < *canja*;
  - *gorjeta* < *gorja*;
  - *laranjeira* < *laranja*;
  - *lisonjeiro* < *lisonja*;
  - *manjedoura* < *manjar*;
  - *nojento* < *nojo*;
  - *sarjeta* < *sarja*;
  - ♦*varejista* < *varejo*;
  - etc.
- Na conjugação dos verbos terminados em *jar*:
  - ✓ *arranje* (*arranjar*), *despejem* (*despejar*), *esbanjemos* (*esbanjar*), *planejeis* (*planejar*), *viajem* (*viajar*; mas substantivo *viagem*), etc.
- Na terminação *aje*:
  - ✓ *laje, traje, ultraje*, etc.
- Em *jeito* (do latim *jactus, us*), *ajeitar, ajeitação, ajeitamento*, etc.

ζ. SUBSTANTIVOS TERMINADOS EM *SSÃO, SÃO* OU *ÇÃO*

§ Observem-se as seguintes grafias, cuja terminação parece aleatória, ainda que todas se deem por *nominalização*, ou seja, pelo processo de formar substantivos a partir de verbos:

- *permi__ssão__ < permitir;*
- *discu__ssão__ < discutir;*
- *conver__são__ < converter;*
- *conten__ção__ < conter;*
- *conver__são__ < converter.*

E no entanto nada aí é aleatório, senão que obedece a um padrão estrito e facilmente esquematizável. Tenha-se de início o seguinte:

T
D + ER/IR = SSÃO, ou SÃO (em seguida a N ou a R)
M

Trata-se pois dos verbos terminados em: TER, TIR; DER, DIR; MER, MIR.

Pois bem, no processo de formação de nomes ou substantivos terminados em ÃO a partir de tais verbos, caem estes grupos de letras (repetimo-los: TER, TIR; DER, DIR; MER, MIR), e o fonema /s/ que antecede a ÃO será escrito ou ss, ou s depois de *n* ou de *r*. Assim,

- *conver__ter__* – cai o TER, e temos *conver__são__*;
- *permi__tir__* – cai o TIR, e temos *permi__ssão__*;
- *ce__der__* – cai o DER, e temos *ce__ssão__*;
- *suspen__der__* – cai o DER, e temos *suspen__são__*;
- *opri__mir__* – cai o MIR, e temos *opre__ssão__*;
- *supri__mir__* – cai o MIR, e temos *supre__ssão__*;
- etc.

Quando, pois, em tal processo de nominalização, não cai nenhum de tais grupos – outra vez: TER, TIR; DER, DIR; MER, MIR –, não resta senão empregar o *ç*:

- *conter – contenção* (não cai o grupo *ter*);
- *reter – retenção* (não cai o grupo *ter*);
- *render – rendição* (não cai o grupo *der*);
- *repetir – repetição* (não cai o grupo *tir*);
- etc.

η. Não se usa *ch* em seguida a ditongo

Com efeito, para representar o fonema /x/ em seguida a ditongo, só se usa a letra *x*:

✓ *cai__x__a, fai__x__a, fei__x__e, frou__x__o,* etc.

↗ Observação. *Recauchutar* é outra falsa exceção, porque, com efeito, se se grafa com *ch* em seguida a um ditongo (*au*), não é senão porque deriva de uma palavra importada do espanhol: *cau<u>ch</u>o* ('borracha'), na qual, como é evidente, se grafa *ch* em seguida a um ditongo. Salvo engano, não contamos com nenhum outro caso semelhante.

θ. Nenhuma das formas da conjugação de pôr (e de seus derivados) e de querer se grafa com *z*

§ Assim,

- ✓ *pu<u>s</u>este, repu<u>s</u>emos, compu<u>s</u>erem*, etc.
- ✓ *qui<u>s</u>, qui<u>s</u>emos, qui<u>s</u>erem*, etc.

⇔ Apêndice 2 ⇔
O USO DO HÍFEN[53]

"**a. Do hífen em compostos, locuções e encadeamentos vocabulares**

a1. Emprega-se o hífen nas palavras compostas por justaposição que não contêm formas de ligação e cujos elementos,[54] de natureza nominal, adjetival, numeral ou verbal, constituem uma unidade sintagmática e semântica e mantêm acento próprio, podendo dar-se o caso de o primeiro elemento estar reduzido: *ano-luz, arco-íris, decreto-lei, és-sueste, médico-cirurgião, rainha-cláudia, tenente-coronel, tio-avô, turma-piloto; alcaide-mor, guarda-noturno, mato-grossense, norte-americano, porto-alegrense, sul-africano; afro-asiático, afro-luso-brasileiro, azul-escuro, marrom-claro, primeiro-ministro, primeiro-sargento, segunda-feira; conta-gotas, finca-pé, guarda-chuva*"; *grão-duque, grão-vizir, grã-cruz*.

"Observação [do Acordo]: Certos compostos, em relação aos quais se perdeu, em certa medida, a noção de composição, grafam-se aglutinadamente: *girassol, madressilva, mandachuva, pontapé, paraquedas, paraquedista*, etc."

⤴ Observação 1. Pode e deve resumir-se esta regra da seguinte maneira: levam hífen os substantivos (comuns) e os adjetivos compostos de duas

---

[53] Expomos aqui as regras do uso do hífen, como não poderia deixar de ser, segundo o atual Acordo Ortográfico. Mas há que dizer que, além de altamente complexo, este seu capítulo não prima pela coerência nem pela clareza. Por isso mesmo, se o reproduzimos na totalidade, não deixamos todavia de proceder às devidas adaptações e complementações e aos devidos comentários e observações, por vezes críticos.

[54] Sempre que o texto do atual Acordo Ortográfico fale de "elemento", trata-se de *parte morfológica*, porque, falando propriamente, os elementos das palavras e pois da linguagem são os *fonemas* (ou antes, ao menos na maioria das línguas indo-europeias, as *sílabas*) e as *letras*.

partes morfológicas justapostas (ou seja, têm ligadas por hífen estas mesmas duas partes).

⚐ Observação 2. Veja-se que se arrola nesta regra uma série de gentílicos: *norte-americano, porto-alegrense, sul-africano; afro-asiático, afro-luso-brasileiro*. Não se considerem, porém, gentílicas palavras compostas como as seguintes, em que não se usa hífen: *lusofilia, germanófobo*, etc.

⚐ Observação 3. Não nos é possível, de modo algum, concordar com o exposto na Observação do Acordo. Antes de tudo, não estão no mesmo caso, por um lado, *madressilva* (que já deriva de uma latina *matrisilva* medieval), *girassol* (de origem e de composição controversas) e *pontapé* (em que "ponta" pende *semanticamente* do vocábulo tardolatino *puncta, ae*, 'estocada, golpe') e, por outro lado, *mandachuva* e *paraquedas*. Estas últimas, em que as duas partes da composição ("manda" e "chuva", e "para" e "quedas") são claríssimas, em nada se diferenciam composicionalmente de, por exemplo, *guarda-chuva* e *para-raios*. É ainda o velho e mau hábito de prodigalizar exceções e não fechar paradigmas.[55] Como porém dizemos sempre, siga-se o Acordo.

"**a2.** Emprega-se o hífen nos topônimos compostos que se iniciam pelos adjetivos *grã* e *grão* ou por forma verbal, ou cujos elementos estejam ligados por artigo: *Grã-Bretanha, Grão-Pará; Abre-Campo; Passa-Quatro, Quebra-Costas, Quebra-Dentes, Traga-Mouros, Trinca-Fortes; Albergaria-a-Velha*, Baía de *Todos-os-Santos, Entre-os-Rios, Montemor-o-Novo, Trás-os-Montes*.

Observação [do Acordo]: Os outros topônimos compostos se escrevem com os elementos separados, sem hífen: *América do Sul, Belo Horizonte, Cabo Verde, Castelo Branco, Freixo de Espada à Cinta*, etc. O topônimo *Guiné-Bissau* é, contudo, uma exceção consagrada pelo uso.

a3. Emprega-se o hífen nas palavras compostas que designam espécies botânicas e zoológicas, estejam ou não ligadas por preposição ou qualquer outro elemento: *abóbora-menina, couve-flor, erva-doce, feijão-verde; bênção-de-deus, erva-do-chá, ervilha-de-cheiro, fava-de-santo-inácio, bem-me-quer* (nome de planta que também se dá à "margarida" e ao "malmequer"); *andorinha-grande, cobra-capelo, formiga-branca; andorinha-do-mar, cobra-d'água, lesma-de-conchinha; bem-te-vi*."

---

[55] Tanto na *Suma* como aqui, não raro usamos *paradigma* em sentido lato.

⚡ Observação. Note-se que tais palavras podem compor-se por justaposição de duas, de três ou de mais partes morfológicas. Em outros termos: palavras compostas por justaposição que nomeiem espécie animal ou espécie vegetal têm sempre suas partes morfológicas ligadas por hífen.

"**a4.** Emprega-se o hífen nos compostos com os advérbios *bem* e *mal*, quando estes formam com o elemento que se lhes segue uma unidade sintagmática e semântica e tal elemento começa por *vogal* ou *h*. No entanto, o advérbio *bem*, ao contrário de *mal*, pode não aglutinar-se com palavras começadas por consoante. Eis alguns exemplos das várias situações: *bem-aventurado, bem-estar, bem-humorado; mal-afortunado, mal-estar, mal-humorado; bem-criado* (cf. malcriado), *bem-ditoso* (cf. malditoso), *bem-falante* (cf. malfalante), *bem-mandado* (cf. malmandado), *bem-nascido* (cf. malnascido), *bem-soante* (cf. malsoante), *bem-visto* (cf. malvisto).

Observação [do Acordo]: Em muitos compostos, o advérbio *bem* aparece aglutinado com o segundo elemento, quer este tenha ou não vida à parte: *benfazejo, benfeito, benfeitor, benquerença*, etc."

⚡ Observação 1. Regra demasiado confusa e arbitrária. Recomendamos, por isso, se recorra sempre a um bom dicionário quando se tratar de *bem* e de *mal* como prefixos.

⚡ Observação 2. Ademais, *benfeito* não é o mesmo que *bem-feito*: o primeiro pode ser adjetivo, com o sentido de 'que se benfez; beneficiado', ou substantivo, com o sentido de 'benefício, benfeitoria'; o segundo, muito mais usual, só pode ser adjetivo, em duas acepções: 'feito com esmero; bem-acabado'; 'de figura harmoniosa; bem-composto, bem-conformado'.

"**a5.** Emprega-se o hífen nos compostos com os elementos *além, aquém, recém* e *sem*: *além-Atlântico, além-mar, além-fronteiras; aquém-mar, aquém-Pireneus; recém-casado, recém-nascido; sem-cerimônia, sem-número, sem-vergonha*."

⚡ Observação. Esta regra poderia incluir-se, facilmente, na regra de **a1** *supra*.

"**a6.** Nas locuções de qualquer tipo, sejam elas substantivas, adjetivas, pronominais, adverbiais, prepositivas ou conjuncionais, não se emprega em geral o hífen, salvo algumas exceções já consagradas pelo uso (como é o caso de *água-de-colônia, arco-da-velha, cor-de-rosa, mais-que-perfeito, pé-de-meia, ao deus-dará, à queima-roupa*). Sirvam, pois, de exemplo de emprego sem hífen as seguintes locuções:

    a. substantivas: *cão de guarda, fim de semana, sala de jantar*;
    b. adjetivas: *cor de açafrão, cor de café com leite, cor de vinho*;
    c. Pronominais: *cada um, ele próprio, nós mesmos, quem quer que seja*;
    d. adverbiais: *à parte* (note-se o substantivo 'aparte'), *à vontade, de mais* (locução que se contrapõe a 'de menos'; note-se "demais", advérbio, conjunção, etc.), *depois de amanhã, em cima, por isso*;
    e. prepositivas: *abaixo de, acerca de, acima de, a fim de, a par de, à parte de, apesar de, debaixo de, por baixo de, por cima de, quanto a*;
    f. conjuncionais: *a fim de que, ao passo que, contanto que, assim que, por conseguinte, dado que*."

    ☞ Observação 1. Passam a chamar-se "locuções substantivas" e "locuções adjetivas" os substantivos e os adjetivos que, antes do atual Acordo, por levarem hífen, se chamavam "substantivos e adjetivos formados por justaposição de três ou mais elementos". Trata-se evidentemente de classificação arbitrária. Voltaremos porém a tratá-lo no Preâmbulo do próximo capítulo.

    ☞ Observação 2. Outra vez, não há razão para tais exceções. Antes de tudo, se suas partes morfológicas continuam a ligar-se por hífen, não se vê por que chamá-las "locuções" e não, como antes, "substantivos compostos". Depois, tampouco se vê por que seriam "consagradas pelo uso" *cor-de-rosa* e não *cor de laranja*, *pé-de-meia* e não *pé de moleque* (doce), etc.

    ☞ Observação 3. Ademais, *ao deus-dará* e *à queima-roupa* não deveriam estar no rol de exceções em que estão *água-de-colônia, arco-da-velha*, etc., pela simples razão de que o que nelas está hifenizado (*deus-dará* e *queima-roupa*) rege-se pela regra exposta em **a1**.

    "**a7.** Emprega-se o hífen para ligar duas ou mais palavras que ocasionalmente se combinam, formando, não propriamente vocábulos, mas encadeamentos vocabulares (como a divisa *Liberdade-Igualdade-Fraternidade*, a *Ponte Rio-Niterói*, o percurso *Lisboa-Coimbra-Porto*, a ligação *Angola-Moçambique*, e bem assim nas combinações históricas ou ocasionais de topônimos (como *Áustria-Hungria, Alsácia-Lorena, Angola-Brasil, Tóquio-Rio de Janeiro*, etc.).

b. Do hífen nas formações por prefixação, 'recomposição' e sufixação. Nas formações com prefixos (como, por exemplo: *ante-*, *anti-*, *circum-*, *co-*, *contra-*, *entre-*, *extra-*, *hiper-*, *infra-*, *intra-*, *pós-*, *pré-*, *pró-*, *sobre-*, *sub-*, *super-*, *supra-*, *ultra-*, etc.) e em formações por recomposição, isto é, com elementos não autônomos ou 'falsos prefixos',[56] de origem grega e latina (tais como: *aero-*, *agro-*, *arqui-*, *auto-*, *bio-*, *eletro-*, *geo-*, *hidro-*, *inter-*, *macro-*, *maxi-*, *micro-*, *mini-*, *multi-*, *neo-*, *pan-*, *pluri-*, *proto-*, *pseudo-*, *retro-*, *semi-*, *tele-*, etc.), só se emprega o hífen nos seguintes casos:

b1. Nas formações em que o segundo elemento começa por *h*: *anti-higiênico, circum-hospitalar, co-herdeiro, contra-harmônico, extra-humano, pré-história, sub-hepático, super-homem, ultra-hiperbólico; arqui-hipérbole, eletro-higrômetro, geo-história, neo-helênico, pan-helenismo, semi-hospitalar.*

Observação [do Acordo]: Não se usa, no entanto, o hífen em formações que contêm em geral os prefixos *des-* e *in-* e nas quais o segundo elemento perdeu o *h* inicial: *desumano, desumidificar, inábil, inumano,* etc."

⚡ Observação. Em atitude surpreendente, a Academia Brasileira de Letras, imediatamente após a assinatura do atual Acordo, sustentou o descumprimento de um item desta regra: mandou grafar, por exemplo, *coerança* e *coerdeiro* (em vez de *co-herança* e *co-herdeiro*). Criava assim uma regra única para o prefixo *co-*: este, como o prefixo *re-*, nunca se liga por hífen, e para tal, se preciso for, suprima-se o *h*. Não deixa de ter sua razão, até porque tradicionalmente já escrevemos, por exemplo, *coabitar* (< *cohabitāre*). ☙ Mas, cremo-lo, pode preferir-se seguir a letra do Acordo.

"**b2.** Nas formações em que o prefixo ou 'pseudoprefixo' [aspas nossas] terminam na mesma vogal com que se inicia o segundo elemento: *anti-ibérico, contra-almirante, infra-axilar, supra-auricular; arqui-irmandade, auto-observação, eletro-óptica, micro-onda,* [*micro-organismo*], *semi-interno.*

Observação [do Acordo]: Nas formações com o prefixo *co-*, este se aglutina em geral com o segundo elemento mesmo quando iniciado por *o*: *coobrigação, coocupante, coordenar, cooperação, cooperar,* etc."

⚡ Observação. Esta regra infringe um dos propalados fins do atual Acordo: a simplificação. Com efeito, muitas das palavras acima arroladas como exemplos

---

[56] Para "falso prefixo", *vide*, *supra*, OBSERVAÇÃO FINAL SOBRE A COMPOSIÇÃO.

não levavam hífen no sistema ortográfico anterior; e todas poderiam perfeitamente grafar-se sem hífen. Além disso, assinale-se mais uma vez a que absurdidades e complicações leva a abstrusa noção de "falso prefixo".

"**b3.** Nas formações com os prefixos *circum-* e *pan-*, quando o segundo elemento começa por *vogal*, *m* ou *n* (além de *h*, caso já considerado atrás): *circum-escolar*, *circum-murado*, *circum-navegação*; *pan-africano*, *pan-mágico*, *pan-negritude*.

b4. Nas formações com os prefixos *hiper-*, *inter-* e *super-*, quando combinados com elementos iniciados por *r*: *hiper-requintado*, *inter-resistente*, *super-revista*.

b5. Nas formações com os prefixos *ex-* (com o sentido de estado anterior ou cessamento), *sota-*, *soto-*, *vice-* e *vizo-*: *ex-almirante*, *ex-diretor*, *ex-hospedeira*, *ex-presidente*, *ex-primeiro-ministro*, *ex-rei*; *sota-piloto*, *soto-mestre*, *vice-presidente*, *vice-reitor*, *vizo-rei*.

b6. Nas formações com os prefixos tônicos acentuados graficamente *pós-*, *pré* e *pró-*, quando o segundo elemento tem vida à parte (ao contrário do que acontece com as correspondentes formas átonas, que se aglutinam com o elemento seguinte): *pós-graduação*, *pós-tônico* (mas 'pospor'); *pré-escolar*, *pré-natal* (mas 'prever'); *pró-africano*, *pró-europeu* (mas 'promover')."

☞ Observação. Tampouco em **b6** *supra* pisamos terreno seguro. Para nos limitarmos a um só caso: no Brasil se tenderia a escrever "pré-existir" (em razão da pronúncia aberta do prefixo), e não *preexistir* como preceitua o Vocabulário Ortográfico da Língua Portuguesa (Volp). Recomendamos, uma vez mais, portanto, se recorra aos dicionários para os três prefixos *pós-*, *pré-*, *pró-*.

"**b7.** Não se emprega, pois, o hífen:
• Nas formações em que o prefixo ou 'falso prefixo' [aspas nossas] termina em *vogal* e o segundo elemento começa por *r* ou *s*, devendo estas consoantes duplicar-se, prática aliás já generalizada em palavras deste tipo pertencentes aos domínios científico e técnico. Assim: *antirreligioso*, *antissemita*, *contrarregra*, *contrassenha*, *cosseno*, *extrarregular*, *infrassom*, *minissaia*, tal como *biorritmo*, *biossatélite*, *eletrossiderurgia*, *microssistema*, *microrradiografia*.
• Nas formações em que o prefixo ou 'pseudoprefixo' [aspas nossas] termina em *vogal* e o segundo elemento começa por *vogal diferente*, prática esta em geral

já adotada também para os termos técnicos e científicos. Assim: *antiaéreo, coeducação, extraescolar, aeroespacial, autoestrada, autoaprendizagem, agroindustrial, hidroelétrico, plurianual.*

• Nas formações por sufixação apenas se emprega o hífen nos vocábulos terminados por sufixos de origem tupi-guarani que representam formas adjetivas, como *açu, guaçu* e *mirim*, quando o primeiro elemento acaba em *vogal acentuada graficamente* ou quando a pronúncia exige a distinção gráfica dos dois elementos: *amoré-guaçu, anajá-mirim, andá-açu, capim-açu, Ceará-Mirim*."

☞ Observação. Há que acrescentar os casos em que a primeira parte morfológica termina com *b* e a segunda começa com *r*, sempre ligadas por hífen: *ab-rogar, sub-região*, etc.

"**c.** Do hífen na ênclise, na tmese (ou mesóclise) e com o verbo *haver*.

c1. Emprega-se o hífen na ênclise e na tmese: *amá-lo, dá-se, deixa-o, partir-lhe; amá-lo-ei, enviar-lhe-emos.*

c2. Não se emprega o hífen nas ligações da preposição *de* às formas monossilábicas do presente do indicativo do verbo *haver*: *hei de, hás de, hão de,* etc.

Observação [do Acordo]: Embora estejam consagradas pelo uso as formas verbais *quer* e *requer*, dos verbos *querer* e *requerer*, em vez de *quere* e *requere*, estas últimas formas se conservam, no entanto, nos casos de ênclise: *quere-o* (*s*), *requere-o* (*s*). Nestes contextos, as formas (legítimas, aliás) *qué-lo* e *requé-lo* são pouco usadas.

c3. Usa-se também o hífen nas ligações de formas pronominais enclíticas ao advérbio *eis* (*eis-me, ei-lo*) e ainda nas combinações de formas pronominais do tipo *no-lo, vo-las*, quando em próclise (por ex.: *esperamos que no-lo comprem*)."

☞ Observação final 1. Insista-se: apenas a leitura constante e a frequência constante aos dicionários permitirão que se memorize mais plenamente em que palavras deve usar-se ou não o hífen segundo o atual Acordo Ortográfico.

☞ Observação final 2. Há que dizer ainda, no entanto, que a maioria das palavras compostas que se devem grafar com hífen segundo o atual Acordo Ortográfico teria podido, sem dúvida alguma, grafar-se sem ele, ao modo dessa língua tão próxima da nossa que é o espanhol. Mas, enfim, repita-se *ad nauseam*: siga-se o Acordo (e o Volp).

CAPÍTULO III

OUTROS PARADIGMAS E PRIMEIROS EMPREGOS DAS CLASSES GRAMATICAIS

⇔ Preâmbulo ⇔
NOÇÕES BÁSICAS DE SINTAXE

Nota prévia ↳. É impossível entender as regras e os paradigmas das diversas classes gramaticais sem a posse prévia de pelo menos noções básicas de sintaxe, ou antes, de morfossintaxe – e não é outra a razão deste preâmbulo.

α. Oração e frase

α.1. A unidade mínima de significado é a palavra; e as partes de que se compõem as palavras não têm significado por si, mas tão somente nas mesmas palavras, assim como as notas de um acorde musical só têm "sentido" neste mesmo acorde. Naturalmente, muitas partes de palavra, antes de ser partes, são palavras elas mesmas, e podem voltar a ser palavras se separadas da palavra de que são partes. Insista-se porém em que unidade mínima de significado – *o que implica autonomia* – é tão somente a palavra.

α.2. Segundo nossas gramáticas correntes e nossos dicionários, locução define-se assim: "sequência de duas ou mais palavras que equivalem a um só vocábulo, por terem significado **conjunto** próprio e função gramatical **única** (a de substantivo, donde *locução substantiva*; a de adjetivo, donde *locução adjetiva*; a de pronome, donde *locução pronominal*; a de verbo, donde *locução verbal*; a de advérbio, donde *locução adverbial*; a de preposição, donde *locução prepositiva*; e a de conjunção, donde *locução conjuntiva*)". E, se essa definição é largamente preponderante no Brasil (nós mesmo já a seguimos aqui e ali), é todavia incompleta e equívoca: lança mais trevas que luz sobre um ponto já de si complexo. O curioso é que nos países hispanófonos e, ao que parece, em Portugal não se incorre nessa incompletude equívoca. Veja-se a definição de locução dada pelo *Diccionario de la Lengua Española* da Real Academia Española: "grupo de palavras que funcionam como uma só peça léxica com sentido unitário e certo grau de *fixação formal*" (destaque nosso); e veja-se a dada pelo *Dicionário Priberam Online de Português Contemporâneo* (de Portugal), ainda melhor que a anterior: "combinação *fixa* de palavras que funciona semântica e sintaticamente como uma unidade" (destaque nosso). Em suma: toda locução é *fixa*, razão por que é *dicionarizável*. Mas nenhum grupo é fixo, razão por que não é dicionarizável. Com efeito, enquanto *dona de casa, sem pé nem cabeça, dar de si conta*, etc., são locuções e, portanto, são absolutamente dicionarizáveis (e de fato estão dicionarizadas), *sua pessoa, de mármore, tinha lido*, etc., são grupos e, portanto, absolutamente não dicionarizáveis (e de fato não estão dicionarizadas).[1] Com esta distinção simples, que nós mesmo, como dito, só alcançamos perfeitamente nesta gramática, resolve-se em definitivo – entre nós – a questão.[2]

a.3. Ademais, como antecipado no capítulo anterior, não há diferença **essencial** entre LOCUÇÃO e PALAVRA COMPOSTA POR JUSTAPOSIÇÃO. Qualquer diferença entre as duas é **acidental**, especialmente o fato de as partes morfológicas do que seria palavra composta por justaposição não se ligarem (com hífen ou sem ele) ortograficamente, ou segundo o arbítrio dos acordos ortográficos, ou segundo a mesma tradição.[3] Assim, por exemplo, *mão de obra* (LOCUÇÃO SUBSTANTIVA) foi considerada substantivo composto por justaposição até o penúltimo acordo ortográfico, por grafar-se até então com hifens ["mão-de-obra"]; *por que* (LOCUÇÃO PRONOMINAL INTERROGATIVA) grafa-se *porque* em Portugal; e *ainda que* (LOCUÇÃO CONJUNTIVA) grafa-se – valha a comparação – *aunque* em espanhol. Atendendo porém a tal diferença acidental, também nós usamos o termo LOCUÇÃO para os casos em que ortograficamente não se dê junção (com hífen ou sem ele) de partes morfológicas.

a.4. A partir daí, ou seja, a partir da palavra e/ou da locução, temos os GRUPOS (que, como dito, às vezes apenas se distinguem das locuções).

• Chamamos GRUPO SUBSTANTIVO ao conjunto de duas ou mais palavras, excluídos os verbos, que tenha caráter substantivo mas não constitua locução: por exemplo, *a moça bela*.

• Chamamos GRUPO ADJETIVO ao conjunto de duas ou mais palavras, excluídos os verbos, que tenha caráter adjetivo mas não constitua locução: por exemplo, *muito bela*.

• Chamamos GRUPO ADVERBIAL ao conjunto de duas ou mais palavras, excluídos os verbos, que tenha caráter adverbial mas não constitua locução: por exemplo, *nesta noite*.

---

[1] Insista-se em que é justamente isto o que falta dizer àquela definição incompleta: *fixa e pois dicionarizável*. Como não o diz, no Brasil se considera equivocamente que são por igual locuções *sem pé nem cabeça* e *de mármore*, com o que não se explica por que aquela pode estar e está nos dicionários e esta não.

[2] Naturalmente, ter resolvida em definitivo esta questão não significa que todos os casos singulares com que possamos deparar estejam desde já resolvidos. Aqui e ali uma locução apenas se distinguirá de um grupo, assim como aqui e ali um animal apenas se distingue de um vegetal. Isso porém não é razão para não sustentar a distinção entre locução e grupo, assim como não o é para não sustentar a distinção entre animal e vegetal – com a diferença de que na Biologia sempre se solucionará a dificuldade singular, enquanto na Gramática nem sempre.

[3] De fato, repugnaria à nossa tradição ortográfica escrever, por exemplo, "ao-fim-e-ao-cabo".

⌗ Observação. Relembre-se que se reduzem a substantivos ou a adjetivos os pronomes propriamente ditos e os numerais.

- Chamamos GRUPO VERBAL ao conjunto de duas ou mais partes verbais que não constitua locução: por exemplo, *tem feito*.

⌗ Observação. Só muito impropriamente se pode qualificar de grupo verbal o conjunto de dois verbos que, conquanto se comporte morfossintaticamente como tal, constitua todavia duas orações: por exemplo, *Quer dormir* (*Quer*, oração subordinante, e *dormir*, oração subordinada objetiva direta). É certo que por seu comportamento morfossintático é possível chamá-lo grupo verbal; como porém é denominação imprópria, por isso mesmo convém neste caso usar o nome entre aspas ("grupo verbal").

- Pois bem, deve chamar-se ORAÇÃO antes de tudo *ao grupo substantivo*. Trata-se, naturalmente, de oração IMPERFEITÍSSIMA, porque, com efeito, ainda está como à espera de um *juízo*: *A moça* [*é / não é*] *bela*.

a.5. Oração mais propriamente dita é *qualquer reunião de palavras que contenha um substantivo ou correlato* (pronome ou numeral substantivos) *e um verbo*; e é tão somente a esta sorte de oração que as gramáticas correntes chamam tal, ou seja, oração. Ainda assim, todavia, é preciso distinguir.

- Temos, por um lado, a oração de SUBSTANTIVO + VERBO que não tem sentido completo e que ou necessita de algum complemento ou é, ela mesma, complemento ou adjunto: por exemplo,
  - ✓ (***Eu***) *Necessito...*;
  - ✓ *... [o] **que** é verdadeiramente belo*;
  - ✓ *Quando começou **a chuva**...*;
  - ✓ (***Ele***) *estuda de maneira tal...*;
- Como pode ver-se, são orações de tipo diverso, e dividem-se em
  ♦ *subordinantes* (as correntemente – ainda que imprecisamente – chamadas "principais");
  ♦ e *subordinadas*, que por sua vez se dividem em *completivas* e *adjuntivas*, como se verá.

Toda estas são ORAÇÕES AINDA IMPERFEITAS, conquanto mais perfeitas que as orações sem verbo.

- E temos, por outro lado, as ORAÇÕES PERFEITAS, que não podem ser senão as que, além de compostas *ao menos* de *um* substantivo e de *um* verbo, encerram sentido completo. Assim, são ORAÇÕES PERFEITAS, por exemplo:

- *Faça-o sem demora.*;
- *(Eu) Necessito que me ajudes.*;
- *Entre os quadros deste autor, é este o que é verdadeiramente belo.*;
- *Quando cessou a chuva, voltámos para casa.*;
- *(Ele) Estuda de maneira tal, que logo desabrochará em seu ofício.*

Note-se, porém, que uma oração perfeita pode ser absoluta (como a do primeiro exemplo) ou conter outra ou outras orações: assim, o segundo membro de *Ao cessar a chuva, <u>voltámos para casa</u>* é, ele mesmo, oração perfeita e inclui o primeiro membro. Ademais, e evidentemente, toda oração perfeita que inclua outra oração é SUBORDINANTE desta, que portanto é sua SUBORDINADA. Mas uma oração, insista-se, também pode ser SUBORDINANTE sem ser perfeita. Assim, *Rogou-lhe que lhe atendesse o pedido* é ORAÇÃO PERFEITA composta, contudo, de uma ORAÇÃO SUBORDINANTE IMPERFEITA (*Rogou-lhe*) e de uma ORAÇÃO SUBORDINADA (*que lhe atendesse o pedido*).

α.6. Deem-se agora as DUAS ESPÉCIES DE ORAÇÃO PERFEITA E ABSOLUTA segundo a intenção do falante ou do escrevente.

α.6.1. Antes de tudo, a oração perfeita e absoluta é ENUNCIATIVA (ou ASSERTIVA, ou DECLARATIVA):

- *Este livro é bom.*;
- *Este livro não é bom.*;
- *Sérgio comprou o livro.*;
- *Sérgio não comprou o livro.*

☞ OBSERVAÇÃO. O verbo das orações enunciativas está sempre no **modo indicativo**.

α.6.2. Depois, é ou IMPERATIVA (que expressa o *dever ser*), ou DEPRECATIVA ou OPTATIVA; a oração VOCATIVA, referida por gramáticos mais antigos, é caso à parte. Exemplifiquemo-las:

- IMPERATIVA:
  - *Estuda!*;
  - *Não te distraias!*;
  - *Não matarás.*;
- DEPRECATIVA:
  - *Ajude-me, senhor.*;
- OPTATIVA:
  - *Que tenham sucesso nisso.*

⏷ Observação. A *oração optativa* reduz-se à *deprecativa*.

§ A vocativa:

✓ *Venha, ó grande Pedro*.

⏷ Observação a respeito da oração vocativa. Como pode concluir-se do exemplo, nunca a chamada oração vocativa é oração perfeita; e, como se verá, não se distingue do simples vocativo (*Venha, Pedro*) senão porque se compõe de mais de uma palavra. Mas igualmente, como é natural, e como também se verá, exerce a função sintática de *vocativo*.

⏷ Observações gerais

- Como se pôde ver, todas as orações perfeitas e absolutas – e, afinal, todas as orações perfeitas – podem ser ou **afirmativas** ou **negativas**.

- Além das absolutas arroladas, há ainda as dubitativas, que são como enunciativas "diminuídas":

    ✓ *Este livro talvez seja bom.*;

    ✓ *É talvez bom este livro.*;

    ✓ *Talvez não seja bom este livro.*;

    ✓ *Não é bom talvez este livro.*;

as suspensivas, que são enunciativas imperfeitas:

✓ *Ele disse que... (Recuso-me a repeti-lo.)*;

✓ *Comprou cadernos, canetas, borrachas...*;

e as assinalativas (ou indicativas), que são enunciativas mais ou menos elípticas:

✓ *Fogo! (= Há fogo ou algo assim).*

- A oração interrogativa normalmente se ordena à enunciativa ou, mais remotamente, à imperativa, porque, com efeito, se perguntamos algo, não o fazemos senão porque queremos ou enunciar algo, ou pedir a outrem que enuncie algo, ou, mais remotamente, ordenar algo. Exemplos:

    ✓ *É bom este livro?*;

    ✓ *Não queres ler este livro?*;

    ✓ *– Queres merecê-lo? – Quero. – Então esforça-te*.

    → Há, todavia, a oração interrogativa retórica, em que não há verdadeira interrogação, mas afirmação posta em figura interrogativa para conseguir algum efeito, precisamente, retórico. Exemplo:

    ✓ *Sabeis para onde marcha o mundo? Para o abismo.*

Note-se que a pergunta do exemplo não é feita para obter de outrem nenhuma resposta.

- Qualquer oração perfeita e absoluta pode ser de algum modo EXCLAMATIVA, incluída a mesma oração enunciativa: *Este livro é bom!* Por isso mesmo é que exclamativa não é espécie de oração perfeita.

- Como dito, o modo do verbo das orações ENUNCIATIVAS é o *indicativo*; mas tanto o modo indicativo como o subjuntivo podem usar-se em várias espécies de oração. Voltaremos a isto mais adiante.

- Na própria DUBITATIVA, o verbo pode estar ou no *indicativo* ou no *subjuntivo*, a depender não raro de fatores convencionais (como quando se usa *talvez*, que, como mostrado nos exemplos, se anteposto ao verbo, o leva ao subjuntivo e, se posposto a ele, o deixa no indicativo).

α.7. Quanto à FRASE na **escrita**, que é o que aqui nos interessa, deve dizer-se que é *todo conjunto de palavras terminado em sinal de pontuação final*, seja este sinal **ponto-final** (ou **ponto**), **ponto de interrogação**, **ponto de exclamação** ou **reticências**.[4] Ademais, entre dois sinais de pontuação final podem vir um ou mais vocábulos não verbais (– *Quantos livros compraste? – Um.*)[5] ou uma só oração perfeita, que pode consistir num conjunto mais ou menos complexo de orações (por exemplo, *No momento em que o Sol se pôs no horizonte, e antes ainda que as luzes artificiais se acendessem qual noturnos pirilampos, as trevas abateram-se como mau agouro sobre uma vila já fatigada da faina diária em que renovadamente tinha de sumir-se.*).

⌯ OBSERVAÇÃO 1. Disse-se "entre dois sinais de pontuação final". Mas há uma exceção: a primeira frase de um texto, que está como entre o nada e um sinal de pontuação final.

⌯ OBSERVAÇÃO 2. Ao contrário do que dizem as gramáticas correntes, a frase não se divide em espécies.[6]

⌯ OBSERVAÇÃO 3. O *período*, conceito tão brandido pelas gramáticas correntes, identifica-se com o que dizemos *frase* ou com o que dizemos *oração perfeita complexa* (ou seja, a composta de oração subordinante e da correspondente oração ou orações subordinadas).

---

[4] Não é português encerrar frase com travessão, ao modo de certa tendência do inglês moderno. Usem-se em vez disso reticências.
[5] Naturalmente, em frases de uma ou mais palavras não verbais, como a de *Um* dada acima, sempre se tem uma oração perfeita em elipse mais ou menos parcial: no caso, *Comprei* (*apenas*) UM *livro*.
[6] Para aprofundamento deste ponto, ➢ *Suma*, p. 402.

β. Os termos da oração: uma primeira aproximação

β.1. Chama-se TERMOS DA ORAÇÃO às PALAVRAS ou às ORAÇÕES IMPERFEITAS que exercem função sintática em dada oração.[7]

¶ As FUNÇÕES SINTÁTICAS decorrem da mesma natureza das classes gramaticais não conectivas. Assim, o adjetivo não o seria se não se atribuísse a um nome ou substantivo, razão por que, se se diz *adjetivo* enquanto designa determinados acidentes do significado pelo nome, se diz *adjunto adnominal* precisamente enquanto se atribui a um nome. Do mesmo modo, o verbo não o seria se não se atribuísse a um substantivo, razão por que, se se diz *verbo* enquanto nomeia com tempo as ações, se diz *predicado* ou *núcleo do predicado* precisamente enquanto se atribui a um substantivo na função de *sujeito*. E diga-se algo semelhante do advérbio: diz-se *advérbio* enquanto significa alguma modalidade de um verbo, de um adjetivo, de outro advérbio, e diz-se *adjunto adverbial* enquanto se atribui a palavras destas classes. É parte da definição das classes gramaticais: só o são morfologicamente tais porque assim se exercem sintaticamente. Em outras palavras: função sintática é a exercida na oração por certas palavras com respeito a outras – sempre segundo sua mesma natureza. Mas a tudo isto, naturalmente, voltaremos aprofundando-o.

β.2. Antes de tudo são *termos da oração* o SUJEITO e o PREDICADO, porque todos os demais são, em verdade, termos seus. Com efeito, trate-se de oração perfeita, trate-se de oração imperfeita com verbo, não o serão senão porque têm *sujeito* e *predicado*.

β.2.1. SUJEITO é aquilo de que se predica algo:
- ✓ Este LIVRO é bom.;
- ✓ PEDRO caminha.;
- ✓ As CRIANÇAS necessitam de material escolar.;
- ✓ etc.

---

[7] Na verdade, ainda quanto à sintaxe, falta-nos descrever as espécies de orações *segundo se relacionem entre si*. Mas não é possível fazê-lo antes que se conheçam as funções sintáticas, porque, insista-se, classificar as orações imperfeitas implica fazê-lo segundo a função que exercem com respeito a outro termo.

β.2.2. Predicado é aquilo que se predica do sujeito:
- ✓ Este livro É BOM.;
- ✓ Pedro CAMINHA.;
- ✓ As crianças NECESSITAM **de material escolar**.;
- ✓ etc.

⌦ Observação. Nos exemplos postos acima,
- o que está em *versalete* é o núcleo do termo, enquanto o que com ele está *sublinhado* é *parte do termo* como adjunto ou como complemento do núcleo;
- quanto a *Este livro É BOM*, voltaremos a seu caso;
- **de material escolar** é complemento integrante do núcleo, e como tal não deixa de ser parte sua.

β.3. Portanto, insista-se, para que se constitua oração – no sentido, é claro, em que se toma aqui –, hão de estar presentes de algum modo os dois termos: o sujeito e o predicado. Trata-se de "circuito fechado".

β.3.1. Quanto à imprecisamente chamada "oração sem sujeito", estamos diante de tensão entre figura e significado. Deem-se exemplos:
- ✓ *Chove.*;
- ✓ *Amanhece.*;
- ✓ *Há dois livros sobre a mesa.*;
- ✓ *Há/Faz dois anos que se casaram.*;
- ✓ *Tem feito dias muito quentes.*;
- ✓ etc.

Nestes exemplos, com efeito, *segundo a figura* de fato não há sujeito. Mas *segundo a significação* o há, sim: *Cai CHUVA*, *Amanhece O DIA* ou *Raia A MANHÃ*, *Estão dois LIVROS sobre a mesa*, *Decorreram dois ANOS desde que se casaram*, *Têm ocorrido DIAS muito quentes*, etc.[8]

β.3.2. Outro caso especial é o correntemente chamado "sujeito indeterminado".[9] Em geral, dizem as gramáticas que o sujeito pode ser *determinado* ou *indeterminado*, e que para indeterminar o sujeito a língua se vale de dois expedientes.

- Empregar o verbo na 3.ª pessoa do plural, sem referência anterior ao pronome *eles* ou *elas*, nem a substantivo no plural. Exemplos:

---

[8] Para as razões por que tais casos ficaram sem sujeito *segundo a figura*, ➢ *Suma*, p. 404-05.
[9] Para aprofundamento deste ponto, ➢ *Suma*, p. 406-07.

✓ *Falam* bem de seu último livro.
✓ *Mataram* muitos cães.
• Usá-lo na 3.ª pessoa do singular acompanhado de *se*, desde que o verbo seja intransitivo ou traga complemento preposicionado. Exemplos:
✓ *Vive-SE* bem aqui.
✓ *Precisa-SE* de empregados.

β.3.2.a. Antes de tudo, note-se que não se pode dizer "indeterminado" o sujeito que está meramente "oculto", ou, mais bem dito, *elíptico* ou *implícito*. De fato, em *Saímos* não há sujeito indeterminado algum, porque se sabe com evidência, pela desinência número-pessoal, que o sujeito é *nós*.

β.3.2.b. Sucede, contudo, que *significativamente* são praticamente idênticas:
• a antiga maneira *Homem* [= *Alguém*] *fala mal daquela moça.*;
• *Alguém* ou *Alguns falam mal daquela moça.*;
• *Falam mal daquela moça.*;
• *Fala-se mal daquela moça.*

β.3.2.c. Resta então que entre estas maneiras não haja diferença senão *segundo a figura.*
• Em *Homem* ou *Alguém* ou *Alguns falam mal daquela moça*, o sujeito é *segundo a figura* determinado:

– *Quem fala mal daquela moça?*
– *Homem*, ou *Alguém* ou *Alguns*.

Mas não o é em *Falam mal daquela moça.* Esta é maneira antes *coloquial* de indeterminar também segundo a figura o sujeito. Mas, para que o faça, requer que em nenhuma parte da fala ou do texto apareça sujeito explícito para *Falam*. Assim, se se pergunta:

– *O que fazem eles?*,

e se responde:

– *Falam mal daquela moça.*

não haverá sujeito *segundo a figura* (nem *segundo a significação*) indeterminado.

Mas ser indeterminado não é o mesmo que não existir, e, como vimos, não pode haver *segundo a significação* oração sem sujeito, ainda que este seja ou indeterminado ou *segundo a figura* inexistente. Pois bem, como é fácil concluir, *Falam mal daquela moça* sem referência a sujeito explícito não pode senão reduzir-se a *Alguém*, ou *Alguns*, ou *Algumas pessoas*, ou *A gente* (= *as pessoas*), ou *As pessoas falam mal daquela moça.* Mas, como também é fácil concluir, é outro caso, especial, de oração sem sujeito *segundo a figura*, já que neste caso a desinência número-pessoal nem sequer pode reduzir-se a um pronome.[10]

• Já *Fala-se mal daquela moça* é maneira *culta* de indeterminar *segundo a significação* o sujeito.[11] Mas *segundo a figura* pode dizer-se que, *de certo modo*, aqui o sujeito é o mesmo *se*, o que resulta de sua sempre possível e perfeita comutação por *alguém, alguns*, etc.

§ Não obstante, havemos de convir em que o *se* comumente chamado "indeterminador do sujeito" não pode, *sui generis* que é, chamar-se puramente "pronome indefinido", razão por que devemos dizê-lo **um como** pronome indefinido.[12] Se porém é tal, então *como que* exerce a função de sujeito nas orações em que aparece.

γ. Um Primeiro quadro das classes gramaticais e suas funções sintáticas

§ Damos aqui este primeiro quadro ainda em ordem ao entendimento das classes gramaticais, porque, como dito, é impossível separar efetivamente classe gramatical e função sintática. Mas uma compreensão mais cabal deste ponto só a oferecemos mais adiante, no capítulo IV – então em ordem ao restante desta obra

γ.1. O substantivo (ou seja, o substantivo isolado – incluídos o pronome e o numeral substantivos –, a locução substantiva, o grupo substantivo e a oração substantiva) pode exercer as seguintes funções sintáticas:

γ.1.1. sujeito:[13]

- *O homem é animal racional* (substantivo isolado).;
- *Aquilo não é agradável* (pronome substantivo).;
- *Seis mais dois são oito* (numerais substantivos).;
- *Escasseia a mão de obra* (locução substantiva).;
- *Seu mais belo quadro ainda estava por pintar-se* (grupo substantivo).;
- *Urge que partamos* (oração substantiva [subjetiva]).;
- etc.;

---

[10] Sempre segundo nossas premissas, naturalmente.
[11] Este *se* substituiu, na história de nossa língua, o já referido **indefinido** *homem*, hoje de todo desaparecido.
[12] As gramáticas denominam-no, imprecisamente, ou "partícula indeterminadora do sujeito" ou "pronome indeterminador do sujeito". Para as razões por que o fazem "imprecisamente", ➢ *Suma*, p. 407, incluída a n. 17.
[13] Nos exemplos, as funções sintáticas estão integralmente sublinhadas, enquanto seu núcleo está também em versalete.

γ.1.2. COMPLEMENTO VERBAL (objeto direto ou acusativo; objeto indireto dativo; objeto indireto relativo ou complemento relativo; complemento circunstancial):

- *Deu o LIVRO* (objeto direto/substantivo isolado) *à FILHA* (objeto indireto dativo/substantivo isolado).;
- *Sete mais quatro somam ONZE* (objeto direto ou acusativo/numeral substantivo).;
- *Necessita de TI* (objeto indireto relativo/pronome substantivo).;
- *O país necessitaria de ESTRADAS DE FERRO* (objeto indireto relativo/locução substantiva);
- *Ofereceu-lhe* (objeto indireto dativo/pronome substantivo) *a MÃO DIREITA* (objeto direto/grupo substantivo).;
- *Exigiu a todos* (objeto indireto dativo/pronome substantivo) *que FIZESSEM silêncio* (oração substantiva [objetiva direta]).;
- *Dignaram-se a ACEITAR o convite* (oração substantiva [objetiva ou completiva relativa]).;
- *Foi a Roma* (complemento circunstancial).
- etc.;

γ.1.3. COMPLEMENTO NOMINAL:

- *O descobrimento do BRASIL* (substantivo isolado);
- *Tem necessidade de TI* (pronome substantivo).;
- *Há que dar-se a revalorização da DONA DE CASA* (locução substantiva);
- *Tinha precisão de MÃOS AMIGAS* (grupo substantivo).;
- *Há urgência EM RECONSTRUIR A MALHA FERROVIÁRIA* (oração substantiva [completiva nominal]).;
- etc.;

γ.1.4. APOSTO:

- *o tio RICARDO* (substantivo isolado);
- *Ivã, o TERRÍVEL* (substantivo isolado);
- *Parece impossível, O que nos faz repensá-lo* (pronome substantivo).;
- etc.;

γ.1.5. PREDICATIVO:

- *Tornou-se SARGENTO* (substantivo isolado).;
- *O predicativo É UMA FUNÇÃO SINTÁTICA* (oração substantiva [predicativa]).;
etc.;

γ.2. O ADJETIVO (ou seja, o adjetivo isolado – incluídos o pronome e o numeral adjetivos –, a locução adjetiva, o grupo adjetivo e a oração adjetiva) pode exercer as seguintes funções sintáticas:

γ.2.1. ADJUNTO ADNOMINAL:
- *um cão PELUDO* (adjetivo isolado).;
- *Pediu que lhe comprássemos TRÊS livros* (numeral adjetivo).;
- *A orquestra não executará a peça que preferimos* (oração adjetiva [adjuntiva adnominal]).;

γ.2.2. PREDICATIVO:
- *Este quadro é belo* (adjetivo isolado).;
- *Sua tese, profunda, não teve porém repercussão* (adjetivo isolado).;
- etc.

γ.3. O VERBO é o próprio PREDICADO, ou ao menos seu NÚCLEO:
- ✓ *Isso EXISTE.*;
- ✓ *O jovem INTERESSA-se por diversas áreas do saber.*;
- ✓ *CHOVE*;
- ✓ etc.

γ.4. O ADVÉRBIO (ou seja, o advérbio isolado, a locução adverbial, o grupo adverbial e a oração adverbial) pode exercer as seguintes funções:

γ.4.1. ADJUNTO ADVERBIAL:
- *HOJE não iremos ao concerto* (advérbio isolado);
- *Saiu ÀS PRESSAS* (locução adverbial).;
- *NAQUELE DIA nevou muito* (grupo adverbial).;
- *A explosão foi tal, QUE AS JANELAS SE QUEBRARAM* (oração adjuntiva adverbial [consecutiva] da segunda espécie).;
- *Disse que viria, MAS NÃO VEIO* (oração adjuntiva adverbial [adversativa] da primeira espécie).;
- etc.;

⌖ OBSERVAÇÃO. As orações que dizemos adverbiais da primeira espécie são correntemente ditas "coordenadas", e as que dizemos adverbiais da segunda espécie são as únicas correntemente ditas subordinadas adverbiais.[14]

---

[14] Ao pormos que em grande parte as orações comumente conhecidas por "coordenadas" são em verdade ORAÇÕES ADJUNTIVAS ADVERBIAIS DE DADA ESPÉCIE, vamos, bem o sabemos, contra uma corrente gramatical multisecular e monolítica. Para ver as razões por que o fazemos e constatar sua justeza, ➢ *Suma*, p. 464-78. Ademais, voltaremos a tratar este ponto no CAPÍTULO IV.

γ.4.2. PREDICATIVO:
✓ *A vida é assim* (advérbio isolado);
✓ etc.

⌦ OBSERVAÇÃO. Os conectivos absolutos (a PREPOSIÇÃO e a CONJUNÇÃO) não exercem função sintática, ou melhor, exercem justamente a função sintática única de *conectar subordinando*.[15]

*

3.1. O SUBSTANTIVO

§ Como dito *supra*, no capítulo II, valemo-nos do SUBSTANTIVO ou NOME para significar substâncias ou acidentes tomados como substâncias.

3.1.1. CLASSIFICAÇÃO DOS SUBSTANTIVOS

3.1.1.a. Como dito também no capítulo II, os substantivos com que significamos *substâncias* chamam-se CONCRETOS. Exemplos: *homem, animal, cavalo, árvore, limoeiro, Maria, Pernambuco, sacerdote, máquina, ciclope, (o homem que é) tio*, etc. – Por seu lado, os substantivos com que significamos *acidentes entendidos a modo de substâncias* são os ABSTRATOS: *justiça, colheita, juventude, amplidão, verdade, bondade, doença, pessimismo, brandura, limpeza, caridade, ira*, etc.

⌦ OBSERVAÇÃO. O SUBSTANTIVO ABSTRATO, como se vê, subdivide-se segundo o que significa: há os de qualidade, há os de ação, há os de sentimento, etc.

3.1.1.b. Os CONCRETOS, ademais, podem ser COMUNS ou PRÓPRIOS.

• São COMUNS os que nomeiam as substâncias – ou seja, os gêneros, as espécies e seus indivíduos – segundo a essência ou, de algum modo, segundo algum acidente: *vegetal, tigre, macieira, oceano, espírito*, etc.; *ferimento, filho*, etc.

• São PRÓPRIOS se só se podem dizer de *uma* e *determinada* coisa, seja continente, nação, cidade, etc., ou instituição ou similar, ou pessoa: *Brasil, (a) Igreja, Simão*, etc.

⌦ OBSERVAÇÃO. O *substantivo concreto* subdivide-se. Mas aqui será tratado enquanto é COLETIVO; mais adiante, enquanto é NÃO NUMERÁVEL.

---

[15] Para os CONECTIVOS em geral, ➤ *Suma*, p. 381-94. E consignemos ainda que, como se vê no lugar da *Suma* citado, também quanto aos conectivos vamos muito a contrapelo da Gramática tradicional e da Linguística.

- **Os substantivos coletivos**
  - ◊ Coletivos *propriamente ditos* são os substantivos comuns que, no singular, designam um conjunto de entes (pessoas, animais ou objetos) da mesma espécie. Comparem-se, por exemplo, *Viu <u>dez lobos</u> rondar a fazenda* e *Viu <u>uma alcateia</u> rondar a fazenda*. No primeiro caso se designa *numericamente*, mediante um *adjetivo determinativo* (ou *numeral adjetivo*), certa multiplicidade de lobos, o que é reforçado pela desinência *-s*, enquanto no segundo se designa uma multiplicidade *indeterminada* de lobos pelo substantivo singular que nomeia qualquer multidão lupina. É justamente o coletivo específico.
  - ✓ Eis alguns coletivos específicos: *alcateia*, de lobos; *arquipélago*, de ilhas; *boana*, de peixes miúdos; *cáfila*, de camelos; *cardume*, de peixes; *constelação*, de estrelas; *corja*, de vadios; *fato*, de cabras; *matilha*, de cães de caça; *ninhada*, de filhotes; *pinhal*, de pinheiros; *súcia*, de pessoas desonestas; *vara*, de porcos.

  ⚐ Observação. O coletivo específico, precisamente por ser *específico*, dispensa de todo a enunciação dos entes a que se refere. Com efeito, seria redundância viciosa dizer "alcateia de lobos" ou "pinhal de pinheiros". Não se diga o mesmo, porém, com respeito a certos coletivos que podem dizer-se de mais de uma espécie. Assim, se digo *penca* ou *cacho*, hei de dizer de quê: *de bananas*, *de uvas*, etc.; se digo *molho*, hei de dizer se *de folhas*, ou *de gravetos*, ou *de chaves*, etc.; se digo *bando*, hei de dizer se *de aves*, ou *de salteadores*, etc. – *et reliqua*.

  - ◊ Também podem considerar-se de algum modo coletivos, entre outros, os seguintes tipos de substantivos: o que indica um todo de ordem: *exército, orquestra, pólis*, etc.; o que indica parte organizada de um todo de ordem: *regimento, batalhão, companhia* (partes do *exército*), etc.; o que indica multidão acidental: *animalada, estrangeirada, meninada*, etc.; o que indica multidão enquanto é multidão: *grupo* (*de pintores*), *magote* (*de coisas*), *multidão* (*de livros*), etc.

  ⚐ Observação. Reduzem-se ainda a *coletivos* numerais substantivos como *novena, dezena, centena, lustro* (= quinquênio), *milheiro, par*, etc. Uns nomeiam quantidade precisa (*dezena* = quantidade de *dez*) mas *não determinada* de entes, razão por que também requerem se especifique de que são quantidade: *uma dúzia de ovos, um milhar de cadernos*, etc. Os outros, todavia, designam espaço de tempo não só preciso mas determinado, razão por que não necessitam de especificação: *decênio* (= dez anos), *século* (= cem anos), *milênio* (= *mil anos*), etc.

3.1.2. As flexões dos substantivos

§ Como dito ainda no capítulo II *supra*, os substantivos podem flexionar-se em *gênero, número* e *grau*.

3.1.2.a Gênero e flexão de gênero[16]

• Como de certo modo em qualquer língua, em português são *anterior e mais propriamente* masculinos os substantivos que designam entes do sexo masculino, e são *anterior e mais propriamente* femininos os substantivos que designam entes do sexo feminino – isto sem que importe, por ora, a maneira de indicar o gênero: *bode/cabra, homem/mulher, menino/menina*. – Quanto ao neutro em referência à diferença sexual, quase nada nos resta: tão somente *isto* com respeito a *este/esta, isso* a *esse/essa* e *aquilo* a *aquele/aquela*.

↗ Observação. Note-se que, para saber o gênero de *homem/mulher, bode/cabra*, etc., não se necessita de artigo nem de desinência de gênero.

• Ademais, porém, em português todas as palavras (excetuados os referidos remanescentes neutros) se classificam *paradigmaticamente* segundo o gênero masculino e segundo o gênero feminino. Mostremo-lo morfologicamente.

♦ Pertencem ao gênero masculino *todos* os substantivos a que se pode antepor exclusivamente o artigo *o*: *o̲ homem, o̲ gato, o̲ galo, o̲ camponês, o̲ maestro, o̲ enigma*, etc.; e pertencem ao gênero feminino todos os substantivos a que se pode antepor exclusivamente o artigo *a*: *a̲ mulher, a̲ gata, a̲ galinha, a̲ camponesa, a̲ maestrina, a̲ juriti*.

Quanto a esta mesma classificação, quase sempre só se podem apontar tendências.

◊ São **geralmente** masculinos:

▪ os nomes próprios de rios, de oceanos, de lagos, de montes e de ventos, que são masculinos justo porque se subentendem antes deles, respectivamente, as palavras masculinas rio, mar, oceano, lago, monte e vento: *o* (*rio*) *Amazonas, o* (*mar*) *Mediterrâneo, o* (*oceano*) *Pacífico, o* (*lago*) *Titicaca, os* (*montes*) *Alpes, o* (*vento*) *Minuano*;

▪ os nomes dos meses e dos pontos cardeais: *março chuvoso̲, u̲m outubro feliz; o̲ norte, o̲ sul*; etc.

---

[16] Para aprofundamento quanto ao gênero na linguagem, ➤ *Suma*, p. 204-05.

◇ São **majoritariamente** FEMININOS:

▪ os nomes de cidades, que, quando são femininos, o são justo porque se subentende antes deles ou a palavra feminina CIDADE ou a palavra feminina ILHA: *a bela (cidade [de]) Ouro Preto, a (cidade [de]) Praga de sua infância, o calor das (ilhas) Antilhas.*

⌇ OBSERVAÇÃO. Alguns nomes de cidades, como *Rio de Janeiro, Porto, Cairo, Havre,* são masculinos por razões que se verão ao tratarmos o artigo.

◇ Quanto à TERMINAÇÃO:

▪ *tendem* a ser **masculinos** os substantivos terminados em *-o* átono (ou seja, a vogal temática *-o,* que pode ser *cumulativamente* desinência de masculino): *o banc<u>o</u>, o limoeir<u>o</u>, o livr<u>o</u>, o urs<u>o</u>,* etc.;

▪ e *tendem* a ser **femininos** os nomes terminados em *-a* átono (ou seja, a vogal temática *-a*): *a canet<u>a</u>, a mes<u>a</u>, a mangueir<u>a</u>,* etc.

⌇ OBSERVAÇÃO 1. Não são numerosos os substantivos femininos terminados em *-o: tribo, libido; avó, eiró, filhó, queiró;* etc.

⌇ OBSERVAÇÃO 2. Há, todavia, razoável número de substantivos masculinos terminados em *-a,* a maioria dos quais pode classificar-se. Assim, terminam normalmente em *-a* os seguintes grupos de substantivos masculinos:

▪ os que designam cargo, ofício ou atividade exclusiva dos homens: *jesuíta, monarca, nauta, papa, patriarca, pirata, heresiarca, tetrarca,* etc.;

▪ os que designam coisas e terminam em *-ema* e em *-oma: anátema, cinema, diadema, dilema, emblema, edema, estratagema, fonema, morfema, poema, problema, sistema, telefonema, tema, teorema, trema; aroma, axioma, carcinoma, coma, diploma, idioma;* etc.

⌇ OBSERVAÇÃO 3. Outros que designam coisas, porém, já não se podem agrupar facilmente: *clima, cometa, dia, fantasma, mapa, planeta,* etc. Os demais se estudarão ao longo das páginas seguintes. – O substantivo *grama* que é nome de erva (< lat. **gramma* [< **gramna*], de *gramĭna,* nom. pl. de *gramen, ĭnis* ['erva, relva']) é feminino; mas o substantivo *grama* que é nome da unidade de certa medida de massa (< gr. *grámma, atos* ['sinal gravado, letra, 24.ª parte da onça'], pelo lat. *gramma, ātis*) é masculino: *duzent<u>os</u> gramas de queijo,* etc. São, pois, palavras distintas.

◇ Dos substantivos terminados em *-ão,*

▪ os CONCRETOS são **masculinos**: *o algodão, o balcão, o roupão,* etc.;

▪ e os ABSTRATOS são **femininos**: *a decisão, a recordação, a saudação,* etc.

⌇ OBSERVAÇÃO. Excetua-se *mão,* que, apesar de concreto, é feminino.

◊ Os **substantivos masculinos** terminados em *-o* imerso no ditongo nasal *-ão* tornam-se flexionalmente femininos de três maneiras gerais.

- Antes de tudo, pela substituição do ditongo nasal pelo hiato *-oa*, cujo *-a* é a mesma desinência geral de feminino. Exemplos: *ermitão/ermitoa, hortelão/horteloa, leitão/leitoa, patrão/patroa*.

- Depois, pela substituição do ditongo nasal pela terminação *-ona*, cujo *-a* é ainda a mesma desinência geral de feminino. Exemplos: *bonachão/bonachona, comilão/comilona, pobretão/pobretona, sabichão/sabichona, solteirão/solteirona*.

- Por fim, pela eliminação da semivogal (*o* = /u/) do ditongo nasal, com o que permanece a vogal *ã*. Exemplos: *aldeão/aldeã, anão/anã, ancião/anciã, anfitrião/anfitriã, castelão/castelã, cidadão/cidadã, cirurgião/cirurgiã, cortesão/cortesã, irmão/irmã*.

↗ OBSERVAÇÃO 1. Constituem exceções a estas três maneiras os seguintes substantivos: *barão/baronesa, ladrão/ladra, sultão/sultana*.

↗ OBSERVAÇÃO 2. Como se viu acima, é *quase* universal o modo de tornar feminino um substantivo de vogal temática *-o*. Escapam contudo a esta universalidade não só os que se acabam de ver mas também, entre outros, alguns nomes de cargos, de dignidades, de títulos nobiliárquicos e semelhantes, cujo feminino é formado mediante algum sufixo que quase sempre já por si também implica sexo: por exemplo, *abade/abadessa, diácono/diaconisa, frade/freira, profeta/profetisa; barão/baronesa, conde/condessa, cônsul/consulesa, duque/duquesa, maestro/maestrina, príncipe/princesa, rei/rainha, tsar/tsarina* (ou, não preferivelmente, *tzar/tzarina, czar/czarina*).[17] Note-se todavia que em todos os exemplos postos após o ponto e vírgula o feminino ou é próprio, no sentido de que o cargo é de fato exercido por mulher, ou apenas indica que se trata da esposa do cônsul, ou do tsar, etc. Por outro lado, *embaixatriz* é a esposa do embaixador (enquanto *embaixadora* nomeia de fato a mulher que ocupa o cargo), ao passo que de *prior* temos tanto *prioresa* (de fato a superiora de certas ordens) como *priora* (irmã de ordem terceira).

◊ Quanto aos substantivos masculinos que terminam em vogal temática *-e*, incluídos os de terminação em *-nte*, são majoritariamente

---

[17] Mas *pitonisa* (sacerdotisa na Grécia antiga) não é feminino de *píton* (serpente), e as duas formas não convergem senão etimologicamente. – Por outro lado, *rani*, feminino de *rajá*, não se forma por acréscimo de sufixo que de si também implicasse sexo, senão que vem já formado do sânscrito.

COMUNS DE DOIS GÊNEROS (ou seja, possuem a mesma forma para o masculino e para o feminino, razão por que só se lhes sabe o gênero pelo artigo ou por algum adjetivo): *o estudante/a estudante*, *o gerente/a gerente*, etc. Alguns, porém, trocam o *-e* pelo *-a*. Exemplos: *elefante/elefanta* (a par do asiaticismo *aliá* ou *aleá*), *mestre/mestra, monge/monja*.

⌒ OBSERVAÇÃO 1. Outros são ainda hesitantes: *o parente/a parente* ou *a parenta*; *o presidente/a presidente* ou *a presidenta* (tanto a mulher que preside como a esposa de um presidente); *o gigante/a gigante* ou *a giganta*; *o chefe/a chefe* ou *a chefa*; etc.

⌒ OBSERVAÇÃO 2. Por outra parte, *governanta* não significa "mulher que governa", e sim "mulher que administra casa alheia e/ou que cuida das crianças de família alheia"; é caso semelhante ao de *priora*.

⌒ OBSERVAÇÃO 3. Além dos terminados em vogal temática *-e* e no sufixo *-nte*, há, em número razoável, substantivos COMUNS DE DOIS GÊNEROS. Exemplos: *o artista/a artista, o colega/a colega, o colegial/a colegial, o cliente/a cliente, o compatriota/a compatriota, o dentista/a dentista, o herege/a herege, o imigrante/a imigrante, o indígena/a indígena, o intérprete/a intérprete, o jovem/a jovem, o jornalista/a jornalista, o mártir/a mártir, o selvagem/a selvagem, o servente/a servente* – além de todos os substantivos terminados em *-ista*: *o pianista/a pianista, o plantonista/a plantonista*, etc.

⌒ OBSERVAÇÃO 4. Diz-se indiferentemente *o personagem* ou *a personagem* para personagens dos dois sexos. ⚭ Mas preferimos manter sempre a forma feminina, porque, com efeito, todas as demais palavras portuguesas terminadas em *-gem* são femininas (*caligem, fuligem, garagem*, etc.).

◊ Quanto aos substantivos masculinos que terminam em CONSOANTE, tornam-se femininos, majoritariamente, pelo simples acréscimo da desinência *-a*. Exemplos: *camponês/camponesa, freguês/freguesa, doutor/doutora, leitor/leitora, pintor/pintora*.

⌒ OBSERVAÇÃO. Alguns, porém, escapam ao paradigma e têm o feminino formado mediante sufixo que já também implica sexo. Além dos já vistos, deem-se os seguintes exemplos: *cerzidor/cerzideira, ator/atriz, jogral/jogralesa, rapaz/rapariga*.[18]

---

[18] Em certas regiões do Brasil, *rapariga* passou a palavra grosseira ou obscena, razão por que nelas se usa exclusivamente *moça* por feminino de *rapaz*.

◊ Quanto aos substantivos masculinos que terminam ou em vogal tônica ou em semivogal de certos ditongos tônicos, têm o feminino formado sempre de maneira singular. Além dos já mencionados, deem-se exemplos de notar: *avô/avó, felá/felaína, grou/grua, herói/heroína, réu/ré.*

◊ Há ainda os nomes de animal que se classificam sempre em um só gênero: são os SUBSTANTIVOS EPICENOS. Exemplos: **o** *besouro,* **o** *condor,* **o** *gavião,* **o** *jacaré,* **o** *polvo,* **o** *rouxinol,* **o** *tatu;* **a** *águia,* **a** *baleia,* **a** *borboleta,* **a** *cobra,* **a** *juriti,* **a** *mosca,* **a** *onça,* **a** *pulga,* **a** *tainha.*

→ A maneira mais corrente de dar-lhes significação sexual é pospor-lhes ou o substantivo *macho* ou o substantivo *fêmea*: *o besouro fê-mea, o jacaré fêmea, o tigre fêmea;* **a** *baleia macho,* **a** *mosca macho,* **a** *tainha macho,* etc. Mas não sem razão alguns gramáticos preferem, por exemplo, *o polvo fêmeo* e *a onça macha, o tigre fêmeo* e *a tainha macha*: é esta, com efeito, nossa maneira universal de concordar o adjetivo com o substantivo. — As duas maneiras são de usar, embora a primeira tenha a seu favor a ampla preferência de nossos melhores escritores.

◊ E há os nomes designativos de *pessoas* que se classificam sempre em *um só gênero*: são os SUBSTANTIVOS SOBRECOMUNS. Exemplos: *o cônjuge, o indivíduo; a criança, a pessoa, a testemunha, a vítima.*

→ A única maneira de dar-lhes significação sexual é pospor-lhe ou (*do sexo*) *masculino* ou (*do sexo*) *feminino*: *o cônjuge feminino, um indivíduo do sexo masculino,* etc.

◊ Há certa quantidade de substantivos que quanto ao gênero apresentam certa flutuação. Enquadremos paradigmaticamente alguns deles.

▪ Devem considerar-se antes do GÊNERO MASCULINO: *ágape, antílope, caudal, clã, diabetes, gengibre, sanduíche, suéter.*

▪ Devem considerar-se antes do GÊNERO FEMININO: *abusão, alcíone, aluvião, áspide,* (*as*) *fácies, filoxera, hélice, jaçanã, omoplata, ordenança, sentinela, sucuri.*

◊ Substantivos como *barítono, contralto,* etc.,

▪ são MASCULINOS se nomeiam a própria voz segundo seu registro: *baixo, barítono, contralto, mezzo-soprano, sopranino* [voz infantil], *soprano* (*ou tiple*), *tenor;*

- são MASCULINOS se nomeiam cantores dotados de alguma destas vozes: *baixo, barítono, tenor;*
- são FEMININOS se nomeiam cantoras dotadas de alguma destas vozes: *contralto, meio-soprano* (ou *mezzo-soprano*), *soprano*.

☞ OBSERVAÇÃO 1. Também se admite *o contralto, o soprano,* etc., para cantora.

☞ OBSERVAÇÃO 2. Mediante certa técnica de falsete, alguns cantores líricos (masculinos) ainda se especializam em papéis de soprano: são *os sopranistas*.

◊ E há, ainda, certa quantidade de substantivos que mudam de sentido com a mudança de gênero. Eis alguns deles: *a cabeça/o cabeça; a caixa/o caixa; a capital/o capital; a corneta/o corneta; a cura/o cura; a guia/o guia; a língua/o língua; a moral/o moral; a voga/o voga.*

3.1.2.b. O PLURAL

§ A desinência universal de plural em português é *-s*.

• E, com efeito, o plural dos substantivos terminados em *vogal* (oral ou nasal) ou em *ditongo oral* forma-se pelo simples acréscimo da desinência *-s* ao fim deles:

✓ *casa/casas, regra/regras, estante/estantes, André/Andrés, javali/javalis, ímã/ímãs, irmã/irmãs, carpinteiro/carpinteiros, livro/livros, avó/avós, cipó/cipós, bambu/bambus;*

✓ *pai/pais, pau/paus, lei/leis, véu/véus, camafeu/camafeus, herói/heróis, boi/bois.*

☞ OBSERVAÇÃO 1. Também assim se forma o plural do único substantivo terminado em *-ãe: mãe/mães.*

☞ OBSERVAÇÃO 2. Como se acaba de indicar, os nomes próprios, incluídos os sobrenomes,[19] pluralizam-se normalmente: *Brasil/Brasis Antônio/Antônios, Barbosa/Barbosas, Sêneca/Sênecas.* E diga-se o mesmo de nomes estrangeiros, desde que, é claro, o aceitem: por exemplo, o espanhol *Ignacio/os Ignacios* ou o inglês *John/os Johns.*; mas *Lewis/os Lewis*, etc. Se se trata de nome próprio composto, segue a maneira como se pluralizam os nomes comuns compostos por justaposição. Ver-se-á pouco adiante.

---

[19] *Sobrenome* como nome de família diz-se em Portugal *apelido*. Lá, *sobrenome* só se usa com o sentido de alcunha apreciativa.

- A nasalidade das vogais *e*, *i*, *o* e *u* finais é majoritariamente representada pela letra *m* e muito minoritariamente pela letra *n*. Pois bem, assim se forma o plural dos substantivos terminados nestas letras:
  - se se trata de *m*, muda-se em *n* e acrescenta-se-lhe o *-s*: *bem/bens, flautim/ flautins, som/sons, jejum/jejuns*, etc.;
  - se se trata de *n*, ou apenas se lhe acrescenta o *-s*: *abdômen/abdomens, dólmen/dolmens, hífen/hifens, líquen/liquens, elétron/elétrons, próton/prótons*; ou se põe entre ele e o *-s* um *e*: *abdômenes, dólmenes, hífenes, líquenes, elétrones, prótones*.

  ♫ Observação 1. Já *espécimen* forma *espécimens* no Brasil e, com deslocamento do acento tônico, *especímenes* em Portugal.

  ♫ Observação 2. *Cânon* pluraliza-se em *cânones*, tanto em Portugal como no Brasil.

- Se se trata, porém, de substantivos terminados em *-ão*, o plural forma-se de três modos.
  - A maioria muda o ditongo nasal em *-õe* para que se lhe junte o *-s*: *balão/ balões, botão/botões, confissão/confissões, coração/corações, estação/estações, fração/ frações, gavião/gaviões, leão/leões, nação/nações, operação/operações, opinião/opiniões, questão/questões, tubarão/tubarões*, etc.

  ♫ Observação. Assim também se pluralizam os nomes com a desinência aumentativa *-ão*: *casarão/casarões, chapelão/chapelões, facão/facões, homenzarrão/ homenzarrões, narigão/narigões, sabichão/sabichões, vozeirão/vozeirões*, etc.

  - Não são numerosos os substantivos em que o ditongo nasal *-ão*, para receber a desinência de plural, tem o *o* mudado em *e*: *alemão/alemães, bastião/bastiães, cão/cães, capelão/capelães, capitão/capitães, catalão/catalães, charlatão/charlatães, escrivão/escrivães, pão/pães, sacristão/sacristães, tabelião/tabeliães*, etc.

  - Tampouco são numerosos os substantivos em que ao ditongo nasal *-ão* simplesmente se junta a desinência de plural. São, além de alguns poucos oxítonos, quase todos os monossílabos e todos os paroxítonos assim terminados:
    - ✓ *chão/chãos, grão/grãos, mão/mãos, vão/vãos*;
    - ✓ *cidadão/cidadãos, cortesão/cortesãos, cristão/cristãos, desvão/desvãos, irmão/irmãos, pagão/pagãos*;
    - ✓ *acórdão/acórdãos, bênção/bênçãos, gólfão/gólfãos, órfão/órfãos, órgão/ órgãos, sótão/sótãos*.

  ♫ Observação. O substantivo *artesão* (< it. *artigiano*) que significa 'artífice' faz o plural *artesãos*. Mas o substantivo *artesão* (< prov. esp. *artesón*) que significa 'certo adorno arquitetônico' faz o plural *artesões* (ainda que os dicionários deem também "artes**ãos**", ⚑ forma que julgamos não preferível).

• Também há certa hesitação com respeito ao plural de alguns substantivos terminados em *-ão*. Cabe-nos, porém, como gramático, o esforço de fechar paradigmas. Façamo-lo pois tomando o ÉTIMO por critério decisório.

✓ *alão* (provável adaptação do esp. *alano*, 'cão lebréu')/*alãos*;
✓ *alazão* (provavelmente do hisp.-ár. *al-'azấ ar*)/*alazães* (espanhol atual: *alazán/ alazanes*);
✓ *aldeão* (aldeia + *-ão*; var. *aldeano*)/*aldeãos*;
✓ *ancião* (< lat. vulg. *antianus, der. do lat. vulg. *antius, de *ante*; existe ainda a forma arcaica *anciano*)/*anciãos*;
✓ *castelão* (< lat. *castellānus, a, um*)/*castelãos*;
✓ *corrimão* (*corri-* + *mão*)/*corrimãos*;
✓ *ermitão* (< b.-lat. *eremitānus)/*ermitãos*;[20]
✓ *hortelão* (< lat. *hortulānus, i*)/*hortelãos*;
✓ *refrão* (< esp. *refrán*)/*refrães* (espanhol: *refranes*).

⚐ OBSERVAÇÃO 1. Havemos todavia de deixar flutuantes certos casos.

▪ Antes de tudo, casos como *anão* (< lat. *nānus, i*, do gr. *nánnos*, ou *nânos*)/ *anãos* – *anões*; *verão* (< lat. vulg. *veranum*)/*verãos* – *verões*; *vilão* (< lat. vulg. *villānus)/*vilãos* – *vilões*; *vulcão* (< lat. *Vulcānus, i*, 'Vulcano, deus do fogo', donde 'fogo, incêndio')/*vulcãos* – *vulcões*. É que não só *anão, verão, vilão* e *vulcão* são palavras de todo correntes, mas os plurais não etimológicos *anões, verões, vilões* e *vulcões* já estão demasiado arraigados mesmo entre muitos dos melhores escritores. – ⚑ Nós, porém, preferimos e sempre usamos *anãos, verãos, vilãos* e *vulcãos*.

▪ Depois, casos como *deão* (< fr. ant. *deiien*, hoje *doyen*)/*deães* – *deãos*; *sultão* (< ár. *sulṭān*)/*sultães* – *sultãos* – *sultões*; *truão* (< fr. *truand*)/*truães* – *truões*. É que nestes casos nem sequer o étimo serve de referência inequívoca. – ⚑ Nós, porém, preferimos e sempre usamos *deães, sultães* e *truães*.

⚐ OBSERVAÇÃO. A outros casos anômalos, completamente arraigados, temos de conformar-nos completamente: por exemplo, *guardiões* ou *guardiães* por plural de *guardião* (< lat. tardio *guardiānus* < *wardiānus, romanização do gótico *wardjan* < *warda* ['sentinela']); *cirurgiões* ou *cirurgiães* por plural de *cirurgião* (< lat. **chirurgiānus, a, um*); etc.

---

[20] Antenor Nascentes, em seu *Dicionário Etimológico da Língua Portuguesa*, dá como étimo um **er (e) mitāne*. Ficamos com o outro étimo, até porque em espanhol é *ermitaño*.

- Vejamos agora como se dá o plural dos substantivos terminados em CONSOANTE.

⤳ OBSERVAÇÃO. Já vimos o caso de *m* e *n* depois de *e, i, o* e *u* em sílaba final.

- Os substantivos terminados em *-r* e *-z* têm o plural formado pelo acréscimo de *-es* ao singular ou tema:
  - ✓ *mar/mares, açúcar/açúcares, colher/colheres, reitor/reitores;*
  - ✓ *rapaz/rapazes, xadrez/xadrezes, raiz/raízes, cruz/cruzes.*

⤳ OBSERVAÇÃO 1. Quando pluralizados, *Júpiter* e *Lúcifer* fazem *Jupíteres* e *Lucíferes*, com deslocamento do acento tônico.

⤳ OBSERVAÇÃO 2. O plural de *caráter* (Brasil)/*carácter* (Portugal) é, em ambos os países, *caracteres*, também com deslocamento do acento tônico.

- Os substantivos terminados em *s*, quando OXÍTONOS, também têm o plural formado pelo acréscimo de *-es* ao singular; quando PAROXÍTONOS ou PROPAROXÍTONOS, no entanto, são sempre invariáveis:
  - ✓ *o ananás/os ananases, o inglês/os ingleses, o país/os países, o retrós/os retroses,* etc.;
  - ✓ *o atlas/os atlas, o oásis/os oásis, o pires/os pires, lápis amarelo/lápis amarelos, ônibus lotado/ônibus lotados,* etc.

⤳ OBSERVAÇÃO. Os monossílabos *cais* e *cós* também são invariáveis.

- Os substantivos terminados em *-al, -el, -ol* e *-ul* recebem a desinência de plural mudando o *l* em *i*. Exemplos: *animal/animais, tonel/tonéis, móvel/móveis, níquel/níqueis, farol/faróis, álcool/álcoois, sol/sóis, paul/pauis,* etc.

⤳ OBSERVAÇÃO. Constituem exceção a esta regra: *mal*, que faz *males*; *real* (antiga moeda), que faz *réis;* e *cônsul* (e derivados), que faz *cônsules* (*idem* os derivados).

- Os substantivos OXÍTONOS terminados em *-il* perdem o *l* ao receber a desinência de plural. Exemplos: *ardil/ardis, barril/barris, covil/covis, funil/funis, fuzil/fuzis, redil/redis,* etc.

- Os substantivos PAROXÍTONOS terminados em *-il* têm a terminação transformada em *-ei* ao receber a desinência de plural: *fóssil/fósseis, projétil/projéteis, réptil/répteis.*

⤳ OBSERVAÇÃO. Há ainda os plurais *projetis* e *reptis*, de *projetil* e *reptil*, formas que, conquanto admitidas, ♭ julgamos não preferíveis.

- Os poucos substantivos terminados em *-x*:
  - ou admitem a flexão de plural, e então se lhes muda o *-x* em *-c* e se lhes recompõe um *-e*: *cálix/cálices, fênix/fênices;*

- ou, invariáveis, não a admitem: *o ônix/o͟s ônix, tórax ferido/tórax ferido͟s*.
• Nos substantivos a que se acrescentam os sufixos diminutivos *-zinho* ou *-zito*, tanto o substantivo primitivo como o sufixo deveriam ir para o plural, mas o *-s* de plural acaba por desaparecer daquele. Exemplos:
  ◆ *balde > balde(s) + zinhos = balde**zinho**s*;
  ◆ *balão > balõe(s) + zinhos = balõe**zinho**s*;
  ◆ *papel > papéi(s) + zinhos = papei**zinho**s*;
  ◆ *cão > cãe(s) + zitos = cãe**zito**s*;
  ◆ etc.

• O PLURAL DOS SUBSTANTIVOS COMPOSTOS (E/OU DAS LOCUÇÕES SUBSTANTIVAS) é terreno onde campeia certa arbitrariedade. Tentemos, na medida do possível, fechar-lhe um pouco mais o paradigma.

  ◆ Pluralizam-se segundo as regras já vistas tanto os substantivos compostos por prefixação ou por aglutinação, o que é óbvio, como os compostos por justaposição que se escrevem ligadamente mas sem hífen. Exemplos: *ferrovia, malmequer, vaivém, varapau – ferrovia͟s, malmequere͟s, vaivén͟s, varapau͟s*.

  ◆ Entre os compostos por justaposição de duas partes morfológicas que se escrevem ligadamente mas com hífen, recebe a flexão de plural apenas a segunda parte quando se trata:
    - de PARTE INVARIÁVEL + PARTE VARIÁVEL: *abaixo-assinado, sempre-viva, beija-flor, guarda-chuva – abaixo-assinado͟s, sempre-viva͟s, beija-flore͟s, guarda-chuva͟s*;
    - de BEL e GRÃO (ou GRÃ) + PARTE DE ORIGEM SUBSTANTIVA: *bel-prazer, grã(o)-duque, grão-ducado – bel-prazere͟s, grã(o)-duque͟s, grão-ducado͟s*;
    - de alguns NOMES DE ORAÇÃO: *ave-maria, salve-regina – ave-maria͟s, salve-regina͟s*;[21]
    - de PARTES REPETIDAS OU ONOMATOPEICAS: *pega-pega, teco-teco, tico-tico; tique-taque – pega-pega͟s, teco-teco͟s, tico-tico͟s; tique-taque͟s*.

  ⌦ OBSERVAÇÃO. Os dicionários costumam dar duplo plural para palavras compostas por **duas partes de origem verbal repetidas**: ou *bule-bules* ou "*bule͟s-bule͟s*", *corre-corre͟s* ou "*corre͟s-corre͟s*", *pega-pega͟s* ou "*pega͟s-pega͟s*". Não vemos razão para tal, já que podemos reduzi-las ao caso geral de repetição de

---

[21] Admite-se para plural de *pai-nosso* um *pai-nosso͟s*. Como contudo *pai-nosso* não se enquadra no paradigma de parte INVARIÁVEL + PARTE VARIÁVEL como as duas orações citadas acima, prefere-se em geral o plural *pai͟s-nossos*. Dá-se exatamente o mesmo com *padre-nosso*, sinônimo perfeito de *pai-nosso*: admitem-se *padre͟s-nosso͟s* e *padre-nosso͟s*, mas prefere-se em geral o plural regular *padre͟s-nossos*.

partes. ◊ Pluralize-se-lhes sempre, portanto, apenas a segunda: *bule-bules, corre-corres, pega-pegas*.

• Nos compostos de PARTE DE ORIGEM SUBSTANTIVA + PARTE DE ORIGEM ADJETIVA (ou VICE-VERSA) ligadas por hífen, ambas recebem a flexão de plural: *fogo-fátuo, vitória-régia; gentil-homem, segunda-feira – fogos-fátuos, vitórias-régias; gentis-homens, segundas-feiras*.

⚐ OBSERVAÇÃO. *Manga-rosa* faz *mangas-rosa* por razão especial: *rosa*, antes de ser adjetivo de cor, é nome de coisa, e em casos assim o adjetivo nunca recebe a desinência de plural. Vê-lo-emos quando se trate do plural dos adjetivos compostos ligados por hífen.

• Quanto aos compostos de DUAS PARTES DE ORIGEM SUBSTANTIVA ligadas por hífen, tem-se dupla regra.

▪ Se a segunda parte *não especifica* de algum modo a primeira, ambas recebem a desinência de plural: *cirurgião-dentista, tenente-coronel – cirurgiões-dentistas, tenentes-coronéis*.

▪ Se a segunda parte *especifica* de algum modo a primeira, então só esta recebe a desinência de plural: *ano-luz, banana-maçã, caneta-tinteiro, palavra-chave – anos-luz, bananas-maçã, canetas-tinteiro, palavras-chave*.[22]

⚐ OBSERVAÇÃO 1. Tampouco concedemos razão aos dicionaristas e aos gramáticos que como que por princípio dão duas formas de plural ao caso que acabamos de tratar, até porque não são coerentes: admitem *bananas-maçã* e "bananas-maçãs", *frutas-pão* e "frutas-pães", *palavras-chave* e "palavras-chaves", mas só admitem *anos-luz*; admitem *peixes-espada* e "peixes-espadas", mas só admitem *peixes-boi*.

⚐ OBSERVAÇÃO 2. Quanto a *guarda-marinha*, admitem-se correntemente até três plurais: *guardas-marinhas, guardas-marinha* e *guarda-marinhas*. Tampouco vemos razão para tal: não há nada que quanto a isto diferencie a palavra de, por exemplo, *tenente-coronel*. Prefira-se, pois, *guardas-marinhas*. – Quanto ademais a *lugar-tenente*, pluraliza-se como *lugar-tenentes* porque, em verdade, *lugar* faz as vezes aqui de locução prepositiva: "*em lugar de* tenente".

• Nos compostos de duas ou mais partes de origem substantiva mediadas por preposição, só a primeira recebe a desinência de plural: *chapéu de sol, pé de*

---

[22] Pelos exemplos, vê-se que "especificar" deve entender-se aqui de maneira larguíssima: a segunda parte morfológica pode não só dar de fato a espécie da primeira (*banana-maçã*), mas também indicar seu fim (*navio-escola*) ou alguma semelhança (*peixe-boi*), etc.

*cabra, peroba-**do**-campo, tigre-dentes-**de**-sabre* – *chapéus **de** sol, pés **de** cabra, perobas-**do**-campo, tigres-dentes-**de**-sabre*.

♦ Constituem caso particular palavras como *mico-leão-dourado* e *mico-leão--preto*, que se pluralizam mais perfeitamente em *micos-leão-dourados* e em *micos-leão-pretos*: a segunda parte permanece no singular por ser especificadora da primeira, enquanto a terceira se pluraliza porque, de caráter adjetivo, determina o conjunto das duas primeiras.

♦ São INVARIÁVEIS, ou seja, são substantivos de dois números (singular e plural), os compostos:

▪ de uma oração (com verbo[s]): *a estou-fraca, o disse me disse* – *as estou-fraca, os disse me disse*;

▪ de parte de origem verbal (a primeira) + parte invariável (não verbal), mediadas ou não por preposição: *o bota-abaixo, o louva-a-deus* – *os bota-abaixo, os louva-a-deus*;

▪ de duas partes de origem verbal de significados mutuamente opostos: *o leva e traz, o vai-volta* – *os leva e traz, os vai-volta*;

▪ por razões óbvias, de parte singular (a primeira) + parte já plural: *o borra--tintas, o salta-pocinhas* – *os borra-tintas, os salta-pocinhas*;

▪ de parte invariável + parte de origem substantiva usada como não numerável: *o sem-par, o sem-número* – *os sem-par, os sem-número*.[23]

♦ Há substantivos que, em seu sentido primeiro, normalmente não comportam plural: são os NÃO NUMERÁVEIS, entre os quais se contam os nomes de metais (*cobre, ferro, ouro*), os nomes de sentimentos (*amor, ira, saudade*), os nomes de qualidades (*bondade, luminosidade, verdor*), etc. Por vezes se usam no plural por mero efeito intensificador, o que se dá sobretudo com os nomes de sentimentos (*saudades*, por exemplo); por vezes, porém, adquirem outro sentido quando pluralizados: *os cobres* (dinheiro), *os ferros* (armas), *os bens* (posses), etc.

♦ Por outro lado, há substantivos que ou só se empregam ou mais usualmente se empregam no plural. Eis alguns deles:

✓ *anais, belas-artes, calendas, condolências* (pêsames), *esponsais, exéquias, férias* (período), *matinas* (hora canônica), *núpcias, óculos* (lunetas), *primícias, víveres*;

✓ *antolho(s), arredor(es), cã(s)* (fio[s] de cabelo branco[s]), *fasto(s), fez(es), olheira(s), pêsame(s)*.

---

[23] Para SUBSTANTIVOS NÃO NUMERÁVEIS, *vide* imediatamente abaixo.

⚐ Observação. Como dito já, os nomes dos povos – incluídos os povos indígenas – pluralizam-se normalmente: *os albaneses, os brasileiros, os celtas, os cherokees* [também *cheroquis*], *os guaranis, os incas, os iroqueses, os judeus, os medas, os mongóis, os romanos, os tamoios*, etc.; salvo, naturalmente, os que morfologicamente não se podem pluralizar: por exemplo, *os sioux*. Não procede, portanto, o costume de dizer e grafar "os cherokee", "os tamoio", etc.

¶ Contrariamente ao que se dá em espanhol e em outras línguas próximas do português, este tende grandemente ao singular não coletivo para nomear coisas plurais. Assim, não nos repugna dizer "uma plantação de *batata* (por 'batatas')", "onde está *minha meia* (por 'minhas meias')?", "comprou *um sapato novo* (por 'sapatos novos' ou 'um par de sapatos novos')" e outras que tais. E, embora isso não seja sempre de imitar ao menos na escrita mais cultivada, ♭ é do melhor estilo português, porém, deixar sempre que possível no singular o substantivo referente *por igual* a mais de um: assim, "sua mensagem encheu-nos o coração de esperança" (e não "encheu nossos corações", porque, com efeito, todos temos um e apenas um coração); "saíram com sua pasta debaixo do braço" (e não "com suas pastas", porque, com efeito, todos tinham uma pasta); *et reliqua*.

3.1.2.c. O grau

§ Para a classificação dos diversos *sufixos de grau dimensivo* segundo o uso e segundo a carga ou aspecto semântico que se lhes acrescenta, *vide, supra*, capítulo II, "Sufixos flexionais de grau" e "Classificação dos sufixos de grau dimensivo segundo o uso".

⚐ Observação. Grande parte dos sufixos de grau dimensivo empresta ao substantivo caráter de afetividade próprio *antes* da fala e da Literatura que da escrita científica, jurídica, etc.

¶ **Notas prévias sobre a relação entre o substantivo e o adjetivo**

▫ Quando o substantivo se usa em lugar de um adjetivo, deve entender-se precisamente como adjetivo impróprio. Com efeito, em "um ar província", "uma atitude povo", etc., o substantivo posposto é facilmente substituível pelo adjetivo de que faz as vezes: "um ar provinciano", "uma atitude popular". É recurso antes literário, e não se deve abusar dele em escritos de outro âmbito. – Por outro lado, de tanto usar-se impropriamente como adjetivo, pode um substantivo acabar por cristalizar-se como adjetivo próprio: é o que se passou, por exemplo, com *gigante* (*uma multidão gigante*, em vez de "gigantesca").

⌦ OBSERVAÇÃO. Não se confunda o que acabamos de referir com o uso de certos nomes de cor: *calças café*, *olhos cinza*, *blusas rosa*, etc. Estes, em verdade, integram grupos adjetivos com uma parte elíptica: *calças (da cor do) café*, *olhos (da cor da) cinza*, *blusas (da cor da) rosa*. E esta é a razão primeira por que *neste caso* não admitem flexão de plural: elíptico o restante do grupo adjetivo, permanece invariável, como devido, esta parte sua.[24]

▫ Em construções como *o pobre do rapaz*, em lugar de *o pobre rapaz*, tem-se curiosa inversão de papéis: o que era adjetivo (*pobre*) passa a substantivo (*o pobre*), enquanto o que era substantivo (*rapaz*) passa a constituir com a preposição (*de*) um como grupo adjetivo. Talvez esta inversão se calque em exclamações como *pobre de mim!*, *ai de mim!*, etc. O que porém importa ressaltar é que, conquanto expressivo sobretudo na oralidade e em Literatura, é tipo anômalo de construção – reduz-se propriamente a *o pobre rapaz*, etc.

▫ É de todo próprio do substantivo, contudo, ser núcleo de locução ou de grupo adjetivos: *mesa de mármore* (= *mesa marmórea*), *a arquitetura de Granada* (= *arquitetura granadina*), *o descobrimento de Cabral* (= *descobrimento cabralino*), etc. Mas também pode sê-lo de locução ou de grupo adverbiais: *às pressas* (= *apressadamente*), *com cuidado* (= *cuidadosamente*), etc.

▫ Por fim, o adjetivo pode vir antes ou depois do substantivo: *uma obra profunda* ou *certo dia* (o primeiro é adjetivo qualificativo, o

---

[24] Relembre-se que *palavra composta por justaposição* e *locução* são essencialmente o mesmo, mas não se confundem com *grupo* enquanto este, ao contrário daquelas, não tem estabilidade lexical (razão por que, aliás, nunca é dicionarizável). – Mas o grupo, insista-se, será ou substantivo, ou adjetivo, ou adverbial, e exercerá, portanto, as mesmas funções na oração que o substantivo, que o adjetivo, que o advérbio.

segundo adjetivo determinativo ou pronome adjetivo). Devemos, porém, fazer algumas precisões.

* Por vezes, a mudança de posição implica mudança de sentido no adjetivo: de fato, *belo* não quer dizer o mesmo em *Um belo dia ele se foi* e em *Ele foi-se num dia belo*. E isto é assunto para o ponto do adjetivo (e para o do pronome).

* Pertence ainda ao ponto do substantivo, todavia, o seguinte: em *um inglês velho* e em *um velho inglês*, se não se dão precisões contextuais, não se sabe o que é substantivo e o que é adjetivo senão pela colocação: o que vier ANTES será *substantivo*, e o que vier DEPOIS *adjetivo*. Aprofundar-se-á na altura devida.[25]

3.2. O ADJETIVO

3.2.1. Como antecipado, os ADJETIVOS – que, como os substantivos ainda que menos propriamente, também se dizem *nomes* – são as palavras que *determinam ou modificam os substantivos*. E fazem-no porque significam aspectos acidentais das substâncias nomeadas pelos substantivos exatamente enquanto são *acidentes* – ou ao menos enquanto são tomados como tais. Subdividem-se duplamente:

• se significam algo que modifique de algum modo *intrinsecamente* a substância, ou seja, uma *qualidade*, chamam-se QUALIFICATIVOS: *obra profunda, mar azul, gato gordo, longa estrada, comportamento filial, pessoa sentada*, etc.;[26]

• se significam algo que modifique a substância como *certa medida*, chamam-se DETERMINATIVOS. Tal medida pode dar-se em razão de diversas coisas: da *posse*, e têm-se então os adjetivos **possessivos** (*nossa criança*); do *lugar*, e têm-se então os adjetivos **demonstrativos** (*essa criança*); da *quantidade indeterminada*, e têm-se então os adjetivos **indefinidores** ou **indeterminadores** (*algumas crianças, muitas crianças*); e do *número*, e têm-se então os adjetivos **numerais**, que indicam quantidade precisa (*quatro crianças*).

---

[25] Como já vimos, se se lhe antepõe explícita ou implicitamente um artigo (ou, afinal, qualquer adjetivo, como se verá em momento próprio), toda palavra, bem como todo grupo e toda oração (imperfeita ou perfeita), passa a **substantivo acidental**: *o bom neste livro..., o amar, o aqui e agora, o mas, o difundir a bondade; este "nós" está bem usado;* etc. Voltaremos a isto.

[26] Trata-se, pois, ou de qualidade propriamente dita, ou dos demais acidentes (como a quantidade, a relação, a posição) enquanto se entendem de algum modo como qualidades.

⟡ Observação 1. Os adjetivos determinativos também se dizem *pronomes adjetivos* ou *numerais adjetivos*. Estudá-los-emos nas subseções seguintes (3.3. Os Pronomes e 3.4. Os Numerais).

⟡ Observação 2. O adjetivo ou se atribui ao substantivo em modo ADJUNTO, ou se lhe atribui em modo PREDICATIVO, função sintática que também pode ser exercida por outro substantivo e ainda por algum advérbio:
- Este rio é _caudaloso_ (adjetivo).;
- Sócrates é _homem_ (substantivo).;
- A vida é _assim_ (advérbio).

Tratá-lo-emos em seu devido momento.

⟡ Observação 3. Como visto também, para indicar o gênero, o número e o grau dimensivo dos adjetivos, usam-se ao final deles as mesmas flexões que se usam, para o mesmo fim, ao final dos substantivos: _bela_, _altos_, _pequenininho_, etc. Boa parte dos adjetivos qualificativos, todavia, tem sufixos desinenciais próprios, para indicar o grau intensivo: _cultíssimo_, etc.

3.2.2. Os ADJETIVOS QUALIFICATIVOS, insista-se, podem dividir-se em dois grandes grupos:

3.2.2.a. os que significam *qualidades* propriamente ditas: _inteligência brilhante_, _maus_ pensamentos,[27] palavras _gentis_, prado _verde_, águas _cristalinas_, cidade _arborizada_, etc.;[28]

3.2.2.b. os que significam *outros acidentes*, considerados porém de algum modo como qualificadores: _renda anual_, _terra familiar_, _autores franceses_, etc.

⟡ Observação 1. Muitos adjetivos do primeiro grupo admitem correntemente sua anteposição ao substantivo; outros, todavia, só poeticamente: _verdes prados_, por exemplo. Mas todos comportam grau intensivo: _brilhantíssimo_, _malíssima_, _gentilíssimos_, _verdíssimos_, etc.

⟡ Observação 2. Os do segundo grupo, por sua vez, não comportam grau intensivo, e de maneira geral só poeticamente admitem que se anteponham ao substantivo. – Poderia dizer-se, sim, por exemplo, *autor francesíssimo*; mas já não se trata, aqui, de indicar-lhe a nacionalidade: indica-se-lhe a qualidade da perfeita francesia.

3.2.3. Equivalem propriamente a ADJETIVOS QUALIFICATIVOS SINGULARES:

---

[27] Como se vê, aqui não se há de confundir *qualidade* com "qualidade boa".
[28] Por vezes, o adjetivo qualificativo é mera redundância para efeitos poéticos: _neve fria_, _rubro sangue_, etc.

3.2.3.a. locuções de formação diversa: *de cor* (= *colorido*), *da gema* (= sem mistura, genuíno, puro), *sem pé nem cabeça* (= absurdo), etc.;

3.2.3.b. grupos formados por preposição + substantivo: *mesa de mármore* (= marmórea), *pessoa sem coragem* (= medrosa, timorata), *raios de sol* (= solares), etc.;[29]

3.2.3.c. grupos formados por preposição + advérbio: *parte de trás* (= traseira);

3.2.3.d. as orações adjetivas desenvolvidas: *O cavaleiro que se via ao longe era nosso primo.*;

3.2.3.e. as orações adjetivas reduzidas de gerúndio: *com o corpo ardendo de febre...*[30]

3.2.4. Equivalem mais ou menos impropriamente a adjetivos qualificativos singulares:

3.2.4.a. os substantivos usados adjetivamente: *um ar província* (= provinciano), etc.;

3.2.4.b. os substantivos usados apositivamente, como em, por exemplo, *O avô José*. Note-se que, ao contrário de *província* no exemplo anterior, *José* aqui não qualifica ou especifica o substantivo, senão que o individualiza.

3.2.5. Os adjetivos qualificativos ou são primitivos, quer dizer, não se formam de nenhuma palavra de outra classe, ou são derivados, a saber, de um *substantivo* ou de um *verbo*, com os quais constituem famílias de palavras. Os da segunda espécie são, de longe, os mais numerosos.

- Exemplos de adjetivos primitivos: *alegre, claro, grande, livre, longo, terno.*
- Exemplos de adjetivos derivados: *brasileiro, guineense; pensável, movediço.*

3.2.6. Entre os adjetivos derivados, temos os *pátrios* e alguns dos *gentílicos* (aqueles se referem a continente, a país, a região, a cidade, etc.: *africano, espanhol, paulista*, etc., enquanto estes se referem a raça ou a povo: *céltico, ariano*, etc.).

§ Os **ADJETIVOS PÁTRIOS** e os **GENTÍLICOS** podem formar-se por composição em que as partes morfológicas se liguem por hífen: *cabo-verdiano, sino-soviético, mato-grossense-do-sul; indo-europeu*; etc. Em boa parte destes casos, usa-se como primeira parte uma forma alatinada, reduzida e invariável. Exemplos:

- **afro-** (= africano): *palavras afro-brasileiras;*
- **austro-** (= austríaco): *império austro-húngaro;*

---

[29] Nem sempre a tais grupos correspondem adjetivos singulares: é o caso, por exemplo, de *casa de madeira*.

[30] Quanto a se se devem considerar corretas construções como *gaveta contendo roupa*, vê-lo-emos no CAPÍTULO IV.

* **euro-** (= europeu): *povo euro-asiático* (diz-se mais comumente *eurasiano*, e também *eurásio* e *eurasiático*);
* **franco-** (= francês): *dialeto franco-provençal*;
* **greco-** (= grego): *arte greco-romana*;
* **ibero-** (= ibérico): *tribos ibero-gaulesas*;
* **indo-** (= indiano; das estepes da Ásia central ou dos planaltos iranianos): *tronco indo-europeu*;
* **ítalo-** (= italiano): *fronteira ítalo-suíça*;
* **luso-** (= lusitano; português): *cidadãos luso-brasileiros*;
* **nipo-** (= nipônico, japonês): *conflitos nipo-chineses*;
* **sino-** (= chinês): *relações sino-japonesas*;
* **teuto-** (= teutônico; alemão): *guerra teuto-russa*.

3.2.7. Como o substantivo, o adjetivo tem acidentes de *gênero*, de *número* e de *grau*.

↗ OBSERVAÇÃO 1. Alguns adjetivos qualificativos, no entanto, são invariáveis em gênero e em número, como veremos (e nas condições em que veremos).

↗ OBSERVAÇÃO 2. Recorde-se ainda que, se o substantivo tem sufixos desinenciais de grau dimensivo (aumentativo e diminutivo), o adjetivo, além destes, tem ou pode ter sufixos desinenciais de grau *intensivo* (*-íssimo*, etc.). Recorde-se, ademais, que nem todos os adjetivos admitem flexão de grau intensivo.

3.2.7.a. A FLEXÃO DE GÊNERO[31]

* O substantivo tem sempre *de si* um *gênero* (trate-se de gênero segundo o sexo e/ou segundo o paradigma gramatical), o que não sucede com o adjetivo, que só o tem porque assume o gênero do substantivo com que concorda. Em outras palavras, o adjetivo tem a forma de masculino ou a de feminino segundo seja de si masculino ou feminino o substantivo que ele determina.

* **Como se forma o feminino dos adjetivos**
* Os adjetivos são majoritariamente biformes, quer dizer, podem receber ou a vogal temática/desinência de masculino (*-o* ou Ø) ou a desinência de feminino (*-a*):
    ✓ *bom(Ø)/boa*;
    ✓ *caloroso/calorosa*;
    ✓ *lindo/linda*;
    ✓ *português(Ø)/portuguesa*.

---

[31] Para aprofundamento quanto à FLEXÃO DE GÊNERO DO ADJETIVO, ➤ *Suma*, p. 224-25.

⌕ OBSERVAÇÃO. Há casos mais complexos, como *mau*, que faz *má*.

◆ Pois bem, podemos dividir assim a formação do feminino nos adjetivos.

→ Os terminados em *-o* átono tornam-se femininos pela simples comutação de *-o* por *-a: ligeir*o*/ ligeir*a*;

→ Os terminados em *-u* e *-ês* majoritariamente se tornam femininos pelo acréscimo de *-a* ao masculino, assim como parte dos terminados em *-or: cru/cru*a*; norueguês/norueguês*a*; cantador/cantador*a*.

Escapam, porém, a esta dupla regra:

- *mau*, que, como vimos, faz *má*;
- os gentílicos *hindu* e *zulu*, que não admitem se feminizem;
- *cortês, descortês, montês* e *pedrês*, que tampouco o admitem;
- o grupo que inclui *incolor, multicor/multicolor, sensabor* e poucos mais, que são como os anteriores;
- obviamente, os comparativos *melhor, pior, maior, menor, superior, inferior, anterior, posterior, ulterior, citerior*, além de *interior* e de *exterior*;
- *gerador, motor* e outros terminados em *-dor* e em *-tor*, todos os quais mudam estas terminações em *-triz: gera*triz* (a par de *gerador*a*), *mo*triz* (a par de *motor*a*), etc.;
- um pequeno número em que *-or* se comuta por *-eira: trabalhador/trabalha*deira* (a par de *trabalhadora*), etc.;
- os terminados em *-ão* formam o feminino em *-ã* ou em *-ona: são/s*ã*; chorão/ chor*ona*; etc.; à exceção de *beirão*, que faz *beir*oa*;
- os terminados em *-eu* (fechado) têm o feminino em *-eia: hebreu/hebr*eia*, pigmeu/pigm*eia*, etc.; à exceção de *judeu* e de *sandeu*, que se feminizam pela comutação de *-eu* por *-ia: jud*ia* e sand*ia*;
- os terminados em *-éu*, por sua vez, constituem seu feminino mediante a terminação *-oa* ou mediante a terminação *-eia: ilhéu/ilh*oa*; incréu/incr*eia*; etc.; mas *réu/ré*.

⌕ OBSERVAÇÃO. Certos adjetivos que na forma masculina têm *o* tônico fechado mudam-no, ao receberem a desinência de feminino *-a*, em *o* aberto: *bri*o*so* [ô]/*bri*o*sa* [ó], *form*o*so* [ô]/*form*o*sa* [ó], *gr*o*sso* [ô]/*gr*o*ssa* [ó], etc.

◆ Os ADJETIVOS UNIFORMES permanecem invariáveis ante os dois gêneros dos substantivos. São *uniformes*, além dos já vistos, os adjetivos:

→ cuja vogal temática é *-a*, grande parte dos quais também funciona como substantivo: *celt*a*, israelit*a*, pers*a*; hipócrit*a*, homicid*a*; cosmopolit*a*, silvícol*a*; etc.;

→ cuja vogal temática é *-e*: *árabe, breve, doce, humilde, torpe,* etc., entre os quais todos os formados com algum dos sufixos *-ante, -ente, -inte* e *-ense*: *constante, crescente, pedinte, fluminense*, etc.;

→ cujo radical termina em *-l*: *cordial, fiel, amável, pueril, reinol, azul*, etc. (mas *espanhol/espanhola*);

→ cujo radical termina em *-ar*: *exemplar, ímpar,* etc.;

→ cujo radical termina em *-z*: *audaz, feliz, atroz,* etc. (mas *andaluz/andaluza*);

→ cujo radical termina em *-m*: *virgem, ruim, comum,* etc. (mas *bom/boa*);

§ além dos paroxítonos terminados em *-s*: *reles, simples,* etc.;

§§ e de outros terminados em *-or*: *exterior, interior,* etc.;

◆ Nos adjetivos formados por composição cujas partes morfológicas se ligam por hífen (são os chamados "adjetivos compostos"), apenas a segunda parte pode receber a desinência de feminino: *literatura anglo-americana, formação médico-cirúrgica, capa amarelo-clara,* etc.

⌕ Observação 1. E se se disse imediatamente acima que a segunda parte morfológica de tais adjetivos *pode* receber a desinência de feminino não é senão porque esta mesma parte pode ser de si invariável quanto ao feminino: *tradição afro-árabe, calças verde-musgo,* etc. – Todos os substantivos usados impropriamente como adjetivos, assim como todas as segundas partes morfológicas de origem substantiva formadoras quer de substantivos quer de adjetivos, permanecem invariáveis – e não só em gênero, mas ainda em número, como já se viu e como se voltará a ver. Exemplos: *olhos cinza, vegetações violeta, mangas-rosa, panos azul-piscina, tintas verde-esmeralda,* etc.

⌕ Observação 2. Constituem exceções a todo o dito os seguintes casos:

▪ quanto à flexão de gênero: *surdo-mudo,* que deveria fazer "surdo-muda", tradicionalmente faz, porém, *surda-muda,* como em *criança surda-muda*;

▪ quanto à flexão de gênero e à de número: *azul-marinho* e *celeste* (este como adjetivo primitivo ou como segunda parte morfológica de adjetivo composto): *roupas azul-marinho, águas celeste, porcelanas azul-celeste;* etc.

3.2.7.b. A flexão de número

§ O adjetivo permanece no singular ou se pluraliza de acordo com o substantivo que ele determina: *cão manso/cães mansos, mulher hindu/mulheres hindus, terra árida/terras áridas,* etc.

◆ Quanto ao plural, os adjetivos primitivos (ou simples) seguem geralmente as mesmas regras que regem os substantivos.

- De sua parte, os adjetivos compostos cujas partes morfológicas se ligam por hífen pluralizam-se de forma análoga a como se feminizam: apenas a segunda parte recebe a desinência -s, ao passo que a primeira permanece invariável: *alimentos agro-doce_s_* (= *agridoce_s_*), *mantas marrom-escura_s_*, etc.

⌐ OBSERVAÇÃO 1. Não se regem por esta regra os adjetivos compostos que significam cor e cuja segunda parte morfológica é de origem substantiva: *canários amarelo-ouro*, *objetos verde-cré*, *peças azul-ferrete*, *toalhas azul-turquesa*, *uniformes verde-oliva*, etc. – Uma vez mais não há a menor razão para abrigar, como fazem muitos dicionários, exceções a esta sub-regra.

⌐ OBSERVAÇÃO 2. Tampouco os três adjetivos seguintes seguem a regra geral do plural dos compostos cujas partes morfológicas se ligam por hífen: *surdo-mudo*, que deveria fazer "surdo-mudo_s_", mas tradicionalmente faz *surdo_s_-mudo_s_*, como em *meninos surdo_s_-mudo_s_*; e *azul-marinho* e *azul-celeste*: *cortinados azul-marinho*, *olhos azul-celeste*, etc.

3.2.7.c. A FLEXÃO DE GRAU

- Os adjetivos qualificativos têm duas espécies de flexão de grau.

◆ A primeira é de GRAU DIMENSIVO, e faz-se mediante alguns dos mesmos sufixos aumentativos e diminutivos que se agregam aos substantivos para emprestar-lhes grau dimensivo: *pequen**inin**ho*, *lerd**aço***, etc. Estes sufixos se agregam aos adjetivos da mesma maneira que aos substantivos.

⌐ OBSERVAÇÃO. Se os sufixos flexionais de grau dimensivo quase sempre emprestam aos substantivos alguma carga afetiva, muito mais o fazem aos adjetivos, razão por que, ainda mais que com respeito a seu uso nos substantivos, seu uso nos adjetivos é próprio da fala e da Literatura.

◆ A segunda é de GRAU INTENSIVO, e faz-se unicamente mediante os sufixos chamados de "grau superlativo sintético": *fin**íssimo***, *nig**érrimo***, etc.

> ¶ Os sufixos de grau superlativo, contrariamente ao que dizem quase todas as gramáticas contemporâneas, podem fazer que o adjetivo expresse não só "grau *elevado*", mas ainda "grau *sumo* ou *sobre-elevado*". Com efeito, se se diz que "alguém é inteligent*íssimo*", provavelmente se quer dizer que o é em grau elevado ou muito elevado; quando porém em Metafísica, por exemplo, se diz que "o Ente divino é perfeit*íssimo*", quer-se então dizer que o é em grau não só sumo, mas sobre-elevado ou sobre-eminente.

✤ Além de *-íssimo*, o mais corrente, temos outro sufixo superlativo: *-imo*. Vejamos, antes de tudo, como os adjetivos qualificativos portugueses recebem o sufixo *-íssimo*.

→ Se se trata de adjetivo terminado em consoante outra que *z* ou que *m*, ou que o *l* final de *-vel*, somente se lhe acrescenta o sufixo: *difícil/dificilíssimo* (ou *dificílimo*) *fácil/facilíssimo* (ou *facílimo*), *fértil/fertilíssimo*, *original/originalíssimo*, *vulgar/vulgaríssimo*, etc.

→ Se se trata de adjetivo terminado em vogal temática, esta desaparece para que o sufixo se junte ao radical: *belo/belíssimo*, *frívolo/frivolíssimo*, *severo/severíssimo*; *grande/grandíssimo*, *triste/tristíssimo*; etc.

→ Se se trata de adjetivo terminado em ditongo crescente com semivogal *i*, cai a vogal para que o sufixo se junte ao mesmo *i* : *necessário/necessaríssimo*, *sério/seríssimo*, etc.

♪ Observação. Nenhuma razão têm os gramáticos que pretendem esteja ultrapassada esta regra.

→ Não raro o adjetivo, para receber o sufixo *-íssimo*, retoma a primitiva forma latina, de modo que:

- os adjetivos terminados em *-vel* têm esta terminação transformada em *-bil* para que se lhes acrescente o sufixo:
  ✓ *amá**vel** – ama**bil**íssimo*;
  ✓ *indelé**vel** – indele**bil**íssimo*;
  ✓ *mó**vel** – mo**bil**íssimo*;
  ✓ *notá**vel** – nota**bil**íssimo*;
  ✓ *terrí**vel** – terri**bil**íssimo*;
  ✓ *volú**vel** – volu**bil**íssimo*;
  ✓ etc.;

- os adjetivos terminados em *-z* têm-no transformado em *-c* para que se lhes acrescente o sufixo: *capaz/capacíssimo*, *feliz/ felicíssimo*, *atroz/atrocíssimo*, etc.;

- os adjetivos terminados em *m* têm-no transformado em *n* para que se lhes acrescente o sufixo: *bom/boníssimo*, *comum/comuníssimo*, *ruim/ruiníssimo*, etc.;

- os adjetivos terminados no ditongo nasal *-ão* têm a semivogal deste transformada em *n* para que se lhes acrescente o sufixo: *pagão/paganíssimo*, *são/saníssimo*, *vão/vaníssimo*, etc.

⟡ Observação 1. *Mau* faz *mal**íssimo***.
⟡ Observação 2. Outros exemplos em que o sufixo superlativo do adjetivo se une não ao radical português, mas ao radical latino (por vezes mais ou menos alterado):

- *amargo* – *amar**íssimo***;
- *amigo* – *amic**íssimo***;
- *antigo* – *antiqu**íssimo***;
- *benéfico* – *beneficent**íssimo***;
- *benévolo* – *benevolent**íssimo***;
- *cristão* – *cristian**íssimo***;
- *cruel* – *crudel**íssimo***;
- *doce* – *dulc**íssimo***;
- *fiel* – *fidel**íssimo***;
- *frio* – *frigid**íssimo***;
- *geral* – *general**íssimo***;
- *inimigo* – *inimic**íssimo***;
- *magnífico* – *magnificent**íssimo***;
- *maléfico* – *maleficent**íssimo***;
- *malévolo* – *malevolent**íssimo***;
- *miúdo* – *minut**íssimo***;
- *nobre* – *nobil**íssimo***;
- *pessoal* – *personal**íssimo***;
- *pródigo* – *prodigal**íssimo***;
- *sábio* – *sapient**íssimo***;
- *sagrado* – *sacrat**íssimo***;
- *simples* – *simplic**íssimo*** (a par de *simplíssimo*);
- *soberbo* – *superb**íssimo***.

- Vejam-se agora exemplos de formação com o outro sufixo de grau intensivo (*-imo*):
    - *acre* – *acérr**imo***;
    - *célebre* – *celebérr**imo***;
    - *humilde* – *humíl**imo*** (a par de ***humilíssimo***, ***humildíssimo***);
    - *íntegro* – *integérr**imo***;
    - *livre* – *libérr**imo***;
    - *magro* – *macérr**imo*** (a par de ***magríssimo***);

- ✓ **neg**r**o** – **nigérr**_imo_ (a par de **negr**_íssimo_);
- ✓ **pobr**e – **paupérr**_imo_ (a par de **pobr**_íssimo_);
- ✓ **salubr**e – **salubérr**_imo_.

Observação. Contrariamente ao que se diz, o sufixo é *-imo* e não "-érrimo". Em todos os exemplos dados, o *ér* é parte do radical latino. O segundo *r* aparece por clara razão de fonética latina. – É verdade que, por analogia, se dizem "chiquérrimo" e formações semelhantes, as quais, naturalmente, não devem nada ao latim. Trata-se de criação popular e não raro afetada, muitas vezes sem lugar no padrão culto.

Os modos morfossintáticos de indicação de grau intensivo

§ Afora o modo morfológico (sufixal) de indicar grau intensivo (superlativo) nos adjetivos, há os modos morfossintáticos de indicar grau intensivo (*grau comparativo* e *grau superlativo*). Vejamo-los.

• Antes de tudo, o comparativo.

• O comparativo indica que um ente possui determinada qualidade em grau *superior*, em grau *igual* ou em grau *inferior* ao grau em que a tem outro ente:

- ✓ Maria é **mais** esforçada [*do*] **que** Sônia.
- ✓ Paulo é **tão** esforçado **como** [ou *quanto*] Pedro.
- ✓ Ricardo é **menos** esforçado [*do*] **que** Álvaro.

Observação. Note-se que usar o "do" antes de *que* no comparativo de superioridade e no de inferioridade é opcional. Nós mesmo, no entanto, só usamos este "do" em função diacrítica, ou seja, apenas quando não usá-lo implica alguma ambiguidade ou alguma dificuldade de compreensão.[32] – E pode usar-se indiferentemente *como* ou *quanto* no comparativo de igualdade.

• Indica ainda que num ente certa qualidade é *superior*, *igual* ou *inferior* a outra neste mesmo ente:

- ✓ Este livro é **mais** bom [*do*] **que** *agradável*.;
- ✓ Este livro é **tão** bom **como** [ou *quanto*] *agradável*.;
- ✓ Álvaro é **menos** bom [*do*] **que** *agradável*.

Observação 1. A construção do primeiro exemplo (o do comparativo de superioridade) é corretíssima. Não podemos dizer Paulo é "mais bom" que José, mas porque se trata de comparação entre dois entes. No exemplo acima, trata-se

---

[32] Usamos *diacrítico* em seu sentido etimológico: do gr. *diakritikós, ḗ, ón,* 'que distingue, separa', e que pois evita anfibologia ou ambiguidade.

de comparação entre duas qualidades em um mesmo ente, e neste caso não há outra maneira de dizê-lo.

⚐ OBSERVAÇÃO 2. Insista-se, pois: há um COMPARATIVO DE SUPERIORIDADE, um COMPARATIVO DE IGUALDADE e um COMPARATIVO DE INFERIORIDADE.

• Agora, o SUPERLATIVO (morfossintático, insista-se).

♦ O superlativo indica que um ente possui certa qualidade em *1)* grau elevado ou *2)* em grau sumo ou sobre-eminente: trata-se do chamado SUPERLATIVO ABSOLUTO:

1) Tomás é ***muito*** (ou ***grandemente***, etc.) prudente.;

2) Tomás é ***sumamente*** (ou ***sobre-eminentemente***) prudente.

♦ O superlativo indica ainda que um ente tem determinada qualidade em grau superior com respeito a um grupo de entes de que faz parte: trata-se do chamado SUPERLATIVO RELATIVO, que também pode ser *1)* DE SUPERIORIDADE e *2)* DE INFERIORIDADE:

1) Rodrigo é *o* (aluno) ***mais*** estudioso ***de*** sua classe.;

2) Rodrigo é *o* (aluno) ***menos*** estudioso ***de*** sua classe.

⚐ OBSERVAÇÃO 1. Em vez deste *de* para introduzir o complemento nominal que serve de termo da comparação, pode usar-se, alterando a construção, *entre* ou *dentre*: "Rodrigo é o *mais estudioso **entre/dentre** os alunos de sua classe.*"

⚐ OBSERVAÇÃO 2. Há outras maneiras de indicar o grau *superlativo absoluto*.

▪ A primeira é ainda morfológica: trata-se do acréscimo de um prefixo, como *arqui-, extra-, hiper-, super-, ultra-*, etc. (arqui-inimigo, extraduro, hipersapiente, superdócil, ultrassônico, etc.).

▪ A segunda vale-se de uma comparação para expressar o superlativo: *O que ele diz é* claro como a água.

▪ As demais são de cunho antes popular e/ou poético.

⚐ OBSERVAÇÃO 3. O SUPERLATIVO RELATIVO também pode expressar "limites ou campo de possibilidade": *Ele diz palavras* o *mais claras* possível. – Note-se que "o (mais)" e "possível" são sempre invariáveis neste tipo de construção, até porque a ordem original da oração é *Diz palavras* o mais possível *claras*.

§ COMPARATIVOS E SUPERLATIVOS ESPECIAIS

Quatro adjetivos – *bom, mau, grande* e *pequeno* – formam já o comparativo já o superlativo de modo especial:

ADJETIVO	COMPARATIVO	SUPERLATIVO	
	DE SUPERIORIDADE	ABSOLUTO	RELATIVO
bom	*melhor*	*ótimo*	*o melhor*
mau	*pior*	*péssimo*	*o pior*
grande	*maior*	*máximo*	*o maior*
pequeno	*menor*	*mínimo*	*o menor*

⌇ Observação 1. Insista-se em que, quando se compara uma qualidade de dois entes, não se deve dizer "mais bom", "mais mau" nem "mais grande"; deve dizer-se: *melhor, pior* e *maior* (não "Este teatro é 'mais bom' que aquele", mas *Este teatro é **melhor** que aquele*; etc.). Quando porém se comparam duas qualidades em um mesmo ente, há que usar o modo morfossintático indicado mais acima: Esta casa é **mais má** *que feia*. – Mas em Portugal é abonado e muito corrente o uso de *mais pequeno* em lugar de *menor*.

§ Diga-se antecipadamente, aliás, algo que se aprofundará na seção sobre os verbos. Analogamente ao dito acima, conquanto não se possa dizer senão *Esta cantora canta **melhor** que aquela*, não se deve porém dizer "Esta ária foi 'melhor' cantada que aquela". Quando se trata de particípio, não deve usar-se "melhor" nem "pior", mas *mais bem* e *mais mal*:

✓ *livro mais bem **escrito***;
✓ *Esta escultura está mais mal **cinzelada** que as outras*.;
✓ *A criança está mais bem **alimentada** que antes*.;
✓ *A casa está mais mal **conservada***.;
✓ etc.

⌇ Observação 2. A par de *ótimo, péssimo, máximo* e *mínimo*, temos *boníssimo, malíssimo, grandíssimo* e *pequeníssimo*.

⌇ Observação 3. Nem sempre se tem a correspondência comparativo-superlativo. Assim, se o superlativo correspondente ao comparativo *superior* é *supremo* (ou *sumo*); se o correspondente a *inferior* é *ínfimo*; se o correspondente a *posterior* é *póstumo*; e se o correspondente a *ulterior* é *último*; *anterior*, no entanto, não encontra superlativo correspondente.

⚐ Observação 4. *Superior* e *inferior*, *sumo* (ou *supremo*) e *ínfimo* podem empregar-se, respectivamente, como comparativos e como superlativos de *alto* e de *baixo*.

3.3. Os pronomes[33]

§ Os pronomes não podem dizer-se classe senão por certo ângulo ou aspecto, ou seja, por comporem paradigmas fechados; mas reduzem-se a **substantivos** ou a **adjetivos** (**determinativos**). E, com efeito, de acordo com seu mesmo nome, a maioria deles pode, por um lado, substituir um substantivo (ou uma locução substantiva), um grupo substantivo ou uma oração substantiva, e, por outro lado, um adjetivo (ou uma locução adjetiva), um grupo adjetivo ou, de algum modo, uma oração adjetiva. Aos que o podem fazer, chamamos-lhes *pronomes propriamente ditos*; aos que não o podem, *pronomes impropriamente ditos*.

3.3.1 Os pronomes pessoais

3.3.1.a. Os pronomes pessoais são sempre *substantivos*, e, como indica seu próprio nome, representam as *três pessoas* do discurso: *a pessoa que fala, a pessoa com que se fala, a pessoa ou coisa de que se fala*, estejam tais pessoas ou coisas no singular ou no plural. Ademais, dividem-se estes pronomes em *retos* e *oblíquos*.

• São os seguintes os pronomes retos:

♦ primeira pessoa do singular: *eu*; segunda pessoa do singular: *tu*; terceira pessoa do singular: *ele/ela*;

♦ primeira pessoa do plural: *nós*; segunda pessoa do plural: *vós*; terceira pessoa do plural: *eles/elas*.

⚐ Observação. Também são formalmente de segunda pessoa (ou seja, usam-se para representar a pessoa com que se fala) certos pronomes que, todavia, são materialmente de terceira (ou seja, levam o verbo para terceira pessoa): *você(s)*, os *pronomes de respeito ou cerimônia* e os *pronomes de reverência*. Ver-se-ão mais adiante.

• Mas aos pronomes *retos* contrapõem-se os pronomes pessoais chamados oblíquos, porque caem ou decaem dos retos por certa declinação.

♦ Segundo o acento tônico (não gráfico), os pronomes pessoais oblíquos dividem-se em átonos e tônicos:

◊ 1.ª pessoa:

Singular: *me* (átono); (*a, de, em, para, por*, etc.) *mim* (tônico);

Plural: *nos* (átono); (*a*, etc.) *nós* (tônico);

---

[33] Para aprofundamentos quanto aos pronomes, ➤ *Suma*, 233-80.

◊ 2.ª PESSOA:
Singular: *te* (átono); (*a*, etc.) *ti* (tônico);
Plural: *vos* (átono); (*a*, etc.) *vós* (tônico);
◊ 3.ª PESSOA:
Singular: *o, a, lhe, se* (átonos); (*a*, etc.) *ele/ela*, (*a*, etc.) *si* (tônicos);
Plural: *os, as, lhes, se* (átonos); (*a*) *eles/elas*, (*a*, etc.) *si* (tônicos).

§ Há ainda cinco antigas formas tônicas (*migo, tigo, sigo, nosco, vosco, sigo*) que hoje só se usam aglutinadas com a preposição *com*: *comigo, contigo, consigo, conosco, convosco* e *consigo*.

⌗ OBSERVAÇÃO. Note-se que as formas tônicas sempre se empregam – ou se deveriam empregar – antecedidas de preposição. (Mais abaixo, ver-se-ão duas supostas exceções a esta regra.)

♦ Segundo o que substituem e segundo a função sintática que exercem, especializam-se.

◊ Primeiramente, os ÁTONOS.

→ *O, a, os, as* só se empregam em lugar de substantivos (ou locuções substantivas), de grupos substantivos ou de orações substantivas não precedidos de preposição:

✓ *O estudante leu <u>os livros de Física</u>. – O estudante leu-OS.*;
✓ *Escrevi <u>as cartas</u>. – Escrevi-AS.*;
✓ *Disse <u>que não o lera</u>. – Disse-O.*

⌗ OBSERVAÇÃO. Estes pronomes exercem sempre, portanto, a função de *objeto direto*.

→ *Lhe, lhes* só se empregam em lugar de substantivos antecedidos da preposição *a* ou da preposição *para*:

✓ *Deu o tratado de Física <u>ao estudante.</u> – Deu-LHE o tratado de Física.*;
✓ *Os reis magos levaram presentes <u>para o Menino Jesus</u>. – Os reis magos levaram-LHE presentes.*

⌗ OBSERVAÇÃO. Nem sempre, todavia, *lhe(s)* pode usar-se em lugar de substantivo ou de grupo substantivo antecedido da preposição *a* ou da preposição *para*: não o pode, por exemplo, em *Atentem <u>à partitura</u>* nem em *<u>Para José</u>[,] este tratado de Física é falho*. Por outro lado, se se usa precipuamente na função de OBJETO INDIRETO DATIVO (como nos exemplos acima), também se usa na de DATIVO DE POSSE (como em *Tremiam-<u>lhe</u> as mãos*) e em outras especiais, tudo o que se tratará detidamente no próximo capítulo.

→ *Me, te, se, nos, vos, se* podem empregar-se em lugar de substantivos/locuções substantivas ou de grupos substantivos, na função de *objeto direto*; ou em lugar de substantivos antecedidos de preposição, na função de *objeto indireto*. Exemplos:
- ✓ *Viu-me ontem* (objeto direto).;
- ✓ *Deu-te o endereço?* (objeto indireto dativo);
- ✓ *A menina penteava-se diante do espelho* (objeto direto [reflexivo]).;
- ✓ *A enfermeira assistiu-nos na cirurgia* (objeto direto).;
- ✓ *Escrever-vos-á uma carta* (objeto indireto dativo).;
- ✓ *Buscam agradar-se uns aos outros* (objeto indireto dativo [de mutualidade]).

⟡ OBSERVAÇÃO 1. Insista-se em que, em orações como *Necessita-SE de empregados, Estudou-se muito ontem* e *Estava-SE muito contente*, comumente conhecidas como "de sujeito indeterminado", o *se* é um como pronome indefinido e equivale a outro pronome indefinido, *alguém* (ou *alguns*), que por sua vez equivale ao grupo substantivo *alguma pessoa* (ou *algumas pessoas*).[34]

⟡ OBSERVAÇÃO 2. *Me/nos, te/vos* e *se*, além de usar-se como visto acima, usam-se ainda de maneira diversa:
- ✓ *Lembrei-me da palavra.*;
- ✓ *O cão assustou-se.*;
- ✓ *Feristes-vos na explosão?*;
- ✓ *Vendem-se casas.*;
- ✓ *Não te queixes de tuas penas.*;
- ✓ *Fomo-nos daquele antro.*

Note-se que em todos os exemplos o pronome não equivale a nenhum substantivo nem a nenhum grupo substantivo, razão por que só se podem dizer pronomes de modo impróprio ou por certo ângulo. Voltaremos a este ponto complexo ao tratar as vozes verbais.

◊ Depois, os TÔNICOS.

→ Os tônicos só se usam antecedidos de preposição e, com mais propriedade, na função sintática de *objeto indireto relativo* (ou *complemento relativo*), na de *complemento nominal* ou, mais raramente, na de *predicativo* e na de *adjunto adnominal*. Nestas funções, são diversas as preposições de que os tônicos se antecedem:

---

[34] Para tudo isso, reveja-se o PREÂMBULO deste mesmo capítulo.

✓ *Falaram de* MIM, *sobre* VÓS, *con*VOSCO, etc. (complemento relativo);
✓ *Pensava em* TI, *em* SI *mesmo*, etc. (complemento relativo; o segundo é, ademais, reflexivo);
✓ *– Assististe à peça? – Não assisti a* ELA, etc. (complemento relativo);
✓ *É grande seu carinho por* NÓS, etc. (complemento nominal);
✓ *Estamos con*TIGO (predicativo);
✓ *A descoberta dELE* (de Pasteur, por exemplo), etc. (adjunto adnominal).[35]

→ Usam-se ainda na função de *objeto direto* ou *acusativo* e na de *objeto indireto dativo*.

◊ Atente-se, porém, às seguintes distinções. Se são tidos por marco de referência os melhores escritores, ♭ os tônicos só se usam com toda a propriedade e elegância nestas funções se se trata de *objeto direto pleonástico* seguido de algum modo de *objeto direto não pleonástico*, ou ainda de *objeto indireto dativo pleonástico* seguido de algum modo de *objeto indireto dativo não pleonástico*. Deem-se exemplos:

- ♭ Construção recomendável: *Viu-ME.* – Evite-se, pois, "Viu 'a mim'", conquanto se possa com toda a propriedade e elegância escrever *Viu-me A MIM* (**objeto direto pleonástico**) *e A ELE* (**objeto direto não pleonástico que se segue a pleonástico**).;

- ♭ Construção recomendável: *Escutaram-NA.* – Evite-se, pois, "Escutaram 'a ela'", conquanto se possa com toda a propriedade e elegância escrever *Escutaram-na A ELA* (**objeto direto pleonástico**) *e A NÓS* (**objeto direto não pleonástico que se segue a pleonástico**).;

- ♭ Construção recomendável: *Feriu-SE sem querer.* – Evite-se, pois, "Feriu 'a si [mesmo]'", conquanto se possa com toda a propriedade e elegância escrever *Feriu-se A SI* [*mesmo*] (**objeto direto [reflexivo] pleonástico**) *e A MIM* (**objeto direto não pleonástico que se segue a pleonástico**) *sem querer.*;

- ♭ Construção recomendável: *Deu-LHE o livro.* – Evite-se, pois, "Deu o livro 'a ela'", conquanto se possa com toda a propriedade e elegância escrever *Deu-lhe o livro A ELA* (**objeto indireto dativo pleonástico**), *não A NÓS* (**objeto indireto dativo não pleonástico que se segue a pleonástico**).;

---

[35] Considere-se porém que o melhor em casos como este é usar o pronome possessivo: *sua descoberta* – a não ser que se use *dele(s)* ou *dela(s)* em função diacrítica.

- ♭ Construção recomendável: *Falámos-TE*. – Evite-se, pois, "Falámos 'a ti'", conquanto se possa perfeitamente escrever *Falámos-te A TI* (**objeto indireto dativo pleonástico**) *e A ELA* (**objeto indireto dativo não pleonástico que se segue a pleonástico**);
- ♭ Construção recomendável: *Responderam-NOS*. – Evite-se, pois, "Responderam 'a nós'", conquanto se possa perfeitamente escrever *Responderam-nos A NÓS* (**objeto indireto dativo pleonástico**) *e A VÓS* (**objeto indireto dativo não pleonástico que se segue a pleonástico**).;
- ♭ Construção recomendável: *Obedeçam-LHES*. – Evite-se, pois, "Obedeçam 'a eles'", conquanto se possa perfeitamente escrever *Obedeçam-lhes A ELES* (**objeto indireto dativo pleonástico**), *não A NÓS* (**objeto indireto dativo não pleonástico que se segue a pleonástico**).

↗ OBSERVAÇÃO 1. Há, sim, exemplos em bons escritores do uso que dizemos menos apropriado e menos elegante:
- "Nem ele entende *a nós*, nem nós a ele" (Camões), quando o melhor seria "Nem ele *nos* entende *a nós*, nem nós a ele";[36]
- "E, como estivessem medrosas e com os olhos no chão, disseram *para elas* [em vez do mais apropriado "disseram-*lhes*" ou "disseram-*lhes a elas*"]: Por que buscais entre os mortos o que vive?" (PADRE ANTÓNIO PEREIRA DE FIGUEIREDO).

Basta porém uma consulta ao indispensável *Dicionário de Verbos e Regimes* de Francisco Fernandes para constatar a justeza do dito aqui: são parcos os exemplos em que se usam oblíquos tônicos da maneira que dizemos menos recomendável.

↗ OBSERVAÇÃO 2. Considere-se apropriado e elegante ainda o seguinte uso de oblíquos tônicos: "A quem cuidas que venceram os godos? *a mim*? Não por certo, senão *a ti*." (PADRE MANUEL BERNARDES). O *a mim* solitário supõe a oração elíptica *Que me venceram (a mim)?*, enquanto o *a ti* supõe (*senão*) *que te venceram (a ti)*.

↗ OBSERVAÇÃO 3. Em "No latim eram quatro os pronomes demonstrativos. *Todos eles* conserva o português" (PACHECO DA SILVA JR. & LAMEIRA DE ANDRADE), o pronome oblíquo tônico *ele* se usa não antecedido de preposição (e na função de objeto direto). ♭ Preferiríamos dar outro torneio à oração: *O português conserva-os a todos*; *Conserva-os a todos o português*; *A todos conserva-os o português*; *A todos o português os conserva*; *Todos se conservam em português*; *Conservam-se todos em*

---

[36] Talvez, todavia, Camões tenha sido levado a este uso por necessidade métrica: com efeito, o elegante *nos* levaria o verso a 12 sílabas, em vez das 10 de rigor aqui.

português; etc. – Diga-se o mesmo do uso de pronome tônico sem preposição antecedido do adjetivo *só*: "Quero estes dois cadernos, SÓ <u>eles</u>". ⚭ Prefeririamos dar outro torneio à oração: *Quero apenas/somente/tão somente estes dois cadernos*; *Quero estes dois cadernos, mais nenhum/nenhum mais*; etc.

⚜ OBSERVAÇÃO 4. *Consigo* usa-se ou deveria usar-se **unicamente** de modo REFLEXIVO: *Falava* CONSIGO (ou seja, falava com sua própria pessoa).

3.3.1.b. ALTERAÇÕES NA FIGURA DOS PRONOMES OBLÍQUOS

• Os pronomes *o, a, os, as* podem ter a figura alterada segundo sua posição com respeito ao verbo.

♦ Se estão em PRÓCLISE, ou seja, antes do verbo, mantêm a figura original:
  ✓ *Não <u>o</u>* ENTENDEMOS.;
  ✓ *As crianças <u>as</u>* LERAM.;
  ✓ etc.

♦ Se estão em ÊNCLISE, ou seja, depois do verbo, ligam-se a este por hífen, e sua figura depende da terminação do mesmo verbo.
  ◊ Se a forma verbal terminar em *vogal* ou em *ditongo oral*, estes pronomes ainda mantêm a figura original:
  ✓ *Lê-<u>o</u>*.;
  ✓ *A*PREGOEI-<u>as</u>.;
  ✓ etc.
  ◊ Se porém a forma verbal terminar em *-r*, em *-s* ou em *-z*, suprimem-se estas consoantes, e o pronome assume uma das figuras *lo, la, los, las*:
  ✓ *Vê-<u>lo</u>* (ve<u>r</u> + o).;
  ✓ *E*NCONTRÁMO-<u>la</u> (encontrámo<u>s</u> + a).;
  ✓ *Fê-<u>los</u>* (fe<u>z</u> + os).

⚜ OBSERVAÇÃO. Dá-se o mesmo quando vêm enclíticos ao designativo *eis* e aos pronomes *nos* e *vos*:
  ✓ *Ei-<u>lo</u>* (ei<u>s</u> + o);
  ✓ *Não* NO-<u>lo</u> *disse* (no<u>s</u> + o).;
  ✓ *Há de explicar-*VO-<u>lo</u> (vo<u>s</u> + o).
  ◊ Se, por fim, a forma verbal terminar em *m* ou em *ditongo nasal*, o pronome assume uma das figuras *no, na, nos, nas*:
  ✓ *L*EEM-<u>no</u> (lee<u>m</u> + o).;
  ✓ *T*ROUXERAM-<u>nas</u> (trouxera<u>m</u> + as).;

- ✓ SÃO-*no* (são + o).;
- ✓ PÕE-*nos* (põe + os).[37]
- Ao *futuro do presente* e ao *futuro do pretérito* o pronome oblíquo não pode vir enclítico, ou seja, não pode pôr-se depois destas formas verbais. *Pode* dar-se, então, a mesóclise do pronome, ou seja, sua colocação no *meio* do verbo: DAR-*lhe*--EI, FAR-*nos*-Á, etc. E, se se trata dos pronomes *o, a, os, as*, sempre se converterão em *lo, la, los, las* porque, no meio destas duas formas verbais, sempre estarão enclíticos à desinência *-r* de infinitivo:
  - ✓ PESQUISÁ-*lo*-Á (pesquisar + o);
  - ✓ CONVERTÊ-*las*-ÍAMOS (converter + as);
  - ✓ etc.

3.3.1.c. Quando em uma mesma oração aparecem dois pronomes átonos, um substituindo substantivo não antecedido de preposição e outro substituindo substantivo antecedido da preposição *a* ou da preposição *para*, tais pronomes se aglutinam ou simplesmente se associam, conforme a regras precisas.

- *Me, te, nos, vos, lhe* e *lhes* aglutinam-se com *o, a, os, as* ou se justapõem a estes:
  - *mo* (me + o), *ma* (me + a), *mos* (me + os), *mas* (me +as):
    - ✓ – Entregou-te as partituras? – Entregou-*mas*.;
  - *to* (te + o), *ta* (te +a), *tos* (te + os), *tas* (te +as):
    - ✓ – Dir-me-ás o endereço? – Dir-*to*-ei.;
  - *lho* (lhe + o), *lha* (lhe +a):
    - ✓ – Obedeçam à sua ordem. – Obedecer-*lha*-emos.;
  - *no-lo* (nos + [l]o), *no-la* (nos + [l]a), *no-los* (nos + [l]os), *no-las* (nos + [l]as):
    - ✓ – Mostrou-vos o projeto? – No-*lo* mostrou.;
  - *vo-lo* (vos + [l]o), *vo-la* (vos + [l]a), *vo-los* (vos + [l]os), *vo-las* (vos + [l]as):
    - ✓ O projeto, ele vo-*lo* mostrará.;
  - *lho(s)* (lhes + o/os), *lha(s)* (lhes + a/as):
    - ✓ – Outorgaram-lhes os prêmios? – Sim, outorgaram-*lhos*.

  ↗ OBSERVAÇÃO 1. As combinações *lho(s)* e *lha(s)* como equivalentes de *lhes* + *o(s)* e *lhes* + *a(s)* são conservações da língua antiga: nesta, com efeito, o pronome *lhe* empregava-se tanto para o singular como para o plural.

---

[37] Neste caso, dá-se identidade material entre *dão-nos* (dão + os) e *dão-nos* (dão + nos), a qual pode ser fonte de ambiguidade. Se o for, evite-se de maneira adequada esta colocação.

⌗ OBSERVAÇÃO 2. O pronome *se* não se aglutina com os pronomes *me, te, nos, vos, lhe, lhes*, senão que se associa a eles. Quando antepostos ao verbo, mantêm-se separados; quando pospostos, juntam-se por hífen:
- ✓ *Por isso mesmo a proposta <u>se nos</u> afigurou satisfatória.*;
- ✓ *A proposta, por isso mesmo, afigurou-<u>se-nos</u> satisfatória.*;
- ✓ *Dado que o recato <u>se lhes</u> foi impondo pouco a pouco* [...];
- ✓ *"[...] o banditismo franco impôs-<u>se-lhes</u> como derivativo à vida desmandada."* (EUCLIDES DA CUNHA).

⌗ OBSERVAÇÃO 3. Atente-se porém a que o pronome *se*, diferentemente do que ocorre, *mutatis mutandis*, em espanhol, nunca se associa em português aos pronomes *o, a, os, as*. Não se escreva, portanto, "Viu-se-o passar", mas simplesmente *Viu-se passar*, ou *Viu-se o homem passar*, ou *Viu-se aquilo passar*, etc.

⌗ OBSERVAÇÃO 4. Os pronomes *me, te, nos* e *vos* não podem dar-se juntamente. Nestes casos, usa-se a forma tônica correspondente:
- ✓ *Recomendou-te <u>a mim</u>* (e não um "recomendou-te-me").;
- ✓ *Referiram-<u>vos a nós</u>* (e não um "referiram-vos-nos").;
- ✓ etc.

Note-se, aliás, a insuperável ambiguidade das formas vetadas.

3.3.1.d. Quando os oblíquos tônicos *ele(s)* e *ela(s)* se antecedem das preposições *de* e *em*, com estas se aglutinam:
- *dele(s)* [de + ele(s)], *dela(s)* [de + ela(s)]:
  - ✓ *a casa <u>dela</u>*;
  - ✓ etc.;
- *nele(s)* [em + ele(s)], *nela(s)* [em + ela(s)]:
  - ✓ *Bela casa: <u>nela</u> nos sentimos a gosto.*;
  - ✓ etc.

¶ Constitui erro, todavia, aglutinar a preposição *de* e os pronomes *ele(s)* e *ela(s)* quando estes forem *retos*: o correto é *Está na hora <u>de</u> <u>elas</u> irem para a cama* (e não um "Está na hora 'delas' irem para a cama"). Esclarecer-se-á no momento oportuno.

3.3.1.e. Hoje, como vimos, já não podem decompor-se para uso as formas aglutinadas *comigo, contigo, consigo, conosco, convosco, consigo* (este e aquele *consigo*, exclusivamente reflexivos). Se, porém, a *conosco* e a *convosco* se pospuser um dos determinativos *outros, todos, mesmos* e *próprios*, aqueles se substituirão pelas respectivas formas *nós* e *vós*: com <u>nós</u> OUTROS, com <u>nós</u> TODOS, com <u>vós</u> MESMOS, etc. (e não "'conosco' outros", "'conosco' todos", "'convosco' mesmos", etc.).

3.3.2. Empregos dos pronomes pessoais

3.3.2.a. Antes de tudo, dos RETOS.

• Há já mais de um século, estendeu-se no Brasil o uso do antigo pronome de reverência *você* (< *vosmecê* < *vossemecê* < *vossa mercê*), materialmente de terceira pessoa do singular, em lugar de *tu*; e o de *vocês* em lugar de *vós*. Parece-nos perda lastimável, porque desordena não só o paradigma dos pronomes retos mas também os relacionados a ele: com efeito, na escrita os possessivos *seu(s)/sua(s)* tornaram-se radicalmente ambíguos, e precisam não raro ser substituídos por *dele(s)/dela(s)*; e, como se perderam as desinências de segunda pessoa para indicar a pessoa com que se fala, passaram a abundar *você* e *vocês* onde antes, por economia de meios e pois por elegância de estilo, podiam ficar elípticos ou ocultos *tu* e *vós*. Naturalmente, também estes últimos sempre se usaram, mas por ênfase, ou por paralelismo, ou por alguma necessidade eventual de clareza. ♭ Pois bem, usem-se *tu* e *vós* sempre que possível, sobretudo na escrita, e especialmente na tradução de obras clássicas. – Em Portugal, por seu lado, desapareceu grandemente do uso corrente o pronome *vós*.[38]

♪ OBSERVAÇÃO 1. E, de maneira geral, não se usem os pronomes retos senão, insista-se, por necessidade de clareza (sobretudo quando se tratar de formas verbais atribuíveis a mais de uma pessoa),[39] de ênfase ou de paralelismo.[40]

♪ OBSERVAÇÃO 2. Além de *você(s)*, usam-se correntemente outros pronomes formalmente de segunda pessoa, porque servem para que nos dirijamos a alguém, mas materialmente de terceira, porque a forma verbal correspondente também o é. São os **pronomes**

---

[38] Constituem porém graves quebras de paradigma a mistura de *você* e de *te* ou *ti*, por um lado, e a de *vocês* e *vos*, por outro. A primeira é corrente no Brasil; a segunda, em Portugal. Exemplos: "Eu <u>te</u> vi, mas <u>você</u> estava apressado" e "Eu <u>vos</u> peço a <u>vocês</u> que o aceitem". Devem evitar-se escrupulosamente ao menos na escrita.

[39] É o que se dá entre a primeira pessoa e a terceira do singular no imperfeito e no mais-que-perfeito do indicativo (*eu <u>falava</u>, ele <u>falava</u>*; *eu <u>falara</u>, ele <u>falara</u>*) e entre essas mesmas pessoas em todos os tempos do subjuntivo e no infinitivo pessoal (*eu <u>fale</u>, ele <u>fale</u>*; *eu <u>falasse</u>, ele <u>falasse</u>*; *eu <u>falar</u>, ele <u>falar</u>*), além de outros casos isolados (*eu <u>disse</u>, ele <u>disse</u>*).

[40] Um caso de paralelismo: *Enquanto <u>tu</u> dormias, <u>ele</u> trabalhava*.

- DE RESPEITO OU CERIMÔNIA:
→ *o(s) Senhor(es)* [*Sr./Srs.*];
→ *a(s) Senhora(s)* [*Sra./Sras.*];
→ *a(s) Senhorita(s)* [*Srta./Srtas.*]; e
- DE REVERÊNCIA:
→ *Vossa Alteza* [*V.A.*] (para os príncipes, para os arquiduques, para os duques);
→ *Vossa Eminência* [*V. Em.ª*] (para os cardeais);
→ *Vossa Excelência* [*V. Ex.ª*] (para altas autoridades e para os generais das Forças Armadas; mas em Portugal para qualquer pessoa a quem se queira manifestar grande respeito);
→ *Vossa Excelência Reverendíssima* [*V. Ex.ª Rev.ma*] (para os arcebispos e para os bispos);
→ *Vossa Magnificência* [*V. Mag.ª*] (para os reitores de universidade);
→ *Vossa Majestade* [*V. M.*] (para os imperadores e para os reis);
→ *Vossa Paternidade* [*V. M.*] (para os abades e para os superiores de convento em geral);
→ *Vossa Reverendíssima* [*V. Rev.ª/V. Rev.ma*] (para os sacerdotes em geral);
→ *Vossa Santidade* [*V. S.*] (para o Papa);
→ *Vossa Senhoria* [*V. S.ª*] (para os funcionários públicos graduados e para os oficiais até coronel; na linguagem escrita do Brasil, para quaisquer pessoas de cerimônia).

↳ Quando porém não nos dirigimos *a* estas autoridades, mas falamos *d*elas, então mais convenientemente se substitui *vossa* por *sua*: *Sua Alteza, Sua Eminência, Sua Excelência*, e assim sucessivamente.

¶ No colóquio brasileiro, usa-se comumente *a gente* tanto por *nós* como por *eu*. Evite-se na escrita quando não se tratar de reproduzir, literariamente, o mesmo falar coloquial.

- Pode realçar-se o pronome reto mediante o reforço de *mesmo* ou de *próprio*:
    ✓ *Vós* MESMOS *deveis dizer-lho.*;
    ✓ *Ele* PRÓPRIO *deu-nos a notícia.*;
    ✓ etc.
Outra maneira de fazê-lo é pospor-lhe a expressão É QUE:
    ✓ *Vós (mesmos)* É QUE *devíeis dizer-lho.*;

✓ *Ele (próprio)* É QUE *nos deu a notícia.*;
✓ etc.

↗ Observação. A expressão *é que* pode usar-se até em início de frase, onde é polifuncional: é realçadora, é continuativa e é, de certo modo, explicativa. – Quanto à função continuativa, assemelha-se a *E* e a *Pois* em início de frase (ou até de texto): *E o vento levou*, etc. Se assim é, fique desde já a lição: pode-se, sim, por este e por outros motivos, começar frase por *É*, por *É que*, por *E*, por *Pois* e por *Mas*. Aprofundar-se-á este ponto mais adiante.

• ♭ Quando se tem um *pronome de primeira pessoa* num sujeito composto (ou seja, constituído por mais de um núcleo), convém civilmente pô-lo em último lugar:
✓ *O reitor, o professor e eu fomos falar com o aluno.*

• ♭ Proceda-se inversamente, todavia, se o que se predica do sujeito implica responsabilidade em algo mau:
✓ *Eu, o professor e o reitor havemos de reconhecer que errámos com o aluno.*

↗ Observação. Esta é regra infelizmente esquecida em nossa língua, conquanto (ainda) se mantenha viva em inglês, em espanhol, etc. ♭ Reavivemo-la.

• O pronome reto *nós*, por sua vez, pode usar-se *pela primeira pessoa do singular* de duplo modo.

♦ Como PLURAL DE MODÉSTIA. Com efeito, referindo-se a si mesmo como a um nós, o escritor ou o orador evita o desagradável da autorreferência repetida.

↗ Observação. ♭ Quando *nós* é plural de modéstia, todavia, insista-se em que convém deixar no singular os adjetivos que o determinam. Retoma assim seu posto, de algum modo, o eu. Exemplo:
✓ *Estamos* CERTO *da necessidade da Gramática.*

♦ Como PLURAL DE MAJESTADE. Aqui o fim é o contrário do fim do anterior: quando um papa ou um rei se referem a si mesmos como a um nós, querem justamente luzir a excelsitude de seu cargo e poder.

• Por outro lado, como fórmula de cortesia e de deferência para com a autoridade a que nos dirigimos, usamos a *terceira pessoa pela primeira* ao fazer um requerimento.

↗ Observação geral 1. Por todo o dito a respeito dos pronomes retos, é erro grave, ou seja, infringe o padrão culto atual, o uso destes pronomes em outra função que a de sujeito ou que a de predicativo: diga-se *ouvi-o* e não "ouvi 'ele'", *mandei-a sair* e não "mandei 'ela' sair", *leva-me* e não "leva 'eu'", etc.

⚐ Observação geral 2. Deve relembrar-se ainda o uso, também muito surpreendente, de *si* – pronome oblíquo de terceira pessoa exclusivamente reflexivo – como pronome formalmente de segunda pessoa:
- "Gosto muito de <u>si</u>" (quando o normal seria *de ti*, ou *de você*, ou *do senhor*, etc.).;
- "Queremos falar <u>consigo</u>" (quando o normal seria *contigo*, ou *com você*, ou *com o senhor*, etc.).

Trata-se de outra quebra radical de paradigma, razão por que *no Brasil* deve evitar-se com afinco tanto na escrita como na fala. Dizemos todavia "no Brasil" porque ao menos em Portugal o uso de *si* como de segunda pessoa parece ser já irreversível.

⚐ Observação geral 3. É licitíssimo, ao contrário, o uso dos retos *ele(s)* e *ela(s)* para substituir nome de objeto, contrariamente ao que, talvez por influência do inglês (que tem o neutro *it* só para objetos), não raro se pensa: *É de uma* MESA ASSIM *que necessitaria: <u>ela</u> me facilitaria o trabalho*. Tenha-se tão só o cuidado de não usar tais pronomes para substituir substantivo que, cristalizado, se usa com sentido indeterminado em certas expressões fixas: *dizer ou falar <u>verdade</u>, pedir <u>perdão</u>*, etc. Podem porém usar-se para fazê-lo se tais substantivos perdem a indeterminação: *Pediu-me **o** PERDÃO, e (<u>ele</u>) foi-lhe dado*.

3.3.2.b. Empregos, agora, dos OBLÍQUOS.

• Para realçar um substantivo ou um grupo substantivo na função de COMPLEMENTO VERBAL, costuma usar-se PLEONÁSTICA OU ENFATICAMENTE o pronome oblíquo.[41]

• Se se trata de substantivo ou de grupo substantivo não antecedidos de preposição, ou seja, na função de OBJETO DIRETO OU ACUSATIVO, temos dois recursos:
  ◊ ou pô-los no início da oração e substituí-los depois por uma das formas pronominais *o, a, os, as*:
     ✓ "ÁRVORE, FILHO E LIVRO, queria-<u>os</u> perfeitos" (VIANNA MOOG).;
     ✓ *EMBUSTEIROS DESSA ESTIRPE*[,] *há-<u>os</u> em profusão*.;
     ✓ etc.;
  ◊ ou pô-los antecedidos de preposição (*a*) de reforço também no início da oração e substituí-los depois ainda por uma das formas pronominais *o, a, os, as*:

---

[41] Já se viu, relembre-se, o caso dos oblíquos tônicos usados pleonasticamente com respeito a pronomes oblíquos átonos.

✓ A Pedro[,] não *o* vimos ontem.;
✓ Às galáxias mais distantes[,] é difícil captá-*las*.;
✓ etc.

↻ Observação. Com este último recurso, *preposicionamos* o objeto direto antecipado.

• Se se trata de substantivo ou de grupo substantivo naturalmente antecedidos de preposição *a* na função de objeto indireto dativo, podemos pô-los no início da oração e substituí-los depois por *lhe* ou *lhes*:

✓ A seus pais[,] diga-*lhes* sempre a mais estrita verdade.

• Se, porém, como vimos, se trata já de pronome oblíquo átono, podemos fazer que o acompanhe sua correspondente forma tônica antecedida de *a*:

✓ Ouviu-se *a si* (mesmo) na gravação.;
✓ Vimo-la *a ela* no documentário.;
✓ Falou-nos *a nós*, não vos falou *a vós*.;
✓ Perguntei-me *a mim* (mesmo) sobre o tema.;
✓ Deu-lhes razão *a eles*.;
✓ "Não te mirou *a ti*, *a ti* também sem cor" (Alphonsus de Guimaraens).

• Apesar da tendência coloquial em contrário, a preposição *entre* não pode introduzir forma reta. Como até, entre requer *mim* e *ti*:

✓ Entre a sabedoria e *mim* medeia grande esforço.;
✓ Hão de fortalecer-se os laços entre *ti* e *mim*.;
✓ Tragam até *mim* a postulante.;
✓ Também até *ti* chegará o mau rumor.

↻ Observação. Não se diga, pois, em exemplos como os postos acima, "entre 'tu' e 'eu'", "trouxeram até 'eu'", etc. Não se confunda porém este caso com o caso em que *entre* vincula não dois pronomes, mas duas orações:

✓ **Entre** tu apresentares tua tese e eu (apresentar) a minha, decorrerá um tempo.;

nem com o caso em que *até* é, em verdade, advérbio:

✓ **Até** (Mesmo, Ainda) tu já o pudeste confirmar.

Não só não há erro nestes, senão que esta é a única maneira correta.

• Semelhantemente ao caso anterior, e contrariamente ao que se dá na linguagem popular do Brasil, *mim* e *ti* não podem ser sujeito de infinitivo. Escreva-se e diga-se neste caso, portanto, *para eu ler, para tu dormires* (e não "para 'mim' ler", "para 'ti' dormir", que ferem ainda o padrão culto). (*Para*) *eu ler* é redução a infinitivo da oração desenvolvida (*para que*) *eu leia*, e (*para*) *tu dormires* é-o da oração desenvolvida (*para que*) *tu* durmas. Sendo assim, em ambos os casos a preposição *para* não se refere ao pronome (*eu* e *tu*), mas à oração inteira (*eu ler* e *tu dormires*). Já outro é o caso quando a preposição *para* se refere unicamente ao pronome: então este se declina, tornando-se oblíquo:

✓ *Leu a carta só para mim* [e não "para 'eu'"].;
✓ *Cantou para ti* [e não "para 'tu'"].;
✓ *Para ti, que texto convém traduzir agora?*.

⌔ Observação 1. As únicas preposições que *exigem* os pronomes retos *eu* e *tu* são primitivos advérbios (*afora, fora, menos*) ou primitivos adjetivos (*exceto, salvo, tirante*): *afora eu, exceto tu, tirante tu,* etc.

⌔ Observação 2. Por outro lado, como se tratará em momento próprio, os pronomes oblíquos átonos podem desempenhar em certas construções, cumulativamente, a função de *complemento do verbo* e a de *sujeito*:

✓ *Mandou-os meditar.*;
✓ *Ele viu-se ceder ao indevido.*;
✓ etc.

É herança do latim.

• Para os pronomes *me, te, se, nos, vos, se* serem de fato reflexivos, é preciso que a ação designada pelo verbo que eles complementam possa aplicar-se também a outrem:

✓ *Maria cobre-se. / Maria cobre a filha.*;
✓ *Protegemo-nos. / Protegemos nosso filho.*

♦ Mas nem sempre a recíproca é verdadeira: com efeito, embora possamos ter um *O gato assustou o rato*, onde o *gato* é formal ou significativamente o agente da ação verbal, em *O gato assustou-se* não se dá verdadeiramente ação reflexiva, porque aqui o *gato* é formal ou significativamente antes paciente que agente da ação verbal. Ademais, note-se a diferença entre *alguém ferir-se voluntária ou involuntariamente a si mesmo* e *alguém ferir-se num acidente*: trata-se de identidade meramente material. Tudo isso tem que ver com as vozes verbais e se tratará na seção relativa a elas.

♦ Tais distinções, todavia, são a razão para usar o pleonástico *a si mesmo* quando se trata de efetiva AÇÃO REFLEXIVA: *ferir-se a si mesmo* distingue-se inequivocamente não só de *ferir-se* (num acidente) mas de *ferir-se* enquanto "ser ferido". Ainda há, porém, a possível confusão entre o *se* REFLEXIVO e o *se* DE RECIPROCIDADE OU MUTUALIDADE: em *Felicitaram-se pelo êxito*, não se pode ter certeza de se

cada pessoa do sujeito plural se felicitou a si mesma ou, ponha-se, se duas pessoas desse mesmo sujeito se felicitaram uma à outra. Fiquem pois como regras:
- ◊ sempre, insista-se, que houver o *menor* risco de ambiguidade ao usar o *se* REFLEXIVO, acrescente-se-lhe *a si mesmo(s)* (ou *a si mesma[s]*):
  - ✓ *Feriu-se a si mesmo.*;
- ◊ sempre que houver o *menor* risco de ambiguidade ao usar o *se* DE RECIPROCIDADE OU MUTUALIDADE, acrescente-se-lhe *entre si*, ou *um(s) ao outro(s)*, ou *reciprocamente*, ou *mutuamente*:
  - ✓ *Convenceram-se um ao outro.*;
- ◊ e, sempre que se tratar de *se* REFLEXIVO com possibilidade de confundir-se com o *se* DE RECIPROCIDADE OU MUTUALIDADE, acrescente-se-lhe *cada um a si mesmo*:
  - ✓ *Felicitaram-se cada um a si mesmo pelo êxito.*

↗ OBSERVAÇÃO 1. Ainda porém que não haja risco de ambiguidade, mas se se dá alguma necessidade de ênfase, não constitui erro lançar mão de tais recursos pleonásticos.

↗ OBSERVAÇÃO 2. Já se tornou tópico entre os gramáticos o afirmar que os pronomes dativos podem usar-se como possessivos: assim, em *Tremiam-te as mãos* e em *Ruiu-lhe a hipótese*, o *te* e o *lhe* estariam respectivamente por *tuas* e *sua*. Mas parece que se deve dizer melhor. Que nestes casos o pronome átono cossignifique ou também expresse *posse*, não há negá-lo. Que porém seja aí possessivo, com a função sintática, portanto, de adjunto adnominal, sim, negamo-lo. Trata-se em verdade de DATIVO DE POSSE: "Tremiam as mãos a ti" e "Ruiu a hipótese a ele". Como seja, porém, *sempre que possível* e pois *sem abuso*, usem-se tais pronomes dativos em lugar de possessivos: imprimem vigor e elegância à frase. Voltaremos ao assunto ao tratar os pronomes possessivos.

• Antecipe-se por fim algo atinente à regência verbal: o uso dos pronomes oblíquos com verbos de regência diversa. Explique-se. Se se trata de dois verbos de mesma regência, pode usar-se de diferente maneira, segundo o caso, o pronome oblíquo em referência a uma mesma pessoa ou a uma mesma coisa. Ponham-se os verbos *apresentar* e *ensinar*:
- ✓ *Ele me apresentou e ensinou a Filosofia.*;
- ✓ *Ele me apresentou e me ensinou a Filosofia* (repetição enfática).;
- ✓ *Ele apresentou-me e ensinou-me a Filosofia* (a única possível se se recorre à ênclise).

Diga-se o mesmo se se trata de qualquer outro tempo verbal, como o futuro do presente:
- ✓ Ele *me* apresentará e ensinará a Filosofia.;
- ✓ Ele *me* apresentará e *me* ensinará a Filosofia (repetição enfática).;
- ✓ Ele apresentar-*me*-á e ensinar-*me*-á a Filosofia (a única possível se se recorre à mesóclise).

Já nada disso valerá, todavia, se se tratar de verbos de regência diferente. Se se escrevesse "Rosa amiúde pensa e fala de nós", incorrer-se-ia em erro, porque, se de fato o verbo *falar* requer a preposição *de* (*fala de nós*), não assim o verbo *pensar*, que *aqui* requer a preposição *em*. Mas o exemplo dado não exibe esta preposição, e nele este último verbo fica sem a correspondente e devida preposição – razão por que a oração não está bem construída. Trata-se de cânone da Gramática portuguesa segundo o padrão culto atual. Escreva-se, pois:
- ✓ *Rosa amiúde pensa em nós e fala de nós.*

→ Se todavia não se trata de pronome oblíquo, mas de substantivo, pode escrever-se de duplo modo:
- ✓ ou *Rosa amiúde pensa no assunto e fala dele.*;
- ✓ ou *Rosa amiúde pensa no assunto e fala do assunto* (repetição enfática).

3.3.3. Os pronomes demonstrativos

§ Os chamados PRONOMES DEMONSTRATIVOS reduzem-se tanto a **substantivos** como a **adjetivos** (**determinativos**) e são sempre pronomes propriamente ditos. São algo numerosos: *este, esse, aquele*, etc.; *o* e *a*; *semelhante* e *tal*. Há ainda o complexo caso de *mesmo* e de *próprio*; vê-lo-emos mais adiante.

3.3.3.a. Primeiramente, os que compõem o seguinte paradigma:

MASCULINO	FEMININO	NEUTRO
este	esta	isto
esse	essa	isso
aquele	aquela	aquilo

⚑ OBSERVAÇÃO 1. Também devem incluir-se neste paradigma as formas contratas (masculinas e femininas) *estoutro, estoutra, essoutro, essoutra, aqueloutro, aqueloutra*, além das locuções *isto outro, isso outro* e *aquilo outro*.

⚡ Observação 2. Os neutros são **sempre** *substantivos*, enquanto os masculinos e os femininos são *adjetivos* (*determinativos*), na maioria das vezes, ou *substantivos* (mas como substantivos, como se verá, por vezes adquirem o caráter de indefinidos).[42]

3.3.3.b. Empregos desta espécie de pronome demonstrativo

• Em seu primeiro uso, os da primeira linha (*este, esta, isto, estoutro, estoutra, isto outro*) referem-se de *algum modo* à primeira pessoa do discurso (*eu/nós*). Os da segunda linha (*esse, essa, isso, essoutro, essoutra, isso outro*), à segunda pessoa do discurso (*tu/vós*). Os da terceira linha (*aquele, aquela, aquilo, aqueloutro, aqueloutra, aquilo outro*), à terceira pessoa do discurso (*ele-ela/eles-elas*). Referem-se às pessoas do discurso, no entanto, de modo vário.

• Neste uso, os neutros, como substitutos de substantivos, obviamente designam substâncias ou acidentes entendidos ao modo de substâncias, mas fazem-no considerando-as por sua *localização* com respeito às pessoas do discurso.

♦ Por proximidade ou por afastamento:
  ✓ <u>Isto</u> *me chegou ontem.*; <u>Isto</u> *que me acompanha...* (1.ª pessoa);
  ✓ <u>Isso</u> *que tens nas mãos...*; <u>Isso</u> *que está diante de ti...* (2.ª pessoa);
  ✓ <u>Aquilo</u> *que está nas mãos de teu filho...*; <u>Aquilo</u> (*que está longe de ti e de mim*)... (3.ª pessoa).

♦ Por lugar ou por coisa em que se está:
  ✓ <u>Isto</u> (*em que estou sentado*) *é um escabelo* (1.ª pessoa).;
  ✓ <u>Isso</u> (*em que estás sentado*) *é um escabelo* (2.ª pessoa).;
  ✓ <u>Aquilo</u> (*em que teu filho está sentado*) *é um escabelo.* (3.ª pessoa).

• Neste uso, os masculinos e os femininos, como adjetivos determinativos, modificam um substantivo, mas fazem-no dando-lhe como *certa medida* a *localização* com respeito às pessoas do discurso.

→ Por proximidade ou por afastamento:
  ✓ <u>Este</u> *livro* (*que tenho nas mãos*)...; <u>Este</u> *quadro* (*que está atrás de mim*)... (1.ª pessoa);

---

[42] Os demonstrativos masculinos e os femininos não podem dizer-se propriamente substantivos quando usados em referência a substantivo elíptico, porque, para que fossem de fato substantivos, haveriam de pôr-se *em lugar dele*. Não é o que se dá neste exemplo: *Consideremos* <u>este</u> *assunto, não* <u>aquele</u> (*assunto*). Fica-se algo indeciso diante de, por exemplo, *Meu livro é* <u>este</u>; mas ainda aqui nos parece possível supor o substantivo *livro* elíptico – Sem dúvida alguma, todavia, tais pronomes são *substantivos* em casos como este: <u>Aquele</u> *que despreza o saber,* <u>esse</u> *está fadado a não progredir.*

- ✓ *Essa* carta (*que tens nas mãos*)...; *Essa* janela (*que está diante de ti*)... (2.ª pessoa);
- ✓ *Aquele* brinquedo (*que está nas mãos de teu filho*)...; *Aquele* cãozinho (*que está distante de ti e de mim*)... (3.ª pessoa).

→ Por LUGAR ou por COISA EM QUE SE ESTÁ:
- ✓ *Este* país (*o país em que vivo ou estou*)... (1.ª pessoa);
- ✓ *Esse* escabelo (*o escabelo em que estás sentado*)... (2.ª pessoa);
- ✓ ✓ *Aquela* casa (*a casa em que mora teu sobrinho*)... (3.ª pessoa).

→ Por POSSE (que não deixa de ser uma maneira de proximidade):
- ✓ ✓ Estas *mãos* (*as minhas*)... (1.ª pessoa);
- ✓ ✓ *Essa* caneta (*a tua*)... (2.ª pessoa);
- ✓ *Aquele* sorriso (*o de teu filho*)... (3.ª pessoa).

⌧ OBSERVAÇÃO 1. Dá-se comumente cruzamento de referência e de medida espacial. Por exemplo, a caneta de outrem pode estar em minhas mãos, e neste caso usarei *esta* (*caneta*) com respeito a ela.

⌧ OBSERVAÇÃO 2. Por vezes, tem-se referência a uma ou mais pessoas do discurso segundo, porém, *tripla* localização: *este* prédio (o prédio em que estou eu, ou em que estamos nós, ou em que estamos nós e ele[s], etc.); *esse* ou *aquele* prédio (o prédio que está mais próximo do prédio em que estou eu, ou em que estamos nós, ou em que estamos nós e ele[s], etc.); *aquele* ou *aqueloutro* prédio (o prédio que está mais distante do prédio em que estou eu, ou em que estamos nós, ou em que estamos nós e ele[s], etc.). – Se todavia se trata apenas de *dupla* localização, tem-se o seguinte: *este* prédio (o prédio em que estou eu, ou em que estamos nós, ou em que estamos nós e ele[s], etc.); *esse* ou *aquele* prédio (o prédio que está, segundo a perspectiva, mais ou menos próximo ou mais ou menos distante do prédio em que estou eu, ou em que estamos nós, ou em que estamos nós e ele[s], etc.).

• Mas estes DEMONSTRATIVOS ADJETIVOS também significam algo que modifica a substância por uma *medida temporal*, e já não em referência senão à primeira pessoa do discurso (a que fala ou escreve ou é personagem).

♦ Neste SEGUNDO USO, empregam-se *este* e *esta* para tempo atual (a hora, o dia, a semana, o mês, o ano, o século, o milênio em que se está) e para tempo futuro ou para tempo passado mais imediatos:
- ✓ *Este* (*o dia de hoje*) *é um belo dia.*;
- ✓ *Este* (*o século em que vivemos*) *é um século de acontecimentos dramáticos.*;
- ✓ *Esta* noite (*a noite passada*) *foi chuvosa.*;
- ✓ *Estes* dias (*os próximos dias*) *serão decisivos.*

* Empregam-se *esse* e *essa*, por outro lado, para tempo passado mais imediato (razão por que podem comutar-se por *este* e por *esta*) ou para tempo passado mais remoto (razão por que, como se verá, podem comutar-se por *aquele* e por *aquela*):
  ✓ *Essa noite (a noite de ontem) foi de muita alegria.*;
  ✓ *Esse ano (em certa altura do passado) foi de poucas conquistas.*
* E empregam-se *aquele* e *aquela*, por fim, para tempo passado mais remoto (razão por que, como visto, podem comutar-se por *esse* e por *essa*).
  ✓ *Aquele foi um tempo de estudos intensos.*

☞ Observação. ◊ De nossa parte, damos preferência a *aquele(s)* e a *aquela(s)* para tempo passado mais remoto, a não ser que se sobreponha outra referência.

* Por fim, há um TERCEIRO USO, em que todos estes demonstrativos se empregam como substantivos e em função *anafórica* ou *catafórica*,[43] ou seja, em referência a partes do próprio discurso ou do próprio texto. Neste uso,
* *isto*, *este* e *esta* referem-se ou ao já dito mais proximamente, ou ao que se está dizendo ou tratando, ou ao que ainda se vai dizer:
  ✓ *Isto (que se acabou de dizer) não é verdade.*;
  ✓ *Isto (de que estou tratando) é assunto que pertence à Gramática.*;
  ✓ *Digo-vos isto: estudem e estudem.*;
  ✓ *A prudência não impede a coragem, nem esta (a coragem) anula aquela.*;
* *isso* refere-se ao já dito mais proximamente (caso em que pode comutar-se por *isto*), enquanto o mesmo *isso* (e *esse* e *essa*) pode referir-se ao dito entre um último e um antepenúltimo:
  ✓ *Isso (dito) não se deveria pôr em questão.*;
  ✓ *Pedro, Paulo e José: este tem 21 anos, esse (Paulo) tem 19, e aquele tem 17.* –

☞ OBSERVAÇÃO: pode-se neste caso, contudo, deixar de lado o *isso, esse, essa* e usar *aquilo, aquele, aquela*, desde que em lugar destes se ponha *aquilo outro, aqueloutro, aqueloutra*:
  ✓ *Pedro, Paulo e José: este tem 21 anos, aquele (Paulo) tem 19, e aqueloutro tem 17.* –;

* *aquilo, aquele* e *aquela* referem-se, por fim, ao dito mais remotamente ou por antepenúltimo de dois; enquanto *aquilo outro, aqueloutro* e *aqueloutra* se referem tão somente ao dito mais remotamente de três:

---

[43] Tem-se *anáfora* quando uma palavra remete a outra(s) já usada(s); e tem-se *catáfora* quando uma palavra remete a outra(s) ainda não usada(s).

✓ *A prudência não impede a coragem, nem esta anula <u>aquela</u> (a prudência).*;
✓ *Pedro, Paulo e José: este tem 21 anos, esse* (ou <u>*aquele*</u>) *(Paulo) tem 19, e <u>aquele</u>* (ou <u>*aqueloutro*</u>) *(Pedro) tem 17.*

↪ Observação 1. Note-se que aqui também temos uso segundo o GRAU DE AFASTAMENTO OU DE PROXIMIDADE: *este* (**mais próximo**), *esse* ou *aquele* (**termo médio**) *e aquele* ou *aqueloutro* (**mais distante**); ou, na ausência de termo médio, *este* (**mais próximo**) *e aquele* (**mais distante**). – E note-se ainda que, mesmo usados anaforicamente, estes demonstrativos não deixam de impor certa medida espacial ou ainda temporal, porque, com efeito, afastamento e proximidade podem dizer-se com respeito ao espaço ou ao tempo.

↪ Observação 2. *Estoutro/estoutra* designa algo ou alguém presentes e próximos de quem fala, para distingui-los de outros também presentes e próximos: *ESTA flor é bela, <u>estoutra</u> não.* – *Essoutro/essoutra* designa algo ou alguém presentes e mais ou menos próximos de quem fala, para distingui-los de outros também presentes e mais ou menos próximos: *ESSE carro é de Joaquim, <u>essoutro</u> de Maria.* – E *aqueloutro/aqueloutra* designa algo ou alguém ausentes ou presentes mas distantes de quem fala, para distingui-los de outros também ausentes ou presentes mas distantes: *AQUELE rapaz é muito dedicado, mas <u>aqueloutro</u> o é mais.*

↪ Observação 3. Todos estes demonstrativos se aglutinam com duas preposições: *de* e *em*, enquanto o *a* inicial de *aquele* ou *aqueloutro*, de *aquela* ou *aqueloutra* e de *aquilo* se funde ou craseia com a preposição *a*:

- *deste* ou *destoutro, desta* ou *destoutra, disto* ou *disto outro; neste* ou *nestoutro, nesta* ou *nestoutra, nisto* ou *nisto outro*;
- *desse* ou *dessoutro, dessa* ou *dessoutra, disso* ou *disso outro; nesse* ou *nessoutro, nessa* ou *nessoutra, nisso* ou *nisso outro*;
- *daquele* ou *daqueloutro, daquela* ou *daqueloutra, daquilo; naquele* ou *naqueloutro, naquela* ou *naqueloutra, naquilo* ou *naquilo outro*;
- *àquele, àquela, àquilo.*

↪ Observação 4. Na oralidade e em Literatura, usa-se *nisto* no sentido de "então" ou "nesse momento":

✓ <u>*Nisto*</u>[,] *bateram à porta.*

↪ Observação 5. Há certas expressões em que alguns destes demonstrativos se usam de modo fixo: <u>ISTO *de*</u> (e nunca "*isso* de"), <u>ISTO *é*</u> (e nunca "*isso* é"), <u>*além DISSO*</u>, <u>*nem por ISSO*</u>. Mas <u>*por ISSO*</u> pode comutar-se por <u>*por ISTO*</u>, especialmente em texto não literário, e sobretudo se se refere a algo dito mais proximamente que outro.

⚐ Observação 6. Quando adjetivos, os pronomes *este(s)/esta(s)* ou *estoutro(s)/estoutra(s)*, *esse(s)/essa(s)* ou *essoutro(s)/essoutra(s)* e *aquele(s)* ou *aqueloutro(s)/aquela(s)* ou *aqueloutra(s)* usam-se ordinariamente antepostos ao substantivo que determinam: <u>esta</u> *casa*, <u>essa</u> *árvore*, <u>aquelas</u> *citações*, etc. *Esse(s)* e *essa(s)*, no entanto, podem usar-se pospostos a ele, mas com função distinta: nesta posição, ou dão ênfase ao substantivo determinado, ou ampliam o aspecto de recapitulação que um substantivo repetido encerra:
- ✓ *Ontem se realizou o batizado de seu filho Marcos,* FILHO <u>esse</u> *que nasceu prematuramente.*

⚐ Observação 7. *Esse(s)* e *essa(s)* empregam-se ainda adjetivamente com função de realce ou ênfase: **D. Quixote**, <u>esse</u> *livro admirável de Cervantes*. Mas podem usar-se, com a mesma função, também substantivamente: *Aquele que despreza o saber,* <u>esse</u> *está fadado a não progredir.*

⚐ Observação 8. *Aquele(s)* e *aquela(s)* servem, por seu lado, para introduzir predicativo cuja função é identificar, recapitulando, um sujeito determinado por *este(s)/esta(as)* ou *esse(s)/essa(s)*: Esses atos são **<u>aqueles</u>** (atos) <u>que mais se podem dizer</u> <u>virtuosos</u>. Neste emprego, em que sempre se seguem de substantivo elíptico seguido, por sua vez, de oração adjetiva, *aquele(s)* e *aquela(s)*, como se verá, comutam-se por *o(s)* e por *a(s)*. – Mas *aquele* também se comuta por *o* na função de núcleo do sujeito seguido, ainda, de oração adjetiva: como em <u>Aquele</u> (= O) *que despreza o saber está fadado a não progredir*. Adquire, nestes casos, cunho neutro e caráter de indefinido substantivo.

⚐ Observação 9. Também *o* adquirem às vezes tanto os demonstrativos masculinos como os femininos deste paradigma, como neste exemplo: *As mulheres da família rodeavam o doente:* <u>estas</u> *choravam em silêncio,* <u>aquelas</u> *rezavam.*

⚐ Observação 10. ♭ Para que se dê inequívoca precisão ao que se diz, *isto* em função anafórica pode acompanhar-se de *último*: *Isto* ÚLTIMO *é a conclusão a que se deve chegar.*

3.3.3.c. Estudem-se agora os demonstrativos *o(s)* e *a(s)*, que são ou substantivos ou adjetivos.

Como substantivo, *o(s)* pode ser determinado já por uma oração adjetiva já por um grupo adjetivo, e pode quase sempre comutar-se por *aquele(s)* ou por *aquilo*:
- ✓ <u>O</u> (= *Aquele*) que despreza o saber *não progride.*;
- ✓ *A sabedoria é* <u>o</u> (= *aquilo*) que importa.;
- ✓ *Boa notícia para* <u>os</u> da terra.

- Exclusivamente no singular e como substantivo neutro, *o* pode comutar-se por *isto*, por *isso* e por *aquilo*, e usa-se não raro em função pleonástico-enfática:
  ✓ *Não é possível evitá-lo.*;
  ✓ *O preço da irresponsabilidade, aprendeu-o duramente.*

♪ Observação. Note-se que em *Não penses que não era mentira: era-o* o demonstrativo exerce a função sintática de predicativo.

- Como adjetivos, *o(s)* e *a(s)* sempre têm elíptico o substantivo que determinam, e, se não fosse tal elipse, identificar-se-iam com os artigos *o(s)* e *a(s)*:
  ✓ *O homem que estuda progride; o (homem) que não o faz estaciona ou regride.*;
  ✓ *Já apareceram diversas senhoras, mas não as (senhoras) que espero.*[44]

- *O* equivale a *coisa* em, por exemplo, *Era preciso vencer sua resistência, o (= coisa) que parecia quase impossível.* Note-se a invencível ambiguidade que resultaria de não pôr-se este *o* ou *coisa* antes do relativo *que*.

- Pode estranhar de início a presença do demonstrativo *o* em *É isso o que importa...*, porque com ela se dão aí dois demonstrativos seguidos (*isso o*). Mas isto não se dá senão porque se trata de inversão: a ordem normal da oração pode ser ou *Isso é o que importa...* (assim como também dizemos *Este homem foi aquele que disse...* ou *Esses atos são aqueles que...*) ou ainda *O que importa é isso...* – Mais ainda, ♭ é preferível escrever com tal sequência de demonstrativos a fazer do *que* relativo de *isso* ("*É isso 'que' eu propus...*"), e não só porque, como dizem alguns gramáticos, aquela sequência melhor esclarece o sujeito *isso*, senão porque sem a presença do segundo demonstrativo se torna impossível a colocação *normal* do verbo depois do sujeito ("*Isso é 'que' eu propus...*" é construção destituída de sentido).

- Do mesmo modo, ♭ é preferível escrever *tudo o que* a escrever "*tudo que*": *Tudo o que queremos é a paz na ordem.* Ou pode escrever-se, com igual propriedade, *tudo quanto*: *Tudo quanto queremos é a paz na ordem.*

3.3.3.d. Vejam-se ainda os demonstrativos **tal/tais** e **semelhante/semelhantes**. Os primeiros podem ser, ainda, substantivos ou adjetivos, enquanto os segundos não são senão adjetivos.

- Como substantivo e exclusivamente no singular, *tal* equivale a *isto*, a *isso*, a *aquilo* ou a *o*:

---

[44] Com isso se mostra que os artigos se reduzem a pronomes adjetivos e, pois, a adjetivos.

- ✓ Quando ouviu *tal*, assombrou-se.;
- ✓ Era tido por *tal*.;
- ✓ Pensava-se que fosse criminoso: não era *tal*.
• Como adjetivos, *tal* e *tais* equivalem a *este(s)* e *esta(s)*, ou a *esse(s)* e *essa(s)*, ou a *aquele(s)* e *aquela(s)*:
- ✓ *Tal* resposta foi sua primeira reação.;
- ✓ A causa de *tal* confusão, não a sabíamos.;
- ✓ *Tais* problemas são demasiado complexos.

↻ OBSERVAÇÃO. *O tal* estudante ou *o tal* João equivalem a *o referido* estudante e a *o referido* João. ("O tal *de* João" é construção antes coloquial.) – Por seu lado, *um tal* é sinônimo de *um certo*: *Um tal* João esteve aqui.

• Expressões em que entra *tal*:
♦ *tal qual* ou *tal e qual* (= idêntico, sem diferença alguma):
- ✓ É *tal qual* o pai.;
- ✓ As peças saíram *tais e quais* ele as havia pensado.;
- ✓ etc.;

♦ *tal ou tal* ou *tal ou qual* (= este ou aquele, um ou outro):
- ✓ Não sabemos o que se passa em *tal ou tal* espírito diante desta situação.;
- ✓ etc.;

♦ *que tal/que tais* (= semelhante[s], da mesma natureza, etc.):
- ✓ Não se trata dessa figura de retórica, mas de outra *que tal*.;
- ✓ Uma cidade repleta de rufiães e de outros *que tais*.;

♦ *que tal?* (= Que TE/VOS parece?).

• Quando usado como demonstrativo, **semelhante(s)** é sempre adjetivo e pode comutar-se por qualquer demonstrativo adjetivo do primeiro paradigma, mas, em decorrência de seu sentido original, é o único que encerra o aspecto de *similitude* ou *similaridade*:
- ✓ Não podíamos assentir a *semelhante* despropósito.;
- ✓ É em *semelhantes* situações que mais é preciso manter a calma.

↻ OBSERVAÇÃO. Note-se que, como demonstrativo, *semelhante(s)* não pode vir senão anteposto ao substantivo que ele determina.

3.3.3.e. Por fim, ao contrário do que dizem as gramáticas correntes, não é evidente que *mesmo(s)/mesma(s)* e *próprio(s)/própria(s)* sejam pronomes demonstrativos; parecem-nos antes pronomes ou puros adjetivos de realce ou de precisão. Mas o que importa mostrar aqui a respeito destas palavras são suas possibilidades de colocação, para o que nos bastarão os seguintes exemplos:

- *A própria Carmélia fez o convite, A mesma Carmélia fez o convite* e *Carmélia mesma fez o convite* (note-se que nos dois primeiros casos, justo pela maneira de construir a oração, tem de dar-se o artigo);
- *ela própria/ela mesma fez o convite*;
- *a própria natureza o requer/a mesma natureza o requer/a natureza mesma o requer*;
- *ele é a própria inocência/ele é a mesma inocência/ele é a inocência mesma*.

☞ Observação. Nunca em português culto teve grande acolhida o uso de *mesmo(s)/mesma(s)* em lugar de *este(s)/esta(s)* ou de *ele(s)/ela(s)*. ☞ Evitem-se pois dizeres como "Interrogou-se o acusado, e o 'mesmo' disse que era inocente". Use-se *este* ou *ele* em vez deste "mesmo". E ainda com respeito a objeto, insista-se, pode dizer-se *ele/a*: *Cuidado ao abrir-se a porta do elevador: verifique se ele* (ou *este*, e não o 'mesmo') *está de fato no andar.*

3.3.4. Os pronomes possessivos

3.3.4.a. Os pronomes possessivos reduzem-se essencialmente e quase sempre a **adjetivos** (**determinativos**), e são sempre pronomes propriamente ditos. Modificam o substantivo significando certa medida – a posse – do significado por aquele. Fazem-no sempre em referências às três pessoas do discurso, mas de maneira muito particular, como se vê por sua maneira complexa de flexionar-se em gênero e em número: *concordam em gênero e em número com a coisa possuída, e em pessoa com o possuidor*. Daí as três séries de formas que compõem seu paradigma:

	UM POSSUIDOR		MAIS DE UM POSSUIDOR	
	Uma coisa possuída	Mais de uma coisa possuída	Uma coisa possuída	Mais de uma coisa possuída
1.ª pessoa masc.	meu	meus	nosso	nossos
fem.	minha	minhas	nossa	nossas
2.ª pessoa masc.	teu	teus	vosso	vossos
fem.	tua	tuas	vossa	vossas
3.ª pessoa masc.	seu	seus	seu	seus
fem.	sua	suas	sua	suas

3.3.4.b. Quando usados em referência a substantivo elíptico e não em lugar dele, os pronomes não podem dizer-se propriamente pronomes substantivos; seguem sendo propriamente pronomes adjetivos. Exemplos: *Meu filho já entrou* *para a escola – e **o** teu (FILHO)?*; *Ricardo já apresentou seu projeto. Quando apresentareis **o** vosso (PROJETO)?*. Note-se que, quando, na função de adjunto adnominal, determina substantivo elíptico, o possessivo *obrigatoriamente* se acompanha de artigo. Não assim quando exerce a função de predicativo: então *obrigatoriamente* **não** se acompanha de artigo. E tal diferença é de caráter semanticamente distintivo: uma coisa é *Este livro é meu* (predicativo), e outra *Este livro é **o** meu* (adjunto adnominal de substantivo elíptico). No primeiro caso, tão somente se indica que um livro pertence à primeira pessoa do singular; no segundo, que um livro *entre vários outros* pertence à primeira pessoa do singular.[45]

3.3.4.c. Em poucos casos o possessivo pode dizer-se SUBSTANTIVO. Eis dois destes casos:

- Quando indica *substantivamente*, ou seja, sem determinar nenhum substantivo, o conjunto do possuído pelo sujeito da oração:
  ✓ *Não tenho quase nada DE meu.*;
  ✓ *Não tem um momento DE seu.*;
  ✓ etc.

♫ OBSERVAÇÃO 1. Note-se que, com este sentido, o possessivo sempre se antecede da preposição *de*.

♫ OBSERVAÇÃO 2. Se no entanto se elimina este *de*, então, determinando o substantivo antecedente, o possessivo será adjetivo:
  ✓ *Não tenho quase NADA meu.*;
  ✓ *Não tem um MOMENTO seu.*;
  ✓ etc.

- Quando indica *substantivamente*, ou seja, sem determinar nenhum substantivo, o conjunto de parentes, de companheiros ou de conterrâneos de alguém:
  ✓ *Transmita minhas lembranças a todos OS seus.*;
  ✓ *Reunamos urgentemente OS nossos.*;
  ✓ etc.

3.3.4.d. Algumas vezes, além de expressarem posse ou pertinência, os possessivos coexpressam outras noções.

- CERTA INDEFINIÇÃO DE MEDIDA:
  ✓ *Tem as suas dificuldades*;

---

[45] Insista-se em que em *Este livro é **o** meu* o artigo determina o elíptico *livro*, o que se pode talvez provar pelo fato mesmo de que como predicativo o possessivo não admite artigo: *Este livro é meu.*

- ✓ Tivemos os <u>nossos</u> acertos;
- ✓ etc.

Note-se que poderíamos dizer, com quase identidade: *Tem <u>certas</u> dificuldades*, *Tivemos <u>alguns</u> acertos*, etc. – E note-se, ademais, que o mais comum neste caso é usar o possessivo antecedido de artigo.

- Aproximação de cálculo:
  - ✓ *Aquela senhora tem <u>seus</u> sessenta anos.*;
  - ✓ *Tem <u>seu</u> um metro e oitenta de altura.*;
  - ✓ etc.

Note-se que poderíamos dizer, com quase identidade: *Aquela senhora tem <u>cerca de</u> sessenta anos.*; *Tem <u>cerca de</u> um metro e oitenta de altura.*; etc. – E note-se, ademais, que o mais comum neste caso é *não* antepor artigo ao possessivo.

- Outras vezes, porém, os possessivos expressam ALGUM SENTIMENTO OU CONSIDERAÇÃO COM RESPEITO A ALGO – o que, por outro lado, não deixa de ser certa maneira de posse, porque, por exemplo, *ter* a alguém em alta conta é afinal *tê-lo* de certo modo. Dão-se, a seguir, alguns destes casos.

- O possessivo pode expressar que de alguém ou de algo é que se está tratando num texto ou numa alocução: *Diz o <u>nosso</u> filósofo...*, etc. – Ainda aqui, o mais corrente é fazer o possessivo anteceder-se de artigo.

- Pode expressar ainda amizade, bem-querer, familiaridade: *<u>Meu</u> caro André*, etc.

- Também pode expressar interesse ou simpatia: *O <u>seu</u> Cervantes, caríssimo, foi um romancista sem igual.* – Também aqui, o mais comum é fazer o possessivo anteceder-se de artigo.

- Pode, por fim, expressar polidez, respeito, deferência, ou ainda subserviência: com efeito, em *<u>Meus</u> senhores, escutem-no* indica polidez ou deferência; mas, se um escravo diz a seu senhor *<u>Meu</u> senhor*, então indicará subserviência.

3.3.4.e. Mais surpreendente, e demonstrativo da grande elasticidade ou plasticidade da linguagem, é o fato de que certas locuções prepositivas e o pronome oblíquo tônico que forma com elas um complemento nominal são muito correntemente substituídos pelo possessivo correspondente, que, obviamente, então já não exerce a função de complemento, mas a de adjunto nominal. Exemplos:

- ✓ ao lado *de ti* = a <u>*teu*</u> lado;
- ✓ à frente *de nós* = à <u>*nossa*</u> frente;
- ✓ a favor *de vós* = a <u>*vosso*</u> favor;
- ✓ por causa *de mim* = por <u>*minha*</u> causa.

E atenção: uma coisa é *teu* ódio (= ódio que tu nutres por outrem), e outra, inversa, ódio *teu* (= ódio de ti, ódio que alguém nutre por ti).

☞ OBSERVAÇÃO. Não se julgue, no entanto, que *de mim, de ti, de nós...* possam expressar posse da mesma maneira que *meu, teu, nosso...* em seu significado próprio. E efetivamente não se pode dizer "a casa *de mim*" por *minha* casa, "a biblioteca *de nós*" por *nossa biblioteca*, etc. Não é senão a terceira pessoa, pelos motivos que se darão adiante, a que admite *dele(s)/delas, do(s) senhor(es)/da(s) senhora(s)...* como possessivos.

3.3.4.f. Se em espanhol e em francês o possessivo anteposto ao substantivo expresso que ele determina nunca vem antecedido de artigo, em português, todavia, não é possível estabelecer preceito pétreo. Em Portugal, generalizou-se o uso de artigo antes de possessivo; no Brasil, porém, correntemente se oscila entre usá--lo e não usá-lo aí, mesmo entre nossos melhores escritores – e isto não raro em um mesmo parágrafo ou até em uma mesma frase.

◊ No entanto, a nós não nos parece indiferente usá-lo ou não usá-lo aí. Recorde-se o merecidamente tão citado e tão gabado exemplo do Padre Antônio Vieira: "Os outros também eram seus filhos, não o negara Jacó; mas *o* seu filho era José. Vai muito de ser filho a ser *o* seu filho". Por isso mesmo é que nós, particularmente, não usamos o artigo antes de possessivo referente a substantivo não elíptico senão para efeitos como o alcançado por Vieira ou para fins diacríticos, ou ainda para fins de realce, dando-nos assim, a nós mesmo, preceito pétreo quanto a isto.

E, se não o podemos dar senão a nós mesmo, podemos porém insistir na recomendação de outros gramáticos: evite-se o artigo ao menos antes de possessivo referente a partes do corpo, a familiares e à casa de qualquer. Assim, *minha perna* e não "a minha perna"; *meu marido* e não "o meu marido", *a reunião será em sua casa* e não "na sua casa", etc.

☞ OBSERVAÇÃO. Insista-se em que é caso anômalo o admitirem os possessivos a anteposição de artigo; e ainda pode entender-se que tal artigo determina o substantivo e não o possessivo: *o* seu CARRO = *o* CARRO seu.

3.3.4.g. Quanto à colocação na oração, o possessivo ordinariamente precede o substantivo que ele determina: *teu* cão, *sua* escola, *nossa* casa, etc. Pode, no entanto, pospor-se a este em algumas situações:

• quando o substantivo vem, ele mesmo, desacompanhado de artigo definidor:

✓ *Há de ser* IMPRESSÃO *minha*.;

✓ *Chegou de repente multidão de* CARTAS *suas*.;
✓ etc.

– neste caso a posposição é obrigatória –;

• quando o substantivo já está determinado por artigo indefinidor ou por numeral, por pronome demonstrativo ou por pronome indefinido: UM *telegrama meu*; DOIS *erros teus*; ESSAS *ideias vossas*; CERTAS *conclusões suas*; etc. – neste caso a posposição é muitas vezes obrigatória –;

• por ênfase, nos vocativos:

✓ *Não me sais do coração*, FILHO MEU.

– neste caso a posposição é de todo facultativa.

⚐ OBSERVAÇÃO 1. Às vezes a colocação do possessivo não é significativamente indiferente, como visto mais acima. E, com efeito, há diferença semântica entre *Gostaria de ter notícias tuas* (= notícias sobre ti) e *Gostaria de ter tuas notícias* (= notícias dadas por ti sobre quaisquer coisas).

⚐ OBSERVAÇÃO 2. Fora desses casos, a posposição do possessivo não se usa senão poeticamente; e então o substantivo vem precedido de artigo: O *desejo teu*, OS *sonhos seus*, etc.

3.3.4.h. O POSSESSIVO DE TERCEIRA PESSOA não raro implica grave ambiguidade tanto com respeito ao número do possuidor como com respeito a seu gênero: é que *seu, sua, seus, suas* se aplicam indistintamente a possuidor singular ou a possuidor plural, e a possuidor masculino ou a possuidor feminino. Com efeito, se digo *Estava com João e Maria e vi seus livros...*, não dou a saber se os livros são tanto de João como de Maria ou se são só de João ou só de Maria. No Brasil, o quadro agrava-se pelo uso de *você* em lugar de *tu* e de *vocês* em lugar de *vós*, uso cujos efeitos daninhos para a escrita já se apontaram. Mas o problema já decorre de nossas próprias formas respeitosas de tratamento: de fato, se trato a Marcos marido de Sandra por *senhor*, disto resultará a mesma ambiguidade que de se o trato por *você* e se ponho o mesmo que acima. Por isso mesmo, isto é, para evitar tal ambiguidade radical, é que quando cabível usamos em lugar de *seu(s)* e *sua(s)* as formas *dele(s), dela(s), do(s) senhor(es), da(s) senhora(s)*, etc.

⚐ OBSERVAÇÃO. Insistimos, porém, antes de tudo, em que não devemos recorrer a tal substituição senão para evitar anfibologia e, depois, em que devemos usar *tu* e *vós* sempre que possível, sobretudo na escrita, e especialmente na tradução de obras clássicas.

3.3.4.i. Já vimos o uso de *nós* como plural de modéstia ou como plural de majestade. Pois é em decorrência desse mesmo uso que também há um *nosso* de modéstia e outro de majestade: <u>Nossa</u> *gramática* – escreve seu único autor – *tem por fim...*; <u>Nossos</u> *reinos e senhorios...* – diz o rei; etc.

3.3.4.j. Tão diferentemente de línguas como o francês e o inglês, o português cultivado sempre repeliu o uso constante dos possessivos. Vejamos quando – sempre que possível – devemos evitá-los.

• Antes, insista-se, de nomes de parte do corpo, de coisa do espírito e de familiar: assim, *Quebrei o braço* (e não "<u>meu</u> braço"), *Cortou o cabelo* (e não "<u>seu</u> cabelo"), *Perdeu o juízo* (e não "<u>seu</u> juízo"), *Passeava com a esposa* (e não "com <u>sua</u> esposa"), *Gosta muito da prima* (e não "de <u>sua</u> prima"). – Mas, naturalmente:

✓ <u>Meu</u> *braço está dolorido.*;
✓ <u>Seus</u> *cabelos são lisos.*;
✓ *Está em <u>seu</u> juízo perfeito.*;
✓ *Referiu-se à <u>sua</u> esposa, não à <u>minha</u>.*;
✓ <u>Nossa</u> *prima nos presenteou com um CD.*

Não há outra maneira de construir estas orações.

• Antes da palavra *casa* como residência do sujeito da oração:

✓ *Saiu de casa há já um tempo* (e não "de <u>sua</u> casa");
✓ *Cheguei a casa cedo* (e não "à <u>minha</u> casa").

Mas, naturalmente:

✓ *como um rei em <u>sua</u> casa*;
✓ *Estou em <u>minha</u> casa* (= nela faço o que quero).;
✓ *Vou à <u>tua</u> casa, não à <u>sua</u>.*

Tampouco há outra maneira de construir estas orações.

• Quando sua repetição ou, afinal, seu simples uso são dispensáveis. Com efeito, *Já no prédio, atravessei "seu" corredor que dá para "seu" pátio interno...* mais elegantemente se escreveria *Já no prédio, atravessei <u>seu</u> corredor que dá para o pátio interno...* ou, ainda, *Já no prédio, atravessei o corredor que dá para o pátio interno...*

☞ OBSERVAÇÃO. Exatamente para escapar ao "abuso" do possessivo é que, com grande ganho de elegância, podem usar-se em seu lugar os pronomes oblíquos de dativo:

✓ *Educaram-<u>te</u> bem o filho na escola* (em vez de "Educaram bem <u>teu</u> filho na escola").;
✓ *Tremem-<u>lhe</u> as mãos* (em vez de "Tremem <u>suas</u> mãos").;

✓ *Quero atrair-vos o interesse* (em vez de "Quero atrair vosso interesse").;
✓ etc.

Trata-se, como já se antecipou e como se verá mais profundamente no capítulo IV, do chamado *dativo de posse*. – Não se abuse, porém, por seu lado, destes mesmos pronomes dativos. Uma oração como "Abusaste-me da confiança", além de afetada, peca por certa obscuridade.

3.3.5. Os pronomes indefinidos

3.3.5.a. Os PRONOMES INDEFINIDOS reduzem-se majoritariamente a *substantivos* de caráter neutro, e então se chamam com toda a propriedade *indefinidos*, ou a *adjetivos (determinativos)*, e então melhor se dizem *indefinidores*, porque, com efeito, o que fazem é indefinir os substantivos que eles determinam. São todos, porém, de terceira pessoa, ou antes, aplicam-se todos à terceira pessoa.

3.3.5.b. Parte deles compõe muito claramente um paradigma, ainda que de modo diverso de como os pronomes pessoais e os pronomes possessivos compõem seus respectivos paradigmas. Outra parte deles, todavia, só mais dificilmente a podemos incluir no mesmo paradigma, ou simplesmente não o podemos fazer. Como quer que seja, façamos certo esforço e dêmos um paradigma possível de pronomes indefinidos:

α. algo – alguém – algum;

β. nada – ninguém – nenhum;

γ. outro – outrem;

δ. tudo – todo;

ε. tanto – quanto;

ζ. muito – pouco;

η. certo / determinado / dado – qualquer.[46]

⌁ OBSERVAÇÃO. Também são pronomes indefinidos *um*, *qual* e, de certa forma, o *se* indeterminador, como se verá abaixo; e *bastante* (= 'muito, numeroso'), que é sempre indefinidor ou adjetivo: *Comprou bastantes livros*. – Quando *bastante* tem o sentido de 'suficiente', é adjetivo qualificativo: *Comprou livros bastantes*.

---

[46] Como se vê, nas quatro primeiras linhas se tem paradigma mais propriamente morfológico (o que implica, como é claro, o semântico), enquanto nas demais se tem paradigma de oposições apenas semânticas (ainda que sistemáticas e cruzadas, ou seja, sistemáticas dentro de cada linha e cruzadas entre algumas linhas). Por seu lado, *cada* pode entrar de algum modo tanto na quarta como na sétima linha, enquanto *vários* e o *se* dito "indeterminador do sujeito", ainda que por razões distintas, são casos à parte – e mais ainda o é *qual*. – Quanto a *quem* como pronome indefinido, discuti-lo-emos ao tratar os pronomes relativos.

Se vem antecedido de artigo, obviamente está substantivado: *Fazem tudo por ele, mas nunca o <u>bastante</u> para seu egoísmo*. Por fim, *bastante* também pode ser advérbio: *Suas explicações foram <u>bastante</u> claras*.

3.3.5.c. Temos ainda as LOCUÇÕES PRONOMINAIS INDEFINIDAS, que, naturalmente, equivalem a pronomes indefinidos simples: *quem quer que, o que quer que*. Por seu lado, *cada um* e *cada qual* encontram-se também em fronteira turva, entre locuções pronominais indefinidas e grupos pronominais de cunho indefinido, como se verá. As demais locuções tradicionalmente incluídas entre as locuções pronominais indefinidas, tratá-las-emos mais adiante.

3.3.5.d. Consideremos agora os pronomes indefinidos segundo sejam SUBSTANTIVOS OU ADJETIVOS.

☞ Antes de tudo, os indefinidos *alguém, ninguém, outrem, algo, nada, um, qual* e *se* (indeterminador) são sempre SUBSTANTIVOS:

- ALGUÉM:
  - (= alguma pessoa): *<u>Alguém</u> há de aparecer*.;
  - (= uma pessoa): *Escreveu-o a <u>alguém</u> muito especial*.;[47]
- NINGUÉM:
  - (= nenhuma pessoa): *<u>Ninguém</u> a quis escutar*.;
- OUTREM:
  - (= outra pessoa): *Estes versos não são de Camões, mas de <u>outrem</u>*.;
- ALGO:
  - (= uma ou alguma coisa): *Interroguemo-nos se o mal é <u>algo</u>*.;
- NADA:
  - (= nenhuma coisa ou coisa nenhuma): *Não lhe trouxe <u>nada</u>*.;
  - (= alguma coisa): *Não quer comer <u>nada</u>?*;
- UM:
  - *Cada <u>um</u> deve buscar o êxito da empresa*.;
  - *Os pães pesam 50 gramas cada <u>um</u>*.;[48]
  - "Quanto <u>um</u> é mais pobre, tanto tem menos parentes" (PADRE MANUEL BERNARDES) –

↳ OBSERVAÇÃO: na frase de Bernardes, *um* está em lugar do medieval *homem* ou do *se* chamado "indeterminador do sujeito"; mas *um* com tal papel sempre foi

---

[47] Se se trata de pessoa, *ninguém* é a negação de *alguém*; e, se se trata de coisa, *nada* opõe-se tanto a *algo* como a *tudo*.

[48] Para aprofundamento quanto a CADA UM, ➤ *Suma*, p. 261-62.

de uso restrito, e, se se encontra algo abundantemente no Padre Manuel Bernardes (em especial em *Nova Floresta*), aí está, ao que parece, na qualidade de estrangeirismo (talvez o *uno* espanhol) –;

- QUAL:
    - ✓ *Que cada qual dê seu parecer.*;[49]
- SE:

(= alguma pessoa, uma empresa, etc.; a pessoa, as pessoas):
- ✓ *Necessita-se de tradutores.*;
- ✓ *Dorme-se bem no campo.*;
- ✓ *É-se feliz aqui.*

⌦ OBSERVAÇÃO 1. Lembre-se, contudo, que este *se* é *um* **como** pronome indefinido.

⌦ OBSERVAÇÃO 2. Todos estes pronomes são invariáveis não só em número mas também em gênero e em grau. Se todavia se antepõem a alguns deles o artigo definidor, o artigo indefinidor ou algum outro adjetivo determinativo, devem agora dizer-se substantivos (impróprios ou próprios).

- ALGUÉM e NINGUÉM comportam-se então desigualmente, apesar de constituírem par de opostos:
    - ✓ CERTO *alguém* (= pessoa);
    - ✓ *Nunca se deve considerar a ninguém* UM *ninguém* (= pessoa de pouca ou nenhuma importância).
- Veja-se, todavia:

→ que não se pode dizer "'certo' ninguém", a não ser metaforicamente;

→ que, se o antônimo do *ninguém* da segunda oração acima é ALGUÉM (*Esse rapaz já se considera alguém...*), não se lhe pode porém antepor artigo ("já se considera 'um' alguém").

⌦ OBSERVAÇÃO 3. Sucede o mesmo a ALGO:
- ✓ *Tem aquele algo* (= atributo, qualidade) *que o ofício requer.*;
- ✓ *Esse rapaz já se considera algo* (= alguém).

⌦ OBSERVAÇÃO 4. NADA, por sua vez, comporta-se então da seguinte maneira:
- ✓ *Havia um nada de gente.*; *Custa um nada.*; etc.;
- ✓ *O nada não é.*; *Somos nadas diante de Deus.*; etc.

⇨ TUDO é o mais das vezes pronome substantivo:
- ✓ *Ele fez tudo* (= todas as coisas) *sozinho.*;

---

[49] Para a razão de incluirmos QUAL entre os pronomes indefinidos, ➤ *Suma*, p. 262.

✓ Tem *tudo* (= todos os atributos ou qualidades) *para tornar-se um grande escritor.*;
✓ *A saúde não é tudo* (= o [mais] importante).

Mas TUDO pode converter-se em adjetivo determinativo (de pronome demonstrativo ou do substantivo *mais*):

✓ *Tudo o que disserdes será levado em consideração.*;
✓ *Entendemos tudo o mais.*;
✓ etc.

⌔ OBSERVAÇÃO 1. O artigo entre TUDO e MAIS é **obrigatório**, porque *mais* como substantivo o requer.

⌔ OBSERVAÇÃO 2. Têm autêntico caráter pronominal indefinido os pares distributivos ESTE ... ESTE, QUAL ... QUAL, QUEM ... QUEM, UM ... OUTRO, alguns dos quais se usam também no plural. Exemplos:

✓ *Um* (*este*, *qual*, *quem*, etc.) *se alegra, outro* (*este*, *qual*, *quem*, etc.) *se entristece.*;
✓ *Uns se vão, outros ficam.*

⌔ OBSERVAÇÃO 3. Curioso é o par UM ... OUTRO, no qual o segundo dos dois membros pode determinar-se por artigo (*Um o elogiou, **o** outro o criticou*), enquanto o primeiro o rejeita.⁵⁰ – Atente-se porém a que tal determinação não é necessária e depende tão somente da intenção de quem fala ou de quem escreve: as expressões *Um o elogiou, outro o criticou, Uns o elogiaram, outros o criticaram* são sempre legítimas – e perfeitamente *neutras*.

↪ *Algum, nenhum, todo, outro, muito, pouco, tanto, quanto* e *qualquer* são pronomes antes adjetivos que por vezes se empregam como pronomes substantivos.

• ALGUM:
   ✓ *Alguns homens são antes contemplativos* (pronome adjetivo);
   ✓ *Alguns deles se opuseram ao projeto* (pronome substantivo);

⌔ OBSERVAÇÃO 1. No português atual, ALGUM adquire sentido negativo se posposto ao substantivo: *Nunca pensei COISA alguma com respeito a isso*. É então sinônimo de *nenhum*.

⌔ OBSERVAÇÃO 2. Elegantemente, ALGUM pode usar-se em lugar de *um que outro*. Exemplo:
   ✓ *Encontrou algum erro em sua obra.*

---

[50] Tem-se, pois, um desequilíbrio. Mas em português mesmo não era assim: dizia-se *o um ... o outro*, como, aliás, em espanhol e em francês até hoje: *el uno ... el otro; l'un ... l'autre*.

- **Nenhum:**
    - ✓ <u>Nenhum(ns)</u> livro(s) seu(s) me pareceu(ram) bom(ns) (pronome adjetivo).;
    - ✓ <u>Nenhum</u> deles virá (pronome substantivo).

⌒ Observação 1. Como se acaba de ver, nenhum como pronome adjetivo pode pluralizar-se – mas tão somente quando anteposto ao substantivo.

⌒ Observação 2. Há diferença entre nenhum e nem um: no segundo, um mantém o caráter de numeral independente.

⌒ Observação 3. Nenhum pode, indiferentemente, antepor-se ou pospor-se ao substantivo:
- ✓ Não encontrámos <u>nenhum</u> erro em sua tese.;
- ✓ Não encontrámos erro <u>nenhum</u> em sua tese.

- **Todo:**
    - ✓ <u>Todo</u> lobo é canídeo (pronome adjetivo);
    - ✓ <u>Todo</u> **o** lobo é canídeo (pronome adjetivo);
    - ✓ Restaurou-se <u>todo</u> **o** velho bairro (pronome adjetivo);
    - ✓ A obra <u>toda</u> é perfeita (pronome adjetivo);
    - ✓ <u>Todos</u> **os** presentes a aplaudiram (pronome adjetivo);
    - ✓ <u>Toda</u> **a** nossa busca... (pronome adjetivo);
    - ✓ <u>Todo</u> **o** mundo (= todos) o prefere (pronome adjetivo);
    - ✓ Trabalham a <u>todo</u> **o** vapor (pronome adjetivo);
    - ✓ Provê-os de <u>todo</u> **o** necessário (pronome adjetivo);
    - ✓ Encontra-o em <u>toda</u> parte (pronome adjetivo);
    - ✓ Encontra-o em <u>toda</u> **a** parte (pronome adjetivo);
    - ✓ Encontra-o em <u>toda</u> **e qualquer** parte (pronome adjetivo);
    - ✓ <u>Todos</u> **os** que o quiserem (pronome adjetivo);
    - ✓ <u>Todos</u> **os** três meninos apareceram (pronome adjetivo);
    - ✓ <u>Todos</u> três apareceram (pronome adjetivo);
    - ✓ <u>Todas</u> (elas) estavam admiradas (pronome adjetivo);
    - ✓ <u>Todos</u> eles estavam admirados (pronome adjetivo);
    - ✓ <u>Todos</u> estavam admirados (pronome adjetivo ou substantivo).

⌒ Observação 1. No Brasil se escreve, ao modo espanhol ou francês, <u>Todo</u> lobo é canídeo e Encontra-o em <u>toda</u> parte, enquanto, no mesmo contexto, em Portugal se escreve <u>Todo</u> **o** lobo é canídeo e Encontra-o em <u>toda</u> **a** parte.[51] – Pois bem,

---

[51] Explica-se a diferença. Em Portugal, <u>Todo</u> **o** lobo é canídeo entende-se como Todos os lobos são canídeos: trata-se de tomar o singular pelo plural, o que se faz comumente em nossa língua.

não podemos estar de acordo com os gramáticos que propugnam escrevamos no Brasil como em Portugal: *Todo **o** lobo é canídeo, Encontra-o em **toda** **a** parte*. Com efeito, não é possível reverter este modo de escrever no Brasil, assim como não o é em espanhol nem em francês. Ademais, basta uma passada d'olhos pela história literária de nossa língua para ver que as duas maneiras pelejaram por séculos sob a pena dos mesmos escritores portugueses e dos mesmos escritores brasileiros, até que se cristalizaram como vimos nos dois países.

☞ OBSERVAÇÃO 2. Devemos, porém, dar caráter pétreo no Brasil ao uso de *todo* segundo nossa cristalização, assim: se TODO se usa como sinônimo de *cada* ou de *qualquer*, então não se use artigo depois dele. Se todavia TODO se usa com o sentido de totalidade ou de conjunto, então use-se obrigadamente o artigo depois dele. É o que se vê no seguinte exemplo dado acima:

✓ *Restaurou-se **todo** **o** velho bairro.*

Note-se, ademais, que é indiferente que TODO com este sentido venha anteposto ao artigo ou posposto ao substantivo (*Restaurou-se o velho bairro todo*). – E, se tal é assim, então com mais razão ainda não pode faltar o artigo entre *todos* e o substantivo: *Todos **os** presentes a aplaudiram.*

☞ OBSERVAÇÃO 3. ❧ Use-se preferentemente o artigo entre TODO e possessivo. Exemplos: *toda **a** NOSSA busca*; *todos **os** NOSSOS intentos*; etc.

☞ OBSERVAÇÃO 4. A tão usada locução TODO O MUNDO há de vir sempre com o artigo, pela simples razão de que expressa totalidade: *Todo **o** mundo o prefere* é hiperbolicamente o mesmo que *Todos o preferem*. Nenhuma razão têm, portanto, os gramáticos e os lexicógrafos que ao menos toleram "todo mundo"; e, se a tendência nacional é escrevê-la sem artigo, tal não se dá senão pelo pouco hábito da mesma Gramática e da leitura dos melhores: como se ouve "todo mundo" por crase entre a vogal átona final de TODO e o artigo O, acaba-se por reproduzi-lo na escrita. É deriva ou corrupção linguística.[52] – Reduz-se a esta regra a obrigatoriedade do artigo em expressões como *todo o restante*, etc.

No Brasil, porém, justo porque *todo* determina substantivo singular, este pronome tendeu a afigurar-se-nos como sinônimo de *cada* ou de *qualquer*; e, como estes não aceitam artigo depois de si, passamos, no português brasileiro (como em espanhol e em francês), a não usá-lo também depois de *todo*. Atente-se todavia a que o *o* usado em Portugal determina o mesmo substantivo determinado por *todo*.

[52] Ademais, é com artigo que se diz a expressão em, salvo engano, todas as demais línguas neolatinas: em espanhol, *todo el mundo*; em italiano, *tutto il mondo*; em francês, *tout le monde*. – Em Portugal, diz-se antes *toda a gente*.

⚔ Observação 5. Em locuções como *a toda a brida*, *a todo o galope*, *a todo o pano*, *a toda a pressa*, *a todo o vapor*, *a toda a velocidade*, etc., ou seja, locuções que expressam velocidade ou potência máxima, também é obrigado o artigo, e isso porque ainda aqui se trata, de certo modo, de totalidade. Com efeito, a velocidade máxima e a potência máxima são *toda* a velocidade e *toda* a potência que se podem alcançar.

⚔ Observação 6. Outra indicação prática: sempre que *todo* determinar adjetivo substantivado, ponha-se o artigo entre eles:
- ✓ *Provê-os de todo o necessário.*;
- ✓ *Elimine-se todo o supérfluo.*;
- ✓ etc.

Trata-se ainda de totalidade.

⚔ Observação 7. Hesitam gramáticas e dicionários quanto a expressões como *toda (a) parte*, *todo (o) lugar*, *em todo (o) caso*, etc.: ora põem aí o artigo, ora não. Por todo o dito acima, no entanto, ♭ no uso brasileiro tem pleno direito a ausência de artigo:
- ✓ *Encontra-o em toda* (= cada ou qualquer) *parte.*;
- ✓ *Parece que está em todo* (= cada ou qualquer) *lugar.*;
- ✓ etc.

Se se quer dar outro torneio à oração, diga-se então *Encontra-o em todas as partes*, *Parece que está em todos os lugares*, etc.; ou ainda *Encontra-o em toda e qualquer parte*, *Parece que está em todo e qualquer lugar*. — Aliás, a possibilidade de uso de *todo e qualquer* é universal em casos que tais: *Todo e qualquer lobo é canídeo*, *Toda e qualquer sugestão será bem-vinda*, etc.

⚔ Observação 8. Em *Todos os que o quiserem*, *os* não é artigo, mas pronome demonstrativo (= *Todos aqueles que o quiserem*). — E ainda o é se se põe esta oração no singular: *Todo o que o quiser* = *Todo aquele que o quiser*.

⚔ Observação 9. Se *todos* determina substantivo determinado também por numeral, então será de rigor usar o artigo antes do numeral se o substantivo não estiver elíptico, e não usá-lo se este estiver elíptico:
- ✓ *Todos os três meninos apareceram.*;
- ✓ *Todos três (meninos) apareceram.*

Não se diga, porém, "todos os dois" nem "todos dois": use-se ou *ambos* ou *os dois*, segundo o contexto.

⌔ Observação 10. Como dito, nem sempre é de todo nítida a fronteira entre adjetivo e advérbio. E TODO também por vezes se encontra em tal fronteira turva. Assim, quando dizemos, por exemplo, *Ela está toda molhada*, parece que *toda* é advérbio impróprio: equivale a *totalmente*, mas flexiona-se como adjetivo.[53] Mas neste caso TODA pode ver-se também como adjetivo próprio, se o entendemos como determinante deslocado de *ela*: *Ela toda* (ou *toda ela*) *está molhada*, onde *toda* = *inteira*. – Quanto porém ao substantivo e adjetivo *todo-poderoso*, é errado flexionar-lhe a primeira parte morfológica: há de pôr-se obrigadamente *Ela é todo-poderosa, Elas são todo-poderosas*.

Observação 11. Por fim, a locução *de todo* comuta-se de modo perfeito por *totalmente*.

- **Outro:**
   ✓ *Temos necessidade de outras contribuições* (pronome adjetivo).;
   ✓ *Outro dia fomos à exposição* (pronome adjetivo).;
   ✓ *Outro dia vamos à exposição* (pronome adjetivo).;
   ✓ *No outro dia fomos à exposição* (pronome adjetivo).;
   ✓ *Outro o teria feito melhor* (pronome substantivo).;
   ✓ *Que outros o façam* (pronome substantivo).;
   ✓ *José e Maria amam-se um ao outro* (pronome substantivo).

⌔ Observação 1. *Outro dia* pode ter o sentido de 'dia passado próximo' (*Outro DIA fomos à exposição*) ou de 'dia vindouro próximo' (*Outro DIA vamos à exposição*). *No outro dia*, no entanto, tem o sentido de 'no dia seguinte' (*No outro DIA fomos à exposição*).

⌔ Observação 2. ♭ Afiguram-se-nos não só corretas mas elegantes construções como *outro que eu* (como em inglês: *other than I* [ou *me*]; ou em francês: *un autre que moi*): *Outro QUE EU o fará*. Errado é escrever "outro que 'não' eu". – ♭ Aliás, parece-nos igualmente correta e elegante a construção *Não há outra saída QUE ESTA* (= além desta), e igualmente errado é escrever "Não há outra saída que 'não' esta".

⌔ Observação 3. Não é unanimemente aceito, longe disso, que OUTRO se anteceda do artigo indefinidor *um*; nós mesmo não o fazemos. ♭ Escreva-se preferentemente, portanto (salvo alguma necessidade semântica especial):

---

[53] Relembre-se que o advérbio, ao contrário do adjetivo, é *essencialmente* invariável em gênero e em número.

- ✓ *Outro chegou* (e não "'Um' outro chegou").;
- ✓ *Escolheu outra peça* (e não "Escolheu 'uma' outra peça").;
- ✓ etc.

- **Muito:**
    - ✓ *Plantaram-se muitos laranjais* (pronome adjetivo).;
    - ✓ *Havia muito carro na rua* (pronome adjetivo).;
    - ✓ *Não temos muita apreensão quanto a isto* (pronome adjetivo).;
    - ✓ *Muitos não o aceitaram* (pronome substantivo).;
    - ✓ *Não necessitamos de muito* (pronome substantivo).

⚐ Observação 1. Veja-se que o singular MUITO pode usar-se com o mesmo sentido de MUITOS, como em *Havia muito carro na rua*, justamente porque em construções como esta a palavra determinada, com que a determinante tem de concordar, pode usar-se no singular pelo plural. – ♭ Não obstante, prefira-se a forma plural pelo menos na escrita não literária, até porque não se pode dizer nem escrever "Havia carro na rua", mas tão somente *Havia carros na rua*.

⚐ OBSERVAÇÃO 2. Em *o muito que lhe quero*, *muito* é substantivo acidental.

- **Pouco:**
    - ✓ *Poucas leituras edificaram-me mais que esta* (pronome adjetivo).;
    - ✓ *Havia pouco carro na rua* (pronome adjetivo).;
    - ✓ *Poucos o rejeitaram* (pronome substantivo).;
    - ✓ *Necessitamos de pouco* (pronome substantivo).

⚐ OBSERVAÇÃO. Diga-se de POUCO o mesmo que se acaba de dizer de MUITO: *Havia pouco carro na rua*. ♭ Igualmente, porém, prefira-se a forma plural pelo menos na escrita não literária.

- **Tanto:**
    - ✓ *Tínhamos tantos problemas POR resolver, que não viajámos* (pronome adjetivo).;
    - ✓ *Tínhamos tanto QUE resolver, que não viajámos* (pronome substantivo). –

⚐ OBSERVAÇÃO: ♭ prefira-se *Há muitos problemas por* (ou *que*) *resolver* a "Há muitos problemas 'a' resolver", *Tenho muitas coisas por* (ou *que*) *dizer* a "Tenho muitas coisas 'a' dizer", etc. –;

    - ✓ *Foram tantos os que rejeitaram a proposta, que desistimos dela* (pronome substantivo).

- **Quanto:**
    - ✓ *Há quantos dias o espera!...* (pronome adjetivo);

- ✓ *Lê tantas obras quantas possa* (pronome adjetivo).;
- ✓ *Lê tanto quanto possa* (pronome substantivo).;
- ✓ *Quanto custa a casa?* (pronome substantivo).;
- ✓ *Quantos virão?* (pronome substantivo).

• QUALQUER (pl. QUAISQUER):
- ✓ *Aponte-me quaisquer erros que encontrar* (pronome adjetivo).;
- ✓ *Assine em qualquer destas duas linhas* (pronome substantivo).;
- ✓ *Nunca leu qualquer livro* (pronome adjetivo).;
- ✓ *Qualquer* (*pessoa*) *o pode fazer* (pronome adjetivo).

☞ OBSERVAÇÃO 1. O QUALQUER de *Nunca leu qualquer livro* não é sinônimo de NENHUM. Seu sentido de 'exclusão' não é absoluto como o é o de NENHUM, mas parcial: "Nunca leu livro de má qualidade" ou "Nunca leu livro que não fosse de seu interesse". ♭ Por isso mesmo, não se use QUALQUER em lugar de NENHUM para dar sentido de exclusão absoluta: para isto, escreva-se *Nunca leu nenhum livro*. – Ademais, não há o menor problema em multiplicar as negativas numa oração: *Não leu nunca nenhum livro* é construção legítima e perfeitamente afim à índole de nossa língua e das demais línguas latinas. Não se confunda porém tal multiplicação de negativas com a possibilidade de *afirmar* mediante duas negativas: *Não pode não ser bom* quer dizer *Só pode ser bom*. São construções diversas. – O que é impossível em português são construções como estas: "Não não o fez" (= fê-lo) ou "Não nunca o fez" (= sempre o fez), perfeitamente válidas, todavia, em outros idiomas.

☞ OBSERVAÇÃO 2. O QUALQUER de *Qualquer o pode fazer* parece-nos determinante de *pessoa*, substantivo elíptico. – Aliás, ♭ não se use a expressão "qualquer um" em lugar de *qualquer* ou *qualquer pessoa*, porque está longe de ser unanimemente aceita pelos melhores escritores, pelos gramáticos, pelos lexicógrafos (não nos recordamos, aliás, de nenhum dicionário que a registre).

3.3.5.e. *Cada* e *certo, determinado* e *dado* são sempre pronomes indefinidores ou adjetivos. CADA, ademais, é invariável em gênero e em número.

• CADA:
- ✓ *Plantou ele mesmo cada árvore do pomar.*;
- ✓ *De cada duas dúzias, uma veio estragada.*;
- ✓ *Vinha ver-nos cada três dias.*;
- ✓ *Enjoava a cada curva.*

☞ OBSERVAÇÃO 1. ♭ Se CADA determina grupo substantivo numerado, como em *Vinha ver-nos cada* TRÊS DIAS, então preferivelmente não se lhe anteponha a preposição *a*. Se de tal não se trata, então deve antepor-se-lhe esta preposição, como em *Enjoava A cada curva.*

⚐ Observação 2. Não se deve usar CADA como se fora pronome substantivo. Por isso não se diga "Os pães pesam 50 gramas 'cada'", mas *Os pães pesam 50 gramas cada um.*

- Certo / determinado / dado:
    ✓ *Certo dia chegou toda a família.*;
    ✓ **Um Certo Capitão Rodrigo**;
    ✓ *Certas pessoas erguem-se acima de seu tempo.*;
    ✓ *Forneceu-lhe determinadas informações.*;
    ✓ *Em dado momento...*

⚐ Observação 1. ☝ Sugerimos não se use artigo indefinidor antes de CERTO: trata-se de redundância algo viciosa, porque, com efeito, aqui *um* e *certo* são por certo ângulo sinônimos (*certo dia = um dia*).

⚐ Observação 2. Se porém CERTO determinar nome próprio, admite-se a anteposição de *um*, porque, como dito, aqui *um certo* equivale a *um tal* – como no título de romance **Um Certo Capitão Rodrigo.**

⚐ Observação 3. ☝ Tampouco se use artigo indefinidor antes de DETERMINADO e de DADO como pronomes indefinidos, pelas mesmas razões aduzidas para *certo* na Observação 1 imediatamente acima: por certo ângulo, *um* e *determinado* ou *dado* como pronomes são sinônimos. – Mas *determinado* não é pronome em *um dia determinado*, em que se opõe a *um dia indeterminado*: é adjetivo qualificativo.

3.3.5.f. Finalmente, VÁRIOS usa-se unicamente como pronome indefinido ou adjetivo, e como tal não se singulariza nem se pospõe ao substantivo.
    ✓ *Adquirimos vários CDs de música barroca.*;
    ✓ *Tive de ler várias vezes o mesmo ponto para entendê-lo.*

⚐ Observação. *Vário* não é pronome indefinido, mas adjetivo qualificativo (*um terreno de vegetação vária* = VARIADA). Pode pluralizar-se: *um terreno de árvores várias.* E note-se que *um terreno de árvores várias* (= VARIADAS) não é o mesmo que *um terreno de várias* (= MUITAS) *árvores*, onde VÁRIAS é pronome indefinido. Por isso mesmo, ou seja, para evitar confusão, é que *vário* qualificativo vem sempre posposto ao substantivo, enquanto VÁRIOS indefinidor vem sempre anteposto a este.

3.3.6. Os pronomes interrogativos

3.3.6.a. Chamam-se INTERROGATIVOS os **pronomes indefinidos** *que, quem, qual* e *quanto* quando empregados para formar uma interrogação direta ou indireta:

✓ *Que obra estais lendo?*;
✓ *Dizei-nos que obra estais lendo.*;
✓ *Quem o fez?*;
✓ *Diga-me quem o fez.*;
✓ *Qual destes quadros comprarias?*;
✓ *Não nos indagou qual daqueles quadros compraríamos.*;
✓ *Quantas perguntas continha o exame?*;
✓ *Quis saber quantas perguntas continha o exame.*

⁊ Observação 1. De sua parte, *onde, aonde e como*, que como veremos podem dizer-se, por certo ângulo, pronomes relativos, dizem-se antes *advérbios interrogativos* quando usados para formar qualquer interrogação; mas tampouco então deixam de participar do caráter pronominal:

✓ *Onde* [= *Em* QUE LUGAR] *estamos?*
✓ *Pergunta àquele transeunte onde* [= *em* QUE LUGAR] *estamos.*;
✓ *Aonde* [= *A* QUE LUGAR] *devemos ir?*;
✓ *Não me perguntes ainda aonde* [= *a* QUE LUGAR] *devemos ir.*;
✓ *Como* [= *De* QUE MODO] *se houve ele diante do perigo?*;
✓ *Perguntou-nos como* [= *de* QUE MODO] *se houve ele diante do perigo.*

⁊ Observação 2. Como interrogativos, *onde* e *aonde* usam-se com respeito ao verbo exatamente como se usam quando relativos (*vide* o ponto a seguir): *onde* para os verbos de estada ou estância e para alguns de movimento (como *entrar*), e *aonde* para os verbos de movimento (*ir, chegar, vir, voltar*, o mesmo *entrar*, etc.).

3.3.6.b. Quanto a **flexões**, os interrogativos QUE e QUEM são de todo invariáveis. QUAL, por sua vez, flexiona-se em número (*qual, quais*), ao passo que QUANTO se flexiona em gênero e em número (*quanto, quanta, quantos, quantas*). – Tratemos então cada um destes pronomes.

• **Que:**

§ Contrariamente ao que dizem em geral as gramáticas, o interrogativo QUE parece-nos ser sempre *adjetivo*.

♦ Pode sê-lo por determinar a palavra *coisa* implícita:
✓ *Que (COISA) tenciona ele fazer amanhã?*;
✓ *Não me perguntes que (COISA) tenciona ele fazer amanhã.*;
✓ *Podes perguntar-me que (COISA) tenciona ele fazer amanhã.*

¶ Somos aqui forçados a discrepar um tanto de longa tradição gramatical, segundo a qual construções como *Sei que (coisa) tenciona ele fazer amanhã* e *Não sei que (coisa) tenciona ele fazer amanhã* são interrogações indiretas. Enquanto, por exemplo, a tradição gramatical espanhola considera ambos os exemplos casos de interrogação indireta, a brasileira, entre outras, tende a considerar tal apenas o segundo, o que não faz senão aumentar a obscuridade do assunto. Isso, com efeito, não parece correto, porque, se se pergunta *Que (coisa) tenciona ele fazer amanhã?*, pode obter-se dupla resposta: *Eu sei que (coisa) tenciona ele fazer amanhã* ou *Não sei que (coisa) tenciona ele fazer amanhã*, ou seja, pode obter-se ou uma resposta afirmativa ou uma resposta negativa – e não se vê por que quer na afirmativa quer na negativa haveria outra interrogação (ainda que indireta). Trata-se tão somente, insista-se, de resposta ou afirmativa ou negativa em que se repete a pergunta mesma a que se responde, assim como à pergunta *Vamos viajar?* pode responder-se *Vamos viajar*, sem que ninguém julgue tratar-se de interrogação indireta.

→ Se porém se diz *Eles não sabem que (coisa) fazem* sem referência a nenhuma pergunta, então já nem sequer se tratará de nada "responsivo", e o *que* será pura conjunção integrante.

→ Mas há de fato interrogações indiretas, como diz Said Ali em sua *Gramática Histórica da Língua Portuguesa*: "Sob a mesma feição indireta (oração dependente) também podemos dar conhecimento a outrem de perguntas que na realidade se formulam diretamente. Assim transformamos em 'Perguntou-me *quem eu era* e *qual o meu ofício*' a questão direta 'Perguntou-me: *Quem és tu? Qual o teu ofício?*'. / São ainda interrogações indiretas proposições como 'Vejamos *quem ele é, e o que nos traz*' correspondendo ao tipo primitivo 'Vejamos (estas questões): *quem é ele? e (o) que nos traz?*'." Pouco a seguir, porém, ao dar Said Ali exemplos históricos de "interrogações indiretas", dá alguns que absolutamente não o são: "Seu coração nunca soube [o] *que* era medo senão de pecar", "Não sabiam [o] *que* era pão nem vinho", etc.

§ Note-se, porém, que em muitos destes casos (ou seja, casos de interrogação indireta), o *que* é POLIFUNCIONAL:

- é conjunção integrante, porque integra à primeira oração a segunda na função de objeto direto (podemos, com efeito, comutar *Perguntou-me QUE era aquilo* por *Perguntou-me isso*);
- e é pronome interrogativo.

↗ OBSERVAÇÃO. Atente-se a que, se não se expressa após o *que* a palavra *coisa* em *Eu sei que tenciona ele fazer amanhã*, não se tem num primeiro momento perfeita apreensão do sentido da frase. É por esta razão que se foi generalizando em português o uso de um *o*, esvaziado de sentido mas diacrítico, antes do *que*: *Eu sei o que ele tenciona fazer amanhã*. E recorrer a este *o* diacrítico tornou-se quase obrigatório nas orações "responsivas", como é o caso aqui, conquanto não se possa tachar de errada a construção sem ele. Mais que isso, porém: por analogia sintática, o *o* passou a usar-se antes do *que* também nas mesmas interrogações diretas, tanto as feitas na ordem natural (***O** que tencionas fazer amanhã?*) como as feitas na ordem inversa (*Amanhã tencionas fazer **o** quê?*); e ainda nas interrogações indiretas (*Perguntou-nos **o** que era aquilo*). Pois bem, se nas interrogações diretas na ordem inversa e nas interrogações indiretas este *o* diacrítico se tornou praticamente obrigatório, não assim nas interrogações diretas na ordem natural, ainda que se tenha tornado muito corrente. ↘ Nós, particularmente, nunca usamos tal *o* nas interrogações na ordem direta, embora sempre (ou quase sempre) o usemos nas outras e nas orações "responsivas". — Podem incluir-se entre as interrogações indiretas títulos ou subtítulos como ***O** que é a Gramática*, porque, com efeito, é interrogação indireta uma oração como *Perguntemo-nos agora **o** que é a Gramática*.

• O interrogativo QUE pode ser *adjetivo* também por determinar um substantivo expresso, e então adquire cunho seletivo (= *qual*) ou outros de mais difícil precisão.

  ✓ *Que mal nos pode fazer?*;
  ✓ *Não me perguntes que mal nos pode fazer.*;
  ✓ *Que senhora é aquela?*;
  ✓ *Não nos devemos perguntar que senhora é aquela.*

→ Tanto na interrogação direta como na indireta, podemos reforçar o QUE com *é que*, conquanto devamos ser parcos neste uso em escritos não literários:
  ✓ *Em* QUE *é que isso nos pode enriquecer?*;
  ✓ *Não nos perguntes em* QUE *é que isso nos pode enriquecer.*

⌔ OBSERVAÇÃO. É dos piores solecismos dizer e escrever "'No' que é que estás pensando?". Atente-se sempre a que este "no" é a contração da preposição *em* e do artigo *o*. Pois bem, nenhum sentido há em "'Em o' que é que estás pensando?", nem há nenhuma razão para usar aqui um *o* diacrítico. Em outras palavras: quando numa interrogação ou em sua resposta o *que* vier antecedido de preposição, nunca se use aquele *o*:
  ✓ *Em que estás pensando?*;
  ✓ *Não sei de que tens medo.*;
  ✓ *Não há com que preocupar-se.*;
  ✓ etc.

E isso não só é o que preceituam as gramáticas, senão que é o que se vê em nossos melhores escritores. Pode-se, é verdade, dizer *Do que mais gosto em minha profissão é poder trabalhar a qualquer hora*, mas não se trata senão de deslocamento do *de* para antes de um *demonstrativo* (*O* [= AQUILO] *de que mais gosto em minha profissão é poder trabalhar a qualquer hora*). Dá-se mesmo em *No que mais penso é a situação de seu primo* (*O* [= AQUILO] *em que mais penso é a situação de seu primo*).

• QUEM:
§ O interrogativo QUEM refere-se tão somente a pessoa ou a algo personificado. É sempre pronome substantivo, e sempre se comuta por *que pessoa*:
  ✓ *Quem* (= QUE PESSOA) *não o entende?*;
  ✓ *Não se sabe quem* (= QUE PESSOA) *o possa ter feito.*

• QUAL:
• Variável em número, o interrogativo QUAL usa-se em referência tanto a pessoa como a coisa, e o mais das vezes é pronome *adjetivo* de cunho seletivo ou de algum outro cunho mais difícil de precisar:
  ✓ *Qual* (= QUE) *situação era a de Jorge?*;
  ✓ *Qual* (= QUE) *candidato escolheste?* –

⌔ OBSERVAÇÃO: ⬡ nestes e em outros casos que tais, usamos sempre e recomendamos o uso de *que* em lugar de *qual*, o qual uso nos parece mais elegante e mais afim ao dos melhores escritores –;
  ✓ *Qual* (= DE QUE *natureza*) *era a situação de Jorge?*;
  ✓ *Perguntou-nos quais são suas preferências* (= QUE *preferências são as suas*).

☞ OBSERVAÇÃO. Não raro o verbo vem elíptico: *Qual (É) a sua opinião?*, recurso, porém, de que não se deve abusar na escrita não literária.

◆ QUAL usa-se ainda em construções partitivas, nas quais se lhe acentua o cunho seletivo:

✓ *Qual DEstes cadernos é o teu?*;

✓ *Quais DEles virão?*

● **QUANTO:**

§ O interrogativo QUANTO, de cunho quantitativo indefinido, refere-se tanto a pessoa como a coisa e usa-se antes como pronome adjetivo:

✓ *Quantas passagens devo comprar?* (pronome adjetivo).

Se todavia se trata de uma oração como *Quanto devo?*, fica-se na dúvida de se o pronome é substantivo ou adjetivo. Com efeito, à primeira vista se afigura substantivo (*Quanto* = *Que quantia*), mas logo se pensa num possível substantivo elíptico que o pronome determine: *Quanto (dinheiro) devo?* – É todavia indubitavelmente substantivo em *Já dispõe de tudo quanto (= o que, aquilo que) queria.*

→ Os pronomes interrogativos podem usar-se ainda como EXCLAMATIVOS (ou como INTERROGATIVOS e EXCLAMATIVOS ao mesmo tempo), e então serão ou *adjetivos* ou *substantivos*.

✓ *Que beleza!* (adjetivo);

✓ *Qual (ou Que) nada!* (adjetivo);

✓ *Quanta indolência!* (adjetivo);

✓ *Quem diria?!* (substantivo);

✓ *Quê?* (substantivo);

✓ *Quê?!* (substantivo);

✓ etc.

3.3.7. OS PRONOMES RELATIVOS[54]

3.3.7.a. Chamam-se RELATIVOS porque se referem a um termo anterior ou antecedente; e, sendo embora certos conectivos, ao contrário das conjunções exercem função sintática.[55]

---

[54] Para aprofundamento quanto aos PRONOMES RELATIVOS, que sem dúvida constituem um dos capítulos mais espinhosos da Gramática, e em especial para a razão de os considerarmos PRONOMES IMPROPRIAMENTE DITOS, ➤ *Suma*, p. 270-71.

[55] São várias as funções sintáticas que os relativos podem exercer: sujeito, objeto direto, objeto indireto (relativo e dativo), complemento nominal, adjunto adnominal, agente da passiva e adjunto adverbial (esta última no caso de *onde* e *aonde*).

3.3.7.b. Alguns RELATIVOS são variáveis em gênero e em número:

α. CUJO/CUJOS; CUJA/CUJAS;

β. QUANTO, QUANTOS/QUANTAS;

γ. O QUAL/OS QUAIS; A QUAL/AS QUAIS.

QUE e QUEM, por seu lado, são invariáveis tanto em gênero como em número.

⌧ OBSERVAÇÃO 1. Invariáveis são ainda ONDE e AONDE, por um lado, e COMO, por outro.[56]

⌧ OBSERVAÇÃO 2. *Quando*, como ainda se dá em espanhol, já se usou correntemente em português como relativo: "o ano *quando* nasceu". Hoje porém se evita entre nós tal construção, e usa-se *o ano em que nasceu*.

3.3.7.c. O PRONOME RELATIVO pode ter por antecedente:

α. um substantivo ou um grupo substantivo:

✓ "Deem-me as CIGARRAS *que* eu ouvi menino" (MANUEL BANDEIRA).;

✓ *O* ESCRITOR ESPANHOL CERVANTES, *cuja personagem D. Quixote é universal...*;

β. um pronome:

✓ *Era preciso vencer sua resistência, O* que *parecia quase impossível.*[57]

3.3.7.d. OS EMPREGOS DOS RELATIVOS

- QUE:

♦ QUE é o relativo fundamental. Refere-se a pessoa ou a coisa singulares ou plurais e pode iniciar, como se verá adiante, as orações adjetivas.

✓ *As* PALAVRAS *que escreveu emocionaram-nos.*;

✓ *Seu* MARIDO, *que se chama Renato, ofereceu-nos hospedagem.*

♦ O QUE pode ter por antecedente não só um substantivo, mas um grupo substantivo ou um pronome:

✓ *As* BELAS PALAVRAS *que escreveu emocionaram-nos.*;

✓ *Era preciso vencer sua resistência, O* que *parecia quase impossível.*[58]

---

[56] Quanto a se QUEM e QUANTO são ou não são relativos indefinidos quando empregados sem "antecedente explícito", ➢ *Suma*, p. 271-72. E, para a razão de ONDE, AONDE e COMO se poderem dizer pronomes relativos, ➢ *Suma*, p. 272-73.

[57] Para a razão de considerarmos este o pronome antecedente de QUE, ➢ *Suma*, p. 273. – E, para a razão de considerarmos que em *De ácidos que são antes da madureza* [construção de todo legítima], *certos frutos mudam-se em doces* o *que* seja, excepcionalmente, relativo de um subsequente (no caso, *frutos*), ➢ *Suma*, p. 273.

[58] Para algum gramático contemporâneo, o *o* de nosso exemplo é artigo que substantiva *que parecia quase impossível*. Funda-se no castelhano para pô-lo. Mas a substantivação de oração que de fato se dá nessa língua (pelo artigo determinador *el*) não se usa em casos como este, nos quais – como o

⊅ Observação 1. O demonstrativo *o* exerce aí a função de aposto e pode comutar-se por *coisa*:
  ✓ *Era preciso vencer sua resistência,* COISA *que parecia quase impossível.*
⊅ Observação 2. Por vezes o antecedente de QUE pode estar elíptico: *Aquilo deu (*MUITO*) que falar, Isto dá (*MUITO*) que pensar,* etc. Mas não nos parece que se trate do mesmo em *Não sabia que responder.* Aqui, ao contrário, parece-nos que o que está elíptico é o subsequente: *Não sabia que (*COISA*) responder.* – Como quer que seja, não se use "o" antes de QUE em orações como *Aquilo deu (*MUITO*) que falar, Isto dá (*MUITO*) que pensar,* nas quais, com efeito, tal *o* não teria nenhum sentido nem exerceria nenhuma função.
⊅ Observação 3. O antecedente do relativo pode ser uma oração inteira. Trata-se, no entanto, de recurso antes literário ou poético, não usável em outro âmbito, justamente porque sempre traz consigo algum grau de ambiguidade ou ao menos de dificuldade de compreensão imediata. Para mostrá-lo, basta que se reproduza o exemplo dado por Celso Cunha e Lindley Cintra:
  ✓ "E seu cabelo em cachos, cachos d'uvas, / E negro como a capa das viúvas... / (À maneira o trará das virgens de Belém / *Que* a Nossa Senhora ficava tão bem!)" (António Nobre).

- **O QUAL (A QUAL, OS QUAIS, AS QUAIS):**
- Nas orações adjetivas predicativas, que sempre se antecedem de vírgula, o QUE pode substituir-se pela locução *o qual (a qual, os quais, as quais)*:[59]
  ✓ *O autor desta obra, o qual só obteve reconhecimento tardio...*

---

mostraremos mais adiante – o pronome *o* exerce a função de aposto resumitivo. Ao contrário, no castelhano se usa nestes casos o pronome *lo* (o) ou o substantivo *cosa* (coisa), exatamente como nós. Vejam-se três exemplos – os dois primeiros tomados de uma mesma página do *Diccionario Panhispánico de Dudas*, e o terceiro de *El Ingenioso Hidalgo Don Quijote de la Mancha* (o *Quixote* de Cervantes): "Si se añade el pronombre *se* a una forma verbal terminada en *-s* –LO que sucede cuando la primera persona del plural..." (Se se acrescenta o pronome *se* a uma forma verbal em *-s* – O que sucede quando a primeira pessoa do plural...); "Pero no se produce reducción si se añade *nos* a una forma verbal terminada en *-n*, LO que sucede en los casos en que..." (Mas não se produz redução se se acrescenta *nos* a uma forma verbal terminada em *-n*, O que sucede nos casos em que...); "Besóle las manos por fuerza don Luis, y aun se las bañó con lágrimas, COSA que pudiera enternecer un corazón de mármol..." (Beijou-lhe as mãos à força D. Luis, e ainda lhas banhou com lágrimas, COISA que poderia enternecer um coração de mármore...) – exatamente, repita-se, como nós. – A título de ilustração, veja-se o seguinte exemplo de substantivação de oração em espanhol: "Será, pues, necesario favorecer EL que se multipliquen las iniciativas..." ("Será, pois, necessário favorecer que se multipliquem as iniciativas...") (Pio XII, *Miranda Prorsus*). Nele a oração substantivada é objetiva direta.

[59] Para a razão deste O antes de QUAL, ➤ *Suma*, p. 275, nota 42.

Atente-se porém à razão por que se usa aqui tão corretamente o QUAL em lugar de QUE: se se pusesse *que*, hesitar-se-ia quanto ao antecedente: *esta obra* ou *o autor?* ☞ Por isso julgamos de todo procedente a seguinte regra: reserve-se *o qual* (*a qual, os quais, as quais*) para os casos em que possa dar-se o *menor* grau de ambiguidade (em especial quando o relativo se refere a antecedente distante), a *menor* dificuldade de compreensão imediata ou ainda *qualquer* necessidade de ênfase, e use-se o *que* nos demais casos:

- ✓ Cervantes, *que nasceu no século XVI...*;
- ✓ *Multiplicavam-se as corruptelas* no latim vulgar falado na península, *o qual já havia muito vinha diversificando-se em vários dialetos.*;
- ✓ *Era* herança *dos avós, a qual era preciso salvar.*;
- ✓ *Mas os poetas têm "direitos" próprios, decorrentes de* sua mesma arte, *na qual não se cingem necessariamente às regras gramaticais* [aqui se trata de pura necessidade de ênfase];
- ✓ etc.

⚐ Observação. Quando se trata de orações adjetivas adjuntivas, como nelas não se pode recorrer a o QUAL para resolver a dificuldade, muitas vezes se faz necessário dar outro torneio à frase. Ponha-se o seguinte exemplo: "Estive na escola da cidade *que* fora fundada no início do século". Se o antecedente pretendido é *cidade* e esta não tem senão uma escola, então a frase está corretamente construída (a depender, é claro, do contexto). Se porém o antecedente pretendido é *escola* e esta não é a única da cidade, escreva-se então algo como *Na cidade, estive na escola que fora fundada no início do século*. Cada caso, todavia, será singular e, portanto, haverá de resolver-se singularmente.

- ◆ E, se casos há em que o QUAL é exigido por razões outras que a solução de ambiguidade ou a ênfase, ☞ QUE, por outro lado, emprega-se com mais propriedade e mais elegância que *qual* depois das preposições monossilábicas *a*, *com*, *de* e *em*:
    - ✓ *Este é um lugar* a *que a ninguém ocorre vir.*;
    - ✓ *Os recursos* com *que contamos são suficientes.*;
    - ✓ *Os meios* de *que dispomos são insuficientes.*;
    - ✓ *Houve dias* em *que nos parecia não encontraríamos solução para isto.*
- ■ Depois de *por*, empregam-se indiferentemente o QUAL e QUE:
    - ✓ *Foram estes os meios* pe*los quais agiu.*;
    - ✓ *... razão* por *que não nos devemos preocupar.*

- As demais preposições simples, bem como as locuções prepositivas, requerem obrigatoriamente ou preferencialmente O QUAL:
    ✓ *Este é o tema* SOBRE *o qual deu a conferência.*;
    ✓ *Foi um tempo* DURANTE *o qual se acumularam as penúrias.*;
    ✓ *Impressionante mulher,* ANTE (*ou* PERANTE, *ou* DIANTE DE) *a qual todos se curvavam.*;
    ✓ *Era uma obra* AO LADO D*a qual todas as demais empalideciam.*

⌗ OBSERVAÇÃO. Deixou-se de usar *sem quem*, a que se substitui SEM O QUAL (OS QUAIS, A QUAL, AS QUAIS):
    ✓ *É ele o professor* SEM *o qual nos teria sido impossível penetrar esta doutrina.*

- O QUAL também se usa em certas construções partitivas:
    ✓ *Vieram muitos candidatos,* ALGUNS D*os quais completamente despreparados.*;
    ✓ *Podíamos escolher entre uns 20 livros,* UM D*os quais de Filosofia.*;
    ✓ *Eram cinco moças,* A MAIS JOVEM D*as quais havia de ter uns 15 anos.*[60]

- **QUEM:**

§ No português atual, QUEM só se emprega com referência a pessoa ou a algo personificado:
    ✓ *Foi a* MENINA *quem o fez.*;
    ✓ *Fomos* NÓS *quem o fez.*;
    ✓ *A* PESSOA *de quem falaram...*;
    ✓ *O* HOMEM *a quem cumprimentámos...*;
    ✓ *Foi o sofrimento quem me converteu* (ou *Quem me converteu foi o sofrimento*).

⌗ OBSERVAÇÃO 1. Em *Foi a menina quem o fez*, o QUEM resolve-se em *a* (= *aquela*) *que*. Pode escrever-se sem erro *Foi a menina que o fez*, até porque tal maneira já desde há muito se tornou convencional entre os melhores escritores; mas nesta maneira se torna impossível a colocação normal do verbo ("Ela foi que o fez" é construção destituída de sentido). É que, em verdade, falta aqui o devido demonstrativo, o que requer explicação. *Foi ela quem o fez* responde à pergunta *Quem o fez?*, ou seja, *Que pessoa o fez?*. Por seu lado, uma oração como *Foi uma pedra o que rolou pela ladeira* responde à pergunta *Que rolou pela ladeira?*. Veja-se que, se a pergunta fosse *Que foi isso?*, a resposta seria *Foi uma pedra que rolou pela ladeira*, sem o demonstrativo. Semelhantemente, posso responder *Foi ela que rolou pela ladeira*, sem uma

---

[60] Como visto, QUAL também pode ser pronome indefinido, quer como determinador de CADA (*cada qual*), quer como membro do par QUAL ... QUAL: "Imagine uma cachoeira de ideias e imagens, *qual* mais original, *qual* mais bela, às vezes extravagante, às vezes sublime" (MACHADO DE ASSIS).

vez mais, o demonstrativo. É que *Foi a menina a* (ou *o*) *que o fez* equivale a *Foi uma pedra o que rolou pela ladeira*, e nela se pode comutar *a que* por *quem*; ao passo que *Foi a menina que rolou pela ladeira* equivale a *Foi uma pedra que rolou pela ladeira*, e nela não se pode comutar o *que* por *quem*. ☙ Deve-se, portanto, pôr sempre o demonstrativo quando necessário segundo o explicado acima.

☞ Observação 2. *Fui eu quem o fez, Foste tu quem o fez, Foi ele quem o fez, Fomos nós quem o fez, Fostes vós quem o fez, Foram eles quem o fez*: é esta a maneira usada pelos melhores do português atual. Para nos certificarmos da justeza da construção, basta-nos inverter a ordem das orações: *Quem o fez fui eu, Quem o fez foste tu, Quem o fez foi ele, Quem o fez fomos nós, Quem o fez fostes vós, Quem o fez foram eles*. Se todavia se preferir dar o outro torneio à frase e com correção segundo ainda o padrão culto atual, use-se então QUE em vez de QUEM: *Fui eu que o fiz, Foste tu que o fizeste, Foi ele que o fez, Fomos nós que o fizemos, Fostes vós que o fizestes, Foram eles que o fizeram*. ☙ Insistimos porém em que, pelo dito na Observação 1 imediatamente acima, preferimos e sempre usamos *Fui eu quem o fez* ou *Fui eu o que o fez*, etc.

☞ Observação 3. Em *A pessoa DE quem falaram...* e *O homem A quem cumprimentámos...*, QUEM se usa como simples relativo com antecedente explícito. E, se QUEM não se pode usar senão em referência a pessoa ou a coisa personificada, QUE pode usar-se, por seu lado, em referência tanto a coisa como a pessoa: *A pessoa de que falaram...* e *O homem que cumprimentámos...* – Note-se, ademais, que a preposição *a* aparece em *O homem A quem cumprimentámos...* (e não em *O homem que cumprimentámos...*) porque, quando introduz oração subordinada, QUEM vem sempre preposicionado no português contemporâneo. Não se trata pois de fato de regência verbal, porque, com efeito, o verbo *cumprimentar* é transitivo direto e não requer de si preposição.

☞ Observação 4. O QUEM de *Quem me converteu foi o sofrimento* refere-se, obviamente, a algo não pessoal mas personificado. – Observe-se, ademais, todavia, o QUEM na plenitude de seu caráter indefinido: *Quem* (= *Aquilo/O que*) *me converteu foi o sofrimento*, o que em verdade também se dá também em *Foi o sofrimento quem* (*o/aquilo que*) *me converteu*, em *Fomos nós quem o fez* (= *aqueles/ os que o fizeram*), etc.[61]

---

[61] Como visto, ademais, QUEM no par distributivo *quem ... quem* é puro pronome indefinido: "Quem no Rostro pasmando se extasia; / Quem pelo cúneo aos redobrados vivas / Da plebe e dos patrícios embasbaca; / Outro em sangue de irmãos folga ensopar-se..." (Odorico Mendes).

- **Cujo:**

§ O relativo CUJO expressa noção de posse, de pertença, etc., e com efeito equivale a *do qual, de quem, de que*; pode por isso dizer-se o mais "significativo" dos relativos. Emprega-se na função de adjunto nominal (ou, como os possessivos, em fronteira turva entre adjunto e complemento), e CONCORDA EM GÊNERO E NÚMERO COM A COISA "POSSUÍDA":

- ✓ *É este o AUTOR cujo **primeiro livro** tanto me agradou.*;
- ✓ *Era MULHER cuja **arte** todos admiravam.*;
- ✓ *Eis O EXAME cujo **resultado** o preocupava.*;
- ✓ *É esta A MOÇA de cujas **penas** nos falaste?*

⚯ OBSERVAÇÃO 1. Note-se que a coisa "possuída" pode sê-lo absolutamente, como em *Era MULHER cuja **arte** todos admiravam*, ou apenas em certo sentido. Em *É esta A MOÇA de cujas **penas** nos falaste?*, com efeito, as *penas* só podem dizer-se "possuídas" enquanto são padecidas; e em *Eis o EXAME cujo **resultado** o preocupava*, semelhantemente, o *resultado* só pode dizer-se "possuído" enquanto é justamente "resultado" de algo (um exame) que alguém fez.

⚯ OBSERVAÇÃO 2. Não se posponha artigo a CUJO. Com efeito, dizer e escrever "cujo 'o' livro" ou "cuja 'a' apresentação" é incorrer em grave barbarismo.

⚯ OBSERVAÇÃO 3. Note-se ainda que a preposição *de* de *É esta a moça de cujas penas nos FALASTE?* é requerida pelo verbo *falar* (*quem fala, fala de algo ou de alguém*), não pelo pronome *cujas*. Não pô-la aí, em casos semelhantes, constitui solecismo. Semelhantemente:

- ✓ *Eis o senhor com cujos filhos CONVIVEMOS um tempo.*;
- ✓ *Paulo é aquele por cujo socorro a menina SE SALVOU.*;
- ✓ *Aquele livro, sobre cujos defeitos tanto SE ESCREVEU...*;
- ✓ *José, em cujos domínios VIVEM muitos...*;
- ✓ etc.

- **Quanto:**

§ Como relativo, QUANTO tem por antecedente um dos pronomes indefinidos *tudo, todos/todas*, os quais, todavia, como visto já, podem omitir-se:

- ✓ *É afável com TODOS quantos/TODAS quantas o rodeiam.*;
- ✓ *É afável com [TODOS] quantos/[TODAS] quantas o rodeiam.*;
- ✓ *Já dispõe de TUDO quanto pediu.*;
- ✓ *Já dispõe de [TUDO] quanto pediu.*

→ Onde e aonde:
• *Onde* e *aonde* usam-se quer com antecedente expresso, quer com antecedente elíptico.
  ✓ *Permaneceremos no lugar onde estamos.*;
  ✓ *Não conheço [o lugar] onde estamos.*;
  ✓ *Esse é o lugar aonde vamos.*;
  ✓ *Ainda não escolheram [o lugar] aonde irão.*

⌗ Observação 1. Discrepamos, pois, dos *pouquíssimos* gramáticos que tacham de errado o uso de onde e de aonde sem antecedente explícito, uso tradicional de muitos séculos não só na fala mas ainda nos melhores escritores – e ainda no espanhol popular e no culto. Por isso havemos de insistir em que toda regra gramatical deve fundar-se no que seja unanimemente ou quase unanimemente aceito pelos melhores escritores, pelos melhores gramáticos e pelos melhores lexicógrafos.

⌗ Observação 2. Mas sem dúvida há que impugnar construções como "Vá 'aonde' estivermos", justamente porque aqui não se pode dar a *aonde* antecedente algum (com efeito, "Vá ao lugar 'aonde' estivermos" é destituída de sentido) e porque, como já se verá, *aonde* se usa tão somente com verbo de movimento, o que não é o caso aqui. Diga-se e escreva-se tão somente, portanto: *Vá ao lugar onde* **estivermos**.

• Onde se comuta por *em que* e é requerido pelos verbos de estada ou estância (*estar, permanecer, encontrar-se, descansar, pernoitar,* etc.), enquanto aonde se comuta por *a que* e é requerido pelos verbos de movimento *ir, chegar, vir, voltar,* etc.:
  ✓ ***Estivemos / Permanecemos / Encontrámo-nos / Descansámos / Pernoitámos...*** [no lugar] *onde*...;
  ✓ ✓ *O lugar aonde* ***fomos / chegámos / viemos / voltámos...***

⌗ Observação 1. Onde e aonde devem usar-se justamente como se acaba de dizer, apesar da tendência corruptora da oralidade brasileira ("ir em/onde", "chegar em/onde", etc.). – Mas assinale-se que alguns verbos de movimento, como *entrar*, requerem mais comumente *em* (*Entrar em algum lugar*), ainda que, mais raramente, também admitam *a* (*Entrar a algum lugar*).

⌗ Observação 2. Por isso mesmo, hão de considerar-se *erradas* construções como "Aonde **estou**?", "Este é o lugar aonde quero **viver**", etc., ou como "Onde **vamos?**", "**Chegámos** onde quisemos", etc. Não devem obstar a isto certos exemplos de grandes escritores ou poetas, alguns dos quais exemplos[62] já se tornaram célebres:

---

[62] Atente-se a este uso diacrítico, corretíssimo e comum entre os melhores escritores: *Nem devem obstar a isto certos exemplos de grandes escritores ou poetas, alguns dos quais* exemplos *já se tornaram célebres*.

✓ "Mas *aonde* te **vais** agora, / *onde* **vais**, esposo meu?" (MACHADO DE ASSIS);

✓ "Ela quem é, meu coração? Responde! / Nada me dizes. *Onde* **mora**? *Aonde?* (TEIXEIRA DE PASCOAES).[63]

• O quadro complica-se se atentamos a que pode dizer-se ou *Vou buscar minha filha* **na** (*em* + *a*) *escola* ou *Vou buscar minha filha* **à** (*a* + *a*) *escola*: para a regência do primeiro caso, tem-se antes em conta que se vai buscar alguém que está **na** (*em* + *a*) escola, enquanto no segundo que se vai **à** (*a* + *a*) escola [para] buscar alguém. Pois bem, nas interrogações ordenadas ao primeiro caso se usará *onde*, enquanto nas ordenadas ao segundo se usará *aonde*: respectivamente, *Onde vais buscar tua filha?* e *Aonde vais buscar tua filha?*. – Diga-se algo análogo com respeito a orações com *entrar* (*Onde entrou teu amigo?* e *Aonde entrou teu amigo?*), etc.

3.4. OS NUMERAIS

3.4.1. Os NUMERAIS empregam-se quer para indicar o número em si, quer para designar determinada quantidade de coisas ou de pessoas, quer ainda para assinalar o lugar de algo ou de alguém em dada série.

OBSERVAÇÃO. Como dito, os NUMERAIS, como os pronomes, compõem paradigmas, ainda que, diferentemente dos paradigmas pronominais, se trate aqui de *paradigmas potencialmente infinitos*; e, como os pronomes, são ou adjetivos determinativos ou substantivos.

3.4.2. Os NUMERAIS ADJETIVOS subdividem-se em

• CARDINAIS: *três cães*, *cento e cinco* livros, etc.;
• ORDINAIS: *a segunda* porta, *o centésimo* colocado, etc.;
• MULTIPLICATIVOS: *um café duplo*, etc.;
• FRACIONÁRIOS: *Compre meio quilo de carne*, etc.

3.4.3. Os NUMERAIS SUBSTANTIVOS, por sua vez, subdividem-se em

• CARDINAIS: *Dois* e *dois* são *quatro*, etc.;

Se aqui não se pusesse *exemplos* em seguida a *quais*, não se poderia saber com certeza se este relativo o é de *certos exemplos* ou de *grandes escritores ou poetas*.

[63] Ponha-se, porém, que os poetas e os demais literatos têm, digamos, "direitos" próprios, decorrentes de sua mesma arte, na qual não se cingem necessariamente às regras gramaticais. Por exemplo, porque necessitava de uma rima em -*ax*, não hesitou Camões em pôr "Ajax" em vez do correto *Ájax*; e de modo semelhante procedeu muitas outras vezes, e em razão não só da rima, mas do metro, etc. Parece-nos caso *análogo* o exemplo de Teixeira de Pascoaes dado acima. Até que ponto porém podem ir os poetas e os demais literatos na infração às regras gramaticais, esse não é assunto que compita à Gramática, senão à mesma Poética. Para aprofundamento deste assunto, ➢ *Suma*, PRÓLOGO e PRIMEIRA PARTE, e *A Arte de Escrever Bem*, APÊNDICE do CAPÍTULO IX.

- MULTIPLICATIVOS: *Ganhámos o dobro do que esperávamos*, etc.;
- FRACIONÁRIOS: *Três quartos do romance são bons*, etc.

3.4.4. Os NUMERAIS CARDINAIS designam ou os números em si mesmos ou determinadas quantidades.

3.4.4.a. Antes de tudo, designam os números em si mesmos, e são então *substantivos*:

- ✓ *um, dois, três, quatro, cinco*...;
- ✓ *quatorze* (ou *catorze*) *menos dois = doze;*
- ✓ etc.

↗ OBSERVAÇÃO 1. No Brasil, 16, 17 e 19 dizem-se e escrevem-se *dezesseis, dezessete* e *dezenove*; em Portugal, *dezasseis, dezassete* e *dezanove*.

↗ OBSERVAÇÃO 2. Naturalmente, em Matemática os numerais se escrevem por números (1, 2, 3, 4, 5...). Fora da Matemática, escrever-se-ão por números ou por letras segundo o padrão *editorial* adotado.

3.4.4.b. Depois, designam quantidade determinada de coisas ou de pessoas, e são então adjetivos determinativos:

- ✓ *Possui mais de cinco mil* LIVROS*;*
- ✓ *Daqui à sua cidade são trezentos* QUILÔMETROS*;*
- ✓ etc.

3.4.5. Os NUMERAIS ORDINAIS indicam a posição ou ordem de qualquer ente em dada série. Reduzem-se antes a adjetivos:

- ✓ *A primeira* EDIÇÃO *de seu livro...;*
- ✓ (ELA) *Foi a nona colocada no concurso.;*
- ✓ etc.[64]

↗ OBSERVAÇÃO. Em *Primeiro foi ao dentista e depois à escola*, PRIMEIRO é advérbio.

3.4.6. Os chamados NUMERAIS MULTIPLICATIVOS indicam aumento proporcional da quantidade. Reduzem-se o mais das vezes a substantivos (sempre antecedidos de artigo), e por vezes, portanto, a adjetivos:

- ✓ *Sua casa é o triplo da nossa.;*
- ✓ *"É um duplo receber, que é um duplo dar"* (J. M. DE MACEDO)*.;*
- ✓ *Peça um café duplo.;*

---

[64] Para numerais adjetivos com aparência de numerais substantivos, e para a fronteira turva entre adjetivo e numeral qualificativo em que às vezes se encontra o numeral, ➢ *Suma*, p. 282.

✓ Há uma <u>dupla</u> maneira de dizê-lo...;

✓ etc.[65]

3.4.7. Os NUMERAIS FRACIONÁRIOS designam, por sua vez, a diminuição proporcional da quantidade:

✓ <u>Metade</u> de sua casa ocupa-a a biblioteca.;

✓ Já estudou <u>três quintos</u> da matéria.

⚡ OBSERVAÇÃO 1. *Metade* pode anteceder-se ou não de artigo: *metade* ou <u>a</u> *metade de sua casa*.

⚡ OBSERVAÇÃO 2. Fracionários como *três quintos, seis sétimos...* são, em verdade, grupos numerais.

3.4.8. Temos ainda os chamados NUMERAIS COLETIVOS, que se reduzem a substantivos coletivos. Uns nomeiam quantidade precisa (*dezena* = quantidade de *dez*) mas *não determinada* de entes, razão por que requerem se especifique de que são quantidade: *uma <u>dúzia</u> DE OVOS, um <u>milhar</u> DE CADERNOS*, etc. Os outros, todavia, designam espaço de tempo não só preciso mas determinado, razão por que não necessitam de especificação: *decênio* (= dez anos), *século* (= cem anos), *milênio* (= *mil anos*), etc.

3.4.9. A FLEXÃO DOS NUMERAIS

3.4.9.a. OS CARDINAIS

• Os **cardinais adjetivos** UM e DOIS e as centenas a partir de DUZENTOS flexionam-se em gênero: *um/um<u>a</u>, dois/du<u>as</u>, duzentos/duzent<u>as</u>, trezentos/trezent<u>as</u>*, etc.

• MILHÃO, BILHÃO (ou BILIÃO), TRILHÃO (ou TRILIÃO), etc., sempre *substantivos*, flexionam-se em número: *vinte trilhõe<u>s</u>, dois quatrilhõe<u>s</u>*, etc.

• AMBOS flexiona-se em gênero: *amb<u>as</u> as mãos*, etc.

⚡ OBSERVAÇÃO 1. Ao contrário do que se dá em espanhol, entre AMBOS e o substantivo medeia sempre artigo determinador plural: <u>ambos</u> OS *homens* e não "ambos homens" (*ambos hombres*, em espanhol), etc. – Ademais, entre AMBOS e o substantivo pode mediar pronome: <u>ambos</u> ESSES *assuntos*, etc.

⚡ OBSERVAÇÃO 2. ☞ Não se deve usar AMBOS com respeito a pessoas ou a coisas que se oponham ou contraponham entre si de algum modo. Assim, diga-se:

✓ <u>Os dois</u> *disputarão entre si...* (e não "'Ambos' disputarão...");

✓ <u>As duas</u> *partes chegaram a um acordo amigável* (e não "'Ambas' as partes...").

Afigura-se-nos errada a maneira posta entre parênteses.

---

[65] Para aprofundamento com respeito aos NUMERAIS MULTIPLICATIVOS, ➤ *Suma*, p. 282.

⌔ Observação 3. Outrora se dizia "ambos de dois". Hoje se evita tanto este dizer como o dizer "todos os dois". Em ambos os casos, diga-se e escreva-se AMBOS ou OS DOIS.

- Todos os demais cardinais são invariáveis tanto em gênero como em número.

3.4.9.b. Os ordinais

§ Os ORDINAIS flexionam-se em gênero e em número: *primeira*, *trigésimos/ trigésimas*, etc.

3.4.9.c. Os multiplicativos

§ Quando *substantivos*, os MULTIPLICATIVOS são invariáveis tanto em gênero como em número: *o triplo de tua idade*, *o quádruplo da área de sua casa*, etc. Quando porém são adjetivos, variam em gênero e em número: *dose dupla*, *modos duplos*, etc.

⌔ Observação. DÚPLICE (= duplo), TRÍPLICE (= triplo)... flexionam-se apenas em número: *atitudes dúplices*, etc.

3.4.9.d. Os fracionários

§ Nos FRACIONÁRIOS, o segundo membro concorda com o primeiro, ou seja, com o cardinal que indica o número das partes:

✓ *Em UM terço da fazenda planta, em DOIS terços cria gado.*;
✓ etc.

⌔ Observação 1. MEIO concorda em gênero com o substantivo designativo da quantidade de que é fração, esteja tal substantivo explícito ou implícito: *uma TONELADA e meia de minério, quatro QUILOS e meio de carne, meia-noite e meia (HORA)*, etc.

⌔ Observação 2. É solecismo dizer "meia-noite e 'meio'" e "meio-dia e meio", em lugar dos corretos *meia-noite e meia* e *meio-dia e meia*. Nas horas, *meia* refere-se à palavra *hora* elíptica (*meio-dia e meia* [HORA], *três e meia* [HORA], etc.).

3.4.9.e. Os coletivos

§ Todos os NUMERAIS COLETIVOS variam em número: *três decênios, seis dúzias, dois milhares* (ou *milheiros*), *quatro lustros* (= quinquênios), etc.

⌔ Observação. Não se escreva "'duas' milhares de pessoas", mas *dois milhares de pessoas*, porque coletivos como *milhar* são sempre masculinos e o cardinal que os determine, como aqui *dois*, há de concordar com eles em gênero.

3.4.10. Emprego dos Cardinais

3.4.10.a. CEM (forma reduzida de *cento*) usa-se como adjetivo invariável: *cem cães, cem galinhas*, etc.

3.4.10.b. Mas CENTO também é invariável. Hodiernamente, usa-se tão só:

• nos números entre *cem* e *duzentos*: *cento e trinta soldados*, *cento e oitenta ovelhas*, etc.;

• como equivalente de *centena* (e sempre precedido de artigo): *um cento de folhas de papel*, *o cento de maçãs*, etc.;

• na expressão de porcentagens: *nove* POR *cento*, *cem* POR *cento*, etc.

3.4.10.c. BILHÃO ou BILIÃO designava outrora, no Brasil, "um milhão de milhões", e segue designando-o em Portugal, na Grã-Bretanha, na Alemanha e em todo o mundo de língua espanhola. No Brasil, na França, nos Estados Unidos e em outros países, designa hoje "mil milhões". – Proporcionalmente, por conseguinte, também diferirá entre tais países o uso de trilhão, quatrilhão, etc.

3.4.10.d. Os CARDINAIS podem usar-se indefinidamente: UNS *vinte passos adiante*, *Tenho de dizer-lhe duas* OU *três coisas*, etc. Por vezes, tal indeterminação é hiperbólica:

✓ *Tem milhares de preocupações.*;

✓ *Estamos lendo um milhão de livros.*;

✓ *Tenho mil projetos* (ou *Projetos mil passam por minha cabeça.*).;

✓ etc.

3.4.10.e. Costuma-se contar ZERO entre os cardinais, o que suscita não poucos problemas. Como quer que seja, ZERO reduz-se essencialmente a substantivo e usa-se ou deveria usar-se em posposição: *desinência zero*, *grau zero*, etc. Mas é amplo seu uso como adjetivo: "Ontem fez 'zero' grau".

3.4.10.f. Algo mais complexo é o uso da conjunção E com os cardinais. Vejamo-lo passo a passo.

• A conjunção E sempre se intercala entre as centenas, as dezenas e as unidades: *quarenta e oito*, *quinhentos e setenta e sete*, etc.

• Mas a mesma conjunção só se emprega entre os milhares e as centenas quando o número termina em centena com dois zeros: 11.981 = ONZE MIL, NOVECENTOS *e oitenta e um*; 1.600 = MIL *e* SEISCENTOS; etc.

• Em números muito grandes, emprega-se E entre os membros da mesma ordem de unidades, mas omite-se quando se passa de uma ordem a outra:

✓ 392.632 = *trezentos e noventa e dois mil, seiscentos e trinta e dois*;

✓ 437.816.244.311 = *quatrocentos e trinta e sete bilhões, oitocentos e dezesseis milhões, duzentos e quarenta e quatro mil, trezentos e onze*;

✓ etc.

3.4.11. Emprego dos ordinais

3.4.11.a. A par de PRIMEIRO, emprega-se o latinismo PRIMO/A em, por exemplo, *matéria prima*,[66] *números primos*, etc.

⚘ OBSERVAÇÃO 1. Em *obra-prima* e *matéria-prima*, PRIMA não é palavra adjetiva, mas *parte morfológica de origem adjetiva*.

⚘ OBSERVAÇÃO 2. PRIMO substantivou-se para significar variamente:

- pessoa com certo grau de parentesco, a saber, o de filho de tio e/ou de tia: *nossos primos*, *minha prima*, etc.;
- a primeira das horas canônicas diurnas (do ofício divino);
- a primeira e a mais fina corda de certos instrumentos (guitarra, viola, etc.);
- a nota geradora da série harmônica superior ou inferior;
- etc.

3.4.11.b. São de notar expressões como *de PRIMEIRA categoria* (ou apenas *de PRIMEIRA*), cujo significado é 'de categoria superior', e *de SEGUNDA categoria* ou *de QUINTA categoria* (ou apenas *de SEGUNDA* ou *de QUINTA*), cujo significado é 'de categoria inferior'.

3.4.12. Emprego dos cardinais pelos ordinais

§ Não raro o ORDINAL é substituído pelo correspondente CARDINAL, o que se dá nos seguintes casos.

- Para designação de papas e de soberanos, de séculos e de partes de obra literária ou teatral, etc., usam-se ordinais até *décimo* e cardinais daí por diante – sempre que o numeral vier posposto ao substantivo:

Inocêncio III (terceiro) Pio XII (doze)
Pedro II (segundo) Luís XV (quinze)
Século IX (nono) Século XIX (dezenove)
Ato III (terceiro) Capítulo XI (onze)
Canto V (quinto) Tomo XVII (dezessete)

Quando todavia o numeral antecede ao substantivo, usa-se *sempre* o ordinal:

Décimo terceiro século Vigésimo primeiro século
Sexto ato Décimo primeiro (ou undécimo) capítulo
Terceiro Canto Décimo segundo (ou duodécimo) volume

---

[66] *Matéria prima* (sem hífen) é conceito filosófico e significa o princípio material potencial primeiro, enquanto *matéria-prima* (com hífen) significa 'substância de que se produz ou se faz algo (material ou intelectual)'.

- Com respeito a artigos de leis, decretos, portarias, etc., usam-se os ordinais até *nono* e os cardinais de *dez* em diante:

Artigo 2.º (segundo)   Artigo 10 (dez)
Artigo 9.º (nono)   Artigo 48 (quarenta e oito)

- Em referência aos dias do mês salvo o primeiro, usam-se cardinais (*Hoje é* [ou *são*] *18* ou *dezoito de fevereiro*, etc.). Para o primeiro dia dos meses, emprega-se mais comumente o ordinal (*1.º* ou *primeiro* de setembro, etc.).

⌦ Observação. ♭ Parece-nos exorbitante a impugnação de construções como *Hoje é 18* ou *dezoito de fevereiro*. Obviamente está elíptico aí "o dia" (*Hoje é* [O DIA] *18* ou *dezoito de fevereiro*). Que se diga e se escreva "Hoje 'são' dezoito [DIAS] de fevereiro" não pode ser mais que opcional, não obrigatório.

- Usam-se ainda cardinais para indicar os anos e as horas:
  ✓ Nasceu às *oito* horas de *dois mil e vinte e três*.;
  ✓ etc.

- Na enumeração de páginas ou de folhas de livro ou de caderno, na de casas, de apartamentos, de quartos de hotel, de cabines ou camarotes de navio ou de trem, na de poltronas de teatro ou de cinema, etc., também se empregam cardinais.

Página 4 (quatro)   Casa 108 (cento e oito)
Folha 12 (doze)   Apartamento 11 (onze)
Camarote 3 (três)   Quarto 1015 (mil e quinze)

Se porém o numeral vier anteposto ao substantivo, emprega-se o ordinal:

Terceira página   Quinta cabine
Sétima folha   Trigésima oitava casa

⌦ Observação. Em alguns casos de uso do cardinal pelo ordinal, sente-se a omissão da palavra número: *casa* [*número* ou *de número*] *8*. Nos demais, no entanto, tal uso resulta quer da própria dificuldade popular de memorizar e dizer ordinais a partir de décimo primeiro, quer da preguiça dos lábios, quer das duas coisas conjugadas.

3.4.13. Emprego dos multiplicativos

§ Não devemos ceder à tese de que dos **multiplicativos** apenas DOBRO, DUPLO e TRIPLO são de usar correntemente. Como nosso intento é justamente ensinar o mais largamente possível a língua culta, dizemos consequentemente que se devem usar sem escrúpulos QUÁDRUPLO, QUÍNTUPLO, SÊXTUPLO, SÉTUPLO, ÓCTUPLO, NÔNUPLO, DÉCUPLO, UNDÉCUPLO, DUODÉCUPLO, CÊNTUPLO. (Há ainda os já vistos DÚPLICE [= *duplo*] e TRÍPLICE [= *triplo*].) – E dizemos o mesmo de *sêxtuplo de três* (= 18), *quádruplo de vinte e um* (= 84), *duodécuplo de cento e vinte e um* (= 1.452), etc.

3.4.14. Emprego dos fracionários

§ Há duas modalidades de **fracionários**: os FRACIONÁRIOS ORDINÁRIOS (que correspondem às frações ordinárias) e os FRACIONÁRIOS DECIMAIS (que correspondem às frações decimais).

• Para 1/2, 1/3, 1/4, 1/5, 1/6, 1/7, 1/8, 1/9, 1/10, os FRACIONÁRIOS ORDINÁRIOS são, respectivamente, *(um) meio, um terço, um quarto, um quinto, um sexto, um sétimo, um oitavo, um nono, um décimo*. Com variação no numerador: para 2/3, 3/4, 2/5, por exemplo, temos *dois terços, três quartos, dois quintos*, respectivamente.[67]

• Os denominadores de 11 em diante expressam-se em forma cardinal seguida de AVOS (palavra constituída regressivamente de *oitavo*): assim, para 5/12, 7/33, 11/245, temos, respectivamente, *cinco doze avos, sete trinta e três avos, onze duzentos e quarenta e cinco avos*.

• Se contudo o denominador for de dezenas, de centenas, de milhares "redondos", a fração ordinária pode expressar-se de dois modos: por exemplo, para 23/10, para 34/100 e para 123/1.000, temos, respectivamente: *vinte e três dez avos* ou *vinte e três décimos*; *trinta e quatro cem avos* ou *trinta e quatro centésimos*; *cento e vinte e três mil avos* ou *cento e vinte e três milésimos* – segundo queiramos (com avos) ou não queiramos (com o ordinal) sugerir plasticamente a mesma fração.

• Nos FRACIONÁRIOS DECIMAIS, recorremos aos ordinais: para 12,7, para 15,73, para 5,741 e para 37,7471, por exemplo, temos respectivamente: *doze e sete décimos*; *quinze e setenta e três centésimos*; *cinco e setecentos e quarenta e um milésimos*; e *trinta e sete e sete mil quatrocentos e setenta e um décimos milésimos*.

☞ OBSERVAÇÃO. No Brasil, a expressão *meia dúzia* substitui correntemente o cardinal *seis*, enquanto sua redução a *meia* se usa em lugar do mesmo cardinal para enunciar números de telefone, etc. Não usemos tal redução na escrita não literária.

---

[67] Estes exemplos de fracionários são tomados do *Dicionário Houaiss*.

QUADRO DE NUMERAIS CARDINAIS E DE NUMERAIS ORDINAIS[68]

Algarismos		Cardinais	Ordinais
Romanos	Arábicos		
I	1	um	primeiro
II	2	dois	segundo
III	3	três	terceiro
IV	4	quatro	quarto
V	5	cinco	quinto
VI	6	seis	sexto
VII	7	sete	sétimo
VIII	8	oito	oitavo
IX	9	nove	nono
X	10	dez	décimo
XI	11	onze	undécimo ou décimo primeiro
XII	12	doze	duodécimo ou décimo segundo
XIII	13	treze	décimo terceiro
XIV	14	quatorze	décimo quarto
XV	15	quinze	décimo quinto
XVI	16	dezesseis	décimo sexto
XVII	17	dezessete	décimo sétimo
XVIII	18	dezoito	décimo oitavo
XIX	19	dezenove	décimo nono
XX	20	vinte	vigésimo
XXI	21	vinte e um	vigésimo primeiro
XXX	30	trinta	trigésimo
XL	40	quarenta	quadragésimo
L	50	cinquenta	quinquagésimo
LX	60	sessenta	sexagésimo
LXX	70	setenta	septuagésimo
LXXX	80	oitenta	octogésimo
XC	90	noventa	nonagésimo
C	100	cem	centésimo
CC	200	duzentos	ducentésimo
CCC	300	trezentos	trecentésimo
CD	400	quatrocentos	quadringentésimo

[68] Quadro tomado de Celso Cunha & Lindley Cintra, *op. cit.*, p. 390-91.

D	500	quinhentos	quingentésimo
DC	600	seiscentos	seiscentésimo ou sexcentésimo
DCC	700	setecentos	septingentésimo
DCCC	800	oitocentos	octingentésimo
CM	900	novecentos	nongentésimo
M	1.000	mil	milésimo
$\overline{X}$	10.000	dez mil	dez milésimos
$\overline{C}$	100.000	cem mil	cem milésimos
$\overline{M}$	1.000.000	um milhão	milionésimo
$\overline{\overline{M}}$	1.000.000.000	um bilhão	bilionésimo

3.5. Os artigos

3.5.1. Os ARTIGOS reduzem-se, como dito, a adjetivos determinativos (ou pronomes adjetivos). Às vezes não é senão por eles que sabemos o gênero e o número de alguns substantivos: <u>o</u> *amálgama*, <u>uns</u> *leva e traz*, etc. Nestes exemplos, sua função é ordenar paradigmaticamente. Mas também são definidores, por indicar que o substantivo se refere a algo preciso que se supõe conhecido: *o(s)* e *a(s)*; ou indefinidores, por indicar que o substantivo designa algo vago, impreciso ou ainda desconhecido: *um(ns), uma(s)*.[69]

3.5.2. Em português, como na maioria das línguas que os têm, os artigos, tanto os definidores como os indefinidores, não podem colocar-se senão antes do substantivo que eles definem ou indefinem.

3.5.3. As duas espécies de artigo

3.5.3.a. Mediante o uso do ARTIGO DEFINIDOR, precisemo-lo, indica-se antes de tudo que o substantivo por ele determinado significa algo ou alguém já conhecido de algum modo (por referência ou por experiência prévias) do leitor ou do ouvinte. Deem-se exemplos:

✓ *Deixou <u>o</u> JORNAL sobre uma mesa e saiu.*;
✓ *Atravessaram <u>a</u> RUA.*;
✓ *Compraziam-no <u>as</u> MACIEIRAS de sua terra.*;
✓ *Apreciei <u>os</u> LIVROS que me deste.*

---

[69] Relembre-se que somos forçados, aqui também, a discrepar da terminologia tradicional: os artigos não podem ser "definidos" ou "indefinidos", porque o que fazem, como adjetivos determinativos que de fato são, é justamente *definir* ou *determinar* e *indefinir* ou *indeterminar* os substantivos – donde nossa maneira de denominá-los.

3.5.3.b. Mediante o uso do ARTIGO INDEFINIDOR, precisemo-lo também, indica-se antes de tudo que o substantivo por ele determinado significa algo ou alguém a que anteriormente não se fez nenhuma referência ou de que tampouco se teve experiência prévia. Vejam-se exemplos:
- ✓ *Deparámos com uma PRAÇA que não conhecíamos.*;
- ✓ *Estiveram aqui uns SENHORES a procurar-te.*;
- ✓ *Pediu-lhe que fizesse um LAUDO preciso.*;
- ✓ *Umas CRIANÇAS brincavam no pátio.*

→ Note-se no exemplo seguinte a passagem de indefinição a definição mediante o uso das duas espécies de artigo:
- ✓ *Um LADRÃO roubou-nos a casa, e ninguém no-lo soube descrever. Após certo tempo, porém, a polícia acabou por encontrar e prender o LADRÃO.*

⟡ OBSERVAÇÃO 1. Recorde-se que as formas O, A, OS, AS são não só as do artigo definidor, mas ainda as do pronome oblíquo acusativo de terceira pessoa e as de um dos pronomes demonstrativos.[70]

⟡ OBSERVAÇÃO 2. As formas arcaicas de nossos artigos definidores sobrevivem em alguns falares especialmente de Portugal. Mas entre as formas arcaicas do artigo estava *el* (= o), que, fossilizado no título *el-rei*, permanece especialmente em topônimos: *São João del-Rei*, por exemplo.

⟡ OBSERVAÇÃO 3. Por seu lado, o artigo indefinidor tem origem numeral: o lat. *ūnus, a, um* ("um, uma"), e, com efeito, nem sempre é fácil ou imediata a distinção entre o artigo *um* e o numeral *um*.

3.5.4. CONTRAÇÕES ENTRE ALGUMAS PREPOSIÇÕES E OS ARTIGOS

3.5.4.a. Quando o substantivo exerce a função de complemento ou de adjunto e se antecede de uma das preposições *a, de, em* ou *per* (= *por*), esta se aglutina ou se contrai com o ARTIGO DEFINIDOR que antecede àquele:
- *ao* (= a + o), *à* (= a + a), *aos* (= a + os), *às* (= a + as);
- *do* (= de + o), *da* (= de + a), *dos* (= de + os), *das* (= de + as);
- *no* (= em + o), *na* (= em + a), *nos* (= em + os), *nas* (= em + as);
- *pelo* (= per + o), *pela* (= per + a), *pelos* (= per + os), *pelas* (= per + a).[71]

---

[70] E, com efeito, é grandíssimo o parentesco morfossemântico entre estas espécies de vocábulo. – Para o étimo e as formas arcaicas de nossos *artigos definidores*, ➤ *Suma*, p. 290.

[71] No português antigo, usava-se *polo* (= por + o) em vez de *pelo*. Vejam-se exemplos d'*Os Lusíadas*: "Pois polos doze pares dar-vos quero / Os doze de Inglaterra, e o seu Magriço" (L, I, 12); "Da Lua os claros raios rutilavam / Polas argênteas ondas Neptuninas" (L, I, 58).

⚯ Observação 1. Quando porém o substantivo exerce a função de sujeito e o artigo que o antecede é antecedido, por sua vez, de alguma destas mesmas preposições, então não se dá tal contração: *Está na hora* DE *o menino* (sujeito) *dormir*. Voltaremos a tratá-lo.

⚯ Observação 2. Se numa sequência de substantivos antecedidos de artigo o primeiro está contraído com alguma de tais preposições, ♭ então a contração há de repetir-se antes de todos os demais: *Deixou-se levar pela ambição, pela moda e pelo clamor dos interessados* (e não "Deixou-se levar pela ambição, 'a' moda e 'o' clamor dos interessados"), sem o que se dará certa obscuridade.

⚯ Observação 3. A contração ou fusão da preposição *a* com o artigo *a/as*, conhecida como crase, tratar-se-á em sua altura própria.

⚯ Observação 4. Como visto no capítulo I, quando uma destas preposições antecede o artigo definidor que faz parte do título de obras (livros, contos, poemas, revistas, jornais, quadros, etc.), devemos na escrita usar de um destes dois recursos:
- ou evitar a contração: *Camões é o autor de* Os *Lusíadas*;
- ou indicar mediante apóstrofo a supressão da vogal contraída com a preposição: *Camões é o autor d'Os Lusíadas*.

→ ♭ Nós preferimos e usamos quase sempre a segunda maneira.

3.5.4.b. Quando o substantivo exerce a função de complemento ou de adjunto e inclui uma das preposições *de* e *em*, estas *podem* contrair-se com o ARTIGO INDEFINIDOR que antecede àquele:
- *dum* (= de + um), *duma* (= de + uma), *duns* (= de + uns), *dumas* (= de + umas);
- *num* (= em + um), *numa* (= em + uma), *nuns* (= em + uns), *numas* (= em + umas).

⚯ Observação 1. ♭ Nós, cremos que de acordo com a índole do português oral culto brasileiro, nunca usamos a primeira contração (de *de* + indefinidor), mas usamos sempre a segunda (de *em* + indefinidor), quando seja sintaticamente lícita e quando não queiramos dar realce ao artigo. – Não confundir, porém, *em um = preposição + artigo* com *em um = preposição + numeral*. No primeiro caso, pode dar-se a contração: *Viajaram num dia de sol*. ♭ No segundo caso, não deve dar-se: *Fez o trabalho* EM UM *dia* (ou seja, não em dois ou em três, etc.).

⚯ Observação 2. Quando o substantivo exerce a função de sujeito e o artigo que o antecede é antecedido, por sua vez, de alguma destas duas mesmas preposições, então constituem erro tais contrações: *Chega o momento* DE *um filho* (sujeito) *ajudar os pais* (e não "... 'dum' filho ajudar os pais"). – Também o trataremos mais profundamente no devido momento.

⌦ OBSERVAÇÃO 3. As preposições *em* e *de*, quando antepostas ao artigo indefinidor que integra o título de obras, escrevem-se separadamente dele: *Essa atriz trabalha* EM Um *Domingo no Campo*.

3.5.5. AS PRINCIPAIS NOTAS MORFOSSINTÁTICAS DOS ARTIGOS

3.5.5.a. Insista-se, antes de tudo, em que é pelo ARTIGO que *em última instância* se pode saber tanto o gênero como o número do substantivo. Com efeito, sem o artigo não se saberia o gênero de *estudante* em *a estudante indócil* nem o número de *leva e traz* em *uns leva e traz*.

3.5.5.b. E insista-se, ademais, em que a simples anteposição de um artigo a qualquer palavra ou a qualquer oração é suficiente para substantivá-las: *o belo*, *o sim*, *o andar*, *um não sei quê*, *o ser estudioso*, etc.

3.5.6. OUTROS EMPREGOS DOS ARTIGOS

3.5.6.a. Mediante o ARTIGO DEFINIDOR, pode assinalar-se o caráter único ou universal ou de *primus inter pares* do que se significa pelo substantivo. Quando empregado para isto, o artigo chama-se *de notoriedade*. Exemplo: *Não era um livro qualquer: era o livro.*

3.5.6.b. O ARTIGO DEFINIDOR mantém sempre, de algum modo, certo traço de demonstrativo, decorrente de sua mesma origem. Pode, porém, fazer *de fato* as vezes de demonstrativo, como nestes exemplos:

- ✓ *Permaneceu a* [= aquela] *semana toda no* [= neste ou naquele] *país.*;
- ✓ *Levo boas lembranças da* [= desta ou daquela] *cidade.*

3.5.6.c. Ainda mais comum, e elegantíssimo, é o emprego do ARTIGO DEFINIDOR pelo possessivo, o que mais ordinariamente se dá:

- antes de nome de parte do corpo:
  - ✓ *Passou a* [por *sua*] *mão nos* [por *seus*] *cabelos.*;
  - ✓ *Quebrou a* [por *sua*] *perna.*;
  - ✓ *Operou o* [por *seu*] *coração.*;
  - ✓ *Abri os* [por *meus*] *olhos.*;
  - ✓ etc.;
- antes de nome (comum) de parente:
  - ✓ *Respeita muito a* [por *sua*] *mãe.*;
  - ✓ *Foi visitar a* [por *sua*] *prima.*;

- ✓ *Tiveram de consultar os* [por *seus*] *irmãos.*;
- ✓ *Todos devemos amar os* [por *nossos*] *pais.*;
- ✓ etc.;
- antes de nome de peça de vestuário ou de objeto de uso pessoal:
  - ✓ *Vestiu o* [por *seu*] *casaco e saiu.*;
  - ✓ *A* [por *Sua*] *saia ficou-lhe apertada.*;
  - ✓ *Perderam as* [por *suas*] *chaves.*;
  - ✓ etc.;[72]
- antes de nome de ato ou de potência da alma (ou conjuntamente da alma e do corpo):
  - ✓ *Entregou-se às* [*a* + *as*; por *a suas*] *habituais* CONSIDERAÇÕES.;
  - ✓ *Pôs a* [por *sua*] IMAGINAÇÃO *a funcionar.*;
  - ✓ *Agucei o* [por *meu*] OUVIDO.;
  - ✓ etc.

⌦ OBSERVAÇÃO. Deixa-se todavia de usar o artigo quando todos esses mesmos nomes formam locução adverbial com a preposição *de* ou com a preposição *a*:
- ✓ *Pusemo-nos de joelhos.*;
- ✓ *Cantou a plenos pulmões.*;
- ✓ *Progridem a olhos vistos.*;
- ✓ etc.

3.5.6.d. Quanto ao emprego do ARTIGO DEFINIDOR antes dos *possessivos*, já o tratámos. Resta-nos dizer que *por regra* não se usa o artigo antes de possessivo quando este:
- é parte integrante de fórmulas de tratamento (*Sua* Excelência, *Vossa* Magnificência, etc.) ou de expressões como *Nosso* Senhor e *Nossa* Senhora;
- faz parte de um vocativo:
  - ✓ *Como vai, MEU PADRINHO?*;
  - ✓ *Entendido, MEU SENHOR.*;
  - ✓ etc.;
- pertence a certas expressões fixas: *a seu bel-prazer, em minha opinião, em meu poder, por minha vontade,* etc.;
- vem precedido de demonstrativo:

---

[72] Mas, se normalmente dizemos, por exemplo, *Não sei onde* PUS *os óculos*, mais facilmente dizemos *Não sei onde* ESTÃO *meus óculos.*

- ✓ Admiro ESSA *sua* destreza.;
- ✓ Como está AQUELE *teu* amigo?;
- ✓ ESTE *seu* criado...;
- ✓ etc.

⌦ OBSERVAÇÃO. Se no entanto o possessivo vem posposto ao substantivo, este se precede de artigo (se não se preceder de demonstrativo): *Os olhos teus*... Se, porém, ainda que o possessivo esteja posposto ao substantivo, este designa algo de modo vago ou impreciso, então não se usa o artigo:

- ✓ *Esperamos* NOTÍCIAS *tuas*.;
- ✓ *Mande-lhe* LEMBRANÇAS *minhas*;
- ✓ etc.

3.5.6.e. O ARTIGO DEFINIDOR está *ordinariamente* presente antes de substantivo no singular que designe um gênero, uma espécie, uma classe, um povo, etc.:

- ✓ O ANIMAL [= o gênero animal] *conhece sensivelmente*.;
- ✓ O HOMEM [= a espécie humana] *é bípede*.;
- ✓ O BOM LIVRO [= os bons livros] *é a porta do saber*.;
- ✓ O SOLDADO [= a classe dos militares ou dos combatentes] *morre pela pátria*.;
- ✓ "O GUARANI [= *os guaranis, o povo guarani*] fez-se aliado do espanhol [= os espanhóis]" (JAIME CORTESÃO).;
- ✓ etc.

3.5.6.f. Com elegância, pode-se dispensar o ARTIGO DEFINIDOR ou quando o substantivo é abstrato, ou quando faz parte de provérbios, de comparações e de outras frases que tais:

- ✓ TRISTEZA *é coisa que dá e passa*.;
- ✓ CÃO *que ladra não morde*.;
- ✓ HOMEM *não é bicho*.;
- ✓ *branco como* MÁRMORE;
- ✓ etc.

3.5.6.g. Em expressões de tempo, emprega-se ou não o ARTIGO DEFINIDOR de modo muito variado.

• Se não estiver qualificado explícita ou implicitamente, o nome de mês e o de ano não admitem artigo:

- ✓ *De* JULHO *a* AGOSTO *não estaremos no país*.;
- ✓ *Digo que 1990 foi para mim um ano muito difícil*.; mas

✓ *O agosto **de nossa cidade** é sempre muito frio.*;
✓ *o Maio de 68 **francês***;
✓ *o 1789 **(revolucionário)***;
✓ etc.;

• Se não se trata de data célebre, aos nomes de dia, de mês e de ano ordinariamente não se lhes antepõe artigo:

✓ *Nasceu em 14 de outubro.*; mas
✓ *o 11 de Setembro*;
✓ etc.

☞ Observação 1. O nome de data ou de período célebres é nome próprio composto.

☞ Observação 2. Ainda que menos usualmente, encontram-se exemplos literários de data não célebre antecedida de artigo, como neste passo de Manuel Bandeira: "Constituiu-se assim livremente a Academia e a primeira sessão se realizou a*os* 15 de dezembro de 1896, aclamados presidente Machado de Assis e secretários Rodrigo Otávio e Pedro Rabelo." – Sem impugná-lo, há que dizer porém que se trata *antes* de uso ou notarial, ou policial, ou jurídico.

3.5.6.h. Os nomes dos dias da semana *podem* anteceder-se no singular de artigo definidor, e *sempre* se antecedem deste artigo quando no plural:

✓ *Ela vai ao médico n*a *segunda-feira*;
✓ "A*os* domingos saíam cedo para a missa" (Coelho Neto);
✓ etc.

Mas, insista-se, igualmente *podem* dispensar o artigo (e a preposição a que se aglutina) quando no singular:

✓ *Quinta-feira fomos a um concerto*;
✓ *Domingo é dia de descanso*;
✓ etc.

3.5.6.i. Mais comumente *não* se usa artigo definidor nas expressões de hora do dia (incluídas *meio-dia* e *meia-noite*) quando não antecedidas de preposição:

✓ *O relógio marcava onze e quinze.*;
✓ *É meia-noite.*;
✓ etc.

É de rigor porém o artigo quando tais expressões se antecedem de preposição, ou seja, quando são empregadas adverbialmente:

✓ *Partirá* à*s oito horas.*;

✓ "A<u>o</u> MEIO-DIA já as águas do porto eram prata fundida" (U. TAVARES RODRIGUES).;
✓ etc.

↻ OBSERVAÇÃO. Quando as expressões de hora e/ou de minuto são objeto direto dos verbos *bater*, *dar*, *soar*, etc., então podemos usar ou não usar o artigo:
✓ *O relógio batia <u>a</u> meia-noite.*;
✓ *O relógio está dando 9 horas.*;
✓ etc.

3.5.6.j. Ordinariamente, os nomes das estações do ano antecedem-se de artigo:
✓ "Será goivo no outono, assim como era,
Eternamente mal-aventurada,
A alma, que lírio foi n<u>a</u> PRIMAVERA..."
(ALPHONSUS DE GUIMARAENS).

Podem todavia dispensá-lo quando, antecedidos da preposição *de*, exercem a função ou de adjunto adnominal ou de complemento nominal: *Belos dias* DE OUTONO.

3.5.6.k. Os nomes dos dias de festa antecedem-se de artigo definidor: <u>o</u> *Natal*, <u>a</u> *Páscoa*, <u>o</u> *ano-novo*, etc. – Necessariamente, no entanto, deixa-se de usar o artigo quando estes mesmos nomes exercem a função de adjunto adnominal de *dia*, de *noite*, de *semana*, de *presente* e de outras que tais: *a <u>noite</u>* DE *NATAL* (= *natalina*); *a <u>semana</u>* DE *PÁSCOA* (= *pascoal* ou *pascal*); *um <u>presente</u> de Reis* (sem equivalente); etc.

3.5.6.l. O ARTIGO DEFINIDOR é usado com função distributiva em expressões de peso e de medida:
✓ *A laranja custa dois reais <u>o</u>* QUILO (= cada quilo).;
✓ *Este piso sai a dez reais <u>o</u>* METRO QUADRADO (= cada metro quadrado).;
✓ etc.

→ O artigo assume então caráter de *indefinido adjetivo*.

3.5.6.m. Com *casa*, obrigatoriamente não se usa artigo definidor quando:
• tem o sentido de "residência" ou de "lar" (do sujeito da oração) e vem desacompanhada de qualquer qualificação:
✓ *Chegou a <u>casa</u> cedo.*;
✓ *Já era noite quando entrámos em <u>casa</u>.*;
✓ *Voltou para <u>casa</u> porque não se sentia bem.*;
• é dita em sentido vago, ainda que se acompanhe de qualificação: *Em <u>casa</u> de enforcado, não se fala de corda.*

→ Obrigatoriamente, porém, a palavra *casa* antecede-se de artigo:
* quando usada na acepção genérica de 'edifício', de 'prédio', de 'estabelecimento comercial', de 'empresa', etc.:
    ✓ *Ele mesmo dirige a CASA (EDITORIAL).*;
    ✓ etc.
* quando qualificada por adjunto adnominal e não dita em sentido vago:
    ✓ *Correu à [= a + a] casa DO AMIGO.*;
    ✓ *Está na casa DE MARIA.*;
    ✓ etc.

⚐ OBSERVAÇÃO. Em várias regiões lusófonas, diz-se também *Está em casa de Maria*, etc.

3.5.6.n. Normalmente, a palavra *palácio* antecede-se de artigo definidor. Quando, porém, ao designar a residência ou o local de despacho de chefe de nação ou de estado, a palavra vem desacompanhada de qualquer qualificação e funciona como adjunto adverbial ou complemento circunstancial, então dispensa o artigo:
    ✓ *Hoje não dormirá em PALÁCIO.*;
    ✓ *Chegou a PALÁCIO para despachar.*;
    ✓ etc.

⚐ OBSERVAÇÃO. Mas sempre se antecederá de artigo quando qualificada de qualquer modo:
    ✓ *O governador está no Palácio DAS LARANJEIRAS.*;
    ✓ etc.

3.5.6.o. O ARTIGO DEFINIDOR é de uso obrigatório com o *superlativo relativo*. Pode, no entanto, ou preceder ao substantivo: *Era o ALUNO mais promissor da classe.*; ou ao mesmo superlativo, de duplo modo:
* ou *Era o MAIS PROMISSOR aluno da classe.*;
* ou *Era aluno o MAIS PROMISSOR da classe.*

⚐ OBSERVAÇÃO 1. Não podemos, todavia, de modo algum, usar duplamente o artigo, ou seja, tanto antes do substantivo como antes do superlativo: "Era 'o' aluno 'o' mais estudioso da classe". Assim se diz e se escreve em francês; mas constitui erro (galicista) em nossa língua.

⚐ OBSERVAÇÃO 2. Muitos e importantes gramáticos admitem este duplo uso quando se trata de superlativo determinado por *ainda*, como neste exemplo: "Essa façanha 'os' marinheiros ainda 'os' [marinheiros] mais audazes não ousariam cometê-la". ☹ Não o podemos aceitar: ainda se trata do galicismo apontado acima.

Diferente e correto, no entanto, é pôr entre vírgulas o superlativo com este mesmo *ainda* concessivo: *Essa façanha os marinheiros, ainda os* [*marinheiros*] *mais audazes, não ousariam cometê-la.*

3.5.6.p. Os nomes dos pontos cardeais (*norte, sul, leste* e *oeste*) ou dos pontos colaterais (*nordeste, sueste* ou *sudeste, sudoeste* e *noroeste*) antecedem-se de artigo definidor quando usados em sentido primário ou para significar região. Quando porém indicam apenas direção, *podem* dispensá-lo:

✓ *vegetação do* SUL *da Austrália*;
✓ *Nasceu no* NORDESTE.;
✓ *marcha para* OESTE (ou *para o* OESTE);
✓ etc.

NOTA PRÉVIA ⌑. Dizem Celso Cunha e Lindley Cintra: "Sendo por definição individualizante, o nome próprio deveria dispensar o artigo".[73] Não podemos senão concordar com isso, e tenhamo-lo sempre em mente no que se segue.

3.5.6.q. OS TOPÔNIMOS E O ARTIGO DEFINIDOR NO PORTUGUÊS ATUAL[74]

• Cumpre, antes de tudo, distinguir o efetivo uso do artigo antes de topônimo do uso do artigo antes de nome comum implícito seguido de aposto de individualização. Este segundo uso é o que se dá em, por exemplo, *o* [*rio*] *Nilo, o* [*oceano*] *Pacífico, o* [*mar*] *Mediterrâneo, as* [*ilhas*] *Bahamas, o* [*lago*] *Titicaca, o* [*vulcão*] *Vesúvio, o* [*deserto do*] *Saara, o* [*vento*] *Setentrião*. – Mas no primeiro uso a razão do gênero do artigo é mais complexa ou de todo obscura: *os Açores* (arquipélago; o nome provém talvez de *açor*), *o Himalaia* (cordilheira do), *os Alpes* (maciço), etc.

• Se se trata, então, do primeiro uso, emprega-se amiúde o artigo definidor antes de nome de país, de região, de continente, e isso, como dito, por razões nem sempre fáceis de precisar: *a Guiné, os Bálcãs, a Europa, a África*, etc.

⌓ OBSERVAÇÃO 1. Alguns nomes de país ou de região rejeitam o artigo: *Angola, Cabo Verde, Israel, Moçambique, Portugal, São Tomé e Príncipe, São Salvador, Timor; Andorra; Macau; Aragão, Castela, Leão;* etc.

⌓ OBSERVAÇÃO 2. Alguns nomes de país (*Áustria, Espanha, França, Inglaterra, Itália* e poucos mais) podem anteceder-se ou não anteceder-se de artigo. *Podem* não fazê-lo sobretudo quando antecedidos de preposição: *João* DE *Áustria, Vive* EM *Espanha, o rei* DE *França*, etc.

---

[73] CELSO CUNHA & LINDLEY CINTRA, *op. cit.*, p. 237.
[74] Ou seja, o que se estende do século XVIII ou XIX aos dias atuais.

- Não se emprega o artigo antes da maioria dos nomes de cidade, de localidade e de ilha (incluídas as ilhas-país): *Campo Grande*, *Creta*, *Lisboa*, *Paris*; *Cuba*, *Malta*, *Paquetá*; etc.

    ⌦ Observação. Alguns nomes de cidade formados de substantivos comuns mantêm o artigo: <u>*a*</u> *Guarda*, <u>*o*</u> *Porto*, <u>*o*</u> *Rio de Janeiro*, <u>*a*</u> *Figueira da Foz*; <u>*o*</u> *Cairo* (árabe *El-Kahira* = a vitoriosa), <u>*o*</u> *Havre* (francês *Le Havre* = o porto), etc.

- Não se emprega o artigo antes dos nomes dos planetas (excluída a Terra) ou das estrelas (excluído o Sol): *Júpiter*, *Vênus*; *Canopeia*, *Sírio*; etc.

    ⌦ Observação. Hesita-se ante certos nomes de constelação: *Aquário* ou <u>*o*</u> *Aquário*? *Cão Maior* ou <u>*o*</u> *Cão Maior*? Mas certamente: <u>*a*</u> *Ursa Menor* e <u>*a*</u> *Ursa Maior*, por um lado, e sem artigo *Andrômeda*, *Carina*, *Cassiopeia*, *Órion*, *Pégaso*, etc., por outro.

- Não é uniforme o emprego do artigo antes dos nomes dos estados brasileiros e das províncias portuguesas, ainda que a maioria o requeira:

    ◆ <u>*o*</u> *Acre*, <u>*o*</u> *Amazonas*, <u>*o*</u> *Ceará*, <u>*o*</u> *Espírito Santo*, <u>*o*</u> *Maranhão*, <u>*o*</u> *Mato Grosso do Sul*, <u>*o*</u> *Pará*, <u>*a*</u> *Paraíba*, <u>*o*</u> *Paraná*, <u>*o*</u> *Piauí*, <u>*o*</u> *Rio de Janeiro*, <u>*o*</u> *Rio Grande do Norte*, <u>*o*</u> *Rio Grande do Sul*; <u>*o*</u> *Alentejo*, <u>*o*</u> *Algarve*, <u>*a*</u> *Beira*, <u>*o*</u> *Douro*, <u>*a*</u> *Estremadura*, <u>*o*</u> *Minho*, <u>*o*</u> *Ribatejo*;

    ◆ *Alagoas*, *Goiás*, *Mato Grosso*, *Minas Gerais*, *Pernambuco*, *Rondônia*, *Santa Catarina*, *São Paulo*, *Sergipe*; *Trás-os-Montes*.

    ⌦ Observação. Podemos dizer, ainda, <u>*as*</u> *Alagoas* e <u>*as*</u> *Minas Gerais*.

- Todos os topônimos que de si rejeitam o artigo passam a exigi-lo, porém, quando qualificados de qualquer maneira:

    ✓ "Ai canta, canta ao luar, minha guitarra,
    <u>A</u> Lisboa dos Poetas Cavaleiros!"
    (António Nobre);

    ✓ "Gosto d<u>a</u> Ouro Preto de Guignard" (Manuel Bandeira).;

    ✓ <u>*a*</u> *Roma de meus antepassados*;

    ✓ <u>*o*</u> *Portugal de Camões*;

    ✓ etc.

3.5.6.r. Em Portugal, e em grande parte do Brasil, generalizou-se na fala o uso do artigo definidor antes de *nome próprio de pessoa*, o que acabou por refletir-se na escrita.[75] Este é o fato. Mas devemos, como gramático, tentar limitar ao menos na escrita tal uso, por dupla razão: antes de tudo, pela palavra de Cunha e Cintra

---

[75] Curiosamente, porém, em parte do Nordeste brasileiro e em parte do estado do Rio de Janeiro, por exemplo, ainda o corrente é dizer "o livro de José", "a casa de Joana", etc.

transcrita mais acima; depois, por evitar que também neste ponto o português se distancie grandemente não só das línguas indo-europeias em geral, mas em particular das neolatinas mais próximas, como o espanhol. A arte da tradução, por exemplo, no-lo agradecerá. ♭ Levem-se pois em conta as seguintes regras ou sugestões normativas relativas ao uso do ARTIGO DEFINIDOR antes de nomes próprios de pessoa.

- Se se trata de texto literário em que se busque reproduzir a fala lusófona atual, use-se o artigo antes destes nomes.[76]
- Se se trata de texto não literário ou de texto literário (ou de sua tradução) em que não se busque reproduzir tal fala, não se use o artigo antes destes nomes.
- Particularmente, não se use o artigo antes de nome próprio de personagem histórica, de político, de artista, etc.: *Constantino* (não "'o' Constantino"), *Biden* (não "'o' Biden"), *Putin* (não "'o' Putin"), *Chesterton* (não "'o' Chesterton"), etc.

♪ OBSERVAÇÃO 1. Naturalmente, deve usar-se o ARTIGO antes de *nome próprio de pessoa* se este estiver qualificado de qualquer maneira:

✓ <u>A</u> SÔNIA **que conheço não é essa**.;
✓ <u>o</u> SANCHO PANÇA **de nossa imaginação**;
✓ <u>o</u> MARCELO **de outrora**;
✓ <u>o</u> **romântico** SCHUBERT;
✓ etc.

♪ OBSERVAÇÃO 2. Usa-se o ARTIGO[77] também quando o *nome de pessoa* está *no plural*:

- quer para definir e indicar indivíduos de mesmo nome: <u>os</u> dois JOSÉS, <u>as</u> MARIAS, etc.;
- quer para designar uma família: <u>os</u> BRAGANÇAS, <u>os</u> NOGUEIRAS, etc.;
- quer, usando nome de personagem célebre, para representar determinada classe ou tipo de pessoas, e neste caso, apesar de iniciar-se por letra maiúscula, equivale a nome comum: <u>os</u> CIPIÕES, <u>as</u> PENÉLOPES, <u>os</u> HÉRCULES, etc.;[78]
- quer, enfim, para designar pelo nome de um artista (especialmente pintor) uma ou mais obras suas: <u>os</u> ZURBARANES da coleção, etc.

---

[76] Não nos parece adequado, porém, usar de tal artigo na tradução de texto de tom coloquial: com efeito, a combinação de artigo e de nome próprio em "o John" ou em "a Mary" soa a hibridismo vicioso, ou ao menos incômodo.

[77] Ou, em seu lugar, um demonstrativo, um indefinidor, um possessivo.

[78] Alguns destes nomes, todavia, também se usam com inicial minúscula, e assim se dicionarizam. É o caso de *hércules*.

3.5.6.s. Antes dos nomes especialmente de obra literária ou dramática, etc., pode usar-se ou não o artigo definidor:[79]
- ✓ *Acaba de ler [o] Oliver Twist.*;
- ✓ *Encenarão [o] Otelo.*;
- ✓ etc.

3.5.6.t. As palavras *senhor*, *senhora* e *senhorita* antecedem-se de artigo quando falamos de uma pessoa, referindo-a quer por seu nome quer por seu título:
- ✓ *O senhor **Ricardo** não virá à reunião.*;
- ✓ *a Senhora **Baronesa** que se conta entre seus antepassados*;
- ✓ etc.

Não se antecedem todavia de artigo quando nos dirigimos à pessoa:
- ✓ *Adeus, Senhora **Baronesa**.*;
- ✓ *Como anda, senhor **Tomás**?*;
- ✓ etc.

⚐ Observação. Como se vê, em ambos estes casos podem usar-se *senhor*, *senhora* e *senhorita* com inicial maiúscula ou minúscula. ↻ Preferimos nós usá-los sempre com inicial maiúscula.

3.5.6.u. Não se antecede de artigo definidor o adjetivo *santo/santa* (ou, por apócope, *são*) quando se lhe segue aposto individualizador: *Santa Clara*, *Santo Tomás de Aquino*, *São Roberto Belarmino*...

⚐ Observação. Usa-se o artigo, no entanto, quando pelo nome composto do santo se designa período ou dia de festa, uma imagem sua, etc.:

"Ainda há um ano precisamente, assistia eu no Porto a<u>o</u> São João mais fantástico deste mundo" (Augusto Frederico Schmidt).;
- ✓ *o São Pedro de Aleijadinho*;
- ✓ etc.

3.5.6.v. ↻ Contrariamente ao que se dá em inglês, se numa sequência de substantivos o primeiro estiver antecedido de artigo definidor, todos os demais também o haverão de estar – e isso ainda que sejam todos do mesmo gênero e do mesmo número:
- ✓ *Comprou os livros, a caneta, o caderno e tudo o mais de que necessitava.*;
- ✓ *Comprou os livros, os cadernos e os lápis de que necessitava.*;
- ✓ *"Para ganhar[es] o céu, vendeste a ira, a luxúria,*

---

[79] Obviamente, não se usará se o título da obra já contiver artigo (definidor ou indefinidor).

A̲ gula, a̲ inveja, o̲ orgulho, a̲ preguiça e a̲ avareza"
(Olavo Bilac).

→ ♭ Aplique-se a regra ainda a qualquer sequência de topônimos:
  ✓ *Visitou a̲ Áustria, a̲ Hungria, a̲ Rússia* (e não "Visitou a Áustria, Hungria, Rússia").

⌦ Observação. Não se deve, todavia, repetir o artigo:

- quando o segundo substantivo significa a mesma pessoa ou a mesma coisa que o primeiro, ou se refere a eles:
  ✓ *A̲ tangerina ou mexerica é uma espécie de laranja.*;
  ✓ *O̲ soldado e escritor Miguel de Cervantes...*;

- quando os substantivos constituem entre si algo uno ou um todo: "O estudo [do folclore] era necessitado pela existência da̲s histórias, contos de fadas, fábulas, apólogos, superstições, provérbios, poesia e mitos recolhidos da tradição oral" (I. Ribeiro).

3.5.6.w. Em sequências de adjetivos referentes a um mesmo substantivo, não se repete o artigo definidor antes daqueles, ainda que se liguem por *e*, por *ou* ou por *mas*:
  ✓ *A̲ boa e velha Filosofia*;
  ✓ *A̲ árdua **mas** prazerosa Filosofia*;
  ✓ etc.

⌦ Observação 1. Se se repete o artigo em, por exemplo, *Conhecia o̲ Novo e o̲ Velho Testamento* ou em *A̲ boa ou a̲ má fortuna não o alteraram*, não é porque, como dizem em geral as gramáticas, tais adjetivos acentuem "qualidades opostas de um mesmo substantivo", mas simplesmente porque determinam *dois* substantivos, um dos quais está elíptico:
  ✓ *Conhecia o̲ Novo [**Testamento**] e o̲ Velho **Testamento**.*;
  ✓ *A̲ boa [**fortuna**] ou a̲ má **fortuna** não o alteraram.*

⌦ Observação 2. Se os adjetivos se referem a um mesmo substantivo e não estão ligados por *e* ou por *ou*, em princípio não se há de repetir o artigo. Mas pode repetir-se se se quer emprestar ênfase à expressão: *Era aquela a̲ verdadeira, [a] justa, [a] precisa resposta à questão.*

⌦ Observação 3. Se porém dado substantivo vier determinado por uma série de superlativos relativos e estiver, ele mesmo, anteposto de preposição + artigo ou demonstrativo, é preferível antepor artigo a todos os superlativos:
  ✓ "Que o̲ **mais belo**, o̲ **mais forte**, o̲ mais ardente destes sujeitos é precisamente o̲ **mais triste**, o̲ **mais pálido**, o̲ **mais feio**" (Euclides da Cunha).

O que porém não se pode, de modo algum, é omitir o *mais* antes de nenhum adjetivo da série: *É o cineasta* MAIS *talentoso,* [*o*] MAIS *profundo e* [*o*] MAIS *coerente das últimas décadas* (e não "É o cineasta mais talentoso, profundo e coerente das últimas décadas").

3.5.6.x. Omite-se O ARTIGO DEFINIDOR:
- nos vocativos: "Oh! dias da minha infância!" (CASEMIRO DE ABREU);
- antes de substantivo que designe sujeito ou matéria de estudo quando empregado com os verbos *aprender, cursar, ensinar, estudar* e sinônimos: *aprender francês*; *cursar medicina*; *ensinar música*; *estudar gramática*; etc.;
- antes de substantivo que designe idioma que se fala ou se lê: *falar russo, ler grego*, etc.;
- antes de *ânimo, coragem, força, valor, ocasião, oportunidade, tempo, motivo, razão, licença, permissão*, etc. (para algo), quando complementam *ter, dar, pedir* e sinônimos:

  ✓ *Não **teve** ÂNIMO / CORAGEM / FORÇA / VALOR para prosseguir.*;
  ✓ *Não lhe **deu** OCASIÃO / OPORTUNIDADE para questioná-lo.*;
  ✓ ***Pediu**-lhes LICENÇA / PERMISSÃO para falar.*;
  ✓ *Não **tens** RAZÃO / MOTIVO para queixar-te.*;
  ✓ etc.

3.5.6.y. Como dito, os ARTIGOS INDEFINIDORES sempre mantêm algo de sua origem numeral. E, como já falámos de seu principal emprego (justamente como indefinidores dos substantivos a que se referem), limitemo-nos agora a tratar seus outros principais empregos – sempre variantes daquele.

- Para qualificar um substantivo já determinado por artigo definidor, é corrente repeti-lo com O ARTIGO INDEFINIDOR:

  ✓ "**A** chuva continuava, uma chuva mansa e igual, quase lenta, sem interesse em tombar" (M. J. DE CARVALHO).

- Costuma-se usar ainda O ARTIGO INDEFINIDOR antes de substantivo qualificado pelo adjetivo *verdadeiro* elíptico: *Pasteur é um* [VERDADEIRO] **cientista**.

- Mediante ARTIGO INDEFINIDOR anteposto a cardinais, indica-se aproximação quantitativo-numérica:

  ✓ *Tem uns QUARENTA anos.*;
  ✓ *Apareceram umas CINCO pessoas.*;
  ✓ *Caminhámos uma MEIA hora.*

- Também se pode usar *uns* e *umas* antes de nomes de parte dupla do corpo ou de objetos parelhos:

- ✓ Tens uns OLHOS tranquilos.;
- ✓ Calçava uns [= um par de] SAPATOS lustrosos.
• Usa-se o ARTIGO INDEFINIDOR antes de nome de pessoa:
♦ para indicar semelhança ou conformidade de determinada pessoa com personagem célebre, e neste caso o mesmo nome próprio, ainda que grafado com inicial maiúscula, adquire caráter de nome comum:
- ✓ Aquele homem era um HÉRCULES.;
- ✓ Essa moça é uma JOANA D'ARC.;

♦ para indicar que dado indivíduo é exemplar de sua classe ou de sua estirpe:
- ✓ O problema é que já não há um CÍCERO.;

♦ para designar que dado indivíduo pertence a determinada família:
- ✓ D. Pedro I era um BRAGANÇA.;

♦ para designar que dada obra é de determinado artista, mais amiúde pintor:
- ✓ Apreciei na exposição especialmente um REMBRANDT.

☞ OBSERVAÇÃO. Como os artigos definidores, os INDEFINIDORES podem antepor-se aos topônimos quando estes estão qualificados:
- ✓ Encontrámos uma EUROPA **em crise**.

3.5.6.z. Em regra ou ♭ de preferência, não se emprega o artigo indefinidor nos seguintes principais casos.

• Como dito já, antes dos pronomes indefinidores *qualquer, outro, certo, determinado* e *dado*:
- ✓ ✓ Visitar-te-ei a QUALQUER hora (e não "a 'uma' QUALQUER hora").

• Antes ainda do pronome demonstrativo *tal* (excetuado o caso, já tratado, da expressão fixa *um tal*):
- ✓ TAL assunto não nos diz respeito (e não "'Um' tal assunto...").

• Antes de *semelhante* como pronome demonstrativo:
- ✓ Nunca faria SEMELHANTE coisa (e não "'uma' semelhante...").

• Em muitas comparações:
- ✓ Não poderia dar-me pior notícia que esta (e não "'uma' pior notícia...").;
- ✓ Nunca passara por lugar tão perigoso como este (e não "por 'um' lugar...").;
- ✓ Não poderias ter melhor conselho nesta situação (e não "'um' melhor conselho...").;
- ✓ Passou qual furacão (e não "qual 'um' furacão").

☞ OBSERVAÇÃO. Mas diz-se *Luta como um leão*.

• Antes de expressões de parte (partitivas) ou de quantidade indeterminada:

- ✓ Grande parte do público não o aplaudiu (e não "'Uma' grande parte...");
- ✓ Havia grande número de pessoas na solenidade (e não "'um' grande número...");
- ✓ Comprou multidão de livros (e não "'uma' multidão...");
- ✓ Disponho de escassa reserva de dinheiro (e não "'uma' escassa...");
- ✓ Não há suficiente espaço para todos (e não "'um' suficiente...");
- ✓ etc.
• Antes de substantivos em adágios:
    - ✓ Cão que ladra não morde.;
    - ✓ Espada na mão de sandeu, perigo de quem lha deu.
• Em enumerações, em apostos e em predicativos do terceiro modo:[80]
    - ✓ "Casas, árvores, nuvens desagregavam-se numa melancólica paisagem de outono" (Fernando Namora).;
    - ✓ "Desde aí, os campos-santos não cessaram de recolher os mortos meus: avô, tios, amigos de infância, companheiros queridos..." (Augusto Frederico Schmidt).;
    - ✓ Meu pai, homem de coragem...

⟰ Observação 1. Do uso ou não uso do artigo definidor antes de *outro* ou depois de *ambos* e de *todo*, tratámos já em seções anteriores.

⟰ Observação 2. Os demais casos de não emprego do artigo indefinidor são sempre de caráter estilístico. Tenha-se sempre o cuidado, todavia, de não impedir por efeitos estilísticos a perfeita e imediata apreensão do sentido do texto.

3.6. Os verbos

3.6.1. Os verbos constituem a classe mais complexa, e isso por muitas razões. Assinalemos a modo preambular alguns pontos, a que voltaremos nesta mesma seção.

3.6.1.a. Antes de tudo, como os adjetivos, os verbos atribuem-se a substantivos. Diferentemente dos adjetivos, contudo, atribuem-se a substantivos enquanto estes são o sujeito da oração e enquanto eles mesmos, os verbos, são o predicado (ou núcleo do predicado) que se atribui ao sujeito.

3.6.1.b. Depois, mediante o verbo não só se atribui a um substantivo (pessoa ou coisa) antes de tudo ação ou paixão, mas ainda estas se significam *com tempo*, enquanto o substantivo ou nome de ação ou de paixão significa *sem tempo* (por exemplo, *correm* ≠ [a] *corrida*).[81] – Ademais, também a *posse* pode ser significada pelo verbo

---

[80] A distinção entre os três modos de ser predicativo tratá-la-emos no capítulo IV.
[81] Para aprofundamento quanto ao modo verbal de significar *com tempo*, ➤ *Suma*, p. 306.

ao modo de ação (*Têm uma vasta biblioteca*).[82] Mais ainda: a própria PAIXÃO pode, em alguns poucos casos, ser expressa ao modo de *ação*: como em *O enfermo padece muitas dores*, em que se tem o verbo na *voz ativa* conquanto pelo significado do mesmo verbo o sujeito seja *paciente*. Por outro lado, a mesma AÇÃO pode ser expressa ao modo de *paixão*: por exemplo, *São chegados os viajantes*, em que se tem o verbo na *voz passiva* conquanto pelo significado do mesmo verbo o sujeito seja *agente*.

3.6.1.c. Ademais, enquanto, como visto, o substantivo e o adjetivo têm três classes de acidentes (gênero, número e grau), o VERBO tem quatro: *modo* e *tempo*, *número* e *pessoa*.

• Quanto aos MODOS DO VERBO, diga-se desde já que o INDICATIVO expressa antes a *realidade*, o *ser* da ação verbal;[83] o SUBJUNTIVO empresta à ação caráter não de realidade, mas antes de *possibilidade*, de *potencial*, de *desejo*, de *condição*, etc., ou seja, expressa *o ser possível*; e o IMPERATIVO expressa *o ser devido*.

• Conta o verbo português, além disso, com modos ou formas chamadas *nominais*: o INFINITIVO, de caráter antes substantivo; o GERÚNDIO, de caráter ora adverbial, ora adjetivo; e o PARTICÍPIO, sempre de caráter adjetivo.

• Por fim, ordenam-se os verbos portugueses em três paradigmas ou conjugações (a primeira em *-ar*, a segunda em *-er* e a terceira em *-ir*: *louv<u>ar</u>*, *aprend<u>er</u>*, *part<u>ir</u>*). O verbo *pôr*, que pareceria constituir uma quarta conjugação, reduz-se porém à segunda (por derivar do latino *pon<u>ĕ</u>re*). Mas todas as conjugações têm seus verbos IRREGULARES; e alguns verbos, mais que irregulares, são ANÔMALOS.

3.6.2. OS PARADIGMAS VERBAIS[84]

3.6.2.a. OS PARADIGMAS DOS VERBOS REGULARES

NOTA PRÉVIA ꙮ. Na voz ativa os tempos compostos constam de verbo auxiliar (*ter* ou *haver*) + verbo principal (na forma nominal de *particípio* **invariável**):

✓ *Eu o teria* ou *haveria FEITO.*;
✓ *Ele tinha* ou *havia FEITO.*;
✓ *Nós tínhamos* ou *havíamos FEITO.*;
✓ *Tê-lo-eis* ou *Havê-lo-eis FEITO já.*;
✓ etc.[85]

---

[82] Os mesmos VERBOS DE LIGAÇÃO significam *com tempo*: É estudioso, FOI estudioso, SERÁ estudioso, etc.
[83] Embora só o *presente do indicativo* possa dar ação perfeitamente atual e pois perfeitamente real.
[84] Dar-se-ão a seguir somente os paradigmas da *voz ativa*.
[85] Como membros auxiliares dos tempos compostos, *ter* e *haver* já não conservam nenhuma carga semântica. – Para o modo antigo (tinha-O *feito*, tinha-OS *feitos*, tinha-A *feita*, tinha-AS *feitas*, etc.) em contraste com o atual (tinha-O *feito*, tinha-OS *feito*, tinha-A *feito*, tinha-AS *feito*, etc.), ➤ *Suma*, p. 364-65.

Primeira conjugação	Segunda conjugação	Terceira conjugação
louvar	**aprender**	**partir**
Modo indicativo		
Presente		
louvo	aprendo	parto
louvas	aprendes	partes
louva	aprende	parte
louvamos	aprendemos	partimos
louvais	aprendeis	partis
louvam	aprendem	partem
Pretérito		
1. Imperfeito		
louvava	aprendia	partia
louvavas	aprendias	partias
louvava	aprendia	partia
louvávamos	aprendíamos	partíamos
louváveis	aprendíeis	partíeis
louvavam	aprendiam	partiam
2.a. Perfeito simples		
louvei	aprendi	parti
louvaste	aprendeste	partiste
louvou	aprendeu	partiu
louvámos ou louvamos	aprendemos	partimos
louvastes	aprendestes	partistes
louvaram	aprenderam	partiram
2.b. Perfeito composto		
tenho ou hei louvado, aprendido, partido tens ou hás louvado, aprendido, partido tem ou há louvado, aprendido, partido temos ou havemos/hemos louvado, aprendido, partido tendes ou haveis louvado, aprendido, partido têm ou hão louvado, aprendido, partido		
3.a. Mais-que-perfeito simples		
louvara	aprendera	partira
louvaras	aprenderas	partiras
louvara	aprendera	partira
louváramos	aprendêramos	partíramos
louváreis	aprendêreis	partíreis
louvaram	aprenderam	partiram

Ainda podemos usar esse antigo modo, se o fizermos com propriedade, ou seja, se o fizermos de maneira que não cause estranhamento ou ambiguidade: *Os trabalhos, já os <u>tenho</u> feitos*, por exemplo.

3.b. Perfeito composto		
tenho ou hei louvado, aprendido, partido		
tens ou hás louvado, aprendido, partido		
tem ou há louvado, aprendido, partido		
temos ou havemos/hemos louvado, aprendido, partido		
tendes ou haveis louvado, aprendido, partido		
têm ou hão louvado, aprendido, partido		
Futuro do presente		
1. Simples		
louvarei	aprenderei	partirei
louvarás	aprenderás	partirás
louvará	aprenderá	partirá
louvaremos	aprenderemos	partiremos
louvareis	aprendereis	partireis
louvarão	aprenderão	partirão
2. Composto		
terei ou haverei louvado, aprendido, partido		
terás ou haverás louvado, aprendido, partido		
terá ou haverá louvado, aprendido, partido		
teremos ou haveremos louvado, aprendido, partido		
tereis ou havereis louvado, aprendido, partido		
terão ou haverão louvado, aprendido, partido		
Futuro do pretérito		
1. Simples		
louvaria	aprenderia	partiria
louvarias	aprenderias	partirias
louvaria	aprenderia	partiria
louvaríamos	aprenderíamos	partiríamos
louvaríeis	aprenderíeis	partiríeis
louvariam	aprenderiam	partiriam
2. Composto		
teria ou haveria louvado, aprendido, partido		
terias ou haverias louvado, aprendido, partido		
teria ou haveria louvado, aprendido, partido		
teríamos ou haveríamos louvado, aprendido, partido		
teríeis ou haveríeis louvado, aprendido, partido		
teriam ou haveriam louvado, aprendido, partido[86]		
Modo subjuntivo		
Presente		
louve	aprenda	parta

---

[86] O futuro do pretérito composto tem uma segunda forma, antes literária, com seu primeiro membro no mais-que-perfeito do indicativo: *tivera ou houvera feito, tiveras ou houveras feito, tivera ou houvera feito, tivéramos ou houvéramos feito, tivéreis ou houvéreis feito, tiveram ou houveram feito.*

louves	aprendas	partas
louve	aprenda	parta
louvemos	aprendamos	partamos
louveis	aprendais	partais
louvem	aprendam	partam
Pretérito		
1. Imperfeito		
louvasse	aprendesse	partisse
louvasses	aprendesses	partisses
louvasse	aprendesse	partisse
louvássemos	aprendêssemos	partíssemos
louvásseis	aprendêsseis	partísseis
louvassem	aprendessem	partissem
2. Perfeito		
tenha ou haja louvado, aprendido, partido tenhas ou hajas louvado, aprendido, partido tenha ou haja louvado, aprendido, partido tenhamos ou hajamos louvado, aprendido, partido tenhais ou hajais louvado, aprendido, partido tenham ou hajam louvado, aprendido, partido		
3. Mais-que-Perfeito		
tivesse ou houvesse louvado, aprendido, partido tivesses ou houvesses louvado, aprendido, partido tivesse ou houvesse louvado, aprendido, partido tivéssemos ou houvéssemos louvado, aprendido, partido tivésseis ou houvésseis louvado, aprendido, partido tivessem ou houvessem louvado, aprendido, partido		
Futuro		
1. Simples		
louvar	aprender	partir
louvares	aprenderes	partires
louvar	aprender	partir
louvarmos	aprendermos	partirmos
louvardes	aprenderdes	partirdes
louvarem	aprenderem	partirem
2. Composto		
tiver ou houver louvado, aprendido, partido tiveres ou houveres louvado, aprendido, partido tiver ou houver louvado, aprendido, partido tivermos ou houvermos louvado, aprendido, partido tiverdes ou houverdes louvado, aprendido, partido tiverem ou houverem louvado, aprendido, partido		

Modo imperativo		
1. Afirmativo		
-	-	-
louva (tu)	aprende (tu)	parte (tu)
louve (você, etc.)	aprenda (você, etc.)	parta (você, etc.)
louvemos (nós)	aprendamos (nós)	partamos (nós)
louvai (vós)	aprendei (vós)	parti (vós)
louvem (vocês, etc.)	aprendam (vocês, etc.)	partam (vocês, etc.)
2. Negativo		
-	-	-
não louves (tu)	não aprendas (tu)	não parta (tu)
não louve (você, etc.)	não aprenda (você, etc.)	não parta (você, etc.)
não louvemos (nós)	não aprendamos (nós)	não partamos (nós)
não louveis (vós)	não aprendais (vós)	não partais (vós)
não louvem (vocês, etc.)	não aprendam (vocês, etc.)	não partam (vocês, etc.)
Modos ou formas nominais		
Infinitivo		
1. Impessoal		
louvar	aprender	partir
2.a. Pessoal simples		
louvar	aprender	partir
louvares	aprenderes	partires
louvar	aprender	partir
louvarmos	aprendermos	partirmos
louvardes	aprenderdes	partirdes
louvarem	aprenderem	partirem
2.b. Pessoal composto		
ter ou haver louvado, aprendido, partido teres ou haveres louvado, aprendido, partido ter ou haver louvado, aprendido, partido termos ou havermos louvado, aprendido, partido terdes ou haverdes louvado, aprendido, partido terem ou haverem louvado, aprendido, partido		
Gerúndio		
1. Simples		
louvando	aprendendo	partindo
2. Composto		
tendo ou havendo louvado, aprendido, partido		
Particípio		
louvado	aprendido	partido[87]

---

[87] Trataremos mais adiante o particípio "presente", que chamamos *modal*.

3.6.2.b. Os verbos irregulares (incluídos os anômalos)[88]

§ **Da primeira conjugação.** São muito poucos os verbos irregulares desta conjugação: *dar, estar,* os terminados em *-ear* e alguns dos terminados em *-iar*.

- **Dar**
  - Presente do indicativo: *dou, dás, dá, damos, dais, dão*.
  - Pretérito perfeito do indicativo: *dei, deste, deu, demos, destes, deram*.
  - Pretérito mais-que-perfeito do indicativo: *dera, deras, dera, déramos, déreis, deram*.
  - Presente do subjuntivo: *dê, dês, dê, dêmos* ou *demos, deis, deem*.
  - Imperfeito do subjuntivo: *desse, desses, desse, déssemos, désseis, dessem*.
  - Futuro do subjuntivo: *der, deres, der, dermos, derdes, derem*.
  - Imperativo afirmativo: *dê, dêmos* ou *demos, dai, deem*.
  - Imperativo negativo: *não dês, não dê, não dêmos* ou *não demos, não deis, não deem*.

- **Estar**
  - Presente do indicativo: *estou, estás, está, estamos, estais, estão*.
  - Pretérito perfeito do indicativo: *estive, estiveste, esteve, estivemos, estivestes, estiveram*.
  - Pretérito mais-que-perfeito do indicativo: *estivera, estiveras, estivera, estivéramos, estivéreis, estiveram*.
  - Presente do subjuntivo: *esteja, estejas, esteja, estejamos, estejais, estejam*.
  - Imperfeito do subjuntivo: *estivesse, estivesses, estivesse, estivéssemos, estivésseis, estivessem*.
  - Futuro do subjuntivo: *estiver, estiveres, estiver, estivermos, estiverdes, estiverem*.
  - Imperativo afirmativo: *está, estás, esteja, estejamos, estai, estejam*.
  - Imperativo negativo: *não estejas, não esteja, não estejamos, não estejais, não estejam*.

- Os **terminados em -ear** recebem *i* depois do *e* do radical nas três pessoas do singular e na terceira pessoa do plural do presente do indicativo e do presente do subjuntivo, e, consequentemente, nas formas do imperativo correspondentes a estas pessoas.[89] Tome-se por modelo o verbo passear.
  - Presente do indicativo: *passeio, passeias, passeia, passeamos, passeais, passeiam*.

---

[88] Só se darão a seguir os tempos em que aparecem formas irregulares.
[89] Ou seja, nas formas rizotônicas. – Dizem-se *rizotônicas*, repita-se, as formas cujo acento tônico recai em sílaba do radical (<u>cant</u>-o, <u>beb</u>-o, por exemplo); e *arrizotônicas* as formas cujo acento tônico

- Presente do subjuntivo: *passeie, passeies, passeie, passeemos, passeeis, passeiem.*
- Imperativo afirmativo: *passeia, passeie, passeemos, passeai, passeiem.*
- Imperativo negativo: *não passeies, não passeie, não passeemos, não passeeis, não passeiem.*

• Os TERMINADOS EM *-IAR* conjugam-se regularmente, salvo cinco, que se conjugam como os terminados em *-ear*, ou seja, com *ei* nas mesmas pessoas que estes: *ansiar, incendiar, mediar, odiar* e *remediar*. Tome-se o primeiro por modelo.

- Presente do indicativo: *anseio, anseias, anseia, ansiamos, ansiais, anseiam.*
- Presente do subjuntivo: *anseie, anseies, anseie, ansiemos, ansieis, anseiem.*
- Imperativo afirmativo: *anseia, anseias, anseie, ansiemos, ansiai, anseiem.*
- Imperativo negativo: *não anseies, não anseie, não ansiemos, não ansieis, não anseiem.*[90]

→ Como dito, todos os demais verbos da primeira conjugação são regulares. Mas alguns deles merecem atenção especial.

• MOBILIAR, cujas formas rizotônicas têm o acento tônico na sílaba *-bi-*.

- Presente do indicativo: *mobílio, mobílias, mobília, mobiliamos, mobiliais, mobíliam.*
- Presente do subjuntivo: *mobílie, mobílies, mobílie, mobiliemos, mobilieis, mobíliem.*
- Imperativo afirmativo: *mobília, mobílie, mobiliemos, mobiliai, mobíliem.*
- Imperativo negativo: *não mobílies, não mobílie, não mobiliemos, não mobilieis, não mobíliem.*[91]

• AGUAR, APROPINQUAR, DESAGUAR, ENXAGUAR, MINGUAR, que, como visto ao tratarmos o novo Acordo Ortográfico, podem dizer-se e escrever-se duplamente (tome-se ENXAGUAR por modelo):

▪ ou com o *a* ou com o *i* do radical ditos tonicamente e acentuados graficamente nas seguintes pessoas:

- presente do indicativo: *enxáguo, enxáguas, enxágua, enxaguamos, enxaguais, enxáguam;*

---

não recai inteiramente no radical (*am-amos*, por exemplo) ou recai total ou parcialmente em sufixo (*livr-eiro*, por exemplo).

[90] Alguns gramáticos – como Napoleão Mendes de Almeida – insistem em que estes mesmos cinco verbos se devem conjugar regularmente: por exemplo (no presente do indicativo), "odio, odias, odia, odiamos, odiais, odiam". Parece no entanto que, se já houve época em que as duas formas (a regular e a irregular) competiam entre si, hoje – ao menos no Brasil – a irregular já se firmou irreversivelmente.
[91] A variante lusitana *mobilar* conjuga-se regularmente: *mobilo, mobilas, mobilava, mobilei, mobilaria,* etc.

* presente do subjuntivo: *enxágue, enxágues, enxágue, enxaguemos, enxagueis, enxáguem*;
* imperativo afirmativo: *enxágua*;
* ou com o *u* dito tonicamente e não acentuado graficamente nas seguintes pessoas ou formas rizotônicas:
* presente do indicativo: *enxaguo, enxaguas, enxagua, enxaguamos, enxaguais, enxaguam*;
* presente do subjuntivo: *enxague, enxagues, enxague, enxaguemos, enxagueis, enxaguem*;
* imperativo afirmativo: *enxagua*.

• PUGNAR, IMPUGNAR, DIGNAR-SE, INDIGNAR-SE — atente-se à dicção (com *g* mudo ou travado) e escrita das seguintes formas, cuja sílaba tônica vai sublinhada.
* Presente do indicativo: *pu̱gno, pu̱gnas, pu̱gna, pugna̱mos, pugnai̱s, pu̱gnam*.
* Presente do subjuntivo: *pu̱gne, pu̱gnes, pu̱gne, pugne̱mos, pugnei̱s, pu̱gnem*.
* Imperativo afirmativo: *pu̱gna, pu̱gne, pugne̱mos, pugnai̱, pu̱gnem*.
* Imperativo negativo: não *pu̱gnes*, não *pu̱gne*, não *pugne̱mos*, não *pugnei̱s*, não *pu̱gnem*.
* Presente do indicativo: *impu̱gno, impu̱gnas, impu̱gna, impugna̱mos, impugnai̱s, impu̱gnam*.
* Presente do subjuntivo: *impu̱gne, impu̱gnes, impu̱gne, impugne̱mos, impugnai̱s, impu̱gnem*.
* Imperativo afirmativo: *impu̱gna, impu̱gne, impugne̱mos, impugnai̱, impu̱gnem*.
* Imperativo negativo: não *impu̱gnes*, não *impu̱gne*, não *impugne̱mos*, não *impugnei̱s*, não *impu̱gnem*.
* Presente do indicativo: *di̱gno-me, di̱gnas-te, di̱gna-se, digna̱mo-nos, dignai̱s-vos, di̱gnam-se*.
* Presente do subjuntivo: *di̱gne-me, di̱gnes-te, di̱gne-se, digne̱mo-nos, dignei̱s-vos, di̱gnem-se*.
* Imperativo afirmativo: *di̱gna-te, di̱gne-se, digne̱mo-nos, dignai̱-vos, di̱gnem-se*.
* Imperativo negativo: não te *di̱gnes*, não se *di̱gne*, não nos *digne̱mos*, não vos *dignei̱s*, não se *di̱gnem*.
* Presente do indicativo: *indi̱gno-me, indi̱gnas-te, indi̱gna-se, indigna̱mo-nos, indignai̱s-vos, indi̱gnam-se*.
* Presente do subjuntivo: *indi̱gne-me, indi̱gnes-te, indi̱gne-se, indigne̱mo-nos, indignei̱s-vos, indi̱gnem-se*.

- Imperativo afirmativo: *in__di__gna-te, in__di__gne-se, indi__gne__mo-nos, indi__gnai__-vos, indi__gnem__-se*.
- Imperativo negativo: *não te in__di__gnes, não se in__di__gne, não nos indi__gne__mos, não vos indi__gneis__, não se indi__gnem__*.

• **CAPTAR, OPTAR, OBSTAR, RITMAR** – atente-se também à dicção (com *p*, *b[s]* ou *t* mudos ou travados) e escrita das seguintes formas, cuja sílaba tônica vai sublinhada.
- Presente do indicativo: *ca__p__to, ca__p__tas, ca__p__ta, cap__ta__mos, cap__tais__, ca__p__tam*.
- Presente do subjuntivo: *ca__p__te, ca__p__tes, ca__p__te, cap__te__mos, cap__teis__, ca__p__tem*.
- Imperativo afirmativo: *ca__p__ta, ca__p__te, cap__te__mos, cap__tai__, ca__p__tem*.
- Imperativo negativo: *não ca__p__tes, não ca__p__te, não cap__te__mos, não cap__teis__, não ca__p__tem*.
- Presente do indicativo: *o__p__to, o__p__tas, o__p__ta, op__ta__mos, op__tais__, o__p__tam*.
- Presente do subjuntivo: *o__p__te, o__p__tes, o__p__te, op__te__mos, op__teis__, o__p__tem*.
- Imperativo afirmativo: *o__p__ta, o__p__te, op__te__mos, op__tai__, o__p__tem*.
- Imperativo negativo: *não o__p__tes, não o__p__te, não op__te__mos, não op__teis__, não o__p__tem*.
- Presente do indicativo: *o__bs__to, o__bs__tas, o__bs__ta, obs__ta__mos, obs__tais__, o__bs__tam*.
- Presente do subjuntivo: *o__bs__te, o__bs__tes, o__bs__te, obs__te__mos, obs__teis__, o__bs__tem*.
- Imperativo afirmativo: *o__bs__ta, o__bs__te, obs__te__mos, obs__tai__, o__bs__tem*.
- Imperativo negativo: *não o__bs__tes, não o__bs__te, não obs__te__mos, não obs__teis__, não o__bs__tem*.
- Presente do indicativo: *ri__t__mo, ri__t__mas, ri__t__ma, rit__ma__mos, rit__mais__, ri__t__mam*.
- Presente do subjuntivo: *ri__t__me, ri__t__mes, ri__t__me, rit__me__mos, rit__meis__, ri__t__mem*.
- Imperativo afirmativo: *ri__t__ma, ri__t__me, rit__me__mos, rit__mai__, ri__t__mem*.
- Imperativo negativo: *não ri__t__me, não ri__t__mes, não ri__t__me, não rit__me__mos, não rit__meis__, não ri__t__mem*.

• **OBVIAR** – atente-se ainda à dicção (com *b* mudo ou travado) e escrita das seguintes formas, cuja sílaba tônica vai sublinhada.
- Presente do indicativo: *o__bv__io, o__bv__ias, o__bv__ia, obvi__a__mos, obvi__ais__, o__bv__iam*.
- Presente do subjuntivo: *o__bv__ie, o__bv__ies, o__bv__ie, obvi__e__mos, obvi__eis__, o__bv__iem*.
- Imperativo afirmativo: *o__bv__ia, o__bv__ie, obvi__e__mos, obvi__ai__, o__bv__iem*.
- Imperativo negativo: *não o__bv__ies, não o__bv__ie, não obvi__e__mos, não obvi__eis__, não o__bv__iem*.

• **AFROUXAR, ESTOURAR, ROUBAR; INTEIRAR, PENEIRAR; ETC.** – os verbos que trazem ditongo no radical mantêm-no em toda a conjugação:[92]

---

[92] E cuidemos de pronunciar, ainda que mais levemente, o *u* e o *i* dos ditongos *o__u__* e *e__i__*.

- *afr__ou__xo, afr__ou__xas, afr__ou__xa, afr__ou__xamos, afr__ou__xais, afr__ou__xam*;
- *est__ou__ro, est__ou__ras, est__ou__ra, est__ou__ramos, est__ou__rais, est__ou__ram*;
- *r__ou__be, r__ou__bes, r__ou__be, r__ou__bemos, r__ou__beis, r__ou__bem*;
- *int__ei__ro, int__ei__ras, int__ei__ra, int__ei__ramos, int__ei__rais, int__ei__ram*;
- *pen__ei__re, pen__ei__res, pen__ei__re, pen__ei__remos, pen__ei__reis, pen__ei__rem*;
- etc.

§§ DA SEGUNDA CONJUGAÇÃO

- **CABER**
  - Presente do indicativo: *caibo, cabes, cabe, cabemos, cabeis, cabem.*
  - Pretérito perfeito do indicativo: *coube, coubeste, coube, coubemos, coubestes, couberam.*
  - Pretérito mais-que-perfeito do indicativo: *coubera, couberas, coubera, coubéramos, coubéreis, couberam.*
  - Presente do subjuntivo: *caiba, caibas, caiba, caibamos, caibais, caibam.*
  - Pretérito imperfeito do subjuntivo: *coubesse, coubesses, coubesse, coubéssemos, coubésseis, coubessem.*
  - Futuro do subjuntivo: *couber, couberes, couber, coubermos, couberdes, couberem.*
  - ☞ OBSERVAÇÃO. CABER não se usa no imperativo.

- **CRER**
  - Presente do indicativo: *creio, crês, crê, cremos, credes, creem.*
  - Presente do subjuntivo: *creia, creias, creia, creiamos, creiais, creiam.*
  - Imperativo afirmativo: *crê, creia, creiamos, crede, creiam.*
  - Imperativo negativo: *não creias, não creia, não creiamos, não creiais, não creiam.*

- **DIZER**
  - Presente do indicativo: *digo, dizes, diz, dizemos, dizeis, dizem.*
  - Pretérito perfeito do indicativo: *disse, disseste, disse, dissemos, dissestes, disseram.*
  - Pretérito mais-que-perfeito do indicativo: *dissera, disseras, dissera, disséramos, disséreis, disseram.*
  - Futuro do presente: *direi, dirás, dirá, diremos, direis, dirão.*
  - Futuro do pretérito: *diria, dirias, diria, diríamos, diríeis, diriam.*
  - Presente do subjuntivo: *diga, digas, diga, digamos, digais, digam.*
  - Pretérito imperfeito do subjuntivo: *dissesse, dissesses, dissesse, disséssemos, dissésseis, dissessem.*

- Futuro: *disser, disseres, disser, dissermos, disserdes, disserem.*
- Imperativo afirmativo: *diz* ou *dize, diga, digamos, dizei, digam.*
- Imperativo negativo: *não digas, não diga, não digamos, não digais, não digam.*
- Particípio: *dito.*

- **FAZER**
- Presente do indicativo: *faço, fazes, faz, fazemos, fazeis, fazem.*
- Pretérito perfeito do indicativo: *fiz, fizeste, fez, fizemos, fizestes, fizeram.*
- Pretérito mais-que-perfeito do indicativo: *fizera, fizeras, fizera, fizéramos, fizéreis, fizeram.*
- Futuro do presente: *farei, farás, fará, faremos, fareis, farão.*
- Futuro do pretérito: *faria, farias, faria, faríamos, faríeis, fariam.*
- Presente do subjuntivo: *faça, faças, faça, façamos, façais, façam.*
- Pretérito imperfeito do subjuntivo: *fizesse, fizesses, fizesse, fizéssemos, fizésseis, fizessem.*
- Futuro do subjuntivo: *fizer, fizeres, fizer, fizermos, fizerdes, fizerem.*
- Imperativo afirmativo: *faz* ou *faze, faça, façamos, fazei, façam.*
- Imperativo negativo: *não faças, não faça, não façamos, não façais, não façam.*

- **HAVER**
- ◆Presente do indicativo: *hei, hás, há, havemos* ou *hemos, haveis, hão.*
- Pretérito perfeito do indicativo: *houve, houveste, houve, houvemos, houvestes, houveram.*
- Pretérito mais-que-perfeito do indicativo: *houvera, houveras, houvera, houvéramos, houvéreis, houveram.*
- Presente do subjuntivo: *haja, hajas, haja, hajamos, hajais, hajam.*
- Pretérito imperfeito do subjuntivo: *houvesse, houvesses, houvesse, houvéssemos, houvésseis, houvessem.*
- Futuro do subjuntivo: *houver, houveres, houver, houvermos, houverdes, houverem.*
- Imperativo afirmativo: *há, haja, hajamos, havei, hajam.*
- Imperativo negativo: *não hajas, não haja, não hajamos, não hajais, não hajam.*

- **LER**
- Presente do indicativo: *leio, lês, lê, lemos, ledes, leem.*
- Presente do subjuntivo: *leia, leias, leia, leiamos, leiais, leiam.*
- Imperativo afirmativo: *lê, leia, leiamos, lede, leiam.*
- Imperativo negativo: *não leias, não leia, não leiamos, não leiais, não leiam.*

- **PERDER**
  - Presente do indicativo: *perco, perdes, perde, perdemos, perdeis, perdem.*
  - Presente do subjuntivo: *perca, percas, perca, percamos, percais, percam.*
  - Imperativo afirmativo: *perde, perca, percamos, perdei, percam.*
  - Imperativo negativo: *não percas, não perca, não percamos, não percais, não percam.*
- **PODER**
  - Presente do indicativo: *posso, podes, pode, podemos, podeis, podem.*
  - Pretérito perfeito do indicativo: *pude, pudeste, pôde, pudemos, pudestes, puderam.*
  - Pretérito mais-que-perfeito do indicativo: *pudera, puderas, pudera, pudéramos, pudéreis, puderam.*
  - Presente do subjuntivo: *possa, possas, possa, possamos, possais, possam.*
  - Pretérito imperfeito do subjuntivo: *pudesse, pudesses, pudesse, pudéssemos, pudésseis, pudessem.*
  - Futuro do subjuntivo: *puder, puderes, puder, pudermos, puderdes, puderem.*
  - Imperativo afirmativo: *pode, possa, possamos, podei, possam.*
  - Imperativo negativo: *não possas, não possa, não possamos, não possais, não possam.*
- **PÔR**[93]
  - Presente do indicativo: *ponho, pões, põe, pomos, pondes, põem.*
  - Pretérito imperfeito do indicativo: *punha, punhas, punha, púnhamos, púnheis, punham.*
  - Pretérito perfeito do indicativo: *pus, puseste, pôs, pusemos, pusestes, puseram.*
  - Pretérito mais-que-perfeito do indicativo: *pusera, puseras, pusera, puséramos, puséreis, puseram.*
  - Futuro do presente: *porei, porás, porá, poremos, poreis, porão.*
  - Futuro do pretérito: *poria, porias, poria, poríamos, poríeis, poríamos.*
  - Presente do subjuntivo: *ponha, ponhas, ponha, ponhamos, ponhais, ponham.*
  - Pretérito imperfeito do subjuntivo: *pusesse, pusesses, pusesse, puséssemos, pusésseis, pusessem.*
  - Futuro do subjuntivo: *puser, puseres, puser, pusermos, puserdes, puserem.*
  - Imperativo afirmativo: *põe, ponha, ponhamos, ponde, ponham.*

---

[93] O verbo *pôr* é inteiramente irregular.

* Imperativo negativo: *não ponhas, não ponha, não ponhamos, não ponhais, não ponham.*
* Infinitivo pessoal: *pôr, pores, pôr, pormos, pordes, porem.*
* Gerúndio: *pondo.*
* Particípio: *posto.*

☞ Observação. Pelo verbo *pôr* se conjugam seus derivados atuais ou etimológicos, ressalvada a diferença quanto ao acento gráfico no infinitivo: compor, depor, dispor, repor, etc.

- Querer
* Presente do indicativo: *quero, queres, quer, queremos, quereis, querem.*
* Pretérito perfeito do indicativo: *quis, quiseste, quis, quisemos, quisestes, quiseram.*
* Pretérito mais-que-perfeito do indicativo: *quisera, quiseras, quisera, quiséramos, quiséreis, quiseram.*
* Presente do subjuntivo: *queira, queiras, queira, queiramos, queirais, queiram.*
* Pretérito imperfeito do subjuntivo: *quisesse, quisesses, quisesse, quiséssemos, quisésseis, quisessem.*
* Futuro do subjuntivo: *quiser, quiseres, quiser, quisermos, quiserdes, quiserem.*
* Imperativo afirmativo: *quer* ou *quere, queira, queiramos, querei, queiram.*
* Imperativo negativo: *não queiras, não queira, não queiramos, não queirais, não queiram.*

- Saber
* Presente do indicativo: *sei, sabes, sabe, sabemos, sabeis, sabem.*
* Pretérito perfeito do indicativo: *soube, soubeste, soube, soubemos, soubestes, souberam.*
* Pretérito mais-que-perfeito do indicativo: *soubera, souberas, soubera, soubéramos, soubéreis, souberam.*
* Presente do subjuntivo: *saiba, saibas, saiba, saibamos, saibais, saibam.*
* Pretérito imperfeito do subjuntivo: *soubesse, soubesses, soubesse, soubéssemos, soubésseis, soubessem.*
* Futuro do subjuntivo: *souber, souberes, souber, soubermos, souberdes, souberem.*
* Imperativo afirmativo: *sabe, saiba, saibamos, sabei, saibamos.*
* Imperativo negativo: *não saibas, não saiba, não saibamos, não saibais, não saibam.*

- Ser
* Presente do indicativo: *sou, és, é, somos, sois, são.*

- Pretérito imperfeito do indicativo: *era, eras, era, éramos, éreis, eram.*
- Pretérito perfeito do indicativo: *fui, foste, foi, fomos, fostes, foram.*
- Pretérito mais-que-perfeito do indicativo: *fora, foras, fora, fôramos, fôreis, foram.*
- Presente do subjuntivo: *seja, sejas, seja, sejamos, sejais, sejam.*
- Pretérito imperfeito do subjuntivo: *fosse, fosses, fosse, fôssemos, fôsseis, fossem.*
- Futuro do subjuntivo: *for, fores, for, formos, fordes, forem.*
- Imperativo afirmativo: *sê, seja, sejamos, sede, sejam.*
- Imperativo negativo: *não sejas, não seja, não sejamos, não sejais, não sejam.*

- **TER**
  - Presente do indicativo: *tenho, tens, tem, temos, tendes, têm.*
  - Pretérito imperfeito do indicativo: *tinha, tinhas, tinha, tínhamos, tínheis, tinham.*
  - Pretérito perfeito do indicativo: *tive, tiveste, teve, tivemos, tivestes, tiveram.*
  - Pretérito mais-que-perfeito do indicativo: *tivera, tiveras, tivera, tivéramos, tivéreis, tiveram.*
  - Presente do subjuntivo: *tenha, tenhas, tenha, tenhamos, tenhais, tenham.*
  - Pretérito imperfeito do subjuntivo: *tivesse, tivesses, tivesse, tivéssemos, tivésseis, tivessem.*
  - Futuro do subjuntivo: *tiver, tiveres, tiver, tivermos, tiverdes, tiverem.*
  - Imperativo afirmativo: *tem, tenha, tenhamos, tende, tenham.*
  - Imperativo negativo: *não tenhas, não tenha, não tenhamos, não tenhais, não tenham.*

  ⌔ OBSERVAÇÃO. Pelo verbo *ter* se conjugam seus derivados e outros verbos com que tem parentesco etimológico, ressalvada a diferença quanto a acento gráfico (*ele tem*, mas *ele contém, detém, retém*, etc.): ABSTER-SE, ATER-SE, CONTER, DETER, MANTER, OBTER, RETER, etc.

- **TRAZER**
  - Presente do indicativo: *trago, trazes, traz, trazemos, trazeis, trazem.*
  - Pretérito perfeito do indicativo: *trouxe, trouxeste, trouxe, trouxemos, trouxestes, trouxeram.*
  - Pretérito mais-que-perfeito do indicativo: *trouxera, trouxeras, trouxera, trouxéramos, trouxéreis, trouxeram.*
  - Futuro do presente: *trarei, trarás, trará, traremos, trareis, trarão.*
  - Futuro do pretérito: *traria, trarias, traria, traríamos, traríeis, trariam.*

- Presente do subjuntivo: *traga, tragas, traga, tragamos, tragais, tragam*.
- Pretérito imperfeito do subjuntivo: *trouxesse, trouxesses, trouxesse, trouxéssemos, trouxésseis, trouxessem*.
- Futuro do subjuntivo: *trouxer, trouxeres, trouxer, trouxermos, trouxerdes, trouxerem*.
- Imperativo afirmativo: *traz* ou *traze, traga, tragamos, trazei, tragam*.
- Imperativo negativo: *não tragas, não traga, não tragamos, não tragais, não tragam*.

- **Valer**
- Presente do indicativo: *valho, vales, vale, valemos, valeis, valem*.
- Presente do subjuntivo: *valha, valhas, valha, valhamos, valhais, valham*.
- Imperativo afirmativo: *vale, valha, valhamos, valei, valham*.
- Imperativo negativo: *não valhas, não valha, não valhamos, não valhais, não valham*.

- **Ver**
- Presente do indicativo: *vejo, vês, vê, vemos, vedes, veem*.
- Pretérito perfeito do indicativo: *vi, viste, viu, vimos, vistes, viram*.
- Pretérito mais-que-perfeito do indicativo: *vira, viras, vira, víramos, víreis, viram*.
- Presente do subjuntivo: *veja, vejas, veja, vejamos, vejais, vejam*.
- Pretérito imperfeito: *visse, visses, visse, víssemos, vísseis, vissem*.
- Futuro do subjuntivo: *vir, vires, vir, virmos, virdes, virem*.
- Imperativo afirmativo: *vê, veja, vejamos, vede, vejam*.
- Imperativo negativo: *não vejas, não veja, não vejamos, não vejais, não vejam*.
- Particípio: *visto*.

⌁ Observação. Pelo verbo *ver* se conjugam seus derivados atuais ou etimológicos: antever, entrever, prever e rever.

§§§ Da terceira conjugação

◊ Verbos com mutação vocálica no radical. Podem agrupar-se do modo seguinte.

- **Modelo: agredir**
- Presente do indicativo: *agrido, agrides, agride, agredimos, agredis, agridem*.
- Presente do subjuntivo: *agrida, agridas, agrida, agridamos, agridais, agridam*.
- Imperativo afirmativo: *agride, agrida, agridamos, agredi, agridam*.
- Imperativo negativo: *não agridas, não agrida, não agridamos, não agridais, não agridam*.

⌓ Observação. Pelo verbo *agredir* se conjugam DENEGRIR, PREVENIR, PROGREDIR, REGREDIR e TRANSGREDIR.

- **Modelo:** SUBIR
  - Presente do indicativo: *subo, sobes, sobe, subimos, subis, sobem.*
  - Imperativo afirmativo: *sobe, suba, subamos, subi, subam.*
  - ⌓ Observação. Pelo verbo SUBIR se conjugam ACUDIR, BULIR, CUSPIR, FUGIR, SACUDIR, etc.
- **Modelo:** FRIGIR
  - Presente do indicativo: *frijo, freges, frege, frigimos, frigis, fregem.*
  - Imperativo afirmativo: *frege, frija, frijamos, frigi, frijam.*
  - ⌓ Observação. Assemelha-se à conjugação de FRIGIR a dos verbos terminados em *-gir*: AGIR, DIRIGIR, FINGIR, RUGIR, TINGIR, etc., e a dos da segunda conjugação terminados em *-ger*: ELEGER, PROTEGER, REGER, etc.
- **Modelo:** TOSSIR
  - Presente do indicativo: *tusso, tosses, tosse, tossimos, tossis, tossem.*
  - Presente do subjuntivo: *tussa, tussas, tussa, tussamos, tussais, tussam.*
  - Imperativo afirmativo: *tosse, tussa, tussamos, tossi, tussam.*
  - Imperativo negativo: *não tussas, não tussa, não tussamos, não tussais, não tussam.*
  - ⌓ Observação. Pelo verbo TOSSIR se conjugam COBRIR (e derivados: DESCOBRIR, ENCOBRIR, RECOBRIR), DORMIR, ENGOLIR.
- **Modelo:** VESTIR
  - Presente do indicativo: *visto, vestes, veste, vestimos, vestis, vestem.*
  - Presente do subjuntivo: *vista, vistas, vista, vistamos, vistais, vistam.*
  - Imperativo afirmativo: *veste, vista, vistamos, vesti, vistam.*
  - Imperativo negativo: *não vistas, não vista, não vistamos, não vistais, não vistam.*
  - ⌓ Observação. Pelo verbo VESTIR se conjugam ADERIR, ADVERTIR, DEFERIR, DESPIR, FERIR, PREFERIR, REFLETIR, REPETIR, SEGUIR, SERVIR.

◇ **Verbos com mutação consonantal no radical**

- **MEDIR, PEDIR E OUVIR**, que têm modificado o radical na primeira pessoa do singular do presente do indicativo; em todo o presente do subjuntivo; e nas pessoas do imperativo tomadas do presente do subjuntivo. Os radicais *med-, ped-* e *ouv-* mudam-se, respectivamente, em *meç-, peç-* e *ouç-*.[94]

---

[94] E cuidemos de pronunciar, ainda que mais levemente, o *u* do ditongo *ou* em toda a conjugação de *ouvir*.

- Presente do indicativo: *meço, medes, mede, medimos, medis, medem*; *peço, pedes, pede, pedimos, pedis, pedem*; *ouço, ouves, ouve, ouvimos, ouvis, ouvem*.
- Presente do subjuntivo: *meça, meças, meça, meçamos, meçais, meçam*; *peça, peças, peça, peçamos, peçais, peçam*; *ouça, ouças, ouça, ouçamos, ouçais, ouçam*.
- Imperativo afirmativo: *mede, meça, meçamos, medi, meçam*; *pede, peça, peçamos, pedi, peçam*; *ouve, ouça, ouçamos, ouvi, ouçam*.
- Imperativo negativo: *não meças, não meça, não meçamos, não meçais, não meçam*; *não peças, não peça, não peçamos, não peçais, não peçam*; *não ouças, não ouça, não ouçamos, não ouçais, não ouçam*.

↯ OBSERVAÇÃO. Pelo verbo PEDIR se conjugam DESPEDIR, EXPEDIR, IMPEDIR, conquanto não derivem dele.

- **IR**
  - Presente do indicativo: *vou, vais, vai, vamos, ides, vão*.
  - Pretérito perfeito do indicativo: *fui, foste, foi, fomos, fostes, foram*.
  - Pretérito mais-que-perfeito do indicativo: *fora, foras, fora, fôramos, fôreis, foram*.
  - Presente do subjuntivo: *vá, vás, vá, vamos, vades, vão*.
  - Pretérito imperfeito do subjuntivo: *fosse, fosses, fosse, fôssemos, fôsseis, fossem*.
  - Futuro do subjuntivo: *for, fores, for, formos, fordes, forem*.
  - Imperativo afirmativo: *vai, vá, vamos, ide, vão*.
  - Imperativo negativo: *não vás, não vá, não vamos, não vades, não vão*.

- **VIR**
  - Presente do indicativo: *venho, vens, vem, vimos, vindes, vêm*.
  - Pretérito imperfeito do indicativo: *vinha, vinhas, vinha, vínhamos, vínheis, vinham*.
  - Pretérito perfeito do indicativo: *vim, vieste, veio, viemos, viestes, vieram*.
  - Pretérito mais-que-perfeito do indicativo: *viera, vieras, viera, viéramos, viéreis, vieram*.
  - Presente do subjuntivo: *venha, venhas, venha, venhamos, venhais, venham*.
  - Pretérito imperfeito do subjuntivo: *viesse, viesses, viesse, viéssemos, viésseis, viessem*.
  - Futuro do subjuntivo: *vier, vieres, vier, viermos, vierdes, vierem*.
  - Imperativo afirmativo: *vem, venha, venhamos, vinde, venham*.
  - Imperativo negativo: *não venhas, não venha, não venhamos, não venhais, não venham*.

- Gerúndio e particípio: *vindo*.

⌗ OBSERVAÇÃO. Conjugam-se por VIR seus derivados etimológicos: CONVIR, INTERVIR, PROVIR, SOBREVIR, etc.

- **RIR**
- Presente do indicativo: *rio, ris, ri, rimos, rides, riem*.
- Imperativo afirmativo: *ri, ria, riamos, ride, riam*.

⌗ OBSERVAÇÃO. Pelo verbo RIR se conjuga SORRIR, menos na segunda pessoa do plural do presente do indicativo: (*vós*) *sorris*.

¶ Muitos verbos portugueses apresentam alternância vocálica no radical de várias pessoas sem, todavia, tê-la representada ortograficamente.

▫ Na primeira conjugação, tal sucede com os verbos que têm *e* ou *o* no radical, como *rezar* e *rogar*, respectivamente.
- Em REZAR, com efeito, a vogal *e* pronuncia-se aberta nas três pessoas do singular e na terceira pessoa do plural do presente do indicativo e nas do subjuntivo, e, consequentemente, nas formas do imperativo correspondentes.

⌗ OBSERVAÇÃO. Entre os verbos da primeira conjugação que têm *e* no radical, só não se conjugam como *rezar* aqueles:

→ em que o *e* figure no ditongo *ei*: *inteirar, peneirar*, etc.;

→ em que o *e* se segue de *m*, de *n* ou de *nh*: *remar, penar, empenhar*, etc.;

→ em que o *e* se segue de *ch*, de *lh*, de *j* ou de *x*: *fechar, espelhar, pejar, vexar*, etc.

§ Há todavia alternância vocálica no verbo *invejar*.

- Em ROGAR, a vogal *o* pronuncia-se aberta nas três pessoas do singular e na terceira pessoa do plural do presente do indicativo e nas do subjuntivo, e, consequentemente, nas formas do imperativo correspondentes.

⌗ OBSERVAÇÃO. Entre os verbos da primeira conjugação que têm *o* no radical, só não se conjugam como *rogar* aqueles:

→ em que o *o* faz parte dos ditongos *ou* e *oi*: *roubar, estourar, noivar*, etc.;

→ em que o *o* se segue de *m*, de *n* ou de *nh*: *domar, lecionar, sonhar*, etc.;

→ em que o *o* antecede imediatamente à terminação *-ar*: *perdoar*, *voar*, etc.
- Na segunda conjugação, tal sucede também com os verbos que têm *e* ou *o* no radical, como *dever* e *morder*.
- Em DEVER, com efeito, a vogal *e* pronuncia-se aberta na segunda e na terceira pessoa do singular e na terceira pessoa do plural do presente do indicativo, e ainda, portanto, na segunda pessoa do singular do imperativo afirmativo.
- ↯ OBSERVAÇÃO. Entre os verbos da segunda conjugação que têm *e* no radical, só não se conjugam como *dever*:

→ *querer*, cujo *e* do radical também se diz aberto na primeira pessoa do singular do presente do indicativo;

→ e aqueles em que o *e* se segue de *m* ou de *n*: *tremer*, *encher*, etc.
- Em MORDER, a vogal *o* pronuncia-se aberta na segunda e na terceira pessoa do singular e na terceira pessoa do plural do presente do indicativo, e ainda, portanto, na segunda pessoa do singular do imperativo afirmativo.
- ↯ OBSERVAÇÃO. Entre os verbos da segunda conjugação que têm *o* no radical, só não se conjugam como *morder*:

→ *poder*;

→ e aqueles em que o *o* se segue de consoante nasal, como em *comer*.

3.6.2.c. OS VERBOS DEFECTIVOS

- Chamam-se DEFECTIVOS os verbos que não se conjugam em determinada pessoa de dado tempo ou a que falta um ou mais tempos.[95]

↯ OBSERVAÇÃO. Muitos gramáticos e lexicógrafos dão *adequar* entre os defectivos, enquanto outros (por exemplo, o *Dicionário Houaiss*) o conjugam inteiramente. De nossa parte, alinhamo-nos com os que suspendem a defectibilidade do verbo *adequar*, que, insistimos, conjugamos integramente. Nos demais casos, julgamos conveniente seguir o mais tradicional.

- Os DEFECTIVOS pertencem majoritariamente à terceira conjugação e podem dividir-se em dois grupos principais:

---

[95] Para a razão de tal defecção em alguns verbos, e para a discordância entre gramáticos e entre dicionaristas quanto ao estabelecimento dos casos de lacuna verbal, ➤ *Suma*, p. 325-26.

• **Primeiro grupo**: verbos destituídos da primeira pessoa do singular do presente do indicativo, de todas as pessoas do presente do subjuntivo e das formas do imperativo que destas derivam (ou seja, todas as do imperativo negativo e três do afirmativo: a terceira do singular e a primeira e a terceira do plural). O modelo deste grupo é BANIR:
→ Presente do indicativo: –, *banes, bane, banimos, banis, banem*;
→ Presente do subjuntivo: –, –, –, –, –, –;
→ Imperativo afirmativo: *bane*, –, –, *bani*, –;
→ Imperativo negativo: –, –, –, –, –.

⌕ OBSERVAÇÃO. Conjugam-se pelo modelo de BANIR os seguintes verbos, entre outros: ABOLIR, BRANDIR, CARPIR, COLORIR, DEMOLIR, EXAURIR, FREMIR, HAURIR, IMERGIR, JUNGIR (e DESJUNGIR), RETORQUIR, além de SOER.

• **Segundo grupo**: verbos que no presente do indicativo não se conjugam senão nas formas arrizotônicas e portanto não possuem nenhuma das pessoas do presente do subjuntivo nem nenhuma das do imperativo negativo, além de que no imperativo afirmativo só possuem a segunda do plural. Podemos tomar FALIR por modelo deste grupo:
→ Presente do indicativo: –, –, –, *falimos, falis*, –;
→ Presente do subjuntivo: –, –, –, –, –, –;
→ Imperativo afirmativo: –, –, –, *fali*, –;
→ Imperativo negativo: –, –, –, –, –.

⌕ OBSERVAÇÃO 1. Conjugam-se pelo modelo de FALIR os seguintes verbos, entre outros: AGUERRIR, COMBALIR, COMEDIR-SE, DELINQUIR, DESCOMEDIR-SE, EMBAIR, EMPEDERNIR, FORAGIR-SE, FORNIR, PUIR, REMIR, RENHIR (todos da terceira conjugação) e PRECAVER-SE e REAVER (ambos da segunda conjugação).

⌕ OBSERVAÇÃO 2. PRECAVER(-SE) não pende de *ver* nem de *vir*. Faz *precavi-me, precaveste-te, precaveu-se*, etc., no pretérito perfeito do indicativo, e *precavesse-me, precavesses-te, precavesse-se*, etc., no imperfeito do subjuntivo, segundo o paradigma dos verbos da segunda conjugação. Mas, como dito, é defectivo exatamente nas mesmas pessoas e tempos que *falir*.

• CONCERNIR, por seu lado, só se usa nas terceiras pessoas (mas em nenhuma do imperativo) e nas formas nominais (ou antes, apenas nas terceiras pessoas do infinitivo flexionado).

⌕ OBSERVAÇÃO GERAL. As lacunas de um verbo defectivo podem ser supridas por formas de outros verbos ou por determinadas perífrases: por exemplo, *redimo* e *abro falência* em lugar da primeira pessoa do presente do indicativo, respectivamente, do verbo *remir* e do verbo *falir*; *precato-me* ou *acautelo-me* em lugar da pessoa faltante de *precaver-se*; *et reliqua*.

3.6.2.d. Os verbos abundantes

• Chamam-se ABUNDANTES os verbos que em dado modo nominal ou em dada pessoa possuem duas ou mais formas equivalentes: é o caso, por exemplo, da primeira pessoa do plural do presente do indicativo do verbo *haver* (*havemos* e *hemos*) ou o da segunda pessoa do singular do imperativo afirmativo do verbo *fazer* e do verbo *dizer* (*faz* e *faze*; *diz* e *dize*). Mas quase todos os casos de tal abundância sucedem tão só no particípio: é que alguns verbos, a par da forma regular em *-ado* (da primeira conjugação) ou em *-ido* (da segunda e da terceira conjugação), contêm uma forma irregular ou reduzida.

• Quando há as duas formas, a regular emprega-se normalmente na constituição dos tempos compostos, acompanhada pois de *ter* ou de *haver*, enquanto a irregular se emprega normalmente quando acompanhada de *ser* (na formação da voz passiva), de *estar*, de *andar*, de *ir*, de *vir*, etc.

☞ OBSERVAÇÃO 1. Por vezes não há a forma regular, como é o caso de *abrir*, *cobrir*, *dizer*, *escrever* e *fazer*: com efeito, *aberto* (e nunca "abrido"), *coberto* (e nunca "cobrido"), *dito* (e nunca "dizido"), *escrito* (e nunca "escrevido") e *feito* (e nunca "fazido") usam-se quer com *ter* e *haver*, quer com *ser* e *estar*.[96]

☞ OBSERVAÇÃO 2. No Brasil é muito estendido o uso de "bebo", "chego", "falo", "trago" em lugar de *bebido*, *chegado*, *falado*, *trazido*. Trata-se de pura deriva corruptora da língua, razão por que não deve usar-se na escrita nem na fala.

• São os seguintes os principais casos de abundância participial:

§ DA PRIMEIRA CONJUGAÇÃO:

♦ ACEITAR: *aceitado* e *aceito* (em Portugal, *aceite*);
♦ ENTREGAR: *entregado* e *entregue*;
♦ ENXUGAR: *enxugado* e *enxuto*;
♦ EXPRESSAR: *expressado* e *expresso*;
♦ EXPULSAR: *expulsado* e *expulso*;
♦ ISENTAR: *isentado* e *isento*;
♦ LIBERTAR: *libertado* e *liberto*;
♦ MATAR: *matado* e *morto*;

---

[96] Para o caráter adjetival do particípio, e para a dificuldade de distinguir em alguns casos se se trata de adjetivo ou de particípio, ➢ *Suma*, p. 327.

- **PAGAR:** *pagado* e *pago*;
- **PEGAR:** *pegado* e *pego*;
- **SALVAR:** *salvado* e *salvo*;
- **SOLTAR:** *soltado* e *solto*.

☞ OBSERVAÇÃO 1. Em princípio constitui ao menos impropriedade o uso de uma forma participial por outra. Mas entre os mesmos melhores escritores é tão comum o uso de *libertado* por *liberto*, por um lado, e de *pago* e de *pego* por *pagado* e por *pegado*, por outro, que não se pode taxar de erro seu uso. ☝ Mas o mais adequado, em vários sentidos, é o uso paradigmático destas formas.

☞ OBSERVAÇÃO 2. A forma participial irregular de MATAR só se usa na voz passiva:

✓ *O leão <u>foi **morto**</u> pelo caçador.*

§§ DA SEGUNDA CONJUGAÇÃO:
- **ACENDER:** *acendido* e *aceso*;
- **BENZER:** *benzido* e *bento*;
- **ELEGER:** *elegido* e *eleito*;
- **ENVOLVER:** *envolvido* e *envolto*;
- **MORRER:** *morrido* e *morto*;
- **PRENDER:** *prendido* e *preso*;
- **SUSPENDER:** *suspendido* e *suspenso*.

☞ OBSERVAÇÃO 1. Note-se que *morto* é particípio irregular tanto de MATAR como de MORRER.

☞ OBSERVAÇÃO 2. Com *ser*, com *estar*, etc., *envolto* só se usa quando se trata de coisas físicas:

✓ *Foi <u>envolto</u> pela FUMAÇA.*;
✓ etc.

Quando se trata de ações, usa-se sempre *envolvido*:

✓ *Foi <u>envolvido</u> num CRIME.*;
✓ etc.

Nos tempos compostos, porém, seria ocioso dizê-lo, só se usa *envolvido*:

✓ *A fumaça TINHA-o <u>envolvido</u>.*;
✓ *TINHAM-na <u>envolvido</u> num crime.*;
✓ etc.

§§§ DA TERCEIRA CONJUGAÇÃO:
- **EMERGIR:** *emergido* e *emerso*;
- **EXPRIMIR:** *exprimido* e *expresso*;

- EXTINGUIR: *extinguido* e *extinto*;
- FRIGIR: *frigido* e *frito*;
- IMERGIR: *imergido* e *imerso*;
- IMPRIMIR: *imprimido* e *impresso*;
- SUBMERGIR: *submergido* e *submerso*.

⌁ OBSERVAÇÃO 1. *Frito*, como visto, é particípio de *frigir*, não de FRITAR, que tem particípio único: *fritado*. Correntemente, todavia, usa-se *frito* e nunca *fritado* com *ser*, com *estar*, etc.

⌁ OBSERVAÇÃO 2. IMPRIMIR só possui dupla forma participial quando significa 'gravar' ou 'estampar'. Quando significa 'infundir' ou 'produzir movimento', emprega-se tão somente *imprimido*. Assim, *Seu livro será <u>impresso</u> em Portugal*; mas *Foi <u>imprimida</u> pelo professor na alma dos alunos a vontade de estudar*.

§ Caíram em desuso muitos particípios irregulares: entre outros, CINTO, do verbo *cingir*; COLHEITO, do verbo *colher*; DESPESO, do verbo *despender*. Outros, como ABSOLUTO, de *absolver*, e RESOLUTO, de *resolver*, seguem usando-se, mas como puros adjetivos.

3.6.3. VERBOS UNIPESSOAIS E VERBOS "IMPESSOAIS"

3.6.3.a. São UNIPESSOAIS os verbos que, em razão de seu próprio significado, normalmente não se usam senão na terceira pessoa do singular ou do plural. São os seguintes.

- Os que significam ação própria de determinado animal, como BALIR, CACAREJAR, CHIRRIAR, COAXAR, GRASNAR, GRAZINAR (os periquitos, por exemplo), LADRAR, MIAR, PIAR ou PIPILAR, ROSNAR, ZUMBIR, ZURRAR, ESVOAÇAR (borboletas, mariposas, etc.), GALOPAR, TROTAR e outros que tais.

⌁ OBSERVAÇÃO 1. Em sentido *translato* ou *metafórico*, os verbos que significam ação própria de determinado animal podem usar-se em todas as pessoas. Exemplo:

   ✓ "Tanto <u>ladras</u>, <u>rosnei</u> com os meus botões, que trincas a língua" (ANTÓNIO RIBEIRO).

⌁ OBSERVAÇÃO 2. Nas fábulas e em outros casos de personificação, tais verbos podem empregar-se em sentido próprio em todas as pessoas.

- Os que expressam necessidade, conveniência, parecer, sensação, etc., quando têm por sujeito ou um substantivo, ou uma oração substantiva, quer reduzida de infinitivo, quer desenvolvida e iniciada pela conjunção integrante *que* (explícita ou implícita):[97]

---

[97] Insista-se: uma oração diz-se *desenvolvida* quando seu verbo está no indicativo ou no subjuntivo e, portanto, se inicia pela devida conjunção (ou pelo devido advérbio, como se verá em seu momento);

- ✓ *Urge* UMA PROVIDÊNCIA ADEQUADA.;
- ✓ *Convém* PROCEDERMOS AO COMBINADO.;
- ✓ *Convém* QUE PROCEDAMOS AO COMBINADO.;
- ✓ *Doem-me* AS COSTAS.;
- ✓ *Esqueceu-nos* A LIÇÃO.;[98]
- ✓ etc.

• ACONTECER, OCORRER, SUCEDER, CONCERNIR, GRASSAR, CONSTAR (= ser constituído de), ASSENTAR (peça de roupa) e outros que tais:
- ✓ *No que concerne a este assunto...*;
- ✓ *Vírus que grassam por todo o mundo.*;
- ✓ *A obra consta de dois tomos.*;
- ✓ *Sucedeu o esperado.*;
- ✓ *O terno assenta-lhe bem.*;[99]
- ✓ etc.

3.6.3.b. Os verbos conhecidos como "IMPESSOAIS" só podem chamar-se assim porque comumente se considera que "não têm sujeito".[100] Reduzem-se, em verdade, a UNIPESSOAIS, com a diferença de que só se usam na terceira pessoa do *singular*. São os seguintes.

• Os que significam algum fenômeno da natureza: ALVORECER, AMANHECER, ANOITECER, CHOVER, CHUVISCAR, ENTARDECER, ESTIAR, GRANIZAR, GEAR, NEVAR, ORVALHAR OU ROCIAR, RELAMPEJAR, SARAIVAR, TROVEJAR, VENTAR, etc.

☞ OBSERVAÇÃO. Em sentido *translato* ou *metafórico*, os verbos que significam fenômeno da natureza também podem usar-se em todas as pessoas. Exemplo:
- ✓ *Anoitecemos e amanhecemos na cidade.*

• O verbo HAVER na acepção de 'existir', na de 'estar', na de 'dar-se', na de 'realizar-se', na de 'produzir-se', na de 'aparecer', ou quando indica tempo decorrido; e o verbo FAZER quando também indica tempo decorrido:
- ✓ *Houve momentos de muita alegria.*;
- ✓ *Não há ninguém em casa.*;
- ✓ *Tem havido muitos acidentes na estrada.*;

---

e diz-se *reduzida de infinitivo, de gerúndio* ou *de particípio* quando seu verbo está em uma destas formas e, portanto, ou não se inicia por nenhum conectivo ou se inicia por preposição.

[98] *Esquecer* só é unipessoal quando a coisa esquecida é o sujeito da oração.

[99] *Constar, suceder* e *assentar* só são unipessoais com os sentidos em que são empregados nestes exemplos.

[100] Para a falsidade de considerar que haja verbos absolutamente sem sujeito, ➤ *Suma*, p. 330. Reveja-se também o PREÂMBULO deste capítulo e, mais adiante, o ponto 4.1.1.b.

- ✓ *Haverá nova reunião da diretoria amanhã.*;
- ✓ *Houve tufões no mês passado.*;
- ✓ *Não há estrelas esta noite.*;
- ✓ *Casaram-se há cinco anos.*;
- ✓ *Não o vemos faz dois anos.*

⮡ OBSERVAÇÃO. Não se use em nenhum destes exemplos, em lugar de *haver* ou de *fazer*, o verbo *ter*. Conquanto haja exemplos históricos de seu emprego em bons autores (especialmente do século XVI), já desde há muito deixou de fazer parte da língua mais cultivada.

- BASTAR e CHEGAR quando requerem a preposição *de*. Exemplos:
  - ✓ *Basta de discussões.*;
  - ✓ *Chega de queixas.*

3.6.4. OS MODOS E OS TEMPOS VERBAIS E SEUS USOS SEMANTOSSINTÁTICOS

§ Demos já, mais acima, os caracteres gerais dos modos e dos tempos verbais. Vejamo-los agora mais detidamente.

3.6.4.a. O MODO INDICATIVO expressa, normalmente, que dada ação, dado fato, dado estado ou dada qualidade ou propriedade são *certos* ou *reais* e se dão no presente, ou se deram no passado ou se darão no futuro. É o modo próprio da *oração subordinante*.

α. O PRESENTE DO INDICATIVO[101]

- Emprega-se, antes de tudo, para expressar que certa ação, certo fato ou certo estado se dão no momento em que se fala ou em que se escreve:
  - ✓ *Cai uma chuva fina.*;
  - ✓ *Trabalho agora no novo livro.*;
  - ✓ *O rapaz encontra-se acamado.*;
  - ✓ etc.

- Emprega-se também para expressar que dada ação, dado fato, dado estado ou dada qualidade ou propriedade se dão não só no momento em que se fala ou em que se escreve, mas permanentemente ou, ainda, eternamente:
  - ✓ *A Terra gira em torno do Sol.*;
  - ✓ *As grandes catástrofes não distinguem ricos e pobres.*;

---

[101] Para nossa consideração de que os modos e os tempos verbais estão para o presente do indicativo assim como o vocativo, o genitivo, o dativo, o acusativo e o ablativo estão para o nominativo, por exemplo, em latim, e assim como os pronomes oblíquos estão para os retos, por exemplo, em português, ➢ *Suma*, p. 332.

✓ *O menino <u>come</u> pouquíssimo.*;
✓ "*Deus <u>é</u> Pai! Pai de toda a criatura:
E a todo o ser o seu amor <u>assiste</u>: ...*"
(A. DE QUENTAL);
✓ "*O ente <u>é</u>, o não ente não <u>é</u>*" (PARMÊNIDES).

• Usa-se ainda para expressar que dada ação, dado fato, dado estado ou dada qualidade se deram no passado: é o chamado presente histórico ou narrativo, que se usa para emprestar súbita vivacidade à narração: *Napoleão* MARCHAVA *em direção à Rússia, quando de repente <u>começa</u> a nevar*. É recurso antes literário, que porém se emprega também fora da Literatura. Não obstante, deve usar-se sempre com moderação.[102]

• Usa-se, ademais, para expressar que determinada ação deve dar-se em futuro próximo: *Amanhã te <u>faço</u> isso*; *Se José partir amanhã, <u>vamos</u> com ele*; *Outro dia ela <u>volta</u>*; etc. Trata-se, contudo, de recurso antes coloquial ou literário, ↓ e muitas vezes deve evitar-se em outros registros.

• Interrogativamente e com o verbo *querer* seguido de infinitivo, em lugar do imperativo: *Quer entrar, meu senhor?* (= *Entre, meu senhor*). ↓ É ainda recurso antes coloquial ou literário.

⚐ OBSERVAÇÃO 1. Usa-se o presente do indicativo de *ter + de + infinitivo* para expressar que dada ação, dado fato, dado estado ou dada qualidade devem dar-se em futuro imediato: *<u>Temos de conhecer</u> as causas do sucedido*.[103]

⚐ OBSERVAÇÃO 2. Em muitos casos o presente do indicativo se substitui por *estar + gerúndio* ou por *estar + a + infinitivo*: *Estuda = <u>Está estudando</u>* (mais comum no Brasil) = *<u>Está a estudar</u>* (mais comum em Portugal).[104]

β. O PRETÉRITO IMPERFEITO

• Como se vê por seu mesmo nome, emprega-se para expressar a inconclusão ou a continuidade no passado de certa ação, de certo fato ou de certo estado:

✓ "*Debaixo de um itapicuru, eu <u>fumava</u>, <u>pensava</u> e <u>apreciava</u> a tropilha de cavalos, que <u>retouçavam</u> no gramado vasto. A cerca <u>impedia</u> que eles me vissem. E alguns <u>estavam</u> muito perto*" (GUIMARÃES ROSA).

---

[102] O uso de um tempo verbal por outro, e, em geral, de qualquer classe gramatical por outra, chama-se *enálage* (< gr. *enallagḗ*, *ês*, pelo fr. *énallage*).

[103] Cunha e Cintra, João de Almeida e outros consideram castiço o uso de *que* em lugar de *de* neste caso. ↓ Julgamos porém preferível o uso de *de* por ser o aceito por *todos* os gramáticos e por *todos* os melhores escritores, ao passo que o uso de *que* não alcança tal unanimidade.

[104] Mas ambas as formas são lidimamente portuguesas e usáveis por todos os lusófonos.

⚐ OBSERVAÇÃO. Não raro o IMPERFEITO expressa que determinada ação se estava dando quando sobreveio outra (no pretérito perfeito): *Sonhava, quando o barulho o DESPERTOU.*

• Expressa ainda que determinada ação ou determinado estado se davam amiúde ou permanentemente:
  ✓ "Se o cacique <u>marchava</u>, a tribo inteira o <u>acompanhava</u>" (JAIME CORTESÃO).;
  ✓ *Sua casa <u>dava</u> para o parque.*

• Em contos, fábulas, lendas, etc., usa-se o verbo *ser* no imperfeito para situar vagamente no tempo:
  ✓ <u>Era</u> *uma vez...*

⚐ OBSERVAÇÃO 1. Em lugar do IMPERFEITO, usa-se em muitos casos *estava,* etc. + *gerúndio* ou *estava,* etc. + *a* + *infinitivo*: ESTUDAVA = <u>Estava estudando</u> (mais comum no Brasil) = <u>Estava a estudar</u> (mais comum em Portugal).[105]

⚐ OBSERVAÇÃO 2. No Brasil e sobretudo em Portugal, usa-se muito o imperfeito pelo futuro do pretérito:
  ✓ *Eu <u>gostava</u>* [por GOSTARIA] *que viesses.*;
  ✓ *Nós <u>queríamos</u>* [por QUERERÍAMOS] *ir à Europa.*;
  ✓ etc.

☞ Não se deve empregar assim, todavia, em outro registro que o coloquial e que o literário.

γ. O PRETÉRITO PERFEITO pode ser simples ou composto, e no português moderno, ao contrário do que se dá, por exemplo, nas demais línguas românicas, há entre as duas formas *acentuada* distinção.

• A FORMA SIMPLES indica que determinada ação, determinado fato ou determinado estado se produziram e se concluíram a certa altura do passado:
  ✓ *A criança <u>nasceu</u> bem.*;
  ✓ *Naquele dia de setembro, <u>partimos</u> para nunca mais voltar.*;
  ✓ etc.

• A FORMA COMPOSTA, por seu lado, expressa que dado ato começado no passado se repete ou continua até o momento em que se fala ou em que se escreve:
  ✓ <u>Tem estudado</u> *muito.*;
  ✓ <u>Têm procedido</u> *a promissoras investigações.*;
  ✓ etc.

---

[105] Mas ambas as formas também são lidimamente portuguesas e usáveis por todos os lusófonos.

⚐ Observação. Para exprimir que dada ação era repetida ou contínua, o PRETÉRITO PERFEITO SIMPLES requer a presença de advérbios (*sempre, amiúde, várias vezes, muitas vezes, todos os dias* e outros que tais):
- ✓ *Tiveram* SEMPRE *grande compaixão pelo sofrimento alheio.*;
- ✓ QUANTAS VEZES *recitou este poema!*;
- ✓ etc.

Em outras palavras, o que nestes casos dá a ideia de repetição ou de continuidade é o advérbio.

δ. O PRETÉRITO MAIS-QUE-PERFEITO também se divide em SIMPLES e COMPOSTO.

- Em AMBAS AS FORMAS, o próprio deste tempo verbal é expressar que certa ação, certo fato, certo estado ou certa qualidade sucederam antes de outros também passados:
  - ✓ *A conversa tornara-se enfadonha, quando Maria* SE RECOLHEU.;
  - ✓ *Quando* VOLTEI, *os casarões tinham desaparecido da cidade.*;
  - ✓ etc.
- Mas a FORMA SIMPLES também pode empregar-se, literariamente, em lugar do futuro do pretérito (simples ou composto):
  - ✓ "Oh! se lutei!... mas *devera* [por *deveria*]

    Expor-te em pública praça,

    Como um alvo à populaça,

    Um alvo aos dictérios seus!"

    (GONÇALVES DIAS);
  - ✓ "Um pouco mais de sol – e *fora* [por *teria sido*] brasa,

    Um pouco mais de azul – e *fora* [por *teria sido*] além,

    Para atingir, faltou-me um golpe de asa..."

    (MÁRIO DE SÁ-CARNEIRO).
- Usa-se ainda a FORMA SIMPLES (antes literariamente, mas também não literariamente) em lugar do pretérito imperfeito do subjuntivo:
  - ✓ *Se eu fora* (por *fosse*) *tu, não o aceitaria.*

⚐ Observação. Este uso fixou-se em determinadas frases exclamativas correntes:
- ✓ *Prouvera a Deus!* [por *Prouvesse*];
- ✓ *Pudera!* [por *Pudesse*];
- ✓ *Quem me dera!* [por *desse*];
- ✓ *Tomara!* [por *Tomasse*].

ε. Também o FUTURO DO PRESENTE se divide em SIMPLES e COMPOSTO.

• A FORMA SIMPLES emprega-se variamente.

• Antes de tudo e de modo próprio, para expressar que determinada ação, determinado fato ou determinado estado sucederão efetivamente:

  ✓ *As férias <u>começarão</u> dentro de uma semana.*

  ⌦ OBSERVAÇÃO. Se se quer dar caráter de probabilidade ou de possibilidade a ação, a fato ou a estado futuros, então é preciso recorrer a advérbio:

  ✓ *<u>Viajaremos</u> PROVAVELMENTE depois de amanhã.*

• Também para expressar probabilidade, dúvida ou suposição com respeito a ação, a fato, a estado ou a qualidade *atuais*:

  ✓ *<u>Será</u> tão prudente como dizem?;*
  ✓ *Fico a perguntar-me se <u>terá</u> de fato a propalada argúcia.;*
  ✓ etc.

• Em lugar do imperativo:

  ✓ *"<u>Honrarás</u> (por Honra) pai e mãe.";*
  ✓ etc.

• Em lugar do futuro do pretérito:

  ✓ *Entrou para a universidade aos 18 anos, e não <u>esperará</u> [por esperaria] muito tempo para lecionar ali.;*
  ✓ etc.[106]

⌦ OBSERVAÇÃO 1. Na oralidade, o FUTURO SIMPLES é pouco empregado. Substitui-o o presente do indicativo de *ir + infinitivo*: *<u>Vamos viajar</u>* (por *Viajaremos*). ◊ Ao menos na escrita não literária, porém, devemos usar mais amiúde o mesmo futuro.

⌦ OBSERVAÇÃO 2. Mais elegante, e culto, é o uso do presente do indicativo de *haver + de + infinitivo* pelo futuro do presente simples: *Hei de consegui-lo* (por *Consegui-lo-ei*). Neste caso, exprime-se ou a certeza ou a vontade ou intenção de dada realização futura.

• A FORMA COMPOSTA emprega-se para expressar que certa ação, certo fato ou certo estado futuros já se terão concluído ou consumado antes ou depois de determinado marco temporal:

  ✓ *Ao meio-dia de amanhã já o <u>teremos decidido</u>.;*
  ✓ *"Dentro de uns cinco dias <u>tereis acabado</u> o esqueleto do segundo andar e então me olhareis de cima"* (RUBEM BRAGA).;

---

[106] Este uso, oriundo talvez do francês, é da mesma linhagem que o presente histórico.

- ✓ "Pelágio! se dentro de oito dias não houvermos voltado, ora a Deus por nós, que <u>teremos dormido</u> o nosso último sono" (Alexandre Herculano).;
- ✓ etc.

• Por fim, emprega-se também para expressar dúvida, probabilidade ou suposição com respeito a certa ação, a certo fato ou a certo estado passados:
- ✓ *<u>Ter</u>-se-<u>á</u> <u>aplacado</u> a tormenta?*;
- ✓ *Quanto tempo <u>teremos levado</u> para chegar até aqui?*;
- ✓ "Não sei se me engano, mas creio que nem uma só vez ele <u>terá falhado</u>" (Manuel Bandeira).

ζ. Também o FUTURO DO PRETÉRITO pode ser simples ou composto.

• Usa-se a FORMA SIMPLES, antes de tudo, para expressar que dada ação, dado fato, dado estado ou dada qualidade *se deram* posteriormente a outra ação, a outro fato, a outro estado ou a outra qualidade:
- ✓ *Chegaram de manhã, mas <u>partiriam</u> de tarde.*;
- ✓ *Sua casa* [ou seja, a casa em que *vivia*] *<u>transformar-se-ia</u> em museu.*;
- ✓ etc.

• Usa-se também em orações subordinantes cuja subordinada (explícita ou implícita) é condicional com verbo no imperfeito do subjuntivo, para expressar que dada ação, dado fato, dado estado ou dada qualidade só se dariam com o cumprimento do dito na subordinada ou não se dariam sem o cumprimento do dito ainda na subordinada:
- ✓ *Se o visse assim, <u>envergonhar-se-ia</u>.*;
- ✓ *Que livro <u>levarias</u> para uma ilha deserta (se fosses para uma)?*;
- ✓ Sem sua ajuda (= [Se] *Não fosse [por] sua ajuda*), *não o <u>conseguiríamos</u>.*;
- ✓ *Que faria* sem ti (= *se não contasse contigo*)?;
- ✓ etc.[107]

⌖ Observação 1. Como se vê pelo terceiro e pelo quarto exemplo, a condicional pode substituir-se neste caso por expressão não oracional equivalente.

⌖ Observação 2. Insista-se na correspondência ou correlação requerida por este uso: verbo da subordinante no futuro do pretérito simples, verbo da subordinada no imperfeito do subjuntivo. Se todavia o verbo da subordinante estiver no futuro do presente simples, então o da subordinada estará no futuro do subjuntivo:

---

[107] Para o fato de o futuro do pretérito do indicativo parecer às vezes constituir modo à parte, ➤ *Suma*, p. 336.

- ✓ Se o VIR assim, *envergonhar-se-á*.
- Mas a FORMA SIMPLES também se emprega para expressar probabilidade, dúvida ou suposição com respeito a ação, a fato, a estado ou a qualidade passados:
  - ✓ Ele *teria* então dez anos.;
  - ✓ etc.
- Serve ainda o FUTURO DO PRETÉRITO SIMPLES para expressar tão só vontade ou volição:
  - ✓ Quereríamos (ou *Gostaríamos*) que viesses.;
  - ✓ *Quereria comprar* Os Sertões.;
  - ✓ etc.[108]
- Próximo deste uso, mas de fato distinto dele, está o da FORMA SIMPLES DO FUTURO DO PRETÉRITO como maneira polida ou cortês de presente do indicativo:
  - ✓ *Desejaríamos* [= *Desejamos* ou *Queremos*] escutar-lhe a versão sobre o acontecido.;
  - ✓ etc.
- Por fim, usa-se o FUTURO DO PRETÉRITO SIMPLES em certas orações interrogativas e/ou exclamativas para denotar dúvida, surpresa, indignação e outros sentimentos que tais:
  - ✓ Sua empresa faliu. Quem [o] *diria*?
- O FUTURO DO PRETÉRITO COMPOSTO emprega-se, antes de tudo, para expressar que determinada ação, determinado fato, determinado estado ou determinada qualidade se teriam dado no passado com o cumprimento de certa condição ou não se teriam dado sem o cumprimento igualmente de certa condição:
  - ✓ Tudo *teria sido* diferente[,] se o tivesses compreendido.;
  - ✓ Se tivessem vindo, nada disso *se teria passado*.;
  - ✓ Sem vós (= [Se] Não tivesse sido por vós), não *teria sido* a grande artista que é.;
  - ✓ etc.
  - ✓ OBSERVAÇÃO 1. Este emprego da FORMA COMPOSTA DO FUTURO DO PRETÉRITO é em tudo semelhante ao uso da forma simples visto acima, menos em um ponto: a FORMA COMPOSTA sempre expressa algo efetivamente no passado, enquanto a SIMPLES o expressa em tempo sempre em algum grau indefinido.

---

[108] Assim usada, a FORMA SIMPLES DO FUTURO DO PRETÉRITO poderia dizer-se modo à parte: justamente, *modo volitivo*.

⚐ Observação 2. Enquanto com o verbo da subordinante no futuro do pretérito simples temos o verbo da subordinada no imperfeito do subjuntivo, aqui temos o verbo da subordinante no futuro do pretérito composto e o verbo da subordinada no mais-que-perfeito do subjuntivo.

- Emprega-se ainda a forma composta para exprimir a possibilidade ou a probabilidade de um fato passado:
    ✓ "Calculou que a costureira <u>teria ido</u> por ali" (Machado de Assis).;
    ✓ etc.

⚐ Observação. Note-se que se poderia usar aqui, em lugar do futuro do pretérito composto, o mais-que-perfeito do subjuntivo: *Calculou que a costureira <u>tivesse ido</u> por ali*. Pode pois dizer-se que, neste uso, o futuro do pretérito composto é afim ao modo subjuntivo.

- Usa-se a forma composta, por fim, para expressar incerteza com respeito a dada ação, a dado fato ou a dado estado no passado:
    ✓ *Quem o <u>teria aceitado</u>?!*;
    ✓ *Que <u>teria escrito</u> ele a respeito deste assunto?*;
    ✓ etc.

⚐ Observação. Este uso não se dá senão em orações interrogativas e/ou exclamativas.

3.6.4.b. O modo subjuntivo,[109] diferentemente do modo indicativo, expressa normalmente que dada ação, dado fato, dado estado ou dada qualidade são incertos, duvidosos, eventuais ou até irreais, e isso quer no presente, quer no passado, quer no futuro. Comparem-se pelos seguintes exemplos os dois modos:

a1. presente no modo indicativo: *Digo que o <u>merece</u>.*;
a2. presente no modo subjuntivo: *Duvido que o <u>mereça</u>.*;
b1. perfeito no modo indicativo: *Digo que o <u>mereceu</u>.*;
b2. perfeito no modo subjuntivo: *Duvido que o <u>tenha merecido</u>.*;
c1. imperfeito no modo indicativo: *Disse que o <u>merecia</u>.*;
c2. imperfeito no modo subjuntivo: *Duvidava que o <u>merecesse</u>.*;
d1. mais-que-perfeito no modo indicativo: *Dizia que o <u>tinha merecido</u>.*;
d2. mais-que-perfeito no modo subjuntivo: *Duvidava que o <u>tivesse merecido</u>.*

⚐ Observação 1. Notem-se as correspondências:

---

[109] Pode dizer-se modo *subjuntivo* (< lat. *subjuntīvus, a, um* ['que serve para ligar subordinando'], ou modo *conjuntivo* (< lat. *conjunctīvus, a, um* ['que serve para ligar']).

a1. verbo da subordinante no presente do indicativo, verbo da subordinada também no presente do indicativo;

a2. verbo da subordinante no presente do indicativo, verbo da subordinada no presente do subjuntivo;

b1. verbo da subordinante no presente do indicativo, verbo da subordinada no perfeito do indicativo;

b2. verbo da subordinante no presente do indicativo, verbo da subordinada no presente do subjuntivo;

c1. verbo da subordinante no perfeito do indicativo, verbo da subordinada no imperfeito do indicativo;

c2. verbo da subordinante no imperfeito do indicativo, verbo da subordinada no imperfeito do subjuntivo;

d1. verbo da subordinante no imperfeito do indicativo, verbo da subordinada no mais-que-perfeito do indicativo;

d2. verbo da subordinante no imperfeito do indicativo, verbo da subordinada no mais-que-perfeito do subjuntivo.

⌦ OBSERVAÇÃO 2. Naturalmente, este é tão só um dos quadros da correspondência morfossintática verbal: o relativo a frases em que a oração subordinante tem por subordinada uma substantiva.[110]

⌦ OBSERVAÇÃO 3. Insista-se porém no referido quadro. Com respeito a ele, pode dizer-se que

- normalmente o indicativo se emprega em orações subordinadas substantivas que completam o sentido de verbos como *afirmar, compreender, comprovar, crer* (em oração afirmativa), *dizer, pensar, ver, verificar*;

- normalmente o subjuntivo se emprega em orações subordinadas substantivas que completam o sentido de verbos como *desejar, duvidar, impedir, implorar, lamentar, mandar, negar, ordenar, pedir, proibir, queixar-se, querer, rogar, suplicar*, os quais expressam a ideia de desejo, ou de dúvida, ou de proibição, ou de rogo, ou de lamento, ou de ordem, ou semelhantes.

⌦ OBSERVAÇÃO 4. Por vezes, porém, o subjuntivo é usado em lugar do indicativo por mera convenção, e pode comutar-se por este sem nenhuma alteração significativa. É o que se dá especialmente nas orações adverbiais causais introduzidas por *como* e com verbo no presente ou no imperfeito:

---

[110] Para aprofundamento quanto a isto, ➤ *Suma*, p. 339, e aqui, mais adiante, o CAPÍTULO IX.

- ✓ "Como amizade <u>seja</u> [ou *é*] uma das boas cousas que há no mundo, e <u>seja</u> [ou *é*] fundada em virtude e razão natural, e no mesmo Deus, está claro que a não há entre perversos [...]" (HEITOR PINTO).;
- ✓ "Como o gigante <u>viesse</u> [ou *vinha*] folgado e <u>fosse</u> [ou *era*] dos mais fortes do mundo [...], pelejava animosamente" (FRANCISCO DE MORAIS).;
- ✓ "Como não <u>achasse</u> [ou *achava*] mais que folhas [na figueira], amaldiçoou-a" (PADRE ANTÔNIO VIEIRA).;
- ✓ etc.

a. EMPREGO DO SUBJUNTIVO

§ O MODO SUBJUNTIVO é o próprio das orações subordinadas (excluídas as adverbiais da primeira espécie).[111] Também se usa, é verdade, em orações perfeitas (incluídas as absolutas), em orações subordinantes e até em orações subordinadas adverbiais da primeira espécie. Mas então empresta ao verbo certo matiz volitivo ou certo matiz dubitativo, como já se verá. Comecemos por seu emprego extraordinário.

• Em orações absolutas, em orações subordinantes e em orações subordinadas adverbiais da primeira espécie, o SUBJUNTIVO pode expressar:

a.1. ou desejo ou anseio:
- ✓ [*Que*] *Deus a* <u>tenha</u>.;
- ✓ "<u>Seja</u> a minha agonia uma centelha
  De glória!..."
  (OLAVO BILAC);
- ✓ "Que a tua música /
  <u>seja</u> o ritmo de uma conquista!
  E que o teu ritmo
  <u>seja</u> a cadência de uma vida nova!"
  (F. J. TENREIRO);
- ✓ etc.

a.2. ou ordem ou proibição:
- ✓ *Que não se lhe* <u>despreze</u> *a ideia*.;
- ✓ <u>*Apaguem*</u>-*se as lâmpadas e* <u>*acendam*</u>-*se as velas*.;
- ✓ etc.

---

[111] As duas espécies de subordinadas adverbiais tratar-se-ão detidamente no próximo capítulo, na seção 4.2.

a.3. ou, por fim, possibilidade ou dúvida (com o verbo precedido de *talvez*):[112]
- ✓ Talvez *chova* esta noite.;
- ✓ Talvez *adoecesse* de tristeza.;
- ✓ etc.

⌁ Observação 1. As orações de **a.1** e as de **a.2** ou se iniciam ou poderiam iniciar-se por *que*. O que todavia seja morfossintaticamente este *que*, mostramo-lo mais adiante.

⌁ Observação 2. A interjeição (invariável) *viva!* é antiga forma subjuntiva, que hoje, como interjeição, naturalmente não concorda com o que lhe teria sido sujeito: *Viva os que se sacrificaram!* Não se deve, todavia, confundir interjeição com exclamação, e, assim, quando ainda hoje se usa exclamativamente o verbo *viver* no presente do subjuntivo, então tal verbo segue sendo-o e, por conseguinte, concorda em pessoa e em número com seu sujeito: *Vivam os que se sacrificaram!*

⌁ Observação 3. Na maior parte dos casos de subjuntivo independente, uma oração subordinante está implícita ou em potência, e pode sempre atualizar-se, com o que se mostra que em verdade tais orações absolutas são subordinadas adverbiais da segunda espécie. Com efeito, em *Que tua música seja o ritmo de uma conquista*, pode explicitar-se a subordinante: *Quero que tua música seja o ritmo de uma conquista*; e diga-se o mesmo para os demais exemplos de **a.1** e de **a.2**. No entanto, tal não se dá nos exemplos de **a.3**, até porque, como dito, até o século XIX, inclusive, podia dizer-se tanto *Talvez tenha adoecido* (subjuntivo) como *Talvez adoeceu* (indicativo). O uso obrigatório do subjuntivo nestes casos tem várias causas, mas decorre grandemente de cristalização e de convenção.

O subjuntivo subordinado

§ Insista-se em que o subjuntivo é modo próprio das orações subordinadas, sejam estas substantivas, adjetivas ou adverbiais (excluídas as adverbiais da primeira espécie).[113]

♦ Emprega-se o subjuntivo nas **orações subordinadas substantivas** quando a oração subordinante expressa:

---

[112] Insista-se na lição: quando *talvez* anteceder ao verbo, este estará obrigadamente no subjuntivo: *Talvez seja belo*; quando, porém, *talvez* se pospuser ao verbo, este estará obrigadamente no indicativo: *Ele é talvez belo*. – Atenção, portanto, hão de ter os tradutores: a *obrigatoriedade* do subjuntivo com *talvez* anteposto ao verbo não se dá senão no português, mais precisamente no português de inícios do século XX para cá.

[113] O que não quer dizer que o verbo das subordinadas esteja sempre no subjuntivo: não o está, por exemplo, em *Luta como [luta] um leão*.

- VONTADE (de qualquer matiz) com respeito à possibilidade expressa na subordinada:
  - ✓ *Não QUERO* [oração subordinante] *que o faças* [oração subordinada substantiva].;
  - ✓ *QUEREM* [oração subordinante] *que o façamos* [oração subordinada substantiva].;
  - ✓ etc.;
- SENTIMENTO ou ESTIMAÇÃO com respeito à possibilidade expressa na subordinada:
  - ✓ *Tua avó APRECIARÁ muito* [oração subordinante] *que a visites* [oração subordinada substantiva].;
  - ✓ *O pior SERIA* [oração subordinante] *que não o aceitassem* [oração subordinada substantiva].;
  - ✓ etc.;
- TEMOR, DÚVIDA ou CRENÇA com respeito à possibilidade expressa na subordinada:
  - ✓ *RECEAIS* [oração subordinante] *que não volte?* [oração subordinada substantiva].;
  - ✓ *DUVIDO* [oração subordinante] *que volte* [oração subordinada substantiva].;
  - ✓ *Não ACREDITAMOS* [oração subordinante] *que volte* [oração subordinada substantiva].;
  - ✓ etc.

☞ OBSERVAÇÃO. Se se torna afirmativo o terceiro e último exemplo, então pode usar-se o verbo da subordinada ou no SUBJUNTIVO ou no INDICATIVO: *ACREDITAMOS* [oração subordinante] *que volte* ou *que voltará* [oração subordinada substantiva]. E usa-se então um ou outro modo segundo seja maior ou menor a crença com respeito ao expresso na subordinada.

♦ Emprega-se o subjuntivo nas ORAÇÕES SUBORDINADAS ADJETIVAS quando estas expressam:
- ou FIM ou CONSEQUÊNCIA de algo dito na principal:
  - ✓ *Queria encontrar uma ideia* [oração subordinante] *que o reanimasse* [oração subordinada adjetiva].;
  - ✓ *Quer presenteá-lo com um livro* [oração subordinante] *que verdadeiramente lhe dê gosto* [oração subordinada adjetiva].;
  - ✓ etc.

(OBSERVAÇÃO: note-se nos exemplos que o verbo no SUBJUNTIVO é apenas parte do fim ou da consequência);
- IMPOSSIBILIDADE:
    ✓ *Não podemos dizer nada* [oração subordinante] *que a possa consolar* [oração subordinada adjetiva].;
    ✓ *Não houve ninguém* [oração subordinante] *que o demovesse do intento* [oração subordinada adjetiva].;
    ✓ etc.

(OBSERVAÇÃO: note-se nos exemplos que o verbo no subjuntivo apenas contribui para expressar a impossibilidade);
- OU POSSIBILIDADE, OU HIPÓTESE, OU CONJECTURA, OU ANSEIO, etc.:
    ✓ *Estava ali para dar alento* [oração subordinante] *aos* [objeto indireto] *que o tivessem perdido* [oração subordinada adjetiva].;
    ✓ *Há alguma lei* [oração subordinante] *que no-lo garanta?* [oração subordinada adjetiva].;
    ✓ *Anelava um lugar* [oração subordinante] *que os pudesse acolher* [oração subordinada adjetiva].;
    ✓ etc.

(OBSERVAÇÃO: note-se nos exemplos que o verbo no SUBJUNTIVO apenas contribui para expressar a ideia de possibilidade, e não raro, quando se trata de anseio, como se vê no terceiro exemplo, tal ideia depende do verbo da subordinante).

♦ Nas ORAÇÕES SUBORDINADAS ADVERBIAIS DA SEGUNDA ESPÉCIE, o SUBJUNTIVO nem sempre expressa ou ajuda a expressar alguma das ideias que já o vimos fazer. Usa-se então por complexo conjunto de causas, entre as quais *1)* o mero fato de estar em oração subordinada de que é próprio e *2)* o de anteceder-se de determinada conjunção. Pois bem, deve usar-se o subjuntivo em:
- ORAÇÕES CAUSAIS NEGATIVAS (introduzidas por *não porque*):
    ✓ *Aceitou-o por necessidade* [oração subordinante], NÃO *porém* PORQUE *o quisesse* [oração subordinada adverbial da segunda espécie].;
    ✓ etc.

(OBSERVAÇÃO 1: as ORAÇÕES CAUSAIS NEGATIVAS sempre requerem ou encerram a ideia de *adversão*: tanto é assim que o exemplo posto acima poderia escrever-se *Aceitou-o por necessidade,* E [= *mas*] *não porque o quisesse*);

(OBSERVAÇÃO 2: o mesmo exemplo também poderia escrever-se *Aceitou-o por necessidade* [oração subordinante], NÃO QUE *o quisesse* [oração subordinada adverbial, que agora parece ser da primeira espécie (explicativa)] ou *Aceitou-o, MAS não que o <u>quisesse</u>, e sim por necessidade*);[114]

- ORAÇÕES CONCESSIVAS (introduzidas por *conquanto, embora, ainda que, se bem que, bem que, posto que, mesmo que*, etc.):[115]
    - ✓ *Preferiu não reagir* [oração subordinante], CONQUANTO *não <u>fosse</u> covarde* [oração subordinada adverbial].;
    - ✓ EMBORA *não <u>fosse</u> covarde* [oração subordinada adverbial], *preferiu não reagir* [oração subordinante].;
    - ✓ AINDA QUE <u>*chovesse*</u> [oração subordinada adverbial], *partiram* [oração subordinante].;
    - ✓ etc.;[116]
- ORAÇÕES FINAIS (introduzidas por *porque, para que, a fim de que*):
    - ✓ ✓ *Esforçaram-se muito* [oração subordinante] PORQUE *tudo <u>voltasse</u> à paz inicial* [oração subordinada adverbial].;
    - ✓ *Esforçaram-se muito* [oração subordinante] PARA QUE *tudo <u>voltasse</u> à paz inicial* [oração subordinada adverbial].;
    - ✓ A FIM DE QUE *tudo <u>voltasse</u> à paz inicial* [oração subordinada adverbial], *esforçaram-se muito* [oração subordinante].;
    - ✓ etc.;[117]
- ORAÇÕES TEMPORAIS (introduzidas por *antes que, até que, enquanto, depois que*, etc.):

---

[114] Note-se, ademais, que na segunda possibilidade se dá adversativa de adversativa, o que poderia escrever-se assim: *Aceitou-o, mas não que o quisesse, mas* [= *e sim*] *por necessidade*. É, uma vez mais, a plasticidade da linguagem.

[115] Atente-se ao convencional: contrariamente ao que se dá em português, em espanhol as orações adverbiais concessivas podem ter o verbo ou no indicativo ou no subjuntivo; e *puesto que* tem o sentido de *dado que*. Ambos estes caracteres do castelhano não raro levam a erro o tradutor, em especial o segundo, porque, insista-se, *posto que* não é sinônimo de "dado que", senão que o é de *ainda que* ou *embora*: *Posto que* [= *Ainda que*] *chovesse, viajaram*.

[116] ◊ Nem sempre se deveria usar *embora* por *ainda que* ou *conquanto*. Por exemplo, se se trata de oração concessiva com o verbo elíptico, não se use *embora*, e sim *ainda que* ou *conquanto*: *Ainda que* [*seja*] *inteligente, a menina tem dificuldade para memorizar* (não "*embora inteligente*"). – Diga-se, ademais, que as orações concessivas podem vir antes ou depois da subordinante; no primeiro caso, como se voltará a ver no CAPÍTULO VIII, obrigatoriamente se separarão desta por vírgula; no segundo, a vírgula será opcional.

[117] *Porque* como conjunção final é pouco usada hoje; mas não desusada. – Além disso, as orações finais podem vir antes ou depois da subordinante; no primeiro caso, como se voltará a ver ainda no CAPÍTULO VIII, obrigatoriamente se separarão desta por vírgula; no segundo, a depender do contexto, a vírgula será opcional.

✓ *Partamos* [oração subordinante], ANTES QUE *chova* [oração subordinada adverbial].;
✓ *Não partamos senão* [oração subordinante] DEPOIS QUE *a chuva passar* [oração subordinada adverbial].;
✓ *Permaneçamos aqui* [oração subordinante] ATÉ QUE *o sol se ponha* [oração subordinada adverbial].;
✓ *Não saiamos daqui* [oração subordinante] ENQUANTO *o sol não se puser* [oração subordinada adverbial].;
✓ etc.[118]

(OBSERVAÇÃO: os dois últimos exemplos são diferentes maneiras de dizer o mesmo);

- ORAÇÕES CONDICIONAIS OU HIPOTÉTICAS (introduzidas por *se* ou *caso*):[119]
  ✓ SE lhe *ministrarem o devido ensino* [oração subordinada adverbial], *progredirá muito rapidamente* [oração subordinante].;
  ✓ *Não teria feito o que fez* [oração subordinante], SE *o houvesse compreendido* [oração subordinada adverbial].;
  ✓ SE *se tivesse dado conta da situação* [oração subordinada adverbial], *não teria aparecido* [oração subordinante].;
  ✓ CASO *não o queira* [oração subordinada adverbial], *diga-mo logo* [oração subordinante].;
  ✓ etc.;[120]
- ORAÇÕES COMPARATIVO-HIPOTÉTICAS (introduzidas por *como se*):

---

[118] Nem todas as orações temporais têm colocação livre. Dos exemplos postos, a do primeiro pode vir antes ou depois da subordinante, e, se vem depois, pode separar-se desta por vírgula ou não. A do segundo, só pode vir posposta à subordinante, e não pode separar-se desta por vírgula. A dos dois últimos pode vir antes ou depois da subordinante; se vem antes, obrigatoriamente se separa desta por vírgula, e, se vem depois, obrigatoriamente não se separa dela por vírgula. Tudo isso se voltará a tratar, e mais detidamente, no CAPÍTULO VIII.

[119] Em verdade, todas as adverbiais da segunda espécie podem ser, *por certo aspecto*, hipotéticas: se antepostas, sempre deixam em expectativa a mente do ouvinte ou do leitor enquanto não ouvirem ou não lerem a subordinante.

[120] Como se voltará a ver no CAPÍTULO VIII, as condicionais, se antecedem à subordinante, separam-se desta por vírgula, obrigadamente; se se pospõem à subordinante, a vírgula passa a opcional. – Não há problema algum em fazer a conjunção condicional *se* seguir-se de pronome *se*: SE *se tivessem lembrado...* Devido porém a certo "rumor" gramatical, não raro se considera que tal encontro constitui cacófato, razão por que se teria de substituir, neste caso, *se* por *caso*. ò Pelo contrário, no entanto, SE *se tivessem lembrado...* é muito mais elegante e clássico que CASO *se tivessem lembrado...*

- ✓ "As pernas tremiam-me [oração subordinante] COMO SE todos os nervos me <u>estivessem</u> golpeados [oração subordinada adverbial]" (CAMILO CASTELO BRANCO).;
- ✓ etc.;
- ORAÇÕES CONSECUTIVAS (introduzidas sempre por *que* ou por *de modo que, de maneira que, em maneira que*, etc.):
    - ✓ "Pôs-lhe uma nota voluntariamente seca [oração subordinante], EM MANEIRA QUE lhe <u>apagasse</u> a cor generosa da lembrança [oração subordinada adverbial]" (MACHADO DE ASSIS).;
    - ✓ *Estuda de modo [tal]* [oração subordinante][,] QUE *te <u>satisfaças</u> a ti mesmo* [oração subordinada adverbial].;
    - ✓ etc.[121]

⌖ OBSERVAÇÃO. ✦ Em vez de "de modo a (+ infinitivo)" e, sobretudo, de "de modo a que", use-se sempre *de modo que* (ou *de maneira que, de sorte que, de forma que*).

β. SUBSTITUTOS DO SUBJUNTIVO

§ O SUBJUNTIVO pode substituir-se:[122]
- ◆ pelo INFINITIVO:
    - ✓ *Instou-as a não DESISTIR do projeto* por *Instou-as a que não <u>desistissem</u> do projeto*;
    - ✓ etc.

(OBSERVAÇÃO: quando a oração de infinitivo substitui oração subordinada desenvolvida [ou seja, iniciada por *que* como no exemplo], então se chama reduzida de infinitivo);

- ◆ pelo GERÚNDIO, sobretudo quando se trata de orações condicionais:
    - ✓ *<u>Fazendo</u>-o, não terias razões para lamentação* por *SE o <u>fizesses</u>, não terias razões para lamentação.*;
    - ✓ *<u>Andando</u> depressa, não perderemos o trem* por *SE <u>andarmos</u> depressa, não perderemos o trem.*;
    - ✓ etc.

---

[121] A distinção entre estas duas maneiras consecutivas (ou seja, a introduzida por *que* e a introduzida por *de modo que*, etc.) explica-se no próximo capítulo. – Note-se, ademais, que no caso do segundo exemplo a última palavra da oração subordinante é *tal, tamanho, tanto* e outras que tais, explícitas ou implícitas, e que estas, quando explícitas, podem separar-se ou não da oração subordinada por vírgula.

[122] Sempre segundo alguma escolha estilística e, portanto, inormatizável.

⟡ Observação. Não raro pode o SUBJUNTIVO ficar implícito. Exemplos:
- ✓ [*Se fosse*] *De madeira, ficaríamos com a mesa.*;
- ✓ [*Sejamos*] *Jovens ou velhos, somos todos obrigados a progredir intelectualmente.*

3.6.4.c. O MODO IMPERATIVO

• Se o modo indicativo expressa *o que é*, enquanto o modo subjuntivo expressa *o que pode ser*, o MODO IMPERATIVO expressa **o que deve ser**.

• Conquanto o termo *imperativo* derive do latino *imperatīvus, a, um* ('que manda, ordena, comanda'), e conquanto este adjetivo derive de *impĕro, as, āvi, ātum, āre* ('tomar medidas, determinar, ordenar, comandar'), **o que deve ser** não se expressa sempre, todavia, por império, por uma ordem, por um comando. Pode expressar-se também por uma exortação, ou por um conselho, ou por um convite instante, ou por uma imprecação ou maldição, ou até por uma imprecação ou súplica. E é em todos esses sentidos que se emprega o IMPERATIVO, quer o **afirmativo**, quer o **negativo**.

• O IMPERATIVO só pode usar-se no presente, porque, com efeito, é no presente que se ordena até o que se deve fazer no futuro: *Estuda* este assunto NOS PRÓXIMOS MESES. Por outro lado, não se pode incluir a primeira pessoa do singular (*eu*) no imperativo porque, se de certo modo cada um de nós impera sobre si mesmo, não o faz senão na segunda pessoa: por exemplo, se digo *Assume essa responsabilidade*, CARLOS. Se todavia digo *Assuma EU essa responsabilidade*, não estou no IMPERATIVO, mas no puro presente do subjuntivo: QUE *assuma eu essa responsabilidade*. A primeira pessoa do plural (*nós*), no entanto, tem lugar no IMPERATIVO, porque, se digo *Assumamos NÓS a responsabilidade*, impero sobre um *vós* em que *eu* me acho ocasionalmente incluído. — Mas a terceira pessoa propriamente dita (*ele/a, eles/as*) não pode ser alvo de império ou ordem, e portanto não se inclui no imperativo. Quando digo QUE *assumam eles essa responsabilidade*, volto a estar no puro presente do subjuntivo. Se todavia digo *Assuma-o o senhor*, ou *a senhora*, ou *você*, etc., uso forma pronominal e forma verbal materialmente de terceira pessoa, mas formalmente de segunda.

⟡ Observação. Insista-se em que, se se trata das pessoas mais próprias deste modo, a saber, a segunda do singular e a segunda do plural, são as mesmas segundas pessoas do presente do indicativo sem seu -*s* final: PRESENTE DO INDICATIVO, *fala̱s̱, falai̱s̱*; IMPERATIVO, *fala; falai*. Se porém se consideram as demais pessoas, todas menos próprias do imperativo, são todas tomadas, sem alteração, do presente do subjuntivo.

- Ambos os modos do IMPERATIVO, o **afirmativo** e o **negativo**, usam-se ou em orações perfeitas, ou em orações subordinadas adverbiais da primeira espécie, ou ainda em orações subordinantes – nunca em orações subordinadas outras que as assinaladas.[123] Ponham-se exemplos que, ademais, expressem não só o império mas alguns dos demais modos d*o que deve ser*:
    - ✓ <u>*Estudai*</u>*!*;
    - ✓ <u>*Orai*</u> *e* <u>*vigiai*</u>.;
    - ✓ <u>*Cala*</u>*-te, porque não te escape algo indevido.*;
    - ✓ <u>*Sê*</u> *atento a tudo quanto o requer.*;
    - ✓ <u>*Não olhes*</u> *para trás.*;
    - ✓ "<u>Vinde</u> ver! <u>Vinde</u> ouvir, homens de terra estranha!" (OLEGÁRIO MARIANO).;
    - ✓ <u>*Valei*</u>*-me, Senhor.*;
    - ✓ "<u>Não</u> me <u>deixes</u> só, meu filho!..." (LUANDINO VIEIRA).

⌦ OBSERVAÇÃO 1. O IMPERATIVO emprega-se em lugar de orações condicionais ou hipotéticas de *se* e de futuro do subjuntivo. Não deixa de expressar a ideia de conselho; mas fá-lo algo atenuadamente: <u>*Leia*</u> *esta carta, e entenderá o que se passou* por *SE* <u>*ler*</u> *esta carta, entenderá o que se passou*. Note-se que com o IMPERATIVO temos subordinação aditiva (por *e*), ao passo que com o futuro do subjuntivo temos subordinação adverbial da segunda espécie.

⌦ OBSERVAÇÃO 2. O IMPERATIVO pode substituir-se por outras formas de expressar *o que deve ser*:[124]
- ♦ pelo FUTURO DO PRESENTE SIMPLES:
    - ✓ "Não <u>matarás</u>" (por <u>*Não mates*</u>).;
    - ✓ etc.;
- ♦ por IR no PRESENTE DO INDICATIVO + INFINITIVO (às vezes com DATIVO ÉTICO):[125]
    - ✓ <u>*Não*</u> [ME] <u>*vás desobedecer*</u> *à tua tia* (por *Não* [ME] <u>*desobedeças*</u> *à tua tia*).;
    - ✓ etc.;

---

[123] Diferentemente dos demais modos e tempos verbais, o IMPERATIVO deve estudar-se também em sua **forma negativa**, porque, com efeito, esta é morfologicamente distinta da **afirmativa**: se no presente do indicativo dizemos *Tu* <u>*estudas*</u> ou *Tu não* <u>*estudas*</u>, sem pois alteração morfológica, não assim no imperativo, em que dizemos <u>*Estuda*</u> *tu* e *Não* <u>*estudes*</u> *tu*.
[124] Tal substituição pode dar-se por causas diversas e de nem sempre fácil precisão. Pode, com efeito, tratar-se ou de atenuação do tom imperativo, ou, ao contrário, de acentuação deste tom, etc.
[125] O *dativo ético* estudar-se-á no próximo capítulo.

- pelo PRESENTE DO INDICATIVO:
    - ✓ *Amanhã me <u>trazes</u> o trabalho, que o avaliarei* (por <u>*Traz*</u>*-me amanhã o trabalho...*).;
    - ✓ etc.;
- pelo IMPERFEITO DO SUBJUNTIVO **em oração interrogativa**:
    - ✓ *E se <u>tentasses</u> calar-te?* (por <u>*Cala*</u>*-te*);
    - ✓ etc.;
- pelo verbo QUERER no PRESENTE DO INDICATIVO + INFINITIVO **em oração interrogativa**:
    - ✓ <u>*Quereis calar-vos?*</u> (por <u>*Calai-vos*</u>*!*);
    - ✓ etc.;
- pelo INFINITIVO:
    - ✓ *Direita, <u>volver</u>!* (por <u>*Volvei*</u> *para a direita!*);
    - ✓ etc.;
- pelo GERÚNDIO:
    - ✓ <u>*Estudando*</u> (por <u>*Estudai*</u>);
    - ✓ etc.;
- por INTERJEIÇÃO:
    - ✓ <u>*Fogo!*</u> (por <u>*Disparai!*</u>, <u>*Atirai!*</u>);
    - ✓ etc.

↗ OBSERVAÇÃO 3. Na oralidade do Brasil (e com profundos reflexos na escrita), o uso do imperativo está grandemente corrompido.

■ Antes de tudo, e contra a tradição romântica, usa-se o pronome do imperativo em próclise ao verbo: "'Me dá' uma orientação", em vez do correto <u>*Dá-me*</u> *uma orientação* (ou <u>*Dê-me*</u> *uma orientação*, se se usa qualquer pronome materialmente de terceira pessoa).

Depois, usam-se formas verbais do imperativo afirmativo no imperativo negativo, como neste aberrante exemplo, tão comum, no entanto, em nossa fala: "'Não faz' isso!" Tal implica destruição de paradigma. O correto é <u>*Não faças*</u> *isso* (ou <u>*Não faça*</u> *isso*, se se usa qualquer pronome materialmente de terceira pessoa).

Pois bem, evitem-se absolutamente tais corrupções na escrita. O que tal fizer acabará, com o tempo, por usar corretamente o imperativo também na fala.

3.6.4.d. O EMPREGO DAS FORMAS NOMINAIS DO VERBO

§ Já expusemos as notas gerais do INFINITIVO, do GERÚNDIO e do PARTICÍPIO. Resta-nos estudar seu emprego. Não trataremos aqui, porém, do emprego do infinitivo, porque, podendo ser o infinitivo ou impessoal ou pessoal, fato praticamente único entre as línguas atuais, seu emprego supõe conhecimentos mais complexos que só se ministrarão no capítulo IV e no capítulo V. Tratá-lo-emos neste último.

a. O GERÚNDIO, antes de tudo, ou expressa *o modo de ser* ou é núcleo de oração adverbial, razão por que tem antes de tudo caráter *adverbial*:
- ✓ *Entrou em casa <u>assobiando</u>.*;
- ✓ etc.

• O GERÚNDIO, ademais, pode constituir o núcleo de oração adverbial (da segunda espécie) *reduzida*,[126] que então vem ou antes da subordinante (e quase sempre se separa obrigadamente desta por vírgula) ou depois da subordinante (e amiúde só opcionalmente se separa desta por vírgula). Nem sempre, contudo, é possível discernir com certeza o caráter da subordinada reduzida de gerúndio. Deem-se exemplos:

- ✓ <u>*Sendo*</u> *assim* [SE É ASSIM], *nada tenho que objetar* (adverbial condicional).;
- ✓ <u>*Chegando*</u> [QUANDO CHEGAR ou CHEGUE] *à cidade, venha imediatamente visitar-nos* (adverbial temporal).;
- ✓ "<u>*Proferindo*</u> [DEPOIS QUE PROFERIU ou ENQUANTO PROFERIA] *estas palavras, o gardingo atravessou rapidamente a caverna e desapareceu nas trevas exteriores*" (ALEXANDRE HERCULANO) (não se sabe, pois, se se trata de adverbial temporal ou de adverbial proporcional).;[127]
- ✓ <u>*Ouvindo*</u>*-o* (DEPOIS QUE O OUVIU, ou ENQUANTO O OUVIA, ou PORQUE O OUVIU), *compreendeu-o* (não se sabe, pois, se se trata de adverbial temporal, de adverbial proporcional ou de adverbial causal).;
- ✓ etc.

⚐ OBSERVAÇÃO 1. Sob a pena de bom escritor, naturalmente, o contexto resolve o mais das vezes tais ambiguidades.

⚐ OBSERVAÇÃO 2. O GERÚNDIO que é núcleo de oração adverbial da segunda espécie pode vir antecedido da preposição *em*, e a oração é então ou *adverbial*

---

[126] Insista-se: diz-se que uma oração subordinada adverbial da segunda espécie é *desenvolvida* quando seu verbo está ou no indicativo ou no subjuntivo e, portanto, se inicia pela devida conjunção (ou pelo devido advérbio, como se verá em seu momento); e diz-se *reduzida de infinitivo*, *de gerúndio* ou *de particípio* quando seu verbo está em uma destas formas e, portanto, ou não se inicia por nenhum conectivo ou se inicia por preposição.

[127] Mas, neste sentido, o proporcional não deixa de ser um modo do temporal.

temporal ou *adverbial condicional*. No primeiro caso, assume caráter particular: expressa que a ação é imediatamente anterior à do verbo da subordinante, ou seja, encerra a ideia de *assim que*:

- ✓ "Eu tinha umas asas brancas, / Asas que um anjo me deu, / Que, EM me eu cansando da terra [ASSIM QUE *eu me cansava da terra*], / Batia-as, voava ao céu" (ALMEIDA GARRETT).;
- ✓ E<u>m chegando</u> [ASSIM QUE <u>chegar</u> ou <u>chegue</u>] à cidade, venha visitar-nos.;
- ✓ etc.

No segundo caso, não se tem nenhuma particularidade: <u>EM sendo</u> bom aluno... = <u>Sendo</u> bom aluno... = <u>Se for</u> (ou <u>é</u>) bom aluno....

↗ OBSERVAÇÃO. Foi comum entre os escritores renascentistas o uso de *em* antes de gerúndio para expressar ação ou fato durativo. *Em* + gerúndio equivalia, então, a verbo desenvolvido introduzido por *enquanto*:

- ✓ "Por servir a Deus EM vivendo [= ENQUANTO vivesse] tinha renunciado a seu filho legítimo..." (D. DUARTE).;
- ✓ "Aprovou todalas cousas que EM sendo [= ENQUANTO fora] Papa ordenara" (RUI DE PINA).;
- ✓ etc.

Não é recurso, porém, de usar hoje.

- O GERÚNDIO, além disso, é a única forma em que pode dar-se em nossa língua a oração adverbial modal:
  - ✓ *Caminhava <u>sorrindo</u>* (DE QUE MODO caminhava? <u>Sorrindo</u>).;
  - ✓ *Envergonhado, falava <u>gaguejando</u>* (DE QUE MODO falava? <u>Gaguejando</u>).;
  - ✓ <u>Cantando</u> *leva a vida* (DE QUE MODO leva a vida? <u>Cantando</u>).;
  - ✓ "No quintal as folhas fugiam com o vento, <u>dançando</u> no ar em reviravoltas de brinquedo" (L. JARDIM) (DE QUE MODO fugiam com o vento? <u>Dançando</u> no ar...).;
  - ✓ etc.

No capítulo IV, voltaremos a tratar a oração modal.

↗ OBSERVAÇÃO 1. O mais das vezes, como visto pelos exemplos, o GERÚNDIO MODAL vem posposto ao verbo de que expressa modo. Pode, todavia, como visto também, vir anteposto ao verbo.

↗ OBSERVAÇÃO 2. Normalmente o GERÚNDIO MODAL não se separa por vírgula do verbo de que expressa modo. Se se separa, como no último dos exemplos acima, o mais das vezes tal se dá por razão diacrítica: com efeito, se não se pusesse a vírgula em "as folhas fugiam com o vento, <u>dançando</u> no ar", poder-se-ia pensar que fosse o vento o que dançava no ar.

- Para a construção *estar pensando*, etc., *vide infra* "Conjugação da voz passiva, e duvidosos ou falsos tempos compostos".

⌦ Observação. Pode inverter-se, nesta classe de construção, a ordem das formas verbais. Deem-se exemplos literários:

- ✓ "Vai ajudar ao bravo Castelhano,
  Que <u>pelejando</u> <u>está</u> co Mauritano"
  (Camões);
- ✓ "Da boca do facundo capitão
  <u>Pendendo estavam</u> todos os envolvidos"
  (Camões).

Insista-se: é recurso antes literário.

- Quando, no entanto, implica redução de oração adjetiva, então o gerúndio, como é óbvio, se reduz propriamente a adjetivo:
  - ✓ "Algumas [comédias] havia com este nome [Tabernaria] <u>contendo</u> [= que continham] argumentos mais sólidos, como bem prova João Sávio" (Freire).;
  - ✓ "Achar-se-ão na Secretaria de V. M. papéis, cartas e lembranças minhas <u>prevenindo</u> [= que previnem], <u>lembrando</u> [= que lembram] e <u>pedindo</u> [= que pedem] a V. M. aquilo que, a meu fraco juízo, parecia mais conveniente às presentes ocorrências" (Francisco Manuel de Melo).;
  - ✓ "Eram os primeiros [diplomas], além da bula de perdão, um breve <u>eximindo</u> [= que eximia] do confisco por dez anos os criminosos sentenciados; outro <u>suspendendo</u> [= que suspendia] por um ano a entrega ao braço secular dos réus de crime capital" (Alexandre Herculano)

(observação: ♭ não procede, portanto, o tachar de galicismo ou de anglicismo tal uso, como o faz Napoleão Mendes de Almeida: insista-se em que ao gramático não compete inventar língua).;[128]

- ✓ *Vimos pássaros <u>voando</u>* [= que voavam] *muito alto*;
- ✓ etc.

---

[128] ♭ No máximo pode indicar-se que não se abuse deste emprego, antes de tudo para evitar certa monotonia, mas também, justamente, porque não o aceitam unanimemente os gramáticos. O fato, no entanto, é que recorrem a ele muitos dos melhores escritores lusófonos. Trata-se antes de questão de estilo.

⚄ Observação. Não raro o uso do GERÚNDIO como predicado de *sujeito acusativo*,¹²⁹ como no último exemplo, pode implicar ambiguidade. É o que se dá, por exemplo, em *Viu-a <u>correndo</u>*: quem corria? o que viu ou a que foi vista? ⚅ Por isso, quando o sujeito do gerúndio é sujeito acusativo, é não raro preferível usar o infinitivo em lugar do mesmo gerúndio: *Viu-a <u>correr</u>*.

• Assunto ainda mais árduo e disputado é a redução a GERÚNDIO de oração aditiva quando expressa ação posterior à ação expressa pela oração a que se liga aditivamente. Veja-se este exemplo: *Caiu do telhado, <u>quebrando</u> as pernas* [= *Caiu do telhado* E QUEBROU *as pernas*].

Muitos gramáticos, e sobretudo Napoleão Mendes de Almeida, condenam taxativamente esta construção. ⚅ Não o fazemos nós, e nisto não podemos senão concordar com Said Ali. Antes de tudo, porque a usam muitos de nossos melhores escritores, e porque o fazem desde tempos remotos. Vejam-se dois exemplos ilustres, o primeiro dos quais muito antigo:

✓ "El-rei D. Fernando lhe tomou a mulher, <u>recebendo</u>-a [= E RECEBEU-a] depois de praça" (FERNÃO LOPES).;

✓ "Foi o primeiro a receber o prêmio o infante D. Duarte, seguiu-se-lhe o infante D. Pedro, e a este seu irmão D. Henrique, <u>acabando</u> [= E ACABOU] a cerimônia com o conde de Barcellos" (FREIRE).

⚄ Observação 1. Veja-se, sobretudo pelo último dos exemplos, que a redução a oração gerundial pode ter por fim aliviar o peso de uma sequência longa de adições por *e*.

⚄ Observação 2. ⚅ Se, pelas razões expostas, não se pode condenar tal redução, pode-se todavia recomendar:

▪ uma vez mais, que não se abuse dela;

▪ e que não se empregue quando implicar qualquer sorte ou qualquer grau de anfibologia.

β. O comumente chamado **PARTICÍPIO "PASSADO"**¹³⁰ expressa alguma ação, algum fato, algum estado ou alguma qualidade como já consumados. Tem sempre caráter *adjetival*, o que se vê pela dificuldade que não raro se tem para distingui-lo perfeitamente do adjetivo. Mas de palavras como as sublinhadas nos exemplos seguintes:

---

¹²⁹ O *sujeito acusativo* tratar-se-á na seção sobre infinitivo do CAPÍTULO V. Antecipe-se porém que exerce tal função dupla o substantivo (ou correlato) que seja OBJETO DIRETO OU ACUSATIVO do verbo da oração subordinante e SUJEITO do verbo da oração subordinada: por exemplo, *Mandou **o menino** estudar*, em que *menino* é OBJETO DIRETO OU ACUSATIVO de *mandou* e SUJEITO de *estudar*.

¹³⁰ Dá-se a razão destas aspas no último ponto desta subseção **β**. Convém, todavia, que não se antecipe sua leitura.

✓ *Explicou o texto <u>ditado</u> aos alunos.*;
✓ *"O vento <u>enfurecido</u> açoitava a rancharia"* (A. Meyer).,

deve dizer-se que são puros adjetivos, ainda que de *origem participial*.[131]

- Como o gerúndio, o particípio "passado" isolado também pode ser núcleo de oração subordinada (da segunda espécie) reduzida, e, como se dá com o gerúndio, nem sempre é fácil distinguir precisamente qual lhe seja a desenvolvida:

    ✓ *"<u>Chegada</u>* [= Quando ela chegou] *a casa, não os encontrou"* (J. Paço d'Arcos).;

    ✓ *<u>Encontrada</u>* [= Depois que encontrou, ou Assim que encontrou, ou Porque encontrou] *a solução do árduo problema, pôde enfim descansar.*;

    ✓ etc.

⌥ Observação. O particípio "passado" pode ter caráter passivo ou caráter ativo.

- Exemplo do primeiro caso:

    ✓ *<u>Lida</u> a carta, tranquilizou-se..*

- Exemplos do segundo:

    ✓ *<u>Chegado</u> a casa, ocupou-se imediatamente do filho.*

→ Por vezes, não é possível dizer se o particípio tem caráter propriamente ativo nem propriamente passivo. Tal se dá quando o verbo significa estado, como em *<u>Cansada</u>, deixou as tarefas para o dia seguinte*.[132]

→ Como dito já mais acima, a forma *vindo* é tanto particípio como gerúndio do verbo *vir*.

- Por si só, o particípio "passado" não indica se a ação, o fato, o estado ou a qualidade que ele significa são passados, presentes ou futuros. Não o pode indicar senão o contexto, dado pelo tempo do verbo da oração subordinante. Deem-se exemplos:

    ✓ *<u>Abertos</u> os portões, aflui grande multidão* (presente).;

    ✓ *<u>Abertos</u> os portões, afluiu grande multidão* (pretérito).;

    ✓ *<u>Abertos</u> os portões, afluirá grande multidão* (futuro).;

    ✓ *<u>Acamada</u> a senhora, olha-a o filho* (presente).;

---

[131] Se todavia se escreve *Enfurecido o vento, passou a rancharia a sofrer seus açoites*, então *Enfurecido* volta a ser particípio.

[132] E veja-se a aguda tensão entre figura e significado que se dá em *Ele é um homem lido*: o adjetivo participial *lido* é patentemente de forma passiva, mas seu significado é ativo (*ele* não é *lido* por ninguém, senão que *lê* muito).

✓ <u>Acamada</u> a senhora, olhou-a o filho (PRETÉRITO).;
✓ <u>Acamada</u> a senhora, olhá-la-á o filho (FUTURO).

⟁ OBSERVAÇÃO. Como se vê, a ação expressa pelo PARTICÍPIO pode ser ou anterior à expressa pelo verbo da oração subordinante (como nos três primeiros exemplos) ou concomitante a ela (como nos três últimos exemplos).

§ Pois bem, por isto mesmo, quer dizer, pela impossibilidade de o PARTICÍPIO "PASSADO" expressar por si o tempo, é que o chamaremos doravante pura e simplesmente PARTICÍPIO. – Mas também pode chamar-se *particípio perfeito*.

γ. O PARTICÍPIO "PRESENTE"[133] é pouco usado hoje, e sempre se usou como latinismo.[134] Com efeito, o particípio "do presente" latino deu três terminações ao português: *-ante, -ente, -inte*:

✓ *Vem <u>orante</u>* [= orando] *pelo caminho a romaria*.;
✓ *"Perlas ricas e <u>imitantes</u>* [= que imitam] *à cor da Aurora"* (CAMÕES).;
✓ *Homem <u>temente</u>* [= que teme] *a Deus*.;
✓ etc.

Se nos dois últimos exemplos as palavras sublinhadas são adjetivos participais (ou seja, originados, aqui, de particípios "presentes"), no primeiro, todavia, não só se trata de autêntica forma nominal do verbo, senão que equivale ao gerúndio modal: reduz-se, pois, a advérbio.

⟁ OBSERVAÇÃO. Tampouco o PARTICÍPIO "PRESENTE" pode por si expressar tempo, e uma vez mais a indicação do tempo dependerá de outra forma verbal:

✓ VEM *<u>orante</u> pelo caminho a romaria* (PRESENTE).;
✓ VINHA *<u>orante</u> pelo caminho a romaria* (PRETÉRITO).;
✓ VIRÁ *<u>orante</u> pelo caminho a romaria* (FUTURO).;
✓ etc.

§ Pois bem, por isto mesmo, quer dizer, pela impossibilidade de o PARTICÍPIO "PRESENTE" expressar por si o tempo, é que deixaremos de chamá-lo "presente" para chamá-lo MODAL, porque, como visto, equivale ao gerúndio modal e pode comutar-se por ele:

✓ VEM *<u>orando</u> pelo caminho a romaria* (PRESENTE).;
✓ VINHA *<u>orando</u> pelo caminho a romaria* (PRETÉRITO).;
✓ VIRÁ *<u>orando</u> pelo caminho a romaria* (FUTURO).;
✓ etc.

---

[133] Dá-se a razão destas aspas ao final desta breve subseção **β**. Convém, no entanto, que não se antecipe sua leitura.
[134] Em especial no Medievo e no Renascimento.

¶ O GERUNDISMO, E UM ERRO DE PARALELISMO

1. No Brasil, já desde algum tempo uns vêm usando e outros condenando o chamado GERUNDISMO. É preciso, porém, antes de tudo, saber o que se deve entender por *gerundismo*, e, depois, se de fato se deve condenar.

1.a. ♭ Nenhum dos empregos do gerúndio mostrados até aqui incorre em gerundismo, e, como dito e com as ressalvas feitas, *são todos corretos e participam do português culto atual*. Dizemo-lo porque há hoje no Brasil certa tendência a negar validade a quase todos os empregos do gerúndio, confundindo-os com o que verdadeiramente pode dizer-se *gerundismo*.

1.b. GERUNDISMO propriamente dito é o uso indevido em português de algo assemelhado a uma das formas do *futuro contínuo* inglês, talvez por influência do *telemarketing* e de congêneres.

- Exemplos ingleses de *futuro contínuo*:
    - ✓ (com *will*) *You **will be waiting** for her when her plane arrives tonight* (ou seja, quase palavra a palavra: *Estarás esperando-a quando seu avião chegar esta noite*).;
    - ✓ (com *be going to*) *You **are going to be waiting** for her when her plane arrives tonight* (ou seja, quase palavra a palavra: "Estás indo estar esperando-a quando seu avião chegar esta noite").
- Pois bem, a primeira forma do futuro contínuo (com *will*) tem perfeito correspondente em português. Com efeito, não há nada que censurar em construções como <u>Estaremos esperando</u>-*a quando seu avião chegar esta noite*, *Amanhã não poderemos vir à reunião porque à mesma hora <u>estaremos viajando</u>*, etc. São lidimamente portuguesas.
- Já não se pode dizer o mesmo do futuro contínuo com *be going to*. Com efeito, não são lidimamente portuguesas construções como as seguintes, infelizmente tão ouvidas no Brasil: "Amanhã 'vamos estar providenciando' o conserto", "Em no máximo dois dias "vou estar fazendo" o depósito", "'Vou ficar estando' sentada ali para fazer as inscrições" (!!!)[135] e outras aberrações que tais.

---

[135] Frase ouvida em ambiente universitário.

⌔ Observação. Atente-se a que, se em *Amanhã não poderemos vir à reunião porque à mesma hora estaremos viajando* não se usasse o futuro contínuo, a frase teria outro sentido: *à mesma hora viajaremos* quereria dizer algo como *à mesma hora tomaremos o avião* (ou *o trem*, ou *a estrada*, etc.). Mas no exemplo anterior se quer dizer que *à mesma hora já estaremos em plena viagem*. O futuro contínuo, portanto, não se deve usar em português senão para expressar *ação futura já em curso* – mais ainda: é a única maneira de fazê-lo.

2. ♭ Erro comum, agora, a brasileiros e a portugueses (entre os quais alguns bons escritores) infringe o devido paralelismo ou correspondência verbal. Exemplo: "Não trabalhava *há* dois anos". Note-se que, se se dissesse *Não trabalha*, sem dúvida deveria usar-se *há dois anos*: presente do indicativo com presente do indicativo. Como porém *trabalhava* está no imperfeito do indicativo, então obrigatoriamente o verbo *haver* haverá de estar no mesmo imperfeito:

 ✓ *Não trabalha há dois anos.*;
 ✓ *Não trabalhava havia dois anos.*

Para verificar a correção do dito, basta que se substitua o verbo *haver* por *fazer*: com efeito, "Não trabalhava 'faz' dois anos" nem remotamente nos soa correta. E, no entanto, tão incorreta como "Não trabalhava 'faz' dois anos" é "Não trabalhava 'há' dois anos". Pois bem, use-se o verbo *fazer* ou o verbo *haver*, não se infrinja nunca o devido paralelismo ou correspondência verbal, e escreva-se corretamente:

 ✓ *Não trabalha há/faz dois anos.*; ou
 ✓ *Não trabalhava havia/fazia dois anos.*

⌔ Observação. Parece que este erro tem fundo fonético. Com efeito, *há* soa como a preposição *a*; mas a preposição, obviamente, é inflexionável; usa-se por isso *há* como se fora *a*. Pois bem, aproveite-se o ensejo para assinalar a devida distinção entre *há* e *a* na indicação de tempo.

▫ O verbo *haver* usa-se para tempo decorrido ou passado:

 ✓ *Não trabalha há dois anos.*;
 ✓ *Casara-se havia três anos.*

(Note-se, pois, pelo último exemplo, que também junto a mais-que--perfeito [*Casara-se*] o verbo *haver* deve estar no imperfeito.)

▫ A preposição *a* usa-se para tempo vindouro:
  ✓ *Começará a̱ trabalhar daqui a uma semana.*;
  ✓ *Casar-se-á daqui a̱ um mês.*
▫ Mas a preposição *a* também se usa com o sentido de *depois de* ou *ao cabo de* com respeito a tempo passado:
  ✓ *A̱* [= *depois de* ou *ao cabo de*] *um ano de casados, nasceu-lhes o primeiro filho.*;
  ✓ *A̱* [= *depois de* ou *ao cabo de*] *dois meses da contratação, já está perfeitamente adaptado ao novo trabalho.*
↯ Observação. Conquanto fosse ocioso fazê-lo, diga-se que para indicação ESPACIAL só se usa a preposição *a* (e nunca o verbo *haver*):
  ✓ *O museu fica a̱ 100 metros daqui.*;
  ✓ etc.

*

AS VOZES VERBAIS

1. Os verbos expressam antes de tudo, como dito, ou a categoria da *ação* ou a categoria da *paixão*, razão por que há duas **vozes verbais**: a voz ativa e a voz passiva.

2. As duas vozes têm figura diversa:

a. a ativa: *O caçador* matou *o leão.*   *O leão* matou *o caçador.*
           sujeito   o. direto   sujeito   o. direto
b. a passiva: *O leão foi morto pelo caçador.*   *O caçador foi morto pelo leão.*
           sujeito   ag. passiva   sujeito   ag. passiva

3. Note-se que, na voz ativa, o agente da ação verbal é expresso pela palavra que exerce a função sintática de **sujeito** da oração; e que, na voz passiva, o agente da ação verbal é expresso pelo grupo que exerce a função sintática de **agente da passiva**. Ademais, na voz ativa o paciente da ação verbal é expresso pela palavra que exerce a função sintática de **objeto direto**; enquanto na voz passiva o paciente da ação verbal é expresso pela palavra que exerce a função sintática de **sujeito**. Em outras palavras, na voz ativa temos **sujeito agente**, enquanto na passiva temos **sujeito paciente**. Trata-se, pois, de perfeita inversão de papéis.[136]

---

[136] Bem sabemos que quase todas as gramáticas dão uma terceira voz: a chamada "voz reflexiva", em que o agente e o paciente da ação verbal são o mesmo. Com efeito, em *Pedro feriu-se* [*a si mesmo*] sem

4. Sucede porém que com a mesma figura de voz ATIVA se expressa por vezes, como visto, uma PAIXÃO (por exemplo, *O enfermo padece muitas dores*), ao passo que com a mesma figura de voz PASSIVA se expressa por vezes, como visto, uma AÇÃO (por exemplo, *O rei é chegado*). Mas, justamente porque uma paixão pode expressar-se na voz ativa e uma ação pode expressar-se na voz passiva, devemos considerar que a dupla noção de voz ativa e de voz passiva passou da estrita origem semântica (como nos exemplos do *caçador* e do *leão*) a configuração paradigmática. Em outras palavras, em português o verbo configura-se duplamente, a saber, ou na voz ativa ou na voz passiva (esta, como dito, com *ser* + *particípio*), independentemente da categoria que expresse.

5. Se assim é, todo verbo que não se construa como locução de *ser* + *particípio* estará, *segundo a figura*, na voz ATIVA, enquanto o que se construa assim estará, *segundo a figura*, na voz PASSIVA.

6. Tenha-se a seguinte sequência de exemplos:

a. *O rapaz feriu-se a si mesmo sem querer.*;
b. *O rapaz feriu-se num acidente de carro.*;
c. *O rapaz padece muitas dores.*;
d. *O rapaz está bem.*;
e. *O rapaz é estudioso.*;
f. *A vegetação mostra-se luxuriante.*;
g. *Queixou-se do abuso.*;
h. *Precisa-se de empregados.*;
i. *Contratam-se empregados.*;
j. etc.

• De acordo com nosso modo de considerar,[137] segundo a figura os exemplos *a, c, d, e* são de voz ativa; segundo a significação, porém, só o primeiro destes três exemplos é ativo.

• Quanto aos demais exemplos, julgamos que o melhor é considerá-los a todos também como de voz ativa segundo a figura, com o que outra vez resta dizer o que cada um é segundo a significação.[138]

---

querer, *Pedro* e *se* são a mesma pessoa, concomitantemente agente e paciente da ação de *ferir*. Mas isto não quer dizer que se trate de outra voz: trata-se de pura voz ativa. No exemplo posto, com efeito, *Pedro* é sujeito agente da ação verbal, e *se* é objeto direto paciente da ação verbal. Que porém o agente e o paciente sejam o mesmo é acidental à voz verbal, e porque o é, ou seja, porque não é essencial à voz verbal, por isso mesmo não há "voz reflexiva".

[137] Para o modo das gramáticas tradicionais de considerá-lo, ➤ *Suma*, p. 360.
[138] Para a maneira de Said Ali e de outros poucos gramáticos de considerá-los, ➤ *Suma*, p. 360-61 (e nota 99).

a. Em *O rapaz feriu-se a si mesmo sem querer*, como dito, o verbo expressa AÇÃO.

b. Em *O rapaz feriu-se num acidente de carro*, o verbo expressa PAIXÃO, porque com efeito *o rapaz* antes foi ferido. Note-se porém que não é possível indicar o agente de tal paixão, mas apenas a circunstância (*num acidente de carro*) em que se deu.

c. Em *O rapaz padece muitas dores*, como dito e redito, o verbo expressa PAIXÃO.

d. Em *O rapaz está bem*, o verbo não expressa ação nem paixão. Exerce antes o papel de certa *cópula* entre o sujeito e o predicativo.

e. Em *O rapaz é estudioso*, o verbo tampouco expressa ação nem paixão, e, como o anterior, exerce o papel de certa *cópula* entre o sujeito e o predicativo.

f. Quanto ao verbo de *A vegetação mostra-se luxuriante*, já voltaremos a ele.

g. Em *Queixou-se do abuso*, o verbo expressa, obviamente, AÇÃO; e o *-se* que traz aposto já não tem, na língua atual, nenhuma carga semântica: é parte integrante do verbo, e tornou-se um como adorno fóssil seu.

h. Em *Precisa-se de empregados*, o verbo expressa *necessidade* AO MODO DE AÇÃO, assim como em *Ele tem vasta biblioteca* o verbo expressa *posse* igualmente AO MODO DE AÇÃO.

i. E em *Contratam-se empregados*, o verbo é de sentido PASSIVO: equivale, segundo a significação, a "Empregados SÃO CONTRATADOS". No entanto, como dito, é de voz ATIVA segundo a figura.[139]

☞ OBSERVAÇÃO. Mas ser de voz ativa segundo a figura não pode deixar de imprimir de algum modo sua marca em todos estes verbos. Quase se poderia dizer, por exemplo, que é como que "ativamente" que *O enfermo padece muitas dores*, e que ainda é como que "ativamente" que *O rapaz é estudioso*.[140]

7. Ainda a título, todavia, de ilustração dessa complexidade, tenha-se agora a seguinte sequência de exemplos:

a. *A moça não se mostrava por timidez.*;

b. *A moça mostrou-se incapaz da tarefa.*;

c. *Mostrou-se o livro como exemplo de boa escrita.*

---

[139] Este pronome *se*, como dito mais acima, só pode dizer-se pronome *muito de certo modo*: não faz senão indicar uma significação passiva para uma figura ativa (*Alugaram-se as casas*) em lugar da própria figura passiva (*As casas foram alugadas*).

[140] Para aprofundamento deste ponto, ➤ *Suma*, p. 362. – Aproveitamos o ensejo, aliás, para negar categoricamente que os verbos de cópula sejam destituídos de significado. Se o fossem, como seria possível ao português e ao espanhol distinguir *ser* e *estar*? Com efeito, uma coisa é *ser* doente, outra *estar* doente. Em verdade, os verbos de ligação têm carga semântica de modo análogo a como a têm, por exemplo, as preposições. Para entendê-lo, ➤ *Suma*, p. 382 (e n. 124-125) e a seção das Preposições mais adiante.

Pois bem, podemos considerar os três exemplos do seguinte modo.

a. De voz ATIVA segundo a figura e ATIVO segundo a significação: a moça *não se MOSTRAVA a si mesma* assim como poderia *não MOSTRAR uma tela, um livro, qualquer coisa.*

b. De voz ATIVA segundo a figura (com um *se* parte integrante sua),[141] mas nem ativo nem passivo segundo a significação: porque, com efeito, aqui *mostrou--se* tem, pouco mais ou menos, o sentido de 'aparecer' (involuntariamente). É o mesmo que se dá em *A vegetação mostra-se luxuriante.*

c. De voz ATIVA segundo a figura, mas PASSIVO segundo a significação: com efeito, *Mostrou-se o livro como exemplo de boa escrita* pode comutar-se por *O livro foi mostrado como exemplo de boa escrita.*

8. E estão segundo a figura na voz PASSIVA todos os seguintes exemplos:[142]

a. *O caçador foi morto pelo leão.*;
b. *O viajante é chegado.*;
c. *A rainha é morta.*;
d. *As crianças são nascidas.*

Pois bem, podemos considerar estes grupos verbais ainda do seguinte modo.

a. Passivo segundo a *significação.*

b. Ativo segundo a *significação.*

c. Antes passivo segundo a *significação*, porque, com efeito, a morte é antes padecida. Mas não pode dizer-se que aqui se expresse PAIXÃO ao mesmo título que no primeiro exemplo (*O caçador foi morto pelo leão*).

d. Antes ativo que passivo segundo a *significação*, conquanto não ao mesmo título que em *O viajante é chegado.*

⌦ Observação. Mas ser de voz passiva segundo a figura não pode deixar de imprimir de algum modo sua marca em todas estas locuções verbais: é como se seu sujeito agisse "passivamente".[143]

*

---

[141] Tanto o *se* deste *mostrar-se* como o *se* de *queixar-se* são partes integrantes do verbo. A diferença reside em que o verbo *queixar-se* não pode dispensá-lo de modo algum, enquanto *mostrar*, sim, o pode: em outras palavras, só o *se* de *queixar-se* é perfeitamente fóssil. Mas em *A moça mostrou-se incapaz da tarefa* o *se* é atualmente tão destituído de carga semântica como o é o *se* de *Queixou-se do barulho.*
[142] Poderia objetar-se que não o estão porque lhes falta o agente da passiva. Mas tampouco o há em *A casa já* FOI TERMINADA, e no entanto não se lhe pode negar o caráter de voz PASSIVA.
[143] Para as razões e a justeza de nosso modo de considerar as VOZES VERBAIS, ➤ *Suma*, p. 359-63.

CONJUGAÇÃO DA VOZ PASSIVA, E DUVIDOSOS OU FALSOS TEMPOS COMPOSTOS

É a seguinte a CONJUGAÇÃO DA VOZ PASSIVA:

- Presente do indicativo: *sou, és, é, somos, sois, são* + particípio concordante em gênero e em número com o sujeito da oração.
- Pretérito imperfeito do indicativo: *era, eras, era, éramos, éreis, eram* + particípio concordante em gênero e em número com o sujeito da oração.
- Pretérito perfeito simples do indicativo: *fui, foste, foi, fomos, fostes, foram* + particípio concordante em gênero e em número com o sujeito da oração.
- Pretérito perfeito composto do indicativo: *tenho ou hei sido, tens sido, tem sido, temos ou havemos sido, tendes ou haveis sido, têm ou hão sido* + particípio concordante em gênero e em número com o sujeito da oração.
- Pretérito mais-que-perfeito simples do indicativo: *fora, foras, fora, fôramos, fôreis, foram* + particípio concordante em gênero e em número com o sujeito da oração.
- Pretérito mais-que-perfeito composto do indicativo: *tinha ou havia sido, tinhas ou havias sido, tinha ou havia sido, tínhamos ou havíamos sido, tínheis ou havíeis sido, tinham ou haviam sido* + particípio concordante em gênero e em número com o sujeito da oração.
- Futuro do presente simples: *serei, serás, será, seremos, sereis, serão* + particípio concordante em gênero e em número com o sujeito da oração.
- Futuro do presente composto: *terei ou haverei sido, terás ou haverás sido, terá ou haverá sido, teremos ou haveremos sido, tereis ou havereis sido, terão ou haverão* + particípio concordante em gênero e em número com o sujeito da oração.
- Futuro do pretérito simples: *seria, serias, seria, seríamos, seríeis, seriam* + particípio concordante em gênero e em número com o sujeito da oração.
- Futuro do pretérito composto: *teria ou haveria sido, terias ou haverias sido, teria ou haveria sido, teríamos ou haveríamos sido, teríeis ou haveríeis sido, teriam ou haveriam sido* + particípio concordante em gênero e em número com o sujeito da oração.
- Presente do subjuntivo: *seja, sejas, seja, sejamos, sejais, sejam* + particípio concordante em gênero e em número com o sujeito da oração.
- Pretérito imperfeito do subjuntivo: *fosse, fosses, fosse, fôssemos, fôsseis, fossem* + particípio concordante em gênero e em número com o sujeito da oração.

- Pretérito perfeito do subjuntivo: *tenha ou haja sido, tenhas ou hajas sido, tenha ou haja sido, tenhamos ou hajamos sido, tenhais ou hajais sido, tenham ou hajam sido* + particípio concordante em gênero e em número com o sujeito da oração.
- Pretérito mais-que-perfeito do subjuntivo: *tivesse ou houvesse sido, tivesses ou houvesses sido, tivesse ou houvesse sido, tivéssemos ou houvéssemos sido, tivésseis ou houvésseis sido, tivessem ou houvessem sido* + particípio concordante em gênero e em número com o sujeito da oração.
- Futuro do subjuntivo simples: *for, fores, for, formos, fordes, forem* + particípio concordante em gênero e em número com o sujeito da oração.
- Futuro do subjuntivo composto: *tiver ou houver sido, tiveres ou houveres sido, tiver ou houver sido, tivermos ou houvermos sido, tiverdes ou houverdes sido, tiverem ou houverem sido* + particípio concordante em gênero e em número com o sujeito da oração.
- Infinitivo presente impessoal: *ser* + particípio concordante em gênero e em número com o sujeito da oração.
- Infinitivo presente pessoal: *ser, seres, ser, sermos, serdes, serem* + particípio concordante em gênero e em número com o sujeito da oração.
- Infinitivo pretérito impessoal: *ter ou haver sido* + particípio concordante em gênero e em número com o sujeito da oração.
- Infinitivo pretérito pessoal: *ter ou haver sido, teres ou haveres sido, ter ou haver sido, termos ou havermos sido, terdes ou haverdes sido, terem ou haverem sido* + particípio concordante em gênero e em número com o sujeito da oração.

⚐ OBSERVAÇÃO 1. A voz PASSIVA, obviamente, não admite o modo imperativo.

⚐ OBSERVAÇÃO 2. Ao contrário do que se dá na voz ativa, na PASSIVA, como se acaba de ver, o infinitivo se desdobra em PRESENTE e em PRETÉRITO, SIMPLES e COMPOSTOS ambos.

⚐ OBSERVAÇÃO 3. Como porém se acaba de ver, tempos compostos – que não podem ser constituídos senão pelos verdadeiros grupos verbais – há-os tanto na voz ativa como na passiva, compostos em ambas as vozes de um verbo auxiliar (*ter* ou *haver*) + o verbo principal.

2. Muitas gramáticas, no entanto, chamam "verbos auxiliares" não só a *ter* e *haver* (na voz ativa) e *ser* (na passiva) mas também a *estar*, a *andar*, a *vir*, a *ir*, etc., esteja o "verbo principal" no infinitivo, no gerúndio ou no particípio: por exemplo, <u>Está</u> *feito*, <u>Está</u> *cantando*, <u>Anda</u> *pensando*, <u>Vai</u> *casar-se*, <u>Vai</u> *perguntar-lhe algo*,

Vem perguntar-te algo, Quer ou *Deseja ler um romance, Podemos recomeçar o trabalho, Comecei a escrever o livro, Temos de fazê-lo, Terminarão por desistir, Devem vir, Devem de vir*. Por uma simples passada d'olhos pelos exemplos, todavia, vemos já que não se trata de coisas idênticas.

a. *Está feito* parece ser pouco mais ou menos o mesmo que *É feito*: tratar-se-ia em ambos os casos de voz passiva (verbo de ligação + particípio). Sucede porém que, se a voz passiva pode vir sem o agente da passiva (como em *Isto é feito para o bem de todos*), não o pode, todavia, rechaçar (como em *Isto é feito por ele para o bem de todos*). Mas não nos soa natural um "Isto *está* feito *por ele* para o bem de todos". Nem sempre, contudo, é assim, e não nos repugna um *Está proibido pela autoridade pisar na grama*. Não obstante, como tal não se dá universalmente, julgamos preferível considerar que este *pela autoridade* e semelhantes não são agentes da passiva mas puros adjuntos adverbiais de agente.[144] Sendo assim, *Está* não é verbo auxiliar, mas verbo de cópula.

b. *Está cantando*, como dito, usa-se pelo presente do indicativo, assim como *estava cantando* pelo imperfeito do indicativo, etc.; e, mais que as formas por que se comutam (*canta, cantava*, etc., e *estivera cantando* por *cantara*, etc.), encerram aspecto durativo ou continuativo. Sucede porém que *Está dormindo* pode comutar-se por *Está adormecido*, além de que podem construir-se orações como esta: *Ora está procurando algo que fazer* (ou *à procura de algo que fazer*), *ora está parado com os olhos postos no vazio*, etc.; mas já vimos que o particípio dos tempos compostos não pode substituir-se por adjetivo. Parece pois que a forma gerundial (*cantando, dormindo...*), de caráter adverbial, que em tal caso se segue ao verbo *estar* exerce a função de predicativo do sujeito. Estamos uma vez mais, portanto, em fronteira turva: o fato de se comutarem fácil e constantemente pela correspondente forma verbal simples faz que *está cantando, estava cantando* e demais pareçam constituir tempos compostos; o fato contudo de aqui a forma gerundial não só ter caráter adverbial mas parecer exercer a função sintática de predicativo do sujeito ligado pelo verbo *estar* faz que pareçam não constituir verdadeiros tempos compostos. Pendemos para o segundo membro da alternativa. — E diga-se o mesmo não só de *anda pensando*, etc., mas de *está a pensar, estavam a pensar*, etc.

---

[144] Para o fato porém de o AGENTE DA PASSIVA estar em fronteira turva entre complemento verbal e adjunto adverbial de agente, razão por que não deixam de ter sua parte de razão os que lhe negam o caráter de complemento, ➢ *Suma*, p. 445-46.

c. Em *Vai casar-se amanhã*, em *Vai perguntar-lhe algo* e em *Vem perguntar-te algo*, parece que a forma *Vai* e que a forma *Vem* são tão destituídas de carga semântica como os verbos *ter* e *haver* nos grupos verbais, o que provaria que *Vai casar-se*, *Vai perguntar* e *Vem perguntar* também constituem verdadeiros tempos compostos.

▪ Quanto todavia a *Vem* nesta última oração, trata-se de erro de perspectiva: esta forma verbal significa a própria ação de *vir*, e entre ela e a forma verbal que se lhe segue está elíptica a preposição *para* (ou *a*): *Vem (para/a) perguntar-te algo*, onde *Vem* é o núcleo da subordinante e *(para/a) perguntar* o núcleo da adverbial final. – Mas construções como *vir a ser*, como em *Veio a ser professor*, não podem entender-se do mesmo modo que o caso anterior, e comutam-se perfeitamente por *tornar-se*. Nestas construções, ademais, o verbo *vir* também parece não expressar nada além de tempo e de pessoa do discurso, o que é o próprio do verbo auxiliar ou determinante. Aqui, pois, parece que apesar da incômoda presença da preposição se tem verdadeiro grupo verbal e, pois, certo tempo composto.

▪ Quanto a *Vai* na primeira oração (*Vai casar-se*), já tampouco tem nenhuma carga semântica. Parece pois ser verbo auxiliar de certo tempo composto de presente, pelo qual, relembre-se, se comuta facilmente a forma simples do futuro do presente (*Casar-se-á*).[145]

▪ Quanto porém a *Vai* na segunda oração (*Vai perguntar-lhe*), depende do contexto.

♦ Se o contexto indica que *Vai perguntar-lhe algo (à sua residência)*, tem-se então o mesmo que em *Vem perguntar-te algo*: *Vai* é o núcleo da subordinante (*Vai [à sua residência]*), enquanto *(para/a) perguntar* é o núcleo da adverbial final.

♦ Se no entanto o contexto não indica nada semelhante ao que se acaba de ver, então este *Vai* equivale ao *Vai* de *Vai casar-se* e, como este, parece verbo auxiliar. Ter-se-ia portanto também aqui certo tempo composto.

d. Já em *Quer* ou *Deseja ler um romance*, em *Podemos retomar o trabalho* e em *Comecei a escrever o livro* e *Continuei a escrever o livro*,[146] deve dizer-se que absolutamente não há grupo verbal nem pois tempo composto. Aí, sem dúvida o primeiro verbo (*Quer* ou *Deseja*, *Podemos*, *Comecei*) é a própria subordinante, enquanto *ler*, *retomar*, *a escrever* são orações objetivas diretas infinitivas não

---

[145] Para aprofundamento deste ponto, ➤ *Suma*, p. 369.
[146] Nos casos incluídos nesta letra (**d**) e nas seguintes (**e** e **f**) as gramáticas atuais tendem a ver grupos verbais cujo primeiro verbo seria "auxiliar aspectual".

desenvolvíveis, assim como em *Entrou em casa cantarolando* a forma gerundial é uma oração modal não desenvolvível. E o dito prova-se pela simples comutação da oração infinitiva pelo pronome *isto*: *Quer* ou *Deseja isto*, *Podemos isto*, *Comecei isto*, *Continuei isto* (apesar da incômoda presença da preposição *em* nos dois últimos casos).[147]

e. Algo mais complexo é o caso de <u>*Temos de fazê-lo*</u> e de <u>*Terminarão por desistir*</u>, e deixamo-lo ainda para estudos futuros. Mas a presença mesma das duas preposições *de* e *por* parece indicar que não se trata de tempo composto.

f. Se por fim se trata de *Devem vir* e *Devem de vir*, note-se antes de tudo que não significam o mesmo. Com efeito, o primeiro significa ou *Têm de vir* ou, mais usualmente, *Certamente virão*, enquanto o segundo significa *Provavelmente* ou *Possivelmente virão*.[148] Quanto contudo ao que aqui interessa, *Devem de vir* entra no caso anterior (o de *Temos de fazê-lo* e de *Terminarão por desistir*). Quanto em contrapartida a *Devem vir*, há que distinguir. Se *dever* tem aí o sentido de 'ter de, ter obrigação de', então o conjunto não nos parece constituir verdadeiro grupo verbal. Neste caso, *Devem* seria oração subordinante, e *vir* subordinada objetiva direta. Se no entanto *dever* tem aí o sentido de 'é provável ou possível que', então *Devem vir* parece constituir verdadeiro grupo verbal. Neste caso, *vir* seria o verbo principal, e *Devem* certo auxiliar aspectual.

*

3.7. Os advérbios

3.7.1. Os ADVÉRBIOS, repita-se, conquanto não sejam da complexidade dos verbos, são porém de mais difícil definição. Em princípio invariáveis, expressam antes de tudo *tempo* e *lugar* (além, naturalmente, de aplicar-se à indicação de *modo*, etc.) e modificam antes de tudo o verbo (MEDITAM *intensamente*): com efeito, estão para este assim como os adjetivos estão para o substantivo. Mas também podem modificar o adjetivo (*muito* FORTE) e outro advérbio (*muito* BEM). Mais ainda: de algum modo podem modificar ainda substantivos ou pronomes

---

[147] Em verdade, o caso de *Continuei a escrever o livro* é algo mais complexo. Com efeito, conquanto se nos afigure construção ao menos deselegante um "Continuei escrevendo o livro", o fato é que parece possível. Para futura investigação.

[148] Não se use *dever de* em lugar de *dever*; mas *dever* pode usar-se em lugar de *dever de*: por exemplo, em *Disse-nos que deve (de) vir*.

substantivos (*muito* HOMEM, *quase* MAJOR, *até* ELE) e até orações inteiras (*Infelizmente* NÃO FOI POSSÍVEL DETER-LHE O DESVARIO).

3.7.2. O ADVÉRBIO, portanto, divide-se em subclasses:

3.7.2.a. a dos ADVÉRBIOS modificadores tão somente de VERBOS, os quais por sua vez também se subdividem: DE LUGAR (*aqui, ali, atrás*, etc.), DE TEMPO (*hoje, amanhã, logo*, etc.), DE ORDEM (*antes, depois*, etc.), DE MODO (*bem, mal, devagar*, etc.), etc.;

3.7.2.b. a dos ADVÉRBIOS modificadores tanto de VERBOS como de ADJETIVOS e de ADVÉRBIOS (e, de algum modo, tanto de SUBSTANTIVOS como de ORAÇÕES), os quais por sua vez também se subdividem: DE INTENSIDADE (*pouco, muito, mais*, etc.), DE MODO (a maioria dos terminados em *-mente*, etc.), etc.[149]

↗ OBSERVAÇÃO 1. Nem sempre é de todo nítida a fronteira entre adjetivo e advérbio. E, como no advérbio de algum modo "lateja" o adjetivo, passam alguns advérbios a admitir, igualmente, flexões de grau (*pertinho*, etc.).[150] Por isso podem dizer-se *nominais* traços não só dos substantivos e ainda dos adjetivos, mas até destes mesmos advérbios.

↗ OBSERVAÇÃO 2. Ainda quando expressa tempo, lugar, etc., **em sentido lato** o ADVÉRBIO sempre o faz *modalmente*, ou seja, o advérbio expressa tempo, lugar e tudo o mais enquanto são certos *modos* antes de tudo do **verbo**. Ademais, insista-se, o ADVÉRBIO determina não só o verbo, mas qualquer outra classe gramatical que possa receber alguma modalidade: é o caso do **adjetivo** e do mesmo **advérbio**; e, de algum modo e em algumas situações, é o caso também do **substantivo** e do **pronome substantivo** – e até, repita-se, de **orações** (*vide* os exemplos acima).

↗ OBSERVAÇÃO 3. Também complexo é o caso dos ADVÉRBIOS DE AFIRMAÇÃO (*sim, certamente*, etc.), dos DE DÚVIDA (*talvez, acaso*, etc.) – *et reliqua*; e sobretudo o dos ADVÉRBIOS DE NEGAÇÃO (*não, nem, tampouco, nunca, jamais*): não podem compreender-se perfeitamente senão no âmbito da Lógica.[151]

---

[149] Com efeito, nem todos os advérbios terminados em *-mente* são **estritamente** de modo. É o caso, por exemplo, de *Certamente* nos encontraremos, de *Provavelmente* irei, de *Primeiramente* há que defini-*lo*, etc.

[150] E relembre-se ainda que muitos adjetivos podem usar-se em lugar de advérbios (*Trabalham* **rápido** = **rapidamente**; *As águas fluíam* **tranquilas** = **tranquilamente**; etc.), fazendo-se assim advérbios impróprios ou acidentais.

[151] Para aprofundamento e solução de tudo quanto se disse até aqui a respeito do ADVÉRBIO, e para nossa resposta à N.G.B. (Nomenclatura Gramatical Brasileira) e sua noção de "palavra denotativa", ➤ *Suma*, p. 370-72.

⊘ Observação 4. Para efeitos práticos, que são o intentado neste livro, considerar-se-ão indistinta e igualmente ADVÉRBIOS todos os que se arrolarão a seguir.

3.7.3. Classificação dos advérbios

3.7.3.a. Advérbios de tempo: *agora, ainda, amanhã, anteontem, antes, breve, cedo, depois, então, hoje, já,*[152] *logo, ontem, outrora, sempre, tarde*, etc.; **locuções**: *à noite, à tarde, à tardinha, de dia, de manhã, de noite, de quando em quando, de vez em quando, em breve, pela manhã*, etc.

⊘ Observação. Não procede pois de modo algum o "rumor gramatical" segundo o qual são erradas as locuções *de manhã*, *de tarde* e *de noite*.

3.7.3.b. Advérbios de lugar: *abaixo, acima, acolá, adiante, aí, além, ali, aquém, aqui, atrás, através, cá, defronte, dentro, detrás, fora, junto, lá, longe, onde, perto*, etc.; **locuções**: *à direita, à esquerda, à distância, ao lado, de dentro, de cima, de longe, de perto, em cima, para dentro, para onde, por ali, por aqui, por dentro, por fora, por onde, por perto*, etc.

⊘ Observação. ◊ Note-se que em princípio deve grafar-se *à distância*. Estudá-lo-emos na seção sobre crase do capítulo V.

3.7.3.c. Advérbios de modo: *assim, bem, debalde, depressa, devagar, mal, melhor, pior* e a maioria dos terminados em *-mente: fielmente, levemente*, etc.; **locuções**: *à toa, à vontade, a contragosto, ao contrário, ao léu, às avessas, às claras, às direitas, às pressas, com gosto, com amor, de bom grado, de cor, de má vontade, de mau grado, em geral, em silêncio, em vão, gota a gota, passo a passo, por acaso*, etc.[153]

⊘ Observação. *De mau grado*, como visto, é locução adverbial de modo; mas *malgrado* ou é preposição (*Fê-lo, malgrado* [= não obstante; apesar de] *os conselhos que recebera*) ou é substantivo (*Para malgrado* [= desgosto] *nosso, não o fizeram*).

3.7.3.d. Advérbios de intensidade: *assaz, bastante, bem, demais, mais, menos, muito, pouco, quanto, quão, quase, tanto, tão*, etc.; **locuções**: *de muito* (= há muito tempo), *de pouco* (= há pouco tempo), *de todo* (= totalmente), etc.

⊘ Observação 1. Quando pode comutar-se por *de menos*, use-se *de mais* (e não *demais*):

---

[152] Para *já* e *mais, vide* o final desta seção.
[153] São locuções adverbiais de modo GROSSO MODO (que por latina deve escrever-se sempre em destaque) e ALTO E BOM SOM. A primeira é sinônima de "em linhas gerais" e significa 'de modo geral, sem detalhes, por alto': *Explicou-lhes* grosso modo *o problema*. A segunda significa 'claramente, francamente, sem rodeios, sem receio das consequências': *Declarou* alto e bom som *que não concordava com a decisão do presidente.* – GROSSO MODO obrigatoriamente não se antecede de "a", ◊ enquanto ALTO E BOM SOM não deve anteceder-se de "em".

✓ *Devia ter dito o necessário: falou porém de mais* (ou *de menos*).;
✓ etc.

↗ Observação 2. *A mais* não é o mesmo que *mais*, nem *a menos* é o mesmo que *menos*. *A mais* é equivalente de *de mais*, e *a menos* é-o de *de menos*:
✓ *Comprei mais dois CDs = Comprei dois CDs mais* (e não "a mais").;
✓ *Comprei menos dois CDs = Comprei dois CDs menos* (e não "a menos").;
✓ *Engordou: está com oito quilos a mais* (= de mais, em excesso) *que o que lhe permite sua altura.*;
✓ ✓ etc.

3.7.3.e. Advérbios de ordem: *depois, primeiramente, ultimamente*, etc.

3.7.3.f. Advérbios de exclusão: *apenas, salvo, só, somente*, etc.

↗ Observação. *Apenas* pode ter o sentido de *só, somente* (*Permaneceu ali apenas três dias*); o de *assim que, nem bem* (*Apenas chegou, foi descansar*), e então é advérbio de tempo; ou o de *mal, quase não* (*Apenas te ouço*), e então é advérbio de modo.

3.7.3.g. Advérbios de inclusão: *até, inclusive, mesmo, também*, etc.

↗ Observação 1. Em *Até ele apareceu, até* é advérbio de inclusão; mas em *Chegaram até o* (ou *ao*) *portão do palácio* é preposição.

↗ Observação 2. *Inclusive* usa-se sem restrição quando pode comutar-se por *exclusive*, e deve empregar-se como neste exemplo: *De um a dez, inclusive* (ou seja, antecedido de vírgula). Se não for assim, ↻ prefira-se *até* (exemplo: a "uma situação delicada, 'inclusive' perigosa" prefira-se *uma situação delicada, até perigosa*). – E pode usar-se ainda com o sentido de "com inclusão de" (como em "Compre-me todos os seus livros, inclusive os mais caros"); ↻ mas prefira-se neste caso *incluído* ou *incluindo* (*Compre-me todos os seus livros, incluídos* [ou *incluindo*] *os mais caros*).

3.7.3.h. Advérbio de designação: *eis*.

3.7.3.i. Advérbios de retificação, de esclarecimento, etc.: *aliás*; **locuções**: *isto é, ou antes, ou melhor, ou seja, quer dizer*, etc.

↗ Observação. Estas locuções devem vir entre vírgulas, ou entre outro sinal de pontuação (dois-pontos, ponto e vírgula, etc.) e vírgula, ou entre vírgula e dois--pontos, como se voltará a dizer. – Mas *ou antes* pode usar-se sem estar cingida por duplo sinal de pontuação: por exemplo, *É advérbio ou antes adjetivo em função adverbial*. Pode dar-se ainda que apenas *antes* se cinja desse duplo sinal: *É advérbio ou, antes, adjetivo em função adverbial*.

3.7.3.j. Advérbios de afirmação: *sim, certamente, efetivamente, realmente*, etc.; **locuções**: *com certeza, por certo, certamente, seguramente*, etc.

⌦ Observação. Especialmente sobre sim e pontuação, *vide* mais adiante e capítulo VIII.

3.7.3.k. Advérbios de dúvida, possibilidade, probabilidade, etc.: *acaso, porventura, quiçá, talvez, possivelmente, provavelmente*, etc.; **locuções**: *com certeza*, etc.

⌦ Observação. Atente-se a que *com certeza* se tornou, em nosso idioma, locução de grande ambiguidade: pode ser locução adverbial de afirmação ou locução adverbial de probabilidade. Mais comumente, porém, é de afirmação quando vem após o verbo (*Virão com certeza* [= seguramente]) e de probabilidade quando vem antes do verbo (*Com certeza* [= provavelmente] *virão*).

3.7.3.l. Advérbios de negação: *não, nem, tampouco, nunca, jamais, nada* (por exemplo, em *Não é nada tolo*); **locuções**: *de forma alguma, de modo nenhum, de maneira alguma*, etc.

⌦ Observação 1. Não se use "e nem" senão quando se acompanhar de *sequer* (explícito ou implícito). Se se usa "e nem" em, por exemplo, "Não estudou e nem dormiu", incorre-se em certo pleonasmo vicioso, porque, com efeito, *nem* já equivale a *e não* (daí que a construção censurada equivalha a "Não estudou e 'e não' dormiu"). Mas o *e nem* de *Não veio, e nem* (= *e nem sequer*) *avisou*, onde *sequer* equivale a *ao menos*, é construção enfática e autorizadíssima. – Para que se atalhe uma possível objeção, diga-se que também em *Não leu isto nem aquilo* se tem *nem* com o sentido de "e não": *Não leu isto nem* (= *e não leu*) *aquilo*.

⌦ Observação 2. ☞ Não se use *sequer* com sentido negativo. Com efeito, *Sequer telefonou* significa *Ao menos telefonou* e não "Nem (sequer) telefonou" – e é assim apesar dos dicionários modernos e suas concessões ao indevido. Use-se, pois, *Nem sequer telefonou*.

⌦ Observação 3. ☞ Também constitui certo pleonasmo vicioso "nem tampouco". Como *nem* equivale a *e não*, e como *tampouco* equivale a *também não*, com "nem tampouco" temos "e não também não". Bem sabemos que a expressão censurada é comum, por exemplo, em espanhol; mas evite-se em português – a não ser que se separe de algum modo *tampouco* de *nem*: *Nem, tampouco, telefonou* ou *Nem telefonou, tampouco*. Este parece ser legítimo recurso de ênfase.

⌦ Observação 4. Em Portugal se usa mais *tão pouco*, e no Brasil *tampouco*.

3.7.3.m. *Et reliqua*.

⌦ Observação 1. Normalmente, as LOCUÇÕES ADVERBIAIS têm por núcleo uma parte substantiva, uma parte adjetiva ou uma parte adverbial *antecedidas* de preposição (valham os exemplos dados acima). Por vezes, todavia, como se vê ainda nos exemplos dados acima, a formação é mais complexa: *de onde em onde, de quando em quando, de vez em quando, de longe em longe, de mão em mão,* etc.

⌦ Observação 2. Quando uma parte prepositiva vem antes de uma parte adverbial, forma com esta, como se acaba de dizer, uma locução adverbial: *de dentro, por detrás*, etc. Se, ao contrário, a parte prepositiva vem depois de uma parte adverbial ou de uma parte locucional adverbial, forma com estas uma locução prepositiva: *dentro de, por detrás de,* etc.

3.7.4. Advérbios interrogativos

§ Por se usarem para introduzir interrogações (diretas ou indiretas) ou orações que as repitam, chamam-se INTERROGATIVOS os seguintes ADVÉRBIOS de causa, de lugar, de tempo e de modo.

a. De causa: *por que*:
- ✓ *Por que não mo perguntaste?*;
- ✓ *Não sei por que não mo perguntaste.*[154]

⌦ Observação. *Por que* pode ser locução adverbial interrogativa, como se acaba de ver, ou locução pronominal relativa. Fato é, no entanto, que a maioria dos brasileiros escreve *porque* por *por que* ou vice-versa. Diga-se por isso que se escreve separadamente – *por que* – quando pode comutar-se por *por que razão*, ou por *pelo qual* e flexões. Exemplos:
- ✓ *Por que* [= *Por que razão*] *não mo perguntaste?*;
- ✓ *Não sei por que* [= *por que razão*] *não mo perguntaste.*;
- ✓ *Muitos são os motivos por que* [= *pelos quais*] *não to perguntei.*;
- ✓ *Trata-se de advérbio em função complementar, razão por que* [= *pela qual*] tem *caráter de necessário.*

b. De lugar: *onde, aonde*:[155]
- ✓ *Onde está o livro?*;
- ✓ *Não sei aonde vamos.*;

c. De tempo: *quando*:

---

[154] Atente-se porém a que em Portugal o interrogativo *por que* se escreve *porque*. No Brasil, defendia esta última maneira o gramático Rocha Lima. De nossa parte, ⌦ defendemos se mantenham as maneiras divergentes.

[155] *Vide* a seção dos Pronomes, *supra*.

- ✓ *Quando virás à nossa cidade?*;
- ✓ *Não sei quando irei à vossa cidade.*

d. DE MODO: *como*:[156]
- ✓ *Como vai a saúde de sua prima?*;
- ✓ *Não sabemos como vai a saúde de sua prima.*

3.7.5. COLOCAÇÃO DOS ADVÉRBIOS

3.7.5.a. Os ADVÉRBIOS que modificam ADJETIVO (incluído o participial) ou outro ADVÉRBIO usam-se obrigatoriamente antes destes:
- ✓ *Descoberta de tão grande importância não pode calar-se.*;
- ✓ *Encontrei-a muito mal.*;
- ✓ etc.

3.7.5.b. Entre os que modificam VERBO:

- os DE MODO vêm *mais amiúde* depois dele:
  - ✓ *Escutava-os atentamente.*;
  - ✓ *Entraram rapidamente no quarto.*;
  - ✓ etc.;

- os DE TEMPO e DE LUGAR podem vir antes do verbo ou depois deste:
  - ✓ *De noite, chegou cedo.*;
  - ✓ *Dentro há de estar mais quente.*;
  - ✓ *O livro há de estar aqui.*

- Entre os DE NEGAÇÃO:

♦ **não** antecede à palavra ou à oração (explícita ou implícita) que ele determina:
- ✓ *o não branco*;
- ✓ *Não viajaremos.*;
- ✓ *– Viajareis? – Não (viajaremos).*;[157]

♦ **nem** e **tampouco** sempre antecedem à palavra ou à oração determinadas:
- ✓ *Nem estudou nem dormiu.*;
- ✓ *Tampouco dormi.*

(OBSERVAÇÃO: é gramaticalmente indiferente grafar *Nem estudou nem DOR-MIU* ou *Nem estudou, nem DORMIU*, e assim também em todos os casos em que

---

[156] *Idem.*

[157] Pode-se usar-se, todavia, um *não* de reforço após o verbo e separado deste por vírgula: *Não viajaremos, não.* ◊ É recurso antes oral, retórico ou literário, e que portanto deve empregar-se modicamente em outros âmbitos.

apareçam mais de dois *nens* – a não ser que seja mais conveniente não usar a vírgula por alguma razão sintática, como em <u>Nem</u> *um* <u>nem</u> *outro* SAÍRAM);[158]

♦ *nunca* e *jamais* podem usar-se antes do verbo, quando, substituindo-se a *não*, expressam ao mesmo tempo a negação e o tempo; ou depois do verbo, quando completam *não* em parte pleonasticamente, em parte para acrescentar-lhe certa expressão de tempo:

✓ <u>Nunca</u> *o vi* ou *Não o vi* <u>nunca</u>.;

✓ <u>Jamais</u> *o faria* ou *Não o faria* <u>jamais</u>

(OBSERVAÇÃO: ocioso seria dizer que as duas maneiras são igualmente corretas; e de fato não insistiríamos nisto se no Brasil não corresse o "rumor" de que a maneira semipleonástica está errada – mero "rumor").

3.7.5.c. Quando se emprega algum ADVÉRBIO para realçar outro ADVÉRBIO, aquele vem obrigatoriamente antes deste:

✓ *Lá* DENTRO *há de estar mais quente.*;

✓ *Já estamos* <u>aqui</u> FORA.;

✓ etc.

3.7.6. OS ADVÉRBIOS EM *-MENTE*

3.7.6.a. Insista-se em que qualquer ADJETIVO a que se acrescente o sufixo *-mente se* transforma, por isto mesmo, em ADVÉRBIO. O sufixo deriva do substantivo latino *mens, mentis* ('mente, espírito, razão, sabedoria') usado, no latim vulgar, no ablativo e quase sempre com um adjetivo, donde expressões como *forte mente* ('de alma decidida'), *bona mente* ('de boa vontade'), etc. No português arcaico ainda se escreviam separadamente. Foi a partir do século XVI que cada vez mais se foram escrevendo ligadamente, com o substantivo mudado em sufixo. Por sua origem feminina, todavia, o sufixo une-se a partes morfológicas adjetivas no feminino: BOA*mente*, BONDOSA*mente*, MA*mente*, VÁ*mente*, etc. Obviamente, se se trata de parte adjetiva uniforme, uniforme permanece: ADORAVEL*mente*, CRUEL*mente*, FACIL*mente*, FEROZ*mente*, INDIGENA*mente*, etc. Sucede porém que adjetivos como *francês, inglês, português, burguês, espanhol* e outros que tais eram uniformes na língua antiga (*o homem inglês* e *a mulher inglês*, etc.), o que herdámos para a formação de advérbios: FRANCES*mente* (e não "francesamente"), INGLES*mente* (e não "inglesamente"), PORTUGUES*mente* (e não "portuguesamente"), BURGUES*mente* (e não "burguesamente"), ESPANHOL*mente* (e não "espanholamente"), etc.

---

[158] Para isto, *vide* o CAPÍTULO VII e o VIII.

3.7.6.b. Quando numa oração dois ou mais advérbios em -*mente* modificam a mesma palavra, *podemos*, por razões rítmicas ou outras que tais, unir o sufixo apenas ao último deles:
- ✓ "É longa a estrada... Aos ríspidos estalos
  Do impaciente látego, os cavalos
  Correm VELOZ (= velozmente), LARGA (= largamente) e FOGOSA<u>mente</u>"
  (RAIMUNDO CORREIA).

Mas *poder* não é sinônimo de *dever*, e, com efeito, especialmente quando se quer deixar nítidas ou realçar as diferentes circunstâncias expressas pelos advérbios, então convenientemente se mantém o sufixo em todos estes:
- ✓ *Trabalhou* ARDUA<u>mente</u> *e f*ELIZ<u>mente</u>.;
- ✓ "Apenas, Nhô Augusto se confessou aos seus pretos tutelares, LONGA-<u>mente</u>, HUMANA<u>mente</u>, e foi essa a primeira vez" (GUIMARÃES ROSA).

⌕ OBSERVAÇÃO 1. ♭ Não procede a regra de Cunha e Cintra e de outros gramáticos segundo a qual, quando se usa a sequência de advérbios com o sufixo -*mente* explícito, então deve elidir-se a conjunção *e*. Especialmente em Filosofia, muito amiúde o preferível é fazer como no primeiro dos dois exemplos acima.

⌕ OBSERVAÇÃO 2. Também é usual elidir o sufixo em advérbios ligados pela adversativa *mas*: *Trabalhou* ÁRDUA *mas* FELIZ<u>mente</u>. De nossa parte, porém, ♭ preferimos *Trabalhou* ARDUA<u>mente</u> *mas* FELIZ<u>mente</u> – a não ser que, em texto de cunho literário, o ritmo e/ou a eufonia e/ou o metro e/ou a rima exijam o contrário.

3.7.6.c. Quando à parte adjetiva do *superlativo* (tanto no masculino como no feminino) se lhe agrega o sufixo -*mente*, como em
- ✓ *bom – boníssimo –* BONISSIMA<u>mente</u>;
- ✓ *leve – levíssima –* LEVISSIMA<u>mente</u>;
- ✓ *fiel – fidelíssimo –* FIDELISSIMA<u>mente</u>;
- ✓ etc.,

o próprio advérbio se impregna de grau superlativo.

⌕ OBSERVAÇÃO. ♭ Como diz com acerto Napoleão Mendes de Almeida, não devem usar-se formas hiperbólicas como "'muitíssimo' MAL", "'muitíssimo' OBRIGADO", etc. – ao menos na escrita não literária, acrescentamos nós. Usem-se em vez delas <u>muito</u> MAL, <u>muito</u> OBRIGADO, etc., que já equivalem a *malíssimo, obrigadíssimo*, etc.

3.7.7. Muitos ADVÉRBIOS podem usar-se no COMPARATIVO:

3.7.7.a. DE SUPERIORIDADE mediante a anteposição de *mais* e a posposição de *que* (ou de *do que*) ao advérbio:

✓ *O menino assimilava-o <u>mais</u> depressa/rapidamente [do] <u>que</u> o irmão.*;
✓ etc.;

3.7.7.b. DE IGUALDADE mediante a anteposição de *tão* e a posposição de *como* ou de *quanto* ao advérbio:

✓ *O menino assimilava-o <u>tão</u> depressa/rapidamente <u>como</u> [ou quanto] o irmão.*;
✓ etc.

3.7.7.c. DE INFERIORIDADE mediante a anteposição de *menos* e a posposição de *que* (ou de *do que*) ao advérbio:

✓ *O menino assimilava-o <u>menos</u> depressa/rapidamente [do] <u>que</u> o irmão.*;
✓ etc.

⟆ OBSERVAÇÃO 1. *Melhor* e *pior* podem ser comparativos tanto, respectivamente, do adjetivo *bom* e do adjetivo *mau* como do advérbio *bem* e do advérbio *mal*. Neste último caso, não podem ser senão invariáveis:

✓ *Estes são <u>melhores</u> / <u>piores</u> que aqueles* (ADJETIVOS).;
✓ *Estes doentes estão <u>melhor</u> / <u>pior</u> que aqueles* (ADVÉRBIOS).

⟆ OBSERVAÇÃO 2. ⚭ Constitui ao menos impropriedade empregar tais ADVÉRBIOS comparativos antes de PARTICÍPIO ou de ADJETIVO PARTICIPIAL. Diga-se e escreva-se, portanto, *mais bem dito, mais bem pintado, mais mal desenhado, mais mal escrito* (e não "'melhor' dito, 'melhor' pintado, 'pior' desenhado, 'pior' escrito"). Admite-se a forma comparativa quando posposta ao particípio: "As paredes das salas estão PINTADAS <u>melhor</u> que as dos quartos; Não pode haver um projeto EXECUTADO <u>pior</u> do que este" (os exemplos são de Cunha e Cintra).

⟆ OBSERVAÇÃO 3. O superlativo de *bem* é *otimamente*, e o de *mal* é *pessimamente*.

⟆ OBSERVAÇÃO 4. Em tudo o mais quanto a comparativo, o advérbio segue os modos do adjetivo.

3.7.8. Alguns advérbios, como dito, admitem GRAU DIMENSIVO (ou seja, AUMENTATIVO e DIMINUTIVO). ⚭ Trata-se, porém, de recurso antes da oralidade, e o mais das vezes não deve aplicar-se à escrita não literária. Pode empregar-se em qualquer escrita, por exemplo, uma locução como *de tardinha*; mas na escrita não literária são efetivamente de evitar formas como *cedinho, devagarinho, pertinho*, etc. Usem-se em seu lugar *muito cedo, muito devagar, muito perto*, etc.

⟆ OBSERVAÇÃO. Como alguns adjetivos, ADVÉRBIOS há que necessariamente não se flexionam nem em grau dimensivo, porque sua mesma significação não admite gradação. É o caso de *aqui, aí, ali, lá, hoje, amanhã, diariamente, semestralmente, anualmente* e tantos outros que tais.

¶ **Já e Mais**

§ Os lusófonos costumamos pôr impropriamente *mais* em lugar de *já*. Explique-se.
1. Quando se diz ou se escreve "ele não virá *mais* aqui", que se quer dizer? Que "ele *nunca mais* virá aqui" ou que "ele *já* não virá aqui"?
2. À exceção de Napoleão Mendes de Almeida, os gramáticos e os lexicógrafos modernos não atendem a tal distinção. Mas aqui quem tem razão é este nosso gramático, conquanto tenhamos de matizar-lhe a regra.

- Em "ele não vem *mais* aqui", *mais* é sinônimo de *nunca mais*, locução de parte morfológica (de origem adverbial) determinada (*nunca*) + parte morfológica (de origem adverbial) determinante (*mais*). Mas neste sentido havemos de convir que a diferença significativa entre "ele *nunca mais* virá aqui" e "ele *já* não virá aqui" é tão tênue, de matiz tão sutil, que praticamente podemos usar um pelo outro. ⟆ Evite-se, contudo, por desnecessário, o uso na mesma oração de *já* e de *mais*: com efeito, em "ele já não virá mais aqui" sobeja um destes dois advérbios.

- Já não assim, todavia, se se põe o verbo, por exemplo, no presente do indicativo: ⟆ não se pode dizer ou escrever de todo propriamente senão "ele *já* não vem aqui", porque, se se pusesse "ele não vem *mais* aqui", ou se estaria usando uma enálage (de presente do indicativo pelo futuro do presente), e então não haveria erro, ainda que, sim, certa ambiguidade; ou, se não se tratasse de enálage, estaria usando-se *mais* em lugar de *já*, sem que todavia se pudesse comutar *mais* por *nunca mais* – o que na melhor das hipóteses, insista-se, constitui impropriedade.

3. ⟆ Tenha-se pois por regra: sempre que se possa comutar por *nunca mais*, pode usar-se *mais*; sempre que não se possa fazer tal comutação, use-se *já*. O efeito desta regra é, sempre, uma perfeita desambiguação.

⤳ Observação. ⟆ É quase onipresente a tradução equivocada do *plus* francês por *mais*. Traduza-se pois o vocábulo francês por *já* ou por *mais* segundo a regra que acaba de dar-se.

3.8. As preposições

3.8.1. Insista-se em que as PREPOSIÇÕES, como as conjunções, são *conectivos absolutos*;[159] e chama-se conectivos a palavras que, por sua própria natureza, se distinguem das estudadas até agora neste capítulo: são ligações intervocabulares que expressam certas relações entre as ideias. Estão para as partes da oração (ou seja, para os substantivos, os adjetivos, os verbos e os advérbios) e pois para a mesma oração assim como os parafusos, os pregos e peças semelhantes estão para as partes de um móvel e pois para este.

3.8.2. As PREPOSIÇÕES, como o próprio nome indica, põem-se sobretudo *antes* de palavras que expressem ideia subordinada a outra:

- ✓ *FICOU* [subordinante] *em* [subordinada] **casa**.;
- ✓ *FEITO* [subordinante] *por* [subordinada] **Maria**;
- ✓ *ÚTIL* [subordinante] *a* [subordinada] **todos**;
- ✓ etc.

Mas põem-se também antes de verbo em forma nominal justamente para subordinar sua *oração* a outra:

- ✓ *Em* [subordinada] **chegando à cidade**, [subordinante] *TELEFONE-NOS.*;
- ✓ *Por* [subordinada] **rejeitar a proposta indecorosa**, [subordinante] *PASSARAM A PERSEGUI-LO.*;
- ✓ *A* [subordinada] **persistirem os sintomas**, [subordinante] *INFORME-O A SEU MÉDICO.*;
- ✓ etc.

Há PREPOSIÇÕES que só o são (*a, ante, após, até, com, contra, de, desde, em, entre, para, perante, por/per, sem, sob, sobre*); mas há palavras oriundas de outras classes gramaticais (na maior parte, adjetivos de origem participial) que, por contiguidade semântica, passam a usar-se como PREPOSIÇÕES (*conforme, consoante, tirante,* etc.).

↻ OBSERVAÇÃO 1. Se se trata de duas palavras conectadas por PREPOSIÇÃO, podem dizer-se tanto *subordinante* e *subordinada* como *antecedente* e *consequente*. E, se se trata de duas orações conectadas por preposição, dizem-se *subordinante* e *subordinada* (esta última, como dito, sempre reduzida de infinitivo, de gerúndio ou de particípio).

---

[159] Não trataremos, todavia, as conjunções em seguida às preposições, mas, como devido, no próximo capítulo, no âmbito mais estrito da Sintaxe.

⌗ Observação 2. Dissemos que as PREPOSIÇÕES estão para as orações assim como os pregos, os parafusos e semelhantes estão para os móveis. Mas por alguma razão umas destas peças são pregos, outras parafusos, etc., e de distinta figura e de diferente tamanho. Pois também assim as preposições, e a razão de sua diversidade é que cada uma encerra carga semântica própria, ainda que sempre relacional.[160]

⌗ Observação 3. Na maior parte dos casos, a PREPOSIÇÃO usa-se necessariamente: é o que se dá em *ir à [a + a] escola, vir da [de + a] escola, estar na [em + a] escola*, etc. Por vezes, porém, está presente não necessariamente, como em *sacar da [de + a] espada*, oração que poderia dizer-se sem a preposição (*sacar a espada*). Ainda neste último caso, todavia, a introdução da preposição agrega de algum modo matiz semântico.

⌗ Observação 4. Por vezes, a PREPOSIÇÃO, ainda que necessária, é pleonástica, ou seja, repete o já expresso por um prefixo: por exemplo, em <u>Con</u>cordo <u>com</u> ele. Note-se que o prefixo *con-* nada mais é, aqui, que a preposição *cum* latina (= com) convertida nisto mesmo, prefixo.

⌗ Observação 5. Por vezes, a preposição torna-se parte morfológica de locução ou de palavra composta por justaposição: *carro <u>de</u> combate, Maria vai <u>com</u> as outras, Rua Luís <u>de</u> Camões, cana-<u>de</u>-açúcar*, etc.

⌗ Observação 6. Toda locução adverbial e todo grupo adverbial se introduzem de PREPOSIÇÃO:

- LOCUÇÕES: <u>a/de/em</u> cócoras, <u>a</u> desoras, <u>a/ao</u> destempo, <u>a</u> ferros, <u>a</u> limpo, à [a + a] pressa/às [a + as] pressas, à [a + a]queima-roupa, <u>a</u> sabendas, <u>a</u> sério, <u>a</u> sós, à [a + a] uma, às [a + as] avessas, às [a + as] cegas, às [a + as] claras, às [a + as] escondidas, às [a + as] ocultas, às [a + as] tantas, às [a + as] tontas, <u>de</u> bruços, <u>de</u> costas, <u>de</u> vista, <u>em</u> ânsias, <u>em</u> bolandas, <u>em</u> chamas, <u>em</u> pranto, etc.;

- GRUPOS ADVERBIAIS: <u>ante</u> o público, <u>até</u> [a]o vestíbulo, <u>com</u> dúvidas, <u>contra</u> a maioria, <u>entre</u> amigos, <u>por</u> vontade própria, <u>sob</u> tensão, <u>sobre</u> o campo, etc.

⌗ Observação 7. O antecedente da preposição pode ser um substantivo (GUERRA <u>com</u>/<u>contra</u> Cartago), um pronome substantivo (ESTE <u>sobre</u> todos), um adjetivo (*livro* ESCRITO <u>por</u> *João*), um advérbio (CONTRARIAMENTE <u>a</u> isto) ou um verbo/oração (FICOU <u>de</u> escrever-nos).

⌗ Observação 8. O consequente da preposição pode ser um substantivo (*mão <u>de</u>* PEDRO), um pronome substantivo (<u>sobre</u> AQUELE), um verbo no infinitivo (*morrer <u>de</u>* RIR), um advérbio (*determinar <u>para</u>* SEMPRE), um adjetivo (*tomou-o <u>por</u>* COVARDE) ou uma oração (*alegrias <u>de</u>* QUANDO SE É CRIANÇA; <u>em</u> CHEGANDO).

---

[160] Para aprofundamento deste ponto, ➤ *Suma*, p. 382 (e n. 124-125).

3.8.3. As PREPOSIÇÕES podem ser:
- ou simples;
- ou compostas, quando constituídas de duas ou mais partes, a última delas quase sempre de origem prepositiva (o mais das vezes *de*): são as LOCUÇÕES PREPOSITIVAS.

3.8.3.a. Repita-se o rol das preposições simples: *a, ante, após, até, com, contra, de, desde, em, entre, para, perante, por/per, sem, sob, sobre*.[161]

⟁ OBSERVAÇÃO 1. Dizem-se *essenciais* as preposições simples para distingui-las das *acidentais*, ou seja, de certas palavras que, pertencentes originalmente a outras classes, podem usar-se como preposições: *afora* (originalmente advérbio), *conforme* (originalmente adjetivo), *consoante* (originalmente adjetivo), *durante* (originalmente adjetivo [arcaico]), *exceto* (originalmente adjetivo [pouco usado; = *excetuado*]), *fora* (originalmente adjetivo), *mediante* (originalmente advérbio), *menos* (originalmente advérbio e depois pronome), *salvo* (originalmente adjetivo), *segundo* (originalmente numeral adjetivo), *senão* (originalmente conjunção), *tirante* (originalmente adjetivo), *visto* (originalmente adjetivo), etc.

⟁ OBSERVAÇÃO 2. Como já se mostrou, algumas preposições se contraem com artigos definidores (*ao* [*a* + O], *à*, [*a* + A], *da* [*de* + A], *no* [*em* + O]) e com artigos indefinidores (*dum* [*de* + UM], *numa* [*em* + UMA]), com pronomes (*àquele* [*a* + AQUELE], *dela* [*de* + ELA], *dessas* [*de* + ESSAS]), com advérbios (*dalém* [*de* + ALÉM], *daquém* [*de* + AQUÉM]), com outra preposição (*dentre* [*de* + ENTRE]).[162]

⟁ OBSERVAÇÃO 3. Como já visto e como se voltará a ver, as preposições *de* e *em* não se contraem com nada quando regem infinito (*Já está na hora de ele* PENSAR *nisto a sério, Não há problema em ele* VIR *morar aqui*).

3.8.3.b. E são as seguintes as principais LOCUÇÕES PREPOSITIVAS: *a despeito de, à exceção de, a fim de,*[163] *a par de, a par com, a respeito de, à roda de, à volta de, abaixo de, acerca de, acima de, adiante de, além de, antes de, ao contrário de, ao*

---

[161] Há ainda *trás*, que hoje porém é ao menos pouquíssimo usada, e se substitui por *atrás de*, por *depois de*, por *além de*, ou ainda por *após*. Mas subsiste o antigo uso quando é parte de palavras compostas, como *trasanteontem* e *Trás-os-Montes*.

[162] ⟁ Quando ENTRE equivale a *no meio de* (*Entre os grandes escritores, está Dickens*) e DENTRE a *do meio de* (*Apanhou o livro dentre os demais*), não se deve usar uma pela outra, ao contrário do que comumente se faz. Às vezes, todavia, usam-se indiferentemente, como nos superlativos relativos: *Rodrigo é o mais estudioso entre/dentre os* [ou *dos*] *alunos de sua classe*.

[163] *A fim de* = *para*. Não tem lugar na língua culta a expressão "estar 'a fim' de algo" (ou seja, 'desejar algo'). É tão somente de gíria brasileira. – *Afim* é adjetivo e tem o sentido de 'que tem afinidade': *livros afins, pessoas afins*, etc.

inverso de, ao invés de,[164] *ao lado de, ao longo de, ao redor de, apesar de, atrás de, através de,*[165] *cerca de, com referência a, com respeito a, de acordo com, de cima de, debaixo de, defronte de, dentro de, depois de, diante de, em baixo de,*[166] *em cima de, em derredor de, em frente a, em frente de, em lugar de,*[167] *em ordem a,*[168] *em redor de, em roda de, em torno de, em vez de,*[169] *em volta de, graças a, junto a, junto com, junto de,*[170] *nada obstante/não obstante, no concernente a, no tocante a, para além de,*[171]

---

[164] *Ao invés de* = *ao contrário de, ao inverso de. Vide* a nota *infra* sobre *em vez de*.

[165] *Através de* pode equivaler a *por entre, pelo meio de*; a *por dentro, pelo interior de*; a *por*; a *no decorrer de*; a *de um lado para o outro*; e, antes em sentido translato, a *mediante, por meio de* (*Disse-lho através de um amigo comum*). Nesta última acepção, é impugnado por puristas, mas sem razão: é de largo uso entre os melhores escritores.

[166] Ou *embaixo de*. ◊ Preferimos a primeira maneira, por sua possível comutação opositiva por *em cima de* (e não "encima de", como, aliás, em espanhol [*encima de*]).

[167] Com o sentido de *em vez de*, use-se *em lugar de* e não "no lugar de". *Vide* a nota *infra* sobre *em vez de*.

[168] Nenhuma razão têm os puristas em impugnar a locução prepositiva *em ordem a*. Fazem-no crendo tratar-se de decalque do inglês *in order to*. Não o é. Antes de tudo, a locução é usada multissecular e internacionalmente no âmbito da Filosofia e de outras disciplinas, onde é insubstituível por ser capaz de encerrar ou condensar múltiplos significados análogos. Vejam-se dois exemplos disso tomados desta nossa mesma gramática: "as partes em ordem ao todo" (= 'ordenadas a, enquanto têm por fim'); "dá-se supressão de vogais em poesia em ordem ao metro" (= 'tendo por fim'). Ademais, a locução também se encontra em autores lusófonos de quem a Gramática e a Lexicografia costumam tomar abonações: por exemplo, o Padre Manuel Bernardes em *Nova Floresta* ("... o nome sibila vem a ser o mesmo que consultadora de Deus, ou perguntada acerca dos conselhos e propósitos de sua providência em ordem aos futuros...") ou Domingos Vieira ("E com efeito mandei encadernar alguns livros em ordem a instruir com algumas espécies mais raras as viagens que fizer"). No exemplo de Bernardes, *em ordem a* é sinônima de *quanto a*; no de Vieira, de *a fim de, para*. – Não tem razão portanto Napoleão Mendes de Almeida ao dizer, em seu *Dicionário de Questões Vernáculas*, que no exemplo de Vieira *em ordem a* é locução conjuntiva (sinônima de *a fim de que*). Não o é, ou seja, não é locução conjuntiva mas locução prepositiva, porque introduz oração reduzida com núcleo no infinitivo ("instruir"). Ademais, insista-se em que na mesma oração de Vieira há perfeita possibilidade de comutação de *em ordem a* por *a fim de*, que cremos Napoleão não hesitaria em dizer locução prepositiva. – Por outro lado, é de todo incompreensível a ausência da locução até nos melhores dicionários.

[169] *Em vez de* equivale ou a *em lugar de* (*Dormiu em vez de/em lugar de estudar*) ou a *ao invés de/ao contrário de* (*Dormiu em vez/ao invés/ao contrário de ficar acordado*). Atente-se, portanto, a que não se pode usar *ao invés de* em lugar de *em vez de* em, por exemplo, *Dormiu em vez de estudar*, porque *dormir* não é o contrário de *estudar* (ao passo que o é de *ficar acordado*). Usá-lo quando não se trata de contrários constitui erro.

[170] Vê-se, pois, quão infundado é o "rumor gramatical" que pretende impugnar ou *junto a*, ou *junto com*, ou *junto de*. Mas o uso de um em lugar do outro há de dar-se segundo o matiz que se queira expressar.

[171] *Para além de* é equivalente de *além de* e usa-se em lugar desta com finalidade de desambiguação ou com finalidade de ênfase. – ◊ Não é do melhor português, todavia, "mais além de", que infelizmente tanto se põe por tradução da locução espanhola *más allá de*. Traduza-se esta ou por *além de* ou por *para além de*.

para com,[172] *perto de, por baixo de, por causa de, por cima de, por detrás de, por diante de, por entre*,[173] *por meio de, por sobre, por trás de, por volta de, quanto a*.

3.8.4. Carga semântica relacional das preposições simples[174]

3.8.4.a. A:

- MOVIMENTO LOCAL (A UM TERMO):
    - ✓ *Foi ao colégio*.;
    - ✓ *Suas idas ao estúdio do pintor lhe foram proveitosas*.;
    - ✓ *Foram a casa e já voltam*.

(OBSERVAÇÃO: *foram a casa* e *foram para casa* expressam coisas distintas, o que se explicará mais adiante, ao tratar-se a preposição *para*);

- DISTÂNCIA ESPACIAL:
    - ✓ *Daqui à [a + a] biblioteca são três quilômetros*;
    - ✓ *Percorremos caminhos pedregosos de uma cidade à [a + a] outra*;
- INTRODUZ O COMPLEMENTO DOS VERBOS *DANDI, DICENDI, ROGANDI*:
- ◆ *dandi*: **dar**, conceder, conferir, outorgar *algo a alguém*;
- ◆ *dicendi*: **dizer**, explanar, expressar, expor *algo a alguém*; falar *de algo a alguém*;
- ◆ *rogandi*: **rogar**, implorar, suplicar, pedir *algo a alguém*

(OBSERVAÇÃO: veja-se mais adiante o que se diz, em nota, do uso de *para* com estes verbos);

- DECURSO OU ESPAÇO DE TEMPO:
    - ✓ *Melhora dia a dia*.;
    - ✓ *Viajam daqui a quatro dias*.;
- MUDANÇA QUALITATIVA:
    - ✓ *Tudo ali vai de mal a pior*.;
- TENDÊNCIA OU DESTINAÇÃO:
    - ✓ *Tem tendência ao melancólico*.;
    - ✓ *vida ordenada ao estudo*;
- SITUAÇÃO ESPACIAL OU TEMPORAL:

---

[172] *Para com* é forma desambiguadora ou enfática de *para* ou de *com*, a depender do contexto. – Algumas vezes traduz eficientemente a preposição espanhola *hacia*. Mas não quando esta expressa direção: neste caso, em que equivale ao inglês *toward* e ao francês *vers*, traduz-se em português por *para* ou, às vezes, por *rumo a, em direção a*. Mas constitui pobreza de nossa língua que não tenhamos equivalente perfeito de *hacia, vers, toward*: *para* não as traduz senão aproximativamente.

[173] Não raro, *por entre* é mais expressivo que *entre*: em *Caminhava por entre as árvores*, por exemplo.

[174] O vetor relacional expresso pela preposição, insista-se, vai sempre de um subordinante a um subordinado. – Para a carga semântica das *locuções prepositivas*, *vide* os melhores dicionários.

- ✓ *Sentava-se sempre à [a + a] cabeceira.*;
- ✓ *Despertou ao amanhecer.*;
- ✓ *À [A + a] sobremesa, revelou o segredo.*;
- MODO:
  - ✓ *Fizeram-lhe a incisão a frio.*;
  - ✓ *Senti-vos à [a + a] vontade.*

3.8.4.b. ANTE:

- ANTERIORIDADE:
  - ✓ *Entrou pé ante pé.*;
- DEFRONTAÇÃO (em sentido próprio ou translato):
  - ✓ *Deteve-se ante o pedinte.*;
  - ✓ *"A imagem de Carlos Maria veio postar-se ante ela"* (MACHADO DE ASSIS).;
  - ✓ *Ante a incerteza, hesitou.*

3.8.4.c. APÓS:

- POSTERIORIDADE TEMPORAL IMEDIATA:
  - ✓ *"Após meia hora de caminho, vislumbrou a luz amortecida no cimo do cerro do Valmurado"* (M. DA FONSECA).;
  - ✓ *Após muitas horas de estudo, saiu para espairecer.*;
- POSTERIORIDADE ESPACIAL IMEDIATA:
  - ✓ *Após os tanques, ia a infantaria.*;
- CONSEQUÊNCIA:
  - ✓ *Após tais desmandos, que outro sentimento se poderia esperar?*

3.8.4.d. ATÉ:

- APROXIMAÇÃO A UM LIMITE ESPACIAL OU TEMPORAL (com insistência em tal limite):
  - ✓ *"Macambira adiantou-se até a acácia, sentou-se no banco"* (COELHO NETO).;
  - ✓ *Avançámos até **a**o portão.*;
  - ✓ *Ventou até o fim do mês.*;
  - ✓ *Repetiu-o até **a**o enjoo.*

(OBSERVAÇÃO 1: como se vê pelos exemplos, *até* pode seguir-se ou não da preposição *a* quando rege substantivo antecedido de artigo. E não há problema algum em que uma parte prepositiva se siga de outra, constituindo locução com esta: é o caso de *por entre, por sobre, por sob*, etc. No caso em tela, a forma enfática *até a* acentua o caráter de aproximação. Atualmente, o português brasileiro *tende* a usar *até* desacompanhada de *a*, enquanto o português lusitano sempre ou quase sempre a usa acompanhada de *a*;

⚐ OBSERVAÇÃO 2: não se confunda *até* preposição com *até* advérbio de inclusão [*Até ele veio*, por exemplo], que já tratámos).

3.8.4.e. COM:[175]

- ADJUNÇÃO, CONFORMIDADE, ASSOCIAÇÃO, COMPANHIA, COMUNIDADE, SIMULTANEIDADE, OPOSIÇÃO, ETC.:
    ✓ *Não pude senão concordar com ele.*;
    ✓ "Rir dos outros é sinal de pobreza de espírito. Deve-se rir com alguém, não de alguém, como dizia Dickens" (GILBERTO AMADO).;
    ✓ *Caminhava com o amigo.*;
    ✓ *Saímos com o sol já a pôr-se.*;
    ✓ *Então Roma guerreava com Cartago.*;
    ✓ etc.;
- MODO, MEIO, INSTRUMENTO, MATÉRIA, CONCESSÃO, ETC.:
    ✓ *Fazei-o com calma.*;
    ✓ *Trabalha com serra.*;
    ✓ *cozer com azeite*;
    ✓ *Com [= Apesar de] ser estudioso, não foi aprovado.*;
    ✓ etc.

3.8.4.f. CONTRA:

- MOVIMENTO EM DIREÇÃO CONTRÁRIA OU A LIMITE OU A BARREIRA PRÓXIMA; OU AINDA CONTRARIEDADE, OPOSIÇÃO, HOSTILIDADE, ETC.:
    ✓ *Arremeteu contra eles.*;
    ✓ *Apertou-se contra o corpo do pai.*;
    ✓ "Eu castigava a mão contra o meu próprio rosto
       E contra a minha sombra erguia a lança em riste..."
       (OLAVO BILAC).;
    ✓ *Então Roma guerreava contra Cartago.*

3.8.4.g. DE:

- POSSE, PERTENÇA, DETERMINAÇÃO, ETC.:[176]

---

[175] No português, COM é uma das preposições mais produtivas e mais versáteis. Para um quadro mais completo dos usos de COM, *vide* ainda os melhores dicionários.

[176] Ou seja, todos os sentidos expressos pelas diversas classes do genitivo latino: genitivo determinativo ("subjetivo" e "objetivo"), possessivo, partitivo, etc. Para o genitivo latino e suas classes, cf. P. JOÃO RAVIZZA, *Gramática Latina*, p. 225-32.

✓ *as faces da [de + a] moça;*

✓ *os costumes dos [de + os] japoneses;*

✓ *as tradições de Trás-os-Montes;*

✓ *a descoberta de Cabral;*

✓ *o descobrimento do [de + o] Brasil;*

✓ *o resultado dos [de + os] exames;*

- AFASTAMENTO DE DADO PONTO ESPACIAL OU TEMPORAL; ORIGEM; PONTO DE PARTIDA:

    ✓ *Vinha de longe.;*

    ✓ *Grave silêncio subia dos [de + os] porões.;*

    ✓ *de então aos dias de hoje;*

    ✓ *Desapareceu de um momento para outro.;*

- QUANDO, A CERTA ALTURA DE:

    ✓ *Partiram de manhã.;*

    ✓ *Chegaram de tarde.;*

- FIM OU CONSEQUÊNCIA (= *para*):

    ✓ *ter olhos de ver;*

    ✓ *Isso é de notar.*

3.8.4.h. DESDE:[177]

- AFASTAMENTO OU DISTÂNCIA DE DADO PONTO (com insistência neste ponto):

- **no espaço**:

    ✓ *Caminhou desde a escola* ATÉ *à casa do amigo.;*

    ✓ *"Dessa calamidade partilharam todas as regiões banhadas pelo Atlântico desde as Flandres* ATÉ *o estreito de Gibraltar"* (JAIME CORTESÃO).

(OBSERVAÇÃO 1: ☝ prefira-se usar *desde* em par com *até*, como nos exemplos; e *de* em par com *a* [*Caminhou da [de + a] escola à [a + a] casa do amigo*]);

☝ OBSERVAÇÃO 2: não se deve usar *desde* em lugar de *de* fora do par com *até* para expressar *lugar de onde* ou *ângulo de* ou *por*: diga-se *Da [De + a] janela via o mar* [e não *"'Desde' a janela via o mar"*], *Deste [De + este]* [ou *Por este*] *ângulo, não é verdade* [e não *"'Desde' este ângulo..."*], etc. O uso de *desde* nestes casos é castelhanismo);

- **no tempo**:

    ✓ *Pensa no assunto já desde o ano passado.*

---

[177] DESDE (< lat. vulgar *de + ex + de*) é uma sorte de intensificador de *de*.

3.8.4.i. Em:[178]
- ONDE, SITUAÇÃO, POSIÇÃO, LOCALIZAÇÃO, ETC.:
    - ✓ *Não está em casa.*;
    - ✓ *Traz na [em + a] alma aquelas lembranças tristes.*;
    - ✓ *sentada no [em + o] sofá*;
    - ✓ *Vivem na [em + a] Costa Rica.*;
    - ✓ *O casaco está no [em + o] armário.*;
    - ✓ *estirado na [em + a] cama*;
    - ✓ *penduradas no [em + o] varal*;
    - ✓ etc.;
- ENTRADA, MOVIMENTO PROGRESSIVO, MOVIMENTO DIRECIONAL, ETC.:
    - ✓ *Entraram todos no [em + o] parque.*;
    - ✓ *A notícia corria de boca em boca.*;
    - ✓ *As crianças corriam em todas as direções.*

(OBSERVAÇÃO: como se verá no capítulo V, em registro culto não se deve usar *em* na expressão das demais sortes de movimento [para estas, temos *a, para, até*]);

- QUANDO; DURAÇÃO; INTERMITÊNCIA:
    - ✓ *Nasceu em 1952.*;
    - ✓ *Tudo se deu em uma hora.*;
    - ✓ *"Nazário visitava-as de quando em quando"* (COELHO NETO).;
    - ✓ *Mexia-se de vez em quando.*

(OBSERVAÇÃO: consideram-se igualmente corretos o uso e o não uso de *em* em orações como *No dia em que vieres, O dia que vieres, No dia que vieres* e *O dia em que vieres*);

- RESULTADO, ESTADO, ETC.:
    - ✓ *debulhar-se em lágrimas*;
    - ✓ *crescer em indignação*;
    - ✓ *Paris estava em chamas.*

3.8.4.j. Entre:
- SITUAÇÃO (espacial ou temporal) INTERMÉDIA OU NO MEIO DE MULTIDÃO; INTERIORIDADE; HESITAÇÃO; MUTUALIDADE; ETC.:
    - ✓ *A estátua ficava entre dois arbustos.*;
    - ✓ *"Convém intercalar este capítulo entre a primeira oração e a segunda do capítulo CXXIX"* (MACHADO DE ASSIS).;

---

[178] No português, EM também é das preposições mais produtivas e versáteis. Para um quadro mais completo dos usos de EM, *vide* igualmente os melhores dicionários.

- ✓ *Estávamos <u>entre</u> amigos.*;
- ✓ *<u>Entre</u> o povo, não há tal preocupação.*;
- ✓ *Viver <u>entre</u> apreensões e esperanças.*;
- ✓ *"Todos os barcos se perdem <u>entre</u> o passado e o futuro"* (CECÍLIA MEIRELES).;
- ✓ *Está <u>entre</u> ir e não ir.*;
- ✓ *<u>Entre</u> ti e mim não pode haver desconfianças.*

3.8.4.k. PARA:

- DIREÇÃO, SENTIDO, DESTINO MAIS OU MENOS PERMANENTE:
  - ✓ *Caminharam <u>para</u> a fronteira.*;
  - ✓ *Viajaram <u>para</u> o sul.*;
  - ✓ *Foi <u>para</u> casa.*;
  - ✓ *Foram <u>para</u> a Colômbia.*

(OBSERVAÇÃO 1: como dito mais acima, *para* usa-se com sentido **quase** equivalente ao de *hacia, vers, toward*;

⚐ OBSERVAÇÃO 2: no português atual, uma coisa é *Foi <u>a</u> casa* e outra *Foi <u>para</u> casa*: no primeiro caso foi não para ficar, enquanto no segundo foi para ficar;

⚐ OBSERVAÇÃO 3: no português atual, uma coisa é *Foram à [<u>a</u> + a] África* e outra *Foram <u>para</u> a África*: no primeiro caso, foram para voltar mais ou menos brevemente, enquanto no segundo foram para viver ali);[179]

- FINALIDADE:
  - ✓ *Caminhamos também <u>para</u> manter a saúde.*;
  - ✓ *Estuda <u>para</u> crescer.*;
  - ✓ *dar pano <u>para</u> mangas*;
- APRAZAMENTO, POSTERGAÇÃO, TEMPO FUTURO MAIS OU MENOS INDETERMINADO, DECURSO:
  - ✓ *Marcámos o encontro <u>para</u> amanhã.*;
  - ✓ *Deixou o trabalho <u>para</u> a semana seguinte.*;
  - ✓ *Que fique <u>para</u> dias melhores.*;
  - ✓ *de um momento <u>para</u> outro*;[180]

---

[179] No português camoniano, dir-se-ia, respectivamente, *Foram <u>em</u> África* e *Foram <u>a</u> África*.

[180] ⚐ Contra a tendência coloquial brasileira, prefira-se A a PARA com os verbos *dandi, dicendi* e *rogandi*: *Deu o livro <u>ao</u> filho* em vez de "Deu o livro 'para' o filho"; *Disse-o <u>ao</u> professor* em vez de "Disse-o 'para' o professor"; *Pediu <u>aos</u> familiares compreensão* em vez de "Pediu 'para' os familiares compreensão".

- OPINIÃO, JULGAMENTO:

Para mim, é um quadro perfeito.

3.8.4.l. Perante:

§ O MESMO QUE *ANTE*:

- ✓ *Calou-se perante os auditores.*;
- ✓ "Perante a grandeza e o poder do Céu, a esperança era o melhor compromisso dos homens para com a vida" (Manuel Lopes).;
- ✓ "Vejo a sua trémula palidez, à luz da lua nova, e o seu aspecto desgrenhado, perante o mistério e a dor" (Teixeira de Pascoaes).

3.8.4.m. Por/per:[181]

- ATRAVÉS DE, SOBRE, AO LONGO DE, ETC.:
  - ✓ *O vento passava pelas [per + as] persianas.*;
  - ✓ *Passemos por este caminho.*;
  - ✓ *viajar por terra e por mar*;
  - ✓ *caminhar pela [per + a] praia*;
- SEQUÊNCIA HOMOGÊNEA:
  - ✓ *palavra por palavra*;
  - ✓ *casa por casa*;
- AGENTE:
  - ✓ *O* Cantar de Mio Cid *foi composto por autor desconhecido.*;[182]
- ALTURA:
  - ✓ *A água dava-nos pela [per + a] cintura.*;
  - ✓ *Pegou-a pelos [per + os] ombros.*;
  - ✓ *por cima, por baixo*;
- SITUAÇÃO OU LOCALIZAÇÃO INDETERMINADA:
  - ✓ *Estão por aí.*;
  - ✓ *A esta altura, estarão pela [per + a] França.*;
- CAUSA, MOTIVO, RAZÃO:
  - ✓ *Agiu assim por seu senso de dever.*;
  - ✓ *Recuaram por medo.*;
- NA CONDIÇÃO DE, A TÍTULO DE, A MODO DE:
  - ✓ *Aristóteles teve a Platão por mestre.*;
  - ✓ *por exemplo*;

---

[181] Por é outra das preposições mais produtivas e versáteis em português.
[182] Em construções como esta, como visto, POR introduz o chamado *agente da passiva*.

- SITUAÇÃO-LIMITE:
    - ✓ *Escapou por um triz.*;
- MEIO:
    - ✓ *por via aérea*;
    - ✓ *mandar pelo [per + o] correio*;
    - ✓ *vencer pelo [per + o] cansaço*;
- PELA DURAÇÃO DE, DURANTE:
    - ✓ *Pensou por cinco minutos.*;
    - ✓ *Viajei por três anos.*

(OBSERVAÇÃO: nestes casos, com elegância pode calar-se a preposição: *Pensou cinco minutos* e *Viajei três anos*);

- MODO:
    - ✓ *escrever algo por extenso.*;
- QUE FALTA; SEM:
    - ✓ *Ainda têm muito por [= que] fazer.*;
    - ✓ *Deixei dois textos por [= sem] revisar.*;
- COM RESPEITO A:
    - ✓ *amor pela [per + a] [= da ou à] música*;
- SEGUNDO CONSIDERAÇÃO, JULGAMENTO, OPINIÃO:
    - ✓ *Não o tomo por tolo.*;
    - ✓ *Temo-lo por grande artista.*;
    - ✓ *Por mim, nada que objetar.*;
- FIM, FINALIDADE:
    - ✓ *Lutava por um pouco de paz.*;
    - ✓ *seus esforços por bem escrever.*;
- A(O) PREÇO OU VALOR (DE); PERMUTA; COMPENSAÇÃO:
    - ✓ *Vendem a casa por um milhão.*;
    - ✓ *Teve de vender a tradução por menos do que pensara.*;
    - ✓ *trocar o certo pelo [per + o] duvidoso*;
    - ✓ *Olho por olho, dente por dente.*;
- POR CAUSA OU EM RAZÃO DE:
    - ✓ *Morreu pela [per + a] fé.*;
    - ✓ *Não se lamente pelo [per + o] que passou.*;
- EM NOME DE:
    - ✓ *por Deus!*;
    - ✓ *Falou por todos.*;

- O CORRESPONDENTE A:
    ✓ *cobrar por hora*;
    ✓ *Paga aos empregados por semana.*
- SEGUNDO DIVISÃO OU SEGUNDO MULTIPLICAÇÃO:
    ✓ *dividir ou multiplicar vinte por cinco.*

3.8.4.n. SEM:

§ AUSÊNCIA; DESACOMPANHAMENTO:
   ✓ *céu azul sem nuvens.*
   ✓ *Compareceu sem o marido.*

3.8.4.o. SOB:

- POSIÇÃO OU SITUAÇÃO INFERIOR COM RESPEITO A (em sentido próprio ou em sentido translato):
    ✓ *sentados sob o carvalho*;
    ✓ *"Sob um céu nórdico, opalino, cruzavam-se as gaivotas"* (U. TAVARES RODRIGUES).;
    ✓ *"Sob D. Manuel floresceram as artes e as letras em Portugal como sob Leão X na Itália"* (CALDAS AULETE [o antigo]).;
    ✓ *Afunda-se sob o peso das preocupações.*

(OBSERVAÇÃO: ☼ conquanto não constitua erro usar *sob* em lugar de *por* em casos como este: *sob este aspecto*, o melhor, o mais claro é sempre usar aí *por*).[183]

3.8.4.p. SOBRE:

- POSIÇÃO OU SITUAÇÃO SUPERIOR COM RESPEITO A (em sentido próprio ou em sentido translato), QUER COM CONTATO, QUER COM CERTA DISTÂNCIA; TEMPO APROXIMADO:
    ✓ *Os óculos estão sobre a mesa.*;
    ✓ *de braços cruzados sobre o peito*;
    ✓ *"Considerai o espaço imenso a vossos pés e sobre vossa cabeça"* (AFONSO ARINOS).;
    ✓ *Já estávamos sobre a Páscoa.*;
- COM RESPEITO A, A RESPEITO DE, ACERCA DE:
    ✓ *Conversámos sobre muitos assuntos.*;

---

[183] Para comprová-lo, basta pensar que *sob* sempre pode comutar-se opositivamente por *sobre*. Mas isto é impossível em construções como *sob este aspecto*. ☼ O melhor, por conseguinte, insista-se, é dizer ou escrever *por este aspecto*, *por este ângulo*, *por esta perspectiva*, etc. (ou ainda *deste ângulo*, etc., ainda que não "*deste aspecto*").

- ✓ "Pouco de preciso se conhece <u>sobre</u> a distribuição dos lusitanos no território" (Jaime Cortesão).[184]

¶ ♭ Se numa sequência de substantivos o primeiro estiver antecedido de preposição simples, na maioria das vezes todos os demais também o deverão estar:[185]
  - ✓ *Recorreu aos parentes, à [<u>a</u> + a] amiga, <u>ao</u> vizinho...*;
  - ✓ *Viajámos <u>com</u> Maria e <u>com</u> José.*;
  - ✓ *Necessitam <u>de</u> livros, <u>de</u> cadernos, <u>de</u> canetas.*;
  - ✓ *Estará na [<u>em</u> + a] Áustria, na [<u>em</u> + a] Hungria, na [<u>em</u> + a] Rússia.*;
  - ✓ *É apto <u>para</u> uma e <u>para</u> outra função.*;
  - ✓ *Deixou-se tomar pela [<u>per</u> + a] ingratidão e pelo [<u>per</u> + o] egoísmo.*

⚐ Observação 1. Esta nossa sugestão visa, uma vez mais, a permitir ao leitor a apreensão imediata do sentido das orações e do texto,

⚐ Observação 2. Não se deve, todavia, repetir a preposição:
- quando o segundo substantivo significa a mesma pessoa ou a mesma coisa que o primeiro, ou se refere a eles:
  - ✓ *A menina gosta muito <u>de</u> tangerina ou mexerica.*;
  - ✓ *Isto foi dito pelo [<u>per</u> + o] soldado e escritor Miguel de Cervantes...*;
- quando os substantivos constituem entre si algo uno ou um todo:
  - ✓ "O estudo [do folclore] era necessitado pela existência das [<u>de</u> + as] histórias, contos de fadas, fábulas, apólogos, superstições, provérbios, poesia e mitos recolhidos da tradição oral" (I. Ribeiro).

§ Obviamente, não se pode repetir *entre* em *Algo ocorreu <u>entre</u> a moça e o rapaz*, etc.[186]

---

[184] Não procede de modo algum a censura de certos puristas a este uso de *sobre*.
[185] Dizemo-lo ao menos com respeito ao português, e ciente de que a contrapelo do mais usual.
[186] Não trataremos aqui a classe das interjeições; baste o dito anteriormente.

CAPÍTULO IV

AS FUNÇÕES SINTÁTICAS E AS ESPÉCIES DE ORAÇÃO

Nota prévia ↶. Se tivemos de dar, no início do capítulo anterior, noções básicas de sintaxe, ou antes, de morfossintaxe, sem o que teria sido impossível ao leitor entender as regras e os paradigmas das diversas classes gramaticais, agora necessitamos aprofundar aquelas mesmas noções, sem o que tampouco se entenderão todos os nossos capítulos seguintes. Mas tal aprofundamento não será cabal, como o é na *Suma*,[1] embora seja suficiente em ordem à finalidade, mais eminentemente prática, deste *A Arte de Bem Escrever*. Além disso, aqui, neste mesmo capítulo, já se darão várias regras.

4.1. Os termos essenciais da oração
4.1.1. O sujeito

4.1.1.a. Insista-se em que não pode exercer a função de sujeito senão o *substantivo* (incluídos a *locução*, o *grupo*, o *pronome*, o *numeral substantivos* e a *oração substantiva*, além de qualquer *elemento*, de qualquer *parte morfológica*, de qualquer *palavra*, de qualquer *locução*, de qualquer *grupo* ou de qualquer *oração* **substantivados**):

- ✓ *João é professor.*;
- ✓ *A pedra rolou.*;
- ✓ *Ela viajou a Portugal.*;
- ✓ *Eram amigos o patrão e seu secretário.*;
- ✓ *Urge que nos preparemos.*;
- ✓ *O k agora faz parte de nosso alfabeto.*;
- ✓ *Trans- é outro prefixo de origem latina.*;
- ✓ *Não deve usar-se "exceto" neste contexto.*;
- ✓ *"Tinha havido" é forma de terceira pessoa do singular do mais-que-perfeito do indicativo.*;
- ✓ *O "quero-te muito bem" que se encontra nesta passagem é sujeito.*

↗ Observação 1. Para encontrar o sujeito de qualquer oração, basta que se pergunte a seu verbo *quem* ou *que*:

- ✓ *– Quem é professor? – João* (sujeito simples).;
- ✓ *– Que rolou? – A pedra* (sujeito simples).;
- ✓ *– Quem viajou a Portugal? – Ela* (sujeito simples).;
- ✓ *– Quem eram amigos? – O patrão e seu secretário* (sujeito composto).;
- ✓ *– Que urge? – Que nos preparemos* (sujeito oracional).;

---

[1] ➢ *Suma*, p. 407-97.

✓ – *Que faz parte agora de nosso alfabeto? – O K* (sujeito simples).;
✓ – *Que é outro prefixo de origem latina? – TRANS-* (sujeito simples).;
✓ – *Que não deve usar-se neste contexto? – "EXCETO"* (sujeito simples).;
✓ – *Que é forma de terceira pessoa do singular do mais-que-perfeito do indicativo? – "TINHA HAVIDO"* (sujeito simples).;
✓ – *Que é o que se encontra nesta passagem e é sujeito? – O "QUERO-TE MUITO BEM"* (sujeito simples).

⌁ OBSERVAÇÃO 2. Encontrado o sujeito,[2] todo o restante da oração será seu predicado.

⌁ OBSERVAÇÃO 3. Como se vê pelos exemplos, o sujeito pode ser
- *simples*, se constituído de UM SÓ NÚCLEO;
- *composto*, se constituído de DOIS OU MAIS NÚCLEOS;
- *oracional simples ou composto*, se constituído de uma ou de mais de uma ORAÇÃO SUBORDINADA SUBSTANTIVA (SUBJETIVA).[3]

⌁ OBSERVAÇÃO 3. Quando exercem a função de sujeito, as *orações substantivadas* tornam-se núcleo ou de sujeito simples (como é o caso, acima, de *O "quero-te muito bem"*) ou de sujeito composto. Não confundi-las, portanto, com as autênticas orações substantivas.

4.1.1.b. São sem sujeito *segundo a figura* as orações cujo verbo
- signifique FENÔMENO DA NATUREZA (*chover, garoar, granizar, relampejar, trovejar, amanhecer, entardecer, anoitecer*, etc.):
    ✓ *Choveu muito esta tarde.*;
    ✓ *Continua a relampejar.*;
    ✓ *Esperemos que anoiteça.*;
    ✓ etc.;
- seja HAVER com o sentido de 'estar', de 'existir', de 'ocorrer', etc.:
    ✓ *Havia dois livros sobre a mesa.*;
    ✓ *Ainda não há teorias a este respeito.*;
    ✓ *Houve coisas ainda não explicadas.*;
    ✓ etc.;
- seja ou HAVER ou FAZER para expressar tempo decorrido:
    ✓ *Casaram-se há dois meses.*;
    ✓ *Fazia dez anos que haviam vindo para esta cidade.*;

---

[2] O que nos exemplos está em versalete é o núcleo do sujeito.
[3] Adiante, trataremos a oração enquanto é ou *substantiva*, ou *adjetiva*, ou *adverbial*.

- seja SER quando não se lhe segue predicativo e não tem o sentido de 'existir' (como em *Deus é*, onde evidentemente o sujeito é Deus), ou quando o que seria predicativo não tem, insista-se, segundo a figura, sujeito a que atribuir-se:
    ✓ *Era ao anoitecer de um dia de verão.*

  ⚐ OBSERVAÇÃO 1. Insista-se em que em (quase) todos estes casos o verbo só se usa unipessoalmente e uninumericamente, ou seja, só se usa na terceira pessoa do singular; e diga-se que, como se voltará a ver, o que nos exemplos de *haver* com o sentido de 'estar' ou de 'existir' é *segundo a significação* seu sujeito (HAVIA *dois livros sobre a mesa*, *Ainda não* HÁ *teorias a este respeito*, etc.) é *segundo a figura* e *sintaticamente* seu objeto direto.

  ⚐ OBSERVAÇÃO 2. O caráter unipessoal e uninumérico de tais verbos estende-se ao verbo *auxiliar*, ou melhor, *determinante*, que com eles forma grupo verbal (ou tempo composto), ou ao verbo que com respeito a eles se comporta morfossintaticamente como tal (ou seja, como auxiliar):[4]
    ✓ TINHA *havido* (= ocorrido) *muitas catástrofes naquela cidade.*;
    ✓ VAI *fazer cinco anos que faleceu.*;
    ✓ COMEÇOU *a haver discrepâncias.*;
    ✓ etc.

  ⚐ OBSERVAÇÃO 3. Entre os verbos que podem dar-se *segundo a figura* sem sujeito, *ser* constitui exceção: porque, com efeito, ainda quando desacompanhado de sujeito *segundo a figura*, é unipessoal mas não uninumérico:
    ✓ *É cedo ainda.*;
    ✓ *Era outono.*;
    ✓ *Já era noite.*;
    ✓ *Hoje é (dia) 2 de fevereiro.*;
    ✓ *Eram dias quentes* (= *Fazia dias quentes*).;
    ✓ *São dezoito horas.*

  → E é assim porque, como veremos no capítulo VI, o verbo SER pode concordar com o predicativo ou com o que, segundo a figura, só seria tal;[5] é o que se dá aqui, em todos os exemplos.

  → Ademais, como se pode ver ainda pelos exemplos, o verbo SER usa-se *segundo a figura* sem sujeito quando ajuda a expressar *tempo, ocasião, condição climática, data*, etc.

---

[4] Voltaremos a isto ao estudar as orações substantivas.
[5] Como se verá, trata-se também, falando propriamente, da única exceção à regra da concordância verbal.

4.1.1.c. Quanto à ORDEM da oração,
- considera-se DIRETA aquela em que o sujeito vem anteposto ao verbo:
    - ✓ *JOÃO é professor.*;
    - ✓ *A PEDRA rolou.*;
    - ✓ *ELA viajou a Portugal.*;
    - ✓ etc.;
- e considera-se INVERSA aquela em que o sujeito vem posposto ao verbo.
- Na língua cultivada, a ORDEM INVERSA é de rigor:
- nas orações interrogativas iniciadas por *que, onde, quanto, como, quando* e *por que* (*porque* em Portugal):
    - ✓ **Que** *desejais VÓS?*;
    - ✓ **Onde** *estão as CHAVES?*;
    - ✓ **Quanto** *custa o QUADRO?*;
    - ✓ **Como** *conseguiu ELE tal proeza?*;
    - ✓ **Quando** *chegará sua IRMÃ?*;
    - ✓ **Por que** *não lho disseste TU?*

(OBSERVAÇÃO 1: se se intercala a locução expletiva ou enfática *é que*, deixa de ser de rigor tal inversão [conquanto ainda possa dar-se]);
- ✓ *Que* **é que** *VÓS desejais?* ou *Que* **é que** *desejais VÓS?*;
- ✓ *Quando* **é que** *sua IRMÃ chegará?* ou *Quando* **é que** *chegará sua IRMÃ?*;
- ✓ etc.;

↻ OBSERVAÇÃO 2: quando a oração interrogativa não começa por nenhum dos referidos pronomes ou advérbios, o mais comum é o sujeito vir anteposto ao verbo:
- ✓ *Sua IRMÃ já chegou?*;
- ✓ *Este QUADRO é muito caro?*;
- ✓ etc.);

↻ OBSERVAÇÃO 3: ser o mais comum, no entanto, não é o mesmo que ser de rigor; e, como no português, ainda quanto à colocação, impera grande liberdade, também pode dizer-se:
- ✓ *Já chegou sua IRMÃ?*;
- ✓ ✓ *É muito caro este QUADRO?*;
- ✓ etc.;
- nas orações de "passiva sintética":[6]

---

[6] A razão das aspas já se antecipou: tais orações são sempre de sentido passivo, mas em figura ativa.

✓ *Vendem-**se*** [= São vendidas] OBRAS RARAS.;
✓ *Não **se** devem fazer* [= Não devem ser feitas] *tais* PERGUNTAS.;

• em orações imperativas, quando se usa o pronome reto por ênfase ou, mais amiúde, por paralelismo:

✓ *Eu não lho direi; dize-lho* TU.;

• com os verbos DIZER, PERGUNTAR, RESPONDER e semelhantes, nas orações justapostas[7] em que se nomeia aquele que proferiu a outra oração:

✓ *– Que sabes –* **perguntou***-lhe* o PROFESSOR *– a respeito disto?*;
✓ *– Não o aceitarei –* **disse** o HOMEM.;
✓ etc.;

• com os verbos SOBRAR, RESTAR e outros que tais:

✓ **Sobrou***-nos* DINHEIRO *suficiente*;
✓ **Resta***-nos* MUITO *que resolver*;
✓ etc.;

• quando o sujeito é *oracional*:

✓ *É preciso* QUE PARTAMOS.;
✓ *Urge* QUE O FAÇAS, *e competentemente.*;
✓ etc.;

• quando a oração se inicia por advérbio enfático:

✓ **Lá** *vai* ELA.;
✓ **Aqui** *está* O PROMETIDO.

→ A depender de certa quantidade complexa de causas, pode dar-se ordem direta ou ordem inversa com os verbos intransitivos *aparecer, chegar, correr, faltar, permanecer, surgir* e outros que tais:

✓ ELE **apareceu** *quando já ia alta a noite.* / **Apareceram** *enfim* OS VIAJANTES.;
✓ O MOÇO **chegou** *cansado a casa.* / **Chegaram***-nos excelentes* NOTÍCIAS.;
✓ JOÃO e MARIA **correram** *para não perder o trem.* / **Correm** RUMORES *preocupantes.*;
✓ O ARTISTA **faltou** *à promessa.* / **Faltam***-me poucos* DIAS *de férias.*;
✓ A FAMÍLIA **permaneceu** *na casa da prima.* / **Permanecem** *muitas* DÚVIDAS.;
✓ O NAVIO **surgiu** *como do nada.* / **Surgem** *problemas* INESPERADOS.

---

[7] As ORAÇÕES JUSTAPOSTAS em geral, tratá-las-emos mais adiante. – Quanto ao tipo de oração justaposta de que damos exemplos a seguir, geralmente vêm entre travessões, ou entre um destes sinais e outro, como ponto, dois-pontos, etc., ou ainda, conquanto menos geralmente – como se voltará a ver no último capítulo desta gramática –, entre vírgulas,

→ A depender ainda de certa quantidade complexa de causas, entre as quais a escolha estilística, pode dar-se já a ordem direta já a inversa no início de quase qualquer oração e com quase qualquer verbo:

- ✓ R*enato* disse-o. / Disse-o R*enato*.;
- ✓ A *senhora* saiu e viu-o / Saiu *a* s*enhora*, e viu-o.;
- ✓ L*úcia* julgara-o justo. / Julgara-o justo L*úcia*.;
- ✓ etc.

⟲ O*bservação*. Insista-se na grande liberdade de nossa língua também quanto à colocação do sujeito; mas insista-se também em que o problema reside, precisamente, em que fazer com tal liberdade. Pois bem, vê-se o bom escritor também pela adequada ou expressiva maneira de colocar os termos na oração. E só é possível aprendê-la cabalmente se, a par do estudo da Gramática, se lê precisamente aos melhores escritores.

4.1.2. O predicado

É triplo o predicado:

4.1.2.a. o predicado verbal, ou seja, o que tem por núcleo *um* verbo:

- ✓ Pedro c*aminha*.;
- ✓ (Nós) C*omprámos muitos dicionários*.;
- ✓ (Eu) P*resenteei-a com um vestido*.;
- ✓ Guimarães Rosa havia lançado *seu primeiro livro*, Sagarana.;
- ✓ etc.;[8]

4.1.2.b. o predicado nominal, ou seja, o que tem por núcleo *um* nome[9] em função predicativa[10] atribuído ao sujeito mediante algum verbo *de cópula* (também chamado *de ligação*):

---

[8] No sentido mais corrente de oração, haverá tantas orações e, pois, tantos predicados quantos verbos houver. Mas atenção: equivale a *um só* verbo qualquer grupo verbal, ou seja, o que constitui tempo composto: *Haviam-no visto, Tem estudado muito, A esta altura, já terão chegado*, etc. Não assim, contudo, nenhum "grupo verbal", como em *Já o pode pois fazer, Queriam muito conhecê-la, Continuei a estudá-lo*, etc. É bem verdade que, segundo a figura, o grupo verbal que constitui tempo composto e o "grupo verbal" têm algo comum: sua segunda forma verbal não pode mudar-se em forma desenvolvida iniciada por *que*. Assim, *Parecia quererem* não constitui grupo nem "grupo", porque é possível desenvolver sua segunda forma verbal: *Parecia que queriam*. Mas constitui "grupo" *Pareciam querer*, porque, com efeito, é impossível desenvolver sua segunda forma verbal. Pois bem, em *Parecia quererem* há duas orações e pois dois predicados. Quanto ao que há, precisamente, em *Pareciam querer*, vê-lo-emos mais adiante. Insista-se, todavia, em que nenhum "grupo verbal" equivale a um só verbo: em *Quer estudar*, por exemplo, e como voltaremos a dizer, o segundo verbo é, ele mesmo, objeto direto do primeiro, razão por que à pergunta *Quer estudar* pode responder-se: *Qué-lo.*

[9] Ou seja, *palavra substantiva* ou *palavra adjetiva*, *locução substantiva* ou *locução adjetiva*, *grupo substantivo* ou *grupo adjetivo*, ou algum *advérbio*; ou ainda uma *oração predicativa*.

[10] Para aprofundamento quanto à função sintática de predicativo, *vide* mais adiante.

- ✓ Pedro **é** <u>caminhante</u>.;
- ✓ Sagarana **é** <u>obra máxima da literatura brasileira</u>.;
- ✓ A menina **está** <u>doente</u>.;
- ✓ Ele **anda** <u>pensativo</u>.;
- ✓ O músico austríaco **tornou-se** talvez <u>o MAIOR dos compositores</u>.;
- ✓ etc.

(OBSERVAÇÃO 1: o verbo SER é o paradigma dos verbos de cópula; mas ele mesmo, como também e sobretudo *estar, achar-se, andar, continuar, encontrar-se, ficar, parecer, permanecer, tornar-se* e outros que tais, nem sempre é de cópula:

- ✓ Este filme <u>é</u> belíssimo [verbo de cópula]. / Disse Parmênides: o ente <u>é</u> [pouco mais ou menos = *existe*; verbo intransitivo].;
- ✓ Os abacates já <u>estão</u> maduros [verbo de cópula]. / A solução <u>está</u> [= *reside*] em compreendê-lo analogicamente [verbo transitivo (a relativo)].;
- ✓ Antônio <u>andou</u> adoentado [verbo de cópula]. / Nós três <u>andámos</u> muito naquela tarde [verbo intransitivo].;
- ✓ Aquela mulher <u>continua</u> bela [verbo de cópula]. / Virgínia <u>continua</u> a escrevê-lo [provavelmente, como visto mais acima, verbo transitivo direto].;[11]

⌕ OBSERVAÇÃO 2: segundo a figura, o PREDICADO NOMINAL compõe-se de duplo núcleo, constituído de VERBO DE CÓPULA + PREDICATIVO);[12]

4.1.2.c. o PREDICADO VERBO-NOMINAL, que tem dois núcleos, um *verbal* (não de cópula) e outro *nominal* (este na função de *predicativo* quer *do sujeito* quer *do objeto*):

- ✓ **Teresa** <u>CHEGOU</u> <u>CANSADA</u> (em que *chegou* é o NÚCLEO VERBAL [não de cópula], e *cansada* é o NÚCLEO NOMINAL, na função de *predicativo do sujeito* [*Teresa*]);
- ✓ <u>ELEGERAM</u>-**no** <u>DIRETOR</u> (em que *Elegeram* é o NÚCLEO VERBAL [não de cópula], e *diretor* é o NÚCLEO NOMINAL, na função de *predicativo do objeto* [*no*]).[13]

---

[11] Para as noções de *intransitividade* e de *transitividade* (e suas espécies), *vide*, mais adiante, o CAPÍTULO V.

[12] Para as razões por que continuamos a chamar NOMINAL a este predicado, ➤ *Suma*, p. 414-24. – Mas em verdade a questão do PREDICADO NOMINAL, cuja existência é negada por Evanildo Bechara, não se resolve de modo perfeito senão no âmbito da Lógica. Com efeito, aí o verbo *ser* de, por exemplo, *João <u>é</u> negro* se diz "terceiro adjacente" – porque é uma dicção não só terceira (além de *João* e *negro*) mas adjacente a *negro*, ou seja, ao predicativo, não a João, ou seja, não ao sujeito. Daí que com propriedade possamos chamar NOMINAIS aos predicados compostos de verbo de cópula e de predicativo.

[13] Em verdade, o primeiro e o terceiro tipo de predicado se reduzem de algum modo ao segundo, como voltaremos a ver em nota.

4.1.3. Os demais termos da oração: as demais funções sintáticas

4.1.3.a. Todo e qualquer outro termo da oração é parte ou do sujeito ou do predicado; e ou é PARTE INTEGRANTE de um nome ou de um verbo ou lhe vêm ADJUNTOS.

4.1.3.b. Ser PARTE INTEGRANTE de um nome ou de um verbo é exatamente completar seu sentido. Em outras palavras, sem esta parte tal nome ou tal verbo nem sequer significariam perfeitamente. Com efeito, nota-se com facilidade que o pronome *Quem* de

– *Quem* / não progride intelectualmente.

está incompleto, e diga-se o mesmo do verbo de

– *João* / *compra*...

Basta todavia que os completemos como devido para que signifiquem perfeitamente:

– *Quem* NÃO LÊ / não progride intelectualmente.;

– *João* / *compra* LIVROS.

e o que se vê em versalete são justamente TERMOS INTEGRANTES, o primeiro do pronome *Quem*, que é núcleo do sujeito, e o segundo do verbo *compra*, que é núcleo do predicado. Mas são PARTE INTRÍNSECA SUA no contexto oracional, o que implica que, *falando com toda a propriedade*, o núcleo de tal sujeito não seja *Quem*, mas *Quem não lê*; e que o núcleo de tal predicado não seja *compra*, mas *compra livros*.[14]

4.1.3.c. Ainda porém que agora esteja completo o sentido tanto de tal sujeito como de tal predicado, podem acrescentar-se-lhes, todavia, outros termos. Por exemplo:

– *Quem* NÃO LÊ **muito** / não progride intelectualmente.;

– *João* / **só** *compra* LIVROS **bons**.

Pois tais novos termos, que não são intrinsecamente parte do núcleo, são no entanto parte *extrínseca* sua, e chamam-se PARTES ADJUNTAS.

⌔ OBSERVAÇÃO. Ao contrário, contudo, do que sempre disse boa parte das gramáticas, não deve confundir-se o par INTEGRANTE-ADJUNTO com um par

---

[14] Não se conclua todavia do anterior que um termo integrante só o possa ser de núcleo de sujeito ou de núcleo de predicado. Assim, em *Estuda o descobrimento...*, *o descobrimento* é parte integrante do núcleo *Estuda*; mas também esta parte está incompleta, razão por que ela mesma necessita de termo integrante: por exemplo, *do Brasil*. Mas agora *o descobrimento do Brasil* é em conjunto parte integrante de *Estuda*, razão por que, falando com toda a propriedade, *Estuda o descobrimento do Brasil* é em conjunto o núcleo (e o mesmo predicado) desta oração.

"essencial-acessório" (e pois "indispensável-dispensável"). Os TERMOS INTEGRANTES não são essenciais senão no sentido, precisamente, de que são parte *intrínseca* DO NÚCLEO DO SUJEITO ou DO NÚCLEO DO PREDICADO. Mas os ADJUNTOS, se são parte *extrínseca* do núcleo, são porém PARTE INTRÍNSECA DO MESMO SUJEITO e DO MESMO PREDICADO, porque dizer <u>Quem</u> NÃO LÊ **muito** / *não progride intelectualmente* não é o mesmo que dizer <u>Quem</u> NÃO LÊ / *não progride intelectualmente*, e dizer *João* / **só** <u>compra</u> LIVROS **bons** não é o mesmo que dizer *João* / <u>compra</u> LIVROS. Com efeito, alguém pode considerar que basta ler para progredir intelectualmente, enquanto outro pode considerar que só progride intelectualmente quem lê *muito*. De modo semelhante, uma coisa é que João compre livros, e outra é que *só* compre livros *bons*.

4.1.3.d. Há duas espécies de *termos integrantes*: o **COMPLEMENTO NOMINAL** e o **COMPLEMENTO VERBAL**.

- Como dito, o COMPLEMENTO NOMINAL é o termo que integra a significação de um nome, seja este substantivo, adjetivo ou advérbio.[15] Exemplos de COMPLEMENTO NOMINAL:

  ✓ *A* INVENÇÃO [substantivo] <u>*da perspectiva pictórica*</u> [complemento nominal] *deu-se no século XV* (ou seja, o substantivo *invenção* tem por complemento *da perspectiva pictórica*).;

  ✓ *O* VOO [substantivo] <u>*a Belo Horizonte*</u> [complemento nominal] *não enfrentou turbulência alguma*.;

  ✓ *A sentença foi* FAVORÁVEL [adjetivo] <u>*ao réu*</u> [complemento nominal].;[16]

  ✓ *Pronunciaram-se* CONTRARIAMENTE [advérbio] <u>*à guerra*</u> [complemento nominal].

☞ OBSERVAÇÃO 1. Note-se que os complementos nominais vêm sempre introduzidos de PREPOSIÇÃO, justamente porque encerram ideia subordinada à ideia significada pelo nome que completam.

☞ OBSERVAÇÃO 2. Os complementos dados acima a título de exemplo compõem-se, eles mesmos, ademais, de núcleo e de complemento(s) e/ou adjunto(s). Analisemos os exemplos.

---

[15] Uma vez mais, entendam-se por substantivo também a locução, o pronome, o numeral e o grupo substantivos (além da oração substantiva); por adjetivo a locução, o pronome, o numeral e o grupo adjetivos (além da oração adjetiva); e por advérbio a locução e o grupo adverbiais (além da oração adverbial). – Ademais, como decorre do que vimos vendo, nome é antes de tudo o substantivo; depois, o adjetivo; e por fim, ainda que mais distantemente, o advérbio.

[16] Como veremos, em verdade *ao réu* está em turvíssima fronteira sintática.

- No primeiro (*da perspectiva pictórica*), *de* é a preposição regente; o artigo *a* que com ela se contrai é adjunto do núcleo (*perspectiva*) do complemento total; e *pictórica* também é adjunto adnominal do núcleo.

- No segundo (*a Belo Horizonte*), *a* é a preposição regente, enquanto *Belo Horizonte* é o núcleo do complemento.

- No terceiro (*ao réu*), *a* é a preposição regente; o artigo *o* que com ela se contrai é adjunto do núcleo (*réu*) do complemento; e o substantivo *réu* é o núcleo solitário deste.

- No quarto (*à guerra*), *a* é a preposição regente; o artigo *a* que com ela se craseia é adjunto do núcleo (*guerra*) do complemento total; e o substantivo *guerra* é o núcleo solitário deste.

⌦ Observação 3. Quanto à tão complexa e tão controversa distinção entre *complemento nominal* e *adjunto adnominal*, tratá-la-emos depois de estudado o adjunto adnominal.

• Por seu lado, é quádruplo o COMPLEMENTO VERBAL: primeiro, *complemento acusativo* (ou *objeto direto*), que não se subdivide senão quanto ao que significa; segundo, *complemento indireto*, que se subdivide em *complemento dativo* (ou *objeto indireto dativo*) e *complemento relativo* (ou *objeto indireto relativo*); terceiro, *complemento circunstancial*; quarto, *agente da passiva*.

α. Em princípio, OBJETO DIRETO é o complemento que, na voz ativa, designa O PACIENTE DA AÇÃO VERBAL:

✓ *João* (sujeito agente da ação verbal) *compra* <u>livros</u> (paciente da ação, compra, do sujeito agente).

⌦ Observação. Como visto, todavia, casos há em que o OBJETO DIRETO é *como que* o agente da ação verbal, como em *O doente padece* <u>muitas dores</u> (objeto direto).

• Ainda em princípio, o OBJETO DIRETO pode mudar-se em SUJEITO PACIENTE DA VOZ PASSIVA:

✓ <u>Os livros</u> (sujeito paciente da ação verbal) *foram comprados* <u>por João</u> (agente da voz passiva).

• Na terceira pessoa, é exercido também pelos pronomes *o, a, os, as*:

✓ *João comprou* <u>os livros</u> (objeto direto) > *João comprou-<u>os</u>* (objeto direto pronominal).;

✓ *O doente padece* <u>muitas dores</u> (objeto direto) > *O doente padece-<u>as</u>* (objeto direto pronominal).

⊿ OBSERVAÇÃO 1. Estes pronomes, portanto, são sempre única e exclusivamente objetivos diretos, se se excetua o já referido caso de sujeito acusativo: por exemplo, *Mandou-os estudar*, em que *os* é objeto direto de *Mandou* e sujeito de *estudar*.[17]

⊿ OBSERVAÇÃO 2. Constitui erro grave o hábito coloquial brasileiro de usar o pronome *lhe/lhes* (objetivo indireto a dativo) em lugar de pronome objetivo direto:

- ✓ "Eu 'lhe' vi" (em lugar do correto *Eu vi-o* ou *Eu o vi*).;
- ✓ "Não 'lhe' conheço" (em lugar do correto *Não o conheço*).;
- ✓ "Ele 'lhes' ama muito" (em lugar do correto *Ele ama-os muito* ou *Ele os ama muito*).;
- ✓ "Quer que 'lhe' ajude?" (em lugar do correto *Quer que o ajude?*).

⊿ OBSERVAÇÃO 3. Em princípio, encontra-se o OBJETO DIRETO mediante pergunta com (*o*) *quê* ou *a quem* pospostos ao verbo:

- ✓ ✓ *João compra livros.* > *João* **compra** (O) QUÊ? > *Livros* (objeto direto).;
- ✓ ✓ *O doente padece muitas dores.* > *O doente* **padece** (O) QUÊ? > *Muitas dores* (objeto direto).;
- ✓ ✓ *A menina beijou a mãe.* > *A menina* **beijou** A QUEM? *A mãe* (objeto direto).

⊿ OBSERVAÇÃO 4. Ao OBJETO DIRETO, compô-lo-á ou um substantivo ou locução substantiva isolada; ou um pronome substantivo; ou um numeral substantivo; ou ainda um grupo substantivo, que, naturalmente, terá por núcleo um substantivo ou correlato; ou, por fim, uma oração substantiva (obviamente, como se verá, a objetiva direta).

- O OBJETO DIRETO pode expressar:
- o ente sobre o qual recai a ação:
    - ✓ *Educa os filhos*.;
    - ✓ *Organiza os livros na estante*.;
    - ✓ *Organiza-os*.;
    - ✓ etc.;
- o que resulta da ação:
    - ✓ *Constroem um edifício*.;
    - ✓ *Compôs uma sinfonia*.;
    - ✓ *Compô-la*.;
    - ✓ etc.;

---

[17] Voltaremos a isto. E veremos mais adiante que os demais pronomes oblíquos átonos podem ser tanto objetivos diretos como objetivos indiretos.

- o conteúdo mesmo da ação:
    - ✓ *Considera-o detidamente.*;
    - ✓ *Estudava artes.*;
    - ✓ *Estamos concebendo um projeto.*;
    - ✓ etc.;
- *et reliqua*.
- Diz-se OBJETO DIRETO[18] porque, em princípio e ao contrário do que se dá com o objeto indireto, não medeia preposição entre o verbo e ele, ou, em outras palavras, porque *a ação do verbo transita diretamente para seu objeto*. Casos há, porém, em que se usa – ou obrigatoriamente ou eletivamente – preposição entre o verbo e o objeto direto. Quando tal se dá, este passa a chamar-se OBJETO DIRETO PREPOSICIONAL OU PREPOSICIONADO. No português atual, o OBJETO DIRETO é **excepcionalmente mas obrigatoriamente** preposicionado:
    - quando o exerce PRONOME PESSOAL OBLÍQUO TÔNICO:[19]
        - ✓ "Júlio César conquistou
          O mundo com fortaleza;
          Vós a MIM com gentileza"
          (CAMÕES).;
        - ✓ *Vi-o a ELE e não a ELA.*;
    - quando o exerce o pronome QUEM, com antecedente explícito ou sem ele:[20]
        - ✓ *Sua amiga, a QUEM tanto ama, partirá dentro de poucos dias.*;
        - ✓ "Eu sou Daniel, aquele eremita, [sic] a QUEM tal ano, [sic] e dia hospedaste em tua casa..." (PADRE MANUEL BERNARDES);[21]
        - ✓ "Não me tenha amor ninguém
        - ✓ Para obrigar meu querer.
        - ✓ Que aborreço a QUEM me quer"
        - ✓ (RODRIGUES LOBO).;

---

[18] Seu outro nome, acusativo, deriva do nome do *caso* latino que em boa parte dos casos corresponde à mesma função sintática. Assim, em *Rosam video* (Vejo a rosa), a desinência casual *-am* indica, precisamente, que se trata desta função.

[19] Os exemplos literários seguintes, extraímo-los de ROCHA LIMA, *op. cit.*, p. 300-06.

[20] Note-se que em português (como aliás em espanhol) esta é a única maneira correta de dizê-lo: *com antecedente explícito ou sem ele*. É pois errado dizer "com ou sem antecedente explícito".

[21] Este passo de Bernardes está aqui não só por exemplo de objeto preposicional obrigatório, mas ainda para indicação de que tais "erros" de vírgula (os assinalados por *sic*) não o eram na época em que escrevia o oratoriano. Mas sem dúvida alguma o seriam no atual padrão culto do português, apesar da oposição de Rui Barbosa, que não raro virgulava ao modo do século XVII-XVIII.

- ✓ "Nos brutos para doutrina dos homens parece que imprimiu o Autor da Natureza particular instinto de amarem a̲ QUEM os ama" (PADRE MANUEL BERNARDES).;
- ♦ quando o exerce o nome DEUS:
    - ✓ "Que muito fazes em louvar a̲ DEUS, quando vives em prosperidade, quando em abundância, quando sem vexação nem injúria de alguém?" (PADRE MANUEL BERNARDES);[22]
    - ✓ "Só há uma coisa necessária: possuir a̲ DEUS" (RUI BARBOSA).;
- ♦ quando o exerce SUBSTANTIVO OU GRUPO SUBSTANTIVO **coordenado a objeto direto pronominal**:
    - ♦ "(...) o reitor o esperava e a̲OS SEUS RESPEITÁVEIS HÓSPEDES..." (ALEXANDRE HERCULANO).;
    - ♦ *Louvam-no e a̲ SEUS COLABORADORES*.;[23]
- ♦ quando o VERBO TRANSITIVO DIRETO se emprega **na terceira pessoa do singular + pronome indefinido** SE:
    - ✓ *A̲os grandes artistas ADMIRA-SE fervorosamente*.;
    - ✓ *MATOU-SE a̲ muitos soldados*.;[24]
- ♦ quando o exerce SUBSTANTIVO **antecedido de conjunção comparativa**:
    - ✓ "É o que há poucos meses a teus pés e de joelhos este pobre velho, que te ama como a̲ FILHO, te pediu em nome de Deus: perdão! perdão!" (ALEXANDRE HERCULANO);[25]

---

[22] Já este outro passo de Bernardes está aqui tanto por exemplo de objeto direto preposicional como por exemplo de certa sorte de elipse de verbo (tão mais comum, por outro lado, em espanhol): "quando vives em prosperidade, quando [vives] em abundância, quando [vives] sem vexação nem injúria de alguém?".

[23] Note-se que, em ambos os casos, se não se preposicionasse o segundo objeto direto, poderia parecer que também fosse sujeito ("o reitor o esperava e os seus hóspedes o esperavam também"; "Louvam-no e seus colaboradores louvam-no também"). Trata-se, pois, de preposição puramente diacrítica.

[24] Normalmente, usar-se-ia aqui a chamada "passiva sintética", porque é ela a que se usa com verbos transitivos diretos: *Os grandes artistas são fervorosamente admirados* (voz passiva) > *Admiram-se fervorosamente os grandes artistas* ("passiva sintética"); *Muitos soldados foram mortos* (voz passiva) > *Mataram-se muitos soldados* ("passiva sintética"). Mas a "passiva sintética", nestes e em muitos outros casos, é radicalmente ambígua: fica-se sem saber se os artistas são admirados fervorosamente por outros, ou se se admiram fervorosamente a si mesmos; se muitos soldados foram mortos por outros, ou se se mataram a si mesmos. Para evitá-lo é que se preposiciona o objeto direto e se emprega o verbo na terceira do singular seguido do pronome indefinido *se*.

[25] Note-se a sequência de exclamações iniciadas, ambas, por minúscula e não separadas por vírgula. É modo corretíssimo de (não) pontuar. Pode fazer-se o mesmo com interrogações: *Ele chegou? a que horas? sozinho?* Mostrá-lo-emos novamente no CAPÍTULO VIII.

- ✓ Isto causou estranheza e cuidados ao amorável Sarmento, que prezava Calisto como a_ FILHO" (CAMILO CASTELO BRANCO).;
- ✓ "Mas nada me entusiasma.
- ✓ Olho-te como a_ um FANTASMA"
  (ALBERTO DE OLIVEIRA).;
- ✓ "Acusam-no de haver beneficiado mais a sua família que a_o POVO romano" (CAMILO CASTELO BRANCO).;
- ✓ "Eu antes o queria que a_o DOUTOR..." (CAMILO CASTELO BRANCO).;[26]

• quando o exerce QUALQUER NOME PRÓPRIO OU QUALQUER NOME COMUM, **ainda para evitar ambiguidade**:

- ✓ "Dai-me igual canto aos feitos da famosa
  Gente vossa, que a_ MARTE tanto ajuda..."
  (CAMÕES);
- ✓ "A mãe a_o próprio FILHO não conheça" (CAMÕES).;
- ✓ "Vence o mal a_o REMÉDIO" (ANTÔNIO FERREIRA).;
- ✓ "De alguns animais de menos força e indústria se conta que vão seguindo a_os LEÕES na caça; para se sustentarem do que a eles sobeja" (PADRE ANTÔNIO VIEIRA).
- ✓ "Tal havia que a_o meu CONSERTADOR julgava digno de um hábito de Cristo" (FRANCISCO MANUEL DE MELO).;
- ✓ "Rasteira grama exposta ao sol, à chuva,
  Lá murcha e pende:
  Somente a_o TRONCO que devassa os ares
  O raio ofende!"
  (GONÇALVES DIAS).[27]

• Por outro lado, é ELETIVO OU FACULTATIVO o emprego de preposição para introduzir OBJETO DIRETO:

• quando o exerce ALGUM PRONOME REFERENTE A PESSOA (*ninguém, alguém, outro, todos*, etc.):

---

[26] Tal é a construção, como o diz Mário Barreto em *Novíssimos*, 84, pontualmente observada por nossos escritores-modelo. – Por outro lado, ainda que não haja risco de anfibologia, pode empregar-se esta preposição – o que, obviamente, não quer dizer que não empregá-la constitua erro. Veja-se um exemplo literário de não emprego: "[...] e nós habituamo-nos a tê-la em conta de segunda mãe: também ela nos amava como filhos" (ALEXANDRE HERCULANO).

[27] Não é difícil constatar que em todos estes casos a ausência da preposição diacrítica implicaria inevitável e grave ambiguidade.

- ✓ "Diz Cristo universalmente, sem excluir a ninguém, que ninguém pode servir a dous Senhores..." (Padre Antônio Vieira);
- ✓ "A todos encanta tua parvoíce..." (Camões).;
- ♦ quando o exerce algum pronome de reverência (*V. Ex.ª*, *V. S.ª*, etc.):
  - ✓ "[...] colocaram a V. Ex.ª na desgraçada situação de desmentir na sua carta a narrativa dos Atos dos Apóstolos" (Alexandre Herculano).;
  - ✓ "Eu já tive a honra de cumprimentar a V. Ex.ª..." (Camilo Castelo Branco);
- ♦ quando o exerce qualquer nome próprio ou qualquer nome comum, por razões nem sempre fáceis de discernir (**ênfase**, **sentimento**, **ritmo**, etc.):
  - ✓ "Benza Deus aos teus cordeiros" (Rodrigues Lobo).;
  - ✓ "[...] o verdadeiro conselho é calar, e imitar a Santo Antônio" (Padre Antônio Vieira).;
  - ✓ "Não culpo ao homem; para ele, a cousa mais importante do momento era o filho" (Machado de Assis).;
  - ✓ "Apenas excetuo exíguo número, e pode ser que, unicamente, a Péricles, teu tutor; porque tem cursado os filósofos" (Rui Barbosa).;
- ♦ quando o objeto direto antecede ao verbo, **especialmente se se dá pronome pleonástico**:
  - ✓ "Aos ministros todos os adoram, mas ninguém os crê" (Francisco Manuel de Melo).;
  - ✓ "Não façais caso disso, que a relógios do chão ninguém os escuta..." (Francisco Manuel de Melo).;
  - ✓ "[...] enfim, ainda ao pobre defunto o não comeu a terra, e já o tem comido toda a terra" (Padre Antônio Vieira).;
- ♦ quando a preposição tem caráter partitivo:
  - ✓ "Ouvirás dos contos, comerás do leite e partirás quando quiseres" (Rodrigues Lobo).;
  - ✓ "Do pano mais velho usava,
    Do pão mais velho comia"
    (Cecília Meireles).;
- ♦ em certas construções em que a preposição superpõe matiz significativo ao nome acusativo:
  - ✓ cumprir com o dever (em vez de *cumprir o dever*);
  - ✓ "Arrancam das espadas [em vez de *Arrancam as espadas*] de aço fino

Os que por bom tal feito ali apregoam"
(Camões).;
* *Procurava pelo [pe__r + o] primo* [em vez de *Procurava o primo*].

(observação: é como se a preposição *com* em *cumprir com o dever* intensificasse tal cumprimento; e é como se a preposição *de* em *arrancar da espada* fizesse, digamos, mais brusca tal ação; insista-se, porém, em que esta sorte de preposicionamento do objeto direto não é, de modo algum, obrigatório).

⌖ Observação. Como pôde ver-se pela ampla variedade de casos de uso eletivo de objeto direto preposicionado, não há em princípio nada de errado em traduzir assim o objeto direto preposicionado do espanhol. Cuide-se apenas em que se faça por efetivos motivos estilísticos ou semelhantes, e não mecanicamente, nem, muito menos, sempre. Em espanhol, é de rigor preposicionar o objeto direto quando o exerce um nome próprio ou um nome comum significativo de pessoa ou de animal (tudo isso com matizes que não vem ao caso referir aqui). Ora, como visto, não há tal regra em nossa língua.

* Há ainda o chamado "objeto direto interno", ou seja, *o que se segue a verbos intransitivos* e que
    * ou se constitui de substantivo da mesma família linguística do verbo,
    * ou, ao menos, pertence ao mesmo campo semântico deste,
    * e vem sempre acompanhado de *adjunto adnominal*:[28]
        ✓ *Sonhei um sonho suave.*;
        ✓ "... *morrerás morte vil da mão de um forte*" (Gonçalves Dias).;
        ✓ *viver uma vida feliz* (latim: *beatam vitam vivere*);
        ✓ *chorar lágrimas amargas.*
        ✓ *Dormiu um sono intranquilo.*

⌖ Observação. Não pode porém dizer-se com toda a propriedade que se trate aí de objeto direto. Como dito, este é complemento. O "objeto direto interno", todavia, não parece ser complemento, porque os verbos de que o seria não são incompletos: são justamente *intransitivos*. Em outras palavras, o "objeto direto interno" tem figura de complemento direto ou acusativo, mas de fato não é requerido como complemento pelo verbo, sempre intransitivo. Pois bem, pode entender-se duplamente o "objeto direto interno" segundo seu fundo significativo:

---

[28] Do adjunto adnominal trataremos adiante.

- ou como adjunto adverbial modal:
  - ✓ *Sonhei <u>um sonho suave.</u>* < *Sonhei <u>suavemente</u>*.;
  - ✓ *"... morrerás <u>morte vil</u> da mão de um forte"* < *Morrerás <u>vilmente</u>...*;
  - ✓ *viver <u>uma vida feliz</u>* < *viver <u>felizmente</u>*;
  - ✓ *chorar <u>lágrimas amargas</u>* < *chorar <u>amargamente</u>*;
  - ✓ *Dormiu <u>um sono intranquilo</u>.* < *Dormiu <u>intranquilamente</u>.*;
- ou como efetivo complemento de verbo transitivo direto de que faz as vezes um verbo intransitivo:
  - ✓ Sonhei <u>um sonho suave</u>. < Tive <u>um sonho suave</u>.;
  - ✓ "... morrerás <u>morte vil</u> da mão de um forte." < terás <u>morte vil</u>...;
  - ✓ viver <u>uma vida feliz</u> < ter ou levar <u>uma vida feliz</u>;
  - ✓ chorar <u>lágrimas amargas</u> < verter <u>lágrimas amargas</u>;
  - ✓ dormiu <u>um sono intranquilo</u>. < teve <u>um sono intranquilo</u>.

Segundo a figura, porém, trata-se de cristalização de recurso altamente expressivo, já presente no latim, no grego clássico, etc.

β. Diz-se COMPLEMENTO INDIRETO todo complemento verbal que se anteceda **essencial e necessariamente** de *preposição* (a não ser, como imediatamente se verá, quando exercido por pronome dativo):

- ✓ *Pediu um favor A<u>o amigo</u>.*;
- ✓ *A menina gosta DE <u>cereja</u>.*;
- ✓ etc.

E subdivide-se o complemento indireto em DATIVO e em RELATIVO, e, por razões que se darão mais adiante, não inclui o *complemento circunstancial* e o *agente da passiva*.

- O COMPLEMENTO OU OBJETO INDIRETO DATIVO corresponde em grande parte ao dativo latino. Subdivide-se, por sua vez, em duas classes.
  - Antes de tudo, é o COMPLEMENTO DE VERBOS BITRANSITIVOS[29]
    - que se introduz da preposição *a* ou, por vezes, da preposição *para*,[30]

---

[29] Ou seja, os que requerem tanto OBJETO DIRETO como, precisamente, OBJETO INDIRETO DATIVO. São verbos DANDI (***dar***, *conferir, conceder, dedicar, doar, entregar, oferecer, outorgar,* etc.), DICENDI (***dizer***, *afirmar, contar, indagar, perguntar,* etc.), ROGANDI (***rogar***, *implorar, pedir, suplicar,* etc.) e outros. – Consigne-se porém que nem todos os verbos *dandi*, *dicendi* e *rogandi* são sempre nem necessariamente bitransitivos diretos e indiretos a dativo, conquanto, sim, majoritariamente o sejam.

[30] ♭ Mas, insista-se, só em casos muito precisos de dativo deve ou pode usar-se *para* e não *a*, tão contrariamente ao que se faz correntemente no Brasil. Pelos exemplos que se seguirão, esclarecer-se-á o dito.

- e que sempre pode ser exercido por *lhe(s)* e demais pronomes dativos:[31]
  ✓ *Dê <u>uma fatia de pão</u>* [acusativo] *<u>ao que morre de fome</u>* [dativo].;
  ✓ *Outorgaram-<u>lhe</u>* [dativo] *<u>o primeiro prêmio</u>* [acusativo].;
  ✓ *Quando <u>mo</u>* [*me* dativo + *o* acusativo] *digo <u>A mim</u>* [dativo pleonástico], *digo-<u>o</u>* [acusativo] *<u>Ao senado e Ao povo romanos</u>* [dativo].;[32]
  ✓ *Dirige-<u>vos</u>* [dativo] *<u>uma súplica</u>* [acusativo].;
  ✓ *Pergunta <u>a Maria</u>* [dativo] *<u>se sabe de João</u>* [acusativo oracional, ou seja, oração subordinada substantiva objetiva direta].;
  ✓ *Pediu <u>ao professor</u>* [dativo] *<u>licença para sair</u>* [acusativo; vale lembrar que *para sair* é complemento nominal oracional de *licença*].;
  ✓ *Rogaram-<u>lhe</u>* [dativo] *<u>a ele</u>* [dativo pleonástico] *<u>clemência</u>* [acusativo].;
  ✓ *Há que pagar <u>justo salário</u>* [acusativo] *<u>ao empregado</u>* [dativo].;
  ✓ *Devemos-<u>te</u>* [dativo] *<u>um grande favor</u>* [acusativo].;
  ✓ *Queremos-<u>vos</u>* [dativo] *<u>muito bem</u>* [acusativo, em que *bem* é substantivo e núcleo].;
  ✓ *Manda <u>um presente</u>* [acusativo] <u>PARA *tua irmã*</u> [dativo].;
  ✓ *Reservou <u>PARA os convidados de honra</u>* [dativo] *<u>os melhores lugares</u>* [acusativo].;
  ✓ *Comprámos <u>livros</u>* [acusativo] *<u>PARA o amigo</u>* [dativo].;
  ✓ etc.[33]

⚡ OBSERVAÇÃO 1. Insista-se em que todos os dativos não pronominais podem comutar-se por algum pronominal: *Reservou <u>para os convidados de honra</u> os melhores lugares* = *Reservou-<u>lhes</u> os melhores lugares*; etc.

⚡ OBSERVAÇÃO 2. Todo verbo bitransitivo a acusativo e a dativo pode tornar-se mero transitivo indireto dativo, quando o objeto direto ou acusativo se torna, em construção apassivada, sujeito paciente:

---

[31] Enquanto se distinguem morfologicamente os pronomes oblíquos átonos não reflexivos de terceira pessoa em acusativos (*o, a, os, as*) e em dativos (*lhe, lhes*), não assim os oblíquos átonos reflexivos de terceira pessoa nem nenhum dos das demais pessoas. Com efeito, *me, te, se, nos, vos, se* podem usar-se quer como acusativos quer como dativos: *Ele viu-<u>me</u>* [acusativo], mas *Ele deu-<u>me</u>* [dativo] *um livro*; etc.

[32] Em latim: *Cum dico mihi* [dativo], *senatui* [dativo] *dico populoque Romano* [dativo], com acusativo implícito.

[33] Por vezes, distinguem-se semanticamente o dativo introduzido por *a* e o introduzido por *para*. Com efeito, uma coisa é *Comprámos livros <u>para</u> o amigo* e outra *Comprámos livros <u>ao</u> amigo*. Em ambos os casos, trata-se de dativo, até porque em ambos o complemento pode comutar-se por *lhe*. Mas o primeiro corresponde à construção *quem compra, compra algo para alguém*, enquanto o segundo à construção *quem compra, compra algo a alguém*. Esta segunda, ademais, pode mudar-se em construção com complemento relativo: *quem compra, compra algo <u>de</u> alguém*.

✓ "Dê-se uma fatia de pão [sujeito paciente] ao que morre de fome [dativo]" (Alexandre Herculano).;
✓ etc.

⌦ Observação 3. Como se antecipou, por vezes o complemento dativo pode mudar-se em complemento relativo, como neste exemplo:

✓ *Deu um beijo à mãe.* > *Deu um beijo na mãe.*

Note-se que o complemento *à mãe* pode comutar-se por *lhe*, razão por que é dativo, enquanto *na mãe* não o pode ou não o deveria poder, justo porque é relativo. – Mas mesmo os melhores escritores, certamente por superposição dos dois complementos e de contaminação do segundo pelo primeiro, são capazes de comutar *na mãe* por *lhe*.

• Uma segunda classe de dativos compõem-na os complementos de verbos que requerem objeto indireto exercível por *lhe* e demais pronomes dativos, mas não requerem, necessariamente, objeto direto:

✓ *Não agradou aos presentes* [= *Não lhes agradou*].;
✓ *Isto pertence ao herdeiro* [= *Isto lhe pertence*].;
✓ *O enfarte sucedeu subitamente ao homem* [*O enfarte sucedeu-lhe subitamente*].;
✓ *A comida não soube bem à* [a + a] *criança* [*A comida não lhe soube bem*].;
✓ *Algo naquilo não cheirava bem aos vizinhos* [*Algo naquilo não lhes cheirava bem*].;
✓ *A sorte sorriu para a família* [= *A sorte sorriu-lhe*].;
✓ *Já respondeste à* [a + a] *tua mãe?* [= *Já lhe respondeste?*].;
✓ *Obedece a teu pai* [= *Obedece-lhe*].;
✓ etc.

⌦ Observação 1. Ambos os verbos *responder* e *obedecer* admitem também objeto direto (se não significativo de pessoa e em construções em que já haja objeto dativo). Por exemplo:

✓ *Já respondeste a carta* [acusativo] *à tua mãe?* [= *Já lha respondeste?*];
✓ *Obedece a ordem* [acusativo] *a teu pai* [= *Obedece-lha*].

O mais corrente no Brasil, porém, é dar outro torneio a estas orações:

✓ *Já respondeste à* [a + a] *carta* [complemento relativo] *de tua mãe?* [adjunto adnominal de *carta*];
✓ *Obedece à* [a + a] *ordem* [complemento relativo] *de teu pai* [adjunto adnominal de *ordem*].

Mas é comum a todo o mundo lusófono a bitransitividade indireta a dativo e direta como em, por exemplo, *Respondi-lhe* QUE SIM.

✍ Observação 2. Atente-se a que ambos estes verbos sempre requerem algum complemento indireto, como em *obedecer às* [A + a] *leis* [lat. *parere legibus*]. A diferença entre o latim e o português, neste caso, é que *legibus* está no caso dativo, enquanto *às leis* é complemento relativo. E sabe-se que é assim porque *às leis* não pode comutar-se por *lhes*, mas tão somente por *a elas*: *obedecer a elas*. Do mesmo modo, *responder a ela* (à carta).

✍ Observação 3. ☞ Discrepamos dos gramáticos para os quais certos verbos transitivos indiretos, como precisamente *responder* e *obedecer*, aceitam pôr-se na voz passiva. Esta é uma maneira de poupar-se ao esforço de explicar um ponto complexo. Quando se diz *A carta foi respondida*, mantém-se a *antiga* regência destes verbos: "Respondeu a carta", etc. Trata-se, pois, de sobrevivência de outra fase da língua (até o XVII) que não constitui maneira perfeitamente afim ao padrão culto atual. A "A carta foi respondida", prefira-se *Respondeu-se à carta*; a "A carta foi respondida por ele", prefira-se pura e simplesmente *Ele respondeu à carta*; etc.

✍ Observação 4. Discrepamos também dos gramáticos segundo os quais absolutamente não é possível ao objeto indireto apresentar-se em forma de oração. Tratá-lo-emos mais adiante.

✍ Observação 5. Discrepamos, por fim, dos poucos gramáticos que, seguindo o latim, afirmam que são dativos os complementos de certos adjetivos de destinação, como *apto* [para algo], *acomodado* [a algo], *idôneo* [para algo], etc. Em latim, sem dúvida o são: ali, com efeito, *aptus*, *accommodatus*, *idoneus* têm complemento no caso dativo. Mas em português são complementos dativos os que possam comutar-se por *lhe*; ora, os casos acima não podem comutar-se por *lhe*; logo, não são complementos dativos. São puros complementos nominais.

✍ Observação 6. No entanto, há casos que parecem estar em fronteira turva. Com efeito, em *A sentença foi favorável ao réu*, poderia entender-se *ao réu* ou como complemento nominal de *favorável*, ou como dativo de *foi*, já que *ao réu* pode comutar-se por *lhe*: *A sentença foi-lhe favorável*. Dá-se algo semelhante em, por exemplo, *Tem grande amor ao pai*, em que *ao pai* pode entender-se ou como complemento nominal de *amor* (núcleo do objeto direto) ou como dativo de *Tem* (= *Tem-lhe grande amor*). A diferença entre estes dois casos é que no primeiro se trataria de dativo de verbo de cópula, enquanto no segundo de dativo de verbo bitransitivo. Afigura-se-nos todavia mais provável que em princípio se trate de ambas as coisas a depender do ângulo que se tome. Nos dois casos pode considerar-se seja nominal o complemento, se se mira do ângulo justamente do nome; e nos dois casos pode considerar-se seja dativo o mesmo complemento, se se mira do ângulo justamente do verbo – com a ressalva de que, se se usa o pronome dativo, desaparece a possibilidade de complemento nominal. Mas detemo-nos aqui, sem tentar ir além da probabilidade, e não voltaremos nesta gramática a tocar este assunto.

⚐ OBSERVAÇÃO 7. Há porém um indubitável DATIVO DE VERBO DE CÓPULA:
- ✓ *Era pai e mãe para aquelas crianças*.;
- ✓ *É-me muito agradável sua companhia*.

⚐ OBSERVAÇÃO 8. Alguns DATIVOS DA SEGUNDA CLASSE podem comutar-se por OBJETO DIRETO. Exemplo:
- ✓ *Isto não lhe interessa. > Isto não o interessa.*

São casos de dupla transitividade, como se verá mais detidamente no CAPÍTULO V.

⚐ OBSERVAÇÃO 9. Costumam os gramáticos incluir entre os dativos chamados *livres* (de que já falaremos) o também chamado DATIVO DE POSSE. Não podemos dar nosso acordo a tal inclusão. Uma coisa é que expresse posse ou pertença; outra que seja "livre", isto é, independente do verbo. Vejamos alguns exemplos, a que se seguirão algumas considerações.
- ✓ "(...) mandou cortar a cabeça A Adonias" (PADRE ANTÔNIO VIEIRA).;
- ✓ "Ouço um grito: o Dr. Soero acabou de extrair um dente A uma senhora" (ANÍBAL A. MACHADO).;
- ✓ "Beijou a mão A el-rei e saiu" (ALEXANDRE HERCULANO).;
- ✓ *Tremiam-LHE as pernas.*

→ Em todos estes exemplos, o que é dativo pode substituir-se por alguma maneira de indicação de posse:
- ✓ *(...) mandou cortar a cabeça DE Adonias*.;
- ✓ *Ouço um grito: o Dr. Soero acabou de extrair um dente DE uma senhora*.;
- ✓ *Beijou a mão DE el-rei e saiu*.;
- ✓ *Tremiam SUAS pernas.*

→ Mas que tal possa dar-se indica tão somente a contiguidade semântica das construções, não que naqueles exemplos com dativo este não seja efetivo complemento do verbo: *quem manda cortar uma cabeça, manda cortá-la A alguém; quem extrai um dente, extrai-o A alguém; quem beija uma mão, beija-a A alguém; se as pernas tremem, tremem A alguém*.

→ Ademais, podemos chamar *de posse* a estes dativos com a condição de que entendamos *de posse* não como diferença específica, mas como modo de explicitar o que coexpressam. Porque, com efeito, não há distinção essencial entre *Não lhe frustres as esperanças* e *Não lhe diga isso*: se esta se constrói segundo o esquema *quem diz, diz algo a alguém*, aquela se constrói segundo o esquema *quem frustra, frusta algo a alguém*. Ambos os verbos são aqui, portanto, bitransitivos diretos e indiretos a dativo.

* Há porém verdadeiros DATIVOS LIVRES: O DATIVO DE INTERESSE e o DATIVO ÉTICO, de distinção não raro árdua.

■ O DATIVO DE INTERESSE (*dativus commodi et incommodi*) indica aquele(s) a quem beneficia ou prejudica determinada ação:
  ✓ *A chama das velas iluminou-ME a noite.*;
  ✓ *A queda da árvore bloqueou-NOS a passagem.*

■ O DATIVO ÉTICO pode reduzir-se ao *de interesse*, e enfatiza que o sujeito da oração espera de seu interlocutor ou de outrem determinada ação, ou ainda que algo lhe interessa vivamente:
  ✓ *Não ME vás desobedecer à tua tia!*;
  ✓ *Que não NOS façam outra reforma ortográfica!*;
  ✓ *Tu saíste-ME muito inteligente.*;
  ✓ etc.

☞ OBSERVAÇÃO 1. O DATIVO ÉTICO é antes coloquial. Mais que isto, porém, importa observar que também esta classe de dativo livre não raro está em fronteira por demais turva: com efeito, conquanto sempre possa ser exercido pelos pronomes dativos, nem sempre é, todavia, verdadeiro complemento verbal: porque não o exige nenhum verbo. Fique pois o nome DATIVO ÉTICO como termo acomodatício.

☞ OBSERVAÇÃO 2. Por outro lado, nem sequer são dativos livres alguns casos tradicionalmente chamados "de interesse" (por exemplo, *Nascido não para ti, mas para a pátria* [lat. *Non tibi sed patriae natus*]), nem o mal chamado "dativo de opinião" (por exemplo, *Para mim esta obra é superficial*). Não o são, antes de tudo, pela simples razão de que não podem comutar-se por pronomes dativos; mais adiante veremos o que são.

* Mas é *verdadeiro* DATIVO – pode dizer-se da segunda classe – o que integra alguns poucos verbos que requerem, ademais, *complemento relativo*:
  ✓ *Falou A Paulo* [dativo: LHE] *DE seu projeto* [relativo].;

✓ *Discursou* SOBRE *as causas* [relativo] PARA *um público entendido* [dativo: *LHE*].;
✓ etc.

♦ É-o igualmente – este da primeira classe – o COMPLEMENTO introduzido por *a* dos VERBOS CAUSATIVOS (*mandar, deixar, fazer*) e dos SENSITIVOS (*ver, ouvir, sentir*), os quais neste caso são *bitransitivos* cujo objeto direto é uma oração reduzida de infinitivo.[34] Exemplos:
✓ "Este A mais nobres [dativo] **faz** fazer vilezas [acusativo]..." (CAMÕES);
✓ "Três cousas acho que **fazem** AO doudo [dativo] ser sandeu [acusativo]..." (GIL VICENTE);
✓ **Ouviu**-*LHES* [dativo] *discutir o assunto* [acusativo].;
✓ etc.

Entendamos os dois últimos exemplos.

▪ Em *Ouviu-lhes discutir o assunto*, *Ouviu* tem por sujeito *ele* implícito, e é verbo sensitivo; *lhe* é seu complemento dativo; *discutir o assunto* é seu objeto direto oracional; e *o assunto* é objeto direto de *discutir*. A frase constrói-se como *quem* **ouve**, **ouve** *algo* [acusativo] A *alguém* [dativo].

▪ Dá-se algo análogo em "Três cousas acho que fazem ao doudo ser sandeu...", em que o sujeito de *acho* é *eu* implícito; *que três cousas fazem ao doudo ser sandeu* é objeto direto oracional de *acho*; *três cousas* é o sujeito do causativo *fazem*; *ao doudo* é dativo de *fazem*; *ser sandeu* é objeto direto oracional de *fazem*; *ser* é verbo de cópula no infinitivo, enquanto *sandeu* é predicativo. A oração *fazem ao doudo ser sandeu* constrói-se como *quem* **faz**, **faz** *algo* [acusativo] A *alguém* [dativo].

☞ OBSERVAÇÃO. Os três exemplos aduzidos, como quaisquer outros semelhantes a estes, podem construir-se também com o já tão referido *sujeito acusativo* (que voltaremos a tratar na seção sobre infinitivo do capítulo VI):
✓ *Três cousas acho que fazem o doudo* [objeto direto de *fazem* e sujeito de] *ser sandeu*.;
✓ *Ouviu-os* [objeto direto de *Ouviu* e sujeito de] *discutir o assunto*.

♦ Casos há, contudo, de complementos que parecem não enquadrar-se perfeitamente no descrito até aqui e que no entanto podem ser exercidos por pronomes dativos. Tratá-lo-emos no próximo capítulo, ao ocupar-nos da regência do verbo *antepor*.

---

[34] Desde que tal infinitivo o seja de algum verbo transitivo ou de algum verbo de cópula.

- O **complemento ou objeto indireto relativo**[35] distingue-se do complemento indireto dativo por duas razões principais.
- Não significa pessoa ou coisa a que se destina a ação, nem, como os dativos livres, pessoa em cujo proveito ou prejuízo a ação se realiza, etc. Aparenta-se antes ao objeto direto que significa ente sobre o qual recai a ação.
- Não pode ser exercido, na terceira pessoa, pelos pronomes oblíquos átonos *lhe*, *lhes*, mas pelos tônicos *ele*, *ela*, *eles*, *elas* precedidos, como devido, de preposição:
    - ✓ *assistir A um concerto* > *assistir A ele*;
    - ✓ *obedecer às [A + a] leis* > *obedecer A elas*;
    - ✓ *anuir ou assentir A uma proposta* > *anuir ou assentir A ela*;
    - ✓ *proceder à [A + a] contagem* > *proceder A ela*;
    - ✓ *concordar COM uma tese* > *concordar COM ela*;
    - ✓ *falar COM o filho* > *falar COM ele*;
    - ✓ *carecer DO básico* > *carecer DEle*;
    - ✓ *compor-se DE tais artigos* > *compor-se DEles*;
    - ✓ *depender DO estudo* > *depender DEle*;
    - ✓ *discordar ou discrepar DE uma opinião* > *discordar ou discrepar DEla*;
    - ✓ *duvidar DE uma informação* > *duvidar DEla*;
    - ✓ *esquecer-se ou olvidar-se DE uma tristeza* > *esquecer-se ou olvidar-se DEla*;
    - ✓ *esquivar-se DE um golpe* > *esquivar-se DEle*;
    - ✓ *fugir DE um perigo* > *fugir DEle*;
    - ✓ *gostar DE obras profundas* > *gostar DElas*;
    - ✓ *lembrar-se ou recordar-se DE um acontecimento* > *lembrar-se ou recordar-se DEle*;
    - ✓ *necessitar ou precisar DE bons conselhos* > *precisar DEles*;
    - ✓ *queixar-se DE uma dor* > *queixar-se DEla*;
    - ✓ *acreditar ou crer numa [EM + uma] afirmação* > *acreditar ou crer nela [EM + ela]*;
    - ✓ *consentir numa [EM + uma] ação* > *consentir nela [EM + ela]*;
    - ✓ *insistir num [EM + um] ponto de vista* > *insistir nele [EM + ele]*;
    - ✓ *reparar num [EM + um] detalhe* > *reparar nele [EM + ele]*;
    - ✓ *discorrer ou discursar SOBRE um tema* > *discorrer ou discursar SOBRE ele*;
    - ✓ etc.

---

[35] Como assinala Rocha Lima, "a denominação 'complemento relativo' inspira-se na generalização do conceito de *régime relatif*, proposto por Meyer Lübke para regências fronteiriças dessa nossa (*Grammaire des langues romanes* [3 vols.]. Tradução francesa. 2.ª ed. Viena, Stechert, 1923, vol. 3, p. 349)" (*op. cit.*, p. 311, nota).

⟡ Observação 1. Parte dos verbos postos nos exemplos é de antigos transitivos diretos, que por complexas razões históricas passaram a indiretos a relativo. Alguns deles, no entanto, seguem admitindo também a antiga regência, às vezes com leve distinção semântica. Nenhuma distinção se dá, por exemplo, entre *necessitar de dinheiro* e *necessitar dinheiro*; ou entre *duvida disso* e *duvida-o*; ou entre *fugir de um perigo* e *fugi-lo*; etc. (Note-se, todavia, que em todos estes casos a forma acusativa é menos ou muito menos usada.) Como dito, porém, por vezes há leve distinção semântica entre a forma relativa e a acusativa: uma coisa, por exemplo, é *Acreditar ou crer em Deus* (complemento necessariamente relativo) e outra é *Não o acreditei* (= não acreditei o que disse).[36] Basta contudo que se use, neste caso, de complemento oracional para que ambos os sentidos dispensem a preposição: *Acredito que Deus existe* e *Creio que ele disse a verdade*. Em ambos estes casos temos, portanto, ORAÇÃO SUBORDINADA SUBSTANTIVA OBJETIVA DIRETA.[37]

⟡ Observação 2. Como dito mais acima, alguns poucos complementos relativos se comutam por complemento dativo, não raro com leve alteração semântica. Por exemplo:

- *falar COM alguém sobre a notícia* > *falar COM ele sobre a notícia* / *falar A alguém da notícia* > *falar-LHE da notícia*.

⟡ Observação 3. Alguns verbos pronominais podem deixar de sê-lo, e passam a requerer objeto direto em vez de complemento relativo:

- *lembrar-se ou recordar-se DE um acontecimento* > *lembrar-se ou recordar-se DEle* / *lembrar ou recordar um acontecimento* > *lembrá-lo ou recordá-lo*;
- *esquecer-se ou olvidar-se DE uma tristeza* > *esquecer-se ou olvidar-se DEla* / *esquecer ou olvidar uma tristeza* > *esquecê-la ou olvidá-la*;
- *esquivar-se DE um golpe* > *esquivar-se DEle* / *esquivar um golpe* > *esquivá-lo*.

§ O que não é adequado segundo o padrão culto atual (malgrado o coloquial brasileiro) é fazer o verbo deixar de ser pronominal e manter a preposição. Assim, "Esqueceram 'de' mim" dever-se-ia dizer ou *Esqueceram-SE de mim* ou *Esqueceram-me*. E com o que aqui vamos dizendo já antecipamos algo do capítulo V.

γ. O COMPLEMENTO CIRCUNSTANCIAL é de natureza *adverbial*, razão por que as gramáticas mais antigas, fundadas no prejuízo de que o advérbio é termo "acessório" e pois "dispensável", não consideravam se tratasse de complemento, mas de adjunto

---

[36] Embora, naturalmente, também se possa dizer *Não acreditei nisso* (= *no que disse*).
[37] Mas em Teologia pode dizer-se, com distinção semântica, *crer Deus*, *crer em Deus* e *crer a Deus*.

adverbial. Erro de perspectiva: trata-se de advérbio ou grupo adverbial em função complementar ou integrante, razão por que *tem caráter de necessário*. É tão indispensável ao inteiro sentido do verbo como o são os demais complementos verbais.[38]

- Com efeito, se comparamos as seguintes orações: *Iremos à Hungria* e *Almoçaremos na Hungria*, constatamos quase de imediato que o *na Hungria* da segunda oração não completa ou integra o sentido de *Almoçaremos*, ao contrário do que se dá com *à Hungria* com respeito a *Iremos*: sem aquele, este não significa perfeitamente. E de fato *Almoçaremos* significa cabalmente por si, mas não assim *Iremos*: se digo *Almoçaremos*, não nos vem automaticamente a pergunta "Onde?"; se todavia digo *Iremos*, automaticamente nos vem a pergunta *Aonde?*. Posso dizer simplesmente: *Almoçaremos* (ou *Almoçaremos tarde*, ou *Almoçaremos na Hungria*, etc.). Não me basta, no entanto, dizer simplesmente: *Iremos* (a não ser como resposta em que o restante da oração esteja elíptico: – *Irão à Hungria?* – *Iremos [à Hungria]*). Pois bem, nos exemplos dados, *à Hungria* é COMPLEMENTO CIRCUNSTANCIAL, e *na Hungria* é ADJUNTO ADVERBIAL – ainda que ambos sejam grupos adverbiais.

- Por vezes não é fácil distingui-los. Assim, *muito* em *Viveu muito* é ADJUNTO ADVERBIAL, enquanto *em Portugal* em *Vive em Portugal* é COMPLEMENTO CIRCUNSTANCIAL. Isto contudo só é assim porque o *Vive* de *Vive em Portugal* não se usa aqui na acepção primeira do verbo, mas com o sentido de *morar*: e *morar* requer complemento relativo: *quem mora, mora em algum lugar*.

- Pode parecer a princípio que o COMPLEMENTO CIRCUNSTANCIAL também necessariamente se introduz de preposição, razão por que poderia incluir-se entre os complementos indiretos. Antes porém de tratá-lo, dêmos exemplos de complementos circunstanciais introduzidos de preposição, assinalando-lhes o que expressam:

  ✓ "E o meu suplício durará POR meses" [tempo, com reforço do sentido do verbo pela preposição *por*] (ALEXANDRE HERCULANO).;

  ✓ *Vive* [ou *Mora*] EM *Portugal* [lugar, com indicação de estância pela preposição *em*].;

  ✓ *Iremos à [A + a] Hungria* [lugar, com indicação de direção pela preposição *a*].

- Por vezes, podem comutar-se entre si preposições de complemento circunstancial com alguma alteração semântica:

  ✓ *estar à [a + a] janela* ou *na [em + a] janela*;

---

[38] Foi Celso Cunha o que, com tanto acerto, introduziu entre nós esta noção ou conceito; e, conquanto não nos convença perfeitamente o adjetivo "circunstancial", adotamo-lo sem grande hesitação.

- ✓ *ter alguém ao* [*a* + *o*] *colo* ou *no* [*em* + *o*] *colo*;
- ✓ etc.

Na janela ou *no colo* expressam o puro estar no lugar significado (*janela* e *colo*), ao passo que *à janela* ou *ao colo* expressam estar em lugar elevado ou a que se tem de assomar de algum modo.

♫ OBSERVAÇÃO. É bem verdade, relembre-se, que não são estranhas ao português construções como *às folhas tantas*, que não se distingue significativamente de *na folha tal*. Mas são construções antes especializadas, de jargão de ofício. – Não se diga nunca, todavia, "sito ou situado 'à' Rua Tal", mas *sito ou situado na Rua Tal*.

- Poder-se-ia brandir o caso de *ali* e de *lá* para negar que o complemento circunstancial se introduza necessariamente de preposição: *Foi ali*; *Iremos lá*; etc. Há que lembrar, porém, que em ambos estes advérbios está suposta a preposição *ad* latina (o étimo de nossa *a*).[39] Apenas porém fazemos tal constatação, no-la vem contrariar o caso de *aqui* e de *acolá*, os quais não têm *ad* suposta.[40] Pois é por este mesmo caso que o COMPLEMENTO CIRCUNSTANCIAL não pode incluir-se entre os complementos indiretos.

- Há, ademais, segundo a maioria dos gramáticos, vários outros casos de complemento circunstancial não introduzido por preposição:
    - ✓ *A guerra durou cem anos* [em vez de POR *cem anos*] [espaço de tempo];
    - ✓ *Trabalharam a vida toda* [em vez de DURANTE *a vida toda*] [espaço de tempo];
    - ✓ *Pesa oitenta quilos* [peso];
    - ✓ *Vale uma fortuna* [valor];
    - ✓ *Custam dois mil reais* [preço];
    - ✓ *Dista duzentos quilômetros daqui* [distância no espaço];
    - ✓ "*andar longes terras*" [em vez de POR *longes terras*] [percurso] (GONÇALVES DIAS);
    - ✓ etc.

- Sucede todavia que para outros gramáticos não se trata de complemento circunstancial, mas de complemento direto (ou seja, de acusativo). Com efeito, pode dizer-se que *quem anda, anda longes terras* ou *dez quilômetros*, etc., e esta parece construção própria de objeto direto.

---

[39] Para este ponto, ➤ *Suma*, p. 443.
[40] ➤ *Ibid.*, p. 444.

♦ Mas replicariam os defensores de que estamos diante de verdadeiros complementos circunstanciais: também em latim o complemento circunstancial de direção se punha no acusativo.

♦ É discussão tendente ao infinito, razão por que concluímos nós: estamos, uma vez mais, em fronteira turva.

♦ Dissemos mais acima que nem sequer são dativos livres alguns casos tradicionalmente chamados "de interesse" (por exemplo, *Nascido não para ti, mas para a pátria*) nem o chamado "dativo de opinião" (por exemplo, *Para mim esta obra é superficial*); e que não o são pelo simples motivo de que não podem comutar-se por pronomes dativos. Pois bem, o *para ti* e o *para a pátria* de *Nascido não para ti, mas para a pátria* são COMPLEMENTOS CIRCUNSTANCIAIS [DE DESTINAÇÃO] do particípio *Nascido*. Já o *Para mim* de *Para mim esta obra é superficial* está em fronteira tão turva como os advérbios que determinam orações. Quanto, com efeito, aos advérbios que determinam orações estamos em fronteira turbidíssima, porque, quando dizemos *Infelizmente não virão*, a palavra *Infelizmente* não expressa modo da oração nem de nenhuma parte sua, senão que expressa sentimento de quem a diz. É pois antes um modo de sentimento do falante, posto porém em forma perfeitamente adverbial (*infeliz* + *-mente*). Ora, *analogamente*, tampouco tal *para mim* expressa modo ou circunstância do verbo de cópula nem do predicativo, nem do conjunto dos dois. É-lhes tão radicalmente extrínseco como o é da oração aquele *Infelizmente*; e, como este, expressa algo apenas do ângulo de quem fala ou escreve. Mas, assim como *Infelizmente* tem figura perfeitamente adverbial, assim também a tem *para mim* (ou, mais precisamente, figura de grupo adverbial). Quanto pois a qual seja a função sintática de *para mim*, não pode ser senão a mesma daquele *Infelizmente*: a de um **como** ADJUNTO ADVERBIAL, função que estudaremos mais adiante.

δ. O último dos complementos verbais é o AGENTE DA PASSIVA, ou seja, o complemento de verbo (ou antes, de grupo verbal) na voz passiva. Sempre significa o praticante da ação verbal padecida pelo sujeito – valha-nos a redundância – paciente:

- ✓ *O LEÃO* [sujeito paciente] *foi morto pelo caçador* [agente da passiva].;
- ✓ *O CAÇADOR* [sujeito paciente] *foi morto pelo leão* [agente da passiva].;
- ✓ *TAIS PALAVRAS* [sujeito paciente] *foram ditas pelo escritor* [agente da passiva].;
- ✓ *ESTE PALÁCIO* [sujeito paciente] *foi projetado pelo famoso arquiteto* [agente da passiva].;
- ✓ etc.

→ Como se vê pelos exemplos, o AGENTE DA PASSIVA sempre se introduz por preposição, mais correntemente *por/per*. Mas também pode introduzir-se por *de*:
- ✓ *Era estimado DE [= por] todos.*;
- ✓ *Roma foi invadida DE [= por] multidão de povos germânicos.*;
- ✓ etc.[41]

*

A CLASSIFICAÇÃO DOS VERBOS QUANTO À TRANSITIVIDADE[42]

Já temos perfeitas condições para fechar o quadro classificatório dos verbos segundo requeiram ou não requeiram complemento, e segundo o que seja(m) o(s) mesmo(s) complemento(s) que requeiram.[43]

- VERBO DE CÓPULA, ou seja, o que como adjacente a um predicativo o liga ao sujeito:
    - ✓ *João é CARPINTEIRO.*;
    - ✓ *Joana está BEM.*;
    - ✓ etc.
- VERBO DE CÓPULA COM DATIVO:
    - ✓ *Era PAI E MÃE PARA AQUELAS CRIANÇAS.*;
    - ✓ *É-ME MUITO AGRADÁVEL sua companhia.*
- VERBO INTRANSITIVO, ou seja, o que não necessita de complemento:
    - ✓ *O animal morreu.*
    - ✓ *O bebê nasceu às 8 horas.*;
    - ✓ etc.
- VERBO INTRANSITIVO QUE SE ACOMPANHA DE PREDICATIVO:
    - ✓ *Chegou CANSADA.*;
    - ✓ *Uma tenda de campanha serve DE ENFERMARIA.*

---

[41] Ainda para o fato de o AGENTE DA PASSIVA estar em fronteira turva entre complemento verbal e adjunto adverbial de agente, ➤ *Suma*, 445-46. – Como se vai vendo, ademais, e como posto no PRÓLOGO, o que chamamos *fronteira turva* não é algo excepcional na linguagem. Para as razões disto, ➤ *Suma*, 446, n. 65.

[42] Obviamente, não se dá transitividade em verbo intransitivo; mas devemos incluir este caso aqui assim como, *mutatis mutandis*, é no tratado da visão que se estuda a cegueira.

[43] Assinale-se contudo que muitos verbos se encontram, segundo o que signifiquem e segundo o contexto oracional, em diversas destas classes.

- VERBO TRANSITIVO DIRETO, ou seja, o que necessita de complemento não essencial e necessariamente introduzido de preposição:
    - ✓ *Compremos* LIVROS.;
    - ✓ *Viu*-me A MIM.;
    - ✓ *Ama* A TODOS.;
    - ✓ etc.
- VERBO TRANSITIVO DIRETO QUE TAMBÉM REQUER PREDICATIVO:
    - ✓ *Disse*-O BOM.;
    - ✓ *Considero*-A CAPAZ.;
    - ✓ *Elegeram*-NO PRESIDENTE.;
    - ✓ etc.
- VERBO TRANSITIVO INDIRETO, ou seja, o que requer complemento introduzido essencial e necessariamente de preposição (salvo, como imediatamente se verá, quando exercido por pronome dativo); divide-se em:
    - TRANSITIVO INDIRETO A DATIVO:
        - ✓ *Disse*-LHE a verdade.;
        - ✓ *Obedeceu* AO PAI.;
        - ✓ etc.

    (OBSERVAÇÃO: insista-se em que os verbos *dandi*, *dicendi* e *rogandi*, além de outros, são antes BITRANSITIVOS: requerem tanto complemento direto como complemento indireto dativo;
    - TRANSITIVO INDIRETO A DATIVO COM PREDICATIVO:
        - ✓ *Uma tenda de campanha* tem-NOS *servido* DE ENFERMARIA.;
        - ✓ *Serve* DE PAI E MÃE *àquelas* [**a** + *aquelas*] *crianças*.
    - TRANSITIVO INDIRETO A RELATIVO:
        - ✓ *Gosta* DE VIAJAR.;
        - ✓ *Responde* à [A + a] CARTA.;
        - ✓ etc.;[44]
- VERBO TRANSITIVO A COMPLEMENTO CIRCUNSTANCIAL:
    - ✓ *Já não iremos* À BAHIA.;
    - ✓ *Vive* EM CAMPO GRANDE.;
    - ✓ etc.

---

[44] Ponha-se, ademais, o seguinte exemplo: *Falou 1)* **com o amigo** *2)* **sobre o assunto**. Alguns gramáticos consideram que o segundo destes dois complementos seja circunstancial. Nós mesmo já o consideramos assim, mas hoje tendemos a que se trate de duplo complemento relativo.

⚐ Observação. Com esta classificação dos verbos, antecipámos o que seria toda uma seção do capítulo V, o qual será, assim, quase exclusivamente normativo.

*

4.1.3.e. Há três classes de TERMOS ADJUNTOS:[45]
α. Adjunto adnominal;
β. Aposto;
γ. Adjunto adverbial.
O primeiro tem caráter adjetivo; o segundo, substantivo; e o terceiro, adverbial.

α. Chama-se ADJUNTO ADNOMINAL a todo adjetivo (qualificativo ou determinativo) em sua função sintática própria de determinar qualquer substantivo.[46] Seja a oração *Uma moça morena que se chama Maria procurou-te*; há nela três adjuntos adnominais:
  ✓ *Uma* (artigo indefinidor);
  ✓ *morena* (adjetivo qualificativo);
  ✓ *que se chama Maria* (oração subordinada adjetiva).[47]
→ Podem pois exercer a função de ADJUNTO ADNOMINAL:
• QUALQUER ADJETIVO QUALIFICATIVO (ou qualquer locução adjetiva qualificativa):
  ✓ *homens felizes*;
  ✓ *verdes mares bravios*;
  ✓ *parte de trás*;
• QUALQUER ADJETIVO DETERMINATIVO (ou seja, qualquer pronome adjetivo ou qualquer numeral adjetivo):
  ✓ *teus livros*;
  ✓ *palavras quaisquer*;
  ✓ *Que quadro preferes?*;
  ✓ *quatro casas*;
• QUALQUER ARTIGO (definidor ou indefinidor):
  ✓ *o cais*;
  ✓ *uma embarcação*;

---

[45] Para as razões por que é inconveniente chamar a estes termos, termos "acessórios" – o que todavia faz a quase totalidade dos gramáticos –, ➤ *Suma*, p. 449.
[46] Relembre-se: adjetivo ou correlato, e substantivo ou correlato.
[47] As orações tratar-se-ão mais adiante.

- QUALQUER GRUPO ADJETIVO:
    - ✓ chão *coberto de relva*;
    - ✓ *pessoa sem nenhum ressentimento*;
- QUALQUER ORAÇÃO SUBORDINADA ADJETIVA ADJUNTIVA (as imprecisamente chamadas "restritivas"):
    - ✓ *O menino que vem ali é José.*;
    - ✓ *Digamo-lo aos que necessitam ouvi-lo.*

↗ OBSERVAÇÃO. As outras ORAÇÕES SUBORDINADAS ADJETIVAS (as imprecisamente chamadas "explicativas") exercem antes a função de PREDICATIVO. Tratá-las-emos mais adiante; mas é já o momento de explicar por que há *três modos* de ser predicativo.

■ O PRIMEIRO já o vimos: o que se atribui ao sujeito mediante um verbo de cópula: *Esta moça É inteligente.*

■ O SEGUNDO também já o vimos: o que se dá junto com verbo não de cópula (e que pode ser predicativo do sujeito ou do objeto): *O JOVEM **foi declarado** são* (predicativo do sujeito); ou ***Declararam**-no são* (predicativo do objeto).

■ O TERCEIRO vê-se por estes exemplos:
    - ✓ *Esta moça, inteligente, por certo o conseguirá.*;
    - ✓ *Inteligente, esta moça por certo o conseguirá.*

→ Note-se que, neste modo de ser predicativo, este se separa por vírgula do substantivo a que se refere, ao contrário do que se dá com os adjuntos adnominais, os quais não admitem pontuação que os separe do substantivo determinado por eles:
    - ✓ *Esta moça inteligente por certo o conseguirá.*

→ Temos assim:
- ◆ *Esta moça inteligente por certo o conseguirá* (adjunto adnominal).;
- **a.** *Esta moça é inteligente* (predicativo do primeiro modo).;
- **b.** *Disseram-na inteligente* (predicativo do segundo modo).;
- **c.** *Esta moça, inteligente, por certo o conseguirá* (predicativo do terceiro modo).[48]

*

---

[48] Os modos das letras ***b*** e ***c*** reduzem-se, *de certa maneira*, ao da letra ***a***: respectivamente, *Disseram que* ELA ***é*** *inteligente* e *Esta moça, inteligente que* (ou *como* ELA) ***é***, *por certo o conseguirá* (ou *Inteligente que* [ou *como* ELA] *é, esta moça por certo o conseguirá*).

DISTINÇÃO ENTRE COMPLEMENTO NOMINAL E ADJUNTO ADNOMINAL[49]

- Se se trata de *adjetivo* ou de *advérbio*, não há a menor dúvida: o termo que a eles se liga por *preposição* é, sempre, COMPLEMENTO NOMINAL:
  - de ADJETIVOS:
    - ✓ OFENSIVO *à* [***a*** + *a*] *honra*;
    - ✓ PREJUDICIAL *à* [***a*** + *a*] *saúde*;
    - ✓ ÚTIL *à* [***a*** + *a*] *sociedade*;
    - ✓ IGUAL ***a*** *mim*;
    - ✓ RESPONSÁVEL *pelo* [***per*** + *o*] *desastre*;
    - ✓ CONFIANTE *nos* [***em*** + *o*] *resultados*;
    - ✓ DESEJOSO ***de*** *glória*;
    - ✓ TOLERANTE ***com*** *os amigos*;
    - ✓ etc.;
  - de ADVÉRBIOS:
    - ✓ INDEPENDENTEMENTE ***de*** *minha vontade*;
    - ✓ DESFAVORAVELMENTE ***a*** *nós*;
    - ✓ CONTRARIAMENTE ***a*** *seus desejos*;
    - ✓ etc.

  ↗ OBSERVAÇÃO. Relembre-se todavia que não raro, quando se trata de adjetivo, podemos estar em fronteira turva: com efeito, em *É útil à sociedade* pode entender-se *à sociedade* tanto como COMPLEMENTO NOMINAL quanto como DATIVO (*É-lhe útil*).

- Se no entanto se trata de *substantivo*, não se confunda COMPLEMENTO NOMINAL com ADJUNTO ADNOMINAL, que, quando exercido por locução adjetiva ou por grupo adjetivo, se apresenta com a mesma forma que aquele: **preposição + substantivo**.
  - COR ***de*** *vinho* (ADJUNTO ADNOMINAL) vs. INVASÃO *do* [***de*** + *o*] *país* (COMPLEMENTO NOMINAL);
  - ROSA ***com*** *espinhos* (ADJUNTO ADNOMINAL) vs. CONVERSA ***com*** *o amigo* (COMPLEMENTO NOMINAL).

§ A diferença consiste em que os substantivos do primeiro grupo (*cor, rosa*), a que se unem ADJUNTOS ADNOMINAIS, são *intransitivos*; enquanto os do segundo

---

[49] Trataremos tal distinção fundado em parte em ROCHA LIMA, *op. cit.*, p. 296-98. – Para aprofundamento deste ponto, ➢ *Suma*, p. 451-54.

(*invasão, conversa*), que são integrados por COMPLEMENTOS NOMINAIS, obviamente admitem emprego como *transitivos* – o que só pode acontecer:

* com SUBSTANTIVO ABSTRATO DE AÇÃO, correspondente a verbo da mesma família que exija objeto (direto ou indireto) ou complemento circunstancial:
  ✓ INVERSÃO *da ordem* (→ INVERTER *a ordem* – objeto direto);
  ✓ OBEDIÊNCIA *aos superiores* (→ OBEDECER *aos superiores* – objeto indireto dativo);
  ✓ IDA *a Roma* (→ IR *a Roma* – complemento circunstancial);
* com SUBSTANTIVO ABSTRATO DE QUALIDADE derivado de adjetivo que possa usar-se transitivamente:
  ✓ CERTEZA *da vitória* (< CERTO *da vitória*);
  ✓ FIDELIDADE *aos amigos* (< FIEL *aos amigos*).

⮑ OBSERVAÇÃO I. Insista-se em que os *substantivos abstratos de ação relacionados a verbos transitivos* (diretos ou indiretos) e os *substantivos abstratos de qualidade derivados de adjetivos transitivos* **podem** receber COMPLEMENTO NOMINAL, o que obviamente não quer dizer que sempre o recebam, ou seja, que sejam sempre transitivos. Por isso mesmo, aliás, é que muitas vezes ao mesmo substantivo se une ou complemento nominal ou adjunto adnominal, ainda que tal dupla possibilidade ocorra apenas onde se requeira a preposição *de*. Deem-se exemplos e suas razões:

■ A INVENÇÃO ***de palavras***, onde *de palavras* é COMPLEMENTO NOMINAL porque *palavras* é o **paciente da ação** expressa pelo substantivo *invenção* (que, portanto, é **aqui** usado transitivamente);

■ A INVENÇÃO ***de Santos Dumont***, onde *de Santos Dumont* é ADJUNTO ADNOMINAL porque *Santos Dumont* é o **agente da ação** expressa pelo substantivo *invenção* (que, portanto, é **aqui** usado intransitivamente);

■ *a derrota militar* ***de Napoleão***, onde *de Napoleão* é COMPLEMENTO NOMINAL, porque *Napoleão* é o paciente da ação expressa pelo substantivo *derrota*;

■ O AMOR ***de Jesus*** *de* [= *a* ou *por*] *Lázaro*, onde *de Jesus* é ADJUNTO ADNOMINAL, e *de* [= *a* ou *por*] *Lázaro* é COMPLEMENTO NOMINAL porque *Lázaro* é **aqui** o paciente do *amor de Jesus*.

Se contudo o substantivo que pode ser empregado como substantivo abstrato de ação *é empregado como concreto*, então se torna intransitivo e, portanto, deixa de admitir complemento nominal. Exemplos:

■ A PLANTAÇÃO ***de cana***, onde *de cana* é COMPLEMENTO NOMINAL porque **aqui** *plantação* é usado como substantivo abstrato de ação e *cana* é o paciente desta ação;

- *as plantações __do estado__*, onde *do estado* é ADJUNTO ADNOMINAL porque aqui *plantações* é usado como substantivo concreto e, portanto, intransitivo.

↳ OBSERVAÇÃO 2. Note-se todavia que o dito não deixa de apresentar dificuldade. Os adjuntos adnominais introduzidos por *de* não são os únicos que admitem redução a adjetivo simples, o que em princípio é o próprio do adjunto adnominal (como é o caso em *os sonetos de Camões* > *os sonetos camonianos*, *o descobrimento de Cabral* > *o descobrimento cabralino*, etc.).[50] Também a admitem *alguns* complementos nominais, como *a derrota de Napoleão* (> *a derrota napoleônica*). E tal se dá porque os adjetivos podem ter caráter não só ativo, mas passivo: por isso pode dizer-se tanto *sua vitória* como *sua derrota*. Mas, se assim é, então é forçoso concluir que os adjetivos simples, ao contrário do que dizem todas as gramáticas e do que até agora dissemos nós mesmo *a modo dialético*, podem exercer tanto a função de *adjunto adnominal* como, por vezes, a de *complemento nominal*.

§§ Sucede porém que – contra o que parecem dizer ou supor alguns gramáticos – também podem requerer COMPLEMENTO NOMINAL *certos substantivos concretos* que significam substâncias segundo algum aspecto acidental. Com efeito, se digo *O dono* (ou seja, *o homem que é dono*) *anuiu à Lei Áurea*, obviamente o substantivo concreto *dono* está aí incompleto e é, pois, transitivo: dono de quê? Se no entanto digo *O dono DE ESCRAVOS anuiu à Lei Áurea*, então o substantivo concreto *dono* está inteirado, justo por um *complemento nominal* (DE ESCRAVOS).

*

β. Quanto ao APOSTO, que é a segunda classe de *termos adjuntos*, há que dizer o seguinte.

- O APOSTO é efetiva função sintática exercida pela classe gramatical do substantivo.[51]

- Note-se porém que, se a função sintática de APOSTO é exercida por substantivos, estes não a exercem senão em referência a outros substantivos. Mas a

---

[50] Ainda que nem sempre o admitam. Em *o amor de Camões aos sonetos* e em *mesa de mármore*, *de Camões* e de *mármore* são igualmente adjuntos adnominais e encontram no léxico da língua adjetivos a que possam reduzir-se: *o amor camoniano aos sonetos* e *mesa marmórea*. Em contrapartida, em *o amor de Jesus às criancinhas* e em *mesa de madeira*, *de Jesus* e *de madeira* são sem dúvida adjuntos adnominais mas não encontram no léxico da língua adjetivos a que possam reduzir-se.

[51] Para aprofundamento deste ponto, ➤ *Suma*, p. 454.

determinação dos substantivos é o próprio dos adjetivos, e em princípio repugna que um substantivo determine outro. Antes no entanto de tentarmos resolver esta dificuldade, dêmos a definição de APOSTO e dividamo-lo em suas duas consequentes espécies, a primeira das quais, por sua vez, constituirá gênero de outras duas espécies.[52]

§ APOSTO é *o termo substantivo que determina outro termo substantivo individualizando-o, nomeando-o (ou denominando-o) ou resumindo-o.* Mas os apostos que individualizam e nomeiam constituem uma primeira espécie, ao passo que os que resumem constituem outra.

- ♦ A PRIMEIRA ESPÉCIE, QUE SE SUBDIVIDE EM OUTRAS DUAS ESPÉCIES.
  - APOSTO INDIVIDUALIZADOR OU DE INDIVIDUALIZAÇÃO:
    - ✓ *o poeta* Olavo Bilac;
    - ✓ *o gramático* Sousa da Silveira;
    - ✓ *o historiador* Tucídides;
    - ✓ *a professora* Teresa;
    - ✓ *o rio* Tejo;
    - ✓ *os soldados* Jaime e Mateus;
    - ✓ etc.

⌦ OBSERVAÇÃO 1. Em *a cidade de* Lisboa, *Lisboa* é em verdade aposto de *cidade*, ainda que entre eles medeie a preposição *de*. Este *de* é tardio na língua e está aí em razão de certa analogia popular com, por exemplo, *o Colégio de Pedro II* (em que *de Pedro II* é adjunto adnominal de *colégio*). Sucede, todavia, que por analogia inversa é agora *o Colégio de Pedro II* o que perde o *de*, para cristalizar-se em *Colégio Pedro II* (em que *Pedro II* passa a APOSTO DE INDIVIDUALIZAÇÃO).[53]

⌦ OBSERVAÇÃO 2. Não medeia nenhum sinal de pontuação entre esta espécie de aposto e o substantivo a que se refere.

- APOSTO (DE)NOMINATIVO:
  - ✓ "Eu, Brás Cubas, escrevi este romance com a pena da galhofa e a tinta da melancolia" (MACHADO DE ASSIS).[54]

---

[52] Discrepamos consideravelmente da tradição gramatical quanto às espécies do APOSTO.

[53] Em o *mês de agosto*, em *o ano de 1983* e em tantos outros casos que tais, dá-se o mesmo que em *a cidade de Lisboa*.

[54] Não podemos deixar de assinalar que esta frase cifra a essência da arte romanesca de Machado de Assis: a galhofa e a melancolia – ou desespero. Fique porém nossa consideração sobre isso para uma futura obra sobre a Literatura.

⇗ Observação. Assinale-se que o APOSTO (DE)NOMINATIVO não propriamente individualiza, senão que NOMEIA o indivíduo já significado por algum pronome.

→ Reduz-se a APOSTO INDIVIDUALIZADOR o que chamamos APOSTO DE EPÍTETO (OU DE ALCUNHA):
- ✓ *Felipe, <u>o Belo</u>, foi rei da França desde 1285 até a morte.*;
- ✓ *Ivã, <u>o Terrível</u>, reinou por 35 anos.*;
- ✓ *Joana, <u>a Louca</u>, foi rainha de Castela e Leão e de Aragão.*;
- ✓ etc.

Note-se aí a vírgula **obrigatória** em português, e, salvo engano, só em português.

→ Reduz-se a APOSTO (DE)NOMINATIVO o que chamamos APOSTO DE EXPLICITAÇÃO OU ESCLARECIMENTO:
- ✓ *Nós, <u>os brasileiros</u>, não pronunciamos assim essa consoante.*;
- ✓ *Na Ciência só não se pode admitir uma coisa: <u>a falácia</u>.*

→ Por fim, reduz-se igualmente a APOSTO (DE)NOMINATIVO o chamado APOSTO ENUMERATIVO:[55]
- ✓ *O Império Romano possuía numerosas províncias: <u>Hispânia, Gália, Itália, Dácia, etc.</u>*;
- ✓ *Falam-se várias línguas – <u>francês, italiano, alemão e rético</u> – na Suíça.*

⇗ Observação 1. Como se vê pelos exemplos, entre o SUBSTANTIVO e seu APOSTO ENUMERATIVO medeia sempre algum sinal de pontuação.

⇗ Observação 2. Ademais, entre o SUBSTANTIVO e seu APOSTO ENUMERATIVO aparece, por vezes, uma das locuções *isto é, a saber, ou seja* e outras que tais:
- ✓ *Perderam todos os bens, A SABER: <u>dois apartamentos, uma chácara e um automóvel</u>.*

♦ A SEGUNDA ESPÉCIE É O APOSTO RESUMITIVO.

■ Nos seguintes exemplos, a maioria dos gramáticos, incluído Rocha Lima, considera que as palavras sublinhadas exercem a função de "aposto sintetizador ou resumitivo":[56]
- ✓ *As cidades, os campos, os vales, os montes, <u>tudo</u> era mar.*;

---

[55] Os seguintes exemplos de APOSTO ENUMERATIVO, tomamo-los de ROCHA LIMA, *op. cit.*, p. 316-17.
[56] Os exemplos dados a seguir também foram tomados de ROCHA LIMA, *idem.* – O adjetivo *resumitivo* não se encontra dicionarizado; mas é hoje de largo uso no âmbito gramatical.

- ✓ *Os colegas de trabalho, os velhos amigos de infância e até os parentes mais chegados, <u>ninguém</u> lhe trouxe uma palavra de conforto.*;
- ✓ *Filhos, netos, bisnetos, <u>quem</u> o socorrerá na velhice?*;
- ✓ *Sobrevivente do naufrágio, ele conseguiu salvar algum dinheiro; porém joias, roupas, documentos, <u>o mais</u> submergiu com o navio.*

Pode-se, porém, considerar que tal "aposto resumitivo" é antes o verdadeiro *sujeito* da oração, e que o que se enumera é antes o *aposto* (ENUMERATIVO), ainda que antecipado:

- ✓ *<u>As cidades, os campos, os vales, os montes</u>* [aposto enumerativo antecipado], TUDO [sujeito de] *era mar.*;
- ✓ *<u>Os colegas de trabalho, os velhos amigos de infância e até os parentes mais chegados</u>* [aposto enumerativo antecipado], NINGUÉM [sujeito de] *lhe trouxe uma palavra de conforto.*;
- ✓ *<u>Filhos, netos, bisnetos</u>* [aposto enumerativo antecipado], QUEM [sujeito de] *o socorrerá na velhice?*;
- ✓ *Sobrevivente do naufrágio, ele conseguiu salvar algum dinheiro; porém <u>joias, roupas, documentos</u>* [aposto enumerativo antecipado], O MAIS [sujeito de] *submergiu com o navio.*[57]

- Acabamos de dizer que nisso a que a maioria das gramáticas chama aposto resumitivo pode ver-se o sujeito da oração. Mas inequivocamente exerce a função de APOSTO o substantivo (ou o pronome substantivo) que, de fato, resume toda uma oração anterior:
  - ✓ *Foram imprecisas suas explicações, <u>fato</u> que nos desgostou a todos.*;
  - ✓ *Foram imprecisas suas explicações, <u>coisa</u> que nos desgostou a todos.*;
  - ✓ *Foram imprecisas suas explicações, <u>o</u> que nos desgostou a todos.*;
  - ✓ etc.

Este, pois, é o que mais propriamente parece ser APOSTO RESUMITIVO.[58]

§ Mas, *segundo a tradição gramatical*, há outras espécies de aposto.

- ◆ "APOSTO DISTRIBUTIVO":
  - ✓ *Marta e Sônia são ótimas alunas;(:)(–) <u>esta</u> em Gramática, <u>aquela</u> em Matemática.*;
  - ✓ etc.

---

[57] Para a razão por que, todavia, não constitui nenhum absurdo considerá-lo como o faz a maioria da tradição gramatical, ➢ *Suma*, p. 457.

[58] Para aprofundamento deste ponto, ➢ *Suma*, p. 459-60.

⚡ Observação 1. Atente-se, antes de tudo, à múltipla possibilidade de pontuação.

⚡ Observação 2. Não é contudo preciso muito esforço para perceber que em *esta em Gramática, aquela em Matemática* há duas orações implícitas: *esta* [o é] *em Gramática, aquela* [o é] *em Matemática*.

⚡ Observação 3. Se por outro lado se dá, por exemplo, um *ambos os verbos obedecer e responder*, então temos de fato certo aposto distributivo, que no entanto se reduz claramente a aposto individualizador.

⚡ Observação 4. Se portanto se trata de "aposto distributivo" como em *Marta e Sônia são ótimas alunas: esta em Gramática, aquela em Matemática*, só usamos o termo de modo acomodatício. Se porém se trata de aposto distributivo como em *ambos os verbos obedecer e responder*, então, como dito, tomamos o termo não de modo acomodatício, mas reduzindo-o à primeira espécie de aposto.

- "Aposto comparativo":
  ✓ *Impressionaram-me seus olhos, abismos de tristeza*.;
  ✓ *Os olhos do felino, faróis na escuridão, vasculhavam a selva*.;
  ✓ etc.
- "Aposto explicativo":
  ✓ *Cervantes, o primeiro romancista, era homem das armas e das letras*.;
  ✓ *Encontramo-nos com Virgínia, musicista promissora*.;
  ✓ etc.

⚡ Observação I. Entre o substantivo e seu "aposto comparativo ou explicativo", como se vê pelos exemplos, sempre medeia vírgula.

⚡ Observação 2. Como vimos, há um **terceiro modo de ser predicativo**: *Esta moça, inteligente, por certo o conseguirá*. Por óbvio, *inteligente* é adjetivo. Já vimos, porém, que o predicativo pode ser exercido também por substantivo: por exemplo, *O cisne é um animal*. Se assim é, não se vê então por que *abismos de tristeza* ou *faróis na escuridão, o primeiro romancista* ou *musicista promissora* não se classificariam também como predicativo. Se não se classificassem assim, tampouco então se classificaria assim *musicista* em *Esta moça, grande musicista, por certo o conseguirá*.[59] – Ainda contudo que o predicativo o possa exercer um substantivo ou um advérbio, sempre será função de fundo essencialmente adjetivo, razão por que podemos dizer que há oração *adjetiva* predicativa.

---

[59] Para aprofundamento deste ponto, ➤ *Suma*, p. 459.

⚅ Observação 3. Os termos "aposto comparativo" e "aposto explicativo" não os usamos nunca, nem sequer de modo acomodatício.

⚅ Observação geral. Encontrado o diferente fundo das espécies efetivas ou acomodatícias de aposto, podemos insistir conclusivamente:
- em que nenhum substantivo pode *enquanto tal* determinar outro substantivo, o que não compete senão ao adjetivo;
- e em que, portanto, se um substantivo pode aparecer na função sintática de aposto e deste modo pode determinar outro substantivo, assim como *mutatis mutandis* também pode aparecer na função sintática de predicativo e deste modo também pode atribuir-se a outro substantivo, tal só é possível – em ambos os casos – porque o faz justamente ao modo adjetivo.[60]

γ. O adjunto adverbial é a última das funções adjuntas, e podem exercê-la qualquer advérbio (ou locução adverbial) e qualquer grupo adverbial, em referência a verbo, a adjetivo, a advérbio, a algum substantivo ou, ainda, a alguma oração:

- ✓ Vê-a *diariamente*.;
- ✓ Conheci-o *ali*.;
- ✓ obra *pouco* convincente;
- ✓ um poema *bem* composto;
- ✓ Pensou-o *muito detidamente*.;
- ✓ É *quase* major.;
- ✓ Cometeu-o *de modo premeditado*.;
- ✓ Partiremos *de madrugada*.;
- ✓ Lerei a correspondência *no fim de semana*.;
- ✓ *Infelizmente*, não tiveram êxito.;
- ✓ *Para mim*, seu argumento é frágil.;
- ✓ etc.

⚅ Observação. Também as *orações subordinadas adverbiais* exercem a função de adjunto adverbial com respeito à oração subordinante. Voltaremos a tratá-lo.

§ O adjunto adverbial não se divide senão segundo o que o advérbio que o exerce significa. Nem sempre é fácil classificar este ou aquele adjunto adverbial, em especial quando exercido por locução ou grupo de *preposição + substantivo*, e isso porque, como visto, uma só e mesma preposição pode fundar diferentes

---

[60] Há que reconhecer, no entanto, que o aposto da segunda espécie (o resumitivo) não parece propriamente *determinar* um substantivo; e cremos que uma passada d'olhos nos exemplos que demos de tal aposto basta para entender por que o dizemos. Tratar-se-ia assim de aposição sem determinação.

relações. Ponhamos exemplos de adjunto adverbial exercido por grupo ou locução iniciados por *de*:
- ✓ *O animal morreu DE sede.* / *A plantação arruinou-se com as intensas chuvas.* / *Desistiu do projeto por desânimo.* [ADJUNTO ADVERBIAL DE CAUSA].;
- ✓ *Escreve-o a lápis.* / *Os bombeiros arrombaram a porta a machadadas.* [ADJUNTO ADVERBIAL DE INSTRUMENTO];
- ✓ *Viajou com os filhos* [ADJUNTO ADVERBIAL DE COMPANHIA].;
- ✓ *Apesar da/malgrado a descrença geral, insistiu em seu intento* [ADJUNTO ADVERBIAL DE CONCESSÃO].;
- ✓ *Só com leitura é possível escrever bem* [ADJUNTO ADVERBIAL DE CONDIÇÃO].;
- ✓ *Criou-o à sua imagem e semelhança* [ADJUNTO ADVERBIAL DE CONFORMIDADE].;
- ✓ *morrer pelo rei* / *agir em benefício dos outros* / *Fazemo-lo em prol da brevidade.*; etc. [ADJUNTO ADVERBIAL DE FAVOR OU BENEFÍCIO];
- ✓ *Tem estudado para ser aprovado no exame.* / *Trabalha pelo sustento da família.* [ADJUNTO ADVERBIAL DE FIM];
- ✓ *Viajam a cavalo* / *em carruagem* / *de trem* [ADJUNTO ADVERBIAL DE MEIO].;
- ✓ *Gritava a plenos pulmões.* / *Pisou em falso.* / *Trabalhavam rapidamente.* [ADJUNTO ADVERBIAL DE MODO];
- ✓ *Para nós, não foi convincente* [ADJUNTO ADVERBIAL DE OPINIÃO].;
- ✓ *remar contra a maré* / *Agiu ao arrepio da lei.* / *Afirma-o a contrapelo da corrente majoritária.* [ADJUNTO ADVERBIAL DE OPOSIÇÃO];
- ✓ *Agatha Christie escreveu livros às centenas* [ADJUNTO ADVERBIAL DE QUANTIDADE].;
- ✓ *Atende aos reclamos às terças-feiras.* / *Entristeceu-se à partida do navio.* / *Cinzelou por anos sua obra-mestra.* / *De noite, recolhe-se à biblioteca.* [ADJUNTO ADVERBIAL DE TEMPO];
- ✓ *O trem já partiu da Inglaterra.* / *O avião decolou em Moscou.* / *Ordenei os livros em nossa biblioteca.* [ADJUNTO ADVERBIAL DE LUGAR].

↯ OBSERVAÇÃO. Como se viu mais acima, sustentamos firmemente com Celso Cunha e Lindsey Cintra e com Rocha Lima que muitos dos que outros chamam *adjuntos adverbiais* são em verdade *complementos verbais circunstanciais*. Por exemplo:
- ✓ – Onde moras? – Moro *no Sul* (que não poucos consideram "adjunto adverbial de lugar");

- – *Aonde ides?* – *Vamos <u>ao Centro</u>* (*idem*).
- Semelhantemente, muitos dos que outros também chamam *adjuntos adverbiais* parecem-nos ser *objetos indiretos relativos*. Por exemplo:
  - *Esforçou-se <u>por isso</u>* (que não poucos consideram "adjunto adverbial de fim").;
  - *Falámos <u>de/sobre/acerca de/a respeito de pintura</u>* (que não poucos consideram "adjunto adverbial de assunto").

Mas há que reconhecer que nem sempre são fáceis tais distinções. Hesita-se, com efeito, diante de um *Aquela senhora* VIVE <u>*do aluguel de dois apartamentos*</u>: objeto indireto relativo ou adjunto adverbial de meio? Ou diante de um *Ela* VIVE <u>*com a prima*</u> *num pequeno apartamento*: objeto indireto relativo ou adjunto adverbial de companhia? Basta ainda uma passada d'olhos pelos dicionários e pelas gramáticas para dar-se conta de que tais hesitações não só são muito generalizadas, mas não o podem ser senão por terem algum fundamento na realidade: trata-se uma vez mais de fronteiras turvas.

4.1.3.f. O VOCATIVO é a função sintática exercida por nome (ou grupo nominal) *apelativo*, ou seja, o que se usa para chamar, interpelar, dirigir-se ou a alguém, ou a animal, ou ainda a qualquer coisa personificada. Conquanto porém seja função sintática, não é parte intrínseca da oração, senão que participa extrinsecamente dela. Exemplos:
- *<u>Senhor</u>, dê-me uma esmola...*;
- *Escute o que te direi, <u>menina</u>.*;
- "Ó <u>seu Pilar</u>! – bradou o mestre com voz de trovão" (MACHADO DE ASSIS).

⚐ OBSERVAÇÃO 1. Como se vê, o VOCATIVO pode ter ou não ter caráter exclamativo.

⚐ OBSERVAÇÃO 2. Repetimo-lo: não se confunda a interjeição *oh!*, que exprime surpresa, tristeza, dor, etc., e sempre se segue de sinal de exclamação, com a interjeição *ó*, que não faz senão reforçar o vocativo, e nunca se segue, ela mesma, de ponto de exclamação (conquanto este possa vir ao fim do vocativo, como no exemplo de Machado):[61]
- **Ó** <u>*Maria*</u>, *ajude-me.* (ou **Ó** <u>*Maria*</u>! *Ajude-me.*; ou ainda **Ó** <u>*Maria*</u>! *ajude--me.*);
- "E não cuides, **ó** <u>Rei</u>, que não saísse

---

[61] Para o étimo de *ó*, ➢ *Suma*, p. 463, n. 80.

> O nosso Capitão esclarecido
> A ver-te ou a servir-te, porque visse
> Ou suspeitasse em ti peito fingido"
> (CAMÕES).;

✓ "**Ó** <u>paços reais encantados</u>
<u>Dos meus sentidos doirados</u> [...]"
(MÁRIO DE SÁ-CARNEIRO).[62]

Como também já dissemos mais acima, no Brasil a interjeição de vocativo, *ó*, tende a dizer-se *ô*, o que, se é inconveniente já na própria fala, muito mais o é na escrita (a não ser que nesta se busque por qualquer razão reproduzir tal deriva da oralidade).

↗ OBSERVAÇÃO 3. Quando se encontra no início ou no fim da oração, o vocativo separa-se obrigatoriamente desta por vírgula ou por ponto de exclamação; quando intercalado, vem necessariamente entre vírgulas ou entre vírgula e ponto de exclamação:

✓ <u>Filho</u>, aonde vais?

✓ *Escuta-me, <u>José</u>*;

✓ "Presta atenção, <u>querida</u>,
De cada amor tu herdarás só o cinismo,
Quando notares estás à beira do abismo,
Abismo que cavastes com teus pés"
(CARTOLA).

↗ OBSERVAÇÃO 4. As palavras *senhor, senhora, senhorita* que se seguem a *sim* ou a *não* (Sim, <u>senhor</u>; Não, <u>senhora</u>) separam-se por vírgula justo por exercer a função de vocativo (que, como visto, sempre se separa da oração por vírgula ou por ponto de exclamação).[63] Ordinariamente, tal não equivale a pausa na fala, com o que já se antecipa algo do capítulo VIII: nem sempre os sinais de pontuação correspondem a alguma pausa oral.

---

[62] Note-se que, no segundo exemplo, o vocativo é constituído pelos dois versos quase inteiros.

[63] E SIM, quando responde a pergunta, é certo vocábulo vicário: faz as vezes de alguma oração afirmativa (– *Estudaste?* – <u>*Sim*</u> [= ESTUDEI]). NÃO, por seu lado, quando responde a pergunta, traz sempre implícito o restante de alguma oração negativa: (– *Estudaste?* – <u>*Não*</u> [= <u>NÃO</u> ESTUDEI]). – Mas SIM também é vicário em, por exemplo, *Quem o olha superficialmente não o vê, mas quem o olha profundamente <u>sim</u>* (= *o vê*). Note-se que, se neste caso SIM não se separa por vírgula, se separará porém por duas vírgulas se em vez de usar-se como vicário se usar como meio de ênfase: *Quem o olha superficialmente não o vê, mas quem o olha profundamente, <u>sim</u>, o vê.*

4.2. As espécies de oração[64]

4.2.1. Insistimos antes de tudo em que o que a tradição gramatical chama "período" chamamo-lo nós ou *oração* ou *frase*, a depender do ângulo por que se tome.

4.2.2. Ademais, relembre-se o dito no Preâmbulo do capítulo III: ORAÇÃO MAIS PROPRIAMENTE DITA é *qualquer reunião de palavras que contenha um substantivo ou correlato* (pronome ou numeral substantivos) *e um verbo*; e é tão somente a esta sorte de oração que as gramáticas chamam tal, ou seja, oração. Ainda assim, todavia, é preciso distinguir.

- Temos, por um lado, a oração de SUBSTANTIVO + VERBO que não tem sentido completo e que ou necessita de algum complemento ou é, ela mesma, complemento ou adjunto: por exemplo,
    - ✓ (*Eu*) *Necessito*...;
    - ✓ ... [*o*] *que é verdadeiramente belo*;
    - ✓ *Quando começou a chuva*...;
    - ✓ (*Ele*) *estuda de maneira tal*...;
- Como pode ver-se, são orações de tipo diverso, e dividem-se em
- ◆ *subordinantes* (as correntemente, ainda que imprecisamente, chamadas "principais");
- ◆ e *subordinadas*, que por sua vez se dividem em *completivas* e *adjuntivas*, como se verá.

Toda estas são ORAÇÕES AINDA IMPERFEITAS, conquanto mais perfeitas que as orações sem verbo.

- E temos, por outro lado, as ORAÇÕES PERFEITAS, que não podem ser senão as que, além de compostas *ao menos* de *um* substantivo e de *um* verbo, encerram sentido completo. Assim, são ORAÇÕES PERFEITAS, por exemplo:
    - ✓ *Hoje não sairemos.*;
    - ✓ *Estude a Gramática.*;
    - ✓ "*Eu e o Pai somos um*" (JOÃO, 10,30).;
    - ✓ *Hoje não SAIREMOS para ir ao concerto.*;
    - ✓ *ESTUDE a Gramática, se quer escrever bem e poder comunicar sua ciência.*;
    - ✓ "*SEDE perfeitos como o vosso Pai celeste é perfeito*" (MATEUS, 5,48).;
    - ✓ etc.

---

[64] É quanto a este ponto que mais discrepamos da tradição gramatical. Para grande aprofundamento quanto a isto, ➢ *Suma*, p. 464-97. – Aqui, porém, voltaremos o menos possível às razões de tal discrepância, sem deixar, é claro, de oferecer não só as mesmas conclusões da *Suma* quanto às orações mas também sua classificação segundo estas mesmas conclusões.

Note-se, porém, que uma oração perfeita pode ser ABSOLUTA (como as dos três primeiros exemplos) ou CONTER DUAS OU MAIS ORAÇÕES (como as dos três últimos exemplos): assim, o primeiro membro de *Sede perfeitos como o vosso Pai celeste é perfeito*, é, ele mesmo, oração perfeita, mas inclui o segundo membro. Ademais, e evidentemente, toda oração perfeita que inclua outra oração é SUBORDINANTE desta, que pois é sua SUBORDINADA. Mas uma oração, insista-se, também pode ser SUBORDINANTE sem ser perfeita. Assim, *Rogou-lhe que lhe atendesse o pedido* é ORAÇÃO PERFEITA composta, todavia, de uma ORAÇÃO SUBORDINANTE IMPERFEITA (*Rogou-lhe*) e de uma ORAÇÃO SUBORDINADA (*que lhe atendesse o pedido*).

4.2.3. À oração, insistimos, que necessita se lhe junte outra ou outras orações para que seu sentido se inteire de algum modo, chamamo-la ORAÇÃO SUBORDINANTE;[65] enquanto à oração ou orações que se lhe juntam para que seu sentido se inteire de algum modo, chamamo-las ORAÇÕES SUBORDINADAS:

- ✓ *Hoje não **sairemos*** [ORAÇÃO SUBORDINANTE] *para ir ao concerto* [ORAÇÃO SUBORDINADA].;
- ✓ ***Estude** a Gramática* [ORAÇÃO SUBORDINANTE], *se quer* [ORAÇÃO SUBORDINADA] *escrever bem* [ORAÇÃO SUBORDINADA] *e poder* [ORAÇÃO SUBORDINADA] *comunicar sua ciência* [ORAÇÃO SUBORDINADA].;
- ✓ "**Sede** perfeitos [ORAÇÃO SUBORDINANTE] como o vosso Pai celeste é perfeito [ORAÇÃO SUBORDINADA]" (MATEUS, 5,48).;
- ✓ etc.

4.2.4. Já vimos, no entanto, que as orações exercem as mesmas funções sintáticas que os termos não oracionais. Ora, os termos não oracionais se dividem em TERMOS SUBORDINANTES e em TERMOS SUBORDINADOS, ao passo que estes, por sua vez, se dividem em TERMOS COMPLETIVOS OU INTEGRANTES (os complementos verbais e nominais) e em TERMOS ADJUNTIVOS (os adjuntos nominais e adverbiais e os apostos). Logo, há **DUAS ESPÉCIES DE ORAÇÃO SUBORDINADA**: as COMPLETIVAS OU INTEGRANTES (por exemplo, *Disse que viria*) e as ADJUNTIVAS (*Disse que viria, mas não veio* ou *Conquanto tivesse dito que viria, não veio*).

↗ OBSERVAÇÃO. *Adjunto*, insista-se, não é sinônimo de "acessório" ou "dispensável". Todos os termos de uma oração servem de algum modo para que se lhe inteire o sentido.

---

[65] Repita-se: é a que a tradição gramatical chama imprecisamente "oração principal".

4.2.5. Chama-se SINDÉTICA à oração que se junta a outra mediante conjunção, e ASSINDÉTICA à que o faz sem mediação de conjunção:
- ✓ *Cheguei, vi, venci* [orações assindéticas].;
- ✓ *Cheguei, e vi, e venci* [orações sindéticas].;
- ✓ *Estuda, trabalha* [oração assindética].;
- ✓ *Estuda **e** trabalha* [oração sindética].;
- ✓ *Estuda **mas** trabalha* [oração sindética].;
- ✓ *Ou estuda, **ou** trabalha* [oração sindética].;
- ✓ *Estuda **porque** trabalha* [oração sindética].;
- ✓ *Cessou a chuva, partimos* [?].;
- ✓ *Cessou a chuva, **e** partimos* [oração sindética].;
- ✓ ***Quando** cessou a chuva* [oração sindética], *partimos*.;
- ✓ ***Assim que** cessou a chuva* [oração sindética], *partimos*.;
- ✓ ***Porque** cessou a chuva* [oração sindética], *partimos*.;
- ✓ etc.

Como se vê, as *assindéticas* podem tornar-se *sindéticas*. Com efeito, [*Cheguei,*] *vi, venci* podem dizer-se [*Cheguei*] *e vi e venci*. Se o podem, não é senão porque a modalidade *adição*, expressa pela conjunção *e*, já estava de algum modo presente nas *assindéticas*. Atente-se porém a que em uma mesma *assindética* podem estar em potência diferentes modalidades. Assim, em [*Estuda,*] *trabalha* podemos ter: [*Estuda*] *e trabalha* (adição); [*Estuda*] ***mas*** *trabalha* (adversão); [*Ou estuda,*] ***ou*** *trabalha* (disjunção); [*Estuda*] ***porque*** *trabalha* (causa); etc. Além disso, todavia, em *Cessou a chuva, partimos* não podemos ter certeza quanto a qual das duas orações é a subordinante e qual é a subordinada, razão por que estão em potência aí, por um lado: [*Cessou a chuva,*] *e partimos* (adição), etc., e, por outro: ***Quando*** *cessou a chuva* (tempo), [*partimos*]; ***Assim que*** *cessou a chuva* (tempo imediato), [*partimos*]; ***Porque*** *cessou a chuva* (causa), [*partimos*]; etc. Por aí já se vê a necessidade das conjunções e a razão de sua mesma criação: mediante seu uso, eliminam-se anfibologias. – Pois bem, como a conjunção é o enlace próprio da relação da oração subordinada à oração subordinante, deve dizer-se que, embora orações assindéticas como *vi* e *venci* em *Cheguei, vi, venci* estejam segundo a significação subordinadas de algum modo à anterior, segundo a figura estão coordenadas a ela, pela ausência de conjunção.[66]

---

[66] Como se voltará a ver, chamamos ORAÇÃO SUBORDINADA ADVERBIAL DE PRIMEIRA ESPÉCIE à que a tradição gramatical chama quase unanimemente "oração coordenada". Othon M. Garcia, em seu

• Do dito até aqui, parece não ser nunca indiferente a *ordem* das ORAÇÕES ASSINDÉTICAS, que se hão de dispor conforme o sentido e a sucessão do que expressam. Atente-se, com efeito, aos seguintes exemplos:
- ✓ *Vim, vi, venci.*;
- ✓ *Entrou em combate, lutou, morreu.*

É impossível que tais orações se deem em outra ordem. Não obstante, em alguns poucos casos a ordem *pode* ser aleatória:
- ✓ *O galo canta, as vacas mugem, os cavalos relincham. / As vacas mugem, o galo canta, os cavalos relincham. / Os cavalos relincham, as vacas mugem, o galo canta /* etc.;
- ✓ *Venha, não venha... / Não venha, venha...*;
- ✓ etc.

Mas isto se mantém ainda que esteja presente a conjunção:
- ✓ *O galo canta, e as vacas mugem, e os cavalos relincham. / As vacas mugem, e o galo canta, e os cavalos relincham. / Os cavalos relincham, e as vacas mugem, e o galo canta. /* etc.;
- ✓ **Quer** *venha,* **quer** *não venha... /* **Quer** *não venha,* **quer** *venha...*;
- ✓ etc.

Pois bem, tais orações em que a ordem é indiferente são, como todas as assindéticas, perfeitamente COORDENADAS segundo a figura. Poder-se-ia porém pensar que, dada tal ordem aleatória, também fossem coordenadas segundo o fundo significativo. Mas deve dizer-se que ainda neste caso sempre se dá de algum modo, segundo o significado, alguma modalidade e pois alguma subordinação adverbial: porque, com efeito, entre *O galo canta* e *as vacas mugem* há de supor-se ou adição ou adversão, etc. Se contudo se introduz entre elas alguma conjunção, há que distinguir:

♦ se se trata de orações como *o galo canta, e as vacas mugem, e os cavalos relincham*, então – **apesar da ordem aleatória** – há que considerar SUBORDINANTE a oração anterior a cada conjunção aditiva e SUBORDINADA cada uma das orações introduzidas por essa conjunção;

Comunicação em Prosa Moderna, é o único que, num magnífico e estimulante capítulo, aponta para o que se acaba de dizer. Mas não conclui como nós – porque, parece-nos, ainda se sente inseguro para romper tão radicalmente nisto com a tradição gramatical –, e recorre a distinção semelhante à que fazemos entre *significado* e *figura* (para ele, entre "conteúdo" e "ordem sintática"). Sucede apenas que aqui – ou seja, no que a tradição chama "oração coordenada" – não se dá tensão alguma entre figura e significado. Tal só se dá, como acabamos de pôr, nas orações assindéticas.

♦ se se trata, porém, de orações como **quer** *venha*, **quer** *não venha...*, então teríamos coordenação absoluta, porque aí não se enlaçariam oração subordinada e oração subordinante nem segundo a figura.

Parece pois que nem sempre a conjunção seja enlace de subordinação, donde resultaria que não o fosse essencialmente. Mas sintaticamente a última palavra é, em princípio, da oração perfeita ou completa. Ora, *quer venha, quer não venha...* ou *quer não venha, quer venha...* são pares de orações obviamente imperfeitas. Se todavia agora se escreve, com completude, *Quer venha quer não venha, iremos* ou *Quer não venha quer venha, iremos*, então aparece a função de enlace de subordinação das conjunções *quer... quer*: são conjunções que introduzem conjuntamente duas orações subordinadas à subordinante *iremos*.

Apenas contudo acabamos de dizê-lo, já se nos ergue outra dificuldade: com efeito, em *Ou trabalha, ou estuda* seguido de ponto, temos um par de orações sem que as conjunções *ou ... ou* pareçam subordiná-lo a nada – razão por que parece voltar a incerteza quanto ao caráter da conjunção. Sucede no entanto que, se em princípio a última palavra é da oração perfeita, em último termo é do contexto. Assim, com efeito, não se pode escrever *Ou trabalha, ou estuda* seguido de ponto sem que tal par de orações se subordine segundo o significado a, por exemplo, *Se não fizer exclusivamente uma dessas duas coisas, não fará bem uma nem outra*. Os exemplos poderiam multiplicar-se ao infinito.

Observação 1. Atente-se ainda, no entanto, a que – ao contrário do que diz um que outro gramático – as orações alternativas nem sempre têm ordem aleatória. Em *Ou trabalha, ou estuda*, como vimos, a ordem efetivamente é aleatória; poderia dizer-se *Ou estuda, ou trabalha*; razão por que ambas as orações devem dizer-se coordenadas **entre si**. Mas não assim em *Ou estuda a Gramática, ou não escreverá bem*, onde a ordem é petreamente imutável, razão por que a primeira oração deve dizer-se subordinante e a segunda subordinada de caráter consecutivo.[67] Mas neste caso – ah! os meandros da linguagem – poder-se-ia reescrever aquela subordinante como subordinada condicional: *Se não estuda a Gramática, não escreverá bem*.

⚐ Observação 2. Ademais, a primeira oração pode ter anterioridade não cronológica mas de outra classe. Em *Engano-me, logo sou*, por exemplo, o fato de enganar-se não é cronologicamente anterior ao fato de ser, mas cronologicamente

---

[67] E veja-se um curioso caso não oracional: em português se diz *Procura-se vivo ou morto*, mas em inglês *Wanted dead or alive* (Procurado morto ou vivo). São porém ordens não só inversas mas, digamos, consuetudinariamente fixas. Sutis preferências?

concomitante a ele – e aí, no entanto, a ordem é igualmente pétrea. É que este é um exemplo de entimema ou silogismo *truncado*, que para deixar de sê-lo deve pôr-se assim: *Para enganar-se, é necessário ser; mas eu me engano; logo, sou*. E, como é impossível dar outra ordem a estas três proposições, também o é ao mesmo silogismo truncado.

⌦ Observação 3. Quanto à ordem das orações subordinadas adverbiais da primeira espécie (as correntemente ditas "coordenadas"), baste aqui o dito. Quanto porém à ordem das orações subordinadas adverbiais da segunda espécie (as correntemente ditas tais), também há dupla possibilidade. Há casos, com efeito, em que a ordem é indiferente: assim posso dizer ou *Quando cessou a chuva, partimos* ou *Partimos*[,] *quando cessou a chuva*; ou *Porque cessou a chuva, partimos* ou *Partimos porque cessou a chuva*; etc. Em outros casos, porém, estas subordinadas adverbiais não podem vir senão depois da subordinante: *Ele estudou tanto*[,] *que alcançou o que queria* (consecutiva), por exemplo. Dá-se aqui dupla ordem de anterioridade e de posterioridade segundo o sentido: a primeira oração é anterior tanto cronologicamente como causalmente à segunda, porque, com efeito, para alcançar o que queria, *Ele* teve antes de estudar muito, e o ter estudado muito foi a causa de *Ele* ter alcançado o que queria; inversamente, o *Ele* ter alcançado o que queria deu-se depois de *Ele* ter estudado muito, e foi efeito disto mesmo. Mas em *Porque cessou a chuva, partimos* ou *Partimos porque cessou a chuva* temos segundo o significado a mesma dupla ordem que em *Estudou tanto*[,] *que alcançou o que queria* (o ter cessado a chuva é anterior cronologicamente e causalmente ao ter-se partido, e vice-versa), e no entanto suas orações podem pôr-se em ordem *sintática* indiferente. A conclusão impõe-se: a ordem das orações subordinadas da segunda espécie com respeito à sua subordinante é pétrea ou indiferente antes segundo a figura.

→ As chamadas orações justapostas – cujo nome é bastante para descrevê-las – reduzem-se todavia a assindéticas. Exemplos de orações justapostas:

✓ *– Que sabes –* <u>*perguntou-lhe o professor*</u> *– a respeito disto?*;

✓ *Não nos encontrávamos* <u>*havia* (ou *fazia*) *semanas*.</u>;

✓ *Só não admitia isto:* <u>*conviver com a mentira*</u>.

Voltaremos a tratá-las de quando em quando.

¶ Conjunção e subordinação

α. Insista-se em que a presença mesma da conjunção é indicativa de que se trata de oração subordinada, porque, com efeito, como as preposições, as conjunções servem para subordinar uma ideia a outra. A diferença entre preposições e conjunções é que as primeiras subordinam antes palavras (e secundariamente orações reduzidas), enquanto as segundas subordinam antes orações (e secundariamente palavras). Mas a afirmação de que as conjunções subordinam também palavras vai contra o que dizem algumas gramáticas, razão por que é preciso explicá-la.

- Em *É inteligente mas preguiçoso*, obviamente se trata de duas orações, com o verbo da segunda elíptico: *É inteligente / mas [é] preguiçoso*.
- Podem considerar-se de modo análogo *Comprou livros / e [comprou] canetas* ou *Falou brevemente / mas [falou] profundamente*.
- Mais ainda, *Pedro e João chegaram a Budapeste* pode desdobrar-se em *Pedro chegou a Budapeste, / e João também chegou a Budapeste* – mas note-se que, neste caso, Pedro e João terão chegado separadamente a tal cidade.
- Se porém tiverem chegado juntos, já diminui tal possibilidade de desdobramento. Mas tal possibilidade se torna evidentemente impossível em *Não participámos da conversa entre Maria e João*.
- Logo, ainda que secundariamente, a conjunção também subordina palavras, e de modo absoluto.

β. As espécies de conjunções dão seu nome às orações que introduzem, e estudar-se-ão, a seguir, juntamente com essas orações.

4.2.6. As espécies de oração subordinada

§ Relembre-se que os termos não oracionais subordinados são de caráter substantivo, adjetivo ou adverbial, e que como tais exercem sempre função sintática completiva (ou integrante) ou adjuntiva; e que as orações subordinadas se reduzem a tais termos, razão por que podem ser substantivas, adjetivas ou adverbiais e, por conseguinte, são sintaticamente *completivas* (ou *integrantes*) ou *adjuntivas*.

☊ Observação 1. Quanto à figura, as subordinadas podem ser, antes de tudo, ou desenvolvidas ou reduzidas.

- As orações desenvolvidas têm o verbo em forma finita e são introduzidas ou por conjunção, ou por pronome interrogativo ou por advérbio interrogativo, ou por pronome relativo, ou ainda por outro advérbio.
- As orações reduzidas têm o verbo em uma das formas verbais infinitas ou nominais: *infinitivo*, *gerúndio* ou *particípio*. Como todavia se verá, nem sempre

é possível a redução das orações desenvolvidas a orações de *infinitivo*, de *gerúndio* ou de *particípio*. Por outro lado, certas orações não se dão senão em forma reduzida: com efeito, não é possível desenvolver *Coube-nos <u>repartir</u> os pães*, *Vive para <u>estudar</u>* ou *Entrou em casa <u>claudicando</u>*.

⌦ OBSERVAÇÃO 2. Que algumas orações não se introduzam por conectivo não as faz deixar de exercer as mesmas funções sintáticas que as desenvolvidas ou que as reduzidas, e as mesmas funções sintáticas com respeito a uma subordinante. Assim, em *Cheguei, vi, venci*, temos uma subordinante (*Cheguei*) e duas aditivas ([*e*] *vi* [*e*] *venci*), estas duas coordenadas apenas segundo a figura. Voltaremos a tratá-lo.

4.2.6.a. As ORAÇÕES SUBORDINADAS SUBSTANTIVAS são as únicas completivas (ou integrantes). Se se diz: *João tem*, obviamente se diz algo intrinsecamente incompleto, porque a forma verbal *tem* não é capaz de significar por si: precisa, justamente, de complemento. Se agora se diz: *João tem necessidade*, a forma verbal *tem* completou-se, integrou-se, mas com um complemento substantivo que, por sua vez, também precisa de complemento. E, se por fim se diz: *João tem necessidade de um livro*, agora, sim, não só o complemento verbal *necessidade* se completou cabalmente, senão que também o fez a oração como um todo: tem agora sentido cabal. Mas ambos estes complementos, o verbal e o nominal, têm caráter substantivo. Pois bem, ponha-se outro exemplo de verbo que necessite de complemento: *João diz*, e complete-se agora com uma oração: *João diz que gosta*. Obviamente, agora é o complemento da forma verbal o que requer, por sua vez, complemento: por exemplo, *João diz que gosta de ler*. Têm-se agora completos a forma verbal, seu complemento, e a frase inteira. Mais ainda: ambas as orações completivas têm caráter substantivo. Com efeito, como *necessidade* no primeiro exemplo, *que gosta* é de caráter substantivo e exerce a função de objeto direto. Mas ambos esses objetos diretos requerem por sua vez complemento, o primeiro – *de um livro* – complemento nominal, e o segundo – *de ler* – complemento relativo. Vê-se, pois, insista-se, que as orações completivas exercem as mesmas funções sintáticas que as palavras completivas, e, como estas têm sempre caráter substantivo, também o terão aquelas.

⌦ OBSERVAÇÃO 1. O objeto direto de *(João) tem* é *necessidade de um livro*, assim como *que gosta de ler* é objeto direto oracional de *(João) diz*. Que o núcleo de tais objetos requeira por sua vez complemento não autoriza que se diga que o primeiro objeto seja apenas *necessidade* e o segundo apenas *que gosta*. – Além disso, como se conclui de tudo o que vimos dizendo até aqui, o próprio objeto direto, como todo complemento verbal, é *parte análoga* do verbo. Tem-se assim redução às duas partes essenciais da oração (*sujeito* e *predicado*).[68]

↗ OBSERVAÇÃO 2. As ORAÇÕES SUBSTANTIVAS DESENVOLVIDAS podem introduzir-se ou pela conjunção integrante (*que*), ou pela conjunção condicional *se*, ou ainda por pronome ou por advérbio interrogativos. – A conjunção integrante (*que*), como conectivo absoluto, não exerce função sintática; mas, contrariamente ao que diz a tradição gramatical, não é propriamente "vazia de sentido": expressa justamente que a oração que ela inicia é substantiva completiva de oração subordinante. A diferença com respeito às preposições, e semelhantemente – como o veremos – ao *se* da "passiva sintética", é que sua carga semântica é, ela mesma, atinente à figura. – Mas a por vezes pesada conjunção integrante pode elidir-se: com efeito, a oração *Rogo a V Ex.ª [que] considere que nossa petição não é injustificada* fica efetivamente mais elegante sem a primeira conjunção. Tal elisão pode dar-se especialmente com os verbos *rogandi*; mas também com outros, a depender de complexa multidão de fatores. Voltaremos a tratá-lo no capítulo IX.

• Pois bem, a ORAÇÃO SUBORDINADA SUBSTANTIVA divide-se segundo as mesmas funções sintáticas que exerce.

α. Se exerce a função de *sujeito*, diz-se SUBJETIVA:

✓ *Convém <u>QUE COMPAREÇAS à celebração</u>* [DESENVOLVIDA].;

✓ *Convém <u>COMPARECERES à celebração</u>* [REDUZIDA DE INFINITIVO].

OBSERVAÇÃO DE ROCHA LIMA. "Costuma haver certa vacilação no pronto reconhecimento das orações substantivas *subjetivas*. Atente-se, pois, para os principais esquemas de construção em que elas figuram – observando-se particularmente os verbos da oração subordinante.

'São os seguintes, quando em terceira pessoa e seguidos de *que*, ou *se*:

a) De conveniência: *convém, cumpre, importa, releva, urge,* etc.

b) De dúvida: *consta, corre, parece,* etc.

c) De ocorrência: *acontece, ocorre, sucede,* etc.

d) De efeito moral: *agrada, apraz, admira, dói, espanta, punge, satisfaz,* etc.

---

[68] Ademais, todo predicado ou é composto de verbo de cópula + predicativo ou é formal e essencialmente redutível a esta composição (por exemplo, *João COMPRA LIVROS* pode reduzir-se a *João é comprante de livros*, assim como *João CAMINHA* → *João é caminhante*; *João OUVE A FILHA* → *João é ouvinte da filha*; etc.); ainda que material ou acidentalmente não possa dar-se tal redução. Para aprofundamento deste ponto, ▶ *Suma*, p. 418-21.

e) Na passiva: *conta-se, sabe-se, dir-se-ia, é sabido, foi anunciado, ficou provado*, etc.

f) Nas expressões dos verbos *ser, estar, ficar*, com substantivo, ou adjetivo: *é bom, é verdade, está patente, ficou claro*, etc.' [José Oiticica].

Exemplos:

Convém / que não faltes a essa reunião.

Sucedeu / que todos se retiraram ao mesmo tempo.

Parece / que choverá logo mais.

Dói-me / que o maltratem tanto.

Conta-se / que ele já esteve preso.

Está claro / que ninguém acreditará nessa história.

Não se sabe / se haverá aula amanhã."[69]

β. Se exerce a função de *complemento ou objeto direto*, diz-se OBJETIVA DIRETA:
- ✓ *Disse QUE lhe AGRADOU a película* [DESENVOLVIDA].;
- ✓ *Não disse SE lhe AGRADOU a película* [DESENVOLVIDA];[70]
- ✓ *Disse TER-lhe AGRADADO a película* [REDUZIDA DE INFINITIVO].[71]

⌦ Observação. É objetiva direta a maioria das orações substantivas introduzidas por pronome ou por advérbio interrogativos: *que* (= *que coisa?*); *quem* (= *que pessoa?*); *qual/quais*(*?*); *quanto/quanta/quantos/quantas*(*?*); *onde*(*?*); *quando*(*?*); *como*(*?*); *por que*(*?*) [no Brasil] ou *porque*(*?*) [em Portugal]). Exemplos:
- ✓ *Poderias dizer-nos* (*o*) *QUE pensas a este respeito.*;[72]
- ✓ *Perguntam QUEM os ajudará.*;
- ✓ *Diga-lhes ONDE se encontra essa obra.*;
- ✓ *Ainda não dissestes POR QUE* [no Brasil]/*PORQUE* [em Portugal] *o preferis.*;
- ✓ *Ignoramos de QUEM sejam estes versos.*;
- ✓ *Não nos informaram de ONDE provêm estes versos.*

▪ Como se vê pelos dois últimos exemplos, a ORAÇÃO OBJETIVA DIRETA pode vir iniciada por PREPOSIÇÃO – mas esta não a subordina à subordinante.

---

[69] Rocha Lima, *op. cit.*, p. 241.
[70] A classificação do *se* que introduz oração objetiva direta (*Não disse SE lhe agradou a película*, por exemplo) é em verdade controversa. Com efeito, pode perfeitamente dizer-se CONJUNÇÃO CONDICIONAL. Se assim é, todavia, então a mesma oração é polifuncional: OBJETIVA DIRETA, enquanto o *se* introduz como conjunção integrante oração substantiva, e ADVERBIAL CONDICIONAL, enquanto o *se* de algum modo não deixa de ter sua carga semântica de conjunção condicional.
[71] Veja-se uma objetiva direta em FIGURA JUSTAPOSTA: *Disse: "Agradou-me a película"*.
[72] Recorde-se que esse *o* posto antes de *que* está aí em função diacrítica.

- Algumas vezes, no entanto, a oração introduzida por pronome interrogativo ou por advérbio interrogativo não é objetiva direta, mas ou SUBJETIVA ou APOSITIVA:
  - ✓ *Não se sabe QUEM escreveu estes versos* [SUBJETIVA].;
  - ✓ *Perguntei-lhe o seguinte: de ONDE provêm estes versos* [APOSITIVA].[73]

γ. Se exerce a função de *complemento relativo*, diz-se COMPLETIVA RELATIVA:
  - ✓ *Lembrei-me de QUE O CONHECERA num museu* [DESENVOLVIDA].;
  - ✓ *Gosta de LEMBRAR-SE da infância* [REDUZIDA DE INFINITIVO].

δ. Se exerce a função de *complemento nominal*, diz-se COMPLETIVA NOMINAL:
  - ✓ *Tivemos certeza de QUE ESTAVA ali a verdade* [DESENVOLVIDA].;
  - ✓ *Agora temos necessidade de DESCANSAR* [REDUZIDA DE INFINITIVO].

ε. Se exerce a função de *aposto*, diz-se APOSITIVA:
  - ✓ "*Um temor o perseguia: QUE a velhice lhe ENFRAQUECESSE a fibra de guerreiro*" (ÉRICO VERÍSSIMO) [DESENVOLVIDA].;
  - ✓ *Só não admitia isto: CONVIVER com a mentira* [REDUZIDA DE INFINITIVO].

⌗ OBSERVAÇÃO. Em princípio, valem para a ORAÇÃO APOSITIVA as observações feitas com respeito ao aposto. Mas há que acrescentar que a oração apositiva é perfeitamente JUSTAPOSTA.

η. Se exerce a função de *predicativo*, diz-se PREDICATIVA:
  - ✓ "*O terrível é QUE esta moléstia DESTRÓI a vontade...*" (CYRO DOS ANJOS) [DESENVOLVIDA].;
  - ✓ *O terrível é esta moléstia DESTRUIR a vontade* [REDUZIDA DE INFINITIVO].

⌗ OBSERVAÇÃO. Parece supor certa dificuldade que uma oração *substantiva* seja *predicativa*. Que no entanto seja *substantiva*, prova-o o fato de iniciar-se pela conjunção integrante *que*, que é própria das orações substantivas. E que ademais seja *predicativa* tampouco implica problema algum, suposto que, como já o dissemos repetidamente, também algum substantivo e algum advérbio podem exercer a função de predicativo. Neste caso, o substantivo ou o advérbio continuam a ser tais, mas são predicados do sujeito ao modo adjetivo – e vale o dito, obviamente, para a mesma ORAÇÃO *SUBSTANTIVA* PREDICATIVA.

ζ. O pronome *quem* reduz-se a *que pessoa* ou o traz suposto, como em, por exemplo, *Dissemo-lo A quem* [= *à pessoa a quem*] *interessar pudesse*. Por isso mesmo, alguns gramáticos não admitem que haja ORAÇÃO COMPLETIVA DATIVA (*a quem*

---

[73] Para as SUBSTANTIVAS APOSITIVAS, *vide infra*.

interessar pudesse).⁷⁴ Dizemos nós, contudo, que *segundo a figura* temos ORAÇÃO COMPLETIVA DATIVA; *segundo a significação*, SUBSTANTIVO DETERMINADO POR ORAÇÃO ADJETIVA, que trataremos em seguida.

4.2.6.b. AS ORAÇÕES SUBORDINADAS ADJETIVAS

• Assim como em *A moça <u>inteligente</u> alcançou-o* o adjetivo *inteligente* exerce a função de ADJUNTO ADNOMINAL e em *A moça, <u>inteligente</u>, alcançou-o* o mesmo adjetivo exerce a função de PREDICATIVO, assim também em *Chegou a mulher de Ricardo <u>que se chama Sônia</u>* a oração *que se chama Sônia* é ADJUNTIVA ADNOMINAL, e em *Chegou a mulher de Ricardo, <u>que se chama Sônia</u>* a mesma oração é PREDICATIVA.

↗ OBSERVAÇÃO 1. A tradição gramatical chama "adjetiva restritiva" àquela a que chamamos ADJUNTIVA ADNOMINAL.

↗ OBSERVAÇÃO 2. Quanto a que nome dar à outra, valemo-nos de ADJETIVA PREDICATIVA, nome suficiente para distingui-la da *substantiva predicativa*.⁷⁵

↗ OBSERVAÇÃO 3. Quanto a saber se a oração adjetiva predicativa corresponde a um adjetivo ou a um substantivo, não raro é praticamente impossível. Mas pode dizer-se que a de *A moça, <u>que é inteligente</u>, alcançou-o* corresponde a um adjetivo; e que a de *O cão, <u>que é um animal</u>, quase sempre é dócil ao homem* a um substantivo. Insista-se todavia em que, quando o predicativo é exercido por substantivo ou por advérbio, estes se predicam ao modo adjetivo. – Ademais, o pronome relativo ou algum correlato seu que introduzam adjetiva predicativa sempre se podem comutar de algum modo por *o qual* e variantes. Nunca o podem fazer, no entanto, os que introduzem oração adjetiva adjuntiva.

↗ OBSERVAÇÃO 4. Note-se que a ADJETIVA PREDICATIVA sempre se separa por vírgula (ou ainda por travessão), enquanto a ADJETIVA ADJUNTIVA nunca se separa do substantivo que ela determina. Isso é assim por seu mesmo duplo caráter: o adjunto adnominal não admite seja separado por sinal de pontuação do substantivo que ele determina, ao passo que o predicativo do terceiro modo requer seja separado do substantivo que ele determina por algum sinal de pontuação. – Mais que isso, todavia, tal distinção de pontuação é, digamos, diacrítica. Com efeito, em *Chegou a mulher de Ricardo que se chama Sônia* está suposto que Ricardo é

---

⁷⁴ Para aprofundamento deste ponto, ➤ *Suma*, p. 482-83.
⁷⁵ Algumas línguas empregam relativo próprio para cada um dos dois casos. O inglês, por exemplo, tem *that* para a adjetiva adjuntiva adnominal e *who* (*whom*) para a adjetiva predicativa.

poligâmico, ao passo que em *Chegou a mulher de Ricardo, que se chama Sônia* está suposto que ele seja monogâmico.⁷⁶
- Exemplos das duas classes de orações:
  ♦ ADJETIVA ADJUNTIVA ADNOMINAL:
    ✓ "Dizei-me, águas mansas do rio,
      Para onde levais essa flor
      Que no vosso espelho caiu?"
      (Ribeiro Couto)
      [desenvolvida];
    ✓ "Era uma vez, já faz muito tempo, havia um homem que era **ateu**" (Rachel de Queiroz) [desenvolvida].;
    ✓ *Eram navios LEVANDO* [= que levavam] *escravos* [reduzida de gerúndio].;
    ✓ "Vede Jesus despejando os vendilhões do templo..." (Rui Barbosa) [outro modo de reduzida de gerúndio: nela, *despejando* não pode desenvolver-se e equivale à reduzida de infinitivo *despejar os vendilhões do templo*, ou à reduzida, também de infinitivo, *a despejar os vendilhões do templo*];⁷⁷
    ✓ *Estiveram em nossa casa de campo amigos VINDOS* [= que haviam vindo] *da cidade* [reduzida de particípio];
    ✓ "Ali o rio corrente [= que corre]
      De meus olhos foi manado"
      (Camões)
      [reduzida de particípio modal].;
  ♦ ADJETIVA PREDICATIVA:
    ✓ "'Vozes d'África', que é um poemeto épico, representa um alto momento da poesia brasileira" (Rocha Lima).;
    ✓ "Deus, por quem foste criada!..." (Cecília Meireles).
  ⌧ Observação. As *adjetivas predicativas* não se reduzem a nenhuma forma nominal.

---

⁷⁶ Naturalmente, convém pôr nesta predicativa *a qual* (*se chama Sônia*). Aqui, porém, preocupamo-nos tão somente com assinalar a implicação significativa deste duplo modo de construir (ou seja, com pontuação ou sem ela).

⁷⁷ Destas três maneiras de reduzida adjetiva, apenas a de infinitivo não antecedida de *a* é sempre isenta de anfibologia.

- Tanto a ADJUNTIVA DESENVOLVIDA como a PREDICATIVA (DESENVOLVIDA) se introduzem por algum **relativo**, que, referindo-se a um nome antecedente, o *repete* ou *representa* de algum modo na oração seguinte – é como um traço de continuidade entre as duas orações. Por isso, diferentemente dos conectivos absolutos (preposições e conjunções), *os relativos exercem função sintática*: podem ser sujeito, objeto, etc. Nem por isso, porém, os relativos deixam de funcionar sempre como um engaste de duas orações – o que os faz identificar-se, por este ângulo, com todo conectivo.
- São os seguintes os RELATIVOS:
  - QUE, QUEM (pronomes);
  - O QUAL, OS QUAIS; A QUAL, AS QUAIS (locuções pronominais);
  - CUJO, CUJOS; CUJA, CUJAS (pronomes);
  - QUANTO, QUANTOS; –, QUANTAS (pronomes);
  - AONDE, ONDE, QUANDO, COMO (ou pronomes de fundo adverbial, ou advérbios em função pronominal).
- O substantivo (ou correlato) representado pelo relativo chama-se seu *antecedente*.
- Os relativos, como dito, exercem *função sintática* no corpo da oração que introduzem. Leiam-se, com efeito, as seguintes e acertadas palavras de Rocha Lima: "Examinemos este período de Rachel de Queiroz: 'Era uma vez, já faz muito tempo, havia um homem que era ateu'. O sujeito da oração adjetiva 'que era ateu' está representado nela pelo pronome relativo *que*, cujo antecedente é – *um homem*. Cumpre assinalar que a função sintática do relativo nada tem que ver com a função sintática do seu antecedente. Embora o relativo, como sabemos, *reproduza a significação do antecedente*, o que importa é o papel que ele, relativo, exerce na oração em que figura. No período [*sic*] citado, esta verdade se nos mostra de maneira claríssima: na oração principal [ou melhor, subordinante], o termo *um homem* serve de objeto direto a 'havia'; contudo, o pronome relativo (que, na oração adjetiva, está posto em lugar de *um homem*) funciona como sujeito de 'era'."[78]
- Vejamos pois os RELATIVOS em seu variado exercício sintático:[79]
  - como SUJEITO:
    - ✓ "Ele fitava a noite QUE cobria o cais" (JORGE AMADO) [QUE: sujeito de *cobria*].;

---

[78] ROCHA LIMA, *op. cit.*, p. 334.
[79] Todos os exemplos literários postos abaixo são tomados de ROCHA LIMA, *op. cit.*, p. 334-35.

- ✓ "Sou tudo QUANTO te convém" (MANUEL BANDEIRA) [QUANTO: sujeito de *convém*].;
- ♦ COMO OBJETO DIRETO:
  - ✓ "As ideias, que tanto amavas, já não são tuas companheiras de toda hora?" (CARLOS DRUMMOND DE ANDRADE) [QUE: objeto direto de *amavas*].;
  - ✓ "... trair, como eu, a pessoa A QUEM amamos é miserável fraqueza" (CYRO DOS ANJOS) [A QUEM: objeto direto preposicionado de *amamos*].;
- ♦ COMO OBJETO INDIRETO:
  - ✓ "Pálidas crianças

    A QUEM ninguém diz:

    – Anjos, debandai!..."

    (MANUEL BANDEIRA)

    [A QUEM: objeto indireto de *diz*].;
- ♦ COMO COMPLEMENTO RELATIVO:
  - ✓ "E as buscas A QUE eu procedia, sempre – baldadas..." (GODOFREDO RANGEL) [A QUE: complemento relativo de *procedia*].;
- ♦ COMO PREDICATIVO:
  - ✓ "Vai pioneiro e solitário o Arcebispo, como santo e desacompanhado QUE ele é, neste mundo vazio..." (AUGUSTO MEYER) [QUE: predicativo].;
- ♦ COMO COMPLEMENTO NOMINAL:
  - ✓ "As terras DE QUE era dono

    valiam mais que um ducado"

    (CECÍLIA MEIRELES)

    [DE QUE: complemento nominal de *dono*].;
- ♦ COMO AGENTE DA PASSIVA:
  - ✓ "Bendito e louvado seja

    Deus, POR QUEM foste criada!..."

    (CECÍLIA MEIRELES)

    [POR QUEM: agente da passiva].;
- ♦ COMO ADJUNTO ADVERBIAL:
  - ✓ *Esses eram momentos EM QUE descansávamos* [EM QUE: adjunto adverbial de *descansávamos*].
- ⌧ OBSERVAÇÃO 1. Cujo e flexões, QUANDO e COMO exercem função sintática privativa:

- **cujo**, sempre ADJUNTO ADNOMINAL;
- **quando** e **como**, sempre ADJUNTO ADVERBIAL, respectivamente de *tempo* e de *modo*.

→ AONDE E ONDE, porém, podem exercer tanto a função de ADJUNTO ADVERBIAL DE TEMPO como a de COMPLEMENTO CIRCUNSTANCIAL.

⚐ OBSERVAÇÃO 2. Como vislumbrado mais acima (quando falámos da oração substantiva objetiva indireta), os relativos *quem, que, quanto, onde* e *como* podem usar-se, segundo a figura, sem antecedente, condensando em si um termo da oração subordinante e um termo ou de oração adjetiva adjuntiva ou de oração adjetiva predicativa. Ponha-se um exemplo: *Não há QUEM dele se queixe*, em que *quem* encerra *ninguém* e *que*. *Ninguém* é objeto direto implícito da oração subordinante, enquanto *que* é o sujeito implícito da oração adjetiva: *Não há ninguém / QUE dele se queixe*. Outros exemplos:

- ✓ *Márcio não teve QUE dizer* (QUE = *nada* e *que*).;
- ✓ *Buscam precisamente A QUEM buscas* (A QUEM = *aquele* e *a quem*).;
- ✓ *Perdeu QUANTO tinha* (QUANTO = *tudo* e *quanto*).;
- ✓ ✓ *Vivem ONDE Judas perdeu as botas* (ONDE: *no lugar* e *em que*);
- ✓ ✓ *Vede COMO fala!* (COMO = *o modo* e *como* ou *por que*).[80]

4.2.6.c. As SUBORDINADAS ADVERBIAIS dividem-se em duas espécies.

α. As SUBORDINADAS (ADJUNTIVAS) ADVERBIAIS DA PRIMEIRA ESPÉCIE[81]

§ Dividem-se segundo aquilo mesmo que expressam.

---

[80] Ademais, diz Rocha Lima que "há condensações bastante complexas, como a de frases semelhantes à seguinte passagem de Camões [...]:
'Ao vento estou palavras espalhando;
A *quem* as digo, corre mais que o vento:' –,
na qual o *quem* (= *aquela / a quem*) engloba o sujeito da oração principal e o objeto indireto da oração adjetiva" (*op. cit.*, p. 338). – Mas este, dizemo-lo nós, não é exemplo de imitar fora do poético.

[81] Insista-se na questão de se as orações tradicionalmente ditas "coordenadas" mas introduzidas por conjunção compõem *uma espécie* das SUBORDINADAS ADVERBIAIS. Para tentar responder a isto, há que ver antes de tudo em que se distinguem das que constituiriam a outra espécie de adverbiais. E distinguem-se primeiro em que – diferentemente das orações tradicionalmente ditas subordinadas adverbiais – *todas*, se se lhes tira a conjunção, podem mudar-se em orações independentes; e depois em que – diferentemente daquelas – não se reduzem tão facilmente nem tão amplamente a orações de caráter nominal. Tais distinções, todavia – ao menos a esta altura de nossos estudos –, não nos permitem dizer com certeza se se trata efetivamente de duas espécies de orações ou de mera diferença na mesma espécie entre imperfeito e perfeito, ou, ainda, se se dão ambas as coisas por ângulos diferentes. Em ordem porém à facilidade e à didática, optamos por pôr aqui tão somente que as orações adverbiais se dividem em duas espécies.

- As **ADITIVAS**, como diz seu mesmo nome, expressam a ideia ou modalidade de *adição* com respeito à oração subordinante, e sua conjunção paradigmática é *e*:
    - ✓ *Chegou a casa E foi imediatamente para a biblioteca.*;
    - ✓ etc.

⌦ OBSERVAÇÃO 1. Além de *mais*, a preposição *com* e alguns pares também podem expressar adição:
- ✓ *Dois mais dois são quatro.*;
- ✓ *Marcos com seus primos começaram o trabalho.*;
- ✓ *Ricardo estuda não só de dia mas de noite.*;
- ✓ *Não só* [ou *somente*] *trabalha de dia, mas* [ou *mas ainda, mas também, senão também, senão que*] *estuda à noite.*

⌦ OBSERVAÇÃO 2. Por outro lado, *e* pode expressar adversão:
- ✓ *Disse que viria, E [MAS] não veio.*

⌦ OBSERVAÇÃO 3. Acabamos de ver que *e* pode expressar adversão. Nem por isso, todavia, deixa de ser aí aditiva: porque, ainda quando expresse adversão, não deixa de expressar adição. É polifuncional, mas basicamente *aditiva*, e deve dizer-se tal.

⌦ OBSERVAÇÃO 4. *E* pode expressar ideia aditiva não só entre orações (ou palavras) dentro de uma frase, mas ainda entre frases, como a indicar que estas se adicionam umas às outras para expressar uma ideia que as engloba a todas. É modo muito expressivo, chamado *polissindético*, e largamente usado na Bíblia:
- ✓ "A terra, porém, estava informe **e** vazia, **e** as trevas cobriam a face do abismo, **e** o Espírito de Deus movia-se sobre as águas. **E** Deus disse: Faça-se a luz. **E** a luz se fez. **E** Deus viu que a luz era boa; **e** separou a luz das trevas. **E** chamou à luz dia, **e** às trevas noite. **E** fez-se tarde **e** manhã, **e** foi o primeiro dia" (GÊNESIS 1,2-5).

Neste modo, com efeito, potencializa-se muito tanto o sentido de unidade do texto como o de unidade da ação mesma. Mais que isso, porém, pode começar-se por *E* o próprio texto:
- ✓ *E o vento levou...*

É como se a conjunção conectasse o texto ao conjunto do ser.

⌦ OBSERVAÇÃO 5. Insista-se em que as aditivas, pelas razões dadas no capítulo anterior, podem reduzir-se a gerúndio:
- ✓ *Caiu do telhado,* **quebrando** *as pernas* (= *e quebrou as pernas*).

- As **ALTERNATIVAS** ou **DISJUNTIVAS**, como diz seu próprio nome, expressam a ideia de *alternância* ou de *disjunção* com respeito à subordinante: se se cumpre o expresso na subordinada alternativa, não se cumpre ou não se cumprirá o expresso na subordinante. A conjunção disjuntiva paradigmática é *ou*:
    ✓ *Não sei se viajo <u>OU se fico para continuar o trabalho</u>*.;
    ✓ *OU estudas, <u>OU serás reprovado na escola</u>*.;
    ✓ etc.

⌕ OBSERVAÇÃO 1. Note-se a curiosa e sempre possível repetição da conjunção *ou* (ou de qualquer outra alternativa), posta no rosto de ambas as orações. Tal possibilidade é única: não se dá em nenhuma outra classe de oração.

⌕ OBSERVAÇÃO 2. Insista-se em que no exemplo posto (*Ou estudas, <u>ou serás reprovado na escola</u>*) não é indiferente a ordem sintática das orações, justamente porque, sob a ideia de disjunção, estão presentes outras ideias (condição e causa-efeito).

⌕ OBSERVAÇÃO 3. Mas é de todo indiferente a ordem sintática em *Ou brincas / ou estudas*, que poderia dizer-se, sem alteração de sentido: *Ou estudas / ou brincas*. E dá-se o mesmo com os demais pares disjuntivos:
    ✓ *Nem brinca[,] / nem estuda*.;
    ✓ *Ora brinca[,] / ora estuda*.;
    ✓ *Já brinca[,] / já estuda*.;
    ✓ *Quer chova[,] / quer faça sol, irão*.;
    ✓ *Seja difícil[,] / seja fácil, empreendê-lo-emos*.;
    ✓ etc.[82]

⌕ OBSERVAÇÃO 4. Quando nestes casos, insista-se, é indiferente a ordem das orações, então ambas as orações se subordinam conjuntamente a outra (que pode encontrar-se na mesma frase ou em outra).

---

[82] Atente-se a que, conquanto todos estes sejam pares disjuntivos, subjazem outras ideias à sua ideia principal: em *ora ... ora* e em *já ... já*, a de tempo; em *nem ... nem*, a de negação; etc. – ♭ Se porém no primeiro membro já se expressou a negação, em princípio não se deve repetir *nem*: *Não tem vontade de brincar <u>nem</u> de estudar* (e não "Não tem vontade 'nem' de brincar nem de estudar"); e assim também em *<u>Não</u> tem dinheiro <u>nem</u> vontade para tal* (e não "Não tem 'nem' dinheiro nem vontade para tal"). Repetir o *nem* nestes casos constitui uma sorte de pleonasmo na fronteira entre o vicioso e o enfático. Nunca o fazemos nós mesmo – ainda que tenha a seu favor um largo uso. – Mas, insista-se, absolutamente não se deve usar *e* antes de *nem*, se este *nem* não estiver acompanhado de *sequer* ou de *menos* ou não os trouxer implícitos. Diga-se pois *<u>Não</u> tem vontade de brincar <u>NEM</u> de estudar* (e não "Não tem vontade de brincar 'e' <u>NEM</u> de estudar"). Diga-se, todavia, *<u>Não</u> tem vontade de estudar,* E NEM (SEQUER ou MESMO) *de brincar*, estando sempre o segundo membro separado por vírgula do primeiro.

- As **ADVERSATIVAS**, como diz seu nome mesmo, expressam a ideia ou modalidade de *adversão* ou *oposição* com respeito à oração subordinante. A conjunção adversativa paradigmática é *mas*:
    - ✓ *Disse que viria, <u>MAS não veio</u>.*;
    - ✓ *Não o conseguiu agora, <u>MAS certamente acabará por consegui-lo</u>.*;
    - ✓ etc.

    ⚐ OBSERVAÇÃO 1. Muitas vezes a ideia expressa pela oração adversativa não é de pura e simples oposição, mas de oposição, digamos, corretiva, ou replicativa, etc.:
    - ✓ *Isso é interessante, <u>MAS vamos ao assunto principal</u>.*;
    - ✓ *Desculpe-me a franqueza, <u>MAS sua opinião não procede</u>.*;
    - ✓ etc.

    ⚐ OBSERVAÇÃO 2. Há outras conjunções adversativas, todas as quais, como *mas*, têm origem adverbial:[83] *porém*; *todavia*; *contudo*; *não obstante*; *no entanto*; *entretanto*.[84]

    ⚐ OBSERVAÇÃO 3. À exceção de *mas*, todas as outras adversativas podem deslocar-se do rosto para o meio da oração. Quando o fazem, porém, deixam de ser conjunções e voltam à origem adverbial. Implica contradição considerar que qualquer conjunção possa não estar no rosto da oração. Mas nesta contradição incorre, infelizmente, quase toda a tradição gramatical.[85]

    ⚐ OBSERVAÇÃO 4. Insista-se em que *e* pode expressar adversão:
    - ✓ *Disse que viria, <u>E [MAS] não veio</u>.*

    ⚐ OBSERVAÇÃO 5. *Mas* pode expressar continuidade, como se verá mais adiante.

    ⚐ OBSERVAÇÃO 6. Quanto à complexa maneira de pontuar em torno das conjunções adversativas, deixamo-lo justamente para o capítulo VIII, sobre a pontuação.

- As **EXPLICATIVAS**, que são as de mais difícil caracterização porque não se distinguem facilmente das causais (da segunda espécie das subordinadas adverbiais), têm talvez *pois* por conjunção paradigmática. Há outras três: *que*, *porque* e *pois que*:[86]
    - ✓ *Não fique nervoso, <u>QUE [POIS, PORQUE, POIS QUE] sua esposa está calma</u>.*

---

[83] Para maior aprofundamento quanto à origem adverbial das adversativas, ➤ *Suma*, p. 474.

[84] *Entretanto* pode ser advérbio, com o sentido de *nesse ínterim*, *entrementes*, *enquanto isso* (*Entretanto, estudava*), ou conjunção adversativa (*Estava esgotado*; *entretanto*[,] *prosseguiu*). Em Portugal se usa como advérbio ou como conjunção, mas no Brasil só ou antes como conjunção.

[85] Para aprofundamento quanto a isto, ➤ *Suma*, p. 475. Mas de fato há contiguidade semântica entre conjunção e advérbio.

[86] Para a razão por que estão equivocados Said Ali, Rocha Lima e outros em incluir *pois* entre as causais hodiernas, ➤ *Suma*, p. 475.

⌖ OBSERVAÇÃO 1. *Pois*, como *e*, pode usar-se como elo de continuidade entre frases, e então como que lhe desaparece o caráter de explicativa:
- ✓ *Estás intranquilo? <u>Pois</u> nós não.*;
- ✓ etc.

⌖ OBSERVAÇÃO 2. *Pois* pode assumir, ainda, outros sentidos:
- ✓ *Se gosto desta obra? <u>Pois</u>* (= *Sim, Sem dúvida*).;[87]
- ✓ *Convenceu-se da justeza do projeto. <u>Pois</u> nós não* (= <u>*Mas*</u>).;
- ✓ etc.

⌖ OBSERVAÇÃO 3. *Dado que, já que, uma vez que, visto que* podem usar-se aqui e ali como explicativas. Mas são antes de tudo causais, até porque, ao contrário das explicativas, as orações que elas introduzem podem vir antes da subordinante. Estamos em fronteira não raro turva.

¶ A DISTINÇÃO ENTRE *PORQUE* EXPLICATIVA E *PORQUE* CAUSAL

a. A conjunção *porque* ora é EXPLICATIVA, ora é CAUSAL.

b. Nem sempre é fácil distinguir quando é uma ou outra. Atente-se todavia para os seguintes traços distintivos:
- ▫ *Porque* como CONJUNÇÃO EXPLICATIVA. A oração explicativa introduzida de *porque* encerra uma como justificação do que se diz na oração subordinante. Ademais, sempre se segue à subordinante, e dela se separa ou por vírgula, ou por ponto e vírgula, ou, até, por ponto:
    - ✓ *Outra opinião é dos que dizem que a razão formal da quantidade é a medida, <u>porque há dois artífices que tratam da melhor maneira da quantidade: o lógico e o filósofo</u>.*;
    - ✓ *Outra opinião é dos que dizem que a razão formal da quantidade é a medida; <u>porque há dois artífices que tratam da melhor maneira da quantidade: o lógico e o filósofo</u>.*;
    - ✓ *"Outra opinião é dos que dizem que a razão formal da quantidade é a medida. <u>Porque há dois artífices que tratam da melhor maneira da quantidade: o lógico e o filósofo</u>"* (COSMUS ALAMANNUS*)*.

---

[87] Modo muito usado coloquialmente em Portugal.

- *Porque* como CONJUNÇÃO CAUSAL. Entre a oração causal introduzida de *porque* e a subordinante dá-se necessariamente relação de *causa* (na subordinada) a *efeito* ou *consequência* (na subordinante). Em outras palavras, a oração subordinante encerra sempre o efeito ou consequência do que se declara na causal, enquanto nesta, por sua vez, se dá a razão sem a qual não haveria aquele efeito ou consequência. – Ademais, a subordinada causal pode antepor-se à subordinante, caso em que dela se separa por vírgula; se todavia se lhe pospõe, pode ou separar-se por vírgula ou dispensar sinal de pontuação.

c. Comparem-se os seguintes exemplos das duas classes de conjunção.
- EXPLICATIVA: *Espere-nos um momento, PORQUE* (ou QUE, ou POIS, etc.) / *não demoraremos*.

Não há aí relação de causa e consequência, e a oração subordinada explicativa não faz senão justificar o que se recomenda na oração subordinante.
- CAUSAL: *O artista deprimiu-se / porque se arruinara*.

Evidentemente, a oração subordinada *porque se arruinara* expressa a causa do que se diz na oração subordinante. O artista, suposto está, não se teria deprimido (consequência) se não se tivesse arruinado (causa).[88]

d. Insista-se, pois, em que a única efetiva distinção entre *explicativas* e *causais* introduzidas de porque não é senão de modalidade expressa.
- OBSERVAÇÃO. Não obstante, não deixa de ter sua parte de razão Bechara ao falar de "orações causais-explicativas": de fato, não raro a fronteira entre explicativas e causais introduzidas de *porque* se turva invencivelmente. É o caso, por exemplo, parece-nos, do exemplo mesmo de oração explicativa que dá Rocha Lima: "Só o 'mal' é o que o inflama em ódio. *Porque o ódio ao mal é o amor do bem, e a ira contra o mal entusiasmo divino*" (RUI BARBOSA). Note-se que, apesar de aqui a oração introduzida de *porque* estar separada da subordinante por um ponto, sem muita dificuldade se poderia inverter a ordem das orações, o que é próprio das orações causais: *Porque o ódio ao mal é o amor do bem, e*

---

[88] Outras subordinadas encerram, digamos, "em germe" tal relação. Com efeito, na subordinada temporal de *Quando cessou a chuva, partimos* pode ver-se algo de causal.

a ira contra o mal entusiasmo divino, só o "mal" é o que o inflama em ódio. – Isto todavia não parece ser razão para negar, como o faz Bechara, sua distinção.

• As CONCLUSIVAS ou ILATIVAS, como dizem seus mesmos nomes, expressam a ideia de conclusão, ilação, inferência, ou ainda de consequência; e sua conjunção paradigmática é *portanto*. Outras conjunções conclusivas: *logo, assim, então, pelo que, por conseguinte, por consequência, por isso, razão por que*, etc.:
  ✓ *Engano-me*; LOGO [PORTANTO, POR CONSEGUINTE, etc.], *sou*.;
  ✓ etc.

↗ OBSERVAÇÃO 1. À exceção de *logo*, todas as demais conjunções conclusivas podem deslocar-se do rosto para o meio da oração:
  ✓ *Estas são as premissas*; PORTANTO [POR CONSEGUINTE, ASSIM, ENTÃO, etc.], *há que concluir como fazemos*.;
  ✓ *Estas são as premissas*; *há que concluir*[,] PORTANTO [POR CONSEGUINTE, ASSIM, ENTÃO, etc.][,] *como fazemos*.

Quando o fazem, porém, deixam de ser conjunções e voltam à origem adverbial. Repita-se que é incorrer em contradição pôr que qualquer conjunção possa não estar no rosto da oração.

↗ OBSERVAÇÃO 2. *Pois* nunca se usa no rosto de oração para expressar conclusão ou ilação. Quando portanto o expressa, fá-lo sempre no meio da oração, quer dizer, jamais como conjunção – sempre como advérbio.

↗ OBSERVAÇÃO 3. Quanto à maneira também complexa de pontuar em torno das conjunções conclusivas, deixamo-lo ainda para o capítulo VIII. No entanto, vale também para as conclusivas o dito acima a respeito das adversativas.

• Podem acrescentar-se ao rol das orações subordinadas adverbiais da primeira espécie as CONTINUATIVAS, cuja conjunção paradigmática é *ora*. Outras conjunções continuativas: *pois bem, com efeito, de fato*, etc.; e outras conjunções que também podem expressar continuação: *mas, pois*, etc.:
  ✓ *Todo animal é mortal*; ORA [MAS, POIS BEM], *o cão é animal*; *logo, o cão é mortal*.;
  ✓ etc.

↗ OBSERVAÇÃO 1. *Com efeito, de fato* e outras também podem deslocar-se para o meio da oração. Também deixam então, portanto, de ser conjunções e retornam à origem adverbial.

⟐ Observação 2. Correntemente, a maioria de tais conjunções se separa por vírgula da oração que introduz. Vale pois também para estas o dito acima com respeito às adversativas. Mas, mais que nos outros casos, estamos aqui em fronteira turva: não é absurdo considerar que quase todas as que dizemos conjunções continuativas são puros advérbios.

β. As ORAÇÕES SUBORDINADAS ADVERBIAIS DA SEGUNDA ESPÉCIE,[89] quando *desenvolvidas*, introduzem-se ou por conjunção,[90] ou por advérbio, como *quando* e *como*;[91] quando *reduzidas* (e a maioria pode sê-lo), podem assumir a forma infinitiva, e/ou a gerundial, e/ou a participial.

§ Também as ADJUNTIVAS ADVERBIAIS desta espécie se dividem segundo o que expressam.

• As CAUSAIS, como o indica seu mesmo nome, expressam a causa do que se diz na subordinante.

→ Quando *desenvolvidas*, têm por conjunção paradigmática *porque*, a que equivalem, com determinados matizes, *como, porquanto, dado que, já que, uma vez que, visto que, visto como, desde que*.

• À exceção das introduzidas por *porquanto* ou por *como*, as outras causais se põem tanto antes como depois da subordinante:

✓ *Fá-lo-ei*[,] PORQUE [DADO QUE, JÁ QUE, UMA VEZ QUE, VISTO QUE, VISTO COMO, DESDE QUE] *és tu quem mo pede*.;

✓ PORQUE [DADO QUE, JÁ QUE, UMA VEZ QUE, VISTO QUE, VISTO COMO, DESDE QUE] *és tu quem mo pede, fá-lo-ei*.

⟐ Observação. Atente-se a que, quando pospostas à subordinante, as CAUSAIS podem separar-se ou não separar-se por vírgula daquela;[92] quanto antepostas, porém, **obrigatoriamente** assim se separam dela.

• As introduzidas por *como* põem-se sempre antes da subordinante, e sempre vão separadas desta por vírgula.

✓ *COMO és tu quem mo pede, fá-lo-ei*.

---

[89] As únicas, relembre-se, que a tradição gramatical considera tais.
[90] Não inclusa a conjunção integrante, que introduz tão somente orações substantivas.
[91] Dizê-los, como atualmente faz a maioria dos gramáticos e dos dicionaristas, puras e simples conjunções implica contradição com o que esta mesma maioria diz com respeito aos pronomes interrogativos que introduzem oração substantiva: se estes se mantêm como pronomes, não se vê por que aqueles não se manteriam como advérbios. Em verdade, uns e outros são polifuncionais: além de serem advérbios ou pronomes, cumprem o papel de conjunção.
[92] Mas o mais das vezes preferimos não separá-la, nesta posição.

- As introduzidas por *porquanto* não se põem senão depois da subordinante, e podem separar-se desta por vírgula:
  - ✓ *Fá-lo-ei*[,] <u>PORQUANTO *és tu quem mo pede*</u>.
  - ↗ OBSERVAÇÃO. *Pois* e *pois que*, as quais, como se viu, são antes explicativas, podem aqui e ali usar-se como CAUSAIS. Então, todavia, tampouco podem vir antepostas à subordinante, além de que obrigadamente continuam a separar-se desta por vírgula:
    - ✓ *Fá-lo-ei*, <u>POIS QUE *és tu quem mo pede*</u>.

→ Quando *reduzidas*, as CAUSAIS podem sê-lo:
- a GERÚNDIO:
  - ✓ **<u>Sendo</u>** *<u>tu quem mo pede</u>*, *fá-lo-ei*.
- ou a INFINITIVO introduzido de *por* ou de *visto*, ou de *em razão de*, de *em virtude de*, de *em vista de*, etc.:
  - ✓ <u>POR [VISTO, EM RAZÃO DE, EM VIRTUDE DE, EM VISTA DE] **seres** *tu quem mo pede*</u>, *fá-lo-ei*. / *Fá-lo-ei*[,] <u>POR [VISTO, EM RAZÃO DE, EM VIRTUDE DE, EM VISTA DE] **seres** *tu quem mo pede*</u>.

- As chamadas CONCESSIVAS expressam um dado ou fato que poderia alterar o cumprimento do dado ou fato expresso na subordinante, mas não o faz. Exemplo:
  - ✓ <u>*Ainda que mo pedisses tu*</u>, *não o faria*.

→ Quando *desenvolvidas*, as CONCESSIVAS podem introduzir-se por uma das seguintes conjunções: *embora*, *ainda que* [as duas paradigmáticas], *conquanto*, *ainda quando*, *apesar de que*, *mesmo que*, *posto que*, *se bem que*, *sem que* – sempre com verbo no subjuntivo:
  - ✓ <u>AINDA QUE [AINDA QUANDO, MESMO QUE] *mo pedisses tu*</u>, *não o faria*. / *Não o faria*[,] <u>AINDA QUE [AINDA QUANDO, MESMO QUE] *mo pedisses tu*</u>.

  ↗ OBSERVAÇÃO 1. Como se pode ver, nem todas as demais conjunções concessivas se aplicariam a este exemplo.
  - ✓ <u>EMBORA [CONQUANTO, AINDA QUE, APESAR DE QUE, MESMO QUE, POSTO QUE, SE BEM QUE] *seja obra bem construída*</u>, *falta-lhe força*. / *Falta força à obra*[,] <u>EMBORA [CONQUANTO, AINDA QUE, APESAR DE QUE, MESMO QUE, POSTO QUE, SE BEM QUE] *seja obra bem construída*</u>.;
  - ✓ <u>SEM QUE *se esforçasse muito*</u>, *compreendeu-o perfeitamente*. / *Compreendeu-o perfeitamente* <u>SEM QUE *se esforçasse muito*</u>.

  ↗ OBSERVAÇÃO 1. Note-se que, com a concessiva introduzida por *sem que* posposta à subordinante, o preferível é nunca separar-se desta por vírgula.

⌔ OBSERVAÇÃO 2. Sempre pode pôr-se na subordinante um **reforço** do expresso na concessiva:
  ✓ *EMBORA seja obra bem construída*, (ou **ainda assim**, **mesmo assim**, etc.) *falta-lhe* (ou **todavia**, **contudo**, etc.) *força*.
• Podem introduzir-se ainda por um destes grupos: *por mais... que, por muito... que, por menos... que, por pouco... que*, etc.; ou simplesmente por *por... que*. Exemplos:
  ✓ *POR MAIS poderosos QUE sejam, a verdade não se curvará a eles.*;
  ✓ *POR MUITO depressa QUE andes, não o alcançarás.*;
  ✓ *POR verdadeiras QUE sejam tuas palavras, ninguém crerá em ti.*
⌔ OBSERVAÇÃO 1 (DE ROCHA LIMA). "Estas mesmas locuções – sem interposição de adjetivos, ou advérbios – modificam diretamente o verbo que vem depois:
Por mais que argumentes com talento, / o júri recusará tuas razões.
Por pouco que ajudes, / sempre será preciso o teu auxílio."[93]
⌔ OBSERVAÇÃO 2. Mais ainda, por razões expressivas pode elidir-se a preposição que introduz estes grupos:
  ✓ *Poderosos QUE sejam, a verdade não se curvará a eles.*;
  ✓ *Mil anos QUE eu vivesse, jamais o esqueceria.*
→ Quando *reduzidas*, as CONCESSIVAS podem sê-lo:
▪ a GERÚNDIO:
  ✓ ***Sendo** médico, não conseguiu curá-la.*;
  ✓ ***Sendo** embora médico, não conseguiu curá-la.*;
(OBSERVAÇÃO: o *embora* intercalado na concessiva já não é conjunção, senão que retornou à origem adverbial);
▪ a INFINITIVO introduzido de uma das seguintes locuções: *apesar de, não obstante, sem embargo de, a despeito de*:
  ✓ *APESAR DE [NÃO OBSTANTE, SEM EMBARGO DE, A DESPEITO DE] não **ser** médico, conseguiu todavia curá-la.*;
  ✓ *Conseguiu curá-la[,] APESAR DE (NÃO OBSTANTE, SEM EMBARGO DE, A DESPEITO DE) não **ser** médico.*
• As CONDICIONAIS (ou HIPOTÉTICAS) expressam a circunstância de que depende o cumprimento do expresso na subordinante. Mas o que expressam varia segundo vários matizes:

---

[93] ROCHA LIMA, *op. cit.*, p. 344.

- fato ou ação de cumprimento impossível (hipótese irrealizável):
    ✓ *S<small>E</small> eu tivesse vinte anos, empreendê-lo-ia. / Eu empreendê-lo-ia*[,] *<small>SE</small> tivesse vinte anos*.;
- fato ou ação de cumprimento possível, ou provável, ou ainda desejável:
    ✓ *S<small>E</small> um dia tiver condições para tal, empreendê-lo-ei. / Empreendê-lo-ei*[,] *<small>SE</small> um dia tiver condições para tal*.;
- desejo, ou esperança, ou ainda pesar, mais comumente em oração exclamativa e/ou reticenciosa, cuja subordinante está quase sempre implícita:
    ✓ *S<small>E</small> ela soubesse!...*;
    ✓ *S<small>E</small> não envelhecêssemos...*

→ A conjunção condicional paradigmática é *se*, que em princípio requer verbo no subjuntivo (pretérito imperfeito, pretérito mais-que-perfeito ou futuro), conquanto seja lícito pô-lo no indicativo se expressa fato ou ação reais (ou admitidos como tais):
    ✓ *S<small>E</small> não te **esforças**, como queres progredir? / Como queres progredir*[,] *<small>SE</small> não te **esforças**?*

- Ainda em forma *desenvolvida*, porém, a <small>ORAÇÃO CONDICIONAL</small> pode introduzir-se por *caso* ou por uma destas locuções: *contanto que, desde que, sem que, uma vez que, a menos que*, etc.:[94]
    ✓ *C<small>ASO</small> (<small>DESDE QUE, UMA VEZ QUE</small>) desapareça a causa, cessará o efeito. / Cessará o efeito*[,] *caso (dado que, desde que, uma vez que) desapareça a causa*.;
    ✓ *S<small>EM QUE</small> (<small>A MENOS QUE</small>) desapareça a causa, não desaparecerá o efeito. / Não desaparecerá o efeito <small>SEM QUE</small> (<small>A MENOS QUE</small>) desapareça a causa*.;
    ✓ *Emprestar-te-ei a coleção*[,] *<small>CONTANTO QUE</small> (<small>DESDE QUE</small>) ma devolvas na semana que vem*.;
    ✓ *Não te emprestarei a coleção <small>SEM QUE</small> (<small>A MENOS QUE, A NÃO SER QUE</small>, <small>ETC</small>.) ma devolvas na semana que vem*.

⌁ O<small>BSERVAÇÃO</small> 1. Nos dois últimos exemplos, não se usa antepor à subordinante a condicional, e expressa-se, cumulativamente, matiz imperativo ou impositivo.

⌁ O<small>BSERVAÇÃO</small> 2. De notar é a correspondência entre modos e tempos verbais requerida pelas diversas conjunções condicionais.

⌁ O<small>BSERVAÇÃO</small> 3. A oração condicional pode prescindir de conjunção, caso em que pode antepor-se (mais comumente) ou pospor-se à subordinante, além de ter o verbo anteposto ao sujeito:

---

[94] Note-se a plasticidade de algumas destas conjunções: podem ser ora causais, ora condicionais, etc.

<u>*Não estivesse ele ausente do país*</u>, *teria comparecido à solenidade.*

→ Quando *reduzidas*, as CONDICIONAIS podem sê-lo:
- a GERÚNDIO:
    - ✓ **<u>Desaparecendo</u>** (ou <u>EM **desaparecendo**</u>) <u>*a causa*</u>, *cessará o efeito.*;
- a PARTICÍPIO:
    - ✓ **<u>Desaparecida</u>** <u>*a causa*</u>, *cessará o efeito.*;
- a INFINITIVO:
    - ✓ <u>*A* **desaparecer** *a causa*</u>, *cessará o efeito.*

⌦ OBSERVAÇÃO DE ROCHA LIMA. "Na última dessas construções, de teor por excelência literário, o infinitivo vem regido pela preposição *a* e equivale à oração desenvolvida de verbo no pretérito ou no futuro do subjuntivo: '(...) mas tudo tão caro que, *a não haver inconveniência*, ousarei dizer que a comedela foi a maior fraude que se tem feito com santos em Braga' (Camilo Castelo Branco); 'Contava muita vez uma viagem que fizera à Europa, e confessava que, *a não sermos nós*, já teria voltado para lá...' (Machado de Assis)."[95]

- As CONFORMATIVAS, como indica seu próprio nome, expressam a conformidade ou acordo do que significam com o significado pela subordinante. Introduzem-se por *conforme*, por *como*, por *consoante* ou ainda por *segundo* (além de *do modo como*, etc.) e não se reduzem a nenhuma forma nominal:
    - ✓ *Tudo se passou <u>CONFORME</u> (ou <u>COMO</u>, ou <u>CONSOANTE</u>, ou <u>SEGUNDO</u>, ou <u>DO MODO COMO</u>) Marcos o previra.*;
    - ✓ <u>*Como se pode ver*</u>, *as consequências disso são inevitáveis*.

⌦ OBSERVAÇÃO. Também podem considerar-se conformativas orações como as do seguinte exemplo:
- ✓ "Cristo, ENQUANTO (é) DEUS...; Cristo, ENQUANTO (é) HOMEM..." (PADRE ANTÔNIO VIEIRA).

- Ainda porém que não se suponha a elipse do verbo *ser*, *enquanto* comuta-se perfeitamente por *como*:
    - ✓ Cristo, ENQUANTO (ou COMO) Deus...; Cristo, ENQUANTO (ou COMO) homem...

- E com isto se mostra infundado também o "rumor" de que é errado este uso de *enquanto*.

---

[95] ROCHA LIMA, *op. cit.*, p. 348.

- As **COMPARATIVAS** estão para a subordinante assim como aquilo com que se compara está para o comparado. Não se usam senão em forma desenvolvida. Há dois tipos básicos de comparativas.
  - Antes de tudo, as **ASSIMILATIVAS**, que se introduzem por *como* (= do mesmo modo que):
    - ✓ "<u>Como uma cascavel que se enroscava</u>,
      A cidade dos lázaros dormia..."
      (Augusto dos Anjos);
    - ✓ *A cidade dos lázaros dormia <u>como uma cascavel que se enroscava</u>.*

  ☞ Observação. *Como* pode ser reforçado por *assim* na mesma subordinada e por *assim* ou *assim também* na subordinante:
  - ✓ <u>Como paralelas, que nunca se encontram</u>, **assim** [ou **assim também**] caminham agora aqueles amigos de juventude.;
  - ✓ "**Assim como** as demonstrações se obtêm a partir das causas, **assim** [ou **assim também**] se obtêm as definições" (Aristóteles).

- Depois, as **QUANTITATIVAS**, pelas quais se confrontam fatos, estados ou ações semelhantes (*comparação de igualdade*), ou fatos, estados ou ações dessemelhantes (*comparação de superioridade* ou *de inferioridade*). Usam-se para isso determinadas fórmulas correlativas:

  a. *que* ou *do que* (em relação a *mais, menos, maior, menor, melhor, pior*, na subordinante);

  b. *qual* (em relação a *tal* ou *como*, na subordinante);

  c. *quanto* (em relação a *tanto*, na subordinante);

  d. *como* (em relação a *tal, tão* ou *tanto*, na subordinante).

  Exemplos:[96]
  - ✓ *O silêncio é* **MAIS** *precioso* **DO QUE** [*o é*] *o ouro.*;
  - ✓ *Você procedeu* **TAL QUAL** (ou **COMO**) *eu esperava.*;
  - ✓ *O cirurgião fez* **TANTO QUANTO** *era possível.*;
  - ✓ *Nada o pungia* **TANTO QUANTO** (**COMO**) [*o pungia*] *o sorriso triste daquela criança.*

  ☞ Observação 1. Amiúde, como visto pelos exemplos, dá-se nas comparativas elipse de termos:
  - ✓ *Não posso pensar <u>como tu</u> [pensas].*;
  - ✓ *Esta peça é mais bela <u>do que a outra</u> [é bela].*

---

[96] Tomados de Rocha Lima, *op. cit.*, p. 349.

⚐ Observação 2. Quando a conjunção é *como*, não raro se *omite* o mesmo correlativo:
- ✓ *A rua estava (TÃO) vazia COMO [o é] um deserto.*;
- ✓ *Trabalha (TANTO) COMO [trabalha] um condenado.*

⚐ Observação 3. Quando se trata de comparação com fato, com estado ou com ação inexistentes, emprega-se o grupo comparativo-hipotético *como se*, com o verbo no imperfeito do subjuntivo:
- ✓ *"O velho fidalgo estremeceu COMO SE* **acordasse** *sobressaltado..."* (Rebelo da Silva).

• As CONSECUTIVAS expressam consequência do dito na subordinante.

→ Em forma DESENVOLVIDA, introduzem-se por *que* e sempre se pospõem à subordinante, em que se acha algum intensificador (*tão*, *tal*, *tanto* ou *tamanho*). Exemplos:
- ✓ *É TÃO generoso[,] QUE impressiona a todos.*;
- ✓ *Deram-se TAIS provas[,] QUE não hesitei em assentir.*;
- ✓ *O balão encheu-se TANTO[,] QUE estourou.*;
- ✓ *Foram TAMANHAS suas mentiras, QUE todos se afastaram dele.*

⚐ Observação 1. Por vezes o intensificador fica implícito. Vejam-se os exemplos postos ainda por Rocha Lima:[97]
- ✓ *"Deus! ó Deus! onde estás QUE não respondes?"* [ou seja: *em que lugar TAL estás QUE*] (Castro Alves).;
- ✓ *"Eu tinha umas asas brancas,*
  Asas que um anjo me deu,
  QUE, em me eu cansando da terra,
  Batia-as, voava ao céu"
  [ou seja: *asas TAIS, QUE*]
  (Almeida Garrett).;
- ✓ *"São as afeições como as vidas, QUE não há mais certo sinal de haverem de durar pouco, que terem durado muito"* [ou seja: *São as afeições como as vidas, TAIS QUE...*] (Antônio Vieira).

⚐ Observação 2. Também é *de certo modo* CONSECUTIVA a oração introduzida por *que* seguido de *não*, se a subordinante também é negativa. Exemplo:
- ✓ *Não abre a boca nenhuma vez QUE NÃO diga alguma verdade.*

---

[97] *Ibidem*, p. 351.

⤷ OBSERVAÇÃO 3. Por ênfase, empregam-se *de (tal) modo que, de (tal) sorte que, de (tal) maneira que,* etc.:
- ✓ "Ao filósofo natural pertence o estudo de todas as coisas que movem DE MODO TAL QUE, por sua vez, sejam movidas" (ARISTÓTELES).

§ Note-se, porém, que neste caso só o *que* é parte da consecutiva; *de modo tal*, locução adverbial, é parte da subordinante. Omitida, porém, a palavra *tal*, estes "grupos" podem passar a locução (*de modo que, de maneira que, de sorte que,* etc.) e a pertencer, em conjunto, à consecutiva: em outras palavras, tornam-se *locuções consecutivas*:
- ✓ *Deu-lhes todas as explicações necessárias,[;] DE SORTE QUE já não há razão para desconfianças.*

→ As CONSECUTIVAS podem reduzir-se a infinitivo regido de *de* ou de *sem*, ou ainda da locução *a* (ou *ao*) *ponto de*:
- ✓ *O acidente era grave DE **inspirar** terror.*;
- ✓ *Não abre a boca nenhuma vez SEM **dizer** alguma verdade.*;
- ✓ *Teve de trabalhar A PONTO DE **esgotar-se**.*

• As FINAIS expressam, precisamente, a finalidade do que se diz na subordinante.

→ Em forma *desenvolvida*, introduzem-se de *para que* ou de *a fim de que*, ou ainda de *porque*, e têm o verbo no subjuntivo:
- ✓ *Trabalha sem trégua PARA QUE [ou A FIM DE QUE, ou PORQUE] nada falte à família. / PARA QUE [ou A FIM DE QUE, ou PORQUE] nada falte à família, trabalha sem trégua.*

→ As FINAIS reduzem-se a INFINITIVO introduzido por *por*, por *para* ou por *a fim de*:
- ✓ *Guerrearam muito POR [ou PARA ou A FIM DE] **vencer** tão poderoso inimigo.*;
- ✓ *Estuda a Gramática PARA [ou A FIM DE] **escrever** bem.*

• Se tal se pode dizer, as MODAIS são das orações mais propriamente adverbiais, justamente porque o *modo* constitui, com o *tempo* e o *lugar*, o mais propriamente adverbial; e porque, mesmo quando se trate de tempo e de lugar, ainda assim permanece o fundo modal. Mas em português não temos orações modais desenvolvidas, tão só GERUNDIAIS.
- ✓ "A disciplina militar prestante
  Não se aprende, Senhor, na fantasia,
  Sonhando, **imaginando**, ou **estudando**,
  Senão **vendo**, **tratando** e **pelejando**"
  (CAMÕES).

- As **proporcionais**, como diz Said Ali, expressam "aumento ou diminuição que se faz paralelamente no mesmo sentido ou em sentido contrário a outro aumento ou diminuição".[98] Para tal, empregam-se os seguintes pares correlativos: *quanto mais... (tanto) mais*; *quanto menos... (tanto) menos*; *quanto mais... (tanto) menos*; *quanto menos... (tanto) mais*; *quanto maior... (tanto) maior*; *quanto melhor... (tanto) pior*; *quanto maior... (tanto) menor*; e outros que tais. O primeiro membro do par vem sempre na proporcional, e o segundo sempre na subordinante. Exemplos:
    - ✓ <u>Quanto mais a escuto</u>, (tanto) mais a aprecio.;
    - ✓ <u>Quanto maior a altura</u>, (tanto) maior é o tombo.

⌥ Observação 1. Também se dizem proporcionais as orações introduzidas por *à medida que*, por *à proporção que* ou ainda por *ao passo que*:
   - ✓ *Crescemos em sabedoria* <u>à proporção que</u> (ou <u>à medida que, ao passo que</u>) *envelhecemos*.

⌥ Observação 2. Não se confunda a locução *ao passo que* como equivalente de *à proporção que* com seu uso como equivalente de *enquanto*, como neste exemplo:
   - ✓ <u>Enquanto (ou ao passo que) uns se decepcionaram</u>, *outros se deleitaram*.

Poderíamos chamar *opositiva* a esta oração.

- As **temporais** podem dar-se em forma *desenvolvida* ou *reduzida*.

→ Em forma *desenvolvida*, as temporais têm *quando* por advérbio-conectivo paradigmático:
   - ✓ <u>Quando a morte chegou</u>, encontrou-o em paz. / A morte encontrou-o em paz[,] <u>quando chegou</u>.;
   - ✓ <u>Quando a morte chega</u>, havemos de encontrar-nos em paz. / A morte há de encontrar-nos em paz[,] <u>quando chega</u>.;
   - ✓ <u>Quando a morte chegar</u>, haverá de encontrar-nos em paz. / A morte haverá de encontrar-nos em paz[,] <u>quando chegar</u>.

♦ Se porém se há de assinalar *fato ou ação posterior* a outra (expressa na subordinante), introduzem-se as temporais por *antes que* ou *primeiro que*:
   - ✓ <u>Antes que (ou primeiro que) comeces a ensinar</u>, deves preparar-te um pouco mais. / Deves preparar-te um pouco mais[,] <u>antes que (ou primeiro que) comeces a ensinar</u>.

---

[98] Manuel Said Ali, *Gramática Secundária da Língua Portuguesa*, p. 146.

♦ Se se há de assinalar fato *imediatamente anterior* a outro (expresso na subordinante), introduzem-se as TEMPORAIS por uma das seguintes conjunções: *apenas, mal, nem bem, assim que, logo que,* etc.:
   ✓ <u>APENAS (MAL, NEM BEM, ASSIM QUE) ENTROU</u>, *todos a aplaudiram.* / *Todos a aplaudiram*[,] <u>APENAS (MAL, NEM BEM, ASSIM QUE) ENTROU</u>.
♦ Se se há de assinalar a duração de um fato ou a de uma ação, ou ainda sua simultaneidade com outro fato ou com outra ação, as TEMPORAIS introduzem-se por *enquanto*:
   ✓ <u>ENQUANTO VIVERAM ali</u>, *desfrutaram certa tranquilidade.* / *Desfrutaram certa tranquilidade* <u>ENQUANTO VIVERAM ali</u>.;
   ✓ *Malha-se o ferro* <u>ENQUANTO ESTÁ</u> **quente**.

Para expressar porém essa mesma simultaneidade, as TEMPORAIS também podem introduzir-se de *ao mesmo tempo que* (e não "ao mesmo tempo 'em' que", que constitui solecismo):
   ✓ <u>AO MESMO TEMPO QUE embalava a criança</u>, *lia atentamente o livro.* / *Lia atentamente o livro* <u>AO MESMO TEMPO que embalava a criança</u>.

♦ Se se há de assinalar uma iteração periódica, as TEMPORAIS introduzem-se por *sempre que,* por *cada vez que,* por *todas as vezes que,* etc.:
   ✓ <u>SEMPRE QUE (CADA VEZ QUE, TODAS AS VEZES QUE) VEJO esta gravura</u>, *não posso deixar de admirá-la.* / *Não posso deixar de admirar esta gravura* <u>SEMPRE QUE (CADA VEZ QUE, TODAS AS VEZES QUE) a VEJO</u>.

♦ Se se há de assinalar o momento a partir do qual algo se dá, as TEMPORAIS introduzem-se por *desde que*; e, se se há de assinalar o termo em que algo termina, introduzem-se por *até que*.
   ✓ *Temos de lutar* / <u>DESDE QUE NASCEMOS</u>.;
   ✓ *Não o faremos* / <u>ATÉ QUE DEIXES ESSE MODO DE VIDA</u> (o que pode expressar-se também assim: *Não o faremos* / <u>ENQUANTO NÃO DEIXARES ESSE MODO DE VIDA</u>).

→ Quando *reduzidas*, as TEMPORAIS podem sê-lo:
- a GERÚNDIO:
   ✓ <u>**Chegando** (EM **chegando**) o inverno</u>, *teremos já lenha suficiente*.;
- a INFINITIVO introduzido de *ao, até, antes de, depois de,* etc.:
   ✓ <u>**Ao amanhecer**</u>, *cantam os galos.* / *Cantam os galos*[,] <u>AO AMANHECER</u>.;
   ✓ *Siga por este caminho*[,] <u>ATÉ **encontrar** uma cruz de pedra</u>.;
   ✓ <u>ANTES DE **passarmos** a outra lição</u>, *estuda detidamente esta.* / *Estuda detidamente esta lição*[,] <u>ANTES DE **passarmos** a outra</u>.

- ou a PARTICÍPIO:
    - ✓ **_Terminada a tradução_**, *foi caminhar com os filhos.*;
    - ✓ **_Terminada que foi_** (ou *estava*) *a tradução, foi caminhar com os filhos.*

☞ OBSERVAÇÃO. A circunstância ou modalidade *tempo* pode expressar-se ainda mediante oração JUSTAPOSTA à subordinante:
    - ✓ *Não nos encontrávamos havia* (ou *fazia*) *semanas*.

§ Ambas estas formas estão corretas:
    - ✓ *Faz (Há) quase meio século[,] deixou a terra natal.*;
    - ✓ *Faz (Há) quase meio século que deixou a terra natal.*

¶ QUADRO SINÓPTICO DAS ESPÉCIES DE ORAÇÕES COORDENADAS E SUBORDINADAS

I. ORAÇÕES COORDENADAS. Propriamente falando, só podem dizer-se COORDENADAS – *segundo a figura* – as orações assindéticas, e – *segundo a figura e o significado*, mas só se se consideram entre si – as alternativas de *ou ... ou, quer ... quer*, etc. Quando sindéticas, as demais orações correntemente ditas "coordenadas" devem considerar-se – *tanto segundo a figura como segundo o significado* – SUBORDINADAS ADVERBIAIS DE PRIMEIRA ESPÉCIE.

II. ORAÇÕES SUBORDINADAS (*tanto segundo a figura como segundo o significado*):

1. Antes de tudo, as **SUBSTANTIVAS**, que se dividem em
   a. SUBJETIVAS;
   b. OBJETIVAS DIRETAS;
   c. COMPLETIVAS RELATIVAS;
   d. COMPLETIVAS NOMINAIS;
   e. APOSITIVAS; e
   f. PREDICATIVAS.
   ☞ OBSERVAÇÃO. Tão somente *segundo a figura*, há ainda as OBJETIVAS INDIRETAS.

2. Depois, as **ADJETIVAS**, que por sua vez se dividem em
   a. ADJUNTIVAS ADNOMINAIS e
   b. PREDICATIVAS; e

3. Por fim, as **ADVERBIAIS** (que sempre exercem a função de adjunto adverbial). Subdividem-se em

b.1. da PRIMEIRA ESPÉCIE (as correntemente chamadas "coordenadas"), que podem ser
- ADITIVAS ("e");
- ALTERNATIVAS ou DISJUNTIVAS ("ou") [salvo as de *ou... quer... quer*, etc.];
- ADVERSATIVAS ("mas");
- EXPLICATIVAS ("porque");
- CONCLUSIVAS ou ILATIVAS ("portanto");
- ou CONTINUATIVAS ("ora"); e

b.2. da SEGUNDA ESPÉCIE, que podem ser
- CAUSAIS ("porque");
- CONCESSIVAS ("embora", "ainda que");
- CONDICIONAIS ou HIPOTÉTICAS ("se");
- CONFORMATIVAS ("como");
- COMPARATIVAS ("como");
- CONSECUTIVAS ("que");
- FINAIS ("para que", "a fim de que");
- MODAIS (apenas gerundiais);
- PROPORCIONAIS ("quanto mais ... tanto mais", "à medida que"); ou
- TEMPORAIS ("quando", "ao mesmo tempo que", etc.).

CAPÍTULO V

REGÊNCIA NOMINAL E VERBAL; E CRASE

5.1. Definição de regência

Chama-se REGÊNCIA a *qualquer relação sintática entre um termo regente – o que requer – e um termo regido – o que é requerido*. Assim, todo complemento é termo regido, quer de um nome – quando se diz COMPLEMENTO NOMINAL – quer de um verbo – quando se diz COMPLEMENTO VERBAL. Mas, se é assim, então o estudo da regência é duplo (*nominal* ou *verbal*) e se faz do ângulo do termo regente: diz-se *a regência de tal nome ou de tal verbo*.[1]

⚐ OBSERVAÇÃO. A preposição não só liga o termo regido ao regente, mas faz parte daquele: assim, em *Sua ida A Recife*, a preposição *a* não só liga *Recife* a *ida*, mas é parte do mesmo termo regido, *a Recife*. — No entanto, também se pode dizer analogamente que a preposição rege o complemento do nome ou do verbo, ou, o que é o mesmo, que tal complemento é regido desta ou daquela preposição.

5.2. A regência de alguns nomes

NOTA PRÉVIA ⚐. A relação que se segue inclui apenas alguns dos nomes (substantivos, adjetivos e advérbios) com respeito a cuja regência se dá alguma hesitação. Justamente, todavia, por ser relação muito incompleta, não dispensa a consulta constante aos melhores dicionários de regência nominal.[2]

A

abalado **com** ou **por**
abastecido **de** ou **com**
abuso **de**; **contra**
ação **contra**; **em**; **para**; **sobre**
acessível **a**
acesso **a**, **para**; **por**
acordo **com**; **em**; **com ... em**; **com ... para**; **sobre**; **com ... sobre**
acostumado **a** ou **com**
acusação **de**; **contra**
acusado **de**; **de ... contra**
adaptado **a**; **de**
adepto **de**
adequado **a**
aderência **a** ou **com**
aderente **a** ou **com**
adesão **a**
advertido **de**, **sobre**; **contra**

---

[1] Para algum aprofundamento quanto à noção de REGÊNCIA, ➤ *Suma*, p. 501-02. — E diga-se já que, como se verá, a CRASE é um como subcapítulo da regência.
[2] Recomendamos o *Dicionário Prático de Regência Nominal*, de Celso Pedro Luft, e o *Dicionário de Regimes de Substantivos e Adjetivos*, de Francisco Fernandes.

afetado **em; de**
aficionado **a**
afinidade **com** ou **entre ... em**
afixado **em**
afluência **a; de ... a; de ... para**
afronta **a**
aglutinação **de ... a; de ... com**
aglutinado **a** ou **com**
agraciado **com**
agradecimento **a, de, por; a ... por; de ... a ... por**
agregado **a**
agressão **a** ou **contra**
agressividade **com** ou **contra**
agressivo **com** ou **contra**
ajuda **a; em, para; a ... em; a ... contra**
ajustado **a, com, entre; em**
ajustável **a**
alerta **a, contra; para, sobre; a ... contra; a ... sobre**
alertado **contra; de, para** ou **sobre**
alheio **a**
alusão **a**
alusivo **a**
análogo **a**
anexação **a; de ... a**
anexado **a**
anexo **a**
ansioso **por**
anteposto **a**
apegado **a**
apego **a** ou **por**
apelo **a, para; em favor de**
apenso **a**
apoiado **a, contra, em** ou **sobre**
apoio **a; a ... contra; de ... a ... contra; de ... a favor de**
apologia **de**
apreciação **de** ou **sobre**
aptidão **a, para; de ... para**
apto **para** ou **a**
articulação **de ... com; com** ou **entre**
articulado **a, com; entre**
ascensão **a; de ... a; para**
assentado **em** ou **sobre**
assistência **a; de**
atenção **a** ou **para; para com**
atencioso **com** ou **para com**
atendimento **a; de**
atento **a**
atração **por**
atraído **a, para** ou **por**
auxílio **a; para; em**
avesso **a**
ávido **de** ou **por**

B

bacharel **em; em ... por**
baseado **em** (**com base em**)
bem-disposto **para**
bem-dotado **para**
bem-sucedido **em**
bem-vindo **a**
benefício **a** ou **para** (**em benefício de**)
benéfico **a** ou **para**
benevolente **com**
busca **de** ou **por**

C

capacidade **de** ou **para**
capacitado **a** ou **para**
capaz **de**
cauteloso **com** ou **em**
cindido **de; em**
cioso **de**
coberto **de, com** ou **por**
coerência **com; em; entre**
coesão **com** ou **entre**
coexistência **com** ou **entre**
coincidente **com; em**
colaboração **com; em; para; com ... em; em ... para**
comemoração **de; com**
comentário **a, de, sobre**
comparado **a, com, entre**
compatível **com**
compelido **a ... por**
composto **de** ou **por**
comprometido **com; em**
compromisso **com, entre; para**
comum **a; em; entre**
concedido **a**
concerto **de; com** ou **entre; quanto a, em torno de**
concorrência **com** ou **entre**
condenação **de; a; por; de ... a ... por**
condenado **a; a ... por**
condição **de** ou **para**
condizente **com**
conducente **a**
conexão **com** ou **entre**
conferido **a ... por**
confiado **a**
confiança **em**
conflito **em; entre**
conforme **a** ou **com**
conformidade **a, com; entre**

conhecimento **de, em, sobre**
conivente **com; com ... em**
cônscio **de**
consenso **em, sobre; entre ... em**
constituído **de** ou **por**
consulta **a**
consultado **sobre**
conversão **a; de ... a; de ... em**
convertido **a; em**
convicto **de**
convocação **a** ou **para; de ... a** ou **para**
convocado **a** ou **para**
correlação **com** ou **entre**
correlacionado **a, com, entre**
curioso **de**

D

dano **a** ou **para**
danoso **a** ou **para**
debate **com** ou **entre ... sobre**
decidido **a**
decisão **sobre**
decisivo **para**
dedicação **a** ou **por**
dedicado **a**
defendido **de** ou **contra**
defensor **de**
defesa **de** ou **contra**
defrontado **com**
deliberação **de** ou **sobre**
delimitado **a**
demanda **com; de** ou **por**
denúncia **de; sobre; contra**
dependência **de; entre**
dependente **de**
desabituado **a** ou **de**
desacordo **com, entre ... em** ou **sobre**
desacostumado **a** ou **de**
desagradável **a** ou **para**
desapego **a, de** ou **por**
desapontado **com**
desatento **a**
desavença **com** ou **entre**
descompromisso **com**
desconfiado **com, de**
desejoso **de**
desentendimento **com, entre ... sobre** ou **quanto a**
deserdado **de**
desfavorável **a**
desinteressado **de**

desobediência **a**
desobediente **a**
desobrigado **de**
despojado **de**
despreocupação **com** ou **por**
desrespeito **a, com** ou **por**
desserviço **a**
destaque **a, de** ou **para**
dicotomia **entre**
diferente **de**
diferentemente **de**
difícil **de; para**
dificuldade **de, em, para**
direcionado **a** ou **para**
direito **a** ou **de**
dirigido **a, para; contra**
dividido **a; em; entre, por**
domiciliado **em**
dúvida **de** ou **sobre**

E

educação **em; para**
efeito **contra; em; sobre**
eficácia **contra; sobre**
eficaz **contra; em; para**
eficiência **em; para**
eficiente **em; para**
egresso **de**
elevado **a; de** ... **a** ou **para**
empenhado **em**
empenho **de; em; contra; de** ... **em; de** ... **contra**
endereçado **a**
ênfase **em** ou **sobre**
enterro **de**
enterramento **de**
equivalência **entre; de** ... **com**
equivalente **a; em**
esclarecimento **a; sobre**
especialista **em**
especializado **em**
essencial **em; para**
estudo **de** ou **sobre**
exceção **a** ou **de**

F

facilidade **de, em, para**
favorável **a**
favoravelmente **a**

favorecimento **de**
fiel **a**
formado **de** ou **por**; **em**; **para**
fundamental **para**

G

gerado **de**
grato **a** ... **por**
guerra **a**, **com** ou **contra**

H

hábil **em** ou **para**
habilidade **em** ou **para**
habitante **de**
habituado **a** ou **com**
hipótese **sobre**
hostil **a**
hostilidade **a** ou **contra**

I

ida **a**
idêntico **a**; **em**
imersão **de**, **em**; **de** ... **em**
impacto **em** ou **sobre**
impelido **a**, **para**, **contra**
implicado **com** ou **em**
importância **de** ... **em**; **de** ... **para**
importante **em**; **para**
impotente **contra**; **para**
impregnado **de**
impróprio **para**
imune **a**
imunidade **a** ou **contra**
imunizado **contra**
inábil **para**
inacessível **a** ou **para**
inadequado **a** ou **para**
inaplicável **a**
inaptidão **a** ou **para**
inapto **a** ou **para**
incapaz **de** ou **para**
inclinação **a**, **para** ou **por**
incompatibilidade **com** ou **entre**
incompatível **com** ou **entre**
inconformado **com**
inconformidade **com**

incorporado **a** ou **em**
indagado **sobre**
independentemente **de**
indicado **a** ou **para**
indicativo **de**
indiferente **a, para, com**
indignação **com** ou **por**
indignado **com, por; contra**
indispensável **a, para; em**
induzido **a, em**
ineficácia **em** ou **para; contra**
ineficaz **em** ou **para; contra**
ineficiente **em** ou **para**
inepto **para**
inerente **a**
infenso **a**
inferior **a ... em**
inferioridade **em**
infidelidade **a**
infiel **a**
infligido **a**
influência **em** ou **sobre**
ingrato **com**
inserção **em; de ... em**
inserido **em** ou **entre**
inspiração **para**
inspirado **de, por; em; para**
instrução **a; para; sobre; a ... para; a ... sobre**
instruído **a, para; em; sobre**
insuspeito **de**
integrado **a** ou **em**
interdição **de**
interessado **em** ou **por**
interessante **a; para**
interesse **em** ou **por**
intervenção **em**
intolerante **a; com**
invasão **de**
investido **de** ou **em**
investigação **de** ou **sobre**

J

juízo **de** ou **sobre**
julgamento **de** ou **sobre**
junto **a, com** ou **de**

L

leal **a** ou **com; em**

lealdade **a** ou **com**; **em**
legislação **sobre**
ligado **a, com** ou **entre**
litígio **com, entre; sobre, quanto a**

M

magnanimidade **com; em**
magnânimo **com; em**
manutenção **de; de ... em**
mediação **entre**
morador **em**
movimento **de; para; de ... para**

N

nascido **de; em**
natural **de**
necessário **a** ou **para**
necessidade **de**
nocivo **a**
nomeado **para**

O

obcecado **em** ou **por**
obediência **a**
obediente **a**
objeção **a**
oblíquo **a**
obrigação **a, de; com**
obrigado **a**
obrigatório **para**
observância **de**
ódio **a; contra**
odioso **a** ou **para**
opção **por**
opinião **sobre**
oposição **a; entre**
oposto **a**

P

paralelamente **a**
paralelo **a (em paralelo com)**
parecer **sobre**
parecido **a** ou **com**
pari passu **com**

participação **em**
participante **de** ou **em**
partícipe **de** ou **em**
passível **de**
pautado **em** ou **por**
pendência **com**; **entre**
percepção **de** ou **sobre**
perceptível **a**; **por**
perpendicular **a**
perquirição **sobre**
persistência **em**
persistente **em**
persuadido **a**
posposto **a**
possibilidade **de**
predisposição **para**
predisposto **a** ou **para**
preferência **a**; **por**; **com respeito a** ou **quanto a**; **de ... a**; **a ... sobre**
preferível **a**
prejudicial **a**
prestes **a**
procedente **de**
pronto **para**
propensão **a** ou **para**
propenso **a**
proporcional **a**
proporcionalmente **a**
próprio **de**; **para**
prosseguimento **de**; **em**
próximo **a** ou **de**
prudência **com**; **em**

Q

qualificação **de ... para**; **para**
qualificado **como**, **de**; **para**
queixa **a ... sobre** ou **quanto a**; **de** ou **contra**
querido **de** ou **por**; **a**
questionado **sobre**

R

rapidez **em**
rápido **em**
recluso **em**
recondução **de ... a**; **para**
reconversão **a**; **de ... em**
recusa **a** ou **de**
refletido **em**
reflexão **em** ou **sobre**

relativamente **a**
relevante **em; para**
residente **em**
resistência **a; contra**
resistente **a**
respeito **a** ou **por**
respeitoso **de**

S

satisfação **com; de; em** ou **por**
satisfatório **para**
satisfeito **com; de**
semelhante **a; a ... em**
sensibilidade **a; para**
sensível **a; para**
simpatia **por**
simpático **a**
sito **em**
situado **em**
sobranceiro **a**
soterramento **de**
subalterno **a**
subjacente **a**
subjugado **a**
submisso **a**
suborno **de**
subserviente **a**
superior **a**
suspicaz **com**

T

tendência **a, de** ou **para**
tendente **a** ou **para**
tentativa **de**
transcrito **em** ou **para**

U

ulterior **a**
ultrajante **a** ou **para**
unânime **em, quanto a**
único **a** ou **em**
uniforme **em**
urgência **em** ou **para**
união **com** ou **entre**
útil **a** ou **para**

utilidade **para**
utilizado **em** ou **para**

V

válido **para**
valioso **para**; **em**
vazio **de**
versado **em**
vertido **de** ... **a**; **de** ... **para**; **em**
visível **a** ou **para**
vital **para**
volta **a** ou **para**; **de**; **de** ... **a** ou **para**
voltado **a, para, contra**

5.3. BOA PARTE DOS VERBOS ADMITE MAIS DE UMA REGÊNCIA.

5.3.1. Na maior parte dos casos, a diversidade de regência corresponde a alguma variação significativa. Exemplo:

- ✓ ASPIRAR [= inspirar, respirar, sorver] <u>o ar do litoral</u> [transitivo direto];
- ✓ ASPIRAR [= ansiar, anelar] <u>**a** um alto posto</u> [transitivo indireto a relativo introduzido por *a*].

5.3.2. Alguns verbos, todavia, podem empregar-se com mais de uma regência mas sem variação significativa. Exemplo:

- ✓ *NECESSITA* <u>**de** ajuda</u> [transitivo indireto a relativo introduzido por *de*].;
- ✓ *NECESSITA* <u>que o ajudemos</u> [transitivo direto de complemento oracional].

☞ OBSERVAÇÃO 1. Nada impede, contudo, que se diga *NECESSITA* <u>**de** que o ajudemos</u>, ou até, ainda que menos propriamente no padrão culto atual, *NECESSITA* <u>ajuda</u>.

☞ OBSERVAÇÃO 2. Por vezes, por outro lado, não varia senão a preposição:

- ✓ *PENSAR* <u>num [**em** + um] assunto</u>;
- ✓ *PENSAR* <u>**a respeito de** um assunto</u>.

5.3.3. Outros, por fim, variam de significação sem variar, todavia, de regência. Exemplos:

- ✓ CARECER [= não ter] <u>**de** ajuda</u> [transitivo indireto a relativo introduzido por *de*];
- ✓ CARECER [= necessitar] <u>**de** ajuda</u> [transitivo indireto a relativo introduzido por *de*].[3]

---

[3] Quanto a se as preposições estabelecem sempre ou só em determinados casos relações de regência, ➢ *Suma*, p. 502-03.

⌗ Observação de Cunha e Cintra. "Muitas vezes, a regência de um verbo estende-se aos substantivos e aos adjetivos cognatos:

Obedecer **ao chefe**   Contentar-se **com a sorte**.
Obediência **ao chefe**   Contentamento **com a sorte**.
Obediente **ao chefe**   Contente **com a sorte**."[4]

5.4. A regência de alguns verbos[5]

Nota prévia ⌗. A relação que se segue inclui apenas alguns dos verbos com respeito a cuja regência se dá alguma hesitação. Justamente, todavia, por ser relação muito incompleta, não dispensa a consulta constante aos melhores dicionários de regência verbal.[6]

5.4.1. Acreditar, crer

§ Hoje se usam correntemente como TRANSITIVOS INDIRETOS A RELATIVO INTRODUZIDO POR *EM* quando o complemento não é oracional, e como TRANSITIVOS DIRETOS quando o complemento é oracional.

✓ Acreditamos/Cremos **em suas palavras**.;
✓ Não creio/Não acredito **que venha**.

⌗ Observação 1. Não obstante ser construção antes clássica, ainda se pode usar objeto direto não oracional: *Não o creio* / *Não o acredito*. – Veja-se todavia este exemplo do *novo* Caldas Aulete: "Os apóstolos criam **a Jesus**" (objeto direto preposicionado).

⌗ Observação 2. Quando porém *crer* e *acreditar* têm o significado de 'julgar, supor', constroem-se como TRANSITIVOS DIRETOS COM PREDICATIVO DO OBJETO:

✓ Eu cria-o/acreditava-o **mais inteligente**.

⌗ Observação 3. *Acreditar* ainda pode ter o sentido de 'credenciar', e é então BITRANSITIVO DIRETO E INDIRETO A RELATIVO introduzido sobretudo por *junto a*:

✓ acreditar **um diplomata** junto a **governo estrangeiro**;
✓ etc.

---

[4] Celso Cunha & Lindley Cintra, *op. cit.*, p. 532. – Insista-se, ademais, em que obviamente não se dá relação de regência com verbo intransitivo; mas devemos estudar a intransitividade no capítulo mesmo de regência verbal, assim como, *mutatis mutandis*, se estuda a cegueira no tratado da visão.
[5] Sempre segundo o padrão culto atual. Ademais, aqui não discriminaremos necessariamente se o complemento é oracional ou não o é.
[6] Recomendamos o *Dicionário de Verbos e Regimes*, de Francisco Fernandes, e o *Dicionário Prático de Regência Verbal*, de Celso Pedro Luft.

5.4.2. Agradar

§ É sempre TRANSITIVO INDIRETO A DATIVO:

✓ AGRADOU-***lhe*** *o novo poema.*

⌓ OBSERVAÇÃO. Conquanto em tempos remotos este verbo aceitasse a regência direta ("Agradou-o"), hoje esta constitui puro e simples erro.

5.4.3. Agradecer

§ É BITRANSITIVO DIRETO E INDIRETO A DATIVO:

✓ AGRADECER à [***a*** + *a*] Virgem uma graça recebida;

✓ "Meus companheiros também vão voltar / e **a** Deus do céu vamos AGRADECER" [com objeto direto implícito] (DORIVAL CAYMMI).;

✓ etc.

⌓ OBSERVAÇÃO 1. Alguns admitem que se use como bitransitivo indireto a dativo e a relativo: AGRADEÇA ***a*** *seu pai* pelo [***per*** + *o*] presente. Mas não é do registro tradicional e culto. ⚬ Evite-se.

⌓ OBSERVAÇÃO 2. Constitui todavia puro erro usá-lo como bitransitivo direto e indireto a relativo: "Agradeça-'o' pelo presente".

5.4.4. Ajoelhar, deitar, levantar, sentar

§ Estes quatro verbos são ou TRANSITIVOS DIRETOS OU INTRANSITIVOS PRONOMINAIS:

✓ *Ele* AJOELHOU, DEITOU, LEVANTOU, SENTOU *a criança.*;

✓ *A criança* AJOELHOU-*SE*, DEITOU-*SE*, LEVANTOU-*SE*, SENTOU-*SE*.

⌓ OBSERVAÇÃO 1. Constitui erro, portanto, usar sem pronome estes verbos quando intransitivos (por exemplo, 'a criança ajoelhou, deitou, levantou, sentou" ou "eu ajoelhei, deitei, levantei, sentei").

⌓ OBSERVAÇÃO 2. Deve-se ou pode-se omitir este pronome quando tais verbos têm sujeito acusativo:

✓ *Mandou-me, Fez-me, Deixou-me, Viu-me, Ouviu-me, Sentiu-me* AJOELHAR, DEITAR, LEVANTAR, SENTAR.

✓ *Mandou-o, Fê-lo, Deixou-o, Viu-o, Ouviu-o, Sentiu-o* AJOELHAR(-SE), DEITAR(-SE), LEVANTAR(-SE), SENTAR(-SE).

⌓ OBSERVAÇÃO 3. Aproveite-se o ensejo e diga-se que, se podemos perfeitamente *sentar-nos numa* [***em*** + *uma*] *cadeira*, não podemos porém *sentar-nos 'na* [***em*** + *a*]*' mesa* durante as refeições ou durante reuniões de diretoria... Diga-se, nestes casos, *sentar-se à* [***a*** + *a*] *mesa*.

5.4.5. ANTEPOR, OPOR, POSPOR
- São BITRANSITIVOS:
    - ✓ ANTEPOR *o verbo* **ao** *sujeito* / *Egoísta,* ANTEPÕE **a** *tudo* *seus interesses privados.* / ANTEPÔS-SE **ao** *descarado.*;
    - ✓ OPOR *o sofá* **à** [**a** + **a**] *lareira* / OPOR *um argumento* **a** *outro* / *Opôs-***lhe** [*ao adversário*] *uma árdua objeção.* / OPUSERAM-SE **ao** *projeto.* / *As ideias* **os** OPUNHAM.;
    - ✓ POSPOR *o verbo* **ao** *sujeito* / POSPOR *uma doutrina* **a** *outra* / *Sempre* POSPUNHA (= *adiava*) *a conversa sobre o assunto.*
- A classificação de sua bitransitividade, no entanto, não é isenta de dificuldade. Derivam estes três verbos do originalmente **locativo** *pôr*, e em ANTEPOR *o verbo* **ao** *sujeito*, OPOR *o sofá* **à** [**a** + **a**] *lareira* e POSPOR *o sujeito* **ao** *verbo* o COMPLEMENTO DATIVO parece ser quanto ao fundo significativo CIRCUNSTANCIAL (assim como é circunstancial o segundo complemento de *Pôs a cadeira na sala*). Por outro lado, se se usam em seu segundo sentido – como nos exemplos *Egoísta,* ANTEPÕE **a** *tudo seus interesses privados*, OPOR *um argumento* **a** *outro* e POSPOR *uma doutrina* **a** *outra* –, então também quanto ao fundo significativo parecem ser BITRANSITIVOS DIRETOS E INDIRETOS A DATIVO. Sucede todavia que ao menos em parte considerável dos casos, se se comuta seu objeto indireto dativo por pronome oblíquo, este pode ser átono ou tônico sem tacha estilística: ANTEPOR *o verbo* **ao** *sujeito* (ANTEPOR-**lhe** *o verbo* ou ANTEPOR *o verbo* **a** *ele*), OPOR *Aristóteles* **a** *Platão* (ou OPOR-**lhe** *Aristóteles* ou OPOR **a** *ele Aristóteles*), POSPOR *o sujeito* **ao** *verbo* (ou POSPOR-**lhe** *o sujeito* ou POSPOR *o sujeito* **a** *ele*) – o que não sucede, como dito *supra* (em **3.3.1.a**), com os demais casos de dativo. Não é preciso todavia que resolvamos perfeitamente aqui esta dificuldade para indicar a regência destes verbos, a qual se dá como visto nos exemplos.

⚐ OBSERVAÇÃO. O verbo SEGUIR com fundo locativo ou temporal também pode ter seu complemento indireto exercido por pronome dativo. Exemplos:
- ✓ *Não se antecede de artigo definidor o adjetivo santo/santa (ou, por apócope, são) quando se* lhe *segue aposto individualizador.*;
- ✓ *À revolução de 1789 seguiu-se-*lhe *um período de grande terror.*

5.4.6. APELAR
5.4.6.a. Com o sentido de 'recorrer a', é TRANSITIVO INDIRETO A RELATIVO:
- ✓ APELOU *aos* [**a** + *os*]/**para** *os amigos quando se viu sem saída.*

5.4.6.b. Com o sentido de 'recorrer de sentença por apelação, interpor recurso', é TRANSITIVO INDIRETO A RELATIVO OU TRANSITIVO INDIRETO A DUPLO RELATIVO:
- ✓ APELAR **de** *uma decisão ou sentença*;

- ✓ *O advogado do réu* APELOU ***para** o juiz*.;
- ✓ *O promotor* APELOU *da [**de** + a] sentença **para** a instância superior.*

5.4.7. ASPIRAR

5.4.7.a. Com o sentido de 'inspirar', 'respirar', 'sorver (ar, etc.)', é TRANSITIVO DIRETO:

- ✓ "Como o febricitante em dia ardente de estio [= verão], que [= o qual] ASPIRA a brisa da tarde" (TORRES).;
- ✓ "Em algumas línguas ASPIRA-se o *h*" (CALDAS AULETE [o original, como doravante]).

5.4.7.b. Com o sentido de 'ansiar', 'anelar', 'pretender', é TRANSITIVO INDIRETO A RELATIVO introduzido por *a*:

- ✓ "Que **a** tão altas empresas ASPIRAVA" (CAMÕES);
- ✓ "ASPIRO **a** livrar-me dessa fraqueza" (L. BITTENCOURT).

⌦ OBSERVAÇÃO. Não se usem de abonação os deslizes de grandes escritores quanto a esta regência (e quanto a todas as demais), como neste passo de Cruz e Souza: "Ele sente, ele ASPIRA, ele deseja / A grande zona da imortal bonança". Note-se que aqui se usa *aspirar* como se tivesse a mesma regência (direta) que *desejar*.

5.4.8. ASSISTIR

5.4.8.a. Com o sentido de 'comparecer', é TRANSITIVO A COMPLEMENTO CIRCUNSTANCIAL; e, com o sentido de 'presenciar' ou de 'ver (espetáculo)', é TRANSITIVO INDIRETO A RELATIVO. Em ambos os casos, porém, o complemento é introduzido por *a*:

- ✓ *ASSISTIMOS ontem **a** um funeral.*;
- ✓ "É como se o povo ASSISTISSE **a** um ofício divino" (HERCULANO).;
- ✓ *ASSISTIU **a** um belo filme.*

5.4.8.b. Com o sentido de 'caber (direito ou razão)', é TRANSITIVO INDIRETO A DATIVO:

- ✓ *Nenhuma razão **lhe** ASSISTE nesse pleito.*

5.4.8.c. Com o sentido de 'acompanhar' ou com o de 'ajudar', 'prestar assistência', 'socorrer', usa-se indiferentemente como TRANSITIVO DIRETO ou como TRANSITIVO INDIRETO A DATIVO:

- ✓ "Deus bom, que ASSISTE os coitados" (CYRO DOS ANJOS);
- ✓ "Continuarei a ASSISTI-la com a discrição requerida pela sua sensibilidade" (J. PAÇO D'ARCOS).;
- ✓ "ASSISTIR ao moribundo, agonizante" (CONSTÂNCIO);

✓ "... o sacerdote que **lhe** ASSISTIA, na hora do trespasse" (RUI BARBOSA).

5.4.8.d. Com o sentido de 'morar', 'residir', 'habitar', é TRANSITIVO A COMPLEMENTO CIRCUNSTANCIAL introduzido por *em* ou exercido por *aqui, ali*, etc.:

✓ "Ainda que no céu tenha a minha corte, tanto ASSISTO **na** terra como **no** céu" (PADRE ANTÔNIO VIEIRA).;

✓ "Você então ESTÁ ASSISTINDO **por aqui**, neste começo de Gerais?" (GUIMARÃES ROSA).

↗ OBSERVAÇÃO. Nesta acepção, é próprio antes dos clássicos.

5.4.9. ATENDER

5.4.9.a. Com o sentido de 'tratar (um assunto)' ou com o de 'atentar, perceber', é TRANSITIVO INDIRETO A RELATIVO:

✓ *Há que* ATENDER *agora à [**a** + a] segunda questão que nos ocupa neste livro*.;

✓ *Os dois pesquisadores* ATENDERAM *a detalhes que ninguém percebera*.

5.4.9.b. Com vários sentidos ('prestar atenção a [algo ou alguém]'; 'anuir, conceder'; 'satisfazer [vontade, intenção, etc.]'; 'conceder audiência, receber'; 'receber [alguém] profissionalmente [um médico, um advogado, etc.]'; 'dar assistência, socorrer'; 'acatar [conselho, ordem, etc.]'; 'responder a chamada [de telefone, de campainha, etc.]'; etc.), usa-se já como TRANSITIVO DIRETO já como TRANSITIVO INDIRETO A RELATIVO:

✓ ATENDER *ao [**a** + o] aviso de uma placa*;

✓ *Deves* ATENDER *os professores nas aulas*.;

✓ "... pediu-lhe justiça, e Deus ATENDIA-*o*" (CECÍLIA MEIRELES).;

✓ *Atendeu às [**a** + as] reivindicações dos policiais*.;

✓ ATENDER *a última vontade de alguém*;

✓ *A decisão tomada não* ATENDE *a meus propósitos*.;

✓ *Não* ATENDIA *ninguém de tarde*.;

✓ *Atendiam cortesmente às [**a** + as] visitas*.;

✓ *O médico já pode* ATENDER *meu filho?*;

✓ *O advogado não pôde* ATENDER *ao [**a** + o] velho homem*.;

✓ *O hospital* ATENDE *a população mais pobre*.;

✓ *Os bombeiros* ATENDERAM *imediatamente ao [**a** + o] chamado*.;

✓ *Atenda o que lhe dizemos...*;

✓ ATENDER *a ordens*;

✓ *Pode* ATENDER *a porta, por favor?*;

✓ *Vou* ATENDER *à [**a** + a] campainha*.

5.4.10. AVISAR, CERTIFICAR, INFORMAR, NOTIFICAR E OUTROS QUE TAIS

§ Todos estes verbos são BITRANSITIVOS, mas podem construir-se duplamente: ou com o *objeto direto designando coisa*, ou com o *objeto direto designando pessoa*. No primeiro caso, serão BITRANSITIVOS DIRETOS E A DATIVO; no segundo, BITRANSITIVOS DIRETOS E A RELATIVO introduzido por *de*:

- ✓ ou *AVISAR, CERTIFICAR, INFORMAR, NOTIFICAR algo a alguém* (= *lho*);
- ✓ ou *AVISAR, CERTIFICAR, INFORMAR, NOTIFICAR alguém de algo*.

☞ OBSERVAÇÃO. Constitui erro, portanto, empregá-los como duplos transitivos diretos ou como duplos transitivos indiretos: "Avisei-a que devia vir" ou "Informei-lhe de que devia vir".

5.4.11. CHAMAR

5.4.11.a. Com o sentido de 'dizer em voz alta o nome de' ou com o de 'fazer vir, convocar', é ou TRANSITIVO DIRETO ou BITRANSITIVO DIRETO E A RELATIVO introduzido por *a*:

- ✓ *CHAMA o menino, já é hora do jantar.*;
- ✓ "Manda CHAMAR os deuses do mar" (CAMÕES);
- ✓ "CHAMOU Paulo a exercer aquela função" (CALDAS AULETE).

5.4.11.b. Com o sentido de 'dar sinal com a voz ou com algum gesto', é TRANSITIVO A RELATIVO introduzido por *por/per*:

- ✓ *Ficou CHAMANDO à porta (POR alguém)*.

☞ OBSERVAÇÃO. Note-se que aqui se trata de falso intransitivo: o complemento está sempre presente, ainda que implicitamente.

5.4.11.c. Com o sentido de 'invocar', é TRANSITIVO INDIRETO A RELATIVO introduzido por *per/por*:

- ✓ "O Negrinho CHAMOU pela [**per** + a] Virgem sua madrinha e Senhora Nossa" (SIMÕES LOPES NETO).

5.4.11.d. Com o sentido de 'dar nome', com o de 'apelidar' ou com o de 'qualificar', constrói-se multiplamente:

- com OBJETO DIRETO + PREDICATIVO:
  - ✓ *Os pais CHAMARAM-no Pedro.*;
  - ✓ *Todos o CHAMAM mestre.*;
- com OBJETO DIRETO + PREDICATIVO introduzido por *de*:
  - ✓ "CHAMOU de 'esperdiçado' o idioma" (RUI BARBOSA).;
- com DATIVO + PREDICATIVO:
  - ✓ *Todos lhe CHAMAM mestre.*

- com DATIVO + PREDICATIVO introduzido por *de*:
  - ✓ "No norte do Brasil CHAMAM **ao diabo de**: cão, o cão do inferno" (JOÃO RIBEIRO).

↗ OBSERVAÇÃO.

☦ Deve-se evitar a última destas possibilidades: consideramo-la solecismo.

5.4.12. CHEGAR, IR, VIR E VOLTAR

- São TRANSITIVOS A COMPLEMENTO CIRCUNSTANCIAL introduzido por *a* (nunca por "em"):
  - ✓ CHEGOU ***a** casa* às 8 horas.;
  - ✓ Já CHEGARAM ***a** Budapeste*.;
  - ✓ FOI ***a** um concerto de música barroca*.;
  - ✓ FORAM *à [**a** + a] escola* e já voltam.;
  - ✓ VIREIS *à [**a** + a] inauguração?*;
  - ✓ VOLTOU ***ao** escritório* para pegar o documento.;

- Mas *ir, vir* e *voltar* podem ser TRANSITIVOS A DUPLO COMPLEMENTO CIRCUNSTANCIAL:
  - ✓ FOI a pé ***de** casa **para** a escola*.;
  - ✓ VEIO a pé *desde a escola até nossa casa*.;
  - ✓ ✓ VOLTOU a pé ***da** escola **para** casa*.

↗ OBSERVAÇÃO 1. Quando *ir, vir* e *voltar* implicam certa permanência, então seu complemento se introduz por *para*, razão por que se distinguem, por um lado, FOI ***a** casa* e já volta e Depois do trabalho, FOI ***para** casa*; VOLTOU ***ao** escritório* para pegar o documento e VOLTOU logo ***para** o escritório*.

↗ OBSERVAÇÃO 2. *Chegar, ir, vir* e *voltar* podem acompanhar-se de PREDICATIVO:
  - ✓ CHEGAMOS *cansados* ao hotel.;
  - ✓ FOI *alegre* para o concerto.;
  - ✓ VEIO *preocupado* até onde estávamos.;
  - ✓ VOLTEI *preocupado* para o escritório.

↗ OBSERVAÇÃO 3. Ademais, *chegar* e *vir* podem ser *quasi* sinônimos:
  - ✓ CHEGOU a ser / VEIO a ser um grande compositor.

5.4.13. CHORAR

§ Pode ser INTRANSITIVO, TRANSITIVO DIRETO e TRANSITIVO INDIRETO A RELATIVO:
  - ✓ O menino não para de CHORAR.;
  - ✓ CHORAR *de dor*;

- ✓ CHORAR *lágrimas sentidas*;
- ✓ CHORAR *a morte de um amigo*;
- ✓ A mãe CHORA *pela [**por** + a] filha que partiu*.;
- ✓ "Chorai sobre vós e sobre vossos filhos" (LUCAS).;
- ✓ etc.

↗ OBSERVAÇÃO. Relembre-se que o complemento de *chorar lágrimas sentidas* é do chamado "objeto direto interno", que tratámos no capítulo IV.

5.4.14. COMENTAR

§ É ou TRANSITIVO DIRETO OU BITRANSITIVO DIRETO E INDIRETO A RELATIVO designativo de pessoa:

- ✓ COMENTOU *o livro recém-lançado*.;
- ✓ COMENTÁMOS *o sucedido* **com** *minha cunhada*.

↗ OBSERVAÇÃO. É pois puro solecismo dizer ou escrever "comentar 'sobre' o livro', 'sobre' o sucedido".

5.4.15. COMPARECER

§ Quem comparece, comparece *a* ou *diante de*, e nunca "em":

- ✓ COMPARECER **a** *uma cerimônia*;
- ✓ COMPARECER **diante do** *juiz*;
- ✓ etc.

5.4.16. COMUNICAR

§ É sempre BITRANSITIVO DIRETO E INDIRETO A DATIVO designativo de pessoa:

- ✓ Comunicou *a decisão* **aos** *professores* (= Comunicou-lha [*lhes* + a]).

↗ OBSERVAÇÃO. É pois puro solecismo dizer ou escrever "Comunicou os professores 'sobre' a ou da ['de' + a] decisão".

5.4.17. CONFRATERNIZAR E SOBRESSAIR

§ Estes dois verbos nunca devem usar-se como pronominais:

- ✓ CONFRATERNIZOU *com os amigos* (e não "Confraternizou-'se' com os amigos");
- ✓ Seu filho SOBRESSAIU *na faculdade* (e não "Seu filho 'se' sobressaiu na faculdade").

↗ OBSERVAÇÃO. SIMPATIZAR, por seu lado, pode usar-se como pronominal, mas só quando expressa ação mútua:

- ✓ SIMPATIZARAM *muito com a moça* (e não "Simpatizaram-'se' muito com a moça").;
- ✓ As duas moças SIMPATIZARAM-SE [entre si].

5.4.18. Constituir

§ De múltiplo sentido, também é de MÚLTIPLA REGÊNCIA:
- ✓ *As células* CONSTITUEM *os tecidos dos viventes*.;
- ✓ *Os palimpsestos* CONSTITUEM-SE **de** *duas camadas de escrita*.;
- ✓ CONSTITUIR *família*;
- ✓ *Seu último livro* CONSTITUIU-SE **de** *conferências transcritas*.;
- ✓ *... os capítulos que* CONSTITUEM *a obra*;
- ✓ *A centúria romana* CONSTITUÍA-SE **de** *cem cavaleiros*.;
- ✓ *Sua viagem* CONSTITUI *um alívio para todos*.;
- ✓ *Sua vida* CONSTITUIU-SE **em** *exemplo que seguir*.;
- ✓ CONSTITUIR *alguém* *num* [**em** + *um*] *cargo*;
- ✓ *O cristão* CONSTITUI *sua esperança na* [**em** + *a*] *visão beatífica*.;
- ✓ CONSTITUIR *ideias* **em** *doutrina*;
- ✓ *Quer* CONSTITUIR-SE *no* [**em** + *o*] *único capaz de fazê-lo*.;
- ✓ CONSTITUIR *um procurador*;
- ✓ CONSTITUIRÁ *o velho advogado seu testamenteiro*.;
- ✓ CONSTITUIU *o sobrinho seu herdeiro*.;
- ✓ CONSTITUÍRA-*a sua secretária particular*.

5.4.19. Custar

§ Quando usado com o sentido de 'ser difícil ou custoso', tem por SUJEITO o que é difícil ou custoso e por OBJETO INDIRETO DATIVO a pessoa a quem é difícil ou custoso:
- ✓ *Custa-***lhe** *crer no que disseram*.

↷ OBSERVAÇÃO. Constitui erro, portanto, dizer ou escrever "Custei a entender". Diga-se ou escreva-se: *Custou-***me** *entender*.

5.4.20. Debater

§ É TRANSITIVO DIRETO, TRANSITIVO INDIRETO A RELATIVO designativo de pessoa ou BITRANSITIVO DIRETO E INDIRETO A RELATIVO designativo de pessoa:
- ✓ *Os congressistas enfim* DEBATERAM *o assunto mais importante*.;
- ✓ *Não posso* DEBATER **com** *quem seja uma nulidade*.;
- ✓ DEBATERAM *a dificuldade* **com** *os adversários*.

↷ OBSERVAÇÃO. É solecismo, portanto, dizer ou escrever "debater 'sobre' algo".

5.4.21. Deparar

§ É de REGÊNCIA MÚLTIPLA:
- ✓ DEPAROU *um amigo na rua*.;

✓ *Deparou com um amigo na rua.*;
✓ *Deparou-se com um amigo na rua.*

(OBSERVAÇÃO: note-se que nos três exemplos acima o verbo tem o mesmo sentido – 'topar');

✓ "**A** barca sem esperança Deus DEPARA o porto" (PROVÉRBIO).;
✓ "Ao [**a** + **o**] rico, mil amigos SE DEPARAM; ao pobre, seus irmãos o desamparam" (PROVÉRBIO).;
✓ "... encaram com olhos agudos todas as situações que SE lhes DEPARAM" (CECÍLIA MEIRELES).;
✓ etc.

5.4.22. DESFRUTAR, FRUIR, GOZAR, USUFRUIR

§ Estes quatro verbos podem ser – quase indiferentemente e quase igualmente – TRANSITIVOS DIRETOS e TRANSITIVOS INDIRETOS A RELATIVO:

✓ DESFRUTAR, FRUIR, GOZAR, USUFRUIR *uma boa leitura* / ***de** uma boa leitura*;
✓ DESFRUTAR, FRUIR, GOZAR, USUFRUIR *vantagens* / *de bens*;
✓ GOZAR *boa saúde* / ***de** boa saúde* / ***com** as boas companhias*;
✓ etc.

5.4.23. ENSINAR

5.4.23.a. É BITRANSITIVO DIRETO E A DATIVO:

✓ "ENSINOU-**te** a dança, a música, o desenho" (CONSTÂNCIO).;
✓ *ENSINOU-**lhes** a arte da tradução*.

5.4.23.b. Quando o que se ensina é expresso por *infinitivo*, constrói-se como BITRANSITIVO DIRETO E A RELATIVO introduzido por *a*:

✓ "ENSINA-o **a** converter cada espinho em flor" (CAMILO CASTELO BRANCO).;
✓ "ENSINEI o João **a** traçar figuras geométricas" (NÓBREGA).

☞ OBSERVAÇÃO. Ainda que a nosso ver com menos propriedade, pode construir-se também com DATIVO + RELATIVO introduzido por *a*: "Esparta ENSINAVA ao adolescente **a** morrer pela glória" (LATINO COELHO).

5.4.23.c. Quando se cala o que se ensina, é TRANSITIVO DIRETO:

✓ *ENSINOU as meninas até o curso secundário*.

5.4.23.d. Com o sentido de 'corrigir' ou com o de 'adestrar ou amestrar', é OU TRANSITIVO DIRETO OU BITRANSITIVO DIRETO E A RELATIVO (INFINITIVO) introduzido por *a*:

✓ *A vida a ENSINOU*.;
✓ "ENSINAR um cão **a** fazer habilidades" (MORAIS).

⌦ Observação. Todas as demais possibilidades são variações destas e sempre trazem implícito algum termo.

5.4.24. Esquecer e olvidar

§ Com o sentido de 'cair da lembrança', constroem-se triplamente:

- como TRANSITIVOS DIRETOS:
  ✓ *Esqueci/Olvidei a lição*.;
- como TRANSITIVOS A RELATIVO introduzido por *de*, quando *pronominais*:
  ✓ *Esqueci-me/Olvidei-me da lição*.;
- ou como TRANSITIVOS A DATIVO:
  ✓ "Esqueceram-**me** [Olvidaram-**me**] todas as mágoas, e comecei a gostar desse Belmiro que olhava para o salão como se estivesse contemplando o mar" (Cyro dos Anjos).

⌦ Observação 1. Nesta última possibilidade, o SUJEITO da oração é o que, na primeira possibilidade, era OBJETO DIRETO.

⌦ Observação 2. Não é da língua culta usar este verbo como não pronominal e, ao mesmo tempo, como transitivo a relativo introduzido por *de*: "Esqueceu da lição". Evite-se *absolutamente* na escrita em que não se busque reproduzir o coloquial.

⌦ Observação 3. ♭Tampouco é de imitar a construção que se acha neste passo: "Não lhes esqueça 'de' regarem o passeio adiante da porta" (Almeida Garrett).

5.4.25. Gostar

5.4.25.a. Se tem o sentido (em que hoje é pouco usado) de 'desfrutar, degustar' ou o de 'querer', então é TRANSITIVO DIRETO:

✓ GOSTAR *as boas companhias*;
✓ GOSTARIA (= *Quereria*) *que viesses*.

⌦ Observação. Se, no entanto, neste segundo caso, a oração subordinada é reduzida de infinitivo, então o verbo passa a TRANSITIVO INDIRETO A RELATIVO:

✓ *Teria gostado* [= *Teria querido*] *de ficar em meu quarto lendo*... (Julio Cortázar).[7]

Por aí se vê que o uso de GOSTAR no sentido de 'querer' como transitivo direto é, em verdade, uma infração fossilizada.

5.4.25.b. Em todos os outros casos, GOSTAR é TRANSITIVO INDIRETO A RELATIVO introduzido pela preposição *de*:

---

[7] Tradução nossa de "Hubiera querido quedarme en mi cuarto leyendo".

- ✓ Gosta *de uvas*;
- ✓ Não gosta *de caminhar*.;
- ✓ Gostava *de escrever*.;
- ✓ Gostámos *do [**de** + o] filme*.;
- ✓ Gostam muito *da [**de** + a] amiga*.;
- ✓ Gosta (= Ama) muito *do [**de** + o] noivo*.

5.4.26. Impedir

5.4.26.a. É quase indiferentemente BITRANSITIVO DIRETO E INDIRETO A DATIVO e BITRANSITIVO DIRETO designativo de pessoa E INDIRETO A RELATIVO:

- ✓ Impediu-*lhe o crime*.;
- ✓ Impediu-*lhe o praticar o crime*.;
- ✓ Impediu-*lhe que praticasse o crime*.;
- ✓ Impediu-*o **de** praticar o crime*.;
- ✓ etc.

⚘ Observação. A construção com dativo tem a seu favor a antiguidade e a universalidade ibérica.

5.4.26.b. Pode ser também TRANSITIVO DIRETO:

- ✓ O governo impediu *novos motins*.

5.4.27. Implicar

§ Tanto com o sentido de 'supor' como com o de 'acarretar', é TRANSITIVO DIRETO:

- ✓ Tal conclusão implica *tais premissas*.;
- ✓ Isso implicará *graves consequências*.

⚘ Observação. Constitui erro, portanto, usá-lo como transitivo indireto a relativo introduzido por "em": "Isso implicará 'em' graves consequências".

5.4.28. Importar

5.4.28.a. Com o sentido de 'resultar, redundar em', é TRANSITIVO DIRETO, TRANSITIVO INDIRETO A RELATIVO ou BITRANSITIVO DIRETO E INDIRETO A DATIVO:

- ✓ As guerras civis importam *muitas misérias*.;
- ✓ Manter a paz importa **em** *muitos esforços*.;
- ✓ A seca importa *fome e morte aos [**a** + os]/para os sertanejos*.

5.4.28.b. Com o sentido de 'ter valor ou interesse, interessar', pode ser TRANSITIVO INDIRETO A DATIVO ou INTRANSITIVO:

- ✓ O acontecido já não *lhes* importa.;
- ✓ A virtude é o que importa.

5.4.28.c. Com o sentido de 'dar importância, incomodar-se', é TRANSITIVO INDIRETO A RELATIVO:
- ✓ *Não SE IMPORTARAM **com a desfeita**.*

5.4.28.d. Com o sentido de 'atingir determinada quantia, montar a', é ainda TRANSITIVO INDIRETO A RELATIVO:
- ✓ *Seus gastos mensais IMPORTAM **em 5 mil dólares**.*

5.4.28.e. Com o sentido de 'trazer ou fazer vir de outra cidade, estado ou país', pode ser TRANSITIVO DIRETO, BITRANSITIVO DIRETO E INDIRETO A RELATIVO ou INTRANSITIVO:
- ✓ *O país tem de IMPORTAR alimentos.*;
- ✓ *A Europa IMPORTA matéria-prima do [**de** + o] Brasil.*;
- ✓ *Há que IMPORTAR menos.*

⌫ OBSERVAÇÃO. Com este sentido tem por antônimo EXPORTAR, que também pode ser TRANSITIVO DIRETO, BITRANSITIVO DIRETO E INDIRETO A RELATIVO ou INTRANSITIVO:
- ✓ *O país tem de EXPORTAR alimentos.*;
- ✓ *O Brasil EXPORTA matéria-prima **para** a Europa.*;
- ✓ *Há que EXPORTAR mais.*

5.4.29. INICIAR

5.4.29.a. Com o sentido de 'dar início a, começar, principiar(-se)', é TRANSITIVO DIRETO ou INTRANSITIVO:
- ✓ *INICIAR um livro, uma obra, um trabalho*;
- ✓ *O ano INICIOU/INICIOU-SE de modo nada alvissareiro.*

5.4.29.b. Com o sentido de 'instruir(-se) numa arte, numa disciplina intelectual, numa técnica', é BITRANSITIVO DIRETO E INDIRETO A RELATIVO:
- ✓ *INICIOU o rapaz na [**em** + a] arte pictórica.*;
- ✓ *INICIEI-me na ciência racional por excelência.*

⌫ OBSERVAÇÃO. Em verdade, este último exemplo não é isento de ambiguidade. Com efeito, sem contexto o pronome *me* de *iniciei-me* pode considerar-se parte integrante do verbo (algo como *Feriu-se num acidente*), e neste caso o verbo será intransitivo e antes passivo segundo o significado,[8] ou objeto direto (*iniciei-me a mim mesmo*), e neste caso o verbo será ainda bitransitivo direto e indireto a relativo.

---

[8] Note-se porém que não é possível indicar aí quem é o agente.

5.4.29.c. Com o sentido de 'introduzir(-se) no conhecimento de religiões de mistérios ou nos segredos e práticas de uma seita ou de uma sociedade secreta', também é BITRANSITIVO DIRETO E INDIRETO A RELATIVO:

- ✓ INICIOU <u>o rapaz</u> <u>na [**em** + a] feitiçaria</u>.;
- ✓ INICIOU-<u>se</u> <u>na [**em** + a] feitiçaria</u>.

⌇ OBSERVAÇÃO. E diga-se quanto a este último exemplo o mesmo que se disse na observação imediatamente anterior.

5.4.30. INSISTIR

§ Pode ser TRANSITIVO INDIRETO A RELATIVO (ou A DUPLO RELATIVO) ou INTRANSITIVO:

- ✓ INSISTIR <u>num [**em** + um] assunto</u>;
- ✓ INSISTIR **com** <u>alguém</u> <u>num [**em** + um] assunto</u>;
- ✓ INSISTIMOS **com** <u>ele</u> **para** <u>que abandonasse aquele projeto</u>.;
- ✓ *Não o aceito, não* INSISTAS.;
- ✓ etc.

5.4.31. INTERESSAR

5.4.31.a. Com o sentido de 'ser do interesse de', com o de 'ser proveitoso a', com o de 'importar' ou com o de 'dizer respeito a', emprega-se, indiferentemente, como TRANSITIVO DIRETO ou como TRANSITIVO INDIRETO A DATIVO:

- ✓ "INTERESSAVAM-N<u>o</u> as miudezas daquela metamorfose" (CAMILO CASTELO BRANCO).;
- ✓ *Isto* INTERESSA <u>**a** pessoas de todas as idades</u>.;
- ✓ "Estas circunstâncias INTERESSAM <u>à [**a** + a] questão</u>, respeitam à questão..." (RUI BARBOSA).

5.4.31.b. É TRANSITIVO DIRETO quando tem o sentido de 'atingir', 'ofender', 'ferir':

- ✓ "O ferimento INTERESSOU <u>a aorta</u>" (ANTENOR NASCENTES).

5.4.31.c. É BITRANSITIVO DIRETO E A RELATIVO introduzido por *em*:

- com o sentido de 'dar parte num negócio ou nos ganhos de':
- *Interessamo-<u>los</u> <u>neste [**em** + este] empreendimento comercial</u>*.;
- ou com o de 'atrair ou provocar o interesse, a curiosidade por':
  - ✓ "O bispo de São João d'Acre faz uma digressão para INTERESSAR <u>nesta [**em** + esta] empresa</u> <u>alguns príncipes da cristandade</u>" (PADRE TEOD. ALMEIDA).;
  - ✓ "Como quem <u>o</u> queria INTERESSAR <u>no [**em** + o] perdão e [**na**] conservação de coisa sua</u>" (PADRE ANTÔNIO VIEIRA).

⌔ Observação. Com o sentido ainda de 'captar ou prender a atenção, a curiosidade', ou com o de 'excitar (a)', pode ser puro TRANSITIVO DIRETO:
- ✓ "Nada <u>os</u> INTERESSA" (EUCLIDES DA CUNHA).

5.4.32. LEMBRAR, RELEMBRAR, RECORDAR

§ Constroem-se exatamente como seus antônimos (*esquecer* e *olvidar*):
- ✓ *LEMBREI/RELEMBREI/RECORDEI <u>a lição</u>*.;
- ✓ *LEMBREI-<u>me</u>/RELEMBREI-<u>me</u>/RECORDEI-ME <u>**da** lição</u>*.;
- ✓ *LEMBROU-<u>me</u>/Relembrou-<u>me</u>/RECORDOU-<u>me</u> a lição*.

⌔ Observação. Tampouco pois são corretos "Lembrei 'da' lição", "Relembrei 'da' lição", etc.

5.4.33. MORAR e RESIDIR

§ Quando requerem COMPLEMENTO CIRCUNSTANCIAL introduzido por preposição, esta é sempre EM (nunca "a"):
- ✓ *MORAMOS **em** <u>São Paulo</u>*.;
- ✓ *MORA **em** <u>meu coração</u>*.;
- ✓ *RESIDE <u>numa [**em** + uma] rua arborizada</u>*.;
- ✓ etc.

⌔ Observação. Com o sentido de 'morar, residir', HABITAR pode ser TRANSITIVO DIRETO ou TRANSITIVO A COMPLEMENTO CIRCUNSTANCIAL; com o sentido de 'povoar', é somente TRANSITIVO DIRETO:
- ✓ *HABITAM <u>um velho casarão</u> ou <u>num [**em** + um] velho casarão</u>*.;
- ✓ *Aqueles colonos foram HABITAR <u>o litoral</u>*.

5.4.34. OBEDECER/DESOBEDECER E RESPONDER

§ Valha para estes três verbos algo que já se disse: regem a segunda classe de dativo, ou seja, a que não se acompanha necessariamente de objeto acusativo:
- ✓ *Já RESPONDESTE <u>**à** [**a** + a] tua mãe</u>?* [= *Já **lhe** RESPONDESTE?*];
- ✓ *OBEDECE <u>**a** teu pai</u>* [= *OBEDECE-**lhe***].

⌔ Observação 1. Ambos os verbos *responder* e *obedecer* admitem também OBJETO DIRETO:
- ✓ *Já RESPONDESTE <u>a carta</u> [acusativo] <u>**à** [**a** + a] tua mãe</u>?* [= *Já **lha** respondeste?*];
- ✓ *OBEDECE <u>a ordem</u> [acusativo] <u>**a** teu pai</u>* [= *Obedece-**lha***].

O mais corrente no Brasil, porém, é dar outro torneio a estas orações:
- ✓ *Já RESPONDESTE <u>**à** [**a** + a] carta</u> [complemento relativo] <u>de tua mãe</u>?* [adjunto adnominal de *carta*];

✓ OBEDECE *à* [*a* + *a*] *ordem* [complemento relativo] *de teu pai* [adjunto adnominal de *ordem*].

Mas é comum a todo o mundo lusófono a TRANSITIVIDADE DIRETA E INDIRETA A DATIVO como em, por exemplo, RESPONDI-*lhe que sim* ou RESPONDEI *a verdade a vossos pais*.

⌦ OBSERVAÇÃO 2. Se porém o OBJETO INDIRETO destes verbos significar *coisa*, então só poderá ser RELATIVO:

✓ RESPONDER *a elas* [= às cartas];

✓ OBEDECER *a eles* [= aos mandamentos].

Em outras palavras, não se use então pronome dativo.

⌦ OBSERVAÇÃO 3. ♭ Discrepamos dos gramáticos para os quais certos verbos transitivos indiretos, como precisamente *responder* e *obedecer*, aceitam pôr-se na voz passiva. Esta é uma maneira de poupar-se ao esforço de explicar um ponto complexo. Quando se diz ou se escreve "A carta foi respondida", mantém-se a *antiga* regência destes verbos: "Respondeu a carta", etc. Em outras palavras, trata-se de uso de outra fase da língua (especialmente do século XVI e do XVII), o qual não constitui a maneira mais afim ao padrão culto atual. A "A carta foi respondida", prefira-se RESPONDEU-*se à carta*; a "A carta foi respondida por ele", prefira-se pura e simplesmente *Ele* RESPONDEU *à carta*; etc.

⌦ OBSERVAÇÃO 4. *Responder* também se usa com outros sentidos:

- o de 'corresponder', ou o de 'atender':

 ✓ *Esta decisão* RESPONDE *a anseios gerais.*;

- ou o de 'falar ou assumir por':

 ✓ "Um dia será o conjunto / e não o pormenor e a parcela / [o] que RESPONDERÁ **por nós**" (ODORICO MENDES).

5.4.35. PAGAR E PERDOAR

§ No padrão culto atual, são ou TRANSITIVOS DIRETOS (quando o objeto direto significa *coisa*), ou TRANSITIVOS INDIRETOS A DATIVO (quando o dativo significa *pessoa*), ou ainda BITRANSITIVOS DIRETOS E A DATIVO:

✓ PERDOA *as injúrias de todos.*;

✓ PERDOA-***lhes***, *porque não sabem o que fazem.*;

✓ PERDOA-***lhes*** *as injúrias.*;

✓ PAGAREI *a entrada de todos.*;

✓ PAGUE-*se justamente* **aos** *empregados* (= *Pague-se-**lhes**).*;

✓ PAGAR-***te***-EI *o jantar*.

⌁ Observação. Constitui erro, portanto, dizer ou escrever "Perdoa seu irmão" ou "Pague os empregados".

5.4.36. Pedir

5.4.36.a. Quando seu objeto direto (ou seja, o que se pede) é "licença ou permissão, autorização", então é BITRANSITIVO DIRETO E A COMPLEMENTO CIRCUNSTANCIAL DE FIM (introduzido por *para*). Note-se porém que seu OBJETO DIRETO pode vir implícito:

✓ *Pediu (licença)* ***para*** *sair mais cedo.*

5.4.36.b. Quando porém seu OBJETO DIRETO não for tal, então será BITRANSITIVO DIRETO E INDIRETO A DATIVO:

✓ *Pediu-****lhe*** *que saísse.*;

✓ *Pedimos-****lhe*** *que nos dissesse a inteira verdade.*

⌁ Observação 1. Constitui erro, portanto, dizer ou escrever "Pedimos para ele nos dizer a verdade", "Pedi-lhe/a ele para trazer-me uma lembrança" e outras que tais.

⌁ Observação 2. Diga-se o mesmo, aliás, com respeito a todos os verbos *rogandi*:

✓ *Rogou-****lhe****/Implorou-****lhe****/Suplicou-****lhe*** *que saísse.*;

✓ *Pedimos-****lhe****/Implorou-****lhe****/Suplicámos-****lhe*** *que nos dissesse a verdade.*,

razão por que constituem erros construções como "Implorava para ser lembrado", "Rogou para que voltasse", etc.

5.4.37. Preferir

§ É sempre BITRANSITIVO DIRETO E A RELATIVO introduzido por *a*:

✓ *Prefere os livros aos bailes.*

⌁ Observação. Constitui erro, portanto, dizer ou escrever "Prefere mais os livros que os bailes" e outras que tais.

5.4.38. Proceder

5.4.38.a. Com o sentido de 'levar a efeito', é TRANSITIVO INDIRETO A RELATIVO introduzido por *a*:

✓ *A diretoria procedeu às reformas internas.*

5.4.38.b. Com o sentido de 'nascer de' e de 'ter origem em', é TRANSITIVO INDIRETO A RELATIVO introduzido por *de*:

✓ *Procedem de família ilustre.*;

✓ *O vírus procedia de outro continente.*

5.4.38.c. Se todavia tem o sentido de 'vir de dado lugar', consideramo-lo TRANSITIVO A COMPLEMENTO CIRCUNSTANCIAL:

✓ *O detido no aeroporto procedia da Ásia.*

5.4.38.d. Em todos os demais casos, é INTRANSITIVO:
- ✓ PROCEDEU *muito bem.*;
- ✓ *Seu argumento não* PROCEDE (= *não se segue*).;
- ✓ etc.

5.4.39. SERVIR

5.4.39.a. Com o sentido de 'estar a serviço de', de 'prestar serviço a' ou de 'trabalhar para', é de REGÊNCIA MÚLTIPLA:
- ✓ SERVIR *a pátria*;
- ✓ SERVIR *à [**a** + a] pátria*;
- ✓ SERVIR *a infantaria*;
- ✓ SERVIR *ao [**a** + o] exército*;
- ✓ SERVIR *um patrão*;
- ✓ SERVIR *a um patrão*;
- ✓ "Quem serve a dois senhores, a algum há de enganar" (PROVÉRBIO).;
- ✓ SERVIR *de guia a um cego*;
- ✓ SERVIR ***a** uma causa justa*;
- ✓ SERVIA *na corte espanhola.*;
- ✓ *Vive para* SERVIR.;
- ✓ etc.

5.4.39.b. Com o sentido de 'pôr comida sobre a mesa, etc.', de 'oferecer ou dar (comida, bebida, etc.)' ou de 'atender em restaurante', é igualmente de REGÊNCIA MÚLTIPLA:
- ✓ SERVIR *o almoço*;
- ✓ SERVIR *os convidados*;
- ✓ SERVIR *um drinque **a**os convidados*;
- ✓ SERVIR-*se uma taça de vinho*;
- ✓ SERVIR-*se **de** uma taça de vinho*;
- ✓ SERVIR *à mesa*;
- ✓ *Aquele garçom* SERVE *muito bem.*

5.4.39.c. Com o sentido de 'utilizar-se ou valer-se de', é TRANSITIVO INDIRETO A RELATIVO:
- ✓ SERVIR-SE ***de** uma ferramenta*;
- ✓ SERVIU-SE *naquele debate **de** todos os argumentos lícitos.*;
- ✓ etc.

5.4.39.d. Com o sentido de 'fazer as vezes de', pode ser INTRANSITIVO ou TRANSITIVO INDIRETO A DATIVO – sempre com PREDICATIVO:
- ✓ *Uma tenda de campanha* TEM SERVIDO *de enfermaria*.;
- ✓ *Serve de pai e mãe àquelas* [*a* + *aquelas*] *crianças*.;
- ✓ etc.

5.4.39.e. Com o sentido de 'ser conveniente, adequado, útil, proveitoso ou apto para', também é de REGÊNCIA MÚLTIPLA:
- ✓ *Este emprego não lhe* SERVE.;
- ✓ *O acontecido* SERVIU *a todos de lição.*;
- ✓ *O rapaz não* SERVE ***para*** *lidar com o público.*;
- ✓ "*A memória* SERVE **de** conhecer as coisas" (PADRE MANUEL BERNARDES).;
- ✓ *Este serrote já não* SERVE: *está enferrujado.*;
- ✓ etc.

5.4.39.f. Com o sentido de 'ajustar-se em', é TRANSITIVO INDIRETO A RELATIVO ou INTRANSITIVO:
- ✓ *O vestido* SERVIU *na* [*em* + *a*] *noiva.*;
- ✓ *O paletó* SERVIU.;
- ✓ etc.

5.4.39.g. Com o sentido de 'haver por bem, dignar-se a', é indiferentemente BITRANSITIVO DIRETO E INDIRETO A DATIVO ou BITRANSITIVO DIRETO E INDIRETO A RELATIVO:
- ✓ "*Espero que Vossa Alteza se* SIRVA *responder-me*" (PADRE ANTÔNIO VIEIRA).;
- ✓ *Espero que Vossa Alteza se* SIRVA **de** responder-me.

⚐ OBSERVAÇÃO GERAL. Veja-se por fim o expressivo uso que faz o Padre Antônio Vieira da polissemia de SERVIR:
- ✓ "SERVEM **aos** *reis*, *porque* lhes SERVE SERVI-los."

Ademais, note-se pelo *los* de *servi-los* que o *a* de *aos reis* introduz objeto direto.

5.4.40. VISAR

5.4.40.a. É TRANSITIVO DIRETO quando tem um destes sentidos:
- 'mirar', ou 'apontar (arma) para':
  - ✓ VISAR *um alvo*;
- 'pôr visto (em documento)':
  - ✓ VISAR *um passaporte*, *um diploma*, etc.

5.4.40.b. Com o sentido de 'ter em vista', 'ter por objetivo', 'pretender', ou com o de 'tender, propender a', é TRANSITIVO INDIRETO A RELATIVO introduzido por *a*:
- ✓ "O ensino VISA <u>ao progresso social</u>" (LAUDELINO FREIRE).;
- ✓ *A decisão VISA **a promover a música erudita**.*

⚐ OBSERVAÇÃO. Pelo padrão culto, constitui erro dizer ou escrever "O ensino visa 'o' progresso social". Se porém aquilo a que se visa está em forma de oração reduzida de infinitivo, então se admite mais facilmente a regência direta:
- ✓ "O ataque VISAVA **cortar** <u>a retaguarda da linha de frente</u>" (EUCLIDES DA CUNHA).

Mas mesmo neste caso é perfeitamente correta a regência indireta:
- ✓ O ataque VISAVA **a** <u>cortar a retaguarda da linha de frente</u>.

⇔ EXCURSO ⇔
A SINTAXE DO VERBO *HAVER*

Segundo o que signifique, HAVER pode ser unipessoal e uninumérico (terceira pessoa do singular) ou empregar-se em todas as pessoas.

1. Usa-se em todas as pessoas:

a. quando é auxiliar (= *ter*):
- ✓ <u>HAVIAM feito</u> já o trabalho.;
- ✓ *A essa hora já <u>HAVEREMOS chegado</u>.*;
- ✓ etc.;

b. quando se segue de *de* em construções como:
- ✓ *Outros <u>HAVERÃO **de** fazê-lo</u>.*;

c. quando é NÚCLEO DO PREDICADO e tem o significado de 'alcançar', 'adquirir', 'conseguir', 'obter'; ou o de 'ter ou possuir' (neste caso, é desusado):
- ✓ "Donde <u>HOUVESTE</u>, ó pélago revolto, / <u>Esse rugido teu?</u>" (GONÇALVES DIAS).;
- ✓ "– Tão nobre és, como os melhores, e rico; porque a ninguém mais que a ti devem de pertencer[9] as terras que teu avô Diogo Álvares conquistou ao gentio para El-Rei, de quem <u>as HOUVEMOS</u> nós e nossos pais" (JOSÉ DE ALENCAR).;
- ✓ "Aos que o bem fizeram, <u>HEI [= tenho] inveja</u>" (A. FERREIRA).;

---

[9] Quando, como dito mais acima, se introduz *de* entre *dever* e o verbo que se lhe segue, o conjunto adquire caráter dubitativo. O uso de José Alencar, portanto, não parece preciso.

d. quando é núcleo do predicado e se usa *em forma pronominal*, com o sentido de 'conduzir-se, portar-se, comportar-se', com o de 'proceder', ou ainda, por fim, com o de 'avir-se' ou 'entender-se':
- ✓ "Soares HOUVE-SE como pôde na singular situação em que se achava" (Machado de Assis).;
- ✓ *Ele que SE HAJA com aqueles a quem o fez.*;

e. quando rege locuções como *haver por bem* ['dignar-se', 'julgar conveniente ou oportuno', 'resolver'] ou *haver mister de* ['ter mister, ter necessidade de']:
- ✓ *HOUVEMOS por bem aceitá-lo.*;
- ✓ "Deus o auxilie e ilustre, e a todos nós, que bem o HAVEMOS mister" (Almeida Garrett).[10]

2. Usa-se UNIPESSOALMENTE E UNINUMERICAMENTE, como dito já, quando tem o sentido de 'existir', ou o de 'estar', ou o de 'suceder, dar-se', etc., ou quando expressa *tempo decorrido*:
- ✓ *HÁ livros espalhados por todos os cômodos.*;
- ✓ *Não creio em bruxas, mas que as HÁ...*;
- ✓ *HAVIA HAVIDO muitos acidentes ali.*;
- ✓ "Eu não sei, senhor doutor, mas deve HAVER leis" (Eça de Queirós).;[11]
- ✓ *Adoecera HAVIA quinze dias.*;
- ✓ etc.

⌦ Observação. Não são de seguir, portanto, exemplos como estes:
- ✓ "'Houveram' muitas lágrimas de alegria" (Camilo Castelo Branco).;
- ✓ "Ali 'haviam' vários deputados que conversavam de política" (Machado de Assis).

→ O verbo HAVER pode usar-se, ainda, com o sentido de 'ser possível':
- ✓ "Não HÁ julgá-lo de outro estofo, vendo-o trazer consigo de Nápoles uma gentil italiana, e dois filhinhos, que aposentou em Lisboa num palacete de Belém" (Camilo Castelo Branco).

*

---

[10] Hoje se construiria antes assim: "que bem disso havemos mister".
[11] Note-se pelo exemplo de Eça e pelo anterior que, quando *haver* tem estes sentidos, também se fazem UNIPESSOAIS E UNINUMÉRICOS o auxiliar que compõe com ele grupo verbal (*HAVIA havido leis*) ou o verbo que, acompanhando-o, se comporta como tal (*DEVE haver leis*).

5.5. A CRASE

5.5.1. Sentidos do termo CRASE na Gramática portuguesa:

5.5.1.a. fusão de quaisquer vogais iguais (como, por exemplo, em *dolor* > d*oo*r > *dor*);

5.5.1.b. fusão da preposição *a*:

- com o artigo feminino *a/as*;
- com o pronome demonstrativo *a/as*;
- com o *a* da locução pronominal *a qual/as quais*;
- com o *a* inicial de *aquele(s), aquela(s), aquilo, aqueloutro(s), aqueloutras(s)*;

5.5.1.c. acento grave ou indicativo da crase que se dá nos casos arrolados no item *b supra* (e em outros, como se verá).

↗ OBSERVAÇÃO. Atualmente, o acento grave só se usa nestes casos.

5.5.2. Portanto, falando propriamente, há uma só *regra* da crase, a saber: acentua-se o *a* quando se trata das fusões indicadas no mesmo item **5.5.1.b**. Exemplos da regra:

→ "Dei o livro *à* menina", ou seja, "Dei o livro *a a* [= à] menina". E é assim porque "quem dá algo dá este algo *a* alguém", e neste caso *alguém* não só é *feminino*, mas se antecede do artigo *a*. Prova: se se substituir este alguém feminino por um nome masculino, aparecerá *ao* (ou seja, preposição *a* + artigo *o*): "Dei o livro *ao* menino".

→ "Dei o livro *à* [a + *a* (pronome)] que o mereceu"; "... *à*quele [a + *a*quele] ou *à*quela [a + *a*quele] que o mereceu"; "Referiu-se *à*quilo [a + *a*quilo]".

→ "Esta é a obra *à* [a + a] *qual* Marcos se referiu". Prova: se se substituir "obra" por um equivalente masculino, aparecerá *ao* [a + o] *qual*: "Este é o livro *ao* [a + o] *qual* Marcos se referiu".[12]

§ ATENÇÃO:

- Não caem sob a regra casos como "Lemos um artigo médico sobre pacientes submetidos *a* quimioterapia". Veja-se que aqui há somente a preposição *a*, e a prova é que, se comutarmos "quimioterapia" por palavra masculina, tampouco aparecerá artigo: "Lemos um artigo médico sobre pacientes submetidos *a* tratamento quimioterápico". Basta porém que se requeira o artigo para que se dê a crase: "Passa bem o paciente que se submeteu *à* [a + a] sessão de quimioterapia",

---

[12] OBSERVAÇÃO ESTILÍSTICA: relembre-se que em orações como esta, e ressalvados os casos em que pode dar-se ambiguidade, é mais elegante usar *a que* que *à qual* ou *ao qual*.

ou seja, a *esta* sessão singular de quimioterapia, razão por que aparece *ao* em "O paciente que se submeteu *ao* [a + o = este] tratamento quimioterápico passa bem". Note-se que neste caso o *artigo* pode sempre substituir-se por *esta, este.*

• Tampouco se enquadram nela casos como "a pretensão da Linguística *a* ciência", em que também só se dá a preposição *a*. A prova é que, se comutarmos "ciência" por palavra masculina, tampouco aparecerá artigo: "sua pretensão *a* tratado científico". Note-se que nestes casos a preposição pode seguir-se do verbo *ser*: "A pretensão da Linguística *a* (ser) ciência".

• Tampouco o fazem casos como "Isto cheira *a* armadilha", em que se trata, uma vez mais, de pura preposição. A prova é que, se comutarmos a palavra feminina por palavra masculina, teremos ainda pura preposição: "Isto cheira *a* golpe".

• Tampouco, ainda, casos como "José foi *a* casa e já volta". Novamente, não se dá aqui senão a preposição *a*, e a prova é que, se se pergunta onde está José, se terá por resposta: "Está *em* casa" (e não "na [em + a]' casa"). Note-se que, em casos como este, se trata da casa do *sujeito* da oração (aqui "José"). Basta porém que não se trate da casa do sujeito da oração ou que tal casa esteja determinada de algum modo para que apareça o artigo e, pois, se dê a crase: "Foi *à* [a + a] casa da irmã" ("Está na [em + a] casa da irmã");[13] "Foi *à* [a + a] casa de campo buscar uns papéis" ("Está *na* [em + a] casa de campo") – e veja-se que, conquanto também esta *casa* seja do sujeito da oração, está ela determinada por *de campo*. – Uma como prova de que não se dá crase em "José foi *a* casa e já volta" é que, se se comuta *casa* por *palácio* e este palácio é a residência do rei, do príncipe, etc., então tampouco aparecerá artigo: "O rei voltou *a* [preposição pura] palácio para uma reunião" ("O rei está *em* [preposição pura] palácio [ou seja, em casa]"). – Atenção ainda: "Chegámos cedo *a* casa", porque, como dito mais acima, os verbos de movimento *ir* e *chegar* requerem a preposição *a* (e não a preposição *em*).[14]

• Tampouco casos como "O capitão do navio foi *a* terra", em que ainda só se dá preposição pura. Isto se prova mostrando que "terra" tem aqui o sentido de 'terra firme' e que o contrário de 'terra firme' é 'bordo (de embarcação)', razão por que, assim como se dá preposição pura em "estar *a* bordo (de embarcação)", assim também em "ir *a* terra". – Não confundi-lo, todavia, com este outro caso:

---

[13] Em muitas regiões lusófonas, no entanto, dir-se-á "Está em casa da irmã, do amigo, etc." (como aliás em espanhol), razão por que também se escreverá: *Foi a casa da irmã*, etc. É uso igualmente legítimo.
[14] Quando não se usam com *de*, também requerem *a* os verbos *voltar, retornar, regressar* e *levar*: "Voltou *a* casa, ao bairro de sua infância, etc."; "Levou-a *ao* trabalho, etc.".

"Os astronautas chegaram *à* [a + a] Terra", no qual, obviamente, se dá crase porque "Terra" é o nome de nosso planeta e requer o artigo *a*; nem com estes: "Iremos *à* [a + a] terra de nossos pais", "Queria voltar *à* [a + a] terra natal", "O fazendeiro dedicava-se inteiramente *à* [a + a] terra", nos quais "terra" igualmente não tem o sentido de "terra firme".

• Tampouco se enquadram na regra casos como "Foram *a* Paris para rever uns amigos", e a prova é que, se se pergunta onde estão eles, se terá por resposta: "Estão *em* Paris" (e não "'na' Paris"). Mas haverá crase, sim, em "Foram *à* [a + a] Espanha para conhecer Toledo", e a prova é que, se se pergunta onde estão eles, se terá por resposta: "Estão *na* [em + a] Espanha". – Note-se porém que em Portugal se escreverá "Foram *a* Espanha, *a* África, etc." porque lá se diz "Estão *em* Espanha, *em* África, etc.", ou seja, em Portugal não se antepõe o artigo ao nome de certos continentes e ao de certos países aos quais o antepomos os brasileiros.

⌦ Observação. Em "Chegou *a* casa",[15] em "Foram *a* Paris para rever uns amigos" e em "O capitão do navio foi *a* terra", temos complemento circunstancial, e não adjunto adverbial. É mister retê-lo para bem compreender o que se dirá mais adiante acerca dos adjuntos adverbiais.

• Tampouco, ainda, casos como "Entregámos o convite *a* Maria", em que se dá a pura preposição *a*. Uma como prova é que, se comutarmos este nome próprio feminino por um masculino, ainda não aparecerá o artigo: "Entregámos o convite *a* Paulo". – Note-se todavia que, se Maria ou Paulo forem íntimos do sujeito da oração, então se *poderá* pôr o artigo e se dará pois a crase: "Entregámos o convite *à* Maria (ou *ao* Paulo)". O fazer nomes próprios de pessoa anteceder-se de artigo (o que de certo modo, insista-se, contraria o caráter de individualidade única significado pelos nomes próprios) é muito estendido na fala de todos os países lusófonos; ⌦ mas deve evitar-se na escrita, sobretudo se se trata de pessoa não íntima do sujeito da oração. São pois de evitar construções como "Referia-me 'ao' Putin, 'ao' Biden". Escreva-se: "Referia-me *a* Putin, *a* Biden", em que o *a* é a pura preposição requerida pelo verbo "referir-se".

---

[15] Celso Pedro Luft, em seu *Dicionário Prático de Regência Verbal*, admite o uso de *chegar* com *em* se se trata de casa: "Chegou 'em' casa tarde". Não se vê no entanto por que se deva aceitar tal uso tão somente quando se trata de casa. Parece antes uma tímida renúncia à regra pela pressão de dado uso popular, que todavia absolutamente não se restringe a quando se trata de casa: "Chegou na [em + a] cidade, no [em + o] trabalho, etc.". Coerentemente, portanto, ou se adere ao uso geral, com renúncia a uma regra fundada nos melhores escritores, ou se adere a esta, como o fazemos nós.

- Tampouco, ademais, casos como "Deu o livro *a* sua amiga", e assim é porque, uma vez mais, este *a* é pura preposição, o que se poderia provar, uma vez mais, pela comutação do substantivo feminino por um masculino: "Deu o livro *a* seu <u>amigo</u>". – Sucede porém que, contrariamente ao espanhol ou ao francês, em que nunca aparece artigo antes de possessivo, no português atual tanto pode aparecer como não aparecer (♭ embora seja preferível que não apareça em certos casos, assunto que já tratamos). Com efeito, podemos dizer indiferentemente: "Deu o livro *a* ou *à* sua amiga", "Deu o livro *a* ou *ao* seu amigo". Sugere-se apenas que se mantenha certa coerência ao longo de um texto: ou se usa o artigo antes de possessivo, ou não se usa, à parte determinadas situações onde há que usá-lo também por necessidade diacrítica. Está neste caso o mesmo exemplo "Deu o livro a sua amiga", no qual não está de todo claro quem deu o livro ("ele" ou "a sua amiga"?). Em casos assim, sugerimos se use sempre o acento indicativo de crase.[16]

- Tampouco, por fim, em expressões como "cara *a* cara", "face *a* face", "frente *a* frente", "semana *a* semana", etc., nas quais nunca se dá o artigo *a*, mas tão somente a preposição pura.

5.5.3. Considerando todo o dito acima, pode insistir-se no óbvio e dar-se um esclarecimento:

5.5.3.a. não se dá crase na construção *a* + palavra feminina no plural ("Entrega-se *a obras* de caridade"); nem antes de palavra masculina (mas *vide* o ponto seguinte), nem de verbo, nem de pronome pessoal, nem de pronome indefinido (*alguém, nada,* etc.), nem dos demonstrativos *este, esta, esse, essa,* nem dos artigos *um, uma*;[17]

5.5.3.b. não há infração à regra quando se põe: "Aquele jovem escreve *à* Euclides da Cunha", porque há aqui um artigo *a* referente à palavra feminina *maneira* elíptica: "Escreve *à* [a + a] maneira de Euclides da Cunha", e a prova é que, se se comuta "maneira" por "modo", se terá: "Escreve *ao* [a + o] modo de Euclides da Cunha".

---

[16] Sempre se dá crase antes de possessivo feminino se não se lhe segue, explicitamente, nenhum substantivo: "A admoestação dirigia-se *a* [preposição pura, embora, como visto, pudesse pôr-se a + a = *à*] minha amiga, não *à* [a + a = única possibilidade] sua". A prova é que, se comutarmos os femininos pelos respectivos masculinos, encontraremos: "A admoestação dirigia-se *a* [ou *ao*] meu amigo, não *ao* [a + o = única possibilidade] seu".

[17] Atenção, todavia: se em "Chegaremos *a* uma hora tardia" não se dá senão preposição pura, não assim em "Chegaremos *à* [a + a] uma hora", porque neste caso não se trata de artigo, mas de numeral designativo de hora; e a prova é que, se se substitui neste caso *uma* por qualquer outro numeral designativo de hora, se dará indubitavelmente a crase: "Chegaremos *às* [a + as] duas, três, dez, doze... horas".

5.5.4. Quanto aos chamados pronomes de tratamento, só alguns podem anteceder-se de crase: *senhora, senhorita*. Isto é assim porque, em verdade, o artigo *a* é parte integrante destes pronomes, o que se prova se os comutamos pelo masculino *senhor*: "Eu referia-me *à* [a + a] *senhora*, Dona Isabel" ("Eu referia-me *ao* [a + o] *senhor*...").

5.5.5. Se, pois, como visto, há uma e apenas uma regra da crase, sem exceções, há porém um uso especial – diacrítico – do acento grave:[18] deve pôr-se este acento sobre o *a* que inicia LOCUÇÕES (OU GRUPOS) ADVERBIAIS (NA FUNÇÃO DE ADJUNTO ADVERBIAL), LOCUÇÕES PREPOSITIVAS e LOCUÇÕES CONJUNTIVAS COM NÚCLEO *FEMININO*, independentemente de este *à* resultar ou não resultar de crase. É como o diz Rocha Lima: "Nem sempre – e aí é que bate o ponto – *o a* acentuado é resultante de crase. Assim por motivos de clareza como para atender às tendências históricas do idioma, recebem acento sobre o *a*, independentemente da existência de crase, muitas expressões formadas com palavras femininas: *apanhar à mão, cortar à espada, enxotar à pedrada, fazer a barba à navalha, fechar à chave, ir à vela, matar o inimigo à fome, pescar à linha; à força, à imitação de, à maneira de, à medida que, à míngua de, à noite, à pressa, à proporção que, à semelhança de, à toa, à ventura, à vista, à vista de*".[19]

5.5.5.a. Exemplos em que tal *à* resulta de crase:

- "Falar *às* [a + as] *claras*" (LOCUÇÃO ADVERBIAL NA FUNÇÃO DE ADJUNTO ADVERBIAL).
- "O projeto esteve *à* [a + a] *beira d*o fracasso" (LOCUÇÃO PREPOSITIVA).

5.5.5.b. Exemplo em que tal *à* **não** resulta de crase:

- "Venda *à vontade*" (LOCUÇÃO ADVERBIAL NA FUNÇÃO DE ADJUNTO ADVERBIAL).

Observe-se, por um lado, que aqui não se dá crase, mas somente pura preposição, e a prova é que, se se comuta a palavra feminina *vontade* por uma masculina de significado próximo, ainda não aparecerá o artigo: "Venda *a* gosto". E observe-se, por outro lado, que, se não puséssemos sobre a preposição *a* o acento grave, a oração padeceria de anfibologia: trata-se de alguém vender livremente seus produtos ou de alguém vender sua vontade, por exemplo, ao inimigo?

---

[18] Uso praticamente unânime entre nossos melhores escritores até que alguns gramáticos viessem negar a tradição e instaurar grande confusão neste assunto. Como efeito, como dizemos em várias partes da *Suma*, conquanto o gramático tenha de ser precipuamente normativo, não pode porém inventar língua: quando começa seu ofício, depara já com dado estado de língua, que lhe cabe, sim, normatizar, mas não alterar a seu bel-prazer. – Para as noções de padrão e de erro, e por que critérios podem estabelecer-se como tais, ➢ *Suma*, primeira parte, p. 35-66.

[19] ROCHA LIMA, *op. cit.*, p. 467.

5.5.5.c. Exemplos em que não podemos ter certeza de se *à* resulta ou não de crase:
* "Agiu *à* [a + a] *maneira de* um lorde" (LOCUÇÃO PREPOSITIVA). E não podemos ter tal certeza porque, se substituirmos *maneira* por *modo*, ainda assim não encontraremos solução: porque, com efeito, pode dizer-se tanto *ao modo* como *a modo* (de um lorde, etc.).
* "Viu-o *à distância*" (LOCUÇÃO ADVERBIAL).[20] E não podemos ter tal certeza porque, se substituirmos *distância* por *longe*, ainda assim não encontraremos solução: porque, com efeito, pode dizer-se tanto "Viu-o *ao longe*" como "Viu-o *de longe*".

5.5.5.d. Exemplos com LOCUÇÕES CONJUNTIVAS COM NÚCLEO FEMININO:
* "*À medida* ou *à proporção que* iam chegando..."[21]

E, com efeito, estas são as duas únicas locuções conjuntivas com tal formação.

§ Insista-se pois nesta regra (que só imprópria ou parcialmente pode chamar-se "regra de crase"): deve pôr-se o acento grave sobre o *a* que inicia locuções (ou grupos) adverbiais na função de adjunto adverbial, locuções prepositivas e locuções conjuntivas com núcleo *feminino*. Mas por que deve pôr-se tal acento sobre o *a* de todas estas locuções e não apenas no daquelas em que de fato seja resultante de crase e no das locuções que impliquem efetiva anfibologia ou ambiguidade? Porque a Gramática:

* deve dar-se como arte estritamente normativa da escrita;
* para tal, deve ter sempre em vista a manutenção e o fechamento de paradigmas;
* consequentemente, deve formular regras o mais simples possível e de abrangência o mais ampla possível – o que implica esquivar, ainda quanto possível, as exceções.[22]

---

[20] Como parte da confusão assinalada mais acima, querem alguns hoje que, se não estiver determinada, a locução *à distância* se grafe "a distância". Cremos, todavia, que o dito aqui baste para mostrar a improcedência disso.

[21] Não se confunda *à medida que* com *na medida em que*: esta última é ou causal ou conformativa, enquanto aquela é proporcional. Exemplos: por um lado, *À medida que* [= *À proporção que, Conforme*] *passa o tempo, vai tornando-se mais exigente.*; por outro lado, *Na medida em que* [= *Uma vez que, Porque*] *não chegaram a um acordo de paz, as hostilidades podem recomeçar a qualquer momento.*; *Cristo, na medida em que* [= *enquanto*] *é Deus...*; *Cristo, na medida em que* [= *enquanto*] *é homem...* (paráfrase de passo de Antônio Vieira já visto). É pois errado grafar "à medida em que" e "na medida que". – Há ainda *na medida de*, como, por exemplo, em *Fá-lo-ei na medida de* [= *segundo, de acordo com, conforme (a)*] *minha capacidade* – donde a locução *na medida do possível* –; e *na mesma medida em que*, como, por exemplo, em *Porque a pontuação não pode estar senão no âmbito da escrita, extrapola sua origem na mesma medida em que o escrito extrapola o oral.*

[22] Para grande aprofundamento deste ponto, ➢ *Suma*, PRIMEIRA PARTE, p. 35-66.

⏃ OBSERVAÇÃO FINAL 1. Insistimos: a regra do uso diacrítico do acento grave não vale para locuções adverbiais na função de COMPLEMENTO RELATIVO ("Chegou *a* casa", "Foram *a* Paris para rever uns amigos", "O capitão do navio foi *a* terra", etc.). Vale apenas para as locuções (ou para os grupos) adverbiais com núcleo feminino que exerçam a função de ADJUNTO ADVERBIAL.

⏃ OBSERVAÇÃO FINAL 2. Apesar de nossa tentativa de sistematização do uso diacrítico do acento grave, persistem problemas: *navio a vela* ou *navio à vela*?; *carro a gasolina ou à gasolina*?; *veículo movido a gasolina* ou *veículo movido à gasolina*? – *et reliqua*. Se se percorrem os dicionários, ver-se-á unanimidade ou quase em não usar nestes casos o acento, o que todavia suscita objeção. Em *navio a vela* ou *em carro a gasolina*, dir-se-á que não se trata de adjunto adverbial, mas de adjunto adnominal; mas parece que se tem aí, sim, adjunto adverbial de adjetivo participial elíptico: *navio (movido) a, carro (movido) a*. Como dito, contudo, os mesmos dicionários dão *veículo movido a gasolina*. Não se vê, porém, por onde distinguir *veículo movido a gasolina* de *trabalho batido à máquina*, em que também temos adjetivo participial + locução adverbial; e no entanto assim dão os dicionários: *trabalho batido à máquina*. Mais ainda, não raro se veem em um mesmo dicionário ambas estas maneiras: *trabalho batido à máquina* e *trabalho feito a caneta...* Parece faltar coerência. Pois bem, nós não quereríamos, por um lado, faltar à coerência nem, por outro lado, lançar-nos a nós mesmo nem aos consulentes desta gramática numa situação de contradição normativa com o entorno gramatical. Por isso, ☌ sugerimos o seguinte:

- se se trata de locução ou grupo adverbial que, todavia, possa de algum modo entender-se como adjunto adnominal, não se use o acento grave: *navio a vela* (= *veleiro*), *carro a gasolina* (= "gasolineiro"), etc.;
- se porém se trata de locução ou grupo adverbial que não possa entender-se de modo algum como adjunto adnominal, use-se então o acento grave: *escrito ou feito à caneta*, assim como *batido à máquina*.

CAPÍTULO VI

CONCORDÂNCIA NOMINAL E CONCORDÂNCIA VERBAL

6.1. As duas espécies de concordância

6.1.1. Diz-se CONCORDÂNCIA NOMINAL a de qualquer palavra de cunho adjetivo com alguma palavra de cunho substantivo, ao passo que se diz CONCORDÂNCIA VERBAL a de qualquer verbo como predicado com alguma palavra de cunho substantivo como sujeito.

6.1.2. As gramáticas dividem-se quanto à maneira de explicar as duas formas de concordância: umas dizem que cada uma delas comporta uma ou duas regras e muitas exceções; outras, que cada uma delas comporta muitas regras e muitas sub-regras. Como se verá, nossa posição é intermédia, e visa sempre a evitar qualquer ambiguidade. Dada, porém, a tolerância de todas as gramáticas para com frequentes maneiras não regulares de concordar saídas da pena de literatos, não podemos nós mesmo senão tolerá-las também. Mas tolerar não é defender nem propor – o que nem sempre está claro sob a pena dos gramáticos correntes.

6.2. Concordância nominal

6.2.1. A CONCORDÂNCIA NOMINAL tem apenas *uma regra*: o adjetivo (ou equivalente) concorda em gênero e em número com o substantivo (ou equivalente) que ele determina. Quanto ao que pareça não enquadrar-se nesta regra, dupla possibilidade:

- ou é mera variação sua, razão por que se enquadra nela, sim, de algum modo;
- ou é desvio *tolerável*, ainda que não recomendável.

6.2.2. Como dito e redito, os adjetivos podem exercer dupla função sintática:

- a de ADJUNTO ADNOMINAL, quando, sem lhe serem atribuídos por nenhum verbo, vêm ao lado ou perto do substantivo que determinam e não se separam dele por vírgula;
- e a de PREDICATIVO, quando
    - vêm atribuídos por verbo de cópula a um substantivo sujeito e tampouco se separam por vírgula do verbo ou do mesmo sujeito (predicativo do primeiro modo),
    - ou vêm atribuídos por verbo não de cópula a um substantivo sujeito ou complemento verbal (predicativo do segundo modo),
    - ou, também sem lhe serem atribuídos por nenhum verbo, vêm todavia separados por vírgula do substantivo a que se referem (predicativo do terceiro modo):
        ✓ "Eu amo a NOITE <u>solitária</u> e <u>muda</u> [adjuntos adnominais de *noite*];
        Como <u>formosa</u> DONA em <u>régios</u> PAÇOS [adjuntos adnominais, respectivamente, de *dona* e de *paços*],

Trajando ao mesmo tempo luto e galas

<u>Majestosa</u> e <u>sentida</u> [predicativos (do terceiro modo) de *noite*, os quais deveriam estar separados por vírgula; mas a distância com respeito ao substantivo a que se referem e a mudança de verso fazem aqui as vezes de vírgula]"

(Gonçalves Dias).;

- ✓ *Um* Sol *de todo <u>vermelho</u> se punha no horizonte* [predicativo (do primeiro modo) do sujeito *Sol*].;
- ✓ *Os* entes humanos **são** <u>racionais</u> [predicativo (do primeiro modo) do sujeito *entes humanos*].;
- ✓ <u>*Inteligente* ele</u> *é* [predicativo (do primeiro modo) do sujeito *ele*].;
- ✓ *O* menino **chegou** <u>cansado</u> [predicativo (do segundo modo) do sujeito *o menino*].;
- ✓ ***Julgaram**-no <u>inocente</u>* [predicativo (do segundo modo) do objeto direto *no*].;
- ✓ "Os homens continuam a passar, <u>indiferentes</u>" [predicativo (do terceiro modo) de *homens*] (Odorico Mendes).

↯ Observação. Note-se que, exercendo quer a função de adjunto adnominal quer a de predicativo (dos três modos), o adjetivo sempre concorda em gênero e em número com o substantivo que ele determina ou a que se atribui.

6.2.3. Mas o adjetivo pode referir-se a um ou mais substantivos, e pode vir anteposto ou posposto a ele(s).

6.2.3.a. Quando o adjetivo, exercendo qualquer de suas duas funções, se refere a um único substantivo, não pode haver dúvida: substantivo no masculino ou no feminino, e no singular ou no plural, leva o adjetivo ao masculino ou ao feminino, e ao singular ou ao plural. Exemplos:

- ✓ *Uma* Lua *perfeitamente <u>branca</u> elevava-se no céu.*;
- ✓ Carruagens *<u>pretas</u> encabeçavam o cortejo.*;
- ✓ *O* recinto *ficou subitamente <u>vazio</u>.*;
- ✓ *Rodeou-o multidão de* cães <u>ferozes</u>.

6.2.3.b. Quando porém o adjetivo se refere a dois ou mais substantivos, então importa sobremaneira considerar o gênero destes.

- Se os substantivos são do mesmo gênero, tampouco há dúvida: *o adjetivo estará neste gênero* (e, obviamente, *sempre no plural*):
    - ✓ *a* língua *e a* cultura *<u>espanholas</u>*;
    - ✓ *as* ruelas *e as* praças *<u>toledanas</u>*;

- ✓ os COSTUMES e o IDIOMA *ingleses*;
- ✓ os LIVROS e os CADERNOS *necessários*.

• Se porém os substantivos forem de gênero diferente, então o adjetivo se porá no *masculino-neutro*[1] (e, obviamente, *sempre no plural*), independentemente da ordem em que apareçam aqueles:

- ✓ *a* LÍNGUA *e o* VIGOR *espanhóis*;
- ✓ *os* BECOS *e as* PRAÇAS *toledanos*;
- ✓ *as* TRADIÇÕES *e o* IDIOMA *ingleses*;
- ✓ *os* LIVROS *e as* ANOTAÇÕES *necessários*.

⌕ OBSERVAÇÃO. Os substantivos sempre podem pôr-se em ordem aparentemente mais afim à concordância no masculino-neutro:

- ✓ *as* PRAÇAS *e os* BECOS *toledanos*;
- ✓ *a* ANOTAÇÕES *e os* LIVROS *necessários*.

Mas isto não é obrigatório, e por vezes, por razões de clareza, nem sequer recomendável – como já se verá.

6.2.4. COM O ADJETIVO ANTEPOSTO A DOIS OU MAIS SUBSTANTIVOS, não se altera em princípio a regra geral da concordância nominal.[2] Em princípio, portanto, negamos seja recomendável a concordância do adjetivo anteposto com o substantivo mais próximo. Mas ponhamos antes de tudo exemplos em que se aplica a este caso a regra geral da concordância nominal, para discutirmos seu resultado:[3]

- ✓ *Vivia em tranquilos* BOSQUES E MONTANHAS.;
- ✓ *Vivia em tranquilos* MONTANHAS E BOSQUES.;
- ✓ *Tinha por ele altos* RESPEITO E ADMIRAÇÃO.;
- ✓ *Tinha por ele altos* ADMIRAÇÃO E RESPEITO.;
- ✓ *Conheci ontem as gentis* IRMÃ E CUNHADA *de Laura*.;
- ✓ *Portugal cultua os feitos dos heroicos* DIOGO CÃO E BARTOLOMEU DIAS.

§ Vejamos agora caso a caso.

6.2.4.a. "Vivia em *tranquilos* BOSQUES E MONTANHAS." Aqui não há, em princípio, dificuldade: o adjetivo *tranquilos* está posto no masculino-neutro (plural), e

---

[1] Ou seja, no masculino em função de neutro.

[2] Para nossa discrepância com respeito à quase totalidade dos gramáticos quanto a este e aos casos seguintes, ➤ *Suma*, p. 525-32.

[3] Os exemplos dados a seguir são de CELSO CUNHA & LINDLEY CINTRA, *op. cit.*, p. 285, e é a partir desses mesmos exemplos que na *Suma* (p. 525-27) refutamos os dois gramáticos, ou antes, à mesma tradição gramatical quanto a este ponto.

parece que *bosques* e *montanhas* constituem algo uno: vivia em bosques de montanha. *Apenas parece.* Note-se porém que a maioria das orações que se constroem assim não é isenta de anfibologia. Exemplo: "Estava sempre em tranquilos portos e estradas". Pois bem, pode entender-se aqui que estava sempre em portos tranquilos e, ademais, em estradas que podiam não ser tranquilas. ☝ Por isso, em casos como este é preferível ou a repetição do adjetivo e da preposição (por exemplo, *Viajou **por** perigosas florestas e **por** perigosos mares*), ou a alteração da mesma figura oracional (por exemplo, *Vivia **em** bosques e **em** montanhas tranquilos*, onde não há nem sombra de ambiguidade).

6.2.4.b. "Vivia em <u>tranquilos</u> MONTANHAS e BOSQUES." Aqui não há nem sombra de ambiguidade; mas é construção algo desagradável. ☝ É pois preferível com respeito a este caso o mesmo que com respeito ao anterior.

6.2.4.c. "Tinha por ele <u>altos</u> RESPEITO e ADMIRAÇÃO." Tampouco aqui há nenhuma ambiguidade; mas igualmente se trata de construção desagradável, algo pernóstica até. Mas, se se usa, como o faz a tradição gramatical, concordar o adjetivo com o substantivo mais próximo ("Tinha por ele 'alto' RESPEITO e admiração"), então a frase não fica isenta de anfibologia: podemos ter alto respeito por alguém e admiração não tão alta por ele. ☝ Por conseguinte, para conseguir uma construção não só isenta de ambiguidade mas não desagradável, não resta senão repetir o adjetivo: *Tinha por ele **alto** respeito e **alta** admiração.*

6.2.4.d. "Tinha por ele <u>altos</u> ADMIRAÇÃO e RESPEITO." Diga-se quanto a este exemplo o mesmo que se disse quanto ao anterior; e insista-se em que, se se faz concordar o adjetivo como o quer a tradição gramatical ("Tinha por ele <u>alta</u> ADMIRAÇÃO e respeito"), tampouco se deixa de incorrer em anfibologia.

6.2.4.e. Os dois últimos exemplos não parecem apresentar dificuldade. Insista-se todavia em que até por isso mesmo não se vê aí nem sombra de razão para a chamada concordância parcial.

⚐ OBSERVAÇÃO 1. Atente-se a que tanto nossas considerações como nossas sugestões também quanto a este assunto não visam senão a duplo fim: antes de tudo a desambiguação, o permitir ao leitor perfeita apreensão imediata do que se quer dizer; depois a diminuição ou supressão das exceções à regra geral. Nunca é demasiado repeti-lo.

⚐ OBSERVAÇÃO 2. Bem sabemos que corre entre nós o "rumor" de que, ao contrário do inglês, o português não tolera repetições de palavra. Não passa de "rumor", ainda que com um pano de fundo real: não raro os literatos lusófonos preferem tal não repetição. Esta preferência, todavia, é uma opção justamente literário-poética, e, como dizemos ao longo de toda a *Suma*, a Gramática não deve fundar-se antes de tudo no literário. Ademais, uma oração como *Tinha por ele alto respeito e alta admiração* afigura-se-nos, além de cristalina, perfeitamente elegante.

☞ OBSERVAÇÃO 3. Como dito mais acima, contudo, não podemos tachar de errada a concordância propugnada pela tradição gramatical, ou seja, a concordância chamada "parcial", "por atração do mais próximo", etc. Fazê-lo seria ir contra um *fato linguístico* presente entre os mesmos escritores e entre os mesmos gramáticos que fundam o padrão culto atual: e, como dito, não compete ao gramático inventar língua. Mas, como dito também, não impugnar algo não é o mesmo que defendê-lo e propô-lo, e não defendemos nem propomos senão a busca incansável da desambiguação perfeita e, pois, da clareza meridiana.

6.2.5. Igualmente distante, em princípio, de nosso fim, está ainda o que sustenta a tradição gramatical quanto à CONCORDÂNCIA DO ADJETIVO POSPOSTO A DOIS OU MAIS SUBSTANTIVOS, cujas regras, no entanto, não podem ser senão variações da regra geral. Antes de tudo, portanto, ponhamos exemplos deste caso nos quais se aplica a regra geral da concordância nominal:

6.2.5.a. Sendo os substantivos do *mesmo gênero* e estando ambos no *singular*:

✓ *A professora estava com um* VESTIDO *e um* CHAPÉU <u>*escuros*</u>.;

✓ *Estudo a* LÍNGUA *e a* LITERATURA <u>*portuguesas*</u>.

6.2.5.b. Sendo os substantivos de *gêneros diferentes* e estando ambos no *singular*:

✓ *A professora estava com uma* SAIA *e um* CHAPÉU <u>*escuros*</u>.;

✓ *Estudo o* IDIOMA *e a* LITERATURA <u>*portugueses*</u>.

6.2.5.c. Sendo os substantivos do *mesmo gênero* mas estando *um no singular e o outro no plural*:

✓ *Ela comprou dois* VESTIDOS *e um* CHAPÉU <u>*escuros*</u>.;

✓ *Estudo as* LÍNGUAS *e a* CIVILIZAÇÃO <u>*ibéricas*</u>.

6.2.5.d. Sendo os substantivos de *gêneros diferentes* e estando ambos no *plural*:

✓ *Ela comprou* SAIAS *e* CHAPÉUS <u>*escuros*</u>.;

✓ *Estudo os* IDIOMAS *e as* LITERATURAS <u>*ibéricos*</u>.

6.2.5.e. Sendo os substantivos de *gêneros* e de *números diferentes*:

✓ *Ela comprou* SAIAS *e* CHAPÉU <u>*escuros*</u>.;

✓ *Estudo os* FALARES *e a* CULTURA <u>*portugueses*</u>.

☞ OBSERVAÇÃO. Escrevem Cunha e Cintra: "Quando está em concordância apenas com o substantivo mais próximo, o adjetivo nem sempre caracteriza de forma precisa o substantivo dele distanciado. Por isso, em todas as hipóteses mencionadas, pode-se e deve-se, caso a concordância origine qualquer dúvida, repetir o adjetivo para cada um dos substantivos: Ela comprou uma **saia escura e** um **chapéu escuro**.; Estudo os **falares portugueses** e a **cultura portuguesa**."[4] Não podemos senão concordar com o dito. Assinale-se, todavia, que muitas vezes Cunha e Cintra, como a tradição gramatical em geral, não são coerentes com o que dizem aí.

6.2.6. Pois bem, para evitar em *três* destes exemplos o que alguns possam considerar desagradável – ainda que agora nós não o consideremos tal –, basta ou inverter a ordem dos substantivos; por exemplo:

✓ Estudo a LITERATURA e o IDIOMA <u>portugueses</u> (em lugar de *Estudo o IDIOMA e a LITERATURA <u>portugueses</u>*).;

ou repetir o adjetivo, com a devida concordância; por exemplo:

✓ *Estudo os IDIOMAS <u>ibéricos</u> e as LITERATURAS <u>ibéricas</u>.* (em vez de *Estudo os IDIOMAS e as LITERATURAS <u>ibéricos</u>*).;

✓ ou simplesmente dar outro torneio à frase, ao gosto e parecer do escritor; por exemplo:

✓ *Estudo a CULTURA de Portugal e seus FALARES* (em vez de *Estudo os FALARES e a CULTURA <u>portugueses</u>*).

☞ OBSERVAÇÃO 1. Dos exemplos de concordância com o mais próximo postos acima, não padecem de anfibologia em grau algum os seguintes:

✓ *Estudo a LÍNGUA e a LITERATURA <u>portuguesa</u>.*;

✓ *Estudo o IDIOMA e a LITERATURA <u>portuguesa</u>.*;

✓ *Estudo o IDIOMA e as TRADIÇÕES <u>portuguesas</u>.*

Basta contudo ver a multiplicidade de alternativas a esta maneira de concordar para concluir, facilmente, que não é necessária. Ora, se podemos evitar tal infração à regra, devemos fazê-lo. E o argumento de que esta ou aquela maneira não infratoras são menos comuns não procede – justamente porque não se trata aqui, como dito, de tachar de erradas as maneiras mais comuns, mas de preferir e de propor as que, além de não encerrar ambiguidade, tampouco firam a regra geral.

6.2.7. Vejam-se, todavia, outros modos de concordar[5] que encerram grave ambiguidade. Diga-se, ademais, por quê.

a. "A professora estava com um VESTIDO e um CHAPÉU <u>escuro</u>." Ela poderia estar com um chapéu escuro e um vestido de qualquer outra cor.

---

[4] CELSO CUNHA & LINDLEY CINTRA, *op. cit.*, p. 285-87.
[5] Modos acordes, ponha-se, à tradição gramatical em geral.

b. "A professora estava com uma SAIA e um CHAPÉU <u>escuro</u>." Ela poderia estar com um chapéu escuro e uma saia de qualquer outra cor.

c. "Estudo as LÍNGUAS e as CIVILIZAÇÕES <u>ibéricas</u>." Eu poderia estudar, além das civilizações ibéricas, as línguas em geral.

d. "Ela comprou dois VESTIDOS e um CHAPÉU <u>escuro</u>." Ela poderia ter comprado um chapéu escuro e dois vestidos de qualquer outra cor.

e. "Estudo as LÍNGUAS e a CIVILIZAÇÃO <u>ibérica</u>." Eu poderia estudar, além das civilizações ibéricas, as línguas em geral.

f. "Ela comprou SAIAS e CHAPÉUS <u>escuros</u>." Ela poderia ter comprado chapéus escuros e saias de qualquer outra cor.

g. "Estudo os IDIOMAS e as LITERATURAS <u>ibéricas</u>." Eu poderia estudar, além das literaturas ibéricas, os idiomas em geral.

h. "Ela comprou SAIAS e CHAPÉU <u>escuro</u>." Ela poderia ter comprado chapéu escuro e saias de qualquer outra cor.

6.2.8. Eis maneiras de sua perfeita desambiguação:

a. *A professora estava com um vestido e um chapéu escuros.*;

b. *A professora estava com uma saia e um chapéu escuros.*;

c. *Estudo a civilização ibérica e suas línguas.*;

d. *Ela comprou dois vestidos e um chapéu escuros.*;

e. *Estudo a civilização ibérica e suas línguas.*;

f. *Ela comprou saias escuras e chapéus escuros.*;

g. *Estudo os idiomas ibéricos e suas literaturas.*;

h. *Ela comprou saias e chapéu escuros.*

6.2.9. Escusado seria dizer que, quando exerce a função de predicativo (dos três modos), o adjetivo concorda com dois ou mais substantivos exatamente como se comporta quando exerce a função de adjunto adnominal:

✓ O LIVRO e o CADERNO são <u>novos</u>.;

✓ A PORTA e a JANELA estavam <u>abertas</u>.;

✓ O LIVRO e a CANETA são <u>novos</u>.;

✓ A JANELA e o PORTÃO estavam <u>abertos</u>.[6]

6.2.10. Insista-se, no entanto, em que a tradição gramatical admite a "concordância parcial" quando o adjetivo na função de adjunto adnominal vem anteposto aos substantivos:

---

[6] Os exemplos são ainda de Cunha e Cintra.

- ✓ Era <u>novo</u> o LIVRO e a CANETA.;
- ✓ Estava <u>aberta</u> a JANELA e o PORTÃO.[7]

6.2.10.a. De fato, estes dois exemplos não padecem de anfibologia. Repita-se porém o dito mais acima: basta ver a multiplicidade de alternativas a esta maneira de concordar para concluir, facilmente, que não é necessária.

6.2.10.b. Ademais, o dizer *Estava <u>aberta</u> a JANELA e o PORTÃO* é antes da oralidade lusófona: com efeito, quando na fala antepomos o adjetivo, tendemos a concordá-lo com o primeiro substantivo e a "esquecer-nos" de fazê-lo com o segundo. É uma como "pressa" linguística, que sem dúvida alguma tem que ver com o grande automatismo da fala. Mas, por definição, a escrita quase nada tem ou quase nada deveria ter de automático. Por isso, podemos mudar multiplamente os mesmos exemplos sem ferir em nada a regra geral da concordância nominal:

- ✓ Eram <u>novos</u> o LIVRO e a CANETA.;
- ✓ Era <u>novo</u> o LIVRO, e era <u>nova</u> a CANETA.;
- ✓ Estava <u>aberta</u> a JANELA, e estava <u>aberto</u> o PORTÃO.;
- ✓ Estava <u>aberta</u> a JANELA, e o PORTÃO.

→ Se *Eram novos o livro e a caneta* não nos fere a sensibilidade linguística, algo no-lo faz talvez *Estavam abertos a janela e o portão*.

⌔ OBSERVAÇÃO 1. Voltar-se-á no capítulo VIII à razão de as orações de *Era novo o livro, e era nova a caneta* e de *Estava aberta a janela, e estava aberto o portão* virem separadas por vírgula. Mas antecipe-se, resumidamente: é *de rigor* separar por vírgula orações ligadas pela aditiva *e* se tiverem sujeito diferente.

⌔ OBSERVAÇÃO 2. Em *Era novo o livro, e a caneta* e em *Estava aberta a janela, e o portão*, seguimos estupenda sugestão de Carlos Góis: trata-se da mesma regra anterior mas com elipse do verbo e do adjetivo: *Era novo o livro, e [era nova] a caneta*; *Estava aberta a janela, e [estava aberto] o portão*. É nossa maneira preferida para casos assim.

6.2.11. Como as orações se consideram do número singular e do gênero masculino-neutro, quando o sujeito é exercido por uma oração (desenvolvida ou reduzida) o adjetivo predicativo fica no masculino singular:

- ✓ É <u>justo</u> QUE UMA NAÇÃO HONRE SEUS POETAS.;
- ✓ É <u>honroso</u> MORRER PELA PÁTRIA.[8]

---

[7] *Idem.*
[8] Exemplos tomados também de CELSO CUNHA & LINDLEY CINTRA, *op. cit.*, p. 288.

Diga-se mais precisamente, todavia, que a concordância se faz então no *masculino-neutro*.

6.2.12. Parece que construções como "a Primeira e a Segunda Guerras" e tantas outras que tais infringem regra fundamental: aqui é o substantivo o que concorda com os adjetivos, e não, como devido, estes com aquele. E de fato o fazem.

6.2.12.a. Antes de tudo, não se confunda "Primeira e Segunda Guerras" com, por exemplo, *ambos os verbos obedecer e responder*, em que *obedecer* e *responder* são apostos de *ambos os verbos*.

6.2.12.b. Depois, para escapar a tal infração, basta deixar o substantivo no singular: *a Primeira e a Segunda Guerra Mundial, o primeiro e o segundo capítulo*, etc. – ou seja, *a Primeira (Guerra Mundial) e a Segunda Guerra Mundial, o primeiro (capítulo) e o segundo capítulo*, etc.

☞ Observação 1. Atente-se a que o artigo antes de *Primeira*, de *Segunda*, de *primeiro* e de *segundo* em verdade não determina estes adjetivos, mas os mesmos substantivos *Guerra* e *capítulo*, implícitos ou explícitos.

☞ Observação 2. São porém tão usadas construções como "Primeira e Segunda Guerras", e ainda pelos melhores escritores, que nos parece abusivo tachá-las de erradas. Evitem-se, tão somente.

6.3. Concordância verbal

6.3.1. A concordância verbal é mais complexa que a nominal: conta com *uma regra geral* – o verbo concorda em número e em pessoa com o sujeito a que se atribui –, com *uma regra especial* – relativa ao verbo *ser* – e com certo número de particularidades ou exceções insuperáveis.

6.3.1.a. A regra geral da concordância verbal vale tanto para o caso de o sujeito ser simples (ou seja, ter um só núcleo) como para o caso de o sujeito ser composto (ou seja, ter dois ou mais núcleos). Mas este último caso requer ponderações.

- Exemplos de concordância com sujeito simples:[9]
    - ✓ "Eu ouço o canto enorme do Brasil!" (Ronald de Carvalho);
    - ✓ "Melhor negócio que Judas fazes tu, Joaquim Silvério!" (Cecília Meireles);

---

[9] Os exemplos literários que se sucederão a partir daqui são tomados de Rocha Lima, *op. cit.*, p. 472.

- ✓ "Um dia UM CISNE morrerá, por certo..." (Júlio Salusse);
- ✓ "Naquela grande rua sossegada
  fizemos, um dia, o nosso ninho:"
  (Guilherme de Almeida);
- ✓ "Brasileiros, vós tendes os ouvidos moucos às grandes palavras de fé" (Tasso da Silveira).;
- ✓ "Os caboclos levantaram-se em alvoroço, alarmados" (Coelho Neto).;
- ✓ "Aqui outrora retumbaram hinos" (Raimundo Correia).
- Exemplos de CONCORDÂNCIA COM SUJEITO COMPOSTO:
  - ✓ "Eu e o papai queremos aproveitá-lo, para conversar" [ou seja, se temos primeira pessoa + terceira pessoa, o verbo vai para a primeira do plural] (Cyro dos Anjos).;
  - ✓ "Neste caso TU E MAIS ELES TODOS sereis salvos" [ou seja, se temos segunda pessoa + terceira pessoa, o verbo vai para a segunda do plural] (Padre Antônio Vieira).;
  - ✓ "Roberto e o milagreiro chegaram logo" [ou seja, se temos terceira pessoa + terceira pessoa, o verbo vai para a terceira do plural] (Rachel De Queiroz).

↗ Observação. Os seguintes exemplos, dados por Rocha Lima como justificáveis e pois como aceitáveis, não o são em verdade, sobretudo se se trata da escrita:
  - ✓ "Juro que TU E TUA FILHA me 'pagam'" [ou seja, se temos segunda pessoa + terceira pessoa, o verbo deveria pôr-se na segunda do plural (*pagais*); mas aqui está na terceira do plural] (Coelho Neto).;
  - ✓ "Desejo que TU E QUANTOS ME OUVEM 'se tornem' tais qual eu sou" [ou seja, se temos segunda pessoa + terceira pessoa, o verbo deveria pôr-se na segunda do plural (*vos torneis*); mas aqui está na terceira do plural] (Frei Amador Arrais).;
  - ✓ "O que eu continuamente peço a Deus é que ELE E TU 'sejam' meus amigos" [ou seja, se temos segunda pessoa + terceira pessoa, o verbo deveria pôr-se na segunda do plural (*sejais*); mas aqui está na terceira do plural] (Camilo Castelo Branco).;
  - ✓ "'Estão' TU E TEU IRMÃO resolvidos a procurarem Marcos Freire?" [ou seja, se temos segunda pessoa + terceira pessoa, o verbo deveria pôr-se na

segunda do plural (*estais*); mas aqui está na terceira do plural] (Camilo Castelo Branco).[10]

→ Casos assim não nos parecem sequer toleráveis.

6.3.1.b. Ao contrário do que dizem as gramáticas correntes, a concordância com o núcleo mais próximo – dita "parcial", "por atração", etc. – não é facultativa. Naturalmente, a tradição gramatical não aceita coisas como "Meu pai e eu cheguei". Refugia-se ela na trincheira do sujeito posposto, como, *mutatis mutandis*, já a vimos fazer no âmbito da concordância nominal. Deem-se pois exemplos de tal "concordância parcial":[11]

- ✓ "Que me importava Carlota, o lar, a sociedade e seus códigos?" (Cyro dos Anjos);
- ✓ "Faze uma arca de madeira: entra nela tu, tua mulher e teus filhos" (Machado de Assis).;
- ✓ "Era um auditório desigual onde se misturava infância e maturidade" (Clarice Lispector).

→ *Em princípio*, tal concordância não é de sustentar nem de propor. Mas é preciso distinguir.

• "Era um auditório desigual onde se misturava infância e maturidade." Esta construção, igualmente, nem sequer é tolerável: constitui puro e simples erro. Com efeito, o mesmo verbo *misturar* implica que se trata de duas ou mais coisas, sem o que é impossível qualquer mistura.

• "Que me importava Carlota, o lar, a sociedade e seus códigos?" Esta já se pode de algum modo justificar. Com efeito, como vimos dar-se, *mutatis mutandis*, no âmbito da concordância nominal, a vírgula pode sugerir a elipse de um ou de mais termos, razão por que pode entender-se: *Que me importava Carlota, [que me importava] o lar, [que me importava] a sociedade e seus códigos?*[12] – Mantivemos no singular o verbo de *que me importava a sociedade e seus códigos* por algo de que voltaremos a falar mais adiante: *sociedade* e *seus códigos* constituem, aqui, algo uno.

---

[10] Ademais, como se verá na seção relativa ao infinitivo (pessoal), aqui poríamos: *Estais tu e teu irmão resolvidos a **procurar** Marcos Freire?* Quanto a isto, a razão está com Napoleão Mendes de Almeida.

[11] Exemplos tomados de Rocha Lima, *op. cit.*, p. 474, e postos na *Suma* justamente para refutar a defesa que faz Lima (com a tradição gramatical em geral) deste tipo irregular de concordância. Para tal refutação, ➤ *Suma*, p. 534-37.

[12] Trata-se de *zeugma*, que consiste na elipse de palavras expressas anteriormente na frase, as quais podem supor ou não flexões distintas – como se verá.

- "Faze uma arca de madeira: <u>entra</u> nela tu, tua mulher e teus filhos." Esta também parece poder justificar-se pelo dito a respeito do último exemplo (ainda que aqui o elíptico sofra flexões): *Faze uma arca de madeira: entra nela tu, [entre nela] tua mulher e [entrem nela] teus filhos*; ou então por considerar-se que <u>tua</u> *mulher* e <u>teus</u> *filhos* são como partes de *tu*.

→ Se assim é, os dois últimos exemplos não constituiriam infração à regra geral, mas variação sua. Este modo de variação, todavia, não deveria usar-se senão com escrupulosa ponderação. Se, no âmbito da língua, insista-se, se abre a "porteira", ter-se-á inevitável "estouro da boiada". – Na oralidade, ademais, isso mesmo que pode ser variação da regra geral é antes, o mais das vezes, ainda uma como "pressa" linguística, que sem dúvida alguma tem que ver com o grande automatismo da fala: quando antepomos o verbo, tendemos a concordá-lo com o primeiro núcleo do sujeito e a "esquecer-nos" de fazê-lo com o segundo. Para que tal "esquecimento" se dê aqui e ali na escrita, não é grande o passo.

6.3.2. Veja-se contudo um exemplo de sujeito composto constituído de palavras *sinônimas* ou *quase sinônimas*, de modo que se nos apresentam ao espírito como um todo indiviso ou como termos que simplesmente se reforçam:

✓ "O mais importante era aquele desejo e aquela febre que os <u>une</u> como o barro une as pedras duras" (Dinah Silveira de Queiroz).[13]

Pois bem, além de que ainda neste caso tenha cabida a concordância regular,[14] nada há que opor – ao contrário – a tal concordância no singular, porque de fato aqui o escritor pensa no sujeito composto como algo uno, ao passo que, se a concordância se faz no plural, o escritor pensa no sujeito como composto de coisas próximas mas não idênticas nem constituintes de algo uno. – E uma vez mais:

- tudo isto não se há de fazer senão com escrupulosa ponderação;
- tampouco aqui a concordância no singular constitui infração à regra, mas variação sua.

6.3.3. A tradição gramatical, representada agora por Rocha Lima, aceita a "concordância parcial" também quando os núcleos do sujeito composto se ordenam em *gradação* de ideias, a par, naturalmente, da concordância regular. Exemplos de um e de outro caso:[15]

---

[13] Rocha Lima, *op. cit.*, p. 475.
[14] Exemplos tomados ainda de Rocha Lima: "O desalento e a tristeza <u>abalaram-me</u>" (Graciliano Ramos).; "Só o medo e o horror é que <u>são</u> justos" (Rachel de Queiroz).
[15] Rocha Lima, *op. cit.*, p. 475.

- ✓ "E entrava a girar em volta de mim, à espreita de UM JUÍZO, de UMA PALAVRA, de UM GESTO, que lhe <u>aprovasse</u> a recente produção" (MACHADO DE ASSIS).;
- ✓ "UM GESTO, UMA PALAVRA À TOA logo me <u>despertavam</u> suspeitas" (GRACILIANO RAMOS). / "A saúde, a força, a vitalidade <u>faziam</u>-me ver as coisas diferentes" (JOSÉ LINS DO REGO).

Mas isso está mal posto. No exemplo de Machado de Assis, a concordância faz-se no singular porque a sequência iniciada por *um juízo* encerra a ideia de disjunção: *E entrava a girar em volta de mim, à espreita [ou] de um juízo, [ou] de uma palavra, [ou] de um gesto que lhe aprovasse a recente produção*. É o que parece justificar tal concordância. E, com efeito, quando se trata de disjunção, a concordância pode fazer-se quer no singular quer no plural, a depender tão somente do que se queira dizer. No exemplo que nos ocupa, trata-se de disjunção perfeitamente excludente: Machado quer dizer que *qualquer dessas coisas* lhe poderia aprovar a recente produção.[16] Mas a disjunção pode não ser perfeitamente excludente, e encerrar caráter de adição, como em *Um bom livro <u>ou</u> uma boa sinfonia são capazes de comprazê-lo*, em que se quer dizer: *Tanto um bom livro como uma boa sinfonia são capazes de comprazê-lo*. – Atente-se, porém, no exemplo de Machado, ao incorreto uso de vírgula antes de *que lhe aprovasse a recente produção*. Com efeito, esta oração não pode ser senão *adjetiva adjuntiva adnominal*, que, como já sabemos, nunca se separa por vírgula de seu antecedente. – E ainda:

- tudo isto não há de fazer-se senão com escrupulosa ponderação;
- tampouco aqui a concordância no singular constitui infração à regra, mas variação sua.

6.3.4. Quanto à imprecisamente chamada "voz passiva sintética" – que, como já dissemos, é em verdade certo tipo de voz ativa segundo a figura mas com significado passivo – e seu pronome *se*, deem-se exemplos:

- ✓ <u>Alugam-se</u> CASAS (= CASAS <u>são alugadas</u>).;
- ✓ <u>Consertam-se</u> GELADEIRAS (= GELADEIRAS <u>são consertadas</u>).;
- ✓ <u>Venderam-se</u> TODOS OS BILHETES (= TODOS OS BILHETES <u>foram vendidos</u>).;
- ✓ <u>Pescam-se</u> TRUTAS *naquele rio* (= TRUTAS <u>são pescadas</u> *naquele rio*).;

---

[16] E aqui, em verdade, após cada membro disjunto está implícito o mesmo verbo (com seu complemento): *E entrava a girar em volta de mim, à espreita [ou] de um juízo [que lhe aprovasse a recente produção], [ou] de uma palavra [que o fizesse], [ou] de um gesto [que o fizesse]*.

✓ <u>Caçam</u>-*se* ELEFANTES *na África por suas presas* (= ELEFANTES <u>são caçados</u> na África por suas presas).

Os termos substantivos em versalete são o sujeito de suas orações, razão por que com eles há de concordar obrigatoriamente o verbo.

⚐ OBSERVAÇÃO 1. Note-se quão mais lidimamente portuguesas soam as frases com a construção sintética.

⚐ OBSERVAÇÃO 2. A índole da língua portuguesa inclina para a posposição de tais sujeitos ao verbo, sendo raríssima sua colocação antes do verbo.

⚐ OBSERVAÇÃO 3. Ao contrário do que querem alguns, o sujeito de tais orações pode perfeitamente ser exercido por substantivo que signifique ente animado, como se vê pelos dois últimos exemplos acima. Em outros casos, porém, a oração padecerá de ambiguidade: com efeito, em <u>*Mataram-se*</u> MUITOS SOLDADOS *na guerra* ficamos sem saber se na guerra muitos soldados foram mortos ou se mataram a si mesmos. Sempre pois que tal se der, ou ponha-se a preposição *a* antes do que seria sujeito, e então se terá sujeito indeterminado e objeto direto preposicionado: *Matou-se <u>a</u> muitos soldados na guerra*; ou, em contraposição, acrescente-se à oração *a si mesmo* (e flexões): *Na guerra muitos soldados se mataram <u>a si mesmos</u>.*

⚐ OBSERVAÇÃO 4. Se se quer dar forma apassivada com *se* a *muitos livros podem ser lidos* e a *muitos livros devem ser lidos*, têm-se: *podem-se ler muitos livros* e *devem-se ler muitos livros* – o que não faz senão confirmar o que se acaba de dizer. Mas a maioria dos gramáticos admite também *pode-se ler muitos livros* e *deve-se ler muitos livros*, onde já não se trataria de forma apassivada, mas indeterminada. ☍ Nós, no entanto, sempre usamos a primeira maneira, e, conquanto não tachemos de erro a segunda, consideramo-la, digamos, temerária: porque "abre a porteira" para erros como "conserta-se geladeiras" (em lugar da correta *consertam-se geladeiras*), "vende-se livros usados" (em lugar da correta *vendem-se livros usados*), etc.

⚐ OBSERVAÇÃO 5. Note-se a desnorteadora ambiguidade do seguinte exemplo, que surpreendentemente, no entanto, Rocha Lima considera irreprochável: "Há ingratos, mas *os ingratos demitem-se, prendem-se, perseguem-se*" (Machado de Assis). Para desambiguá-la, proceda-se como dito na observação anterior: "Há ingratos, mas <u>*aos*</u> *ingratos demite-se, prende-se, persegue-se*".

⚐ OBSERVAÇÃO 6. Em todos os exemplos seguintes:
  ✓ *Precisa-se de pedreiros.*;
  ✓ *Não se obedece a ordens iníquas.*;

- ✓ *Vive-se bem aqui.*;
- ✓ *Assim se vai longe.*;
- ✓ *Estuda-se pouco nos dias de hoje.*;
- ✓ *É-se estudioso nesta casa,*

trata-se de pura indeterminação do sujeito. Já o tratámos de modo suficiente.

6.3.5. Variações da regra geral da concordância verbal, e exceções a ela[17]

6.3.5.a. Com um e outro.

• Neste caso, o substantivo que se segue à expressão UM E OUTRO só se usa no singular, enquanto o respectivo verbo vai obrigatoriamente para o plural. Analisemos, pois, os seguintes exemplos:

- ✓ "Um e outro *arcebispo* chegaram" (Frei Luís de Sousa).;
- ✓ "Uma e outra *coisa* lhe desagrada" (Manuel Bernardes).;
- ✓ "Um e outro é sagaz e pressentido;
  Um e outro aos ladrões declaram guerra"
  (Antônio Feliciano de Castilho).

• Antes de tudo, que o substantivo seguinte à expressão UM E OUTRO só se use no singular é ponto da concordância nominal, e deixámo-lo para tratar aqui justamente para fazê-lo em bloco com a concordância verbal com UM E OUTRO.

• Que se diga com toda a propriedade "um e outro arcebispo", como o faz o Frei Luís de Sousa em *Um e outro arcebispo chegaram*, deve-se, ainda uma vez, a elipse: *Um [arcebispo] e outro arcebispo chegaram.*

• Quanto porém a que – como pretende a tradição gramatical – o verbo possa estar ou no singular ou no plural em referência a *um e outro*, tal não se pode sustentar nem propor; e considerem-se exemplos como "Uma e outra *coisa* lhe desagrada" (do Padre Manuel Bernardes) ou como pertencentes a padrão culto anterior ao atual ou como simples erros (toleráveis tão somente na medida em que os aceita a tradição gramatical). Use-se pois sempre: *Uma [coisa] e outra coisa lhe desagradam*; *Um e outro são sagazes e pressentidos.*

6.3.5.b. Com um ou outro.

• Neste caso, a expressão UM OU OUTRO, seguida ou não de substantivo, requer o verbo somente no singular:

---

[17] Para nossa crítica à tradição gramatical – e a Rocha Lima com ela – quanto a partes deste ponto, ➢ *Suma*, p. 538-58. Quanto aos exemplos destas variações, são tomados ainda de Rocha Lima, *op. cit.*, p. 475-91. – Observe-se, ademais, que a mesma tradição gramatical chama "casos particulares" ao que chamamos aqui *variações*.

- ✓ "(...) UM OU OUTRO rapaz virava a cabeça para nos olhar" (RACHEL DE QUEIROZ).;
- ✓ "UM OU OUTRO vaga-lume tornava mais vasta a escuridão" (CLARICE LISPECTOR).

Esta maneira de concordar é uma das exceções consagradas a que nos referimos no início desta seção. Em tese, poderia levar-se o verbo já ao singular já ao plural, a depender ainda de que *ou* expressasse pura disjunção (*UM OU OUTRO se elegerá presidente da República no segundo turno*, caso em que o plural seria absurdo) ou encerrasse também a ideia de adição, como nos dois exemplos acima, cujo verbo *poderia*, segundo o sentido, ir para o plural. Mas, como dito, é exceção consagrada.

⌔ OBSERVAÇÃO. Ademais, pode usar-se *um que outro* em lugar de *um ou outro*:

- ✓ UM QUE OUTRO *vaga-lume* tornava *mais vasta a escuridão.*

6.3.5.c. Com NEM UM, NEM OUTRO; NEM UM NEM OUTRO.

• Aqui, esteja NEM UM, NEM OUTRO seguido ou não de substantivo, o verbo fica mais comumente no singular. Exemplos:

- ✓ "Afirma-se que NEM UM, NEM OUTRO falou verdade" (FREI LUÍS DE SOUSA).;
- ✓ "NEM UMA, NEM OUTRA diligência se pôde fazer" (MANUEL BERNARDES).;
- ✓ "NEM UM, NEM OUTRO havia idealizado previamente esse encontro" (TASSO DA SILVEIRA).

Neste caso, supõe-se uma elipse: *Nem um [será eleito], nem outro será eleito* (atenção para a vírgula obrigatória).

• Se todavia não se parte por vírgula, o par NEM UM NEM OUTRO é antes aditivo que disjuntivo. Com efeito, se digo *NEM UM NEM OUTRO serão eleitos*, digo que *Tanto um como outro não serão eleitos*, o que é o mesmo que dizer *Um e outro* (= *ambos*) *não serão eleitos*. Por isso, o melhor é pôr o verbo no plural. – Insista-se contudo em que vírgula só é *própria* se se supõe a referida elipse (*Nem um [será eleito], nem outro será eleito*). Se não se supõe tal elipse, o mais conveniente é não partir a expressão e levar o verbo ao plural:

- ✓ *NEM UM NEM OUTRO apareceram.*;
- ✓ *NEM UM NEM OUTRO serão eleitos.*;
- ✓ etc.

- No entanto, em um caso não é possível supor elipse: quando se expressa ideia de reciprocidade: NEM UM NEM OUTRO *se respeitam*. Esta porém não é maneira apropriada de dizê-lo. O apropriado seria pôr: *Não se respeitam um ao outro*.

6.3.5.d. Com UM DOS QUE.
- Neste caso, o verbo vai obrigatoriamente para o plural. Exemplo:
  ✓ "Patrocínio foi UM DOS brasileiros QUE mais <u>trabalharam</u> em prol da Abolição" (LAUDELINO FREIRE).

⌖ OBSERVAÇÃO. A tradição gramatical admite exemplos como estes, em que o verbo fica no singular:
  ✓ "Esta cidade foi UMA DAS QUE mais <u>se corrompeu</u> da heresia" (FREI LUÍS DE SOUSA).;[18]
  ✓ "UMA DAS coisas QUE muito <u>agradou</u> sempre a Deus em seus servos foi a peregrinação..." (ANTÔNIO VIEIRA);
  ✓ "O reitor foi <u>um dos que</u> mais <u>se importou</u> com a preocupação do homem" (JÚLIO DINIS).

A tal admissão, no entanto, não podemos conceder sequer tolerância: neste caso, a concordância no singular é, segundo o padrão culto atual, puro erro. E justifica-se perfeitamente o padrão culto atual: com efeito, o verbo em *Patrocínio foi um dos brasileiros que mais <u>trabalharam</u> em prol da Abolição* é-o de oração adjetiva cujo antecedente é *brasileiros*, não *Patrocínio*. Logo, o exemplo de Luís de Sousa, o de Antônio Vieira e o de Júlio Dinis são de evitar, e correspondem antes a outro e desusado padrão culto.

6.3.5.e. Com MAIS DE UM.
- Está perfeitamente estabelecido que neste caso o verbo, *em princípio*, deve vir no singular. Exemplos:
  ✓ "MAIS DE UM jornal <u>fez</u> alusão nominal ao Brasil" (ALEXANDRE HERCULANO).;
  ✓ "MAIS DE UM réu <u>obteve</u> a liberdade..." (MACHADO DE ASSIS).

Esta maneira de concordar é outra das exceções consagradas a que nos referimos no início desta seção. Para tal, há de haver contribuído o peso de *um* ao fim da expressão, apesar de *mais* encerrar claramente a ideia de pluralidade.

---

[18] Note-se a construção de "passiva sintética" com agente da passiva explícito e introduzido por *de*. Foi largamente usada em outras épocas do português, o que, porém, não quer dizer que atualmente já não possa usar-se aqui e ali, desde que de modo sempre muito criterioso.

- Se porém MAIS DE UM estiver *repetido*, o verbo vai o plural na pena dos escritores mais consagrados. Exemplo:
    - ✓ "MAIS DE UM oficial, MAIS DE UM general, <u>foram mortos</u> nesta batalha" (CARNEIRO RIBEIRO).

§ Não obstante, diga-se que a vírgula depois de *mais de um general* está mal posta: *Mais de um oficial, mais de um general foram mortos* seria a maneira perfeita.

- E, se por fim o escritor quiser expressar ideia de reciprocidade, então o verbo há de, necessariamente, ir para o plural. Exemplo:
    - ✓ "MAIS DE UM político de princípios adversos <u>deram-se</u> as mãos naquela crise medonha do país" (CARNEIRO RIBEIRO).

6.3.5.f. Com EXPRESSÕES DE SENTIDO QUANTITATIVO ACOMPANHADAS DE COMPLEMENTO NO PLURAL.

α. Se a um termo substantivo no plural se antepõe expressão quantitativa como *a maioria de, a maior parte de, a menor parte de, grande parte de, parte de, grande número de, grande quantidade de*, e equivalentes, o verbo deve ficar no singular. Exemplo:
- ✓ "A MAIORIA DOS condenados <u>acabou</u> nas plagas africanas" (CAMILO CASTELO BRANCO).

- Trata-se da concordância com sujeito cujo núcleo expressa parte do todo expresso por seu adjunto. É o que se dá, por exemplo, em *A MAIORIA DOS animais <u>morreu</u>*: *A maioria* (núcleo do sujeito) é parte de *animais* (introduzido por *de*).[19] E sem dúvida alguma a concordância sempre deveria dar-se com o núcleo do sujeito: por exemplo, *UMA DAS obras referidas <u>está</u> esgotada*.

- Fundada todavia em escritores renomados, a tradição gramatical desde sempre sustentou que nestes casos o verbo pode indiferentemente ficar no singular ou ir para o plural. Exemplo literário:
    - ✓ "A MAIOR PARTE DAS suas companheiras *eram* felizes" (CAMILO CASTELO BRANCO).

- Uma vez mais, há que tolerá-lo, mas não propô-lo. – Se no entanto se trata de concordância como a do seguinte exemplo: "(...) UM GRANDE NÚMERO DE velas <u>branquejavam</u> sobre as águas do estreito" (de Alexandre Herculano), então há que dizer que constitui puro e simples erro: com efeito, *um grande número* não é parte de *velas*, senão que indica sua mesma totalidade. Por isso o verbo não poderia estar

---

[19] Tal núcleo de sujeito é uma maneira de *partitivo*, ainda que, em português, este termo se reserve antes para a preposição *de* em construções como *Comeu do [de + o] bolo*.

senão no singular. Não confundir, pois, como faz um que outro gramático, verdadeiras expressões partitivas como *a maioria de, a maior parte de, a menor parte de, grande parte de, parte de* com expressões como *grande número de, pouco número de, uma série de*. Para nós, os dois grupos de expressões devem levar o verbo ao singular; mas só as expressões do primeiro grupo admitem, segundo a mesma tradição, verbo no singular ou no plural.

⌁ OBSERVAÇÃO. Tampouco se há de confundir com a concordância com as expressões do primeiro grupo a concordância que se dá nestes exemplos, em que, forçosamente, o verbo há de estar no singular:

✓ UM TROÇO DE SOLDADOS enchia o primeiro pavimento do edifício.;
✓ "UMA NUVEM DE SETAS respondeu ao sibilar dos esculcas árabes" (Alexandre Herculano).

β. Os sujeitos que têm por núcleo FRAÇÃO OU PERCENTAGEM é que estão no mesmo gênero dos que têm por núcleo *a maioria de*, etc. Com efeito, também a fração e a percentagem são partes do todo expresso pelo que se lhes segue no mesmo sujeito, com a diferença porém de que estas podem levar o verbo já ao singular já ao plural:

✓ *Comeu-se* UM TERÇO DO BOLO.;
✓ *NOVENTA E NOVE POR CENTO DAS PESSOAS aprovaram-no.*;
✓ etc.

• ◊ Pois bem, conquanto gramáticos mais modernos queiram introduzir regra segundo a qual, nestes casos, o verbo *necessariamente* concorda com a palavra mais próxima (*Noventa e nove por cento das PESSOAS aprovaram-no*, mas "Noventa e nove por cento do POVO aprovou-o"), não podemos assentir a tal intento. Este é talvez o caso mais agudo de instabilidade e variabilidade gramatical: quase não se encontram dois gramáticos nem dois escritores com a mesma opinião global sobre este assunto. Devemos pois ser aqui flexíveis e tolerantes, ainda que não nos esquivemos de assinalar nossas preferências.

Levem-se pois em conta, neste caso, as seguintes possibilidades:

♦ Se o núcleo do sujeito for um terço, um quarto, etc. (ou uma terça, uma quarta... parte), ou for até 1,999... por cento, o verbo deve pôr-se no **singular**:

✓ UM TERÇO *dos livros é bom* (predicativo no masculino porque *terço* o é).;
✓ UM QUARTO *da obra é bom.*;
✓ UMA QUINTA PARTE *dos livros é boa* (predicativo no feminino porque *quinta parte* o é).;

- ✓ UMA SEXTA PARTE *da obra é boa*;.
- ✓ *Apenas 1,999...* POR CENTO *das pessoas o* <u>*aprovou*</u>.;
- ✓ *Apenas 1,999...* POR CENTO *do povo o* <u>*aprovou*</u>.

⌦ OBSERVAÇÃO. Podem e muitas vezes devem usar-se construções como *Apenas 1,999... por cento daquele povo é <u>de</u> imigrantes*, bem como *A maioria aqui é <u>de</u> bons alunos* (em vez da algo rebarbativa "A maioria é boa aluna"). Em ambos os exemplos, e em todos os outros que tais, está implícito o adjetivo *constituído*: *Apenas 1,999... por cento daquele povo é* [*constituído*] *de imigrantes*; *A maioria aqui é* [*constituída*] *de bons alunos*.

- ◆ A partir daí, o verbo deve ou pode pôr-se no plural:
  - ✓ *DOIS TERÇOS dos livros <u>são</u> bons* (predicativo no masculino porque *terços* o é).;
  - ✓ *DUAS QUINTAS PARTES dos livros <u>são</u> boas* (predicativo no feminino porque *quintas partes* o é).;
  - ✓ *TRÊS DÉCIMAS PARTES da obra <u>são</u> boas*.;
  - ✓ *Apenas* DOIS POR CENTO *das pessoas o* <u>*aprovaram*</u>.;
  - ✓ *Apenas* DOIS POR CENTO *do povo o* <u>*aprovou(aram)*</u>.

⌦ OBSERVAÇÃO. Diga-se, semelhantemente, *1,999... milhão*; mas *dois milhões*.

6.3.5.g. Com QUAIS, QUANTOS, ALGUNS, MUITOS, POUCOS, VÁRIOS + DE NÓS, DE VÓS, DENTRE NÓS, DENTRE VÓS.

§ Uma vez mais não podemos senão recomendar que também neste caso o verbo concorde com o núcleo do sujeito:

- ✓ *QUANTOS Dentre vós <u>estudam</u> conscienciosamente o passado?*;
- ✓ *QUAIS DE vós <u>são</u>, como eu, desterrados no meio do gênero humano?*;
- ✓ *QUAIS Dentre vós... <u>são</u> neste mundo sós e não <u>têm</u> quem na morte regue com lágrimas a terra que os cobrir?*

⌦ OBSERVAÇÃO. Há que *tolerar* também aqui o posto, salvo engano, pela totalidade da tradição gramatical. Segundo esta, com sujeitos como os que nos ocupam aqui, o verbo indiferentemente fica na 3.ª pessoa do plural ou concorda com o pronome *nós* ou com o pronome *vós*. Exemplos:

- ✓ "(...) quantos dentre vós <u>estudam</u> conscienciosamente o passado?" (JOSÉ DE ALENCAR);
- ✓ Quantos de nós <u>estudamos</u> conscienciosamente o passado?;
- ✓ "Quais de vós <u>sois</u>, como eu, desterrados no meio do gênero humano?" (ALEXANDRE HERCULANO);

✓ "Quais dentre vós... <u>sois</u> neste mundo sós e não *tendes* quem na morte regue com lágrimas a terra que vos cobrir?" (ALEXANDRE HERCULANO).

Mas, repita-se, o mais conveniente em todos estes casos é pôr o verbo na terceira pessoa do plural.

6.3.5.h. Com QUAL DE NÓS OU DE VÓS, DENTRE NÓS OU DENTRE VÓS.

§ Neste caso, o verbo fica sempre na 3.ª pessoa do singular. Exemplos:

✓ "QUAL DE VÓS me <u>arguirá</u> de pecado?" (Antônio Vieira);

✓ "QUAL DE VÓS OUTROS, cavaleiros – dizia Pelágio aos que o rodeavam – <u>duvidará</u> um momento...?" (ALEXANDRE HERCULANO);

✓ "Abre o túmulo, e olha-me: dize-me QUAL DE NÓS <u>morreu</u> mais" (CECÍLIA MEIRELES).

♪ OBSERVAÇÃO. Esta regra, se é ditada também pela mesma tradição gramatical, não faz, contudo, senão reforçar o que dissemos com respeito ao caso imediatamente anterior.

6.3.5.i. Com NÚCLEOS DO SUJEITO UNIDOS POR *COM*.

• Neste caso, se o verbo vai para o plural, é porque se trata de sujeito composto cujos núcleos se ligam pela preposição *com* com caráter aditivo. Se o verbo vai para o singular, é porque o que se inicia por *com* não é núcleo do sujeito, mas *adjunto adverbial de companhia*. Exemplos:

✓ "D. Maria da Glória firmou a doação, e A MILANESA COM SEU FILHO <u>partiram</u> para a Itália" (CAMILO CASTELO BRANCO).;

✓ "EU COM O ABADE <u>entrámos</u> corajosamente num coelho guisado" (CAMILO CASTELO BRANCO).;

✓ "E <u>atravessaram</u> a serra,
O NOIVO COM A NOIVA DELE
cada qual no seu cavalo"
(MÁRIO DE ANDRADE).;[20]

✓ "Convoca as alvas filhas de Nereu,
Com toda a mais cerúlea companhia:
Que, porque no salgado mar nasceu,
Das águas o poder lhe obedecia:
E propondo-lhe a causa a que desceu

---

[20] Há porém neste exemplo de Mário de Andrade, falando gramaticalmente, erro de pontuação: com efeito, não se separam por vírgula sujeito e verbo. Mas entende-se – e aceita-se – o efeito poético intentado pelo poeta com o uso de tal vírgula.

Com todas juntamente se partia,²¹
Pera estorvar que a armada não chegasse
Aonde pera sempre se acabasse"
(Camões).

✓ "A viúva de Aguinaldo, com os dois filhos, está conseguindo arrombar a caixa-forte (...)" (Cyro dos Anjos).

• Quando se trata de adjunto adverbial, este pode vir separado do núcleo do sujeito por vírgula, como no exemplo de Cyro dos Anjos. Mas também pode vir não separado por vírgula, esteja anteposto ao sujeito e ao verbo ou posposto ao verbo.

6.3.5.j. Com tanto... como/quanto, assim... como, não só... mas (também), etc.

• Se o sujeito encerra uma destas *fórmulas correlativas*, então o verbo – contra o que diz um que outro gramático – deve estar no plural.

✓ "Assim Saul como Davi, debaixo do seu saial, eram homens de tão grandes espíritos, como logo mostraram suas obras" (Antônio Vieira).;

✓ "Tanto a mulata como a criança o observavam dissimuladas de longe sem se aproximar" (Clarice Lispector).;

✓ Não só ele mas todos os outros desistiram do projeto.

• Estas fórmulas correlativas são de caráter aditivo, e esta é a razão por que o verbo tem de ir no plural.

• Neste exemplo, por outro lado: "Tanto uma, como a outra, suplicava-lhe que esperasse até passar a maior correnteza" (de José de Alencar), o verbo está posto corretamente no singular porque estritamente falando não se dá a expressão *tanto uma como a outra* como sujeito único. Com efeito, aí a segunda parte está entre vírgulas (*tanto uma*, como a outra,) porque a frase é composta de uma oração com sujeito simples (*tanto uma*) e de uma oração antecipada com verbo elíptico (*como a outra*). Sem tal antecipação nem tal elipse – que constituem uma sorte de zeugma extremo –, ficaria assim a frase: *Tanto uma lhe suplicava como a outra lhe suplicava que esperasse até passar a maior correnteza.*

⚐ Observação. Esta oração de Alexandre Herculano: "Não só a nação, mas também o príncipe, estariam pobres...", está pura e simplesmente errada,

---

²¹ O uso de *partir* como pronominal é da linguagem renascentista; mas ainda pode encontrar-se na literatura da fase atual de nossa língua, e mais correntemente na língua espanhola.

porque não têm que fazer aí as vírgulas, que lhe separam indevidamente os núcleos do sujeito composto e, pois, este do verbo. Com efeito, *Não só a nação mas também o príncipe <u>estariam</u> pobres* seria a maneira correta, conquanto sempre se pudesse pôr, à maneira de José de Alencar: *não só a nação, mas também o príncipe, <u>estaria</u> pobre...*

6.3.5.k. Com os núcleos do sujeito unidos por *e*.

• Quando o sujeito se compõe de dois ou mais núcleos de 3.ª pessoa unidos pela conjunção *e*, em princípio, e naturalmente, o verbo estará na 3.ª pessoa do plural, independentemente de se o sujeito vem anteposto ou posposto ao verbo. Deem-se exemplos:

✓ Carmem, Marta e Rodrigo <u>partiram</u> *cedo*.;

✓ <u>Partiram</u> *cedo* o rapaz e a moça.;

✓ O livro sobre as artes e o opúsculo sobre os hábitos *constituem o melhor de sua obra*.;

✓ <u>Constituem</u> *o melhor de sua obra* o primeiro e o terceiro livro.

• Dá-se a mesma concordância se o último núcleo do sujeito não estiver ligado ao penúltimo por *e* mas dividido dele por vírgula:

✓ Carmem, Marta, Rodrigo <u>partiram</u> *cedo*.;

✓ O livro sobre as artes, o opúsculo sobre os hábitos <u>constituem</u> *o melhor de sua obra.*

Note-se, porém, que o último núcleo nunca se separa do verbo por vírgula. – O caso de *etc.* como parte do sujeito ver-se-á no capítulo VIII.

• Quando contudo os núcleos do sujeito composto expressam um todo indivisível ou uma ideia única, então o verbo fica condizentemente no singular. Dêmos um par de exemplos:

✓ "Em tal sorriso o passado e o futuro <u>estava</u> impresso" (Alexandre Herculano), onde "o *passado* e o *futuro* são manifestações de uma ideia única: o *tempo distante*".;[22]

✓ "Que alegria, pois, que gozo, que admiração <u>será</u> a de um Bem-aventurado, quando se vir semelhante a Deus...!" (Padre Manuel Bernardes), onde os três substantivos *alegria, gozo, admiração* constituem *neste contexto* algo uno – e, como já vimos, neste caso o verbo fica no singular.

---

[22] J. Mattoso Câmara Jr., *Elementos da Língua Pátria*, p. 185, nota.

Agregue-se apenas que a escolha de pôr o verbo no singular em casos como estes ou se dará conscienciosa e escrupulosamente ou tenderá a constituir puro erro.

• O último núcleo de um sujeito composto com que concorda o verbo no singular pode vir – e talvez o mais das vezes venha – não antecedido de artigo. Exemplos:

✓ "A coragem e afoiteza com que eu lhe respondi *perturbou-o* de tal modo, que não teve mais que dissesse" (Camilo Castelo Branco).;

✓ "(...) e este cuidado e temor nos *ajudará* a obrar com exação e pontualidade" (Manuel Bernardes).

É que, com efeito, como o diz tão acertadamente Rodrigues Lapa, "a função do artigo definido é a de particularizar o objeto; e, para que dois ou mais elementos possam formar um todo, é necessário que não se acentuem as particularidades que os distinguem".[23]

6.3.5.1. Com sujeito oracional composto

• Em princípio, fica no singular o verbo que se atribui a sujeito oracional composto, ou seja, composto de mais de um núcleo oracional, sejam estes orações subordinadas substantivas subjetivas desenvolvidas ou reduzidas de infinitivo. Exemplos:

✓ ["Que Sócrates nada escreveu] e [que Platão expôs as doutrinas de Sócrates] é sabido" (João Ribeiro).;

✓ ["Humilhar a aristocracia,] [refrear o clero,] [cercear-lhe os privilégios e imunidades] e [forçá-los a igualar-se com o povo]... equivalia a exalçar a plebe" (Latino Coelho).;

✓ "[E dizer] [e fazer] era um relâmpago" (Carlos Drummond de Andrade).

• Quando porém se trata de orações subordinadas substantivas subjetivas reduzidas de infinitivo ligadas por conectivo, há outra possibilidade. Com efeito, como vimos acima, vai o verbo para o singular quando as duas orações constituem, na intenção do escritor, algo uno. Vai porém o verbo para o plural quando as duas orações *não* constituem, na intenção do escritor, algo uno. Neste caso, é lícito – e elegante – anteceder de artigo cada uma das orações reduzidas, com o que se substantivam:

✓ *E o dizer e o fazer eram um relâmpago.*

---

[23] M. Rodrigues Lapa, *Estilística da Língua Portuguesa*, p. 171. – Há que assinalar todavia que discrepamos de Rodrigues Lapa – cujo intento nessa obra é parcialmente semelhante ao nosso aqui – quanto a muitos pontos.

- Ademais, neste belo exemplo: "Usar de razão e amar <u>são</u> duas coisas que não se ajuntam", o Padre Antônio Vieira não "escolheu" pôr o verbo no plural, senão que *foi obrigado* a tal pelo próprio predicativo ("duas coisas..."). E isto decorre da regra especial da concordância do verbo *ser* enquanto verbo de cópula, regra que trataremos mais adiante. – Mas, insista-se, Antônio Viera poderia ter elegido, isto sim, fazer os dois núcleos oracionais anteceder-se de artigo:
    - ✓ **O** USAR DE RAZÃO e **o** AMAR são duas coisas que não se ajuntam.

6.3.5.m. Com SUJEITO COMPOSTO CUJOS NÚCLEOS VÊM ANTECEDIDOS POR *NEM*.
- Aqui, é de rigor empregar o verbo no plural quando os núcleos do sujeito são da 3.ª pessoa. Exemplo:
    - ✓ "Em todo caso, **nem** o COADJUTOR **nem** o SACRISTÃO lhe <u>perguntaram</u> nada" (MACHADO DE ASSIS).

♪ OBSERVAÇÃO. Constitui ao menos impropriedade, neste caso, separar os núcleos por vírgula, como se vê nestes exemplos:
- ✓ "Nem a natureza, nem o demônio *deixaram* a sua antiga posse" (MANUEL BERNARDES).;
- ✓ "Nem a resignação, nem o consolo *são* possíveis para ti neste momento" (ALEXANDRE HERCULANO).[24]

- Mas parece que os seguintes exemplos contrariam a regra:
    - ✓ "Nem a lisonja, nem a razão, nem o exemplo, nem a esperança <u>bastava</u> a lhe moderar as ânsias..." (ANTÔNIO VIEIRA);
    - ✓ "Nem a vista, nem o ouvido, nem o gosto <u>pode</u> discernir entre cor, som e sabor" (MANUEL BERNARDES).

De fato, todavia, só parece. Antes de tudo, há que aplicar aqui o dito com respeito a outra situação: a concordância faz-se no singular porque a sequência iniciada, no exemplo de Vieira, por *nem a lisonja* supõe uma sequência de elipses: *Nem a lisonja [bastava a lhe moderar as ânsias], nem a razão [bastava a isso], nem o exemplo [bastava a isso], nem a esperança bastava a isso.*[25] Diga-se o mesmo do exemplo de Bernardes. É isso, insista-se, o que parece justificar tal concordância. Se não se supusesse tal sequência de elipses, a concordância no singular apareceria

---

[24] Mas o exemplo de Bernardes provavelmente não constitui efetivo erro, e sim maneira de pontuar do antigo padrão culto a que o escritor pertencia.
[25] Naturalmente, o rearranjo da frase, com a antecipação da oração final para o primeiro membro, é resultado da explicitação das mesmas orações elípticas. Implícitas tais orações, a frase tem de arranjar--se como no exemplo de Vieira e no de Bernardes.

como puro e simples erro. Por isso é que, não suposta tal sequência de elipses, a sequência de núcleos introduzidos por *nem* assume nítido caráter aditivo, o que já sabemos faz o verbo ir para o plural.

• Se um dos núcleos do sujeito é um dos pronomes pessoais, a concordância se faz segundo os princípios da primazia que vige entre estes pronomes. Exemplos:

✓ *NEM MEU PRIMO NEM EU frequentamos tal sociedade.*;
✓ *NEM NÓS NEM ELES nos esqueceremos disso.*;
✓ *NEM VÓS NEM ELE perdereis em tal negócio.*

• No caso de "Não seriam eles, nem eu quem pusesse esse remate" (de Alexandre Herculano), não há variação desta regra: *pusesse* só está no singular porque tem por sujeito *quem*, ponto que já tratámos. – Quanto à vírgula neste mesmo exemplo, não há erro se se supõem as devidas elipses: *Não seriam eles [quem pusesse esse remate], nem [seria] eu quem o fizesse.*

♪ OBSERVAÇÃO. Se todavia se multiplicam os membros, pode pospor-se-lhes [ou não] vírgula, menos ao último: *Não fui eu[,] nem [foi] ele[,] nem [foi] ela quem o fez* [ou *o que o fez*].

• Escreve Rocha Lima: "Terminando a série negativa por palavra ou expressão que resuma alguns dos [núcleos do sujeito] anteriores ou todos eles, concorda o verbo com esta palavra ou expressão. Exemplos:

'Nem eles, nem outrem *há* de possuir nada.' (Antônio Vieira)

'Nem eu, nem tu, nem ela, nem qualquer outra pessoa desta história *poderia* responder mais.' (Machado de Assis)".[26]

♦ Se fosse como diz Lima, então não o seria senão porque a palavra (ou a expressão) que resumisse os [núcleos do sujeito] anteriores teria caráter de aposto resumitivo.

▪ Mas tal não se vê no exemplo de Machado, no qual *qualquer* (o melhor seria *nenhuma*) *outra pessoa* não pode de modo algum resumir *eu, tu, ela*.

▪ Tampouco se vê caráter algum de aposto resumitivo no exemplo de Vieira: com efeito, *outrem* não pode resumir *eles*. Por isso a explicação deve buscar-se em outra parte.

▪ Assim, para nos atermos apenas ao exemplo de Vieira, podemos supor nele uma elipse:

✓ *Nem eles [hão de possuir nada], nem outrem há de possuir nada.*

---

[26] ROCHA LIMA, *op. cit.*, p. 486.

- Por outro lado, porém, não vemos nada que possa impedir a concordância no plural (supressa, como devido, a vírgula):
  ✓ *Nem eles nem outrem hão de possuir nada.*
- O mesmo com respeito ao exemplo de Machado:
  ✓ *Nem eu, nem tu, nem ela, nem qualquer* [melhor *nenhuma*] *outra pessoa desta história poderíamos responder mais* –

embora, dada a distância que medeia entre *eu* e o verbo, talvez fosse preferível dar outro torneio à oração.

6.3.5.n. Com CERCA DE, PERTO DE, MAIS DE, MENOS DE, OBRA DE, ETC.

§ Sempre se dá, aqui, concordância no plural, e o que a requer é ainda o núcleo do sujeito:
  ✓ <u>Saíram</u> *à praia* OBRA DE *oito mil* **homens**.;
  ✓ MAIS DE *sete* **séculos** <u>são passados</u> *depois que tu, ó Cristo, vieste visitar a terra*.;
  ✓ <u>Eram</u> PERTO DE *seis* **horas** *da tarde*.

⌁ OBSERVAÇÃO 1. Se em *a maioria dos homens* (e em correlatos) o substantivo *(a) maioria* é que é o núcleo do sujeito, em *cerca de mil homens* (e em correlatos) a locução *cerca de* não pode ser núcleo do sujeito, pela simples razão de que é prepositiva de fundo adverbial (= *aproximadamente*) –, e, como se sabe, não podem ser núcleo de sujeito senão palavras substantivas.

⌁ OBSERVAÇÃO 2. Não há, ademais, nenhuma razão por que se deva aceitar este exemplo de Eça de Queirós: "*Era perto das cinco quando saí.*" Diga-se: *Eram perto das cinco quando saí.*

⌁ **6.3.5.o.** Com DAR, BATER, SOAR (HORAS).

⌁ § Em orações desta sorte, o verbos têm por sujeito o número que indica as horas. Exemplos:
  ✓ *Já <u>deu</u>* UMA *hora da madrugada*.;
  ✓ "<u>Eram</u> *dadas* CINCO *da tarde*" (ALMEIDA GARRETT).;
  ✓ "<u>Deram</u> DEZ *horas*" (EÇA DE QUEIRÓS).;
  ✓ "<u>Deram</u> *agora mesmo as* TRÊS *da madrugada*" (GUERRA JUNQUEIRO).;
  ✓ "<u>Deram</u> TRÊS *horas da tarde*" (ALUÍSIO AZEVEDO).;
  ✓ "<u>Iam</u> *dar* SEIS *horas*" (MACHADO DE ASSIS).;
  ✓ *Já <u>bateu</u>* MEIA-NOITE *no relógio da sala*.;
  ✓ "*Na igreja, ao lado,* <u>bateram</u> *devagar* DEZ *horas*" (EÇA DE QUEIRÓS).;
  ✓ "CINCO *horas fanhosas* <u>soam</u> *no velho relógio do pensionato*" (CYRO DOS ANJOS).

⚗ Observação. Se porém o sujeito da oração é *relógio* no singular, então obviamente o verbo se mantém no singular:

- ✓ *O relógio deu dez horas* (o que supõe a passiva *Dez horas foram dadas pelo relógio*).

6.3.5.p. Com núcleos do sujeito unidos por *ou*.

• Impõe-se o verbo no singular quando, ligando dois ou mais substantivos no singular, a conjunção *ou* for efetivamente *alternativa*, de modo que o verbo só se refira a um dos núcleos do sujeito com *exclusão* dos demais. Exemplos:

- ✓ *Fulano* **ou** *sicrano se elegerá presidente no segundo turno*.;
- ✓ "(...) crendo que Fainamá **ou** alguma de suas irmãs era morta" (João de Barros).;
- ✓ "Ninguém soube jamais se fora desgosto ou doidice [o] que o levara àquela vida" (Rachel de Queiroz).

⚗ Observação. Estes exemplos encerram o uso mais próprio de *ou*: quando este é perfeitamente disjuntivo, ou seja, perfeitamente excludente. Outro exemplo:

- ✓ *Faltava pouco para que ele* **ou** *o rival vencesse a disputa*.; ou seja: *Faltava pouco para que um ou outro vencesse a disputa.*

■ Note-se que, se só um poderia vencer a disputa, então obviamente o verbo não pode vir senão no singular.

■ E note-se por fim que, se sem a conjunção *ou* não se poderia dar à oração sentido disjuntivo ou excludente, tampouco é capaz de dá-lo por si a mesma conjunção: necessita-se para tal que o mesmo sentido de *vencer a disputa* seja disjuntivo ou excludente.

• Em outros casos em que aparece a conjunção *ou* ligando dois ou mais substantivos, o verbo se mantém no singular por várias razões. Dê-se um par de exemplos com suas respectivas explicações:

- ✓ "Um cardeal, **ou** um papa, enquanto homem, não é mais do que uma pessoa..." (Manuel Bernardes).;
- ✓ "O leitor **ou** espectador que acredita em histórias do Bicho-Tatu, murmura interiormente: 'Castigo'" (Érico Veríssimo).

♦ No primeiro exemplo, uma primeira explicação poderia ser esta: o verbo fica no singular não tanto pela presença da conjunção *ou*, mas antes pela da expressão *enquanto homem* seguida de *não é mais do que uma pessoa*. – Mas pode entender-se o verbo no singular porque outra vez se dá elipse, que, se explicitada, obriga ao seguinte rearranjo: *Um cardeal – e diga-se o mesmo de um papa –*, *enquanto homem, não é mais do que uma pessoa.* E isso é assim porque a conjunção *ou* do exemplo tem antes caráter aditivo, razão por que *ou um papa* significa exatamente isto: *e diga-se o mesmo de um papa*. Por isso mesmo, aliás, é que as vírgulas usadas por Bernardes estão muitíssimo bem postas em torno de *ou um papa*. Tirem-se tais vírgulas, e *ou um papa* tornar-se-á núcleo de sujeito composto, o que fará que o verbo vá, necessariamente, para o plural:

✓ *Um cardeal ou um papa, enquanto homens, não são mais que pessoas como qualquer outra.*

♦ Mais complexo é o exemplo de Veríssimo. Note-se-lhe, em primeiro lugar, a ausência de artigo antes de *espectador*. Ponha-se aí o artigo, e o verbo irá obrigatoriamente para o plural: *O leitor ou o espectador que <u>acreditam</u> em histórias do Bicho-Tatu...* E note-se-lhe, em segundo lugar, a ausência de vírgulas que cingissem *ou espectador*. Pois bem, aqui é que se pode falar, *de certo modo*, de equivalência entre os núcleos do sujeito, que porém não é dada tão somente por *ou*, mas pelo triplo recurso de conjunção *ou* + ausência de artigo + ausência de vírgulas. – Se, como visto, não podemos impugnar esta construção, não devemos usá-la, porém, senão com suficiente escrúpulo e cautela.

• Vai, ao contrário, o verbo para o PLURAL:

♦ quando, ligando dois ou mais substantivos no singular, a conjunção *ou* tenha caráter de *aditiva* (= e), de modo que a noção indicada pelo verbo abranja todos os núcleos do sujeito:

✓ "O calor FORTE **ou** [o] FRIO excessivo <u>eram</u> temperaturas igualmente nocivas ao doente" (JÚLIO NOGUEIRA).

(OBSERVAÇÃO: na frase acima, de Júlio Nogueira, a ausência do artigo *o*, que pusemos entre colchetes, implica ao menos impropriedade);

♦ quando um dos núcleos do sujeito está no plural:

✓ "As penas que são PEDRO **ou** seus SUCESSORES <u>fulminam</u> contra os homens..." (PADRE ANTÔNIO VIEIRA).

⚐ OBSERVAÇÃO DE SAID ALI. "Repetindo-se depois de *ou* a palavra precedente, porém na forma do plural, para denotar que se admite *retificação* de número, o verbo concordará com o termo mais próximo, isto é, ficará no singular, se vier antes dos dous sujeitos [ou melhor, dos dois *núcleos do sujeito*], e no plural se vier depois:

Nenhum vestígio de sua presença <u>deixou</u> o autor ou autores do crime.

'O poder ou poderes do homem *eram* sobre todos os peixes.' (PADRE ANTÔNIO VIEIRA)

A parte ou partes contrárias <u>virão</u> à presença do juiz."²⁷

→ Resta-nos tratar uma *variação* e uma *exceção*, antes de passarmos à regra especial de concordância de *ser* enquanto verbo de cópula: a variação concernente aos nomes próprios plurais e a exceção constituída pela expressão *haja vista*.

6.3.6. Concordância com os nomes próprios plurais

6.3.6.a. Se o nome próprio plural (excetuados os títulos de obras de arte) estiver precedido de artigo, levará o verbo ao plural:

✓ Os Andes <u>têm</u> neves perpétuas.;

✓ Os Estados Unidos <u>pertencem</u> ao mundo anglo-saxão.

6.3.6.b. Se não estiver antecedido de artigo, o verbo ficará no singular:

✓ Minas Gerais <u>deu</u>-nos grandes compositores.;

✓ Alagoas <u>tem</u> belas praias.

6.3.6.c. Quando o artigo integra o título de uma obra (ou seja, quando não pode ser-lhe retirado), em princípio a concordância se faz no plural:

✓ Os Sertões <u>são</u> de leitura obrigatória.;

✓ As Quatro Estações <u>foram</u> compostas por Vivaldi.

6.3.6.d. Mas pode usar-se o singular, se se quer assinalar a unidade da obra:

✓ Os Lusíadas <u>é</u> o canto de um povo.

6.3.7. Haja vista²⁸

6.3.7.a. Antes de tudo: a palavra *vista* é aqui indubitavelmente substantivo, do mesmo campo semântico que *visão* ou *olho* e por vezes comutável por estes; e HAJA VISTA não é o mesmo que *haja visto* (= *tenha visto*), primeira e terceira pessoa do singular do pretérito perfeito do subjuntivo do verbo *ver*.

6.3.7.b. Qualquer que seja sua origem, porém, o fato é que, como se usa hoje, a expressão HAJA VISTA é altamente irregular: resultante de alguma grave corruptela, tornou-se praticamente irredutível a algo coerente. Mas constitui exceção consagrada, razão por que não há nada que impugnar a orações como <u>Haja vista estes problemas</u>.

⌁ Observação. Alguns escritores, como alguns gramáticos, tentam fazer voltar a expressão a uma de suas possíveis origens, e escrevem ou *Hajam* (= *Merecem*) *vista estes problemas* ou *Haja vista* (*atenção*) *a estes problemas*. ☽ Incluímo-nos entre estes escritores e gramáticos, e preferimos a última forma.

---

²⁷ Manuel Said Ali, *op. cit.*, p. 153. Alterámos a ordem dos exemplos dados por Said Ali.

²⁸ Para a origem desta expressão, ➢ *Suma*, p. 559.

6.3.8. A REGRA ESPECIAL: A CONCORDÂNCIA DE *SER* ENQUANTO VERBO DE CÓPULA

6.3.8.a. O verbo SER enquanto é de cópula concorda já com o sujeito já com o predicativo. Quando o faz com o predicativo, obviamente encerra certa anomalia (cristalizada), devida a causas múltiplas de difícil precisão. Aqui, todavia, limitar-nos-emos a expor em que situações o verbo *ser* concorda com o sujeito e em que situações o faz com o predicativo.

NOTA PRÉVIA ↘. Em se tratando do verbo *ser* enquanto é de cópula, normalmente o substantivo (ou correlato) que lhe vem anteposto é seu sujeito, e o substantivo (ou correlato) que lhe vem posposto é o predicativo:

✓ *Sua obra* [sujeito] <u>são</u> *dois livros* [predicativo].;
✓ *Maria* [sujeito] <u>é</u> *minhas preocupações* [predicativo].;
✓ *Meu filho* [sujeito] <u>sou</u> *eu quando pequeno* [predicativo].;
✓ etc.

■ Sucede, todavia, que os dois termos podem vir pospostos ao verbo, e então prevalece o sentido e não a ordem:

✓ <u>*Eram*</u> *professores* [predicativo] *os dois* [sujeito].

→ Mas note-se que aqui *professores* não se antecede de artigo, o que lhe dá certo caráter adjetivo.

■ E, com efeito, quando um dos termos for de caráter adjetivo, exercerá sempre a função de predicativo, independentemente da ordem da oração:

✓ *Eram dois* [predicativo] *os homens* [sujeito].

→ E casos há de perfeita indiscernibilidade: é que estamos em terreno muito resvaladiço, justamente porque é terreno de grande inflexão com respeito à regra geral.

6.3.8.b. Pois bem, atenda-se às seguintes variações da regra da concordância do verbo SER enquanto verbo de cópula.

■ SE OS DOIS TERMOS SÃO SUBSTANTIVOS.
◆ O NOME PRÓPRIO prevalece sobre O NOME COMUM. Exemplos:

✓ ***AUGUSTO*** *<u>é</u> seus* LIVROS, em que o verbo concorda com o sujeito, ***AUGUSTO*** (nome próprio), e não com o predicativo, *seus* LIVROS (nome concreto comum).;

✓ *Seus* LIVROS <u>*é*</u> ***AUGUSTO***, em que o verbo concorda com o predicativo, ***AUGUSTO*** (nome próprio), e não com o sujeito, *Seus* LIVROS (nome concreto comum).

◆ O NOME CONCRETO (próprio ou comum) prevalece sobre O ABSTRATO. Exemplos:

- ✓ *Maria é minhas* PREOCUPAÇÕES, em que o verbo concorda com o sujeito, *Maria* (nome concreto próprio), e não com o predicativo, *minhas* PREOCUPAÇÕES (nome abstrato).;
- ✓ *Minhas* PREOCUPAÇÕES *é Maria*, em que o verbo concorda com o predicativo, *Maria* (nome concreto próprio), e não com o sujeito, *minhas* PREOCUPAÇÕES (nome abstrato).;
- ✓ *Sua* PAIXÃO <u>eram</u> *as* SINFONIAS, em que o verbo concorda com o predicativo *as* SINFONIAS (nome concreto comum) e não com o sujeito *Sua* PAIXÃO (nome abstrato).;
- ✓ *As* SINFONIAS <u>eram</u> *sua* PAIXÃO, em que o verbo concorda com o sujeito *As* SINFONIAS (nome concreto comum) e não com o predicativo *sua* PAIXÃO (nome abstrato).

↻ OBSERVAÇÃO. Naturalmente, se se dão, um como sujeito e outro como predicativo, dois nomes próprios ou dois nomes comuns, ou dois nomes concretos ou dois nomes abstratos, prevalecerá o PLURAL sobre o SINGULAR.

• O PRONOME PESSOAL RETO prevalece sobre QUALQUER OUTRA PALAVRA DE CUNHO SUBSTANTIVO:
- ✓ *O* PROFESSOR <u>sou</u> EU.;
- ✓ <u>Sou</u> EU *o* PROFESSOR.;
- ✓ *O* PROFESSOR <u>serás</u> TU.;
- ✓ <u>Serás</u> TU *o* PROFESSOR.;
- ✓ *Ele é suas mesmas* DESCOBERTAS.;
- ✓ *Suas mesmas* DESCOBERTAS *é* ELE.;
- ✓ *O* PROFESSOR <u>éramos</u> NÓS.;
- ✓ <u>Éramos</u> NÓS *o* PROFESSOR.;
- ✓ <u>Sereis</u> VÓS *o* PROFESSOR.;
- ✓ *O* PROFESSOR <u>sereis</u> VÓS.;
- ✓ *Eles* <u>são</u> *sua mesma* DESCOBERTA.;
- ✓ *Sua mesma* DESCOBERTA <u>são</u> ELES.

• O PRONOME RETO DE PRIMEIRA PESSOA prevalece sobre O DE SEGUNDA, E O DE PRIMEIRA E O DE SEGUNDA sobre O DE TERCEIRA, independentemente de seu número (singular ou plural); mas o PLURAL DE TERCEIRA PESSOA prevalece sobre o SINGULAR também DE TERCEIRA PESSOA:
- ✓ *Eu* <u>sou</u> TU *amanhã*.;
- ✓ *Tu* <u>sou</u> EU *amanhã*.;

- ✓ *Eu sou vós amanhã.*;
- ✓ *Vós sou eu amanhã.*;
- ✓ *Eu sou ele/ela amanhã.*;
- ✓ *Ele/Ela sou eu amanhã.*;
- ✓ *Eu sou eles/elas amanhã.*;
- ✓ *Tu és ele/ela amanhã.*;
- ✓ *Ele/Ela és tu amanhã.*;
- ✓ *Tu és eles/elas amanhã.*;
- ✓ *Eles/Elas és tu amanhã.*;
- ✓ *Eles/Elas* (= *estes/estas*) *são ele/ela* (= *aquele/aquela*) *amanhã.*;
- ✓ *Ele/Ela* (= *este/esta*) *são eles/elas* (= *aqueles/aquelas*) *amanhã.*

⟡ Observação. Quanto à concordância do verbo ser, você e vocês têm prioridade sobre ele/ela e eles/elas.

• Prevalece o **predicativo** quando a função de sujeito é exercida por um dos pronomes tudo, isto, isso, aquilo:

- ✓ *Nem tudo são flores.*;
- ✓ *Isto/Isso/Aquilo são bravatas.*

⟡ Observação. Quanto a estas variações da regra da concordância do verbo *ser* enquanto de cópula, encontram-se aqui e ali escritores que as ferem. Não se trata propriamente de erro, mas antes de impropriedade – a não ser que se trate de recurso literário-poético, e então nem de impropriedade se tratará.

• Quanto porém a duas variações da regra – a relativa à concordância com oração subjetiva precedida de oração adjetiva com verbo no plural, e a relativa à concordância quando o predicativo é exercido por certas classes de advérbio –, feri-las constitui erro absoluto.

♦ Concordância com oração subjetiva precedida de oração adjetiva com verbo no plural.

a. Tomem-se de início estes dois exemplos, cada um dos quais com duas orações:

- ✓ *Comprámos os livros* [oração subordinante] que *são necessários* [oração adjetiva].;
- ✓ *Encontrámos os documentos* [oração subordinante] que *são importantes* [oração adjetiva].

Como se vê, o verbo das orações adjetivas está no plural porque se refere, respectivamente, a *livros* e a *documentos*. Seu sujeito é o relativo *que*, que representa aqueles substantivos plurais.

β. Considerem-se agora outros dois exemplos, mas com três orações cada um:
- ✓ *Comprámos os livros* [oração subordinante] *que é necessário* [oração adjetiva] *ler* [oração substantiva subjetiva (reduzida de infinitivo)].;
- ✓ *Encontrámos os documentos* [oração subordinante] *que é importante* [oração adjetiva] *levar ao consulado* [oração substantiva subjetiva (reduzida de infinitivo)].

■ Se se fizer ao verbo SER presente nos dois últimos exemplos a pergunta de identificar o sujeito:
- ✓ *Que é necessário?*,
- ✓ *Que é importante?*,

encontrar-se-ão as seguintes respostas:
- ✓ *Ler* (os livros).;
- ✓ *Levar* (os documentos [ao consulado]).

■ Sendo assim, o pronome relativo já não é sujeito do segundo verbo (*é*), mas objeto direto do terceiro verbo (*ler, levar*), razão por que seriam absolutamente incorretas construções como "Comprámos os livros que 'são importantes' ler" e "Encontrámos os documentos que 'são importantes' levar ao consulado".

◆ Concordância quando o PREDICATIVO É EXERCIDO POR ADVÉRBIO.

α. Quando o predicativo é exercido por certas expressões de quantidade ou de intensidade, o verbo SER permanece no singular. Concorda, pois, anomalamente, com o predicativo. Exemplos:
- ✓ TRÊS QUILOS *é* **POUCO**.;
- ✓ DOIS MIL REAIS *é* **MUITO**.;
- ✓ VINTE METROS era **DEMAIS**.

β. Esta regra é pétrea: aqui, o verbo SER não pode concordar com o sujeito. Sucede porém que tal construção acabou por estender-se a outras, similares, em que o predicativo é exercido por *adjetivo*:
- ✓ DOIS MIL REAIS seria **ÓTIMO**.;
- ✓ VINTE METROS *é* **INDISPENSÁVEL**.

γ. Naturalmente, pode dizer-se, se o predicativo é exercido por adjetivo plural, o verbo concordará com o sujeito:
- ✓ **DOIS MIL REAIS** seriam ÓTIMOS.;
- ✓ **VINTE METROS** são INDISPENSÁVEIS.

⟡ OBSERVAÇÃO. Quando se diz *Vinte metros é indispensável*, é como se se destacasse a ideia mesma de preço ou de medida, sem importar sua quantificação ou singularização numérica:

✓ ESTA QUANTIDADE *é indispensável.*

Quando porém se diz *Vinte metros são indispensáveis*, é como se se destacasse justamente a quantificação ou singularização numérica:

✓ ESTES TANTOS METROS *são indispensáveis.*

• Como dito, por vezes o verbo SER se usa unipessoalmente, ainda que não uninumericamente: concorda na terceira pessoa do singular ou do plural segundo seja *singular ou plural* o *predicativo*. É construção singularíssima, sem sujeito segundo a figura (mas com predicativo), e emprega-se para indicar *data, tempo* ou *distância*:

✓ *Hoje é* [DIA] *10 de outubro.*;[29]

✓ *Hoje são 10* DE OUTUBRO.;[30]

✓ *Hoje é* DIA *10 de outubro.*;

✓ *Já é* HORA *de irmos.*;

✓ *Já são* DUAS HORAS.;

✓ *Daqui lá são* DOZE QUILÔMETROS.;

✓ etc.

• Na oralidade, não raro se usa o verbo SER para efeito de realce. Exemplos:

✓ *Esta criança quer é dormir.*;

✓ *Visitei a Europa foi durante o verão.*[31]

§ Desta última forma é que decorre nossa locução *é que*, de fato muito expressiva, e de emprego geral quer na fala quer na escrita.[32] Por sua mesma natureza, nela o verbo SER é sempre invariável; e, onde ela se use, não deixa de ser regular a concordância do efetivo verbo da oração com seu sujeito:

---

[29] *Hoje* não é sujeito da oração, mas adjunto adverbial do verbo *ser* – apesar da possível aparência em contrário. Esta mesma aparência, porém, pode contribuir para que o verbo fique no singular.

[30] Como dissemos já, preferimos a construção anterior.

[31] Em construções como estas, como diz Rocha Lima, "o termo intensificado é o que está à direita do verbo *ser*; e provavelmente terão elas resultado da elipse de elementos requeridos pela estruturação gramatical plena das frases-fontes respectivas. No exemplo *a*), essa frase-fonte teria sido a seguinte: O *que* esta criança quer *é* dormir. No caso *b*), há para notar que, se o verbo *ser* vier antes do verbo principal, aparecerá, em correlação obrigatória com ele, uma partícula [sic] *que*, igualmente parasitária [sic]: *Foi* durante o verão *que* visitei a Europa" (ROCHA LIMA, *op. cit.*, p. 495-96).

[32] Compartilham de algum modo esta locução pelo menos o galego e o espanhol. Trata-se, pois, ao que parece, de certo idiotismo ibérico.

- ✓ Eu *é que* o FAREI.;
- ✓ Tu *é que* o FARÁS.;
- ✓ ELE *é que* o FARÁ.;
- ✓ NÓS *é que* o FAREMOS.;
- ✓ VÓS *é que* o FAREIS.;
- ✓ ELES *é que* o FARÃO.

6.3.9. AS SILEPSES

6.3.9.a. Em nossa tradição gramatical, muito se fala, justificando-a, de CONCORDÂNCIA IDEOLÓGICA OU SILEPSE.[33] O mais das vezes, porém, tal não passa de capa para ocultar o beletrismo, ou seja, o aceitar tudo quanto saia da pena dos literatos, ainda que não passe de puro erro ou, ainda, de regra válida apenas para padrões cultos anteriores ao atual.[34]

6.3.9.b. Uma coisa é reconhecer que *segundo a figura* pode dar-se SILEPSE, e outra, muito distinta, é deixar de explicá-la, reduzindo-a a seu fundo: por exemplo, *Quanto a isto, não me importa a sociedade e seus códigos* reduz-se a *Quanto a isto, não me importa a sociedade com seus códigos*.

6.3.9.c. E outra coisa, por fim, é aceitar no atual padrão culto SILEPSES aceitas por padrões cultos passados mas já desusadas. Por exemplo: pela tese geral da tradição gramatical, ficamos sem saber se podemos hoje escrever ou não orações como *O povo partiram*, tão usada em outras fases da língua. E grande parte dos exemplos de SILEPSE dados pela tradição como justificáveis, saídos da pena de literatos não raro pertencentes a outra fase da língua, não pode aceitar-se hoje de modo algum. Vejam-se alguns deles (de concordância verbal ou de concordância nominal):[35]

- ✓ "O POVO lhe <u>pediram</u> que se chamasse Regedor" [em vez de *O povo lhe **pediu** que se chamasse Regedor*] (FERNÃO LOPES, século XIV-XV).;[36]
- ✓ "A FORMOSURA de Páris e Helena <u>foram</u> causa da destruição de Troia" [em vez de *A formosura de Páris e de Helena **foi** causa da destruição de Troia*] (FREI HEITOR PINTO, século XVI).;

---

[33] SILEPSE: concordância segundo o sentido e não segundo nenhuma regra gramatical.
[34] Para aprofundamento deste ponto, ➤ *Suma*, p. 565-68.
[35] Exemplos tomados sobretudo de Mário Barreto, de Carlos Góis e de Rocha Lima.
[36] Curiosa é a explicação de Rodrigues Lapa para este passo: "(...) o grande escritor que era Fernão Lopes não via no povo uma entidade abstrata, antes qualquer coisa de muito concreto e de muito vivo, que fervilhava pelas ruas e praças de Lisboa, na ânsia de escolher um rei". Aqui, portanto, já não se trata de beletrismo, mas do mais puro psicologismo à distância – e distância temporal considerável.

- ✓ "Os povos destas ilhas é de cor baça e cabelo corredio" [em vez de *Os povos destas ilhas **são** de cor baça e de cabelo corredio*] (João de Barros, século XVI).;
- ✓ "Alguém andava então bem saudosa" [em vez de *Alguém andava então bem **saudoso***] (João de Barros).;[37]
- ✓ "Foi dom Duardos e Flórida aposentados no aposento que tinha o seu nome" [em vez de **Foram** *dom Duardos e Flórida aposentados no aposento que tinha o seu nome*] (Francisco de Moraes, século XVI).;
- ✓ "Pouco importa que tenha a casa cheia de pérolas e diamantes, se se não aproveita delas" [em vez de *Pouco importa que tenha a casa cheia de pérolas e diamantes, se se não aproveita del**es***] (Frei Antônio das Chagas, século XVII).;
- ✓ "Está uma pessoa ouvindo missa, meia hora o cansa" [em vez de *Está uma pessoa ouvindo missa, meia hora **a** cansa*, ou *Está um homem ouvindo missa, meia hora **o** cansa*] (Manuel Bernardes, século XVII-XVIII).

→ Enquanto os exemplos acima podem atribuir-se de algum modo a padrão culto passado, os que se põem a seguir não podem resultar senão de puro deslize, o que pode acontecer a todo e qualquer escritor.

- ✓ "Conheci uma criança... mimos e castigos pouco podiam com ele" [em vez do correto *Conheci uma criança... mimos e castigos pouco podiam com **ela**, ou Conheci um menino... mimos e castigos pouco podiam com **ele***] (Almeida Garret).;
- ✓ "O resto do exército realista evacua neste momento Santarém; vão em fuga para o Alentejo" [em vez do correto *O resto do exército realista evacua neste momento Santarém; **vai** em fuga para o Alentejo*] (Almeida Garret).;[38]
- ✓ "O casal não tivera filhos; mas criaram dois ou três meninos" [em vez do correto *O casal não tivera filhos; mas **criou** dois ou três meninos*] (Augusto F. Schmidt).

---

[37] Este exemplo pode resultar, ainda hoje, de infração consciente, em ordem ao poético ou literário. Mas disto, uma vez mais, não deve ocupar-se a Gramática, e sim a Poética.

[38] Quando se trata de irregularidade, digamos, "distante", como é o caso deste exemplo, costumam os gramáticos justificá-la por isto mesmo: a distância. Diga-se porém uma vez mais: a escrita é analítica, e permite a reflexão que a fala não permite. Por isso, se, ainda assim, na escrita nos escapa alguma irregularidade pela distância, que então a consideremos como o que é: *deslize*, e não a queiramos introduzir, por qualquer artifício, no quadro gramatical da norma culta.

6.3.9.d. Brande porém a tradição gramatical três outros casos de silepse. Vejamo-los.
- "(...) e possa aquele curto interesse fazer maiores e menores homens aqueles que Deus e a Natureza *fez* iguais" (Dom Francisco Manuel de Melo).

→ Já vimos este caso: na intenção do escritor, *Deus* e *Natureza* constituem algo uno, razão por que o verbo fica no singular.
- "Os portugueses sois assim feitos" (Sá de Miranda).;
- "Não nego que os Católicos vos salvais na Igreja romana" (Padre Antônio Vieira).;
- "Dizem que os cariocas somos pouco dados aos jardins públicos" (Machado de Assis).;
- *Os abaixo assinados requeremos a V. Ex.ª...*

→ De fato esta silepse também é parte do padrão culto atual, ainda que, ao contrário do que se dá em espanhol, a usemos menos. Nada há portanto que obstar a ela. Mas podemos reduzi-la:
- *Vós, os portugueses, sois assim feitos.*;
- *Não nego que vós, os Católicos, vos salvais na Igreja romana.*;
- *Dizem que nós, os cariocas, somos pouco dados aos jardins públicos.*;
- *Nós, os abaixo assinados, requeremos a V. Ex.ª...*

Trata-se pois de elipse em que o aposto assume o lugar daquilo de que é aposto.
- "Todos geralmente o adoramos, porque todos nos queremos adorados" (Padre Antônio Vieira).;

→ Esta, de todas a mais usada na fala e na escrita, é de resolução ou redução simples: trata-se tão somente de elipse do pronome substantivo de que o pronome adjetivo é adjunto adnominal:
- *Todos nós geralmente o adoramos, porque todos nós nos queremos adorados.*

Conclusão. Estas três classes de silepse, conquanto o sejam, não deixam porém de constituir meras variações da regra geral da concordância.

6.4. A flexão do infinitivo

6.4.1. Excetuados o português e o galego,[39] nenhuma língua latina atual flexiona o infinitivo – pela simples razão de que, sendo o que é, ou seja, forma

---

[39] Já ouvimos dizer que também se excetuam um que outro dialeto italiano. Não os conhecemos, porém.

nominal do verbo, o infinitivo não suportaria desinências verbais. Mas nas duas referidas línguas, sim, suporta desinências número-pessoais (conquanto não, naturalmente, desinências modo-temporais).[40] Como é possível, porém, que esta forma nominal do verbo, de caráter substantivo, suporte desinências número-pessoais é o que nunca se chegou a resolver satisfatoriamente.

6.4.2. A questão complica-se se se atende a que a flexão do infinitivo se usa diferentemente em Portugal e no Brasil. Mas dessa diferença não nos ocuparemos aqui, porque, a nosso ver, o mais importante quanto à flexão do infinitivo se cifra no seguinte.

6.4.2.a. Originária que é, como tantos outros casos, de analogia popular corruptora, a flexão do infinitivo é de todos o mais tendente à deriva: se se lhe abre a "porteira", estoura como se fora "boiada". É o que explica o que se ouve no Brasil: "devemos fazermos", "precisam comerem", etc.

6.4.2.b. Daí, cremos, a importância das regras e das sugestões que se darão aqui: visam especialmente a fechar firmemente tal "porteira". Por que porém não só regras mas também sugestões, explica-se em parte pelo assinalado acima: a diferença entre Portugal e Brasil, diferença que se reflete na escrita mesma dos melhores escritores. Assim, quando há identidade entre os dois países com respeito à flexão culta do infinitivo, deem-se regras; quando não há tal identidade, deem-se sugestões – sempre em ordem ao fechamento da "porteira".[41]

- Antes de tudo, atenda-se a que o infinitivo pessoal não possui desinências número-pessoais próprias tão somente na primeira e na terceira pessoa do singular; e a que sua mesma conjugação se identifica na maioria dos verbos com a do futuro do subjuntivo:
    - ✓ (eu) *amar, comer, partir*;
    - ✓ (tu) *amares, comeres, partires*;
    - ✓ (ele) *amar, comer, partir*;
    - ✓ (nós) *amarmos, comermos, partirmos*;
    - ✓ (vós) *amardes, comerdes, partirdes*;
    - ✓ (eles) *amarem, comerem, partirem*.
- Verbos há, porém, em que o infinitivo pessoal e o futuro do subjuntivo não se identificam: *fazer, poder, pôr, querer, ser*, etc.:

---

[40] Para as possíveis razões por que em português e em galego surgiu o infinitivo flexionado, ➤ *Suma*, p. 569-70.

[41] Nem sempre, todavia, distinguiremos aqui o que seja regra e o que seja sugestão.

- Infinitivo pessoal:
  - ✓ (eu) *fazer, poder, pôr, querer, ser*;
  - ✓ (tu) *fazeres, poderes, pores, quereres, seres*;
  - ✓ (ele) *fazer, poder, pôr, querer, ser*;
  - ✓ (nós) *fazermos, podermos, pormos, querermos, sermos*;
  - ✓ (vós) *fazerdes, poderdes, pordes, quererdes, serdes*;
  - ✓ (eles) *fazerem, poderem, porem, quererem, serem*;
- Futuro do subjuntivo:
  - ✓ (eu) *fizer, puder, puser, quiser, for*;
  - ✓ (tu) *fizeres, puderes, puseres, quiseres, fores*;
  - ✓ (ele) *fizer, puder, puser, quiser, for*;
  - ✓ (nós) *fizermos, pudermos, pusermos, quisermos, formos*;
  - ✓ (vós) *fizerdes, puderdes, puserdes, quiserdes, fordes*;
  - ✓ (eles) *fizerem, puderem, puserem, quiserem, forem*.

⌦ Observação. Se pois se tiver dificuldade em distinguir infinitivo pessoal de futuro do subjuntivo, bastará substituir o verbo em questão por alguns destes verbos irregulares:
  - ✓ *Para cantá-la, é preciso ensaio* [*Para fazê-lo* = infinitivo pessoal].;
  - ✓ *Quando o cantar, já estará preparado* [*Quando o fizer* = futuro do subjuntivo].

- Diz Said Ali que "a escolha da forma infinitiva depende de cogitarmos somente da ação ou do intuito ou necessidade de pormos em evidência o agente da ação".[42] Pois bem, isto é verdade nos casos com respeito aos quais não julgamos se deva aplicar regra nem sugestão. É o que se dá com a mesma oração de Ali ("*cogitarmos* somente da ação ou do intuito ou necessidade de *pormos* em evidência o agente da ação"). Assim,
  - se se quer pôr em evidência o agente, escreva-se então como fez o nosso gramático;
  - se é suficiente assinalar a própria ação, escreva-se então: *a escolha da forma infinitiva depende de cogitar somente da ação ou do intuito ou necessidade de pôr em evidência o agente da ação*.
- É *de rigor* ou *de conveniência* **não flexionar** o infinitivo:
  - quando entra na composição de certos grupos verbais e de certos "grupos verbais" que se comportam como aqueles:

---

[42] Manuel Said Ali, *op. cit.*, p. 180.

- ✓ Devemos *sair* cedo.;
- ✓ Tinhas de *resolvê*-lo.;
- ✓ Começaram a *esculpi*-la;
- ✓ etc.

(observação: contra o que dizem as gramáticas em geral, e porque a escrita não é automática como a fala, nem a distância – ela outra vez... – nos dá permissão para infringir esta regra: escreva-se Deveriam, *dada a gravidade do assunto*, envidar *todos os esforços para encontrar uma solução*, e não o errado "Deveriam, dada a gravidade do assunto, 'envidarem' todos os esforços para encontrar uma solução");[43]

- ◆ quando constitui sozinho o sujeito ou o predicativo:
  - ✓ *Viver* é *lutar*.;
  - ✓ *Trabalhar* é uma necessidade.;
  - ✓ *Esculpir* é uma arte.;
  - ✓ etc.;
- ◆ quando, antecedido de *de*, tem sentido passivo:
  - ✓ *ossos difíceis* de *roer* [= de ser roídos];
  - ✓ *livros fáceis* de *ler* [de ser lidos];
  - ✓ *trabalhos árduos* de *fazer* [= de ser feitos];
  - ✓ *veículos leves* de *conduzir* [= de ser conduzidos];
  - ✓ etc.

(observação: não se use nestas construções um desnecessário e pernóstico *se*: "livros fáceis de 'se' ler", etc., até porque está errado; não estaria se se dissesse "livros fáceis de **se** lerem" [= de ser(em) lidos]: ☝ mas esta é construção rebarbativa e de evitar);[44]

- ◆ ☝ quando, também antecedido de *de*, tem o sujeito já expresso por outro verbo:
  - ✓ *Têm o dever* de *ensinar* [e não um rebarbativo e desnecessário "Têm o dever de 'ensinarem'"].;
  - ✓ *Temos o direito* de *aprender* [e não um rebarbativo e desnecessário "Temos o direito de 'aprendermos'"].;
  - ✓ etc.;

---

[43] Tampouco permite infração à regra o fato de que se cale o verbo que compõe grupo verbal ou "grupo verbal" com o infinitivo: Deveriam envidar *todos os esforços por uma solução*, (deveriam) concentrar-se *nisso* (e não o errado "Deveriam envidar todos os esforços por uma solução, 'concentrarem-se' nisso").
[44] ☝ Assim como o uso constante de *porém* em lugar de *mas* vai contra o espontâneo da língua e é de evitar, assim também construções como "livros difíceis de se lerem": não há de haver lusófono que na fala seja capaz de cometer um "osso difícil de 'se' roer".

- quando se emprega em lugar do imperativo:
  - ✓ *Virar à esquerda!*;
  - ✓ *Não matar*.;
  - ✓ etc.
- ♭ quando se rege da preposição *a*:
  - ✓ *São obrigados A ensinar* [e não um rebarbativo e desnecessário "São obrigados a 'ensinarem'"].;
  - ✓ *Ajudou-os A cruzar o rio* [e não um rebarbativo e desnecessário "Ajudou-os a 'cruzarem' o rio"].;
  - ✓ *Convenceu-nos A voltar para casa* [e não um rebarbativo e desnecessário "Convenceu-nos a 'voltarmos' para casa"].;
  - ✓ etc.;
- quando seu sujeito é *acusativo* de um dos verbos causativos (*deixar, fazer, mandar*) ou de um dos verbos sensitivos (*ouvir, sentir, ver*):

α. **Deixou**-os *brincar*.;

β. **Deixou** *brincar* OS MENINOS [ou *Deixou brincar aos meninos*; mas neste caso, como visto, já não se trata de sujeito acusativo].;

γ. ♭ **Deixou** OS MENINOS *brincar*.;

α. **Fê**-LAS *estudar*.;

β. **Fez** *estudar* AS CRIANÇAS [ou *Fez estudar às crianças*; mas neste caso já não se trata de sujeito acusativo].;

γ. ♭ **Fez** AS CRIANÇAS *estudar*.;

α. **Mandou**-os *descansar*.;

β. **Mandou** *descansar* OS FILHOS [ou *Mandou descansar aos filhos*; mas neste caso já não se trata de sujeito acusativo, etc.].;

γ. ♭ **Mandou** OS FILHOS *descansar*.;

α. **Ouviu**-os *brincar*.;

β. **Ouviu** *brincar* OS MENINOS [ou *Ouviu brincar aos meninos*; mas neste caso já não se trata de sujeito acusativo, etc.].;

γ. ♭ **Ouviu** OS MENINOS *brincar*.;

α. **Sentiu**-AS *caminhar*.;

β. **Sentiu** *caminhar* AS CRIANÇAS [ou *Sentiu caminhar às crianças*; mas neste caso já não se trata de sujeito acusativo, etc.].;

γ. ♭ **Sentiu** AS CRIANÇAS *caminhar*.;

α. **Viu**-os *descansar*.;

β. *Viu descansar* OS FILHOS [ou *Viu descansar aos filhos*; mas neste caso já não se trata de sujeito acusativo, etc.].;

γ. ♭ *Viu* OS FILHOS *descansar*.

(OBSERVAÇÃO 1: não se considera erro o flexionar o infinitivo nos exemplos de γ [*Fez as crianças estudarem*, etc.]; ♭ todavia, julgamo-lo não só desnecessário mas não próprio do melhor português;

↗ OBSERVAÇÃO 2: quando se trata de indeterminar o sujeito, o infinitivo pode flexionar-se na terceira do plural: *Ouvi falarem do assunto*, conquanto também seja correto dizer *Ouvi falar do assunto*: afinal, esta é como outra maneira de indeterminar o sujeito;[45]

↗ OBSERVAÇÃO 3: quando, ainda no caso de todos os exemplos acima, o infinitivo da segunda oração é pronominal, elegantemente se pode e muitas vezes se deve calar o pronome: *Fez-me sentar*, em vez de um rebarbativo "*Fez-me sentar-me*"); mas nenhum problema há em manter o pronome em, por exemplo, *Viu-o deitar-se*);

◆ ♭ quando, empregado em oração adverbial (da segunda espécie) posposta, seu sujeito já está claro na subordinante:

✓ *Leiamo-lo de novo / para entendê-lo bem.*;

✓ *Os moços viram a cena / ao virar-se.*;

✓ etc.

↗ OBSERVAÇÃO. Esta sugestão deixará de ter validade se a não flexão do infinitivo implicar qualquer anfibologia. — Ademais, se o infinitivo da oração adverbial expressar mutualidade, ainda que seu sujeito já esteja claro na subordinante, podemos flexioná-lo: *As formas se tocam sem se sobreporem*. Se porém usamos o diacrítico *um ao outro*, então podemos mais facilmente não flexioná-lo: *As formas se tocam sem se sobrepor* **uma à outra**.

◆ É *de rigor* ou *de conveniência* **flexionar** o infinitivo:

◆ quando é o verbo de oração subjetiva, desde que esteja assinalado de qualquer modo o sujeito:

✓ *É bom / eles serem estudiosos.*;

✓ *É bom / eles serem estudiosos, ainda que tenham de trabalhar.*;

✓ *Eles serem estudiosos / é uma obrigação, / mas também o é / ajudarem aos pais.*;

✓ etc.;

---

[45] Para os sentidos em que entendemos "indeterminação do sujeito", *vide* CAPÍTULO IV, *supra*.

- quando é o verbo de oração subordinada acusativa posposta:
  - ✓ *Julgo / <u>serem</u>* [= *que sejam*] *eles os responsáveis por esta situação.*;
  - ✓ *Acredito / <u>sermos</u>* [= *que sejamos*] *nós mesmos os responsáveis por esta situação.*;
  - ✓ etc.

(OBSERVAÇÃO 1: ☝ em casos como estes, preferimos muitas vezes a forma desenvolvida [com elipse do conectivo ou sem ela]: *Julgo / [que] sejam eles os responsáveis, Acredito / que sejamos nós mesmos os responsáveis*;

☞ OBSERVAÇÃO 2: ☝ note-se quão rebarbativo é dizer "Firmemente acreditamos 'sermos' nós mesmos os responsáveis"; prefira-se: *Firmemente acreditamos / que somos nós mesmos os responsáveis*;

☞ OBSERVAÇÃO 3: se o sujeito da subordinada não está expresso, a flexão do infinitivo adquire caráter diacrítico: com efeito, em *Penso / seres capaz de tal empresa*, só por tal flexão sabemos que se trata de segunda pessoa do singular; se não o flexionássemos, o sujeito do verbo da subordinada seria o mesmo que o da subordinante: *Penso / ser capaz de tal empresa*);

- ☝ quando empregado em oração adverbial (da segunda espécie) anteposta à subordinante:
  - ✓ *Para o <u>entendermos</u> bem, / leiamo-lo de novo.*;
  - ✓ *Ao se <u>virarem</u>, / os moços viram a cena.*;
  - ✓ etc.

(OBSERVAÇÃO: atente-se a que, se não flexionássemos aí o infinitivo, não conheceríamos o sujeito da subordinada senão após ler a subordinante).

CAPÍTULO VII

REGRAS DE COLOCAÇÃO DOS PRONOMES PESSOAIS ÁTONOS

7.1. Preâmbulos

7.1.1. Se se seguissem critérios estritamente lógicos, a ordem das palavras ou termos na oração deveria ser fixa:
- sujeito → predicado;
- substantivo → adjunto adnominal, ou predicativo do terceiro modo, ou aposto;
- substantivo → complemento nominal;
- verbo → objeto direto → objeto indireto dativo;
- verbo → objeto indireto relativo;
- verbo, ou adjetivo, ou advérbio → adjunto adverbial.[1]

Exemplo: *A professora Joana, recém-chegada, ministrou a lição aos alunos maiores no período da tarde.*, onde:

- ◆ *A professora Joana*: sujeito, no qual *professora* é o núcleo, *a* é adjunto adnominal, e *Joana* aposto individualizador;
- ◆ *recém-chegada*: predicativo do terceiro modo;
- ◆ *ministrou*: verbo (núcleo do predicado);
- ◆ *a lição*: objeto direto, no qual *lição* é o núcleo e *a* é adjunto adnominal;
- ◆ *aos alunos maiores*: objeto indireto dativo, no qual *alunos* é o núcleo, *a* é conectivo, *os* é adjunto adnominal, e *maiores* é também adjunto adnominal;
- ◆ *no período da tarde*: adjunto adverbial, no qual *período* é o núcleo, *em* é conectivo, *o* é adjunto adnominal, *da tarde* é adjunto adnominal (composto, por sua vez, de *de* [conectivo] e *a* [adjunto adnominal], *tarde* [núcleo]).

7.1.2. E, se dizemos que assim deveria ser se se observassem critérios estritamente lógicos, não é senão porque ao sujeito se segue sua ação, e sua ação ou é intransitiva ou transita para algo e/ou para alguém, além de que os acidentes (qualidade, quantidade, etc.) não podem senão seguir-se àquilo de que o são. Não obstante, por múltiplas razões (convenção, tradição, tonicidade/atonicidade, ênfase, ritmo, eufonia, etc.) não raro não se obedece a tal sequência lógica. Exemplo:

✓ *Aos alunos maiores, a recém-chegada professora Joana ministrou-lhes no período da tarde a lição.*

7.2. A colocação dos pronomes pessoais átonos

7.2.1. Aqui só trataremos a COLOCAÇÃO dos PRONOMES PESSOAIS ÁTONOS: *me, te, se* (incluídos o *se* indeterminador e o *se* apassivador), *nos, vos, lhe(s)*,

---

[1] Além de verbo de cópula → predicativo do primeiro modo; e de verbo não de cópula → objeto direto → predicativo do segundo modo.

o(s), *a(s)*. Pois bem, estes pronomes podem estar, com respeito ao verbo, em tripla posição.[2]

7.2.2. Antes de tudo, podem estar em ÊNCLISE, ou seja, depois do verbo, posição em que se ligam a este por hífen:
- ✓ CUMPRIU-*se* *o estabelecido.*;
- ✓ etc.

7.2.3. Depois, em MESÓCLISE, ou seja, no meio do mesmo verbo, o que porém só pode dar-se no *futuro do presente* e no *futuro do pretérito*:
- ✓ CUMPRIR-*se*-Á *o estabelecido.*;
- ✓ CUMPRIR-*se*-IA *o estabelecido.*;
- ✓ etc.[3]

7.2.4. Por fim, em PRÓCLISE, ou seja, antes do verbo:
- ✓ *Não se* CUMPRIU *o estabelecido.*;
- ✓ etc.

⚐ OBSERVAÇÃO 1. A colocação dos pronomes pessoais átonos, justamente por átonos, é grandemente influenciada pelo fonético (ainda que não só por este), razão por que a diferença fonética entre o português lusitano e o brasileiro faz que a colocação destes pronomes tenda a ser diferente nos dois países. Em Portugal, onde as vogais átonas tendem ao escurecimento em face das consoantes, a posição preferencial dos pronomes átonos é a ênclise; no Brasil, onde as vogais átonas são antes semiátonas ou semitônicas, a posição preferencial destes pronomes é a próclise:
- ✓ *Eu* VI-*o* (Portugal).;
- ✓ *Eu o* VI (Brasil).;
- ✓ *Ele* VIU-*me* (Portugal).;
- ✓ *Ele me* VIU (Brasil).;
- ✓ etc.

⚐ OBSERVAÇÃO 2. Mas tais considerações são relativas antes à oralidade que à escrita. Quanto a esta, também aqui há de predominar o convencional fundado nos melhores escritores de nossa língua, até porque, como dito e redito, a escrita

---

[2] Todas as regras que se derem a seguir são atinentes, ainda, ao português da fase que vem do Romantismo a nossos dias. Nas fases anteriores, a colocação do pronome era muito menos normatizada.
[3] As gramáticas que tacham de "ultrapassada" a mesóclise incorrem em descabimento e abuso. Estão norteadas unicamente pela oralidade brasileira, e com isso lançam ao lixo a unidade e a história mesmas da língua portuguesa.

não é automática como a fala, etc. Pois bem, com tal fundação, podem estabelecer-se regras que atendam de algum modo tanto a lusitanos como a brasileiros, dando-lhes porém a todos livre campo supranacional: assim, não é senão por *pura preferência pessoal* que nós mesmo usamos de colocação não inteiramente lusófona, mas mais tendente a esta que à brasileira. E a razão por que a preferimos escapa ao âmbito do estritamente gramatical para encerrar-se no campo do estilístico – ainda que sem jamais infringir aquelas regras supranacionais.

7.3. As regras de colocação dos pronomes pessoais átonos

7.3.1. Primeira regra: não começar frase nem oração assindética por pronome átono:

- não "'Me' viu ontem", mas *Viu-me ontem.*;
- não "Caminhávamos pela calçada, 'o' vimos, 'o' cumprimentamos", mas *Caminhávamos pela calçada, vimo-lo, cumprimentamo-lo.*;
- etc.

↗ Observação. ♭ Com elegância, esta primeira regra pode deixar de cumprir-se se se trata de *no-lo* (*no-la*, etc.) e *vo-lo* (*vo-la*, etc.):

- ✓ *No-lo disse ontem.*;
- ✓ *Vo-lo voltarei a perguntar amanhã.*
- ✓ etc.

7.3.2. Segunda regra: não usar próclise a nenhuma forma de imperativo, nem em orações deprecativas:

- não "Agora 'me' faz isto", mas *Agora faz-me isto.*;
- não "Por favor, 'me' dá uma ajuda", mas *Por favor, dá-me uma ajuda.*;
- não "Esta ajuda 'nos' dai hoje", mas *Esta ajuda dai-nos hoje.*;
- etc.

7.3.3. Terceira regra: usar próclise ao verbo em orações optativas:

- não "(Que) Bons ventos levem-'no'", mas (*Que*) *Bons ventos o levem.*;
- não "(Que) Deus ajude-'nos'", mas (*Que*) *Deus nos ajude.*;
- etc.

7.3.4. Quarta regra: usar próclise ao verbo quando este se antecede a qualquer distância – mais precisamente, ainda que haja intercalação entre eles – de palavra negativa:

- não "Não viu-'me' ontem", mas **Não** *me viu ontem.*;
- não "Nunca em todos esses anos disseram-'me' isso", mas **Nunca** *em todos esses anos me disseram isso.*;

- não "Ninguém, em todos esses anos, disse-'me' isso", mas ***Ninguém**, em todos esses anos, me DISSE isso.*;
- etc.

⇗ OBSERVAÇÃO 1. Gramáticos há que toleram a ênclise caso haja tal intercalação. ☝ Dizemos nós que o mais conveniente é que ainda neste caso se mantenha a próclise: porque desse modo, com efeito, se se dominam as regras da colocação dos pronomes pessoais átonos, podem apreender-se imediatamente os elos sintáticos. Valha esta observação para todos os casos a seguir em que se faça referência à distância.

⇗ OBSERVAÇÃO 2. Tanto esta como as regras que se seguirão não dizem respeito ao infinitivo sem flexão nem ao gerúndio. Da colocação pronominal nestes casos, tratar-se-á mais adiante.

7.3.5. QUINTA REGRA: usar próclise ao verbo quando este se antecede a qualquer distância – mais precisamente, ainda que haja intercalação entre eles – de conjunção, etc. (excluídas *em princípio* as conjunções da primeira espécie):[4]

- não "Esperamos que digam-'nos' a verdade", mas *Esperamos **que** nos DIGAM a verdade.*;
- não "Se tivessem-'se' preparado...", mas ***Se** se TIVESSEM PREPARADO...*;
- não "Ainda que tivesse-'o' convidado, não teria ido", ***Ainda que** o TIVESSE CONVIDADO, não teria ido.*;
- não "Quando vimo-'la', notámos sua angústia", mas ***Quando** a VIMOS, notámos sua angústia.*;
- não "Deram os prêmios a quem merecia-'os'", mas *Deram os prêmios a **quem** os MERECIA.*;
- não "Premiaram a quem, entre tantos concorrentes, merecia-'o'", mas *Premiaram a **quem**, entre tantos concorrentes, o MERECIA.*;
- etc.

7.3.6. SEXTA REGRA: usar próclise ao verbo quando este se antecede a qualquer distância – mais precisamente, ainda que haja intercalação entre eles – de pronome interrogativo (ou exclamativo) ou de advérbio interrogativo (ou exclamativo):

- não "Que aconteceu-'lhes' efetivamente?", mas ***Que** lhes ACONTECEU efetivamente?*;

---

[4] Ou seja, as conjunções aditivas, as alternativas, as adversativas, as explicativas e as conclusivas, das quais trataremos à parte. – Entre os conectivos, incluem-se *aqui* os pronomes e os advérbios que também se usam para ligar orações.

• não "Quem, entre todos, disse-'vos' isso?", mas *Quem, entre todos, vos disse isso?*;
• não "Como aconteceu-'lhes' isso?", mas *Como lhes aconteceu isso?*;
• não "Perguntou-nos onde acontecera-'lhes' isso", mas *Perguntou-nos onde lhes acontecera isso.*;
• não "Como mentiram-'vos'!", mas *Como vos mentiram!*;
• etc.

7.3.7. Sétima regra: usar próclise ao verbo quando este se antecede de advérbio:
• não "Ontem premiaram-'no'", mas ***Ontem** o premiaram.*;
• não "Sempre foi-'lhe' respeitoso", mas ***Sempre** lhe foi respeitoso.*;
• não "Às vezes pergunta-'nos' de ti", mas ***Às vezes** nos pergunta de ti.*;
• etc.

↗ Observação. Para que se dê a ênclise, basta que apareça vírgula entre o advérbio e o pronome átono:
• não "Ontem, 'o' premiaram", mas ***Ontem**, premiaram-no.*;
• não "Às vezes, 'nos' pergunta de ti", mas ***Às vezes**, pergunta-nos de ti.*;
• etc.

7.3.8. Oitava regra: nunca usar ênclise a nenhuma forma de futuro (do indicativo nem do subjuntivo) nem a nenhum particípio:
• não "Eu farei-'o'", mas *Eu o farei.*;
• não "Eles fariam-'nos' isso?", mas *Eles nos fariam isso?* ou *Far-nos-iam isso?*;
• não "Se fizé-'lo'...", mas *Se o fizer...*;
• não "Asseguro-vos de que não teria causado-'vos' aquilo", mas *Asseguro-vos de que não vos teria causado aquilo.*;
• etc.

↗ Observação geral 1. Os brasileiros tendem a usar a próclise ao verbo quando este se antecede de *certas* conjunções subordinativas da primeira espécie (a saber, as alternativas, as explicativas e as conclusivas), de qualquer pronome indefinido ou de quase todos os pronomes demonstrativos, enquanto os portugueses tendem, nos mesmos casos, a usar a ênclise ou a mesóclise:
✓ ***Ou** se trabalha, **ou** se descansa* [Brasil].;
✓ ***Ou** trabalha-se, **ou** descansa-se* [Portugal].;
✓ *O estudo aproveita sempre, **logo** te aproveitará também* [Brasil].;
✓ *O estudo aproveita sempre, **logo** aproveitar-te-á também* [Portugal].;

- ✓ **Tudo** *se* TRANSFORMOU (Brasil.);
- ✓ **Tudo** TRANSFORMOU-*se* [Portugal].;
- ✓ **Algo** *lhes* SUCEDEU [Brasil].;
- ✓ **Algo** SUCEDEU-*lhes* [Portugal].;
- ✓ **Qualquer** *to* DIRÁ [Brasil].;
- ✓ **Qualquer** DIR-*to*-Á (Portugal.);
- ✓ **Isso** *lhes* SUCEDEU há já algum tempo [Brasil].;
- ✓ **Isso** SUCEDEU-*lhes* há já algum tempo [Portugal].;
- ✓ **Aqueles** *to* DIRÃO [Brasil].;
- ✓ **Aqueles** DIR-*to*-ÃO [Portugal].;
- ✓ etc.

→ De nossa parte, em todos estes casos seguimos, em princípio, a tendência brasileira.

⌔ OBSERVAÇÃO GERAL 2. Em todos os demais casos, afora os que ainda se tratarão, em Portugal se tende à ênclise, enquanto no Brasil se emprega indiferentemente a ênclise ou a próclise:[5]

- ✓ *Ela* VIU-*os ontem* [Portugal].;
- ✓ *Ela os* VIU *ontem* ou *Ela viu-os ontem* [Brasil].;
- ✓ *... mas* ENCONTROU-*os ontem* [Portugal].;
- ✓ *... mas as* ENCONTROU *ontem* ou *... mas* ENCONTROU-*as ontem* [Brasil].;
- ✓ etc.

→ De nossa parte, nestes casos seguimos a tendência lusitana.

⌔ OBSERVAÇÃO GERAL 3. Não só o infinitivo sem flexão[6] e o gerúndio não antecedido de *em* admitem *sempre* a ênclise, ♭ senão que é esta mesma a posição que preferimos nós nestes casos:

- ✓ *Faremos de tudo para não* MOLESTÁ-*los*.;
- ✓ *Farão de tudo para não* MOLESTAR-*nos*.;
- ✓ *Não se cresce intelectualmente senão* ESTUDANDO-*o muito*.;
- ✓ *Porque* TRATANDO-*se disto não há hesitar*.;
- ✓ etc.

→ Mas:
- ✓ *Disse-nos que não lhes* SERMOS *molestos é um dever*.;

---

[5] "Indiferentemente", diga-se, na escrita, não na fala, em que se tende à próclise.
[6] Lembre-se que a primeira e a terceira pessoa do singular do infinitivo não têm flexão: *cantar, cantares, cantar, cantarmos, cantardes, cantarem*.

✓ **Em** *se* TRATANDO *deste assunto, não é possível ter muitas certezas.*;
✓ etc.

↗ OBSERVAÇÃO GERAL 4. Se se trata de infinitivo flexionado, o mais comum, o mais natural, o mais elegante é usar a próclise:
✓ *Ao* se VIRAREM, *viram a cena* (e não um algo rebarbativo "Ao virarem--'se'...).

↗ OBSERVAÇÃO GERAL 5. Caso especial e último constitui a colocação do pronome átono com respeito aos grupos verbais e aos "grupos verbais". Quando disto se trata, e desde que não se infrinja nenhuma das cláusulas anteriores, é lícito empregar todas as posições:

- PRÓCLISE ao primeiro verbo de grupo verbal ou de "grupo verbal":
  ✓ *Lúcia* te HAVIA ADVERTIDO...;
  ✓ *Nós* te QUEREMOS FALAR.;
  ✓ *Eles* te ESTAVAM PROCURANDO.;
  ✓ etc.

- ÊNCLISE ao primeiro verbo de grupo verbal ou de "grupo verbal":
  ✓ *Lúcia* HAVIA-*te* ADVERTIDO...;
  ✓ *Nós* QUEREMOS-*te* FALAR.;
  ✓ *Eles devem de* QUERER-*te* FALAR.;
  ✓ ESTAVAM-*vos* PROCURANDO.;
  ✓ etc.;

- ÊNCLISE ao segundo verbo de grupo verbal ou de "grupo verbal":
  ✓ *Nós queremos* FALAR-*te*.;
  ✓ *Eles devem de* QUERER *falar-te*.;
  ✓ *Estavam* PROCURANDO-*vos*.;
  ✓ etc.

→ De todas estas possibilidades, preferimos e *sempre que possível* empregamos a última: a ênclise ao segundo verbo de grupo verbal ou de "grupo verbal". – Há ainda a possibilidade (unicamente brasileira) de deixar o pronome solto entre as duas formas verbais, o que, sem chegar propriamente a constituir erro, não convém com o modelo de nossos melhores escritores ↻ e, pois, não é de usar (ao menos) na escrita:
✓ "Lúcia havia 'te' advertido...";
✓ "Nós queremos 'te' falar.";
✓ "Eles devem de querer 'te' falar.";

- ✓ "Estavam 'vos' procurando.";
- ✓ etc.
- MESÓCLISE ao primeiro verbo de grupo verbal ou de "grupo verbal":
  - ✓ TER-_lhe_-EMOS FALADO _já_.;
  - ✓ A tal hora, HAVER-_se_-ÃO MUDADO _já_.;
  - ✓ etc.

→ Insista-se no vetado:
- não "Teria falado-'me'", mas TER-_me_-IA FALADO, porque não é possível ênclise a particípio;
- não "Terá-'me' falado", mas TER-_me_-Á FALADO, porque não é possível ênclise ao futuro do presente;
- não "Teria-'me' falado", mas TER-_me_-IA FALADO, porque não é possível ênclise ao futuro do pretérito;
- não "Não tinha-'me' falado", mas **Não** _me_ TINHA FALADO, porque não é possível ênclise a verbo quando este se antecede de palavra negativa;[7]
- não "Sei quando pensam-'nos' visitar", mas Sei **quando** _nos_ PENSAM VISITAR ou Sei **quando** PENSAM VISITAR-_nos_, porque não é possível ênclise a verbo quando este se antecede de _quando_, etc.;
- não "Já ter-'lhe'-emos encontrado", mas TER-_lhe_-EMOS ENCONTRADO _já_, porque, com efeito, não é possível mesóclise quando o verbo se antecede de advérbio não separado por vírgula;
- não "Deveria ter feito-'lhe' o prometido", mas ou _Dever-lhe-ia ter **feito**_ ou, como preferimos, _Deveria ter-lhe **feito**_, porque não se admite ênclise a particípio;
- etc.

---

[7] Recorde-se que não se incluem nesta regra o infinitivo sem flexão nem o gerúndio não antecedido de _em_.

CAPÍTULO VIII

PARA BEM USAR DA PONTUAÇÃO

8.1. Definição de pontuação

8.1.1. Chama-se PONTUAÇÃO ao *uso de um conjunto de sinais gráficos cuja função é, antes de tudo, contribuir para a organização sintática dos termos da oração e para sua proporção*. Naturalmente, a pontuação traduz originalmente pausas e entonações, as quais, como é óbvio, não podem dar-se senão na oralidade; mas, como se verá aqui, extrapola grandemente sua mesma origem. Antes de tudo, ainda como expressão de pausas e de entonações, a pontuação é insuficiente para traduzir os matizes múltiplos com que se dão. Depois, como a pontuação não pode estar senão no âmbito da escrita, extrapola sua origem na mesma medida em que o escrito extrapola o oral.[1]

8.1.2. Com razão diz Evanildo Bechara: "Pode-se entender a pontuação de duas maneiras: numa acepção larga e noutra restrita. A primeira abarca não só os sinais de pontuação propriamente ditos, mas [os sinais] de realce e valorização do texto: títulos, rubricas, margens, escolha de espaços e de caracteres e, indo mais além, a disposição dos capítulos e o modo e confecção do livro".[2]

OBSERVAÇÃO. Grande parte do que Bechara arrola aí constitui o que em editoração se chama *formatação* (de texto).

8.1.3. Em sentido estrito, são os seguintes os SINAIS DE PONTUAÇÃO: a *vírgula* [,], o *ponto e vírgula* [;], o *ponto-final* ou *ponto* [.], o *ponto de interrogação* [?], o *ponto de exclamação* [!], as *reticências* [...], os *dois-pontos* [:], as *aspas simples* [' '], as *aspas duplas* [" ", que podem substituir-se por « »], o *travessão* [–], os *parênteses*[( )] e os *colchetes* [[ ]]; além de sinais que, embora não sejam propriamente de pontuação, podem de algum modo reduzir-se a eles: as *chaves* [{ }], o *asterisco* [*], etc.

OBSERVAÇÃO. As regras de pontuação que se darão aqui não dizem respeito à formatação. Ademais, por gramático, não nos ocuparemos do emprego literário-poético da pontuação, o qual, aliás, é praticamente inormatizável.

8.1.4. Já vimos alguns exemplos em que a presença ou a ausência de vírgula alteram o significado da oração (*vide* o dito sobre a oração adjetiva adjuntiva e a oração adjetiva predicativa). Mas a este respeito não insistiremos no anedótico, que pulula por aí, ainda que só rara vez adequadamente.

---

[1] Para aprofundamento deste ponto, ➢ *Suma*, p. 589.
[2] EVANILDO BECHARA, *Moderna Gramática Portuguesa*, p. 604.

8.2. Os sinais de pontuação e seus usos[3]

8.2.1. O PONTO-FINAL (ou PONTO) – que é dos sinais de pontuação que refletem uma maior pausa na oralidade – serve para fechar ou encerrar frases (relembre-se nossa definição de frase). – Os outros sinais que podem encerrar frases são o PONTO DE INTERROGAÇÃO, o PONTO DE EXCLAMAÇÃO e as RETICÊNCIAS.

8.2.1.a. Mas o PONTO também se emprega para acompanhar muitas abreviaturas:

- ✓ *p.* (= *página*);
- ✓ *3.ª* (= *terceira*);
- ✓ *Il.ᵐᵒ* (= *Ilustríssimo*);
- ✓ *Ex.ª* (= *Excelência*);
- ✓ *Dr.* (= *Doutor*);
- ✓ *Sra.* (= *Senhora*);
- ✓ *etc.* (= *et cetera*);
- ✓ etc.

8.2.1.b. Chama-se correntemente "ponto parágrafo" ao ponto a que se segue abertura de parágrafo. Mas em nada se distingue do ponto-final, e melhor diríamos *ponto e parágrafo*, porque, com efeito, das duas coisas se trata.

⌇ OBSERVAÇÃO. Na linguagem jurídica, ou ainda na filosófica, etc., o parágrafo pode indicar-se por sinal especial [§].

8.2.2. O PONTO DE INTERROGAÇÃO fecha ou encerra, como seu mesmo nome indica, as orações interrogativas diretas, sejam efetivamente interrogativas, sejam retóricas, sejam ainda parcialmente elípticas:

- ✓ *A vírgula é obrigatória ao fim das orações adverbiais antepostas?;*
- ✓ *– Para que serve a comida? – pergunta a mãe ao filho.;*
- ✓ *A obra é boa? convincente? fluente?* (= *É* [ou *é*] *convincente? É* [ou *é*] *fluente?*);[4]
- ✓ etc.

⌇ OBSERVAÇÃO. O PONTO DE INTERROGAÇÃO pode multiplicar-se e/ou combinar-se como o DE EXCLAMAÇÃO e com as RETICÊNCIAS:

- ✓ *Como????;*
- ✓ *Quer dizer então que é assim?!;*

---

[3] Para facilitarmos a exposição e a mesma apreensão desta parte da Gramática, recorreremos a exemplos o mais prosaicos possível.

[4] Nestes casos, pode iniciar-se a oração com elipse ou sem ela e por letra minúscula ou por maiúscula.

- ✓ *Então ele disse que...?*;
- ✓ *Quê?...*;
- ✓ etc.

8.2.3. O PONTO DE EXCLAMAÇÃO fecha ou encerra, como seu mesmo nome indica, as orações exclamativas, ainda quando parcialmente elípticas; e segue-se necessariamente a quase toda interjeição:[5]

- ✓ *Que tragédia!*;
- ✓ *Quê!*;
- ✓ *Oh! Maldita seja a morte mil vezes!*;
- ✓ *Ah! que beleza!*;
- ✓ etc.

↗ OBSERVAÇÃO. O PONTO DE EXCLAMAÇÃO pode multiplicar-se e/ou combinar-se com o DE INTERROGAÇÃO e com as RETICÊNCIAS:

- ✓ *Quê!!!*;
- ✓ *Quer dizer então que é assim!?*;
- ✓ *Então ele disse que....!*;
- ✓ *Quê!...*;
- ✓ etc.

8.2.4. As RETICÊNCIAS, popularmente chamadas "três pontinhos", indicam suspensão ou incompletude da oração:

- ✓ *Estava tão radiante, que...*
- ✓ *Pensou em..., mas não o fez.*;
- ✓ *Comprou livros, cadernos, canetas...*

↗ OBSERVAÇÃO 1. Neste último exemplo, as RETICÊNCIAS antes fazem as vezes de *etc*.

↗ OBSERVAÇÃO 2. Como visto, as RETICÊNCIAS podem combinar-se com o PONTO DE INTERROGAÇÃO e com o DE EXCLAMAÇÃO.

8.2.5. A VÍRGULA é, sem comparação, o mais versátil e ao mesmo tempo o mais árduo dos sinais de pontuação. Nenhuma gramática tem o condão de esgotar as normas e as sugestões respeitantes à vírgula; mas esforçar-nos-emos por aproximar-nos de tal.

8.2.5.a. Emprega-se a VÍRGULA para separar núcleos ou predicativos ligados assindeticamente:

---

[5] Como já se viu, só escapa a esta necessidade a interjeição vocativa *ó*.

✓ *Era inteligente, bela, afável.*;
✓ *Comprou livros, cadernos, canetas.*;
✓ *João, Paulo, Lúcia chegaram.*;[6]
✓ etc.

⌐ OBSERVAÇÃO 1. Note-se, pelo último exemplo, que não se separa do verbo o último núcleo do sujeito, e isto decorre de regra geral (aplicável pois também aos outros dois exemplos): NÃO SE SEPARA O SUJEITO DE SEU VERBO, NEM O VERBO DE SEU COMPLEMENTO.

⌐ OBSERVAÇÃO 2. ♭ Deve aplicar-se esta regra ainda que o sujeito seja extenso: *O advogado que vem representar aquela empresa diante do tribunal* CHEGOU.[7]

⌐ OBSERVAÇÃO 3. Mas pode infringir-se esta regra por qualquer razão diacrítica, sobretudo se o predicado começa por verbo idêntico ao que termina o sujeito: *Tudo o que se* MOVE, MOVE-*se movido por outro*.

8.2.5.b. Emprega-se ainda para separar núcleo (de complemento) ligado pela aditiva *e*, em razão de algum efeito buscado:

✓ *O rapaz saiu para comprar material de estudo: adquiriu livros, cadernos, canetas, e* UMA BICICLETA.

⌐ OBSERVAÇÃO. Note-se a procedência desta vírgula, que destaca justamente o afastamento da *bicicleta* da intenção original de seu comprador quando saiu. – Também se poderiam usar reticências ou travessão:

✓ *O rapaz saiu para comprar material de estudo: adquiriu livros, cadernos, canetas... e* UMA BICICLETA.;
✓ *O rapaz saiu para comprar material de estudo: adquiriu livros, cadernos, canetas – e* UMA BICICLETA.

8.2.5.c. Também para separar orações ligadas pela aditiva *e* se tiverem sujeito diferente, desde que não estejam subordinadas em conjunto a outra:

✓ MARIA *dormiu, e* JOSÉ *saiu para o trabalho noturno.*; mas
✓ **Dizem-me** [subordinante das duas aditivas seguintes] *que Maria dormiu e* [*que*] *José saiu para o trabalho noturno.*

8.2.5.d. Para separar orações ligadas pela aditiva *e* ainda que tenham o mesmo sujeito – muito especialmente se se tem mais de uma subordinada –, em razão de algum efeito buscado (seja o mero aliviar a leitura, seja qualquer outro):

---

[6] Esta mesma oração, naturalmente, poderia escrever-se *João, Paulo e Lúcia chegaram*, ou ainda, a depender do que se quisesse expressar, *João e Paulo e Lúcia chegaram*.
[7] Dizemo-lo contrariamente ao dito pela maioria das gramáticas.

- ✓ *Saiu para comprar material de estudo, e acabou por comprar uma bicicleta.*;
- ✓ *Saiu para comprar material de estudo, e acabou por comprar uma bicicleta, e voltou para casa.*;
- ✓ etc.

8.2.5.e. Para separar orações ligadas por par aditivo como *não só ... mas (também)* quando têm sujeitos e verbos diferentes:[8]

- ✓ *Não só PAULO veio, mas MARIA apareceu com toda a família.*

☞ OBSERVAÇÃO 1. Se as orações tiverem o mesmo sujeito mas verbos diferentes, o uso da vírgula é o mais das vezes facultativo:

- ✓ *MARIA não só nos telefonou[,] mas prometeu que viria.*

☞ OBSERVAÇÃO 2. Se todavia o complemento da primeira só aparece na segunda, convém não separá-las por vírgula:

- ✓ *Ricardo não só sabia mas revelou A VERDADE.*

☞ OBSERVAÇÃO 3. Se tais pares ligam núcleos de sujeito, não há separá-los por vírgula:

- ✓ *Não só PAULO mas MARIA apareceram.*[9]

☞ OBSERVAÇÃO 4. Se tais pares ligam núcleos de complemento, convém amiúde não separá-los por vírgula:

- ✓ *O rapaz comprou não só LIVROS mas também CADERNOS.*

☞ OBSERVAÇÃO 5. Por vezes tal par só aparentemente é aditivo. Por exemplo: *O livro é não só bom, mas ótimo*, cujo sentido é *O livro não é só bom, mas é ótimo*. Nestes casos, convém separar por vírgula a oração ou o núcleo começados por *mas*, que agora tem efetivo caráter adversativo.

☞ OBSERVAÇÃO 6. Não se deve separar por vírgula o par aditivo *tanto ... como*:

- ✓ *Tanto PAULO como MARIA apareceram.*

8.2.5.f. Para separar orações ou núcleos (de sujeito ou de complemento) ligados por conjunção disjuntiva ou por par alternativo, se se quer enfatizar justamente a disjunção ou alternância:

- ✓ *Ou estuda, ou brinca.*;

---

[8] Relembrem-se alguns de tais pares: *não só ... mas, não só ... mas também, não só ... senão, não só ... senão que*.

[9] Vejam sua diferença com respeito a *Não só Paulo, mas Maria apareceu*, em que, como dito na seção de concordância verbal do CAPÍTULO VI, pode supor-se a seguinte elipse e o seguinte deslocamento: *Não só Paulo apareceu, mas Maria também o fez.* ☟ Parece-nos todavia que tal construção com elipse não é de todo própria do atual padrão culto da língua, sendo preferível neste caso, portanto, não usar a vírgula e levar o verbo ao plural: *Não só Paulo mas Maria apareceram.*

- ✓ *Vamos como seja, quer chova, quer faça sol.*;
- ✓ *Já chora, já ri.*;
- ✓ *Nem veio, nem telefonou.*;
- ✓ etc.

⌁ OBSERVAÇÃO 1. Em todos estes exemplos, a VÍRGULA poderia não aparecer.

⌁ OBSERVAÇÃO 2. ↻ Mas deve usar-se nos seguintes exemplos, em que o sujeito das orações é diferente:

- ✓ ISTO *há de ser rejeitado, ou nos afastare*MOS.;
- ✓ *Não veio* UM*, nem o* OUTRO.

⌁ OBSERVAÇÃO 3. Quando *ou* exprime retificação, a vírgula volta a ser facultativa:

- ✓ *Nosso estudo*[,] *ou investigação*[,] *ou pesquisa, que não importa o nome...*

⌁ OBSERVAÇÃO 4. Mas é vetada se *ou* expressa equivalência:

- ✓ *O* ESTAGIRITA *ou* ARISTÓTELES *é o filósofo por antonomásia.*

8.2.5.g. Em princípio, usa-se a VÍRGULA para separar oração introduzida por conjunção adversativa:

- ✓ *Disse que viria, mas não veio.*

→ Mas o caso das orações introduzidas por adversativa é demasiado complexo para que se trate parcialmente, ou seja, primeiro com respeito à vírgula, depois com respeito ao ponto-e-vírgula, etc. Requer tratamento global, como se segue.

♦ No concernente à pontuação, as adversativas dividem-se triplamente: *mas*; *porém*; e todas as demais.

♦ **MAS** pode anteceder-se de qualquer sinal de pontuação (vírgula, ponto e vírgula, ponto-final, etc.). Algumas vezes, todavia, *pode* ou até *deve* não anteceder-se de nenhum sinal:

- ✓ *Disse que viria, mas não veio.*;
- ✓ *Disse que viria; mas não veio.*;
- ✓ *Disse que viria: mas não veio.*;
- ✓ *Disse que viria. Mas não veio.*;
- ✓ *É pessoa dócil*[,] *mas valente.*;
- ✓ *Não só não veio*[,] *mas não o avisou.*;
- ✓ *Não só leu mas meditou profundamente estes livros.*

⌁ OBSERVAÇÃO 1. Nos dois últimos exemplos, *mas* em verdade não é plenamente adversativa, mas antes parte do par aditivo *não só ... mas*.

⇗ OBSERVAÇÃO 2. Note-se contudo que em nenhum dos exemplos – e nunca – pode a conjunção *mas* seguir-se de vírgula, a não ser que se intercale uma oração (ou um advérbio) entre ela e o que é ligado por ela:
- ✓ *Disse que viria, <u>mas</u>, COMO CHOVEU MUITO, não veio.*;
- ✓ *Disse que viria; <u>mas</u>, COMO CHOVEU MUITO, não veio.*;
- ✓ *Disse que viria: <u>mas</u>, COMO CHOVEU MUITO, não veio.*;
- ✓ *Disse que viria. <u>Mas</u>, COMO CHOVEU MUITO, não veio.*

■ Poderiam eliminar-se as duas vírgulas que cingem a oração intercalada (ou o advérbio):
- ✓ *Disse que viria, <u>mas</u> COMO CHOVEU MUITO não veio.*;
- ✓ etc.

■ Mas constitui *erro* suprimir a primeira e manter a segunda:
- ✓ "*Disse que viria, mas como choveu muito, não veio.*";
- ✓ etc.

♦ **PORÉM** usa-se grandemente como *mas*:
- ✓ *Disse que viria, <u>porém</u> não veio.*;
- ✓ *Disse que viria; <u>porém</u> não veio.*;
- ✓ *Disse que viria: <u>porém</u> não veio.*;
- ✓ *Disse que viria. <u>Porém</u> não veio.*;

e igualmente, como se vê, constitui erro pospor-lhe vírgula, a não ser que se intercale algo, como sucede com *mas*:
- ✓ *Disse que viria, <u>porém</u>, como choveu muito, não veio.*;
- ✓ *Disse que viria; <u>porém</u>, como choveu muito, não veio.*;
- ✓ *Disse que viria: <u>porém</u>, como choveu muito, não veio.*;
- ✓ *Disse que viria. <u>Porém</u>, como choveu muito, não veio.*[10]

■ Poderiam eliminar-se as duas vírgulas que cingem a oração intercalada:
- ✓ *Disse que viria, porém como choveu muito não veio.*;
- ✓ etc.

■ Mas igualmente constitui *erro* suprimir a primeira e manter a segunda:
- ✓ "*Disse que viria, porém como choveu muito, não veio.*"[11]

---

[10] Há gramáticos e bons escritores, no entanto, que põem vírgula depois de PORÉM se esta se antecede de ponto-final (ou de interrogação, ou de exclamação, ou de reticências finais), de ponto e vírgula e de dois--pontos: *Disse que viria; <u>porém</u>, não veio; Disse que viria: <u>porém</u>, não veio; Disse que viria. <u>Porém</u>, não veio.*

[11] Valha esta regra para todas as intercalações ou interpolações: ou se cingem por duas vírgulas, ou por nenhuma. Qualquer outra maneira constituirá pontuação errada.

⌖ Observação 1. Porém, todavia, não pode comutar-se por *mas* em casos como estes:
- ✓ *Não só não veio*[,] *mas não o avisou.*;
- ✓ *Não só leu mas meditou profundamente estes livros.*

E não o pode porque *porém*, ao contrário de *mas*, não pode ter caráter aditivo.

⌖ Observação 2. ☞ Insista-se, ademais, em que usar sempre porém em lugar de *mas* em orações como *É pessoa dócil*[,] *mas valente* implica certa falta de espontaneidade.

⌖ Observação 3. Todas as conjunções adversativas, incluindo *mas*, têm origem adverbial. Por isso todas, à exceção de *mas*, podem voltar a ser advérbios; e voltam a sê-lo sempre que deixem de iniciar oração e se intercalem nesta ou se ponham em seu final. Exemplos com *porém*:
- ✓ *Disse que viria; como*[,] *porém*[,] *choveu muito, não veio.*;
- ✓ *Disse que viria: como*[,] *porém*[,] *choveu muito, não veio.*;
- ✓ *Disse que viria. Como*[,] *porém*[,] *choveu muito, não veio.*;
- ✓ *Disse que viria; não veio, porém.*;
- ✓ *Disse que viria: não veio, porém.*;
- ✓ *Disse que viria. Não veio, porém.*

Atente-se, no entanto, em *todos* estes casos, à presença de sinal representativo de *pausa maior que vírgula* antes da segunda oração. Em nenhum deles, insista-se, pode empregar-se mera vírgula antes desta oração.[12]

→ As demais adversativas (*todavia, contudo, no entanto, não obstante, sem embargo*, etc.) compartilham, naturalmente, as regras relativas a *mas* e a *porém* menos uma: ☞ se estiverem separadas por sinal representativo de *pausa maior que vírgula*, preferentemente hão de seguir-se de vírgula.[13] Os exemplos falarão por si:
- ✓ *Disse que viria, todavia (contudo, no entanto, etc.) não veio.*;
- ✓ *Disse que viria; todavia (contudo, no entanto, etc.), não veio.*;
- ✓ *Disse que viria: todavia (contudo, no entanto, etc.), não veio.*;
- ✓ *Disse que viria. Todavia (Contudo, No entanto, etc.), não veio.*;
- ✓ *Disse que viria; todavia (contudo, no entanto, etc.), como choveu muito, não veio.*;

---

[12] É regra idêntica à do inglês, à do espanhol, etc.
[13] É regra idêntica à do inglês, à do espanhol, etc. Desta regra, naturalmente, decorrem muitas consequências, como se verá ainda pelos exemplos.

✓ *Disse que viria: <u>todavia</u> (<u>contudo</u>, <u>no entanto</u>, etc.), como choveu muito, não veio.*;
✓ *Disse que viria. <u>Todavia</u> (<u>Contudo</u>, <u>No entanto</u>, etc.), como choveu muito, não veio.*

☞ Observação 1. Quando se seguem de vírgula, como nos seis últimos exemplos, entram em fronteira turva: não se pode ter certeza de se se trata de conjunções ou de advérbios.

☞ Observação 2. ☙ Nós mesmo quase nunca usamos vírgula antes de *todavia*, de *contudo*, de *no entanto*, etc., mas ponto e vírgula, ponto ou, ainda, dois-pontos. E o preferimos por seu fundo mais flagrantemente adverbial.[14]

☞ Observação 3. Se após estas adversativas se intercala alguma oração, então não é conveniente que se antecedam de vírgula; devem anteceder-se de ponto-e-vírgula, de ponto, de dois-pontos, como nos exemplos. Note-se quão intricada ficaria a expressão se se usasse mera vírgula:

✓ "Disse que viria, todavia, como choveu muito, não veio."

Com efeito, não se saberia imediatamente se aí *todavia* se refere ao anterior ou ao posterior.

☞ Observação 4. Como dito já, se estas adversativas e *porém* se deslocam, como sempre é possível, do rosto para o meio ou para o fim da oração, por isso mesmo deixam de ser conjunções e retornam à sua pura origem adverbial:

✓ *Disse que viria; como[,] <u>todavia</u> (<u>contudo</u>, <u>no entanto</u>, <u>porém</u>...)[,] choveu muito, não veio.*;
✓ *Disse que viria: como[,] <u>todavia</u> (<u>contudo</u>, <u>no entanto</u>, <u>porém</u>...)[,] choveu muito, não veio.*;
✓ *Disse que viria. Como[,]<u>todavia</u> (<u>contudo</u>, <u>no entanto</u>, <u>porém</u>...)[,] choveu muito, não veio.*;
✓ *Disse que viria; não veio, <u>todavia</u> (<u>contudo</u>, <u>no entanto</u>, <u>porém</u>...).*;
✓ *Disse que viria: não veio, <u>todavia</u> (<u>contudo</u>, <u>no entanto</u>, <u>porém</u>...).*;
✓ *Disse que viria. Não veio, <u>todavia</u> (<u>contudo</u>, <u>no entanto</u>, <u>porém</u>...).*

8.2.5.h. Se pospostas à subordinante, as orações explicativas separam-se dela obrigatoriamente por vírgula, por ponto e vírgula, por dois-pontos ou, ainda, por ponto-final. Exemplos:

---

[14] Dá-se o mesmo em inglês com *however*, etc., em contraposição a *but*.

- ✓ "Os 'maus' só lhe inspiram tristeza e piedade. Só o 'mal' é o que o inflama em ódio. <u>Porque o ódio ao mal é o amor do bem, e a ira contra o mal, entusiasmo divino</u>" (Rui Barbosa).;
- ✓ *Só o 'mal' é o que o inflama em ódio: <u>porque o ódio ao mal é o amor do bem, e a ira contra o mal, entusiasmo divino</u>*.;
- ✓ *Só o 'mal' é o que o inflama em ódio; <u>porque o ódio ao mal é o amor do bem, e a ira contra o mal, entusiasmo divino</u>*.;
- ✓ *Só o 'mal' é o que o inflama em ódio, <u>porque o ódio ao mal é o amor do bem, e a ira contra o mal, entusiasmo divino</u>*.

⌲ Observação. Antecipe-se que, como todas as orações adverbiais da segunda espécie, as causais podem ou não separar-se por vírgula da subordinante: *O artista deprimiu-se*[,] <u>*porque falira*</u> – embora o mais das vezes não o façamos nós: *O artista deprimiu-se <u>porque falira</u>*. Parece-nos, com efeito, que não separá-la torna a causa mais saliente. – Por outro lado, as causais, ainda como quase todas as adverbiais da segunda espécie – como o veremos adiante –, podem pôr-se antes da subordinante, e então se separarão desta por vírgula obrigatória: *<u>Porque falira</u>, o artista deprimiu-se*.

8.2.5.i. Também em princípio, usa-se a vírgula para separar oração introduzida por conjunção conclusiva (*logo, portanto, por conseguinte, por isso*, etc.):

- ✓ *Choveu torrencialmente, <u>portanto</u> não puderam vir.*

Mas também o caso das orações introduzidas por conclusivas requer tratamento global, como se segue.

§ As conclusivas podem anteceder-se de qualquer sinal de pontuação (vírgula, ponto e vírgula, ponto-final, etc.):

- ✓ *Todo ente material é corruptível, <u>logo</u> (<u>portanto</u>, <u>por conseguinte</u>...), todo corpo celeste também o é.*;
- ✓ *Todo ente material é corruptível; <u>logo</u> (<u>portanto</u>, <u>por conseguinte</u>...), todo corpo celeste também o é.*;
- ✓ *Todo ente material é corruptível: <u>logo</u> (<u>portanto</u>, <u>por conseguinte</u>...), todo corpo celeste também o é.*;
- ✓ *Todo ente material é corruptível. <u>Logo</u> (<u>Portanto</u>, <u>Por conseguinte</u>...), todo corpo celeste também o é.*[15]

---

[15] Uma vez mais, temos aí um entimema ou silogismo truncado. É o seguinte o silogismo completo: *Todo ente material é corruptível; ora, todo corpo celeste é ente material; logo (portanto, por conseguinte...), todo corpo celeste é corruptível.*

⚐ Observação 1. ♭ Como se vê pelos exemplos, se estiverem separadas por sinal representativo de *pausa maior que vírgula*, as conclusivas mais convenientemente se hão de seguir de vírgula.

⚐ Observação 2. Quando se seguem de vírgula, como nos três últimos exemplos, entram em fronteira turva: não se pode ter certeza de se se trata de conjunções ou de advérbios.

⚐ Observação 3. ♭ Quase nunca usamos vírgula antes das conclusivas, mas ponto e vírgula, ponto ou, ainda, dois-pontos, como fazemos com respeito a determinadas adversativas (*todavia, contudo, no entanto,* etc.). E, como com respeito a estas, preferimo-lo por seu fundo flagrantemente adverbial.

⚐ Observação 4. Se alguma conclusiva se desloca, como sempre é possível, do rosto para o meio da oração, deixa por isso mesmo de ser conjunção e retorna à sua pura origem adverbial:
- ✓ *Todo ente material é corruptível; todo corpo celeste, <u>portanto</u> (<u>por conseguinte</u>...), também o é.*;
- ✓ *Todo ente material é corruptível: todo corpo celeste, <u>portanto</u> (<u>por conseguinte</u>...), também o é.*;
- ✓ *Todo ente material é corruptível. Todo corpo celeste, <u>portanto</u> (<u>por conseguinte</u>...), também o é.*;
- ✓ *Todo ente material é corruptível; todo corpo celeste também o é, <u>portanto</u>.*;
- ✓ etc.

⚐ Observação 5. *Logo*, apesar da origem adverbial, nunca se desloca do rosto da oração, razão por que ou é indubitavelmente conjunção ou, se se segue de vírgula, também entra em fronteira turva (conjunção ou advérbio). – Por seu lado, *pois* como conclusiva (contrariamente ao que diz a maioria das gramáticas) nunca vem no rosto da oração, razão por que nunca é conjunção. Com efeito, em *todo corpo celeste, <u>pois</u>, também é corruptível, pois* é advérbio conclusivo.

⚐ Observação 6. Se após as conclusivas (à exceção de *logo*) se intercala alguma oração, então não é possível que se antecedam de vírgula; devem anteceder-se de ponto e vírgula, de ponto, de dois-pontos. Note-se quão intricada ficaria a expressão se se usasse mera vírgula:
- ✓ "Qualquer corpo é corruptível, portanto, como o humano é corpo como outro qualquer, também é corruptível."

Com efeito, não se sabe imediatamente se aí *portanto* se refere ao anterior ou ao posterior.

8.2.5.j. Serve ainda para separar da subordinante a oração adverbial antecipada – e esta é regra pétrea:
- ✓ <u>Embora já fizesse sol</u>, preferiram não partir.;
- ✓ <u>Porque chovia muito</u>, o trânsito engarrafou-se.;
- ✓ <u>Para evitarem a chuva</u>, preferiram partir logo.;
- ✓ <u>Se não chover</u>, partiremos cedo.;
- ✓ etc.

⌕ Observação 1. Se a oração adverbial está posposta à subordinante, então a vírgula entre elas será eletiva:
- ✓ Preferiram não partir[,] <u>embora já fizesse sol</u>.;
- ✓ O trânsito engarrafou-se[,] <u>porque chovia muito</u>.;[16]
- ✓ Preferiram partir logo[,] <u>para evitar a chuva</u>.;
- ✓ Partiremos cedo[,] <u>se não chover</u>.;
- ✓ etc.

⌕ Observação 2. Se a subordinante de subordinada final antecipada se introduz pelo expletivo *é que*, então se dispensa a vírgula:
- ✓ <u>Para evitar a chuva</u> É QUE preferiram partir logo.

⌕ Observação 3. *Podemos* separar por VÍRGULA – e muitas vezes preferimos fazê-lo – a oração consecutiva:
- ✓ Chovia tanto[,] que preferiram não partir.;
- ✓ etc.

⌕ Observação 4. Aproveite-se o ensejo para dizer que quase todos os advérbios (ou locuções adverbiais ou grupos adverbiais) postos no rosto da frase,[17] ou seja, antecipadamente, *podem* separar-se por VÍRGULA. Se porém tiverem extensão maior, separar-se-ão *obrigatoriamente*:
- ✓ Depois[,] resolveram partir.;
- ✓ Ontem à noite[,] partiram.;
- ✓ Às dez horas do dia 23 de abril do ano passado, estavam de partida.;
- ✓ etc.

⌕ Observação 5. Em princípio, quase todo e qualquer adjunto adverbial posto no meio da oração *pode* separar-se por vírgulas:
- ✓ Vieram[,] depois[,] falar-nos daquele assunto.;
- ✓ etc.

---

[16] Relembre-se que, se se trata, como neste exemplo, de oração causal, preferimos o mais das vezes não separá-la por vírgula da subordinante.

[17] Excetuam-se *já*, *não* e poucos mais.

Devemos indagar sempre, contudo, se nestes casos as vírgulas embaraçam de qualquer modo os nexos semantossintáticos. À mais leve suspeita de que sim, evitemo-las.

⚐ Observação 6. Aproveite-se ainda o ensejo para dizer que todo termo posto *antecipadamente* no rosto da frase *pode* separar-se por vírgula:
- ✓ <u>Aos meninos</u>[,] *demos* [*-lhes*] *os livros.*;
- ✓ etc.

8.2.5.k. Da vírgula *obrigatória* que separa as orações adjetivas predicativas já falámos no capítulo IV.[18] Exemplo:
- ✓ *"'Vozes d'África',* <u>que é um poemeto épico</u>, *representa um alto momento da poesia brasileira"* (Rocha Lima).

8.2.5.l. Também para separar alguns apostos:
- ✓ *Ivã,* <u>o Terrível</u>;
- ✓ etc.

8.2.5.m. Usa-se a vírgula ainda, e obrigatoriamente, para separar o vocativo:
- ✓ <u>Ó Pedro</u>, *por que não nos visitas?*;
- ✓ *Por que,* <u>Pedro</u>, *não nos visitas?*;
- ✓ etc.

⚐ Observação 1. O vocativo que constitui o cabeçalho das cartas e de escritos semelhantes pode vir separado por vírgula ou por dois-pontos, ou por nenhum sinal de pontuação, mas apenas por espaço maior.

⚐ Observação 2. O aposto, segundo o caso, pode separar-se daquilo de que é aposto por outros sinais de pontuação que a vírgula. Exemplos:
- ✓ *Disse-lhe isto:* <u>que aquilo não é correto</u>.;
- ✓ *Compramos muitas coisas – <u>dicionários, livros, material escolar</u> – e voltamos para casa.*;
- ✓ etc.

8.2.5.n. Para separar das datas o nome do lugar:
- ✓ <u>Coimbra</u>, *12 de agosto de 2014*;
- ✓ etc.

8.2.5.o. Para indicar a elipse do verbo, quando a segunda oração se antecede de ponto e vírgula ou de ponto – ✾ mas preferentemente não quando se antecede de vírgula:

---

[18] Note-se que *Da vírgula obrigatória que separa as orações adjetivas predicativas* é complemento posto antecipadamente no rosto da oração, razão por que *pode* separar-se por vírgula daquilo de que é complemento.

✓ *João partiu ontem; Maria, hoje.;*
✓ *João partiu ontem. Maria, hoje.;*
✓ *João partiu ontem, Maria hoje.*

8.2.5.p. Desde sempre em português e atualmente ao menos na maioria das línguas que têm *etc.* (abreviatura do latim *et cetera*, 'e coisas assim, e outras coisas'), emprega-se a vírgula para separá-la (além de que, dizemo-lo nós, podem empregar-se também o ponto e vírgula e o mesmo ponto-final para fazê-lo):

✓ *Comprou livros, cadernos, canetas, etc., e voltou para casa.;*
✓ *O rapaz comprou diversos artigos: cadernos pautados; lápis de cor; etc.;*
✓ *Tudo é presunção. Tudo é vaidade. Tudo é soberba. Etc.* [ou *Et cetera.*];
✓ *Os livros, os cadernos, as canetas, etc., custaram-lhe boa parte de sua mesada.;*
✓ etc.

⌦ OBSERVAÇÃO 1. Note-se que no último exemplo, pela dupla virgulação, *etc.* deixa de fazer parte do sujeito, e, intercalada, adquire o sentido de *além de outras coisas.* – Mas alguns, como Celso Cunha e Lindsey Cintra, a fazem permanecer no sujeito eliminando a segunda vírgula: *Os livros, os cadernos, as canetas, etc. custaram-lhe boa parte de sua mesada.* Boa opção.

⌦ OBSERVAÇÃO 2. De cerca de meio século a esta parte, porém, alguns gramáticos, impregnados de logicismo (*etc.* = *e outras coisas* ou *e assim por diante*), insistem em que não se deve separar *etc.* por sinal de pontuação e em que separá--lo constitui erro. Pois bem, não procedamos como eles, e digamos que deixar de separar *etc.* por sinal de pontuação não constitui erro.

⌦ OBSERVAÇÃO 3. Se porém se trata de enumeração de nomes próprios, mais convenientemente não se usa *etc.* (= *e outras coisas*), e sim *e (muitos) outros* ou, apenas no caso de autores, a latina *et al.* (devendo esta escrever-se em destaque e podendo, igualmente, separar-se por vírgula ou ponto e vírgula):

✓ *Compareçemos ao evento, e ali encontrámos Paulo, Yvonette, Augusta e [muitos] outros.;*
✓ *Estudou este ano muitos filósofos gregos: Parmênides, Anaxágoras, Sócrates, Platão, Aristóteles, et alii.;*
✓ etc.

8.2.5.q. Como já dissemos, *sim* e *não* separam-se sempre por vírgula do vocativo: *Sim, SENHOR; Não, SENHORA;* etc. Ademais, contudo, *sim* e *não* podem usar-se por mera ênfase, e então também se separam por vírgula. Exemplos:

✓ *Sim, eu irei.;*

- ✓ *Eu irei, sim.*;
- ✓ *Não irei, não.*;
- ✓ etc.

⌥ OBSERVAÇÃO 1. As partes das locuções sinônimas *mas sim* e *e sim* – adversativas enfáticas – justo por sê-lo não se separam por vírgula:

- ✓ *Não disse que não o aceitava, mas sim/e sim que ia pensar na proposta.*

⌥ OBSERVAÇÃO 2. Aposto expletivamente a *isto, este, esta, agora*, etc., *sim* normalmente tampouco se separa por vírgula:

- ✓ *Mas o que ele disse por último,* ISTO *sim é corretíssimo.*;
- ✓ ESTE *sim é que é um bom filme.*;
- ✓ AGORA *sim a coisa vai.*

Note-se no penúltimo exemplo a sequência de expressões expletivas *(este) sim* e *é que*.

⌥ OBSERVAÇÃO 3. Seria ocioso fazê-lo, mas diga-se por via das dúvidas: se não se quer imitar certo modo coloquial, não se transfira *não* para depois do verbo. Pode escrever-se *Não quero ler isto, não*; nunca, porém, "*Quero ler isto não*".

⌥ OBSERVAÇÃO GERAL. Todos os demais usos (ou não usos) da vírgula já os vimos ao longo desta obra.

8.2.6. Vimos já grande quantidade de empregos do PONTO E VÍRGULA, sinal de pontuação que expressa o que na fala constitui pausa ligeiramente maior que a expressa pela vírgula. Além de tais empregos seus, refiram-se os dois seguintes, em que sempre, em princípio, o ponto e vírgula pode comutar-se pela vírgula.

8.2.6.a. Usa-se o PONTO E VÍRGULA nas enumerações:

- ✓ *O rapaz comprou diversos artigos: cadernos pautados; lápis de cor; etc.*
- ✓ etc.

8.2.6.b. Usa-se ainda para quebrar certa frase mais longa:

- ✓ *O rapaz comprou diversos artigos: cadernos pautados, lápis de cor, etc., e voltou para casa; e deparou com a bela surpresa.*;
- ✓ etc.

8.2.7. O TRAVESSÃO usa-se não raro em lugar da vírgula ou dos dois-pontos:

- ✓ *Miguel de Cervantes – que era escritor e soldado – é o autor do* Quixote.;
- ✓ *Falou-nos de diversos assuntos – poesia, música, pintura... – e prometeu-nos que voltaria.*;
- ✓ *O rapaz comprou diversos artigos – cadernos pautados, lápis de cor, etc.*;
- ✓ etc.

⌐ Observação 1. Quando haveriam de coincidir um travessão e uma vírgula ou um ponto e vírgula, estes últimos *podem* ou omitir-se ou, como o preferimos decididamente por razões de clareza, usar-se depois daquele (e unidos a ele):
- ✓ *Não é oração aceitável a do ocioso – ou a do mentiroso –,* [ou ;] *porque a ociosidade o dessagra.*;
- ✓ etc.

⌐ Observação 2. O travessão usa-se ainda nos diálogos, para introduzir e separar a fala de cada interlocutor:
- ✓ *– Espero que estejas bem, Maria – disse-lhe João –*[,] *recuperada já da doença.*
- ✓ *– Sim, João – respondeu-lhe Maria –*[,] *recuperada de todo.*[19]

8.2.8. Cerca os DOIS-PONTOS certa quantidade de "rumores gramaticais". Mas já vimos que seu uso é mais largo que o que nos mostra boa parte das gramáticas. Eis alguns outros exemplos:
- ✓ *Padecia de muitas doenças: era um quadro dramático.*;
- ✓ *Mais ainda: é caso de fronteira turva.*;
- ✓ *Devem fazer as seguintes considerações: entre as quais a relativa às fronteiras turvas.*;
- ✓ *Sonham com a perfeição: disparate.*;
- ✓ *Explique-se: é caso de fronteira turva.*

(OBSERVAÇÃO: note-se que poderia usar-se ou travessão ou ponto em alguns exemplos, e ainda vírgula nos três primeiros);
- ✓ *Disse-lhe Paulo:*
- ✓ *– Por que não vens conosco?*;
- ✓ etc.

8.2.9. Os PARÊNTESES, que alguma vez podem comutar-se por travessões ou ainda por vírgulas, "assinalam", como tão acertadamente escreve Evanildo Bechara, "um isolamento sintático e semântico mais completo dentro do enunciado, além de estabelecer maior intimidade entre o autor e o seu leitor".[20] Exemplos:
- ✓ "Não, filhos meus (deixai-me experimentar, uma vez que seja, convosco, este suavíssimo nome); não: o coração não é tão frívolo, tão exterior, tão carnal quanto, [*sic*; esta vírgula não deveria estar aí] se cuida" (Rui Barbosa).;
- ✓ "A imprensa (quem o contesta?) é o mais poderoso meio que se tem inventado [*sic*; note-se o uso arcaico do pretérito perfeito composto do

---

[19] Note-se que *disse-lhe João* e *respondeu-lhe Maria* são orações justapostas.
[20] Evanildo Bechara, *op. cit.*, p. 612.

indicativo, onde hoje deveria estar *inventou*] para a divulgação do pensamento" (Carlos de Laet).

Põe de sua parte Othon M. Garcia que "existe, no âmbito da justaposição, uma classe de orações que não pertencem propriamente à sequência lógica das outras do mesmo período [diríamos nós: da mesma frase], no qual se inserem como elemento adicional, sem travamento sintático e, frequentemente, se não predominantemente, com propósito esclarecedor. [...] Habitualmente intercaladas no período [na frase] e, via de regra, entre parênteses, elas se infiltram na frase pelo processo da justaposição; daí a sua tríplice denominação: justapostas/intercaladas/parentéticas (ao pé da letra, nem todas são, pelo menos materialmente, parentéticas – pois podem vir entre vírgulas ou travessões – ou legitimamente intercaladas – muitas vêm no fim e não no meio [*entre, inter*] do período)".[21]

Vejam-se algumas das principais funções que os parênteses permitem exercer a tais orações justapostas:
- de assinalamento de:
  - advertência:
    - ✓ *Quero dizer-vos (quem avisa, amigo é)...*;
    - ✓ concordância ou concessão:
    - ✓ *Sem dúvida (há que conceder) ele tinha razão.*;
  - condição ou hipótese:
    - ✓ *Aos que o entenderem (suponhamos que os haja)...*;
  - decisão:
    - ✓ *Quanto a esta espinhosa questão (uma hora há que escolher), nós...*;
  - exclusão:
    - ✓ *Ademais (agora não nos referimos senão àqueles casos)...*;
  - inclusão:
    - ✓ *Ademais (agora nos referimos também a estes casos)...*;
  - hesitação ou dúvida:
    - ✓ *Disseram-lhes que isso fora necessário (terá sido mesmo?)...*;
  - retificação ou correção:
    - ✓ *"Voltando-se depois o Senhor (não digo bem), não se voltando o Senhor..."* (Padre Antônio Vieira);
- de descrição ou enumeração:
  - ✓ *Ao reler suas obras (quatro eram tratados de Lógica, quatro de Física, três de Ética, uma de Metafísica)...*

---

[21] Othon M. Garcia, *op. cit.*, p. 125.

- de esclarecimento de:
- causa, motivo, explicação:
  ✓ *O estrangeiro queria debater com o ancião (muitos não conhecem seu lugar)...*;
- circunstância temporal:
  ✓ *Naquelas horas (era Natal)...*;
- comparação:
  ✓ *O jovem filósofo hesitava (já não o faria na maturidade)...*;
- contraposição:
  ✓ *O ancião pensava se devia debater com o estrangeiro (este não passava dos trinta)...*;
- de informação adicional:
  ✓ *Falava para seu público (nunca teve numerosos seguidores)...*;
- de pedido de escusa:
  ✓ *Não se nos peça que demonstremos o evidente, porque (valha-nos a redundância) o evidente, evidente é.*

⚐ OBSERVAÇÃO. Os parênteses – como os colchetes – podem usar-se para indicar que certo uso é facultativo. Exemplo:
  ✓ *Ontem à noite(,) partiram.*

8.2.10. Intimamente aparentados aos parênteses, os COLCHETES utilizam-se quando já se acham empregados aqueles, para introduzir uma nova inserção. Exemplo:
  ✓ *O indo-europeu (língua hipotética [entre outras] proposta no século XIX) seria a matriz da maioria das línguas europeias.*

⚐ OBSERVAÇÃO. "Também se usam" – a palavra é ainda de Bechara – "para preencher lacunas de textos ou ainda para introduzir, principalmente em citações, adendos ou explicações que facilitem o entendimento do texto."[22] Nos dicionários e nas gramáticas, encerram informações como a ortoépia, a prosódia, etc., coisa para a qual também se podem usar os parênteses.

8.2.11. As ASPAS (DUPLAS) [" ", que podem substituir-se por « »] e as ASPAS SIMPLES [' '] usam-se algo diferentemente.

8.2.11.a. As primeiras têm, entre outras funções:
- a de cingir citações:
  ✓ *Como disse Cervantes, "a pena é a língua da alma".*;
  ✓ etc.;

---

[22] *Ibidem*, p. 613.

- a de destacar qualquer expressão, ou a de indicar, por qualquer motivo, que não se trata de algo da lavra de quem escreve:

    ✓ *A palavra "não" deve tratar-se à parte.*;
    ✓ *Classificam-nas como "orações coordenadas".*;
    ✓ etc.

8.2.11.b. Por outro lado, as segundas estão para as primeiras assim como os colchetes estão para os parênteses: utilizam-se quando já se acham empregadas as aspas (duplas), para introduzir nova inserção:

    ✓ *Disse o gramático que "a palavra 'não' deve tratar-se à parte".*;
    ✓ etc.

↗ OBSERVAÇÃO. Mas também se usam, em dicionários, em gramáticas, etc., em lugar das aspas (duplas), para assinalar o significado de determinada palavra ou o de seu étimo:

    ✓ *ocupar* < lat. *occŭpo, ās, āvi, ātum, āre* ['apoderar-se, assenhorar-se'; 'dominar, ocupar'];
    ✓ etc.

8.2.12. A CHAVE é antes de uso em Matemática; mas também se usa em Gramática (especialmente como chave dupla [{ }]).

8.2.13. O ASTERISCO usa-se multiplamente.

8.2.13.a. Depois de palavra ou de frase para indicar que se tem, acerca delas ou do que tratam, nota de rodapé.

8.2.13.b. Em Gramática, põe-se antes de palavra para indicar que resulta de reconstituição ou de hipótese.

8.2.13.c. Emprega-se um ou mais asteriscos depois de inicial de nome próprio que não se quer ou não se pode declinar:

    ✓ *S.* acusou-o.*;
    ✓ *P.** não quer revelar-se.*;
    ✓ etc.

↗ OBSERVAÇÃO. Com o mesmo fim, pode usar-se também depois de abreviatura de pronome de tratamento:

    ✓ *O Dr.* não quer que o citem.*;
    ✓ *A Sra.** não quis testemunhá-lo.*;
    ✓ etc.

CAPÍTULO IX

AS NORMAS ESTILÍSTICAS GERAIS

9.1. Estilo e normas de estilo

9.1.1. Como posto na *Suma*,[1] a Gramática é *a arte diretiva da escrita segundo regras morfossintáticas cultas, para que o homem possa transmitir suas concepções e argumentações com ordem, com facilidade e sem erro a outros homens distantes no espaço ou no tempo*. É ou deveria ser evidente que, se não se dão tais regras comuns, os homens distantes no espaço ou no tempo não podem compreender perfeitamente o que se lhes transmita. Com efeito, se compreendemos perfeitamente o que nos escrevem os autores do século XIX para cá, não assim o que escreveram os autores do século XVI ou, mais ainda, do Medievo: é que entre estes e nós há não só diferença vocabular mas diferença de padrão gramatical. Regiam o português de então regras que não regem o português de hoje. Daí que para entender hoje perfeitamente uma peça de Gil Vicente (1465-1536) seja preciso contar com alguma edição crítica.[2]

9.1.2. Nada obstante, nesta nossa gramática nos propomos a dar não só as regras gramaticais mas as normas estilísticas. Há que dizer, portanto, o que entendemos por tais normas.

9.1.2.a. Ponha-se antes disso, contudo, que as regras propostas ao longo desta gramática como sugestões[3] – as quais não podemos dar como pétreas por não serem unânimes entre os gramáticos – já implicam de certo modo o estilístico: porque as propomos segundo o estilo dos melhores escritores não literários (e dos literários cuja arte é gramaticalizada).[4]

9.1.2.b. Mas consideramos mais propriamente normas estilísticas as que daremos neste capítulo, e que dizemos gerais por envolverem em sua aplicação também as unidades maiores da escrita (em si mesmas e enquanto interligadas): a frase → o parágrafo → ... → o texto global. O dito, no entanto, não deixa de encerrar certa dificuldade.

9.1.2.c. É que quanto ao individual não pode haver ciência nem, estritamente, norma. Ora, *estilo* é o que cada autor tem de mais seu em termos de expressão; ou seja, é estritamente individual. Por conseguinte, parece não proceder a intenção de

---

[1] P. 47.
[2] Para aprofundamento do dito neste parágrafo, ➤ *Suma*, PRÓLOGO E PRIMEIRA PARTE, p. 25-66.
[3] Indicadas sempre pelo símbolo ♭.
[4] Para aprofundamento deste ponto, *vide* o APÊNDICE deste capítulo. – Com efeito, até o fim deste capítulo não cessaremos de insistir na distinção entre escritores não literários e escritores literários. Trata-se contudo de distinção acomodatícia. Como se verá no referido apêndice, o quadro dos gêneros de texto é mais complexo do que supõe tal distinção.

dar normas gerais de estilo. – Podemos todavia começar por responder a isso dizendo que as normas estilísticas gerais não constrangem o estilo individual, senão que lhe permitem dar-se e aperfeiçoar-se com segurança. Com efeito, tais normas estão para o estilo individual como as leis estão para o cidadão; e, assim como não há cidadão sem cidade e não há cidade sem leis, assim tampouco há estilo individual sem texto e não há texto – propriamente dito – sem normas estilísticas gerais.

9.1.2.d. Naturalmente, as regras gramaticais e as normas estilísticas não só se interpenetram mas se supõem. Com efeito, tanto um texto gramaticalmente impecável mas estilisticamente canhestro quanto um texto estilisticamente brilhante mas gramaticalmente imperfeito não atingem o fim próprio da escrita: comunicar perfeitamente algo a quem está distante no tempo ou no espaço. Mas, enquanto sob as regras gramaticais se põem corretamente os fundamentos do prédio textual, sob as normas estilísticas gerais se ergue a armação mesma desse prédio.

9.2. A FINALIDADE DAS NORMAS ESTILÍSTICAS GERAIS

9.2.1. Tanto as regras gramaticais como as normas estilísticas servem ao fim da arte da Gramática: repita-se, transmitir concepções e argumentações com ordem, com facilidade e sem erro aos que estejam distantes no espaço ou no tempo. Enquanto no entanto as regras gramaticais permitem antes que tal transmissão se dê sem erros, as normas estilísticas permitem antes que se dê com ordem e com facilidade – ou seja, com perfeita inteligibilidade ou clareza.

9.2.2. Com efeito, a clareza ou inteligibilidade de um texto resulta de sua ordem ou organicidade – com respeito ao assunto mesmo que é sua razão de ser –, e sua organicidade da facilidade com que se escreveu. Entenda-se bem: escrever com facilidade um texto de assunto complexo não implica que se suprima sua complexidade; implica porém que apesar de tal complexidade o escritor chegará com relativa facilidade a terminá-lo felizmente. E entenda-se bem ainda: obviamente, as normas estilísticas não dão proficiência a ninguém para discorrer em livro sobre Medicina ou sobre Metafísica; para tal, é preciso ser médico ou metafísico. Suposta porém tal proficiência, as normas estilísticas – aliadas às regras gramaticais – permitem ao proficiente transmitir com clareza o que quer expressar em sua obra.[5]

---

[5] Tampouco se creia que com suas regras e normas a Gramática "ensine a pensar". Bem sabemos que segundo Othon M. Garcia (1912-2002) – como se lê em sua celebérrima *Comunicação em Prosa Moderna*, de alguns de cujos ensinamentos estilísticos não deixaremos de valer-nos de algum modo neste capítulo – "aprender a escrever é aprender a pensar". Não podemos dar nosso acordo a isso,

9.3. As normas estilísticas gerais
9.3.1. Quanto ao léxico

9.3.1.a. A arte de bem escrever requer, antes de tudo, uma perfeita escolha das palavras.[6] Cada palavra de um texto não literário deve não só significar com estrita precisão o que com ela quer expressar o autor mas, ainda, ser absolutamente condizente com o assunto e com o tom geral do escrito. Se o leitor – suposto seu conhecimento do assunto – a sentir como a uma estrangeira na frase, no parágrafo, no capítulo, na parte, no livro, será porque não foi bem escolhida e se encontra, também ela, fora de seu "elemento". Deem-se exemplos simples.

- Se um tradutor lusófono – e as normas estilísticas gerais se aplicam também, de algum modo, à tradução –, se tal tradutor vertesse a palavra latina *ens, entis* por "ser" e não por *ente*, teria expressado mal o que a palavra latina significa: 'o que é, o que tem ser'.

- Se um filósofo brasileiro, enganado pela polissemia da locução latina *per se* – que pode significar tanto 'por si (mesmo)' como 'por essência' ou 'essencialmente' –, usasse uma das duas expressões portuguesas *por si* ou *de per si* para significar "essencialmente", tê-la-ia escolhido mal e teria deixado de expressar o que pretendia dizer.

---

ainda que o possamos compreender muito bem. Diante da já multissecular ausência da verdadeira arte de pensar – a Lógica – nos currículos escolares e universitários, e dos evidentes resultados catastróficos que disso resultam, Garcia tenta remediá-lo, razão por que escreve: "As noções que se seguem sobre métodos ou processos de raciocínio, procuramos traduzi-las em linguagem acessível e, tanto quanto possível, amena. Por isso, não esperem os entendidos ver aí um 'tratado' de lógica, mas apenas um escorço mais ou menos assistemático com finalidade exclusivamente prática". Mas há que dizer que seu intento não só malogra, senão que não podia senão malograr: é que o nosso autor desconhece a necessidade de distinguir e de ordenar devidamente as disciplinas intelectuais, pelo que seu livro é uma mescla confusa de Gramática, de Poética, de Retórica, de Dialética, de Sofística e de Lógica sem ser cabalmente nenhuma delas. Com efeito, seu "escorço mais ou menos assistemático" conta com capítulos ou seções como "Eficácia e falácias da comunicação", "Método indutivo/dedutivo", "Silogismo", "Silogismo do tipo *non sequitur*", "Epiquirema: premissas munidas de prova", "*Modus sciendi*", "Análise e síntese", "Classificação", "Definição", os quais, sendo estritamente do âmbito da Dialética, da Sofística e da Lógica, estão na obra de Garcia inteiramente fora de seu "elemento". Aí, efetivamente não ensinam a pensar. – Ademais, se fosse certo que aprender a escrever é aprender a pensar, por que então Garcia terá tido de recorrer a outras artes que a Gramática justo para ensinar a pensar? – Dizemos por fim que, se tem razão o nosso autor em vergastar a análise sintática como um fim em si, não dá ele todavia nenhuma norma estilística que não suponha conhecimento dessa mesma análise.

[6] Entenda-se por PALAVRA não só o vocábulo isolado mas ainda as locuções.

- Se um historiador escrevesse que "os jesuítas ensinaram facilmente os índios a tocar os instrumentos europeus, posto que estes tinham uma musicalidade inata", teria escolhido mal a locução conjuntiva *posto que* – que, ao contrário do espanhol *puesto que*, não significa 'dado que, já que, porque', mas 'ainda que, embora, conquanto' – e teria deixado de expressar o que intencionava pôr.
- Se um engenheiro redigisse seu plano de construção para ser seguido pelo mestre de obras e se referisse a "concreto" sem especificar se se tratava de concreto armado ou de concreto protendido, não teria sabido usar cabalmente a(s) palavra(s), além de que teria podido ocasionar com isso grandes problemas.
- Veja-se esta bela frase do Padre Manuel Bernardes (1644-1710):
  - ✓ "Nenhum doutor as observou com maior escrúpulo, nem as esquadrinhou com maior estudo, nem as entendeu com maior propriedade, nem as proferiu com mais verdade, nem as explicou com maior clareza, nem as recapacitou com mais facilidade, nem as propugnou com maior valentia, nem as pregou e semeou com maior abundância" (*Nova Floresta*).[7]

Nela não só há dupla ordem ou sucessão, digamos, lógica, senão que as duas estão intimamente vinculadas. Primeira: observou → esquadrinhou → entendeu → proferiu → explicou → recapacitou → propugnou → pregou e semeou. Segunda: escrúpulo → estudo → propriedade → verdade → clareza → facilidade → valentia → abundância. Imagine-se agora que, em vez do que acabamos de ler, o padre tivesse escrito:

  - ✓ Nenhum doutor as observou com maior valentia, nem as esquadrinhou com maior verdade, nem as entendeu com maior clareza, nem as proferiu com mais estudo, nem as explicou com maior abundância, nem as recapacitou com mais propriedade, nem as propugnou com maior facilidade, nem as pregou e semeou com maior escrúpulo.

Neste caso, ele teria usado os vários núcleos dos adjuntos adverbiais de maneira de todo imprópria, ou seja, tê-los-ia desordenado e desvinculado da sucessão, digamos, lógica dos verbos de que são adjuntos.

- Imagine-se agora que Euclides da Cunha (1866-1909), em vez de ter escrito do modo como a lemos a seguinte frase de *Os Sertões*: "[...] a árvore aparelha-se

---

[7] Por conveniente com o sujeito ou tema deste último capítulo (incluído seu apêndice), nele passamos a dar não só o autor mas o título da obra de que fazemos citação.

para reagir contra o regímen bruto", cujas palavras são de todo condizentes com o tom geral do livro, a tivesse escrito deste outro modo: "[...] o pé de legume já está prontinho para encarar o clima brabo", certamente teria escolhido palavras estrangeiras ao livro – e não teria sido o escritor que foi.

- E, se o redator de um relatório que começa assim:

"Rio de Janeiro, 28 de outubro de 1946

Senhor Diretor

Tendo sido designado para apurar a denúncia de irregularidades ocorridas no Departamento dos Correios e Telégrafos, submeto à apreciação de V. Sa, para os devidos fins, o relatório das diligências que, nesse sentido, efetuei",[8]

tivesse escrito este início desta outra maneira:

Rio de Janeiro, 28 de outubro de 1946

Chefinho

Já que me escolheu pra ver se era verdade o que disseram sobre mutretas no Departamento dos Correios e Telégrafos, então mando pro senhor ver, e pro senhor fazer o que quiser, o relatório das coisas que eu fiz porque me mandou",

certamente teria causado sérias dificuldades para si mesmo.[9]

↗ OBSERVAÇÃO. A título de curiosidade, eis certa manchete de jornal onde o mau uso das palavras está elevado à última potência:

✓ *Carro capota com quatro pessoas e uma mulher.*[10]

9.3.1.b. Mas faz parte da geral boa escolha das palavras não incorrer em determinados procedimentos indevidos.

---

[8] Exemplo tomado de Othon M. Garcia.
[9] Poder-se-iam dar exemplos também de mau uso dos conectivos (as preposições e as conjunções) e de certos pronomes. Mas de todos estes já falámos suficiente e amplamente em vários capítulos, e, para evitar seu mau uso, basta recorrer ao já dito.
[10] Lemos de fato esta manchete em edição de 2014 de um jornal mineiro.

• Antes de tudo, o **preciosismo** ou abuso de palavras inusuais, não raro porque equivocadamente se julga sejam pobres ou deselegantes o uso de palavras correntes ou a simples repetição de palavras.[11] Imaginemos que certo escritor tivesse de usar 50 vezes num texto a palavra *chicote*, mas, receoso daquela pobreza ou deselegância, fosse pescar nos dicionários 49 sinônimos de sua palavra-tema e, encontrando-os, pusesse: "açoite, açoiteira, arreador, azorrague, bacalhau, baraço, buranhém, chabuco, chambrié, chibata, chico das dores, chiqueirá, chiqueirador, cipó, cipó de boi, cnute, estafim, frança, gurinhém, habena, jangoto, jingoto, látego, macaca, mango, mangual, manjola, muxinga, nagaica, peia, peia-boi, pingalim, piraí, preaca, rebém, rebenque, relho, ripeiro, sardinheta, soiteira, tabica, taca, tagante, tala, verdasca, vergalho, vergasta, vergueiro, zeribando". Patentemente, seu texto pecaria por afetação e perderia força comunicativa e expressiva.[12]

⚐ OBSERVAÇÃO. É essa, pouco mais ou menos, a "moral" da anedota (certamente falsa) em que, surpreendendo um ladrão de patos em seu quintal, lhe diz Rui Barbosa: "Oh! bucéfalo anácrono! Não o interpelo pelo valor intrínseco dos bípedes palmípedes, mas sim pelo ato vil e sorrateiro de profanares o recôndito da minha habitação, levando meus ovíparos à sorrelfa e à socapa. Se fazes isso por necessidade, transijo; mas, se é para zombares da minha elevada prosopopeia de cidadão digno e honrado, dar-te-ei com minha bengala fosfórica bem no alto da tua sinagoga, e o farei com tal ímpeto que te reduzirei à quinquagésima potência que o vulgo denomina nada". E o ladrão: "Dotô, eu levo ou deixo os pato?"

• Pode reduzir-se ao anterior o **uso de arcaísmos**. Ponhamos um exemplo: "Elo não, ca ele chove muito", em que "elo" é um antigo e desusado pronome equivalente a "isso" (como o espanhol *ello*); "ca", uma antiga e desusada conjunção equivalente a "pois" (como o francês *car*); e "ele chove", uma ainda antiga e desusada construção equivalente a "chove" (como o inglês *it rains* ou o francês *il pleut*).[13]

---

[11] Corre entre nós, repetimo-lo, o "rumor" de que ao contrário do inglês o português não tolera repetições de palavras. Não passa de "rumor", ainda que com um pano de fundo real: não raro os literatos lusófonos preferem tal não repetição. Esta preferência, todavia, é uma opção justamente literário-poética, e, como o dizemos e redizemos, a Gramática não deve fundar-se antes de tudo no literário.

[12] Não prejulgamos, todavia, se é válido ou inválido usar de preciosismos na Literatura ou na mesma Retórica, artes dotadas de regras e normas próprias. *Vide* também sobre isto o APÊNDICE deste capítulo.

[13] Naturalmente, tais palavras e tais construções desusadas não são desconhecidas dos próprios gramáticos, nem dos etimólogos, dos filólogos, dos lexicógrafos. Mas, ainda naturalmente, a língua escrita deve normatizar-se antes *por* eles que *para* eles.

- Os **neologismos**,[14] que em certo sentido são o contrário dos arcaísmos, devem qualificar-se duplamente:
    - se atendem à necessidade de significar novas concepções não significáveis por palavras já existentes, são plenamente justificáveis – sobretudo se se trata de línguas como o português e o inglês, cujo *corpus* léxico é tradicionalmente muito menos fechado que, por exemplo, o do espanhol ou o do francês;
    - se porém decorrem da ignorância de palavras já existentes para significar antigas concepções, então devem rechaçar-se por desnecessários e bastardos.[15]
- Diga-se algo semelhante dos **estrangeirismos**:
    - se atendem à necessidade de significar concepções que não podem ser significadas perfeitamente por palavras vernáculas antigas nem por palavras vernáculas novas, são, mais que plenamente justificáveis, indispensáveis: é o caso, por exemplo, de certas expressões filosóficas latinas, como *per se* e *per accidens*, *simpliciter* e *secundum quid*;
    - se porém decorrem de mero pernosticismo, devem evitar-se por desnecessários e por corruptores do idioma.

    ⟡ OBSERVAÇÃO 1. Naturalmente, há grandíssimo número de casos intermediários entre esses extremos (dizemo-lo tanto quanto aos estrangeirismos como quanto aos neologismos), os quais serão mais ou menos aceitáveis segundo critérios sempre difíceis de precisar.

    ⟡ OBSERVAÇÃO 2. Mas tampouco será vicioso o estrangeirismo usado *tradicionalmente* no jargão de alguma ciência ou de alguma arte (o Direito, por exemplo), ainda que tenha perfeito equivalente em nossa língua.

- Evitem-se, ademais, recursos que visem a esquivar, por exemplo, um **eco** – resultante de sucessão ou proximidade de palavras que rimam entre si – ou um **cacófato** – sugestão de palavra inconveniente resultante do encontro de sílabas de palavras contíguas –, *mas acabem por tirar clareza ou espontaneidade ao texto*.
    - Com efeito, antes um **eco** que permita ao texto a devida clareza do que um recurso que lha tire.
    - E diga-se o mesmo com respeito aos **cacófatos**. Particularmente contra estes se encarniça certa aparência de Gramática, de fundo beletrista e, sim, de muita

---

[14] O termo NEOLOGISMO tem dupla acepção: uso de palavra ou expressão nova; qualquer palavra ou expressão nova.
[15] Tampouco prejulgamos o neologismo na Literatura e na Retórica, e até já louvámos no PRÓLOGO o primeiro Guimarães Rosa (1908-1967), que era já um incansável neologista.

antiguidade, mas de alto grau de arbitrariedade: com efeito, por que considerar malsonantes formações como "por cada" (que, em verdade, não raro se pronuncia "purcada" e não "porcada"), "se se" (que, em verdade, quase sempre se pronuncia "sissi" e não "cecê"), "uma mão", "alma minha", etc., e não, por exemplo, certas palavras cultas mas homófonas de expressões obscenas ou, ainda, um prosaico "ela tinha"? Poder-se-ia citar quantidade de casos assim. E não se argua para estes casos o contexto, porque se poderia arguir o mesmo para todos os demais.

☞ Observação. Uma maior preocupação com os ecos e os cacófatos não pode ter lugar senão na Poética e na Oratória.

9.3.1.c. Como adquirir e dominar suficientemente o léxico de nossa língua

Correntemente se diz que para tal devem frequentar-se os dicionários. Os dicionários, contudo, não são para ser lidos, mas para ser consultados durante a leitura ou a escrita de livros, etc. E de fato é assim que se adquire e domina o léxico de qualquer idioma: lendo e lendo os melhores escritores, e consultando e consultando os melhores dicionários – e, de preferência, escrevendo e escrevendo, tendo ainda por companheiros os dicionários. Estes são de vários tipos.[16]

α. Os de definições. São os mais completos e, a nosso ver, os mais necessários.[17] Valemo-nos nós mesmo dos seguintes:

- Antônio Houaiss, *Dicionário Eletrônico Houaiss da Língua Portuguesa*;
- Aurélio Buarque de Holanda Ferreira, *Novo Dicionário Aurélio da Língua Portuguesa*;
- Barsa, *Dicionário Barsa da Língua Portuguesa*, 2 vols.
- Caldas Aulete & António Lopes dos Santos Valente:
  - *Dicionário Contemporâneo da Língua Portuguesa Caldas Aulete*, 5 vols.;
  - *Mini-Caldas Aulete – Dicionário Contemporâneo da Língua Portuguesa*;
  - *Novíssimo Aulete – Dicionário Contemporâneo da Língua Portuguesa*;

---

[16] Todos os dicionários que arrolemos a seguir estão inclusos, com os devidos dados bibliográficos, na bibliografia ao final do livro.

[17] Dizemo-lo como lexicógrafo nós mesmo. Com efeito, dos arrolados na bibliografia participamos, como redator, de três deles. – Há que advertir, no entanto, que os dicionários mais atuais desnecessariamente incluem feiuras como os palavrões – não raro sob a rubrica de "tabuísmo" (*sic*) – e efemeridades como as gírias. Desnecessariamente, quanto aos palavrões, porque sua inclusão é uma concessão à grosseria imperante, e porque justo aqueles que os podem apreciar já os conhecem e usam. E desnecessariamente, quanto às gírias, porque sua inexorável efemeridade não condiz com a função precípua do dicionário: permitir perenidade ao léxico. (Mas por gíria não nos referimos, aqui, ao jargão profissional, que também se chama gíria mas tem justificado lugar no dicionário.)

- Cândido de Figueiredo, *Dicionário da Língua Portuguesa*, 2 vols.;
- Carlos Spitzer, *Dicionário Analógico da Língua Portuguesa – Tesouro de Vocábulos e Frases da Língua Portuguesa*;
- Evanildo Bechara, *Minidicionário da Língua Portuguesa*.

β. Os ETIMOLÓGICOS.[18] Usamos e recomendamos os seguintes:
- Antenor Nascentes, *Dicionário Etimológico da Língua Portuguesa*;
- Antônio Geraldo da Cunha, *Dicionário Etimológico da Língua Portuguesa*.

γ. Os DE SINÔNIMOS E ANTÔNIMOS. Destes, valemo-nos dos seguintes:
- Antenor Nascentes, *Dicionário de Sinônimos*;
- Francisco Fernandes, *Dicionário de Sinônimos e Antônimos da Língua Portuguesa*

δ. Depois, os ANALÓGICOS OU IDEOLÓGICOS OU DE IDEIAS AFINS.[19] Recomendamos:
- Francisco Ferreira Azevedo, *Dicionário Analógico da Língua Portuguesa – Ideias Afins – Thesaurus*;
- J. I. Roquete e José da Fonseca, *Dicionário dos Sinônimos – Poético e de Epítetos – da Língua Portuguesa*;
- Winfried Busse (coord.), Francisco Athayde, et al., *Dicionário Sintáctico de Verbos Portugueses*.

ε. Há ainda o *Dicionário de Locuções e Expressões da Língua Portuguesa*, de Carlos Alberto de Macedo Rocha e Carlos Eduardo Penna de M. Rocha.

9.3.2. QUANTO À FRASE

9.3.2.a. À palavra segue-se em ordem crescente a oração imperfeitíssima (ou grupo substantivo, adjetivo, adverbial), a oração imperfeita (a que já contém um verbo mas não tem sentido cabal), a oração perfeita (que pode ser frase e encerrar várias orações imperfeitas), a frase (que, como dito, pode resumir-se a uma oração perfeita, ou encerrar várias orações perfeitas), o parágrafo, o capítulo (quando o haja), a parte (quando a haja), o tomo (quando o haja)[20] e o

---

[18] Ou seja, os que dão a origem das palavras e sua transformação ao longo do tempo.

[19] Ou seja, os que apresentam as palavras em grupos por certa afinidade de significados, de usos, de contextos de uso.

[20] O que hoje se chama *parte* (nossa *Suma Gramatical*, por exemplo, divide-se em dez partes, cada uma das quais dividida em capítulos) e o que hoje se chama *tomo* (o livro do P. Álvaro Calderón [1956-] *La Naturaleza y Sus Causas*, por exemplo, divide-se em dois tomos, os quais constituem divisão *essencial* ou *formal* dessa obra, enquanto a divisão de uma obra em volumes é acidental ou material), o que pois hoje se chama ou parte ou tomo chamava-se na Grécia e na Roma antigas *livro* (assim, por exemplo, a *Política* de Aristóteles [384-322 a.C.] compõe-se de oito livros).

texto global.²¹ Não obstante, se não têm sentido cabal a oração imperfeitíssima e a oração imperfeita, então, falando propriamente, não lhes são aplicáveis as normas de estilo – que, insista-se, não têm por fim último senão a inteligibilidade, o que supõe sentido cabal. Ponha-se por exemplo uma sínquise:²² "aquela que nos traiu pessoa", por *aquela pessoa que nos traiu*. Poder-se-ia ser tentado a decretar segundo uma norma estilística geral: se se trata de texto não literário, tal oração é condenável porque implica ininteligibilidade. Como contudo se trata de oração imperfeita, tal decreto também seria imperfeito: porque, se tal oração imperfeita é parte de outra perfeita, como, por exemplo, <u>*Aquela que nos traiu pessoa* boa não é</u>, então deixaria de ser ininteligível. Por isso, insistimos, não trataremos neste capítulo as orações imperfeitas.²³

⌦ Observação. Há que entender bem o que se disse no ponto anterior. A palavra tem sentido cabal, pelo que, aliás, pode ser dicionarizada. Mas é consabido que a maioria das palavras é polissêmica, pelo que tão somente na frase se atualiza cabalmente um de seus múltiplos sentidos. A frase também tem sentido por si, mas, dada a polissemia das mesmas unidades que a compõem, só tem seu sentido cabalmente atualizado no parágrafo. E assim sucessivamente, de certo modo, até o texto final.

9.3.2.b. Apesar porém do dito na observação acima, mas como posto no ponto anterior a ela, já é possível – ainda que de certo modo provisoriamente – dar e aplicar normas estilísticas à frase. Mais que isso, tais normas são em parte exclusivamente respeitantes à mesma frase; e são antes de tudo ou negativas ou positivas.

⌦ Observação 1. Carentes da articulação sintática necessária, as palavras atropelam-se na frase, e emaranham ou obscurecem qualquer sentido intentado; quando todavia não se pode atribuir sentido algum a uma frase, nem sequer há nenhuma frase, mas tão somente – apesar da aparência em contrário – um ajuntamento de palavras. Assim, tem aparência de frase esta sequência de palavras: "Incolores ideias verdes dormem furiosamente",²⁴ a qual, todavia, por total ausência

---

²¹ Mais adiante veremos que entre a palavra e o texto global pode haver outros intermediários que os citados.
²² Sínquise: transposição violenta da ordem canônica dos constituintes oracionais ou frásicos.
²³ A esta altura deste capítulo, no entanto, saltamos a oração perfeita não frásica e partimos da frase porque o que se poderia dizer em termos estilísticos com respeito àquela se dirá, englobando-o, mais perfeitamente com respeito a esta.
²⁴ Tradução de "Colorless green ideas sleep furiously", ajuntamento de palavras composto por Noam Chomsky.

de sentido não é frase. Nem, muito menos, o é esta outra sequência de palavras: "As lesmolisas touvas roldavam e reviam nos gramilvos".[25]

☞ OBSERVAÇÃO 2. Quanto porém a frases tautológicas como "O fumo faz mal à saúde porque prejudica o organismo", ou contraditórias como "Os cães são felinos", ou antissentido como "A Lua é quadrada", são assunto para a Lógica – ou para a Psiquiatria.

α. Pois bem, são seis as referidas NORMAS NEGATIVAS: não escrever frases que façam o leitor desandar a leitura; não escrever frases que padeçam de ambiguidade; não escrever frases emaranhadas; não escrever frases labirínticas; não escrever frases picadinhas ou fragmentárias sucessivas; não escrever frases que padeçam de queísmo.

α.1. NÃO ESCREVER FRASES QUE FAÇAM O LEITOR DESANDAR A LEITURA. Com efeito, se o leitor tiver de desandar uma frase para entendê-la cabalmente, e se tal não se dever a uma dificuldade relativa ao tema mesmo do texto, é porque de algum modo está mal escrita ou, ao menos, não escrita da melhor maneira *possível*. Aliás, dizer este "possível" supõe o padrão convencional culto em que se estabelece a Gramática.[26] Deem-se um par de exemplos.

• O padrão culto atual de nossa língua inclui o infinitivo pessoal ou flexionado. *Dada a existência deste*, escrever "Ao virar-se, viram a cena" não é escrevê-lo da melhor maneira *possível*: é que assim se obriga o leitor a desandar a leitura para enfim dar a "virar-se" seu sujeito plural. Se todavia se puser "Ao se virarem", o leitor imediatamente se inteirará do caráter plural do sujeito e não necessitará desandar o lido nem por uma fração de segundo.

• Ao toparmos na frase *Um e outro é sagaz e pressentido*, construção admitida pela tradição gramatical, com o verbo *ser* na terceira pessoa do singular, temos de

---

[25] Do "poema" *Jabberwacky*, de Lewis Carroll (1832-1898). "Traduziu"-o Augusto de Campos: "**Jaguadarte:** Era briluz. / As lesmolisas touvas roldavam e reviam nos gramilvos. / Estavam mimsicais as pintalouvas, / E os momirratos davam grilvos. // 'Foge do Jaguadarte, o que não morre! / Garra que agarra, bocarra que urra! / Foge da ave Fefel, meu filho, e corre / Do frumioso Babassura!' // Ele arrancou sua espada vorpal / e foi atrás do inimigo do Homundo. / Na árvore Tamtam ele afinal / Parou, um dia, sonilundo. // E enquanto estava em sussustada sesta, / Chegou o Jaguadarte, olho de fogo, / Sorrelfiflando através da floresta, / E borbulia um riso louco! // Um dois! Um, dois! Sua espada mavorta / Vai-vem, vem-vai, para trás, para diante! / Cabeca fere, corta e, fera morta, / Ei-lo que volta galunfante. // 'Pois então tu mataste o Jaguadarte! / Vem aos meus bracos, homenino meu! / Oh dia fremular! Bravooh! Bravarte!' / Ele se ria jubileu. // Era briluz. / As lesmolisas touvas roldavam e relviam nos gramilvos. / Estavam mimsicais as pintalouvas, / E os momirratos davam grilvos".

[26] Para aprofundamento deste ponto, ➢ *Suma*, p. 57-58, e, *infra*, o APÊNDICE deste capítulo.

voltar a *um e outro* para certificar-nos de que, apesar de posta no singular, a forma verbal se refere a um sujeito composto. Por isso dissemos no capítulo VI que em casos como este – ou seja, casos em que o sujeito é *um e outro* – devemos sempre fazer o verbo concordar regularmente, no plural, com o sujeito composto.

a.2. Não escrever frases que padeçam de ambiguidade. Se se diz que uma frase padece de ambiguidade ou anfibologia, é precisamente porque pode ser entendida de duas maneiras. Tal duplicidade de sentido obviamente deixa obscura a frase, o que obviamente vai contra o fim precípuo da escrita não literária: a clareza meridiana, que supõe unicidade significativa.[27] Ponham-se ainda exemplos.

• Ao lermos uma frase como *Mataram-se muitos soldados na guerra*, ficamos sem saber se na guerra muitos soldados foram mortos ou se mataram a si mesmos. Sempre pois que tal se der, ou ponha-se a preposição *a* antes do que seria sujeito, e então se terão sujeito indeterminado e objeto direto preposicionado: *Matou-se a muitos soldados na guerra*; ou, em contraposição, acrescente-se à oração *a si mesmo* (e flexões): *Na guerra muitos soldados se mataram a si mesmos*.

• Na frase *Venderam a gosto*, o *a* que antecede *gosto* é preposição. Se todavia trocarmos a palavra masculina *gosto* pela feminina *vontade*, de significado próximo, permanecerá o conectivo: *Venderam a vontade*. Mas a frase com o substantivo feminino padece de anfibologia: trata-se de que venderam livremente quaisquer mercadorias ou de que venderam sua vontade, por exemplo, ao inimigo? Por isso mesmo é que Rocha Lima (1915-1991), outros gramáticos e nós mesmo preceituamos que sempre se ponha o acento grave sobre o *a* que inicia locuções (ou grupos) adverbiais (na função de adjunto adverbial), locuções prepositivas e locuções conjuntivas com núcleo *feminino*, independentemente de tal *à* resultar ou não resultar de crase entre o artigo *a* e a preposição *a*. É o caso de *à vontade*. Outros exemplos: *apanhar à mão, cortar à espada, enxotar à pedrada, fazer a barba à navalha, fechar à chave, ir à vela, matar o inimigo à fome, pescar à linha; à força, à imitação de, à maneira de, à medida que, à míngua de, à noite, à pressa, à proporção que, à semelhança de, à toa, à ventura, à vista, à vista de*.[28] Note-se que em frases com quase todos estes exemplos se daria ambiguidade semelhante à de *Venderam a vontade* se não se acentuasse a preposição.

---

[27] Na Literatura, a ambiguidade ou duplo sentido pode ter seu lugar, por razões que compete à mesma Literatura explicar e em condições que também a ela lhe compete determinar.

[28] Cf. para isto a seção sobre a crase no capítulo V, *supra*.

- Ao lermos frases como *Ama o filho o pai* ou *O caçador o leão matou*, com efeito, ficamos sem saber quem é o agente e quem é o paciente da ação verbal: nos exemplos, pode tanto ser o filho o que ama ao pai como ser o pai o que ama ao filho, e tanto pode ser o caçador o que matou o leão como ser o leão o que matou o caçador – o que resulta de má alteração da ordem normal dos termos da oração. Mas é possível salvar ambas as frases de muitas maneiras: *O filho ama o pai, Ao pai ama o filho, Ao pai o filho o ama*, etc., ou *O pai ama o filho, Ao filho ama o pai, Ao filho o pai o ama*, etc.; *O caçador matou o leão, Ao leão matou o caçador, Ao leão o caçador o matou*, etc., ou *O leão matou o caçador, Ao caçador matou o leão, Ao caçador o leão o matou*, etc. – o que porém não quer dizer que todas sejam adequadas a qualquer tipo de texto não literário.

Eis porém exemplos de frases ambíguas que, corrigidas estilisticamente, podem sem dúvida ser usadas universalmente:

  ✓ *Viu-os correndo* (enquanto corria os viu a eles? ou os viu enquanto eles corriam?).

Se no entanto se põe *Viu-os correr*, não há dúvida: "Viu-os correr a eles". Mas, se se põe *Correndo os viu*, ainda resta algo de ambiguidade, razão por que o melhor seria pôr, por exemplo, *Viu-os enquanto corria*.

  ✓ *Considerou o ato doloso* (meditou num ato doloso, ou considerou que tal ato fosse doloso?).

Também aqui a desambiguação pode ser dupla: ou *Considerou doloso o ato*, ou, com alteração radical, *Meditou (n)o ato doloso*.

α.3. Não escrever frases emaranhadas. Dizemos emaranhada uma frase quando nela se usa, intencionalmente ou não, uma destas três "figuras de retórica": o hipérbaton, a sínquise, a hipálage.

- Chama-se *hipérbaton*[29] a toda transposição (alteração) da ordem canônica dos constituintes oracionais ou frásicos. Sucede todavia que, como vimos no início do capítulo VII, a ordem dos termos na oração que seria a normal ou canônica é amiúde alterada. E de fato uma coisa são alterações como, por exemplo, as que se dão em *Faço eu* ou em *A todos ele fez o mesmo apelo*, as quais não nos implicam a nós, lusófonos, emaranhamento nem obscuridade; outra coisa, porém, são alterações como, por exemplo, a que se dá na frase *A ti com tuas dores te tive em*

---

[29] *Hipérbaton* (ou *hipérbato*) provém do latim *hyperbăton*, que por sua vez provém do grego *hyperbatón* ('que ultrapassa').

meus braços eu, que, conquanto não implique obscuridade, implica, sim, emaranhamento. (Esta última frase poderia reescrever-se, sem hipérbaton ou com ele mas sem emaranhamento, *Eu tive-te a ti com tuas dores em meus braços, Em meus braços eu te tive a ti com tuas dores, A ti com tuas dores eu te tive em meus braços*, etc.) Outros dois exemplos de hipérbaton com emaranhamento:
- ✓ "Ouviram do Ipiranga as margens plácidas / De um povo heroico o brado retumbante" (ou seja, "As margens plácidas do Ipiranga ouviram o brado retumbante de um povo heroico") (JOAQUIM OSÓRIO DUQUE ESTRADA [1870-1927], Hino Nacional);
- ✓ "O caso triste e dino da memória / Que do sepulcro os homens desenterra" (ou seja, "O caso triste e digno de memória que desenterra do sepulcro os homens") (LUÍS DE CAMÕES [1524-1580], *Os Lusíadas*).

Se pois o hipérbaton com emaranhamento for, como nos dois últimos exemplos, intencional, então será recurso essencialmente poético e portanto não recomendável para texto não literário.

• A *sínquise*[30] não é senão um hipérbaton violento. Não é que as frases infectadas por esta "figura de retórica" padeçam de duplicidade de sentido como as já vistas *Ama o filho o pai* ou *O caçador o leão matou* (as quais podem considerar-se certas sínquises germinais). As frases com sínquise são não só emaranhadas mas obscurecidas por uma radical revolução da ordem frasal, e nos casos mais agudos dessa revolução se reduzem a não ter nenhum sentido. Deem-se exemplos em ordem crescente de obscuridade:
- ✓ "A grita se alevanta ao Céu, da gente" (ou seja, "A grita da gente se alevanta ao Céu") (LUÍS DE CAMÕES, *Os Lusíadas*);
- ✓ *Em pesada caiu o pobre melancolia* (ou seja, *O pobre caiu em pesada melancolia*).;[31]
- ✓ "Lícias, pastor – enquanto o sol recebe, / Mugindo, o manso armento e ao largo espraia, / Em sede abrasa, qual de amor por Febe / – Sede também, sede maior, desmaia" (ALBERTO DE OLIVEIRA [1857-1937], soneto "Taça de Cristal").[32]

---

[30] Do grego *sýgchysis* ('confusão', 'mistura').
[31] Exemplo tomado do *Dicionário Houaiss*.
[32] Este exemplo se encontra na maioria das gramáticas. – Insistimos porém em que não prejulgamos nem sequer este caso, de sínquise a mais radical, quanto a seu uso na arte literária. Como dizemos e redizemos, a Poética ou Literatura – por sua própria natureza – não se cinge necessariamente às regras

♪ Observação. A *anástrofe*[33] é um hipérbato emaranhado (ou uma sínquise) em ponto pequeno: consiste numa inversão de termos no interior de um mesmo grupo (substantivo, adjetivo, adverbial). Exemplo:
- ✓ *seu olhar de bondade cheio* (por *seu olhar cheio de bondade*).
- ✓ Em uma frase, obviamente, este recurso poético a emaranha e pode causar seu obscurecimento.

• Chama-se *hipálage*[34] à inversão da ordem canônica dos componentes oracionais ou frasais de modo que – intencionalmente ou não – se atribua a uma palavra o que pertence a outra. Exemplos:
- ✓ *O homem lia um jornal sonolento* (por *O homem lia sonolento o jornal*).;
- ✓ *Olhei pela janela atenta* (por *Olhei atenta pela janela*).;
- ✓ *Estes sapatos não entram em meus pés* (por *Meus pés não entram nestes sapatos*).;
- ✓ *A blusa já não cabia nela* (por *Ela já não cabia na blusa*).;[35]
- ✓ "Filha reencontra mãe que a deixou para fugir da miséria após 30 anos" (por *Após 30 anos filha reencontra a mãe, que a deixou para fugir da miséria*).; (MANCHETE DE JORNAL).;[36]
- ✓ "Fumando um pensativo cigarro..." (por *Fumando pensativo um cigarro*) (EÇA DE QUEIRÓS).

Seria ocioso dizer que, como quer que seja, tampouco a hipálage tem lugar na escrita não literária.

α.4. NÃO ESCREVER FRASES LABIRÍNTICAS OU CENTOPEICAS.[37] "Na pena de certos escritores", escreve Othon M. Garcia, "aquilo que chamamos de período 'tenso' [...] pode degenerar numa frase caudalosa e confusa. Se, por exemplo, a prótase se alonga em demasia por uma série de membros que afastam o desfecho

---

e normas gramaticais, e compete-lhe exclusivamente a ela determinar quanto e quando pode afastar-se destas. Mas insistimos também em que não tem cabida sínquise alguma em nenhum gênero de texto não literário. – Para quais são os gêneros não literários, *vide* o APÊNDICE deste capítulo.

[33] *Anástrofe* provém do latim tardio *anastrŏphē, es*, que por sua vez proveio do grego *anastrophḗ* ('inversão').

[34] *Hipálage* provém do latim *hypallăge, es* ('troca, substituição'), que por sua vez proveio do grego *hypallagḗ, ês* (*idem*).

[35] Sem dúvida a hipálage deste exemplo e a do exemplo anterior estão muito arraigadas em nossa oralidade. Evite-se no entanto seu uso ao menos em texto não literário.

[36] Em verdade, este exemplo está entre a hipálage e a ambiguidade pura e simples.

[37] Tanto estes dois expressivos adjetivos como o longo texto entre aspas que se segue a eles são de Othon M. Garcia (*op. cit.*, p. 112), cujas palavras, precisas, nos basta transcrever quase *in extenso*.

(apódose)[38] para além da resistência da atenção, o efeito pode ser – e geralmente é – negativo: um período reptante, centopeico, embaraçado nos seus numerosos 'pés', à maneira proustiana.[39] Mas, ao contrário dos miriápodes, não leva a lugar algum: perde-se nos meandros das suas artimanhas. Nesse erro incide Pedro Lessa:

> 'Hoje, quando no seio de uma família numerosa há um jovem que, por falta de certa vivacidade de espírito e de outros predicados naturais, ou dos que se adquirem pelo esforço e pelo trabalho, não pode granjear os meios de subsistência, e menos ainda de obter qualquer colocação saliente, ou um ancião, vencido na vida, para quem a fortuna foi descaroável madrasta nas profissões que tentou, sem disposição alguma para o exercício de qualquer mister conhecido e lícito; dá-se não raro uma espontânea conspiração entre os conjuntos por parentescos de um ou de outro, os políticos militantes e os detentores do poder, para elevar o inclassificável às várias posições políticas, então, com o mais bem-aventurado júbilo dos chefes das agremiações assim enriquecidos, esse vai ser o legislador, esse vai ser o estadista.' (Pedro Lessa apud Passos, 1955:110)

É preciso ler e reler o trecho para lhe alcançar o sentido. Deixando de lado as incorreções de ordem sintática e outros defeitos de construção, a falha mais grave do texto resulta da série inumerável dos elementos da prótase, que se enleiam, se embaraçam uns nos outros de tal forma que se torna penoso deslindá-los para saber onde começa a apódose ('... dá-se não raro uma conspiração...'), descabidamente precedida por ponto e vírgula, único recurso que o autor supôs capaz de ajudar a compreensão do texto (ele próprio sentiu que a prótase estava

---

[38] Escreve J. Mattoso Câmara Jr. (1904-1970) em seu *Dicionário de Linguística e Gramática* (verbete "correlação"): "construção sintática de duas partes relacionadas entre si, de tal sorte que a enunciação de uma, dita prótase, prepara a enunciação da outra, dita apódose". A primeira é condicionante; a segunda, condicionada.

[39] Marcel Proust (1871-1922), um como barroco radical extemporâneo, notabilizou-se especialmente por *Em Busca do Tempo Perdido (À la Recherche du Temps Perdu)*, romance publicado em sete partes de 1913 a 1927 – e todo ele vazado em extensas frases-parágrafo centopeicas. É um dos ícones do romance moderno. Nele Proust ambiciona, segundo certo crítico, nada menos que "alcançar a substância do tempo para poder subtrair-se à sua lei", embora se possa dizer, como alguém já o fez, que nele seu autor buscou, buscou, e não encontrou nada... Mas dizemos ainda aqui que tampouco prejulgamos o uso da frase labiríntica na Literatura, coisa que, outra vez, é da alçada desta: a cada arte, seu artifício.

demasiadamente longa). Além disso, o agrupamento 'os políticos militantes e os detentores do poder', que leva o leitor a acreditar tratar-se do sujeito de outra oração, é apenas aposto de 'conjuntos por parentescos' (essa é, pelo menos, a única maneira de interpretá-lo). A confusão talvez pudesse ser evitada, se o autor o pusesse entre travessões, pois há vírgulas demais no texto. Ainda por cima, as três últimas linhas apresentam uma construção anacolútica inadmissível, que talvez pudesse ser corrigida com um ponto ou ponto e vírgula antes de 'então', que tem valor conclusivo: 'dá-se (o próprio verbo é aqui inadequado) uma conspiração... para elevar o inclassificável (i.e., jovem ou ancião) às várias posições políticas. Então, esse vai ser o legislador, esse vai ser o estadista'. A clareza aconselharia 'um vai ser..., o outro vai ser' ou 'este vai ser..., aquele vai ser...' Mas, num período desse jaez, nem a pontuação ajuda muito: é inútil jogar com vírgulas, travessões, pontos-e-vírgulas, porque a obscuridade continua. Esse é o defeito mais grave e mais comum resultante dos períodos sobrecarregados de informações, períodos que são verdadeiras centopeias ou labirintos."[40]

A frase labiríntica teve grande presença entre os escritores do século XVI ao XVIII, e renasceu no século XX, não só na escrita literária (Proust e outros), mas na escrita não literária (Rui Barbosa e outros). "Marchetada de conectivos", prossegue Othon M. Garcia, "plena de interpolações e incidências, coleante mas também rastejante, sonora e pomposa, às vezes, mas também prolixa e cansativa, essa espécie de frase torna-se com frequência indecifrável, ininteligível, como no seguinte exemplo:

> 'Quando às vezes ponho diante dos olhos os muitos (...) trabalhos e infortúnios (...) com muita razão que me posso queixar da ventura (...) Mas por outra parte quando vejo que do meio de todos estes perigos e trabalhos me quis Deus tirar sempre em salvo, e pôr-me em seguro, acho que não tenho razão de me queixar por todos os males passados, quanta de lhe dar graças por este só bem presente, pois me quis conservar a vida, para que eu pudesse fazer esta rude e tosca escritura, que por herança deixo a meus filhos (porque só para eles é minha intenção escrevê-la) para que eles vejam nela estes meus trabalhos e perigos da vida que passei no decurso de vinte e um anos em que fui treze vezes cativo, e dezessete vendido, nas partes da Índia, Etiópia, Arábia felix (Arábia Feliz), China,

---

[40] OTHON M. GARCIA, *op. cit.*, p. 112-13.

> Tartária, Macáçar, Samatra e muitas outras províncias daquele oriental arcipélago, dos confins da Ásia, a que os Escritores Chins, Siameses, Gueos, Eléquios nomeiam nas suas geografias por pestana do mundo, como ao diante espero tratar muito particular e muito difusamente, e daqui por uma parte tomem os homens motivo de se não desanimarem cos trabalhos da vida para deixarem de fazer o que devem, porque não há nenhuns, por grandes que sejam, com que não possa a natureza humana, ajudada do favor divino, e por outra me ajudem a dar graças ao Senhor onipotente por usar comigo da sua infinita misericórdia, apesar de todos os meus pecados, porque eu entendo e confesso que deles me nasceram todos os males, que por mim passaram, e dela as forças, e o ânimo para os poder passar, e escapar deles com vida.' (Fernão Mendes Pinto (1510-1583), Peregrinação apud Ferreira e Lins, 1956:63, V. I)

Nesse trecho encontram-se elevados, porém, à sua mais alta potência, os traços característicos do período clássico: é uma interminável série de orações subordinadas, desfilando em cascata, inserindo-se umas nas outras, emaranhadas em numerosas incidências, de tal forma que as ideias se atropelam sem discriminação lógica. O resultado é uma frase lenta, sinuosa, cansativa, muito diversa da de outros clássicos, como o padre Manuel Bernardes, por exemplo [...]." E note-se que se trata de obra não literária.

Outro exemplo de frase labiríntica de obra não literária:

> ✓ "Sem ter portanto a tradição oral do passado, senão alguns retratos em cuja fidelidade não há que fiar muito, sobretudo porque não é de modo algum possível separar o erudito do popular e também o que de intencional se ajuntava nesses textos, a ciência folclórica esbarra diante da ausência de documentos, através dos quais seja possível reconstruir a tradição, que lhe parece, naquela incisa [sic] imagem de Carlyle, como uma enorme câmara escura amplificadora, na qual o homem morto se torna dez vezes maior do que era em vida" (RENATO DE ALMEIDA [1895-1981], *Inteligência do Folclore*).

⚐ OBSERVAÇÃO 1. Também podem considerar-se labirínticas, ainda que com traços da ambiguidade e do emaranhamento tratados anteriormente, frases como esta: "Creio que já lhe disse que a ação de despejo que o advogado que o proprietário do apartamento que eu desconheço mandou me procurar me disse que me vai mover é uma causa perdida".

⌔ Observação 2. Não se confunda, porém, frase labiríntica com frase longa: embora aquela seja sempre longa, esta nem sempre é labiríntica. Vejam-se três frases longas não labirínticas e perfeitamente claras, a primeira composta de unidades de enumeração, e as duas últimas, magníficas, compostas de orações de várias espécies:

- ✓ "No que tange ao agricultor, podemos enumerar nele uma psicologia própria, talhada pelas influências ecológicas e sociais do meio ambiente: conservadorismo exacerbado com o consequente apego à rotina e desconfiança [da] técnica; insulamento dentro de sua propriedade e de seus conhecimentos, associado a localismo acentuado; individualismo e ausência de traquejo social; educação inferior, agravado o nível mental pela permanente fuga dos elementos mais capazes para os centros urbanos; comércio e indústria em estágios absolutamente primários; condições higiênicas precárias; baixa densidade demográfica; predomínio dos contatos primários entre os parentes ou companheiros mais chegados, por força do trabalho; maior resistência moral; hospitalidade; fecundidade; ausência de espírito de competição; insensibilidade ao espírito de classe; apatia política; sedentarismo" (Coutinho Cavalcanti, deputado [1906-1960], *Um Projeto de Reforma Agrária*).;
- ✓ "Protestou D. Álvaro tomar vingança; e valendo-se da predileção natural da paternidade, e da cega prevenção do juiz que é ao mesmo tempo pai, conseguiu alborotar a cidade, fazendo que o governador hostilizasse todos os que se mostravam partidários do bispo, que era homem já de sessenta anos, e que só fizera advertências ao governador ou ao seu filho porque assim julgava cumprir com os deveres da caridade evangélica; não só em respeito a eles como principalmente ao povo que arbitrariamente tiranizavam" (Francisco Adolfo de Varnhagem, Visconde de Porto Seguro [1816-1878], historiador, *História Geral do Brasil antes de Sua Separação e Independência de Portugal*, tomo I).;
- ✓ "Cega obediência a este bárbaro temível, que era o primeiro a sacrificar-se na ocasião do perigo, e que, apesar de implacável sempre para os inimigos e orgulhoso dos próprios feitos de um modo insuportável, não deixava de prestar-se a certos armistícios com os navios portugueses, que, devidamente prevenidos, vinham fazer resgates ou propor conciliações,

como sucedeu com os jesuítas, cuja roupeta acataram sempre ele e os seus sucessores" (Francisco Adolfo de Varnhagem, *idem*).

E cresce a importância de não confundi-las se se trata de nossa próxima norma estilística negativa com respeito à frase.

α.5. Não escrever frases picadinhas ou fragmentárias sucessivas.[41] A distinção entre frase picadinha e frase fragmentária reside em que aquela é composta de sujeito e predicado, enquanto esta é composta ou de sujeito ou de predicado ou de fragmentos de termos da oração. Como se verá porém por alguns dos exemplos que se darão, elas amiúde se mesclam, porque têm caráter ou fim semelhantes. Exemplos:

- ✓ "Irritou-se. Porque seria que aquele safado batia os dentes como um caititu? Não via que ele era incapaz de vingar-se? Não via? Fechou a cara. A ideia do perigo ia-se sumindo. Que perigo? Contra aquilo nem precisava facão, bastavam as unhas. (...) Fabiano pregou nele os olhos ensanguentados, meteu o facão na bainha. Podia matá-lo com as unhas. Lembrou-se da surra que levara e da noite passada na cadeia. Sim senhor. Aquilo ganhava dinheiro para maltratar as criaturas inofensivas. Estava certo?" (Graciliano Ramos [1892-1953], *Vidas Secas*);

- ✓ "Viver podia ser tão bom. Ou bom não digo total, mas podia ser sofrível. Cada dia que amanhece. Cada noite com as suas estrelas. E os matos e os bichos e suas flores... E gente dos morros, igualmente com seus passarinhos. Porque tem muita gente de morro que, embora na cidade, leva a sua existência natural, como índios. Morando naqueles ninhos empoleirados nas pedras, cozinhando em trempe, apanhando água onde encontra, sem conhecer veículo que chegue lá em cima, nem luz elétrica... Vivem em condições sub-humanas, alega-se. É, sub-humanas e sobre-humanas, lá em cima, tão alto. E não gostam, naturalmente" (Rachel de Queiroz [1910-2003], crônica em *O Cruzeiro*).

São textos patentemente literários, o primeiro do gênero romance, o segundo do gênero crônica. Sua sucessão de frases picadinhas ou fragmentárias – de todo inadequada para textos não literários – é do estilo que desde o último quartel do século XIX (e especialmente desde a Semana de Arte Moderna) se instalou entre

---

[41] A expressão "frase picadinha" foi cunhada por José Oiticica (1882-1957), e a expressão "frase fragmentária" por Othon. M. Garcia.

nós em reação ao estilo barroco ou clássico, de frases centopeicas.[42] E venceu-o de modo tão profundo, que o jornalismo – já de si tendente a frases curtas – lhe assimilou completamente o modo.

Mais que isso: é como se toda a gente brasileira também o tivesse feito, ainda fora da Literatura. Já não se sabe escrever frase longa: nem frase enumerativa, como a de Coutinho Cavalcanti que vimos acima, nem, muito menos, frase complexa, como as de Varnhagem que também vimos acima. Vejam-se dois exemplos de textos não literários com predomínio de frases picadinhas ou fragmentárias – e por isso mesmo de não imitar:[43]

- ✓ "A festa da inauguração da nova sede estava esplêndida. Gente que não acabava mais. Todos muito animados. Mas uma confusão tremenda. E um calor insuportável. De rachar. De modo que grande parte dos convivas saiu muito antes de terminar, muito antes mesmo da chegada do governador. Porque não era possível aguentar aquele aperto, aquela confusão. E principalmente o calor" (REDAÇÃO DE ALUNO).;
- ✓ "A perspectiva europeia consistia em observar no Brasil aquilo que era diferente dela. Estava seduzida pelo exótico. Valorizava o índio e a selva. Mas por serem agentes do exotismo, por serem discrepantes. Mesmo José de Alencar incorreu nesta falha de perspectiva. Mesmo Gonçalves Dias" (EDUARDO PORTELLA [1932-2017], *Literatura e Realidade Nacional*).

⚐ OBSERVAÇÃO 1. Entenda-se bem: a frase picadinha e a fragmentária têm seu lugar, sim, em texto não literário, mas se usadas parcamente. Nós mesmo, e nesta mesma gramática, usamo-las uma que outra vez, para dar certa leveza ao texto e, pois, para dar certo respiro ao leitor. Voltaremos a vê-lo quando tratarmos o parágrafo.

⚐ OBSERVAÇÃO 2. Mais porém que o dito na observação anterior, na pena de um bom retórico[44] a frase fragmentária e a picadinha podem ser recursos excelentes. Veja-se esta sucessão de frases fragmentárias escrita de Rui Barbosa [1849-1923]:[45]

---

[42] E dizemos, ainda, que tampouco prejulgamos a frase fragmentária no âmbito do literário.
[43] Exemplos tomados de Othon M. Garcia.
[44] Ainda neste capítulo deixamos sem resolver de modo definitivo uma questão: submete-se necessária ou obrigadamente a Retórica às regras e normas gramaticais? Só responderemos a isso no APÊNDICE deste capítulo, porque, como se verá, é este apêndice o lugar adequado para fazê-lo.
[45] Diga-se, porém, que nem sempre é bom o texto de Rui Barbosa. O Baiano não raro recorre a frases centopeicas, a arcaísmos vocabulares e sintáticos desnecessários, a abundâncias de palavras desconhecidas e de sinônimos inócuos, além de separar por vírgula, à antiga, as orações adjetivas adjuntivas – ou seja, não raro incorre não só em pernosticismo mas em obscuridade

✓ "Mentira de tudo, em tudo e por tudo (...). Mentira nos protestos. Mentira nas promessas. Mentira nos programas. Mentira nos projetos. Mentira nos progressos. Mentira nas reformas. Mentira nas convicções. Mentira nas transmutações. Mentira nas soluções. Mentira nos homens, nos atos, nas coisas. Mentira no rosto, na voz, na postura, no gesto, na palavra, na escrita. Mentira nos partidos, nas coligações, nos blocos" (*O Partido Republicano Conservador*).

Claro, neste exemplo o escritor se vale de outros recursos que a frase fragmentária: "a repetição intencional da palavra-chave mentira, as aliterações (protestos, promessas, programas, projetos, progressos), os ecos (convicções, transmutações, soluções), as gradações ascendentes (clímax) das três fases finais constituídas pela enumeração dos adjuntos, a começar de 'nos homens' até 'nos blocos'".[46]

Mas também tem seu lugar o (bom) uso retórico de frases picadinhas. O exemplo é outra vez de Rui Barbosa:

✓ "Vieram os horrores dantescos da ilha das Cobras. Vieram cenas trágicas do Satélite. Vieram os escândalos monstruosos da corrupção administrativa. Vieram as afrontas insolentes à soberania da justiça. Vieram as dilapidações orgíacas do dinheiro da nação" (*O Partido Republicano Conservador*).

Sirvam os exemplos para recalcar que, mesmo em certos gêneros de texto não literários, boa parte das normas estilísticas não pode considerar-se absoluta.

↗ OBSERVAÇÃO 3. Era muito comum em latim a frase nominal, ou seja, a frase sem verbo – ou melhor, sem verbo explícito. Assim *Dura lex, sed lex* (= *Dura lex est, sed lex est*, A lei é dura mas é lei). E é comum ouvir ou ler que o português não tem a capacidade sintética do latim que lhe permitia tais frases. Sê-lo-á? Que dizer então de frases como *A cada dia, seu cuidado*, tão sintética, que não é fácil descobrir-lhe o verbo elíptico? Ou desta, de uma bula de remédio: *Crianças (6-11 anos): duas inalações duas vezes ao dia; dose máxima diária de quatro inalações*. Ou desta, que escrevemos nós mesmo alhures: *Ah! as maravilhas da natureza: onde treva ambiente, luz animal* (ou seja, *Ah! as maravilhas da natureza: onde há treva ambiente, há luz animal*)?[47] Ou então de frases só parcialmente nominais, mas muito expressivas, como esta: *Onde encontrar luz, onde conselho, onde sabedoria?*

---

[46] Othon M. Garcia, *op. cit.*, p. 194.
[47] Ou seja, a luz emitida por animais bioluminescentes.

(ou seja, *Onde encontrar luz, onde <u>encontrar</u> conselho, onde <u>encontrar</u> sabedoria?*)? Fique posto, pois, que não só a língua portuguesa tem – *mutatis mutandis* – capacidade de frases nominais (ou seja, insista-se, frases com verbo[s] elíptico[s]), senão que em princípio estas são de uso em todos os gêneros de texto – do estritamente técnico ao absolutamente literário.

⌗ Observação 4. A frase que Garcia chama *de arrastão* é própria da oralidade não cultivada. Pomos um exemplo tomado de *Comunicação em Prosa Moderna*:

✓ "Então, desisti de esperar e resolvi telefonar. Mas aí chegou o porteiro. Então, ele abriu a porta e eu entrei. Mas o elevador estava parado. Então, subi pelas escadas. Aí cheguei ao quarto andar. Mas não havia ninguém em casa. Então, escrevi um bilhetinho e botei por baixo da porta. Mas aí chegou a empregada. Então, eu perguntei a ela: d. Maria está? Aí ela respondeu: Não está, não senhor."

Naturalmente, não deve usar-se na escrita não literária, se não é que se pretenda por qualquer razão reproduzir a mesma oralidade não cultivada.

⌗ Observação 5. A frase que Garcia chama "de ladainha", cuja origem é a língua hebraica, é sequencialmente aditiva, com rara subordinação da segunda espécie. É própria do Antigo Testamento:

✓ "1 No princípio criou Deus o céu e a terra. 2 E a terra estava informe e vazia, e as trevas cobriam a face do abismo, e o Espírito de Deus movia-se sobre as águas. 3 E disse Deus: Haja luz; e houve luz. 4 E viu Deus que a luz era boa; e separou a luz das trevas. 5 E Deus chamou à luz dia, e às trevas noite. E fez-se tarde e manhã, o dia primeiro. 6 E disse Deus: Faça-se o firmamento no meio das águas, e separe umas águas das outras águas. 7 E fez Deus o firmamento, e separou as águas que estavam sob o firmamento das águas que estavam sobre o firmamento; e assim se fez. 8 E Deus chamou ao firmamento céu, e fez-se tarde e manhã, o dia segundo [...]" (Gênesis).

Valem-se da frase "de ladainha" alguns escritores literários, como José Carlos Oliveira (1934-1986) em sua crônica "Ladainha":

✓ "Íamos num automóvel em alta velocidade ao longo da praia de Ipanema e era uma tarde meio cálida e meio cinza e meio dourada e estávamos alegres e o vento desenrolava os nossos cabelos e o ciciante mar estava da cor de um sabre visto no momento final pela própria pessoa em cuja carne está sendo enterrado — um sabre talvez manejado por um japonês que se submete ao haraquiri — e tudo era musicalidade e tudo de certo modo era triste como ficam tristes as coisas no momento mais agudo da felicidade e nós vimos sobre uma duna as freiras e eram cinco freiras que usam chapeuzinho com uma borla ou bordado branco e vestido marrom e eram cinco freiras alegres..." (crônica, *Jornal do Brasil*).

Ainda sem querer prejulgar o uso da frase "de ladainha" na Literatura, parece-nos porém que no exemplo de Oliveira ela está fora de seu "elemento". Como quer que seja, se é frase que pode ser usada com proveito, por exemplo, na Homilética,[48] não assim em outros textos não literários.

⚑ Observação 6. A "frase caótica", que se dá no "monólogo interior" chamado "fluxo de consciência (*stream of consciousness*)", só se pode – se se pode ou deve – usar em Literatura. Adotada pela primeira vez por Édouard Dujardin em 1888 (no romance *Les Lauriers Sont Coupés*), foi levada às últimas consequências no século XX por romancistas como James Joyce (em *Ulysses* e *Finnegans' Wake*), Virginia Woolf (em *Mrs. Dalloway*, *To the Lighthouse*, etc.) e William Faulkner (especialmente em *The Sound and the Fury* e *As I Lay Dying*).[49] – Ponha-se, aliás, que o "monólogo interior" chamado "fluxo de consciência" nada tem que ver com o "monólogo interior" de que se vale, por exemplo, Shakespeare em seus solilóquios dramáticos.

***a*.6.** Não escrever frases que padeçam de queísmo. Chamamos *queísmo* à sobrecarga de *ques* na frase, coisa que não só a torna pesada mas a pode tornar emaranhada ou até centopeica.

⚑ Observação. Vê-se pois que usamos *queísmo* em sentido diverso de como, segundo o *Dicionário Houaiss*, o usa a Linguística: *ipsis verbis*, "omissão da preposição *de* antes da conjunção integrante *que*, onde, pela regência do verbo na norma culta da língua, ela é necessária".

• É preciso, no entanto, desfazer mal-entendidos quanto a este ponto e combater a caça ao queísmo da mesma maneira como o fazemos com a caça ao cacófato ou ao pleonasmo.[50] Certa aparência de Gramática se encarniça a tal ponto contra os *ques*, que, para evitá-los, recomenda se recorra até a modos artificiais e pernósticos. Exemplos de "normas" oferecidas por aí para evitar os *ques*:

---

[48] A Homilética – a arte de pregar sermões religiosos – é uma espécie da Retórica.
[49] Édouard Dujardin (1861-1949), James Joyce (1882-1941), Virginia Woolf (1882-1941), William Faulkner (1897-1962).
[50] Para pleonasmo, *vide* mais adiante, neste mesmo capítulo.

a. usar oração reduzida de infinitivo em lugar de oração objetiva direta desenvolvida:

✓ *Disse evitar assim enganos* (e não *Disse que assim evitava enganos*).;

b. usar adjetivo deverbal em lugar de parte de oração objetiva direta desenvolvida, ou, ainda para evitá-la, dar outro torneio à frase:

✓ *O governador quer as obras recomeçadas* ou *O governador quer o recomeço das obras* (e não *O governador quer que as obras recomecem*).;

c. usar adjetivo deverbal ou grupo adjetivo em lugar de oração adjetiva desenvolvida:

✓ *A senhora chamada Maria já se foi* (e não *A senhora que se chama Maria já se foi*).;

✓ *O menino vestido de verde...* (e não *O menino que está vestido de verde...*);

d. usar pronome oblíquo em lugar de oração objetiva direta desenvolvida:

✓ *Eu queria lembrá-lo disso* (e não *Eu queria que se lembrasse disso*).

Pois bem, vejamos essas "normas" uma a uma.

a. *Disse evitar enganos assim* é frase, digamos, algo torta e com um quê de obscuridade. Sem dúvida alguma, é preferível *Disse que assim evitava enganos*. Naturalmente, pode-se perfeitamente usar oração reduzida em lugar de desenvolvida – ou não. É de todo opcional, e não há razão para impugnar esta e seu *que*. Pode dar-se como norma, isto sim, que se a frase está sobrecarregada de *ques* se reduza alguma de suas orações – desde que, insista-se, não se torne obscura ou pernóstica a frase.

b. *O governador quer as obras recomeçadas* soa claramente artificial, e sem dúvida deve preferir-se a isto ou *O governador quer o recomeço das obras* ou *O governador quer que as obras recomecem*. Outra vez, nenhum problema há com esta desenvolvida e seu *que*, e, isto sim, pode dar-se como norma que se a frase está sobrecarregada de *ques* se evite alguma desenvolvida e se dê outro torneio ao conjunto.

c. Quanto a usar adjetivo deverbal ou grupo adjetivo em lugar de oração adjetiva desenvolvida, não há nenhum problema; insista-se, todavia, em que isso é opcional, não obrigatório. Pode dar-se como norma, isto sim, que se a frase está sobrecarregada de *ques* se comute a adjetiva desenvolvida por algum correlato seu.

d. Tem-se aqui um exemplo cabal de como a indevida caça a qualquer legítimo recurso linguístico pode levar a verdadeiras aberrações. Com efeito, a substituição de *Queria que você se lembrasse disso* por *Queria lembrá-lo disso* – proposta que de fato lemos em outrem – é inválida, pela simples razão de que as duas frases significam coisas distintas: na primeira, o sujeito de *lembrasse* é *você*, enquanto na segunda o sujeito de *lembrar* é *eu*.

- O que enfim necessariamente se deve evitar são frases como esta:
  ✓ *Disse ao rapaz que veio procurar-me que toda vez que deparasse com problemas que tais que lhe estorvassem o que pretendesse fazer devia dizer-se que o que quer que acontecesse ele faria o que fosse justo.*

O exemplo prima pelo exagero, claro, e cada um terá sua bitola própria segundo a qual há de usar ou substituir esta ou aquela oração desenvolvida introduzida por *que*. Mas, insista-se, pode dar-se por norma estilística geral se evitem sempre frases sobrecarregadas de *ques*.

- Há no entanto uma maneira tradicional e elegantíssima de evitar não só o *queísmo* mas o próprio *que*: a elipse deste na mesma oração desenvolvida. Só neste mesmo ponto usamos nós deste recurso duas vezes:
  ✓ "Certa aparência de gramática se encarniça a tal ponto contra os *ques*, que, para evitá-los, recomenda (que) se recorra até a modos artificiais e pernósticos.";
  ✓ "Mas, insista-se, pode dar-se por norma estilística geral (que) se evitem sempre frases sobrecarregadas de *ques*."

Tal elipse do *que*, encontrada nos melhores escritores, é mais frequente depois de verbos como *aconselhar, mandar* e *ordenar, recomendar, requerer, pedir* e *rogar* (e *implorar, suplicar*), *pensar, parecer*, de certas expressões, etc. Outros exemplos:
  ✓ *Aconselhou-nos (que) deixássemos de lado aquele intento.*;
  ✓ *Mandou (que) se cumprisse o estabelecido.*;
  ✓ *Pediram-me (que) fosse resolver o assunto.*;
  ✓ *Pensamos (que) fosse desnecessário fazê-lo.*;
  ✓ *Folgou (que) tivéssemos aceitado a proposta.*;
  ✓ "Convém não abusar [desse recurso], para evitar (que) se torne o estilo artificioso e pedante" (OTHON M. GARCIA).
  ✓ *É mister (que) se dediquem mais à tarefa.*;
  ✓ *Forçoso me foi (que) o esquecesse.*;
  ✓ etc.

β. Se demos seis normas negativas com respeito à frase, damos agora com respeito a esta quatro NORMAS POSITIVAS – uma geral e principal: escrever frases de todo claras; e três secundárias: escrever frases com as palavras colocadas segundo a intenção; escrever frases com lugar de destaque para a oração central; escrever frases com paralelismo morfossintático.⁵¹

⚐ OBSERVAÇÃO. O que Othon M. Garcia chama "paralelismo semântico" não o pomos como norma positiva porque, de fato, não tem que ver com a Gramática. É da alçada ou da Literatura – que por alguma razão pode aceitar frases como *Fiz duas operações: uma em São Paulo e outra no ouvido* ou *Carlos é gentil e alfaiate* – ou da Lógica – que não as pode aceitar.

β.1. ESCREVER FRASES DE TODO CLARAS. Não será difícil perceber que esta norma é a suma positiva das seis normas negativas. Com efeito, como dizemos ao longo de toda a *Suma* e como vimos falando ao longo de *A Arte de Escrever Bem*, se o fim último da escrita (não literária) é a comunicação de concepções e de argumentações a quem está distante no tempo e no espaço, então seu fim intermédio não pode ser senão a perfeita clareza: porque sem perfeita clareza não é possível aquela comunicação. Tudo o mais – ou seja, as seis normas negativas e as três outras normas positivas – se ordena a esta norma positiva geral e principal. Nada é razão para obstar à clareza, nem sequer a elegância e o ritmo da frase. Por outro lado, ainda que dado autor de texto não literário falhe em uma ou mais das outras normas estilísticas positivas (não só quanto à frase mas em geral), e ainda que descumpra alguma regra gramatical secundária, será merecedor de escusa se conseguir imprimir clareza meridiana a suas frases. É que quando alguém está escrevendo, por exemplo, um livro sua atenção está voltada antes para a congruência e a clareza que para qualquer recurso estilístico importante mas secundário.

β.2. ESCREVER FRASES COM AS PALAVRAS COLOCADAS SEGUNDO A INTENÇÃO. Já vimos no capítulo VII que nossa língua – como aliás todas as línguas – encerra uma ordem natural ou lógica de colocar as palavras na oração ou na frase, ordem essa, todavia, que por múltiplas razões (convenção, tradição, tonicidade/atonicidade, ênfase, ritmo, eufonia, etc.) não raro não é seguida. Retome-se o exemplo dado ali: à frase *A professora Joana, recém-chegada, ministrou a lição aos alunos maiores no período da tarde*, construída em tal ordem ou sequência natural, pode preferir-se, entre muitas outras, *Aos alunos maiores, a recém-chegada professora Joana ministrou-lhes no período da tarde a lição.*

---

⁵¹ Parte destas normas é caudatária de *Comunicação em Prosa Moderna*, de Othon M. Garcia. Ao as darmos, porém, amiúde não só as explicamos mas concluímos diferentemente do nosso autor.

- O que porém importa tratar aqui é que, suposto o marco de tal sequência natural e de suas variações em razão de convenção, tradição, eufonia e ritmo, a escolha da ordem frasal deve ter por prioridade – em seguida à clareza – a ênfase e o sentido preciso que se intencione dar a alguma palavra. Considere-se a seguinte frase escrita em ordem natural:[52]

  ✓ *Deus criou o homem à sua imagem e semelhança.*

Nela claramente a palavra que encerra a ideia central é *Deus*. Se porém se quer dar à palavra *homem* tal centralidade, há que reescrevê-la de um destes dois modos:

  ✓ *O homem foi criado por Deus à sua imagem e semelhança.*; ou
  ✓ *O homem, criou-o Deus à sua imagem e semelhança.*

Na primeira frase a ordem das palavras segue sendo natural, porque também está escrita em sequência lógica: sujeito paciente, verbo na voz passiva, agente da passiva, adjunto adverbial de modo. Não assim todavia na segunda, em que, ademais, se recorre a um pronome (*o*) pleonástico do objeto direto antecipado (*O homem*).[53] Mas a mesma frase na voz passiva pode ter alterada sua ordem: por exemplo, se se escreve:

  ✓ *O homem, esse foi criado por Deus à sua imagem e semelhança.*,

onde se dá agora pronome demonstrativo (*esse*) pleonástico do sujeito paciente (*O homem*). Agora, a ordem da frase passiva tampouco é natural.

Como quer que seja, em todas essas reescrituras a ênfase deixou de recair na palavra *Deus* para recair na palavra *homem*, razão por que todas cumpriram o intencionado. O uso de uma ou outra reescritura dependerá assim da escolha do escritor, a qual todavia tanto melhor será quanto mais estiver em consonância antes de tudo com o estilo geral do texto, mas depois também com o modelo dos melhores escritores.

- Considere-se ainda esta longa frase de Rui Barbosa:[54]

  ✓ "A mim, na minha longa, aturada e contínua prática do escrever, me tem sucedido inúmeras vezes, depois de considerar por muito tempo

---

[52] À ordem natural, denomina-a "ordem direta" a tradição gramatical. À ordem não natural, denomina-a "ordem inversa" a mesma tradição. – Alguns dos exemplos que se seguem neste ponto são tomados de Othon M. Garcia. Tudo o mais é antes nosso.

[53] Ademais, como mostrado já nesta mesma gramática, poder-se-ia reescrever a frase com o objeto direto não só antecipado mas preposicionado: *Ao homem, criou-o Deus à sua imagem e semelhança.*

[54] Exemplo tomado ainda de Othon M. Garcia.

necessária e insuprível uma locução nova, encontrar vertida em expressões antigas mais clara, expressiva e elegantemente a mesma ideia."

Nela patentemente a ênfase recai sobre o objeto dativo antecipado e pleonástico *A mim*, que, separado embora por vírgula de um adjunto adverbial (*na minha longa, aturada e contínua prática do escrever*), é reforçado pelo objeto dativo também antecipado mas não pleonástico *me*. Ademais, também o sujeito infinitivo da oração (*encontrar vertida em expressões antigas mais clara, expressiva e elegantemente a mesma ideia*) está posposto ao verbo (*tem sucedido*), com o que se reforça ainda mais a ênfase dada já a *a mim*. Sem tal posposição, esta ênfase ficaria algo atenuada:

✓ *A mim, na minha longa, aturada e contínua prática do escrever, encontrar vertida em expressões antigas mais clara, expressiva e elegantemente a mesma ideia tem-me sucedido inúmeras vezes, depois de considerar por muito tempo necessária e insuprível uma locução nova.*

Veja-se porém como ficaria a frase sem tal ênfase nem tais antecipações:

✓ *Encontrar a mesma ideia vertida em expressões antigas mais clara, expressiva e elegantemente tem-me acontecido inúmeras vezes na minha prática longa, aturada e contínua do escrever depois de considerar necessária e insuprível uma locução nova por muito tempo.*

Agora a ênfase recai no infinitivo *Encontrar*, que, complementado por objeto direto (*a mesma ideia vertida em expressões antigas mais clara, expressiva e elegantemente*), é sujeito de *tem-me acontecido* e agora se encontra posto em seu lugar natural.[55]

- Considere-se agora esta frase de cunho jornalístico:

    ✓ *O prefeito da cidade condecorou ontem com uma medalha, na sede do governo, o bombeiro Joaquim de Oliveira por ter salvado corajosamente de um incêndio um bebê recém-nascido.*

Nela a ênfase recai sobre o agente da ação verbal. Se todavia se quisesse dar ênfase ao paciente da ação verbal, então a frase deveria pôr-se pouco mais ou menos assim:

---

[55] Escreve Othon. M. Garcia (*op. cit.*, p. 264): "Esse processo de iniciar orações, principalmente curtas, com o termo a que se quer dar maior ênfase, era comum no latim. Em *Alexander vicit Darium* [Alexandre venceu Dario], o que se salienta é a personalidade de Alexandre (sujeito); em *Darium Alexander vicit* [A Dario Alexandre venceu], ressalta-se o sentido de Dario (objeto direto). Mas se é a ação de vencer, se é a vitória propriamente que se deseja pôr em primeiro plano, a frase assume outra feição: *Vicit Darium Alexander* [Venceu a Dario Alexandre]". Só não concordamos com Garcia quanto a dizer que tal processo só era possível em línguas declináveis como o latim e o grego. Como se mostra nas traduções postas entre colchetes, tal é perfeitamente possível em português, no qual a preposição *a* supre a ausência de declinação.

> ✓ *O bombeiro Joaquim de Oliveira foi condecorado ontem com uma medalha pelo prefeito da cidade, na sede do governo, por ter salvado corajosamente de um incêndio um bebê recém-nascido.*

- Se por outro lado se quisesse enfatizar a razão da condecoração, pôr-se-ia pouco mais ou menos assim a frase:

  > ✓ *Por ter salvado corajosamente de um incêndio um bebê recém-nascido, o bombeiro Joaquim de Oliveira foi condecorado ontem pelo prefeito da cidade, na sede do governo, com uma medalha.*

- Se agora, contudo, se quisesse enfatizar aquilo com que o bombeiro foi condecorado, a frase deveria escrever-se pouco mais ou menos deste modo:

  > ✓ *Com uma medalha foi condecorado ontem pelo prefeito da cidade, na sede do governo, o bombeiro Joaquim de Oliveira por ter salvado corajosamente de um incêndio um bebê recém-nascido.*

- Se se quisesse dar ênfase ao lugar onde se deu a ação de condecorar, dever-se-ia escrever assim a frase:

  > ✓ *Na sede do governo, o prefeito da cidade condecorou ontem com uma medalha o bombeiro Joaquim de Oliveira por ter salvado corajosamente de um incêndio um bebê recém-nascido.*

- Se por fim se quisesse pôr em relevo o quando da ação de condecorar, então a frase deveria escrever-se pouco mais ou menos assim:

  > ✓ *Ontem, na sede do governo, o prefeito da cidade condecorou com uma medalha o bombeiro Joaquim de Oliveira por ter salvado corajosamente de um incêndio um bebê recém-nascido.*

- Considere-se agora a gradação enfática do adjunto adverbial *depois do jantar* segundo sua diferente colocação nas seguintes variações frasais:

  > ✓ *Depois do jantar, eu costumo ler algum livro.*;
  > ✓ *Eu, depois do jantar, costumo ler algum livro.*;
  > ✓ *Eu costumo, depois do jantar, ler algum livro.*;
  > ✓ *Eu costumo ler, depois do jantar, algum livro.*;
  > ✓ *Eu costumo ler algum livro depois do jantar.*

Parece que mais ênfase tem o adjunto quando colocado no rosto da frase, e que menos ênfase tem quanto mais se afasta daí.

- Note-se que até aqui destacamos um termo da frase pondo-o no rosto desta. Mas nem sempre é assim. Para constatá-lo, considere-se agora, antes de tudo, a seguinte frase:

✓ *Meu melhor amigo, João Nobre, o pai de Estela* [ou *que é pai de Estela*], *é um grande médico*.

Patentemente aí a ênfase recai no predicativo (*é um grande médico*). Se todavia se escreve o seguinte:

✓ *Meu melhor amigo, João Nobre, grande médico, é o pai de Estela.*,

agora o que se destaca é que Joaquim seja o pai de Estela.

Se porém se reescreve a frase assim:

✓ *João Nobre, o pai de Estela e grande médico, é meu melhor amigo.*,

parece patente que a ênfase agora recai sobre o fato de Joaquim ser o meu melhor amigo.

↯ OBSERVAÇÃO. O fato de que por vezes se enfatiza um termo da frase pondo-o ao fim desta antecipa o que diremos no próximo ponto sobre a colocação das orações, que em princípio mais se enfatizam quanto mais se põem para o fim da frase. Antes disso, contudo, ainda temos de ver outro caso de colocação de palavra em âmbito frasal.

• Considere-se por fim a colocação da palavra *só* na seguinte sucessão de frases:

a. *Só ele ganhou mil reais pela remoção do entulho acumulado durante duas semanas.*;

b. *Ele só ganhou mil reais pela remoção do entulho acumulado durante duas semanas.*;

c. *Ele ganhou só mil reais pela remoção do entulho acumulado durante duas semanas.*;

d. *Ele ganhou mil reais só pela remoção do entulho acumulado durante duas semanas.*;

e. *Ele ganhou mil reais pela remoção só do entulho acumulado durante duas semanas.*;

f. *Ele ganhou mil reais pela remoção do entulho só acumulado durante duas semanas.*;

g. *Ele ganhou mil reais pela remoção do entulho acumulado só durante duas semanas.*;

h. *Ele ganhou mil reais pela remoção do entulho acumulado durante só duas semanas.*;

i. *Ele ganhou mil reais pela remoção do entulho acumulado durante duas semanas só.*

Quando, pois, como se vê pela diferente posição de *só* nas letras de **a** a **f**, a colocação da palavra altera o sentido da frase, então já não se está no âmbito da estilística. Mas nas letras de **g** a **i** a diferente posição da palavra *só* não altera o sentido da frase, razão por que aqui ainda se está no âmbito da estilística: põe-se *só* em uma ou outra destas quatro posições por mera razão ou de realce ou de ritmo – diferença essa que, como é o caso aqui, nem sempre é clara.

⌔ OBSERVAÇÃO 1. A repetição também pode ser excelente recurso para enfatizar certa palavra, ou antes, o que ela significa. Ponha-se um exemplo disso:

✓ *Tudo se encadeia, tudo se prolonga, tudo se continua no mundo...* (OLAVO BILAC [1865-1918]).[56]

⌔ OBSERVAÇÃO 2. Sempre se usou no melhor português – ainda que não obrigatoriamente – a inversão de colocação entre o sujeito e seu verbo, sobretudo no início de frase (ou de oração). Exemplos:

✓ <u>Não aceitou o Rei Eduardo</u> o pacto proposto.;

✓ <u>Entraram as tropas inimigas</u> a saquear a cidade.

Dá-se o mesmo com o predicativo e o verbo de cópula. Exemplos:

✓ <u>Forçoso era</u> (que) se buscasse uma solução.;

✓ <u>Ocioso seria</u> dizê-lo.

E dá-se ainda o mesmo nas interrogações:

✓ <u>Foi ele</u> forçado a fazê-lo?;

✓ <u>Terá fugido o cão do vizinho?</u>

Mais ainda – como se viu no capítulo IV –, é de rigor tal inversão em perguntas iniciadas por pronome ou advérbio interrogativo:

✓ Que lhe <u>terá dito o menino?</u>;

✓ Onde <u>se encontra o jovem casal?</u>

Não se pode dizer, contudo, que tal inversão tenha por fim nenhuma ênfase. É antes recurso tradicional de nosso idioma, e não se dá em outras línguas.

⌔ OBSERVAÇÃO 3. Insista-se na importância do pleonasmo não vicioso para dar realce a uma palavra no interior de uma frase. Os pleonasmos mais comuns e

---

[56] E anota com precioso e preciso humor Othon M. Garcia (*op. cit.*, p. 271): "Os clássicos, notadamente os do período barroco, abusavam dessa figura, que a velha retórica se esmerava em esmiuçar em reduplicação (repetição seguida), diácope (com intercalação de outras palavras), anáfora (repetição no início de cada frase ou verso), epanalepse (no meio), epístrofe (no fim), simploce (no princípio e no fim), anadiplose (no fim de uma oração e no princípio da seguinte). Só mesmo parodiando a frase latina (*O tempora, o mores!*) [Oh tempos, oh costumes!] para expressar nosso espanto diante dessa nomenclatura rebarbativa, com que até não faz muito tempo alguns mestres e gramáticos ainda se deliciavam: Ó tempos, ó termos! (Nos tempos modernos, críticos, linguistas, semiólogos deliciam-se com outros termos, igualmente rebarbativos. É a nova 'retórica'.)"

mais usados pelos melhores escritores são os de objeto acusativo, de objeto dativo, de predicativo e de sujeito. Exemplos:

- ✓ *O pleonasmo, julgamo-lo de grande importância...* (objeto acusativo);
- ✓ *Ao pleonasmo, julgamo-lo de grande importância...* (objeto acusativo);
- ✓ *Ao pleonasmo deve dar-se-lhe a devida importância* (objeto dativo).;
- ✓ *Importante o pleonasmo o é* (predicativo).;
- ✓ "Os medíocres, esses deixam-se levar sem resistência na torrente das inovações" (sujeito) (MÁRIO BARRETO [1879-1931], *Novos Estudos da Língua Portuguesa*).

Mas não é contra esse tipo de pleonasmo – em que a ideia se repete na mesma função sintática – que hoje mais se encarniça certa aparência de Gramática. Esta move verdadeira caça ao pleonasmo em que a repetição da ideia se dá em diferentes funções sintáticas. Já dissemos no prólogo desta gramática que seu próprio título encerra um pleonasmo intencional: com efeito, *bem* é pleonástico porque *arte* já encerra a ideia de *bem* (no caso, *escrever*). Não é porém ainda contra pleonasmos como este – sutis – que se encarniça a referida aparência de Gramática (até porque não os alcança...), mas sim contra pleonasmos evidentes como *sair para fora, entrar para dentro, subir para cima, descer para baixo,* etc. No entanto, além de que a mesma aparência de Gramática não encontra carniça em ditos como *Palavra de rei não volta atrás* (poderia voltar para frente?) – o que mostra a arbitrariedade com que se encarniça –, o fato é que pleonasmos como os impugnados são usadíssimos não só em nossa oralidade, mas na oralidade e na escrita de portugueses e de espanhóis, sem que estes nem aqueles vejam neles nada de mau. Um só exemplo nos basta aqui: na que por muitos é considerada a melhor tradução da Bíblia, o Padre Matos Soares põe na boca de Cristo imediatamente antes de ressuscitar a Lázaro, cujo cadáver estava em sua gruta-sepulcro: "Lázaro, sai para fora". É uma maneira de tornar mais incisiva a ordem de sair. – Então, perguntar-se-á, não há pleonasmo vicioso? Sim, há-o: o que se usa sem nenhuma razão ou necessidade, e especialmente com desconhecimento de que se trata de pleonasmo. Exemplo: "panaceia universal", em que "universal" é pleonasmo vicioso porque *panaceia* (< grego *panákeia, as* 'remédio contra todos os males') já encerra a ideia de universalidade.[57] Outros exemplos: "misturados juntos", "mútua cooperação", "requisitos necessários", etc.

---

[57] Permitindo-nos saltar agora excepcionalmente para o literário, como não emocionar-se com o pungente início do épico espanhol *Cantar* (ou *Poema*) *de Mio Cid*? Rodrigo Díaz – o Cid, o Campeador – sai desterrado de Bivar e olha uma última vez para sua pátria. Para descrevê-lo, diz o primeiro verso

♪ Observação 4. Diz-se *anacoluto*[58] (ou, menos propriamente, *frase quebrada*) qualquer ruptura sintática da oração que deixe sem função um dos termos. Celso Cunha (1917-1989) dá o seguinte exemplo: "Umas carabinas que guardava atrás do guarda-roupa, a gente brincava com elas, de tão imprestáveis" (José Lins do Rego [1901-1957]). – Não se há de impugnar o uso de anacolutos, é claro, para reproduzir a fala (quase sempre repleta deles), nem, muito menos, em Literatura em geral; mas em princípio é de evitar em muitos gêneros de texto não literários. Quanto a seu uso em Retórica, *vide* o apêndice deste capítulo. Mostre-se desde já, no entanto, um exemplo de anacoluto no Padre Antônio Vieira (1608-1697, "Sermão da Sexagésima"): "<u>As flores</u>, umas caem, outras secam, outras murcham, outras leva o vento..." Deixaria de haver anacoluto se se reescrevesse assim o passo: "Das [ou Entre as] flores, umas caem, outras secam, outras murcham, outras leva o vento..."[59]

β.3. Escrever frases com lugar de destaque para a oração central. Chamamos aqui "oração central" a que encerra a ideia principal da frase. Vejamo-lo de perto.

• Quando em uma mesma frase se sucedem orações assindéticas, por vezes é impossível falar de oração central. Com efeito, na frase *As vacas mugem, os galos cantam, os cães ladram* nenhuma das orações pode dizer-se central; todas se equivalem em todos os sentidos. Mas na frase *Vim, vi, venci* parece evidente que a oração central é *venci*. No entanto, esta não pode colocar-se na frase senão em último lugar (como o vimos no capítulo IV): destaca-se aí por si mesma.

• Se se transformam as orações assindéticas dos exemplos anteriores em aditivas, não se altera o quadro. Em *As vacas mugem[,] e os galos cantam[,] e os cães ladram* continua a dar-se que nenhuma das orações pode dizer-se central; todas se equivalem em todos os sentidos. E em *Vim[,] e vi[,] e venci* continua a parecer evidente que a oração central é *venci*. No entanto, esta não pode colocar-se na frase senão em último lugar: destaca-se aí por si mesma.

---

da gesta: "De los sos ojos tan fuerte mientre lorando", a que se segue, no segundo verso: "tornava la cabeça y estava los catando" (o espanhol é medieval). Tradução: "Dos (ou Pelos) seus olhos tão fortemente chorando / virava a cabeça e estava-os mirando". Pergunte-se: pode alguém verter lágrimas sem ser pelos olhos?

[58] Anacoluto vem do latim *anacolūthon, i*, que por sua vez vem do grego *anakólouthon*, neutro substantivado do adjetivo *anakólouthos, os, on* 'sem sequência, que não tem consequência com'.

[59] Em verdade, é este um anacoluto, digamos, "leve", se comparado com o de José Lins do Rego citado acima.

- Se todavia se muda a última oração dos dois exemplos acima em adversativa negativa, então parece agora que em ambos a centralidade recai sobre esta: *As vacas mugem, [e] os galos cantam, <u>mas os cães não ladram</u>*; *Vim, [e] vi, <u>mas não venci</u>*. Não obstante, seguem ambas sem poder estar colocadas na frase senão em último lugar: destacam-se aí por si mesmas.
- Pode-se porém proceder a uma alteração mais profunda em ambos os exemplos. Se com efeito se põe agora *Enquanto as vacas mugem e os galos cantam, os cães não ladram* e *Ainda que tenha vindo e visto, não venci*, então, ao contrário do que se dá em *As vacas mugem, [e] os galos cantam, <u>mas os cães não ladram</u>* e em *Vim, [e] vi, <u>mas não venci</u>*, a centralidade recai agora nas orações subordinantes (*os cães não ladram* e *não venci*). Ademais, agora sua centralidade não anda necessariamente de par com sua colocação, porque se poderia perfeitamente escrever *Os cães não ladram[,] enquanto as vacas mugem e os galos cantam* e *Não venci[,] ainda que tenha vindo e visto*. Mas parece evidente que a anteposição das orações não centrais e, pois, a posposição da central dão ênfase a esta, pelo fato de que deixam o leitor – ainda que por segundos – em atitude de expectativa quanto ao que vai suceder e que de fato sucede na oração central. Busque-se, portanto, pospor a oração central.

☞ OBSERVAÇÃO. Por vezes tal posposição, ainda quando temos subordinante e subordinada da segunda espécie, também se dá por inexorabilidade sintática. Na orações consecutivas, por exemplo, a ideia central está sempre na subordinada, que – pelo fato mesmo de ser CONSECUTIVA – não pode vir senão posposta: *Estudou tanto[,] <u>que foi aprovado em primeiro lugar</u>*.

- Por múltipla razão, contudo, esta sugestão não pode ser norma geral.

→ Antes de tudo, porque por vezes o vir posposta a oração não central é requerido pelo prosseguimento mesmo do texto: por exemplo, em *Será aprovado <u>se estudar muito</u>. Ademais, estudar muito o tirará enfim da ociosidade*.

→ Depois, porque por vezes o vir posposta a oração não central é requerido pelo que antecede à frase no texto. O mesmo Othon M. Garcia, que tanto insiste na colocação enfática da oração central, escreve na mesma *Comunicação em Prosa Moderna*: "Aqui também se aconselha o paralelismo de construção, se bem que a sua falta não torne a frase incorreta", onde está posposta uma oração concessiva, que óbvia e necessariamente é não central. Mas não o faz senão porque, como antes desta frase está um exemplo de frase em que não se dá o devido paralelismo ("Não saí de casa por estar chovendo e porque era ponto facultativo"), é forçoso para o melhor prosseguimento do texto que esteja antecipada a oração central em "A̲q̲u̲i̲ ̲t̲a̲m̲b̲é̲m̲ ̲s̲e̲ ̲a̲c̲o̲n̲s̲e̲l̲h̲a̲ ̲o̲ ̲p̲a̲r̲a̲l̲e̲l̲i̲s̲m̲o̲ ̲d̲e̲ ̲c̲o̲n̲s̲t̲r̲u̲ç̲ã̲o̲, se bem que a sua falta não torne a frase incorreta".

→ Depois ainda, porque por vezes a elegância da frase e o mesmo destaque da oração central levam a que a oração não central se intercale naquela. Dê-se por exemplo disto ainda uma frase de Garcia na mesma obra: "A oração principal, s̲e̲ ̲i̲s̲o̲l̲a̲d̲a̲ ̲n̲u̲m̲ ̲s̲ó̲ ̲p̲e̲r̲í̲o̲d̲o̲, encerraria um enunciado aparentemente descabido..."

→ Por fim, porque o uso constante da posposição da oração central acaba por ter efeito contrário ao buscado: a certa altura do texto, este recurso deixará de fazer expectar e passará a entediar. Tornar-se-á, enfim, um recurso patentemente forçado ou um como lugar-comum sintático – o que não condiz especialmente com os gêneros de texto mais distantes do literário.

• É verdade que em certos casos – como o da maioria dos provérbios – a posposição do que encerra a ideia central é absolutamente obrigatória. Tem pois razão Othon Garcia em escrever, com respeito a *De hora em hora Deus melhora* e *De noite, todos os gatos são pardos*: "A ênfase, mesmo nesse tipo de frases curtas – ou principalmente nelas –, decorre do 'suspense' que as caracteriza: enunciada a primeira parte, o leitor ou ouvinte fica em expectativa até o desfecho, quando só então se completa o pensamento. Desse processo é que resulta, em grande parte, sem dúvida, a eficácia expressiva dos provérbios. Experimente-se inverter a ordem das suas partes: Deus melhora de hora em hora, Todos os gatos são pardos de noite. Não é só a mudança do ritmo da frase que lhe retira o, por assim dizer, encantamento; é principalmente a ausência daquele resquício de expectativa que a desfigura e empalidece".[60] Mas é evidente que não se trata aqui de oração central, porque com efeito em ambos os provérbios só há uma oração e o que aparece antecipado é mero adjunto adverbial de tempo.

É verdade ainda que em frases mais extensas o recomendável é o que Garcia chama "período tenso" (e não o "período frouxo") – e que nós preferimos chamar "frase tensa" (e "frase frouxa"). Dêmos outra vez a palavra *in extenso* ao nosso autor:

"Confrontem-se as duas versões do mesmo trecho dadas a seguir; na primeira, a mais enfática, a oração principal vem no fim; na segunda, precede as subordinadas:

'Embora seja reconhecido o que aqui se classifica de extraordinária coragem e firmeza do Governo (...), a experiência passada dos fracassados programas

---

[60] OTHON. M. GARCIA, *op. cit.*, p. 49.

anti-inflacionários e a falta de continuidade no combate à inflação pesam como fatores negativos.' (O Globo, 8 mar. 1963)

'A experiência passada dos fracassados programas anti-inflacionários e a falta de continuidade no combate à inflação pesam como fatores negativos, embora seja reconhecido o que aqui se classifica de extraordinária coragem e firmeza do Governo (...)'

Na segunda versão, ao chegarmos a 'fatores negativos', já teremos apreendido o núcleo significativo do período, a sua ideia mais importante, expressa, como está, na oração principal; de forma que o que se segue, a começar de 'embora...', se bem que contenha ideias menos importantes, se encontra em posição de maior destaque. O que acontece então é o seguinte: como o essencial já foi dito, o secundário torna-se, apesar da posição, quase desprezível, sendo bem provável que o leitor 'passe por cima'. No entanto, essa parte encerra ideias indispensáveis ao verdadeiro sentido da primeira: a experiência passada e a falta de continuidade pesam de qualquer forma, apesar da coragem e da firmeza do governo."[61]

Uma vez mais, todavia, sem tirar nem pôr nada ao essencialmente dito por Garcia, há que dizer que ainda em casos como este a anteposição da oração central pode ser requerida no texto ou pelo que antecede ou pelo que sucede à frase extensa. Se tal se dá, então a frase frouxa estará a serviço de um parágrafo tenso.

• Se porém se trata de frase não só longa mas mais complexa, ou seja, com muitas orações, como que aumenta então a necessidade de destaque para a oração central. Se se têm, assim, quatro orações absolutas que se queira pôr não assindeticamente em uma só frase, sua colocação nesta dependerá de qual delas encerre a ideia principal. Tomemos para exemplo o posto por Garcia:[62]

a. Vieira chegou ao Brasil em 1615.;

b. Ele não contava ainda oito anos de idade.;

c. Ele teve de acompanhar a família.;

d. Após a chegada, matriculou-se logo no colégio dos jesuítas.

♦ Pois bem, se se quer que a *chegada de Vieira* seja a ideia central, ter-se-á frase tensa se a disposição das orações nela for a seguinte:

✓ <u>*Vieira*</u>, que não contava ainda oito anos de idade, <u>*chegou em 1615 ao Brasil*</u>, para onde teve de acompanhar a família e onde se matriculou logo no colégio dos jesuítas.

---

[61] *Ibidem*, p. 48.
[62] O exemplo é de Othon M. Garcia, mas tudo o mais é nosso.

Note-se que a oração central, que também é a subordinante de todas as outras, está ANTEPOSTA a duas das outras orações e tem intercalada a terceira (adjetiva predicativa). A primeira que lhe está posposta (*para onde teve de acompanhar a família*) também é adjetiva predicativa, ainda que com sentido locativo (*para onde*), enquanto a segunda (*onde se matriculou logo no colégio dos jesuítas*), igualmente adjetiva predicativa com sentido locativo (*onde*), é ademais aditiva da anterior (*para onde e onde*). Por maior elegância, no entanto, pode-se reduzir esta última a gerúndio (*matriculando-se logo no colégio dos jesuítas*), separando-a da anterior por vírgula.

Mas esta disposição das orações – a recomendada por Garcia – não é a única nem a melhor maneira de dar destaque à ideia da chegada de Vieira ao Brasil. Veja-se a que consideramos a melhor:

✓ *Não contando ainda oito anos de idade e tendo por isso de acompanhar a família,* <u>Vieira chegou em 1615 ao Brasil</u>*, onde se matriculou logo no colégio dos jesuítas.*

E, por outro lado, eis um exemplo de frase frouxa pela anteposição da oração central a *três* orações não centrais, que constituem assim uma sorte de "anticlímax":

✓ <u>*Vieira chegou em 1615 ao Brasil*</u>*, para onde, sem contar ainda oito anos, teve de acompanhar a família, matriculando-se logo no colégio dos jesuítas.*

☞ OBSERVAÇÃO. Vê-se porém que em frases mais complexas nem sempre se pode pospor a oração central a todas as demais.

♦ Se se quer todavia que a *idade de Vieira* seja a ideia central, ter-se-á frase tensa se a disposição das orações nela for a seguinte:

✓ <u>*Vieira*</u>*, que chegou em 1615 ao Brasil, para onde teve de acompanhar a família e onde se matriculou logo no colégio dos jesuítas,* <u>*não contava ainda oito anos de idade*</u>*.*

Mas, dada sempre a ideia que agora se quer central, tampouco é esta a única maneira de deixar a frase tensa. Eis outra:

✓ *Quando chegou em 1615 ao Brasil, para onde teve de acompanhar a família e onde se matriculou logo no colégio dos jesuítas,* <u>*Vieira não contava ainda oito anos de idade*</u>*.*

E, por outro lado, eis um exemplo de frase frouxa pela anteposição da oração central a *três* orações não centrais:

✓ <u>*Vieira não contava ainda oito anos de idade*</u> *quando chegou ao Brasil em 1615, para onde teve de acompanhar a família e onde se matriculou logo no colégio dos jesuítas.*

* Se contudo se quer que o *matricular-se no colégio dos jesuítas* seja a ideia central, ter-se-á frase tensa se a disposição das orações for como a dos dois exemplos seguintes:
    ✓ <u>Vieira</u>, que não contava ainda oito anos de idade quando chegou em 1615 ao Brasil, para onde teve de acompanhar a família, <u>matriculou-se logo no colégio dos jesuítas</u>.;
    ✓ Não contando ainda oito anos de idade ao chegar em 1615 ao Brasil, para onde teve de acompanhar a família, <u>Vieira matriculou-se logo no colégio dos jesuítas</u>.

E, por outro lado, eis um exemplo de frase frouxa ainda pela anteposição da oração central a três orações não centrais:
    ✓ <u>Vieira matriculou-se no colégio dos jesuítas</u>, apesar de não contar ainda oito anos de idade quando chegou em 1615 ao Brasil, para onde teve de acompanhar a família.

* Se por fim se quer que o *acompanhar a família* seja a ideia central, ter-se-á frase tensa se a disposição das orações for como a dos seguintes exemplos:
    ✓ Como não contasse ainda oito anos de idade, <u>Vieira teve de acompanhar a família</u> para o Brasil em 1615, matriculando-se logo no colégio dos jesuítas.
    ✓ <u>Vieira</u>, por não contar ainda oito anos de idade, <u>teve de acompanhar a família</u> para o Brasil em 1615, onde logo se matriculou no colégio dos jesuítas.

E, por outo lado, eis um exemplo de frase menos tensa que as anteriores:
    ✓ <u>Vieira</u>, que não contava oito anos de idade, <u>teve de acompanhar a família</u> para o Brasil, aonde chegou em 1615, matriculando-se logo no colégio dos jesuítas.

β.4. Escrever frases com paralelismo morfossintático. A significados similares hão de corresponder, *sempre que possível*, formas linguísticas similares – e é a isso que se costuma chamar paralelismo ou simetria de construção.
* Considere-se a seguinte frase:
    ✓ "Estamos ameaçados de um livro terrível e que pode lançar o desespero nas fileiras literárias" (Carlos de Laet [1847-1927], *apud* Othon M. Garcia).

Não há nela incorreção gramatical nem falta de clareza. No entanto, falta-lhe paralelismo morfossintático. Com efeito, nela os dois adjuntos de *livro* – o adjetivo *terrível* e a oração adjetiva *que pode lançar o desespero nas fileiras literárias* –, ligados pela conjunção *e*, não têm a mesma forma gramatical. Para "sanear" – a

expressão é de Othon M. Garcia – a frase, ou seja, para dar-lhe mais elegância, mais ritmo e pois mais agradabilidade (e, talvez, mais clareza ainda), é possível reescrevê-la das seguintes maneiras com paralelismo:
- ✓ *Estamos ameaçados de um livro <u>terrível</u> e <u>capaz</u> de lançar o desespero nas fileiras literárias.*;
- ✓ *Estamos ameaçados de um livro **<u>que é terrível</u>** e **<u>que é capaz</u>** <u>de lançar o desespero nas fileiras literárias</u>.*;
- ✓ *Estamos ameaçados de um livro <u>que é terrível</u> e <u>que pode lançar o desespero nas fileiras literárias</u>.*

• Considere-se agora esta outra frase:
- ✓ *Não fui visitá-lo por estar chovendo e porque estava gripado.*

Note-se que, conquanto tampouco aqui haja erro gramatical nem falta de clareza, a leitura da frase gera no leitor certo incômodo, talvez maior que o causado pela frase de De Laet porque agora se trata de falta de paralelismo entre duas orações (causais). São múltiplas as maneiras em que se pode reescrever esta frase dotando-a de paralelismo:
- ✓ *Não fui visitá-lo <u>por</u> estar chovendo e <u>por</u> estar gripado.*;
- ✓ *Não fui visitá-lo <u>porque</u> estava chovendo e [<u>porque</u>] estava gripado.*;
- ✓ *Não fui visitá-lo <u>não só por</u> estar chovendo <u>mas por</u> estar gripado.*;
- ✓ *Não fui visitá-lo <u>não só porque</u> estava chovendo <u>mas porque</u> estava gripado.*;
- ✓ *Não fui visitá-lo <u>tanto por</u> estar chovendo <u>como</u> [ou <u>quanto</u>] <u>por</u> estar gripado.*;
- ✓ *Não fui visitá-lo <u>tanto porque</u> estava chovendo <u>como</u> [ou <u>quanto</u>] <u>porque</u> estava gripado.*

• É todavia quando se usam pares aditivos (*não só ... mas* [*também, ainda*], *não só ... senão que* [ou *senão ainda*], *tanto ... como* [ou *quanto*], etc.) que mais se incorre em falta de paralelismo – de duplo modo.

♦ Antes de tudo, substituindo um dos termos do par aditivo por outro indevido, por cruzamento ou contaminação sintática. Exemplos:
- ✓ *Não fui visitá-lo <u>não só</u> por estar chovendo "<u>quanto</u>" por estar gripado.*;[63]
- ✓ *Não fui visitá-lo <u>tanto</u> por estar chovendo "<u>mas também</u>" por estar gripado.*

♦ Depois, por má colocação do primeiro membro do par. Exemplos seguidos de correção e de comentário:

---

[63] Embora *quanto* não possa ser termo de par aditivo com *não só*, admite-se todavia que o seja *como*: *Não fui visitá-lo <u>não só</u> por estar chovendo <u>como</u> por estar gripado.*

✓ *Lê "não só" latim mas gosta de conversar nessa língua.*

Deve-se pôr *Não só* LÊ *latim mas* GOSTA *de conversar nesta língua*, porque aqui o par introduz verbos.

✓ *E isso* É *não só o que preceituam as gramáticas, senão que* É *o que se vê em nossos melhores escritores.*

Note-se que aí a forma verbal *é*, que se repete nas duas orações, na primeira está posta antes do primeiro membro do par aditivo, mas na segunda está posta depois do segundo membro do par. Dever-se-ia escrever, portanto, *E isso não só* É *o que preceituam as gramáticas, senão que* É *o que se vê em nossos melhores escritores.*

✓ *"Não só" fala latim mas também grego.*

Dever-se-ia pôr *Fala não só* LATIM *mas também* GREGO, porque aqui o par introduz substantivos do mesmo campo semântico.[64]

⇗ OBSERVAÇÃO 1. Pode omitir-se o *mas* de *mas também*, sobretudo se se separa *também* por ponto e vírgula:

✓ *Fala não só latim; também grego.*

Contra todavia o que diz a maior parte da tradição gramatical, incluído Othon M. Garcia, e como pusemos no capítulo sobre pontuação, não só admitimos mas preceituamos a separação de *senão que* ou *mas também* por ponto e vírgula ou até por travessão se se tem uma sucessão muito longa de palavras ou de orações introduzida pelo primeiro membro do par. Exemplo:

✓ *E isso não só é o que preceituam as gramáticas, até porque se assim não o fizessem se contradiriam patentemente: afinal, sempre sustentaram o que aqui vimos afirmando desde o início; senão que* É *o que se vê em nossos melhores escritores.*

Sem este ponto e vírgula a frase se tornaria emaranhada ou centopeica; e, como dizemos e redizemos na *Suma* e nesta gramática, deve pôr-se a clareza antes de tudo o mais.

⇗ OBSERVAÇÃO 2. Admite-se a ausência de paralelismo entre advérbios e locuções adverbiais. Exemplo:[65]

✓ *Vai o autor delineando ao mesmo tempo e gradativamente o retrato da personagem.*

Parece contudo que com paralelismo a frase ganharia em elegância e ritmo:

---

[64] É bem verdade que neste caso se poderia supor uma elipse (*Não só* FALA *latim mas [*FALA*] grego*), com o que se teria paralelismo. Mas segue sendo melhor *Fala não só* LATIM *mas* GREGO.

[65] Tomado de Othon M. Garcia.

✓ *Vai o autor delineando concomitantemente* [ou *concomitante*] *e gradativamente o retrato da personagem.*
- Também convém se ponham em paralelismo morfológico dois ou mais objetos de um mesmo verbo e dois ou mais núcleos de um mesmo sujeito. Deem-se exemplos sem paralelismo e sua salvação:
    ✓ *João gosta de "escrever" e de "conversa"* (que se salva assim: *João gosta de <u>escrever</u> e de <u>conversar</u>*).;
    ✓ *É necessário "estudares" e "que trabalhes"* (que se salva assim: *É necessário <u>que estudes</u> e <u>que trabalhes</u>*, ou assim: *É necessário <u>estudares</u> e <u>trabalhares</u>*).
- Também requerem paralelismo os termos ligados pelas locuções de retificação, de esclarecimento, etc. (*ou seja, isto é, quer dizer, ou antes, a saber,* etc.). Exemplos em que tal não se dá:
    ✓ *A Arqueologia tende a constituir-se em "ciência", ou seja, "tendo sujeito e método próprios"* (que se salva assim: *A Arqueologia tende a constituir-se **em** ciência, ou seja, **em** <u>disciplina com sujeito e métodos próprios</u>*).;
    ✓ *Eles não se reuniram "com espírito de conciliação", isto é, "a fim de alcançar um acordo de paz* (que se salva assim: *Eles não se reuniram **com** <u>espírito de conciliação</u>, isto é, **com** <u>o propósito de alcançar um acordo de paz</u>*).
- "A falta de paralelismo", escreve Othon M. Garcia em *Comunicação em Prosa Moderna,* "pode dar à frase uma feição de aparente anacoluto."[66] Exemplo:
    ✓ *Fiquei apreensivo <u>por causa das notícias preocupantes</u> E <u>quando me disseram que não se podia fazer nada</u>.*

Aí, com efeito, a conjunção aditiva *e* está ligando indevidamente um adjunto adverbial (*por causa das notícias preocupantes*) a uma oração subordinada adverbial (E *quando me disseram que não se podia fazer nada*), isto é, ligando valores sintáticos idênticos (ambos os termos ligados têm função adverbial), mas expressos em forma sintática distinta (não oracional e oracional). Ademais, já que a conjunção introduz uma segunda oração, fica-se na expectativa de que ao menos seja semelhante à primeira. Como tampouco isto se cumpre, fica-se com a impressão de anacoluto referida por Garcia.

⚐ Observação 1. Por vezes, a falta de paralelismo implica tal desalinho morfossintático, que pode dizer-se não só erro, mas erro grosseiro. Ponham-se dois exemplos em que há multidão de erros de paralelismo.

---

[66] *Op. cit.*, p. 32.

✓ *A Gramática não somente se aplica aos gêneros de textos não literários ou para outros fins, mas também pode ser empregada na escrita de obras literárias, retóricas e para outras áreas.*

Esse mostrengo morfossintático se salvaria perfeita e simplesmente, por exemplo, assim:

✓ *A Gramática aplica-se não só na escrita de obras não literárias mas, ainda que não necessariamente, na de obras literárias.*

✓ Também morfossintaticamente deforme é esta notícia de jornal:

✓ *A gigante russa do ramo da mineração e metalúrgica Severstal decidiu cessar a exportação de seus produtos para o mercado da União Europeia.*

Esse aborto linguístico se salvaria perfeitamente se se pusesse, por exemplo, assim:

✓ *Severstal, [a] gigante russa da mineração e da metalurgia, decidiu cessar a exportação de seus produtos para o mercado da União Europeia.*; ou assim

✓ *Severstal, [a] gigante russa do ramo da mineração e do ramo da metalurgia, decidiu cessar a exportação de seus produtos para o mercado da União Europeia.*

⌔ Observação 2. Diga-se uma vez mais, no entanto, que a busca de paralelismo morfossintático tem um limite: a clareza. Se, com efeito, o paralelismo a impede, então deve desprezar-se. Um exemplo de obscuridade por paralelismo:

✓ *Ricardo congratulou o escritor e também a senhora.*

Tal como está posta a frase, não se tem certeza de se Ricardo e também a senhora congratularam o escritor ou se Ricardo congratulou o escritor e congratulou também a senhora. Resolve-se esta anfibologia de um destes dois modos, segundo a dupla possibilidade significativa:

✓ *Ricardo e a senhora congratularam o escritor.*; ou

✓ *Ricardo congratulou o̲ escritor e à [a̲ + a] senhora*, com o que se infringe o paralelismo pelo preposicionamento do segundo objeto direto, mas se tem meridiana clareza.

Pode-se ainda neste segundo caso preposicionar ambos os objetos diretos, com o que, então sim, se dá paralelismo sem ambiguidade:

✓ *Ricardo congratulou ao [a̲ + o] escritor e também à [a̲ + a] senhora.*

Nem por esta possibilidade, no entanto, se há de impugnar a anterior.

⌔ Observação 3. "Paralelismo", escreve ainda Othon M. Garcia,[67] "é uma forma de construção simétrica. Ora, simetria é também proporção, é isocronismo.

---

[67] *Ibidem*, p. 34.

Diz-se que há isocronismo quando segmentos de frase (termos, orações) ou frases íntegras têm extensão igual ou quase igual, quer dizer, mais ou menos o mesmo número de sílabas. Mas, além da duração igual (isocronismo), frases ou segmentos delas podem ter ainda ritmo ou cadência igual. Neste caso, denominam-se similicadentes. De qualquer forma, isocronismo e similicadência são aspectos do paralelismo ou simetria. [...] A similicadência, por exemplo, constitui recurso estilístico de grande efeito, do qual alguns autores se servem, às vezes, até com certa 'afetação'; muitos 'capricham' no emprego dessas potencialidades rítmicas da frase com o propósito de dar maior realce ao pensamento. Por exemplo: contrastes, confrontos, comparações, antíteses, quando vazados em estrutura verbal isócrona ou similicadente, dão às ideias novo relevo". Obviamente, a similicadência ou paralelismo rítmico é antes de uso literário. Mas também lançam mão dela bons retóricos e bons apologetas. Deem-se exemplos conseguidos (conseguidos não só por sua perfeição mas por sua não "afetação").

- ✓ "Nenhum doutor as observou com maior escrúpulo, nem as esquadrinhou com maior estudo, nem as entendeu com maior propriedade, nem as proferiu com mais verdade, nem as explicou com maior clareza, nem as recapacitou com mais facilidade, nem as propugnou com maior valentia, nem as pregou e semeou com maior abundância" (MANUEL BERNARDES, *Nova Floresta*).

Notem-se neste exemplo – já nosso conhecido – o polissíndeto[68] constituído pela repetição da conjunção *nem* e o paralelismo rítmico das orações e dos adjuntos adverbiais introduzidos pela preposição *com*, todos não só com a mesma figura gramatical mas com quase o mesmo número de sílabas.

- ✓ "Se os olhos veem com amor, o corvo é branco; se com ódio, o cisne é negro; se com amor, o demônio é formoso; se com ódio, o anjo é feio; se com amor, o pigmeu é gigante" (PADRE ANTÔNIO VIEIRA, "Sermão da Quinta-feira da Quaresma").;
- ✓ "As flores, umas caem, outras secam, outras murcham, outras leva o vento; aquelas poucas que se pegam ao tronco e se convertem em fruto, só essas são as venturosas, só essas são as discretas, só essas são as que

---

[68] POLISSÍNDETO: repetição de conjunção da primeira espécie, ligue ela palavras ou orações. Na frase "de ladainha" ou de feição bíblica, dá-se justamente polissíndeto da conjunção aditiva *e*: "E a terra estava informe e vazia, e as trevas cobriam a face do abismo, e o Espírito de Deus movia-se sobre as águas" (Gênesis).

duram, só essas são as que aproveitam, só essas são as que sustentam o mundo" (Padre Antônio Vieira, "Sermão da Sexagésima").;
- ✓ "É tanta a força da divina palavra, que sem cortar nem despontar espinhos, nasce entre espinhos. É tanta a força da divina palavra, que sem arrancar nem abrandar pedras nasce nas pedras" (Padre Antônio Vieira, *idem*).

Note-se como, devido à similicadência, ressalta grandemente uma das figuras estilísticas de que mais se vale Vieira – a antítese.[69]

Não se pense no entanto que, por não chegar ao ponto de valer-se da similicadência, um texto filosófico ou teológico não pode ser escrito com harmonia e ritmo. A linguagem em geral tem algo de musical, o que não só é potencializado na Literatura e na Retórica, mas também o pode ser, em sua escala, nos gêneros de texto mais estritamente científicos. Trata-se de usar da pontuação, da extensão das frases, da anteposição, da intercalação e da posposição das orações, de certos vocábulos ou expressões continuativos ("ora", "com efeito", "pois bem", "em verdade", etc.) em ordem a obter harmonia entre as partes do texto e, consequentemente, a imprimir-lhe ritmo adequado. E sem dúvida também quanto a isto a escrita Tomás de Aquino (1225-1274) é o modelo.[70]

⌁ Observação 4. A antítese[71] é figura própria de certa corrente barroca – a conceptista – cujo fundador foi o poeta espanhol Francisco de Quevedo (1580-1645), de quem o mesmo Vieira se dizia discípulo (quanto, claro, ao estilo). Consiste em fazer que se sucedam de modo simétrico, em uma mesma frase, ideias contrárias ou, justamente, antitéticas. As frases de Vieira postas acima abundam desta figura. – De uso mais amplo são o eufemismo e a hipérbole. O primeiro consiste em atenuar o impacto de uma ideia dura ou desagradável mediante palavra ou expressão mais suaves. Exemplo expressivo

---

[69] Escreve Othon M. Garcia (*op. cit.*, p. 35): "Essas construções simétricas – isócronas ou similicadentes –, em que muitos autores se esmeram, sobretudo os de estilo barroco, muito contribuem para a expressividade da frase; mas convém não abusar dos seus 'encantos' para evitar se torne o estilo artificioso e pedante". Não podemos senão concordar com o dito. Insistimos apenas em que não é de usar fora da Literatura, da Retórica e da Apologética senão pontualmente – quando muito.

[70] Na medieval faculdade das artes, à qual se seguiam as faculdades superiores, o jovem aprendia o *cursus*, estilo de prosa ritmada – herdado e adaptado da retórica do africano Marciano Capela (360-428 d.C.) – no qual depois poderia escrever até o mais árduo tratado teológico. Mas parece ter sido Tomás de Aquino quem mais o assimilou, a ponto de tornar-se conatural à sua escrita.

[71] Também chamada, rebarbativamente, *enantiose* ou *síncrise*.

disso era o antigo uso de *doença ruim* por *câncer*. O segundo – a HIPÉRBOLE[72] – consiste em enfatizar até ao exagero certa ideia. Exemplo: *rebentar de rir* por *rir muito* ou *gargalhar*. – De uso menos amplo mas ainda assim não estritamente literário é a GRADAÇÃO, que consiste em dispor sucessivamente palavras ou expressões que vão intensificando ou desintensificando o sentido da anterior, ou seja, que o fazem em progressão crescente ou decrescente. Exemplos das duas possibilidades:

- ✓ "Caminho, navego, voo – sempre amor" (CECÍLIA MEIRELES [1901-1964], "Contemplação").;
- ✓ *"Oh, não aguardes que a madura idade / Te converta essa flor, essa beleza / Em terra, em cinza, em pó, em sobra, em nada"* (GREGÓRIO DE MATOS [1636-1696], "1.º Soneto a Maria dos Povos").

Mas não se confunda – o que todavia se faz largamente no ambiente dos concursos – gradação com mera progressão. Em, por exemplo, "O trigo nasceu, cresceu, espigou, amadureceu, colheu-se" (PADRE ANTÔNIO VIEIRA), absolutamente não há a figura da gradação, mas mera progressão.

⌗ OBSERVAÇÃO 5. A PROSOPOPEIA ou PERSONIFICAÇÃO, como diz este mesmo segundo nome seu, é figura pela qual se atribuem a animais, a vegetais ou a entes inanimados qualidades ou ações exclusivamente humanas. É recurso literário (presente sobretudo nas fábulas e nos apólogos).

⌗ OBSERVAÇÃO 6. Além das tratadas na observação anterior, há outras figuras, que todavia são antes literárias ou poéticas. Entre estas se encontra o PARADOXO, de que se dão a seguir exemplos que falam por si:

- ✓ "Pelo deserto imenso e líquido" (OLAVO BILAC, *O Caçador de Esmeraldas*).;
- ✓ "O amor é ferida que dói e não se sente" (LUÍS DE CAMÕES, soneto).

Se contudo se consideram como pertencentes a esta figura frases como "O problema de ter razão é que pode levar a perder a razão" (de GILBERT KEITH CHESTERTON [1874-1936]), as quais abundam nas obras apologéticas deste autor inglês, então o paradoxo encontra lugar fora da Literatura.

*

---

[72] *Hipérbole* vem latim *hyperbŏle, ēs*, que por sua vez vem do grego *hyperbolḗ, ḗs* 'ação de lançar ou passar por baixo; excesso'. Em Geometria, hipérbole significa 'curva em que é constante a diferença das distâncias de todos os seus pontos a dois pontos fixos chamados focos'.

DISCURSO DIRETO E DISCURSO INDIRETO

a. O que já de há muito se convencionou chamar DISCURSO DIRETO é o que em latim se dizia *oratio recta*, frase ou conjunto de frases em que se reproduz a fala de outrem. Tende-se, ademais, a considerar e a tratar o DISCURSO DIRETO como algo, se não exclusivo, ao menos próprio da Literatura. Mas não o é, embora, obviamente seja nos diálogos literários que mais se dê. Não o é todavia porque tem lugar *de facto* e *de jure*, por exemplo, em diálogos filosóficos, em textos históricos, em biografias, ou ainda em paráfrases, ponha-se, de textos bíblicos. Fique estabelecido já, portanto, que o discurso direto pode ser literário ou não literário; e, como a Gramática se ordena antes e propriamente a certos gêneros de texto não literários, resulta que o tratamento que daremos aqui ao DISCURSO DIRETO se ordena antes e propriamente àqueles de tais gêneros de texto que o comportam. Exemplo:

> – Era nisto que devias ter insistido, ó Pisão, e, se o tivesses provado não só ao nosso jovem Cícero, mas a mim mesmo, ter-nos-ias levado a ambos para tua escola.
> Disse então meu irmão Quinto:
> – A mim me parece suficientemente provado. E alegro-me de ver que tua filosofia, que eu antes considerava já como a maior de todas as riquezas, pedindo-lhe sempre auxílio em todos os meus estudos, seja também mais aguda que a de todas as demais escolas, apesar de a alguns parecer o contrário.
> – Não mais que a nossa – replicou Pompônio, rindo. – Como quer que seja, teu discurso me foi muito grato. O que eu não acreditava se pudesse dizer em latim, disseste-o tu, e com não menos clareza que os gregos e com palavras próprias. Mas já é tarde; se quiserdes, voltaremos para minha casa.
> (CÍCERO [103-46 a.C.], *De Finibus Bonorum et Malorum*)[73]

O verbo *replicou (Pompônio)*, que como outros no discurso direto indica o interlocutor que está com a palavra, faz parte de uma oração justaposta e, ademais, independente, já que o enlace com a fala da personagem[74] prescinde de conectivo explícito ou implícito. Entre as duas orações, não há senão uma ligeira pausa, assinalada aqui por travessão.

---

[73] Nossa tradução desta obra foi publicada com o título de *Do Sumo Bem e do Sumo Mal*.
[74] A palavra *personagem* significa indiferentemente ente ficcional e ente não ficcional.

⚐ Observação. Tenha-se o cuidado de não confundir discurso direto (nem discurso indireto, de que já se tratará) com *citação*. Devendo aspear-se, citação é *a transcrição em dado texto de frase ou passagem de outro texto*. Assim, escrevemos na *Suma*: "Dizem Celso Cunha e Lindley Cintra: 'Sendo por definição individualizante, o nome próprio deveria dispensar o artigo'". Note-se que no trecho da *Suma* a citação é "Sendo por definição individualizante, o nome próprio deveria dispensar o artigo", enquanto aqui a citação é todo o trecho "Dizem Celso Cunha e Lindley Cintra: 'Sendo por definição individualizante, o nome próprio deveria dispensar o artigo'", com o que se tem citação de citação. – Sucede, porém, que as duas coisas podem vir mescladas, se o diálogo encerra citação ou vice-versa. Exemplos:

> – [...] Entre os outros filósofos, aquele que pergunta algo se cala em seguida. E o mesmo já se dá na Academia. Quando o que quer escutar estabelece, por exemplo, esta proposição: "Parece-me que o deleite é o sumo bem", disputa-se em seguida contra ele um raciocínio, por onde se pode facilmente deduzir que nem todos os que dizem ter algum parecer estejam realmente convictos dele.
> (Cícero, *idem*).

> Não entro a considerar o valor real dos princípios comprometidos na interpretação e limito-me, neste caso, a recordar a conversa que teve Lameth com Danton, durante a qual o Tribuno expusera seu pensamento em face das condições do processo incoado contra Luís XVI.
> "– Um rei que aparece ante um tribunal como réu, esse está morto – teria sido a resposta de Danton a uma pregunta de Lameth sobre a possibilidade de salvar a cabeça do monarca. – Se se quer salvar a vida do rei, deve-se tentar que não compareça diante de seus juízes. Se tal coisa suceder, eu serei o primeiro a pedir sua cabeça."
> (Rubén Calderón Bouchet [1918-2012], historiador, *La Revolución Francesa*)[75]

β. Há ainda o discurso indireto, dito em latim *oratio obliqua*. Ponha-se, antes de tudo, que a diferença sintática entre os dois discursos consiste em que o

---

[75] Tradução e adaptação nossas.

verbo que no discurso direto constitui o núcleo do predicado da oração justaposta constitui no discurso indireto o predicado da oração subordinante. Mas a diferença essencial entre dois se entenderá melhor depois que se vejam os seguintes exemplos de ambos:

- ✓ – *Por que não compareceste à coroação? – perguntou-lhe a duquesa* (DISCURSO DIRETO).
- ✓ *Perguntou-lhe a duquesa por que não comparecera à coroação* (DISCURSO INDIRETO).

Desse modo, se no discurso direto as palavras da personagem são pronunciadas – diretamente – por ela mesma, no indireto as palavras da personagem são referidas – indiretamente – por outrem.

γ. Os verbos próprios do discurso direto e do discurso indireto chamam-se ou *de elocução*, ou *dicendi*, ou *declarandi*; enquanto muitos de seus "vicários" se dizem *sentiendi*.[76]

- Os verbos *dicendi* ou *declarandi* – ensina Othon M. Garcia – pertencem, *grosso modo*, a nove áreas semânticas:
    - ◆ de CONCORDAR (anuir, assentir, conceder, etc.);
    - ◆ de CONTESTAR (contradizer, negar, objetar, etc.);
    - ◆ de DIZER (afirmar, declarar, pôr, etc.);
    - ◆ de EXCLAMAR (bradar, clamar, gritar, etc.);
    - ◆ de EXORTAR (aconselhar, estimular, instar, etc.);
    - ◆ de ORDENAR (determinar, intimar, mandar, etc.);
    - ◆ de PEDIR (rogar, solicitar, suplicar, etc.);
    - ◆ de PERGUNTAR (indagar, inquirir, interrogar, etc.);
    - ◆ de RESPONDER (redarguir, replicar, retorquir, etc.).

- Há todavia, como antecipado, uma classe numerosa de verbos de elocução que não são propriamente *de dizer*, mas antes *de sentir*: são os verbos *sentiendi* (*explodir, gemer, lamentar[-se], queixar-se, suspirar* e muitos outros). Constituem uma sorte de "vicários" dos *dicendi* no discurso direto; e seus significados falam por si. Aspeamos "vicários", porém, porque não o são propriamente, uma vez que sempre supõem um *dicendi* implícito. Exemplos:

---

[76] *Dicendi, declarandi* e *sentiendi* são genitivos do gerúndio dos verbos *dicere* (dizer), *declarare* (declarar) e *sentire* (sentir), respectivamente; e significam, ainda respectivamente: 'de dizer', 'de declarar' e 'de sentir'.

✓ – *Por que não compareceste à coroação?* – *explodiu* (DIZENDO-*lhe*) *a duquesa* (oração justaposta que, ademais, poderia escrever-se *perguntou-lhe explodindo a duquesa*).;
✓ – *Por que não compareceste à coroação?* – *queixou-se* (PERGUNTANDO-*lhe*) *a duquesa* (oração justaposta que, ademais, poderia escrever-se *perguntou-lhe queixando-se a duquesa*).

⚐ OBSERVAÇÃO. Como se vê já por pelos dois exemplos *perguntou explodindo a duquesa* e *perguntou-lhe queixando-se a duquesa*, os verbos *dicendi* permitem a adjunção de advérbios, de grupos adverbiais ou de orações adverbiais (quase sempre reduzidas de gerúndio) que assinalem alguma ação ou reação da personagem. Outros exemplos:

✓ – *Por que não compareceste à coroação?* – *perguntou-lhe saindo do salão a duquesa.*;
✓ – *Por que não compareceste à coroação?* – *perguntou-lhe aos brados a duquesa.*;
✓ – *Por que não compareceste à coroação?* – *perguntou-lhe indignada a duquesa* (onde *indignada* é adjetivo em função adverbial).

Tais verbos, no entanto, permitem não só a referida adjunção, mas ainda a posposição (entre vírgulas, obviamente) de predicativos do terceiro modo. Exemplo:

✓ – *Por que não compareceste à coroação?* – *perguntou-lhe, indignada, a duquesa.*

δ. CORRESPONDÊNCIA OU CORRELAÇÃO VERBAL NO DISCURSO DIRETO E NO INDIRETO. Em princípio, a correspondência entre os tempos e os modos verbais tanto no discurso direto como no indireto tem regularidade suficiente para que se apresente paradigmaticamente.[77]

• Se no discurso direto o verbo da fala da personagem está no presente do indicativo e o da oração justaposta no pretérito perfeito do indicativo, então no discurso indireto o primeiro vai para o pretérito imperfeito do indicativo, enquanto o segundo não varia. Exemplo:

✓ – *Não quero comparecer à coroação – disse-lhe.*;
Disse-lhe que não queria comparecer à coroação.

---

[77] Este paradigma é quanto ao essencial caudatário do proposto por Othon M. Garcia em *Comunicação em Prosa Moderna* (p. 135-38). Damos-lhe porém feição própria.

O presente do indicativo em que está o primeiro verbo, contudo, mantém-se no discurso indireto se o significado por este verbo – seja ação (em sentido estrito), desejo, juízo, etc. – continua a dar-se no momento da fala. Exemplo:
 ✓ *– Não quero comparecer à coroação – disse-lhe.*;
 Disse-lhe que não quero [ou seja, *que sigo não querendo*] *comparecer à coroação.*

- Se no discurso direto ambos os verbos estão no presente do indicativo, assim continuam no discurso indireto. Exemplo:
 ✓ *– Não quero comparecer à coroação – diz-lhe ele.*;
 Ele diz-lhe que não quer comparecer à coroação.

- Se uma interrogação direta com o verbo no presente do indicativo implica dúvida quanto à resposta, então no discurso indireto o verbo vai para o futuro do pretérito (e não para o imperfeito). Exemplo:
 ✓ *– De que nos vale não comparecer à coroação? – perguntou-lhe.*;
 Perguntou-lhe de que lhes valeria [e não *"valia"*] *não comparecer à coroação.*

- Se no discurso direto o verbo da fala está no futuro do presente, vai no discurso indireto para o futuro do pretérito. Se no entanto estiver no futuro do pretérito, não haverá variação. Exemplos:
 ✓ *– De que nos valerá não comparecer à coroação? – perguntou-lhe.*;
 Perguntou-lhe de que lhes valeria [e não *de que lhes "valia"*] *não comparecer à coroação.*; mas
 ✓ *– De que nos valeria não comparecer à coroação? – perguntou-lhe.*;
 Perguntou-lhe de que lhes valeria não comparecer à coroação.

- Se no discurso direto o verbo da fala e o *dicendi* estão no pretérito perfeito do indicativo, então no discurso indireto o primeiro vai para o mais-que-perfeito do mesmo modo, enquanto o segundo não varia. Exemplo:
 ✓ *– Não compareci à coroação – disse-nos.*;
 Disse-nos que não comparecera [ou *não tinha comparecido*] *à coroação.*

- Se no discurso direto o verbo da fala está no imperativo, vai no discurso indireto para o imperfeito do subjuntivo. Exemplos:
 ✓ *– Não compareças à coroação! – disse-lhe.*;
 Disse-lhe que não comparecesse à coroação.

Neste caso, todavia, ou seja, quando o verbo de elocução é do campo semântico de *dizer*, podem introduzir-se no discurso indireto os verbos *dever* ou *poder*, ainda quando estes não se usem no discurso direto.

✓ – *Não deves* [ou *não podes*] *comparecer à coroação!* – DISSE-*lhe.*;
– *Não compareças à coroação!* – DISSE-*lhe.*;
DISSE-*lhe que não devia* [ou *não deve*, ou *não podia* ou *não pode*] *comparecer à coroação.*

Se no entanto o verbo de elocução é do campo semântico de *ordenar* ou de *pedir*, então não se introduzem *dever* nem *poder* e o verbo da fala vai para o subjuntivo:
✓ – *Não compareças à coroação!* – ORDENOU-*lhe.*;
ORDENOU-*lhe que não comparecesse à coroação.*;
✓ – *Não compareças à coroação!* – PEDE-*lhe.*;
PEDE-*lhe que não compareça à coroação.*

- Se no discurso direto o verbo da fala está no imperfeito do indicativo, então no discurso indireto ou não varia ou varia para o futuro do pretérito. Exemplo:
✓ – *Eu não ia à coroação, mas mudei de ideia* – *disse-lhe.*;
Disse-lhe que não ia [ou *não iria*] *à coroação mas (que) mudou de ideia.*

Se todavia as ações significadas pelo verbo de elocução e pelo verbo da oração integrante são simultâneas, há que manter no discurso indireto o pretérito imperfeito do indicativo. Exemplo:
✓ – *Vou* [no sentido de *Estou indo*] *à coroação* – *disse-lhe.*;
Disse-lhe que ia [no sentido de *estava indo*] *à coroação*

↗ OBSERVAÇÃO. Consigne-se apenas que em
✓ – *Eu não ia à coroação, mas mudei de ideia* – *disse-lhe.*;
Disse-lhe que não ia [ou *não iria*] *à coroação mas (que) mudou de ideia.*,

o verbo *mudar (de ideia)*, que no discurso direto está na primeira pessoa do singular do pretérito perfeito do indicativo, no discurso indireto vai para a terceira pessoa do singular do mesmo tempo (*mudei* → *mudou*).

- Se no discurso direto há dois verbos na fala, o primeiro no pretérito imperfeito do subjuntivo e o segundo no futuro do pretérito, mantêm-se ambos assim no discurso indireto. Exemplo:
✓ – *Se pudesse, eu iria à coroação* – *disse-lhe.*;
Disse-lhe que se pudesse iria à coroação.

- Se porém no discurso direto há ainda dois verbos na fala, mas o primeiro no futuro do subjuntivo e o segundo no futuro do presente, então no discurso indireto ou ambos se mantêm nos mesmos tempos, indo embora o segundo para a terceira pessoa, ou o primeiro vai para o imperfeito do subjuntivo e o segundo para o futuro do pretérito – a depender de certos matizes semânticos. Exemplo:

- ✓ – Se <u>puder</u>, <u>irei</u> à coroação – disse-lhe.;
  Disse-lhe que se <u>puder</u> <u>irá</u> à coroação.; ou
  Disse-lhe que se <u>pudesse</u> <u>iria</u> à coroação.
- Se, por fim, no discurso direto o verbo da fala está em tempo composto, permanecerá no mesmo tempo no discurso indireto – mas não na mesma pessoa, que no discurso indireto é sempre a terceira. Exemplos:
  - ✓ – Àquela hora eu já <u>havia ido</u> à coroação – disse-lhe.;
    Disse-lhe que àquela hora ele já <u>havia ido</u> à coroação.;
  - ✓ – Nós <u>teríamos ido</u> à coroação, se <u>tivéssemos sido</u> convidados – disse-lhe.;
    Disseram-lhe que <u>teriam ido</u> à coroação se <u>tivessem sido</u> convidados.;
  - ✓ – Se <u>tivésseis ido</u> à coroação, <u>ter-me-íeis encontrado</u> – disse-lhes.
    Disse-lhes que se <u>tivessem ido</u> à coroação <u>o teriam encontrado</u>.
  - ✓ À noite já <u>terei ido</u> à coroação – disse-lhes.;
    Disse-lhes que à noite já <u>terá ido</u> à coroação.

ε. Correspondência ou correlação pronominal e adverbial no discurso direto e no indireto[78]

ε.1. Entre pronomes demonstrativos

- Se, por exemplo, no discurso direto os pronomes demonstrativos *este, esta* e *isto* indicam o momento em que se fala ou se age, são no discurso indireto substituídos por *aquele, aquela* e *aquilo* se o verbo de elocução está no imperfeito do indicativo ou no futuro do pretérito. Exemplo:
  - ✓ – <u>Este</u> ano vou à condecoração – disse-lhe.;
    Disse-lhe que <u>aquele</u> ano ia [ou iria] à condecoração.
- Se todavia no discurso direto o verbo de elocução está no presente do indicativo, então no discurso indireto o pronome permanece o mesmo e o verbo no mesmo tempo, ainda que com mudança de pessoa. Exemplo:
  - ✓ – <u>Este</u> ano vou à condecoração – diz-lhe.;
    Diz-lhe que <u>este</u> ano vai à condecoração.
- ↯ Observação. É tal a variabilidade no uso dos pronomes demonstrativos no discurso direto e no indireto, que é praticamente impossível enquadrá-lo em paradigma. Para os casos outros que os dos exemplos postos acima, façam-se as devidas adaptações.

---

[78] Este paradigma é só muito parcialmente caudatário do proposto por Othon M. Garcia em *Comunicação em Prosa Moderna* (p. 139-40).

ε.2. Entre advérbios de lugar e de tempo e entre pronomes pessoais

Se, por exemplo, no discurso indireto com o(s) verbo(s) da fala no presente do indicativo se usam o advérbio de lugar *aqui*, o advérbio de tempo *agora* e um pronome pessoal de segunda pessoa (ou de terceira pessoa em função de segunda), então no discurso indireto o(s) verbo(s) da fala vai(ão) para o imperfeito do indicativo, *aqui* se substitui por *lá* ou *ali*, *agora* por *então* ou *naquele momento*, etc., e o pronome de terceira pessoa por pronome de primeira pessoa. Exemplo:

✓ *– Estou aqui, no tribunal, e agora não posso atender-vos – disse-nos.*;
  Disse-nos que estava lá [ou *ali*], *no tribunal, e que então* [ou *naquele momento*, etc.] *não podia encontrar-nos.*

⌁ Observação. É tal a variabilidade no uso destes advérbios e pronomes no discurso direto e no indireto, que é praticamente impossível enquadrá-lo em paradigma. Para os casos outros que o do exemplo posto acima, façam-se as devidas adaptações.

ε.3. Entre pronomes possessivos e pronomes pessoais

Diga-se o mesmo que nos dois pontos anteriores: é tal a variabilidade no uso combinado dos pronomes possesivos e dos pronomes pessoais no discurso direto e no indireto, que é praticamente impossível enquadrá-lo em paradigma. Contentemo-nos, pois, com alguns exemplos:

✓ *– Estou aqui, em meu gabinete, e agora não posso atender-te – disse-me.*;
  Disse-me que estava ali, em seu gabinete, e que então não podia atender-me.;

✓ *– Estou aqui, em teu gabinete, a esperar-te – disse-me.*;
  Disse-me que estava ali, em meu gabinete, a esperar-me.;

✓ *– Estou aqui, em seu gabinete* [dele], *e agora não posso atender-te – disse-me.*;
  Disse-me que estava ali, em seu gabinete [de outrem], *e que então não podia atender-me.*;

✓ *– Estou aqui, em teu gabinete, e agora não posso atendê-lo – disse-lhe.*;
  Disse-lhe que estava ali, em seu gabinete, e que então não podia atendê-lo.;

✓ *– Estou aqui, em nosso gabinete* [deles], *e agora não posso atender-vos – disse-nos.*;
  Disse-nos que estava ali, em nosso gabinete [deles], *e que então não podia atender-nos.*;

✓ *– Estou aqui, em vosso gabinete, a esperar-vos – disse-nos.*;
  Disse-nos que estava ali, em nosso gabinete, a esperar-nos.;

✓ – *Estou aqui, em vosso gabinete, e agora não posso atender-vos* – disse-
-lhes.;

Disse-lhes que estava ali, em seu gabinete, e que então não podia aten-dê-los.;

✓ etc.

ζ. Posição do verbo de elocução

- O mais das vezes o verbo de elocução vem ou no fim da fala ou no meio dela. No fim, quando a fala é muito breve; no meio, quando a fala é muito longa. Naturalmente, há multidão de casos intermediários, em que pôr o verbo *dicendi* no fim ou no meio da fala passa a perfeitamente opcional. Exemplos:

  ✓ – *Estou aqui* – disse-*me.*;

  ✓ – *Estou aqui, em meu gabinete* – disse-*me.*;

  ✓ – *Estou aqui, em meu gabinete, e agora não posso atender-te* – disse-*me.*;

  ✓ – *Estou aqui, em meu gabinete* – disse-*me* –, *e agora não posso atender-te.*;

  ✓ – *Estou aqui, em meu gabinete* – disse-*me* –, *e agora não posso atender-te, mas posso fazê-lo de noite.*;

  ✓ – *Cecília* – disse-*me* –, *estou no gabinete.*

↗ Observação. Note-se, pelo último exemplo, que o verbo de elocução pode vir imediatamente após o vocativo.

- Se a fala é constituída de duas ou mais frases, dá-se na primeira o mesmo: o verbo de elocução vem ao final ou no meio. Exemplos:

  ✓ – *Estou no gabinete* – disse-*me.* – *Agora não posso atender-te, mas posso fazê-lo de noite.*;

  ✓ – *Cecília* – disse-*me* –, *estou no gabinete. Agora não posso atender-te, mas posso fazê-lo de noite.*

- Por vezes, no entanto, pode o verbo de elocução vir antes da fala. Exemplos:

  ✓ *Disse-lhe ele:*
  – *Estou no gabinete. Agora não posso atender-te, mas posso fazê-lo de noite.*;

  ✓ "*A isto respondeu ele, rindo:*
  – *Coisa singular seria que quem põe o deleite por finalidade das coisas apetecíveis e o considera o último e mais alto dos bens ignorasse o que é o deleite em si*" (Cícero).

↗ Observação. Na maioria dos diálogos platônicos não aparece verbo de elocução. Neles, a indicação do interlocutor se faz como no gênero dramático, antepondo o nome de quem fala à sua mesma fala. Veja-se um trecho do diálogo *Timeu*:

> CRÍTIAS: Fá-lo-ei, se igualmente parecer bem a Timeu, nosso terceiro conviva.
> TIMEU: Parece-me bem, sim.
> CRÍTIAS: Escuta, então, Sócrates, uma história deveras ímpar, e contudo absolutamente verdadeira, como uma vez a contou Sólon, o mais sábio dentre os Sete Sábios, que era familiar e muito amigo de meu bisavô Drópidas, tal como ele afirma com frequência em sua obra poética [...].
> SÓCRATES: Falas corretamente. Mas que feito é esse de que não temos notícia, e que foi realmente cumprido por nossa cidade em tempos antigos, o qual Crítias vai narrar de acordo com o testemunho de Sólon?[79]
> (PLATÃO [428/427-348/347 a.C.])

η. POSIÇÃO DO SUJEITO DO VERBO DE ELOCUÇÃO. Ao verbo de elocução, seu sujeito lhe vem posposto. Se contudo o verbo de elocução é algum de certos grupos verbais ou de quase todos os "grupos verbais", seu sujeito ou lhe vem posposto ou lhe vem posto no meio, ou seja, entre as duas formas verbais. Exemplos:

- ✓ – *Estou no gabinete* – DISSE-lhe <u>ele</u>.;
- ✓ – *Estou no gabinete* – DISSE-me <u>ele</u> – *e agora não posso atender-te.*;
- ✓ – *Cecília* – COMEÇOU A DIZER-lhe <u>João</u> –, *tenho de dar-te uma notícia triste.*;
- ✓ – *Cecília* – COMEÇOU <u>João</u> A DIZER-lhe –, *tenho de dar-te uma notícia triste.*;
- ✓ – *Cecília* – PROCUROU DIZER-lhe <u>João</u> calmamente –, *tenho de dar-te uma notícia triste.*;
- ✓ – *Cecília* – PROCUROU <u>João</u> DIZER-lhe calmamente –, *tenho de dar-te uma notícia triste.*

⚐ OBSERVAÇÃO. Pôr o sujeito do verbo de elocução antes deste vai contra a tradição lusófona e é decalque involuntário da tradição angla. Exemplo: "– Estou no gabinete – <u>ele</u> lhe DISSE". Não se faça. – Na melhor tradição angla, todavia, só se põe obrigatoriamente o sujeito do verbo *dicendi* antes deste se aquele é exercido por pronome pessoal reto. Se não o é, o mais das vezes o sujeito do verbo *dicendi* vem depois deste. Exemplo:

---

[79] Tradução de outrem, mas revista por nós.

> "I say," <u>he</u> SAID breathlessly, "I want to see old Quinton. I must see him. Has he gone?"
> "Mr. Quinton is in, I believe," SAID <u>Father Brown</u>, cleaning his pipe, "but I do not know if you can see him. The doctor is with him at present."
> (GILBERT KEITH CHESTERTON, "The Wrong Shape", in *The Innocence of Father Brown*)[80]

Mas há que pô-lo assim em português:

> – Escutem – DISSE <u>ele</u> [um jovem] sem fôlego –, eu quero ver o velho Quinton. Tenho de vê-lo. Ele saiu?
> – Mr. Quinton está em casa, creio – DISSE-lhe <u>o Padre Brown</u> limpando o cachimbo –, mas não sei se pode vê-lo. O médico está com ele neste momento.

θ. A PONTUAÇÃO NO DISCURSO DIRETO

▪ Hoje em dia, mais comumente a oração do verbo *dicendi* vem separada da fala por travessão ou travessões. Exemplos:

✓ *– Estou no gabinete – <u>disse-lhe ele</u>.;*
✓ *– Estou no gabinete – <u>disse-me ele</u> – e agora não posso atender-te.;*
✓ *– Que bela peça! – <u>exclamaria o duque ao vê-la</u>.;*
✓ *– Por que tal enormidade? – <u>perguntara-lhes o duque ao inteirar-se do sucedido</u>.;*
✓ *– Quero assegurar-vos isto – <u>disse o duque de repente</u>: – o que fizestes não tem justificativa.;*
✓ *– Tudo é presunção – <u>prosseguiu o velho</u> –; tudo é vaidade; tudo é soberba.*

⌔ OBSERVAÇÃO. Note-se o modo correto de pontuar nas variadas situações em que se usa(m) travessão(ões) no discurso direto.

▪ Podem usar-se, à inglesa, em lugar do(s) travessão(ões), aspas seguidas de vírgula(s). Exemplos:

✓ *"Estou no gabinete", <u>disse-lhe ele</u>* [note-se a vírgula obrigatória].;
✓ *"Estou no gabinete", <u>disse-me ele</u>, "e agora não posso atender-te"* [notem-se as vírgulas obrigatórias].;

---

[80] Nossa tradução desta obra foi publicada com o título de *A Inocência do Padre Brown*.

- ✓ *"Que bela peça!", <u>exclamaria o duque ao vê-la</u>* [note-se a vírgula obrigatória].;
- ✓ *"Por que tal enormidade?", <u>perguntara-lhes o duque ao inteirar-se do sucedido</u>* [note-se a vírgula obrigatória].;
- ✓ *"Quero assegurar-vos isto", <u>disse o duque de repente</u>: "o que fizestes não tem justificativa* [note-se a vírgula obrigatória].;
- ✓ *"Tudo é presunção", prosseguiu o velho; "tudo é vaidade; tudo é soberba.*[81]

⌗ Observação 1. Note-se o modo correto de pontuar nas variadas situações em que se usam aspas no discurso direto.

⌗ Observação 2. Conquanto se possam usar aspas à inglesa, as vírgulas, porém, não se podem usar à inglesa. Exemplos:

- ✓ *"Estou no gabinete," <u>disse-nos ele</u>* [note-se a vírgula colocada erradamente antes de se fecharem as aspas].;
- ✓ *"Cecília," <u>procurou João dizer-lhe calmamente</u>, "tenho de dar-te uma notícia triste"* [idem].

⌗ Observação 2. Não convém, ademais, mesclar o modo português com o modo inglês, como fazem alguns escritores.

⌗ Observação 3. Escreve Othon M. Garcia: "A oração do verbo *dicendi*, quando intercalada na fala, pode vir também cercada por vírgulas, em vez de travessões, desde que o fragmento da fala que a preceda não exija ponto de interrogação ou de exclamação ou reticências". Sem dúvida, mas julgamos preferível não se faça, porque sempre implica o risco de que se confundam as palavras do escritor com as da personagem.

- Se a oração do verbo *dicendi* precede toda a fala, deve seguir-se obrigatoriamente de dois-pontos. Exemplos:
    - ✓ <u>*Disse-nos ele*</u>:
        – Estou no gabinete.;
    - ✓ <u>*Procurou João dizer-lhe calmamente*</u>:
        – Cecília, tenho de dar-te uma notícia triste.

ι. Há ainda o chamado discurso indireto livre ou semi-indireto. Para que se comece a entendê-lo, tomamos de Rocha Lima um exemplo poético:

---

[81] Estes dois modos de pontuar o discurso direto têm a grande vantagem de evitar se confundam as palavras do autor com as da personagem. Insista-se todavia em que hoje em dia se prefere usar travessão(ões) no discurso direto.

> Na primeira figura se detinha
> O Catual, que vira estar pintada,
> Que por divisa um ramo na mão tinha,
> A barba branca, longa e penteada:
> "Quem <u>era</u> e por que causa lhe <u>convinha</u>
> A divisa, que tem na mão tomada?"
> (Luís de Camões, *Os Lusíadas*)

Até pelas aspas, ter-se-ia discurso direto nos últimos dois versos, nos quais o Catual faz a pergunta a Paulo da Gama. Sucede no entanto que, dado o contexto, os verbos sublinhados (*era* e *convinha*) os diria não o que fala, mas outrem, o que é próprio do discurso indireto. Ao que parece, portanto, tem-se aqui certo discurso misto.

Até cerca de um século e meio atrás, no entanto, desconhecia-se o discurso que mais propriamente pode dizer-se indireto livre (ou semi-indireto). Surgiu no âmbito da Literatura, mais precisamente no do romance moderno. Comecemos pois por mostrá-lo na pena de um romancista, o brasileiro José Lins do Rego:

> Os trabalhadores passavam para os partidos, conversando alto. Quando me viram sem chapéu, de pijama, por aqueles lugares, deram-me bons-dias desconfiados. Talvez pensassem que estivesse doido. Como poderia andar um homem àquela hora, sem fazer nada, de cabeça no tempo, um branco de pés no chão como eles? Só sendo doido mesmo.
> (*Banguê*)

Explica-o Othon M. Garcia: "Aparentemente, todo o trecho está em discurso indireto puro: no entanto, há expressões que não poderiam ser atribuídas ao autor, senão a uma das personagens: a interrogação, por exemplo, não poderia ser feita por ele se se tratasse de estilo indireto. // O último período também: será do narrador, que fala na primeira pessoa, ou de um dos trabalhadores? A frase é ambígua, quanto a esse aspecto, e essa ambiguidade do indireto livre é mais frequente quando a narração se faz na primeira pessoa, como é o caso de *Banguê* ".[82]

---

[82] Othon M. Garcia, *op. cit.*, p. 147.

Como contudo a nós não nos interessa como gramático um recurso enquanto se dá no literário, é-nos preciso então indagar se o discurso indireto livre pode usar-se em texto não literário. E julgamos seja isso ao menos inconveniente. As razões dá-as Garcia – ainda que sem intencioná-lo – no trecho que acabamos de transcrever. Observe-se aí, com efeito, a recorrência de expressões de caráter dubitativo: "Aparentemente", "não poderiam ser atribuídas", "não poderia ser feita", "será do narrador, que fala na primeira pessoa, ou de um dos trabalhadores?", "A frase é ambígua, quanto a esse aspecto, e essa ambiguidade do indireto livre é mais frequente quando a narração se faz na primeira pessoa". Em outros termos, o discurso indireto livre pode sempre implicar de algum modo ambiguidade e pois obscuridade. Mas os gêneros de texto não literários não admitem ambiguidade nem pois obscurecimento do que querem expressar. A conclusão impõe-se.

*

9.3.3. Quanto ao parágrafo

9.3.3.a. Se sem dúvida alguma a palavra – unidade mínima de significação – e a frase são unidades naturais não só na escrita mas na linguagem em geral, poderá dizer-se o mesmo do parágrafo? A dúvida procede: afinal, ao menos na tradição latina, o parágrafo só se instituiu na escrita entre o século XV e o XVI, além de não ser evidente que se dê na fala. Não se dará, todavia, na Retórica? A solução porém desta complexa dificuldade extrapola os limites de uma gramática como esta. O que se pode dizer aqui é que *de algum modo* o parágrafo sempre existiu em potência assim na fala como na escrita. Mas, obviamente, é tão só do parágrafo na escrita que se tratará aqui.

9.3.3.b. Também sem dúvida o parágrafo, que é indicado materialmente por ligeiro afastamento da margem esquerda da página, não só torna menos árdua ao escritor a composição mesma de seu texto, senão que permite ao leitor acompanhar mais facilmente o desdobramento deste. Haverá todavia um parágrafo-padrão, que por ser tal a Gramática possa oferecer didaticamente como modelo que imitar? Assim pensam, por exemplo, Othon M. Garcia e Luiz Carlos Figueiredo.[83] Não podemos porém concordar com eles nisso, pelas razões que se verão adiante. E não se perca de vista que assim como a palavra se ordena à frase, e a frase ao

---

[83] Este último em *A Redação pelo Parágrafo*.

parágrafo, o parágrafo se ordena ao capítulo (quando o há), o capítulo à parte (quando a há), a parte ao tomo (quando o há), e o tomo ao texto global. Mais que isso: tudo – palavra, frase, capítulo, parte, tomo – se ordena ao texto global: é que as partes necessariamente são de algum modo para o todo (e nunca o inverso).

9.3.3.c. Como tudo num texto, ademais, e sempre em ordem à inteligibilidade, importa maximamente que o parágrafo seja de todo claro, o que, naturalmente, implica seja coerente em si mesmo e com o restante do escrito. Nada – beleza, ênfase, ritmo, paralelismo, sonoridade – é razão para que se obscureça de qualquer modo o parágrafo; se o faz, tudo – beleza, ênfase, ritmo, paralelismo, sonoridade – pode e deve ser sacrificado. Mas também é verdade que certos recursos estilísticos podem favorecer a própria clareza do parágrafo, ainda que, insista-se, parágrafos que não contem com eles não necessariamente deixem de ser claros e portanto bons. Ademais, o uso ou não uso de tais recursos depende de multidão de fatores, como o gênero do texto e a complexidade de seu sujeito ou tema.

9.33.d. Notas do bom parágrafo

⟡ Observação. Contra Othon M. Garcia e Luiz Carlos Figueiredo, não incluímos entre estas notas a coerência. É que, assim como uma frase nem é formalmente frase se carece de coerência, assim também o parágrafo – e tudo o mais no texto – não o é se carecer do mesmo. Se em algo que materialmente é parágrafo se começa por tratar as estradas do Império Romano e se termina por tratar os índices demográficos da Suíça atual, obviamente não se tem formalmente parágrafo. Exageramos, claro, no exemplo. Mas é geral: se por falta de coerência não se tem formalmente parágrafo, como falar de coerência como nota do *bom* parágrafo?

• Primeira nota: unidade. Pode-se falar aqui de *unidade* em duplo sentido. No primeiro, não pode tomar-se unidade como nota do bom parágrafo, porque, neste sentido, unidade se converte com coerência. Com efeito, o incoerente não é uno. Mas, como já se viu, não se pode tomar coerência como nota de tal. Logo, tampouco a unidade. – Se todavia se considera que parágrafo uno é aquele que *não deve* desdobrar-se em vários, então, sim, trata-se de nota de tal. Entenda-se bem: uma coisa é que vários parágrafos *pudessem* estar em um mas por qualquer conveniência, como se verá no ponto a seguir, não estão; outra, muito diferente, é que parágrafos se multipliquem inconvenientemente.

Dê-se pois primeiro um exemplo, tomado de Othon M. Garcia, desta falta de unidade, ou seja, de multiplicação inconveniente de parágrafos:

> E continua a dominar a França intelectual e artística. Somos tributários da cultura francesa por intermédio do grande veículo que é a língua.
> Ainda hoje não são numerosos os que entre nós cultivam o inglês e o alemão.
> Línguas não latinas, muito diferentes da nossa, só despertam o interesse dos homens de ciência.
> O espanhol e o italiano, latinas e fáceis, não servem entretanto a uma cultura com a universalidade da francesa.
> Daí esta situação predominante da velha Gália.
> Uma vez afeitos aos moldes franceses, nunca mais deixamos de segui-los.
> Lá vêm naturalistas após românticos, mais tarde parnasianos, modernistas, etc.
> (ANTENOR NASCENTES [1886-1972], *Estudos Filológicos*, 1.ª série)

Trata-se sem dúvida de sucessão soluçante e inconveniente de parágrafos, que portanto não só poderiam mas *deveriam* estar reunidos em um só e ligados pelos devidos conectivos ou termos de transição.

Segunda nota: EXTENSÃO CONVENIENTE. Como a própria estrutura do parágrafo, sua extensão pode variar ao infinito segundo o conveniente, porque, se o faz segundo o inconveniente, não pode dizer-se bom. Com efeito, há (bons) parágrafos de uma ou duas linhas, de mais de duas linhas, de página inteira, ou ainda mais. Não se trata propriamente de senso de proporção; trata-se antes ou sobretudo do desenvolvimento do tema, ou antes, subtema do parágrafo[84] – além de que, pura e simplesmente, um subtema pode ser de tal modo complexo, que requeira se desdobre entre dois ou mais parágrafos. Exemplos de todas essas possibilidades:

> Vivemos numa época de ímpetos. A Vontade, divinizada, afirma sua preponderância, para desencadear ou encadear; o delírio fascista ou o torpor marxista são expressões pouco diferentes do mesmo império da vontade. À realidade substituiu-se o dinamismo; à inteligência substituiu-se o gesto e o grito; e na mesma linha desse dinamismo estão os amadores de imprecações e os amadores de mordaças (...).
> (GUSTAVO CORÇÃO [1896-1978], *Dez Anos, apud* Othon M. Garcia, *op. cit.*)

---

[84] Dizemos *subtema* porque o de que se ocupa um parágrafo é parte do tema do capítulo, o qual tema por sua vez é parte do tema do texto global.

Mas quanto às artes do belo isso deve entender-se duplamente: porque sua ciência genérica não é só ciência, senão que é ciência *prática*. Quanto a isto, portanto, bastar-nos-á reproduzir o posto mais acima.

Em primeiro lugar, com efeito, assim como o fato de haver homens perfeitamente prudentes que não conhecem a ciência da ética nem a da política não anula a necessidade destas ciências práticas, assim o fato de haver artistas como Fra Angelico e Anton Bruckner tampouco anula a necessidade da ciência da arte do belo, que, como visto, também é prática. O homem prudente que não conhece as ciências morais dirige tão bem suas ações ao fim último do homem como tais artistas dirigem sua arte a seu fim último (que é também o de todas as outras artes do belo). Mas parece patente que tanto aquele como estes têm muito que ganhar, por vários ângulos (como o de uma maior precisão e o de uma maior segurança e rapidez em suas deliberações ou escolhas, por exemplo), com o conhecimento das ciências práticas e sua ordenação universal ou genérica dos atos morais e dos atos artísticos.

Em segundo lugar, porém, estes mesmos grandes artistas – um Homero, um Johann Sebastian Bach... – teriam mais solidez na parte científica de sua arte se a reconhecessem irmanada genericamente com as demais artes do belo, e evitar-se-iam coisas como a invectiva de um Leonardo da Vinci contra a escultura, que ele considerava uma arte menor, uma forma de arte de operário, o qual transpira para criar sua arte e vive coberto de pó de mármore, e cujo ateliê é sempre um lugar sujo – além de que "é bem difícil extasiar-se com as reflexões elementares que a [mesma] pintura lhe [sugeria a Da Vinci]" [Étienne Gilson, *Introdução às Artes do Belo...*, p. 15.].

Mas, assim como uma ciência genérica da arte do belo é capaz de ajudar os maiores artistas não só a alcançar o fim último de sua arte mas também a ter uma ciência mais perfeita no tocante ao mesmo fim médio dela – *a forma mimético-significante* –, assim também, com muito mais razão, ajudaria artistas também grandes mas mais ou menos irregulares em sua arte tanto quanto ao fim último como quanto ao fim médio. É o caso, por exemplo, de um Lope de Vega, cuja vastíssima obra poética e dramatúrgica vai do soberbo e sublime ao medíocre com respeito ao fim médio e a certa inconveniência quanto ao fim último. É o caso, ainda por exemplo e ainda mais agudo, de um dos mais talentosos diretores cinematográficos, Alfred Hitchcock (1899-1980), cuja obra trataremos mais adiante (sempre a modo de exemplo).

Tudo isto, naturalmente, se aprofundará mais adiante.

(CARLOS NOUGUÉ, *Da Arte do Belo*)

Nega Epicuro, lume de vossa escola, que não pode viver honestamente senão aquele que vive de modo agradável. A mim pouco me importa o que ele afirme ou negue; a única coisa que peço a quem defenda o deleite como sumo bem é que seja consequente consigo mesmo. Que razão tens para dizer que não tiveram vida muito agradável Tório, Caio Postúmio ou o mestre de todos eles, Orata? Nega Epicuro, como já disse, que seja censurável a vida dos luxuriosos, desde que não sejam completamente fracos, ou seja, desde que não se deixem levar a vãs cupidezes nem se deixem tomar por medos vãos. É verdade que promete remédio para ambos os casos, mas de fato não faz senão conceder licença à luxúria. Ademais, tirantes aquelas coisas, não vê nada censurável na vida dissoluta. Não podeis, portanto, medindo tudo pelo deleite, conceber nem defender a virtude, uma vez que não se pode ter por homem justo e são aquele que não se abstém de praticar o mal senão pelo prejuízo que lhe possa causar. E lembro-me desta sentença: "Não é piedoso quem o é por temor". Nunca ouvistes verdade maior, e igualmente não é justo quem o é por temor, uma vez que deixaria de sê-lo quando nada tivesse que temer e de fato perdesse o medo. Sempre que possa agir com cautela, ou que consiga, à força de poder, o que deseja, preferirá certamente ser tido por homem de bem, ainda que não o seja, a sê-lo, ainda que não o pareça. Daí se infere e é evidente que, estimulando a que se dê por verdadeira justiça uma falsa aparência dela, vós de certo modo quereis ensinar-nos a desprezar nossa própria e firme consciência e a seguir a errante opinião alheia. O mesmo pode dizer-se das demais virtudes, cujo fundamento pondes no deleite, que é o mesmo que pô-lo sobre a água. E pergunto: podemos chamar forte ao antigo Torquato, a quem me apraz citar, conquanto, como dizes tu, nem com isso eu te possa corromper? Mas basta, que de fato me deleita recordar tua família e nome. E, por Hércules, juro que te porei sempre diante dos olhos aquele excelente homem Aulo Torquato, que me devotava insigne amizade, patente naqueles tempos que bem sabeis. E por certo eu mesmo, eu, que sou e quero ser tido por agradecido, não o teria sido tanto se não tivesse certeza de que foi amigo meu por interesse meu e não por interesse seu. Talvez digas que o interesse próprio reside em fazer bem a todos – se isto concedes, venci. Isto é o que pretendo, isto é o que defendo: o fruto do dever cumprido é o dever mesmo; mas isto não o concedes tu, que em todos os casos pedes o deleite como mercê. Mas volto a Torquato: se foi o deleite o que o impeliu a combater junto ao rio a Ânio o gaulês, e se dele tirou o colar que lhe daria o sobrenome por qualquer outro motivo além de empreender um feito digno de um homem de valor, já não o terei por varão ilustre. Se o pudor, a modéstia, a honra, em resumo, a temperança, não tivessem por apoio senão o temor da pena ou da infâmia, e não se defendessem por sua própria santidade, a que adultério, a que terríveis libertinagens não se entregariam muitos ao dar-se conta do modo de ocultar-se, ou da impunidade, ou da licença?! E, Torquato, parece-te conveniente a um homem como tu, de tamanho nome, talento e glória, não ousar confessar em público o fim a que se destina o que fazes, o que tencionas, o que pensas, nem o que o tens por mais excelente na vida? Quando obténs uma magistratura, e sobes à tribuna para declarar de que maneira vais administrar justiça, e acrescentas, se te parece oportuno, e conforme ao costume admitido, algo sobre a glória de teus antepassados e sobre tua própria pessoa, ousas dizer que tudo quanto fizeres em teu ofício público não o farás senão por causa do deleite, e que nunca tiveste, além desta, outra razão para nenhum ato de tua vida? Perguntar-me-ás se te julgo tão louco para ousares falar desse modo diante do vulgo ignorante. Mas atreve-te, então, a dizê-lo em juízo ou no Senado! Nunca o farás, indubitavelmente. E por que não, senão pela torpeza mesma desse raciocínio? Ou será que a mim e a Triário nos julgas dignos de ouvir tais torpezas?

(CÍCERO, *De Finibus Bonorum et Malorum*)[85]

Por fim, veja-se esta estupenda frase-parágrafo-capítulo final de *Os Sertões*, de Euclides da Cunha:

Capítulo VII
Duas linhas

É que ainda não existe um Maudsley para as loucuras e os crimes das nacionalidades...

FIM

---

[85] Em verdade, este passo belíssimo de Cícero (século I a.C.) não é exatamente um parágrafo, já que, insista-se, o parágrafo só se descobriu entre o século XV e o XVI. É que a tradição nos legou o diálogo *De Finibus Bonorum et Malorum* dividido em seções numeradas, as quais hoje constituiriam parágrafos.

⌗ Observação. Em alguns casos, a brevidade do parágrafo decorre do próprio gênero de texto: por exemplo, o edital, o ofício, o decreto, a lei.

Terceira nota: CONCISÃO CONVENIENTE. Este é recurso de explicação simplicíssima: trata-se de deixar enxuto o parágrafo, ou seja, sem gordura, sem nada desnecessário ao seu (sub)tema, à sua unidade, à sua coerência, à sua clareza; conquanto sempre possa ser necessária ou conveniente, no âmbito mesmo do parágrafo, alguma digressão. O mestre da concisão no sentido que lhe damos aqui é Santo Tomás de Aquino. Veja-se um "parágrafo" seu:

> Deve dizer-se que *virtude* denomina certa perfeição da potência. A perfeição de algo, porém, considera-se precipuamente em ordem a seu fim. Mas o fim da potência é o ato. Daí que se diga perfeita a potência enquanto se determina a seu ato. Há todavia algumas potências que de si se determinam a seus atos; assim as potências naturais ativas. E por isso semelhantes potências naturais se dizem virtudes por si mesmas. –[86] Mas as potências racionais, que são próprias do homem, não são determinadas a uma só coisa, senão que se têm indeterminadas a muitas: determinam-se porém aos atos pelos hábitos, como se patenteia do dito mais acima. E por isso as virtudes humanas são hábitos.[87]
> (*Summa Theologiae*, I-II)

⌗ Observação. Note-se, no entanto, que aspeámos acima "parágrafo": é que em verdade Tomás de Aquino, que escrevia em latim no século XIII, tampouco conhecia o parágrafo. Não obstante, insistimos, haverá parágrafos em potência neste mesmo passo de Tomás? Talvez se pudesse abrir um segundo parágrafo iniciado pela frase antecedida por travessão. Mas atenção: todo texto de Tomás é de algum modo silogístico (exemplo simples de silogismo: primeira premissa, todo animal é mortal; segunda premissa, todo cisne é animal; conclusão, todo cisne é mortal). É o modo mais apropriado à ciência. Mas um texto silogístico pode compor-se de um ou mais silogismos, e o de Tomás posto acima compõe-se de dois, razão por que poderia, como dito, dividir-se em dois parágrafos. No entanto, a chamada *questão disputada* (quase todas as obras de Tomás são questões disputadas) divide-se em artigos (disputados), e cada artigo em determinado número de silogismos, que por sua vez se encadeiam entre si, sendo a conclusão do primeiro,

---

[86] Note-se o uso de travessão para separar um subtema dentro de um mesmo parágrafo. É recurso utilíssimo e de que nos valemos largamente.
[87] Tradução nossa.

algumas vezes, a primeira premissa do segundo, e assim sucessivamente.[88] Por isso, é de todo conveniente que os artigos das questões disputadas de Santo Tomás se concentrem no que hoje se chamaria parágrafo (sem que, todavia, insista-se, se possa considerar inconveniente desdobrá-lo em outro[s] parágrafos[s]).[89]

§ Se há um modo-padrão de iniciar parágrafo. Querem-no Othon M. Garcia e Luiz Carlos Figueiredo, pelo que o primeiro denominou "tópico frasal", ou seja, frase relativamente curta que encerra, anuncia e introduz de algum modo o (sub)tema do parágrafo.[90] Para Garcia, o "tópico frasal" pode ser uma asserção ou declaração, uma definição, uma divisão, uma alusão histórica, uma interrogação, etc. E, com efeito, muitíssimos parágrafos de textos dos mais variados gêneros começam assim. Exemplos:

> Em Gramática, dizer *ordem* é dizer paradigma. Os paradigmas são os quadros formais em que se podem ordenar os elementos e as outras partes da língua: com efeito, estes estão para aqueles assim como as partes estão para o todo. Vimos já que o erro o é com respeito a determinado *padrão convencional*; mas esse padrão não o seria se não fosse composto, justamente, por paradigmas. Se assim é, cabe à Gramática mantê-los firmemente por quanto tempo seja possível; o limite desta manutenção é seu desuso geral entre os melhores escritores. Ora, mantê-los firmemente supõe contra-arrestar a deriva linguística temporal, espacial, social, porque tal deriva pressiona constantemente o dique da escrita e de sua arte, a Gramática.
>
> (Carlos Nougué, *Suma Gramatical*)

> O culto dos mortos é impressionador. Nos lugares remotos, longe dos povoados, inumam-nos à beira das estradas, para que não fiquem de todo em abandono, para que os rodeiem sempre as preces dos viandantes, para que nos ângulos da cruz deponham estes, sempre, uma flor, um ramo, uma recordação fugaz mas renovada sempre. E o vaqueiro, que segue arrebatadamente, estaca, prestes, o cavalo, ante o humilde monumento – uma cruz sobre pedras arrumadas – e, a cabeça descoberta, passa vagaroso, rezando pela salvação de quem ele nunca viu talvez, talvez de um inimigo.
>
> (Euclides da Cunha, *Os Sertões*)

---

[88] É o que em Lógica se chama *sorites*.
[89] E, com efeito, Tomás de Aquino dividiu sua obra (inacabada) *Compendium Theologiae* em numerosos capítulos que em conjunto, no entanto, constituem um como enorme sorites.
[90] Ao que chamamos (sub)tema do parágrafo, Garcia chama-o "ideia-núcleo".

Não é [Hegel] um filósofo em busca do centro divino. É um poeta que maneja ideias e as faz com um propósito prático determinado: explicar, justificar e sustentar a legitimidade da revolução burguesa. Os passos dialéticos para levar a efeito esta tarefa podem parecer excessivamente complicados. Isto talvez se deva à sua índole intelectual, à sua natureza reflexiva e ao excesso de cuidados que empregou em apagar o rastro de sua apostasia religiosa. Não esqueçamos que ele foi estudante de teologia, quase um pastor, e seu pensamento é também a tentativa mais audaz de esvaziar a fé luterana de seus conteúdos sobrenaturais.[91]
(RUBÉN CALDERÓN BOUCHET, *El Espíritu del Capitalismo*)

"Verdadeiro" significa certa adequação entre o que se pensa ou diz e o que as coisas são. Por isso "verdadeiro" pode dizer-se tanto das coisas enquanto são em si como do intelecto enquanto as conhece ou diz.
(PADRE ÁLVARO CALDERÓN, *Los Trascendentales*)

O silogismo divide-se em silogismo simples e silogismo composto (isto é, feito de vários silogismos explícita ou implicitamente formulados). Distinguem-se quatro espécies de silogismos compostos: (...).
(JACQUES MARITAIN [1882-1973], *Lógica Menor*, *apud* Othon Maria Garcia, *op. cit.*)

"Quê? Então não houve homens que sem nenhum ensinamento sutil se tornaram virtuosos e que muito avançaram sem seguir mais que simples preceitos?" Reconheço-o de bom grado; mas é que tiveram um afortunado natural que pegou no ar os princípios salutares. Pois, assim como os deuses imortais não aprenderam nenhuma virtude, porque nasceram com todas e porque serem bons lhes é qualidade essencial, assim também alguns homens, a quem coube por sorte uma índole privilegiada, chegam sem longo aprendizado às coisas que costumam ser objeto de ensinamento e abraçam a honestidade na primeira vez que ouvem falar dela; daí é que vêm esses espíritos com essa capacidade de assimilação da virtude, ou com tal fertilidade, que por si mesmos a produziriam; mas aos espíritos embotados, ou obtusos, ou dominados por maus hábitos, há que raspar-lhes com prolongada fricção a ferrugem da alma. Ademais, se é verdade que a filosofia conduz mais depressa à perfeição as almas

---

[91] Tradução nossa.

propensas ao bem, é-o igualmente que ajudará os mais débeis e os arrancará de suas falsas opiniões, ensinando-lhes seus princípios, cuja necessidade já vais ver. Há no fundo de nosso ser certas tendências que nos tornam preguiçosos para umas coisas e temerários para outras; e nem esta audácia pode reprimir-se nem aquela preguiça pode excitar-se se antes não se faz que desapareçam as causas, a saber: a falsa admiração e o medo falso. Enquanto estas nos assenhoreiem, debalde te dirás a ti mesmo: "Estes são teus deveres para com teu pai, estes para com teus filhos, estes para com teus amigos, estes para com teus hóspedes", pois que a avareza te estorvará os esforços. Saberá um homem que tem de lutar pela pátria, mas a covardia dissuadi-lo-á de tal; saberá que tem de fatigar-se pelos amigos até a última gota de suor, mas vedar-lho-á o amor da vida cômoda; saberá que a injúria maior da esposa legítima é a concubina, mas a luxúria impeli-lo-á ao contrário. De nada servirão, pois, os preceitos se antes não removeres seus obstáculos, da mesma maneira que de nada servirá pôr armas à vista de um homem e situá-las a seu alcance se não se soltam as mãos que hão de brandi-las. Para que a alma possa ir ao encontro dos preceitos que lhe damos, antes havemos de soltá-la. Pressuponhamos que um homem faz o que deve: não o fará de maneira assídua nem de maneira igual, dado que não sabe por que o faz. Algumas ações por casualidade ou por prática lhe sairão retas, mas não terá à mão a régua com que medi-las para assegurar-se de que são retas. Não terá garantia de ser bom sempre quem o é por casualidade. Ademais, talvez os preceitos o façam fazer o que importa, mas não como importa; e, se não o fazem fazer isto, não o conduzem à virtude. O homem advertido fará o que deve, concedo-o; mas isto é pouco, porque o mérito está não na obra, mas na maneira de fazê-la. Que coisa há mais escandalosa do que uma lauta ceia que consome todo um censo equestre? E que coisa mais digna da nota de um censor se tal festim, como dizem esses viciosos, é oferecido por alguém a si mesmo e à sua índole? E, no entanto, já se deram jantares inaugurais que custaram um milhão de sestércios a magistrados frugalíssimos. O mesmo oferecimento que, feito à gula, é afrontoso escapa, quando feito à honra, da censura, pois que já não se trata de fausto, mas de gasto com solenidade pública.

(SÊNECA [† 65 d.C.], *Ad Lucilium Epistola XCV*)[92]

---

[92] Nossa tradução de dez cartas de Sêneca a seu sobrinho Lucílio – entre as quais a referida no exemplo – faz parte de um volume publicado com o título de *Aprendendo a Viver*.

> Orando uma vez Demóstenes em Atenas sobre matérias de importância, e advertido [de] que o auditório estava pouco atento, introduziu com destreza o conto ou a fábula de um caminhante que alquilara [alugara] um jumento e, para se defender no descampado da força da calma [calor], se assentara à sombra dele, e o almocreve [condutor ou proprietário de bestas de carga para aluguel] o demandara para maior paga, alegando que lhe alugara a besta mas não a sombra dela.
> (Padre Manuel Bernardes, "Curiosidade", in *Nova Floresta*)

Pois bem, propositadamente deixei por último o exemplo de Manuel Bernardes, o qual Othon M. Garcia também dá como exemplo de "tópico frasal". Mas como o pode ser, se sua extensão repugna a que se tenha por tal? Ademais, considere-se este outro exemplo de "tópico frasal" dado ainda por Garcia:

> <u>Vivemos numa época de ímpetos.</u> A Vontade, divinizada, afirma sua preponderância, para desencadear ou encadear; o delírio fascista ou o torpor marxista são expressões pouco diferentes do mesmo império da vontade. À realidade substituiu-se o dinamismo; à inteligência substituiu-se o gesto e o grito; e na mesma linha desse dinamismo estão os amadores de imprecações e os amadores de mordaças (...).
> (Gustavo Corção, *Dez Anos*)

Com efeito, este modo de iniciar parágrafo está muito presente no referido livro. Mas também estão muito presentes outros modos, alguns muito distintos do "tópico frasal". Um só exemplo:

> Os nossos serviços de comunicações telegráficas e telefônicas, pela semelhança de natureza e pela dissemelhança dos regimes administrativos em que se acham colocados, permitem-nos fazer uma comparação e chegar a uma conclusão no que toca à bondade ou à malignidade desses regimes. Antes disso, porém, será proveitoso rever rapidamente a história da técnica das comunicações.

E termina assim o primeiro parágrafo de "Telégrafo e telefone", um dos artigos que o livro reúne. Mas a primeira frase, além de extensa, não encerra, não anuncia, não introduz o que se lhe segue no parágrafo, e sim o que estará em outro parágrafo mais adiante; enquanto a segunda frase é um anúncio do parágrafo seguinte. Seria por isso um mau parágrafo? Estamos seguro de que o mesmo Othon M. Garcia não o diria. Se pois em um mesmo livro, o de Corção, há não só abundantes casos de "tópico frasal" mas abundantes casos de não "tópico frasal" que de modo algum podem dizer-se maus modos de iniciar parágrafo, então por que considerar o "tópico frasal" o modo-padrão de fazê-lo? Ademais, o modo de começar *convenientemente* parágrafo tem que ver com muitos fatores: gênero de texto, estilo do escritor, e especialmente o desdobrar-se mesmo do texto.

Ainda há, no entanto, espaço para objetar ao que se acaba de dizer: o "tópico frasal" parece ser o modo próprio de iniciar parágrafo no gênero narrativo. Responda-se. Antes de tudo, se se trata de gênero narrativo literário, não vem ao caso aqui. Se porém se trata, por exemplo, de biografia, de anedota-apólogo,[93] de apólogo não fabuloso,[94] de paráfrase de texto bíblico, então há que dizer que tampouco se pode considerar o "tópico frasal" o modo-padrão de iniciar parágrafo. Considere-se este outro exemplo de Manuel Bernardes:

> Estando em artigo de morte um padre antigo do famoso deserto de Cítia, os outros monges, rodeando-lhe a pobre cama ou esteira em que jazia, choravam amargamente. Neste ponto abriu os olhos e sorriu-se; dali a pouco tornou a rir, e, depois de outro breve intervalo, terceira vez deu a mesma mostra de alegria. Causou isto nos circunstantes não pequeno reparo, por ser austera a pessoa, e formidável a hora; perguntaram a causa, e respondeu-lhes: "A primeira vez me ri porque vós outros temeis a morte; a segunda, porque temendo-a não estais aparelhados; a terceira, porque já lá vai o trabalho, e vou para o descanso".
>
> Tornou então a cerrar os olhos e desatou-se seu espírito.
>
> ("Os três risos", in *Nova Floresta*)

Apesar de sua extensão, poder-se-ia com efeito considerar "tópico frasal" a primeira frase do exemplo. Mas então que dizer da frase com que se encerra esta

---

[93] *Anedota* tem aqui o sentido de 'narração breve de caso verídico pouco conhecido'. Somente os dicionários de Portugal dão esta acepção de modo preciso.
[94] Chamamos *apólogo não fabuloso* àquele que, embora seja fictício, poderia não sê-lo, por ter forma aparentada não com a da fábula mas com a do anedota-apólogo. É talvez o caso do exemplo de Manuel Bernardes posto em seguida a este parágrafo. Para apólogo (fabuloso), cf. o APÊNDICE deste capítulo.

anedota-apólogo? Não é "tópico frasal" simplesmente porque, como a frase-parágrafo de *Os Sertões* que se viu mais acima, é o próprio parágrafo.

De todo o posto até aqui, portanto, é forçoso concluir que não há modo-padrão de começar parágrafo, e que o "tópico frasal" de Garcia, ainda que consideravelmente presente nos melhores escritores, é apenas um entre outros. Parece pois que não há maneira didática – e esta é a nobre preocupação de Othon M. Garcia – de ensinar os estudantes a redigir parágrafos. Mas não é assim. Na *Suma*, escrevemos pouco mais ou menos que a Gramática deve ensinar-se normativamente mas paralelamente à leitura dos melhores autores e ao exercício constante da escrita. Há que saber, porém, como o estudante exercitará constantemente a escrita, e há que responder: imitando, parafraseando e ampliando parágrafos dos melhores escritores, coisa a que o deve induzir o professor após explicar-lhe a diferente maneira de escrever que se dá entre eles segundo o gênero de texto e segundo o estilo singular. Mas há um pressuposto para que tal se faça proficuamente, a saber, que não se confunda escrita literária com escrita não literária, uma vez que, insista-se e insista-se, aquela não se cinge necessariamente como esta às regras e normas gramaticais. Ao poeta, só lhe interessa própria e estritamente a escrita literária (cinja-se esta ou não aos ditames da Gramática). Ao gramático, antes a outra.[95]

⚐ Observação. "Busque-se", porém, insista-se, "escrever com harmonia e com ritmo. A linguagem tem algo de musical, o que não só é potencializado na Literatura e na Oratória, mas também o pode ser na escrita mais científica. Trata-se de usar da pontuação, da extensão das frases, da anteposição, da intercalação e da posposição das orações, de certos vocábulos continuativos ('ora', 'com efeito', 'pois bem', 'em verdade', etc.) em ordem a obter harmonia entre as partes do texto e, consequentemente, a imprimir-lhe ritmo adequado. E, se se pergunta como consegui-lo, ou antes, como aprendê-lo, a resposta não pode ser senão esta: sobretudo pela leitura assídua dos melhores; como que 'por osmose'. É possível, sim,

---

[95] O dito com respeito a como começar parágrafo deve dizer-se também, e *a fortiori*, com respeito a como escrever parágrafo. Othon M. Garcia ocupa considerável parte de seu livro tentando ensiná-lo, em esforço louvabilíssimo, mas não conseguido. E isto, antes de tudo, pela mesma razão por que vimos não é conseguido seu esforço de ensinar a começar parágrafo. Mas, depois, porque principalmente quanto a como escrever parágrafo Garcia toma a escrita literária pela escrita em geral; e dos danos disto, que chamamos beletrismo, tratamos suficientemente na *Suma* (cf. sua primeira parte). – Com isso absolutamente não queremos dizer que o estudante não deva ler – e ainda imitar ou parafrasear – as melhores obras literárias. Queremos dizer precisamente que deve fazê-lo em disciplina (a Literatura) distinta da Gramática, e que estas duas disciplinas, embora de fato por vezes se interpenetrem, jamais porém se devem confundir.

até certo ponto, ensiná-lo; mas, no âmbito deste livro, não podemos dar a este respeito senão algumas indicações".[96]

⚡ OBSERVAÇÃO FINAL. Após tudo quanto esta gramática disse até aqui, pode restar certa dúvida na mente do leitor, a saber: se só será bom escritor aquele que, além de ter proficiência em sua área, não cometa nenhum erro gramatical nem nenhuma impropriedade estilística. Responda-se dizendo, antes de tudo, que jamais houve nem haverá escritor nenhum, incluindo o gramático, que não cometa deslizes gramaticais ou estilísticos. É consabido que, à primeira leitura de uma obra sua recém-publicada, ao escritor lhe saltam aos olhos incômodas erratas – por mais que a obra tenha sido detida e cuidadosamente revisada.[97] – E dizendo, depois, que não é louvável a caça ao erro em texto alheio. Que importa que determinado autor cometa até reiteradamente certo erro gramatical, se ele nos dá informação verdadeira, história verdadeira, ciência verdadeira, e de modo não só perfeitamente claro mas ainda agradável![98]

Esforcemo-nos todos, porém, por atingir a perfeição também gramatical e estilística. Nunca a alcançaremos, mas, quanto mais avancemos neste intento impossível ou "assimptótico",[99] mais sairão ganhando o idioma, nossa mesma obra e o próprio leitor. Devemos-lhes isso.

⇔ Apêndice ⇔
OS GÊNEROS DE TEXTO E A GRAMÁTICA

α. Todos os gêneros de texto podem normatizar-se de algum modo pela Gramática; mas nem todos o fazem necessariamente.

β. Três gêneros não o fazem necessariamente.

• Antes de tudo, o da Poética ou Literatura. Mas esta arte divide-se em espécies: Poema, Conto, Novela, Romance, Apólogo (fabuloso), Fábula.

♦ O Poema nunca é absolutamente normatizável pela Gramática, e isto por sua própria natureza – o que se pode entender considerando, sobretudo, a relação entre verso e pontuação. Com efeito, qualquer verso entre dois sinais de pontuação

---

[96] *Suma*, p. 58.
[97] São as erratas, mais que tudo, as que fazem o bom autor ansiar sempre uma nova edição da obra.
[98] Naturalmente, falamos de erros pontuais, não gerais nem múltiplos.
[99] Em Geometria, *assímptota* é a 'reta que se aproxima indefinidamente de determinada curva sem que, todavia, haja possibilidade de coincidir com esta'.

final tem entoação ditada principalmente por sua mesma *forma poética* (no caso, por exemplo, d'*Os Lusíadas*, epopeia composta em versos decassílabos heroicos, ou seja, aqueles em que o acento tônico recai na sexta e na décima sílaba). Isto todavia implica que nenhum verso é frase senão *analogamente*, porque a frase propriamente dita, com seu sinal de pontuação final, é signo de algo dito com certa entoação linguística, ao passo que, insista-se, o verso é signo de algo dito, antes de tudo, com certa entoação poética. Mas a frase é uma unidade natural da linguagem, e em particular da escrita, cuja arte é a Gramática, enquanto o verso é uma unidade natural da poesia. Por conseguinte, não se pode considerar a Gramática em sentido estrito e próprio arte normativa da poesia, cuja arte normativa em sentido estrito e próprio é a Poética ou Literatura. E note-se que a relação entre verso e pontuação é apenas um dos fatores – ainda que o principal – por que se pode mostrar a impossibilidade de a Gramática ser arte normativa da poesia. A rima, entre outros, mostra-nos o mesmo. O poeta que faz seu poema em versos rimados, para sustentá-lo, põe a rima acima de qualquer regra gramatical. Camões, por exemplo, porque necessitava de uma rima em *-ax* tônico, não hesitou em pôr "Ajax" em vez do correto *Ájax*; e de modo semelhante procedeu muitas outras vezes, e não só quanto à rima, mas quanto ao metro, etc. Sim, nenhum poeta é capaz de sacrificar um belo verso de, ponha-se, um poema em heptassílabos em nome de uma preposição gramaticalmente obrigatória que, todavia, levaria o verso a ter oito sílabas; neste caso, a ausência da preposição gramaticalmente obrigatória não constitui erro poético, mas o constituiria, sim, um verso de oito sílabas destoante de um conjunto que se quer de heptassílabos. O poeta portanto tem, digamos, "direitos" próprios decorrentes de sua mesma arte. Até que ponto porém podem ir os poetas na infração das regras gramaticais, esse não é assunto que compita à Gramática, senão à mesma Poética.

◆ O Conto, a Novela e o Romance, que são espécies narrativas, podem em princípio normatizar-se pela Gramática; e, com efeito, contistas há, novelistas há, romancistas há que plasmam suas obras com perfeita correção gramatical. Neste caso, o que distingue suas obras dos gêneros de texto necessariamente normatizáveis pela Gramática são sua forma literária e sobretudo seu fim: a Literatura em geral, incluídas pois estas espécies narrativas, tem por fim fazer o homem propender ao bem e à verdade mediante certas formas mimético-significantes e *de algum modo* ficcionais;[100] ao passo que os gêneros de texto necessariamente normatizáveis pela

---

[100] Para isto, cf. Carlos Nougué, *Da Arte do Belo*.

Gramática têm por fim expressar e transmitir uma ciência, ou a biografia de alguém, ou a história de uma nação, ou um conjunto de informações técnicas, etc. – Mas os gêneros literários narrativos não se cingem obrigatoriamente às regras e normas gramaticais, e isto, em princípio, sem detrimento de sua qualidade. Já referimos alhures o caso do contista, novelista e romancista Guimarães Rosa, cujo primeiro livro, *Sagarana* – reunião de novelas escritas numa mescla de dialetos incultos, repletos de erros lexicais e morfossintáticos, e de uma língua inventada pelo artista mesmo –, consideramos o ápice da literatura narrativa em língua portuguesa. Até que ponto, porém, e em que condições pode ir o narrador literário na infração das regras gramaticais, esse não é assunto que compita à Gramática, senão à mesma Poética.

- O Apólogo (fabuloso) e a Fábula são gêneros literários excepcionais, porque quando compostos em prosa lhes convém cingir-se às regras e normas gramaticais, pela própria singeleza com que se ordenam ao moral. Mas é por essa mesma singeleza que mesmo quando compostos em verso lhes convém segui-las quanto possível.

- Depois, o Teatro, que é arte essencialmente oral e, poder-se-ia dizer, corpórea, mas fundada em texto escrito pelo mesmo dramaturgo. Muitos dramaturgos, obviamente, se cingem ao menos grandemente às normas e regras gramaticais: por exemplo, William Shakespeare – o que porém não lhes impede recorrer, por exemplo, a um que outro anacoluto ou a uma que outra frase interrompida bruscamente, porque a arte corpórea dos atores em cena suprirá perfeitamente a ausência de perfeito nexo sintático ou de completude frasal e assegurará assim que os passos em que tal se dê tenham clareza meridiana. Mas o dramaturgo tem, ademais, todo o "direito" de levar à cena uma peça de linguagem tão radicalmente dialetal e neológica como o *Sagarana* de Guimarães Rosa. Até que ponto, contudo, e em que condições pode ir o dramaturgo na infração das regras gramaticais, esse não é assunto que compita à Gramática, senão ao mesmo Teatro.

- Por fim, a Retórica, que também é arte antes de tudo oral. Normatiza-se quanto à linguagem pelas regras da Oratória ou Eloquência, arte auxiliar sua, à qual não repugna valer-se das regras gramaticais: é que a Retórica tem por princípio que suas peças devem ter clareza máxima em ordem à sua finalidade – fazer o homem, ou seja, o ouvinte, suspeitar a verdade e o bem. Não obstante, assim como o poeta pode e deve escrever erradamente "Ajax" para afirmar a forma poética de uma suas peça, e como o dramaturgo pode e deve valer-se de recursos não perfeitamente gramaticais como a suspensão brusca de alguma frase e o anacoluto para afirmar a forma dramática de suas peças, assim também o retórico – para melhor impressionar e induzir o ouvinte – pode e deve valer-se de recursos expressivos corpóreos e faciais que se coadunam perfeitamente com algumas impropriedades gramaticais, como o anacoluto ou ainda a suspensão brusca de alguma frase.[101] Um exemplo de anacoluto no Padre Antônio Vieira, referido já mais acima: "*As flores*, umas caem, outras secam, outras murcham, outras leva o vento..." ("Sermão da Sexagésima").[102] Sem dúvida, os sermões de Vieira servem grandemente de base para as regras e normas gramaticais; mas isso não significa que o façam absolutamente nem sempre.

Diz-se que Vieira redigia seus sermões primeiro em latim e depois os traduzia ao português antes de pronunciá-los do púlpito (sem lê-los, claro). Escrevia-os, todavia, obviamente, em ordem à eloquência homilética. Quanto porém a se algum texto escrito não ordenado à fala pode considerar-se retórico, não o podemos resolver aqui. Se contudo o pode ser, então o melhor é que se cinja às regras e normas gramaticais.

γ. Por sua própria natureza e fim, todos os demais gêneros de texto se cingem necessariamente às regras e normas gramaticais: o requerimento e o ofício, a bula de remédio e o manual técnico, o código legal e a constituição nacional, a reportagem e a biografia, a anedota-apólogo e a paráfrase bíblica, o tratado de música e o de literatura, o de medicina e o de direito, o de história e o de geografia, o de lógica e o de física, o de química e o de psicologia, o de metafísica e o de teologia, etc.

δ. Sucede contudo que entre os gêneros necessariamente normatizáveis pela Gramática alguns admitem o que a já referida Susanne Langer (1895-1985) chamaria com muita propriedade *arte aplicada*:[103] ou seja, em nosso caso, a aplicação de recurso literário ou dramático ou retórico em texto não literário nem dramático nem retórico. Os diálogos platônicos são pura filosofia, ainda que vertidos em molde algo teatral. A obra do Padre Manuel Bernardes é apologética, mas nela abundam recursos literários. Não lembramos todavia exemplo mais saliente de arte literária aplicada em obra não literária que este passo d'*Os Sertões* que se poderia intitular "Estouro da boiada":

---

[101] Com efeito, na fala não raro nem sequer precisamos dizer nada para transmitir o que queremos; basta-nos então um olhar, um sorriso, um balançar de cabeça, um gesto de mão.

[102] Relembre-se que deixaria de haver anacoluto se se reescrevesse assim o passo: "Das [ou Entre as] flores, umas caem, outras secam, outras murcham, outras leva o vento..."

[103] Cf. seu *Sentimento e Forma – uma Teoria da Arte Desenvolvida a Partir de "Filosofia em Nova Chave"*.

De súbito, porém, ondula um frêmito sulcando, num estremeção repentino, aqueles centenares de dorsos luzidios. Há uma parada instantânea. Entrebatem-se, enredam-se, trançam-se e alteiam-se fisgando vivamente o espaço, e inclinam-se, embaralham-se milhares de chifres. Vibra uma trepidação no solo; e a boiada *estoura...*

A boiada arranca.

Nada explica, às vezes, o acontecimento, aliás vulgar, que é o desespero dos campeiros. Origina o incidente mais trivial – o súbito voo rasteiro de uma araquã ou a corrida de um mocó esquivo. Uma rês se espanta e o contágio, uma descarga nervosa subitânea, transfunde o espanto sobre o rebanho inteiro. É um solavanco único, assombroso, atirando, de pancada, por diante, revoltos, misturando-os embolados, em vertiginosos disparos, aqueles maciços corpos tão normalmente tardos e morosos.

E lá se vão: não há mais contê-los ou alcançá-los. Acamam-se as caatingas, árvores dobradas, partidas, estalando em lascas e gravetos; desbordam de repente as baixadas num marulho de chifres; estrepitam, britando e esfarelando as pedras, torrentes de cascos pelos tombadores; rola surdamente pelos tabuleiros ruído soturno e longo de trovão longínquo...

Destroem-se em minutos, feito montes de leivas, antigas roças penosamente cultivadas; extinguem-se, em lameiros revolvidos, as ipueiras rasas; abatem-se, apisoados, os pousos; ou esvaziam-se, deixando-os os habitantes espavoridos, fugindo para os lados, evitando o rumo retilíneo em que se despenha a "arribada" – milhares de corpos que são um corpo único, monstruoso, informe, indescritível, de animal fantástico, precipitado na carreira doida. E sobre este tumulto, arrodeando-o, ou arremessando-se impetuoso na esteira de destroços, que deixa após si aquela avalancha viva, largado numa disparada estupenda sobre barrancas, e valos, e cerros, e galhadas – enristado o ferrão, rédeas soltas, soltos os estribos, estirado sobre o lombilho, preso às crinas do cavalo – o vaqueiro!

Já se lhe tem associado, em caminho, os companheiros, que escutaram, de longe, o estouro da boiada. Renova-se a lida: novos esforços, novos arremessos, novas façanhas, novos riscos e novos perigos a despender, a atravessar e a vencer, até que o boiadão, não já pelo trabalho dos que o encalçam e rebatem pelos flancos senão pelo cansaço, a pouco e pouco afrouxe e estaque, inteiramente abombado.

Reaviam-no à vereda da fazenda; e ressoam, de novo, pelos ermos, entristecedoramente, as notas melancólicas do aboiado.

Parece-nos ouvir e ver vir em nossa direção uma boiada sem governo. Nunca lemos nós nada literário que nos desse sensação tão viva como este passo desta obra *sui generis* (com efeito, como classificar *Os Sertões*? [vasta] reportagem histórico-política?). Vejam-se neste mesmo passo, ademais, a constante similicadência, o uso muito expressivo de multidão de aliterações, as sucessões de gerúndios (que maneira pode haver mais eficaz para exprimir um estouro de boiada!), e esta impressionante frase longa que deixa o leitor em absoluto suspense porque o sujeito, à maneira latina clássica, vem somente ao final:

> ✓ "E sobre este tumulto, arrodeando-o, ou arremessando-se impetuoso na esteira de destroços, que deixa após si aquela avalancha viva, largado numa disparada estupenda sobre barrancas, e valos, e cerros, e galhadas – enristado o ferrão, rédeas soltas, soltos os estribos, estirado sobre o lombilho, preso às crinas do cavalo – o vaqueiro!" [104]

Pois bem, como diz Aristóteles na *Poética*, a filosofia escrita em versos não é poesia, mas justamente filosofia em verso. Da mesma forma, a filosofia – como a platônica – escrita em molde dramático não é teatro, mas justamente filosofia em molde dramático. E, igualmente, a obra apologética – como a *Nova Floresta* – ou a reportagem histórica – como *Os Sertões* – escritas com recursos literários não são literatura, mas justamente obra apologética e reportagem histórica escritas com recursos literários. O que decide em último termo é o fim da obra: se seu fim é literário, será obra literária; se dramático, dramática; se retórico, retórica; se não literário nem dramático nem retórico, não literária nem dramática nem retórica – ainda que se verta em molde literário, dramático ou retórico. Neste último caso, no entanto, ao contrário do que se dá com a literatura, com o teatro e com a retórica, a obra há de cingir-se necessariamente às regras e normas gramaticais. Perdoar-se-á, é claro, qualquer falha neste sentido, desde que não prejudique a transmissão a quem está distante no tempo ou no espaço do conteúdo da obra – a serviço do que está precisa e precipuamente a Gramática e suas regras e normas.

---

[104] Veja-se, ademais, que o suspense se resolve não só no ansiado encontro do sujeito, mas no encontro de um sujeito seguido de ponto de exclamação, o que faz que o desfecho adquira sabor de surpresa.

BIBLIOGRAFIA*

Academia Brasileira de Letras, *Vocabulário Ortográfico da Língua Portuguesa*. 6.ª ed. Rio de Janeiro, *site* da ABL, 2021.

Academia das Ciências de Lisboa, Academia Brasileira de Letras & Delegações de Angola, Cabo Verde, Guiné-Bissau, Moçambique e São Tomé e Príncipe, *Acordo Ortográfico da Língua Portuguesa*. 2.ª ed. Brasília, Senado Federal, 2013.

Adriane da Silva Duarte, et al. *Dicionário Grego-Português*. 5 vols. Cotia, Ateliê Editorial, 2006-2010.

Adriano da Gama Kury, *Novas Lições de Análise Sintática*. 6.ª ed. São Paulo, Ática, 1993.

Agustín Blánquez Fraile:
- *Diccionario Español-Latino*. Barcelona, Sopena, 1975;
- *Diccionario Latino-Español*. 2 vols. 5.ª ed. revisada, corregida y aumentada, 1982.

Alfred Ernout, *Morphologie Historique du Latin*, avant-propos par Antoine Meillet. 3.ème éd. revue et corrigée. Paris, Librairie C. Klincksieck, 1953.

Alfred Ernout & François Thomas, *Syntaxe Latine*. 2.ème éd. (tirage corrigé et revu). Paris, Librairie C. Klincksieck, 1959.

Álvaro Calderón, P.:
- *La Analogía* [opúsculo não publicado, s.d.];
- *Las Categorías* [opúsculo não publicado, s.d.];
- *Los Predicables* [opúsculo não publicado, s.d.];
- *Los Trascendentales*]opúsculo não publicado, s.d.];
- *Tratado de la Demostración – Lógica de la Tercera Operación del Intelecto* [opúsculo não publicado, s.d.];

---

* Não se dão aqui as obras de que tomamos frases ou versos para exemplos. Dão-se tão somente as obras gramaticais, linguísticas e filosóficas que tiveram de fato alguma importância para a escrita de nossa segunda gramática, ainda quando a modo de adversárias; além de obras nossas de algum modo relacionadas a *A Arte de Escrever Bem*.

- *Tratado de la Enunciación – Lógica de la Segunda Operación del Intelecto* [opúsculo não publicado, s.d.];
- *Umbrales de la Filosofía – Cuatro Introducciones Tomistas*. Argentina, edición del autor, 2011.

AMÂNCIO FRIAÇA, ET AL., *Trivium e Quadrivium – As Artes Liberais na Idade Média*, coord. Lênia Márcia Mongelli. Cotia, Íbis, 1999.

Andrés Bello:
- *Análisis Ideológica de los Tiempos de la Conjugación Española*. Madrid, Manuel Tello, 1891;
- *Opúsculos Gramaticales – Ortología, Arte Métrica, Apéndices*. In: *Obras Completas*. Madrid, Manuel Tello, 1890;
- (& RUFINO J. CUERVO) *Gramática de la Lengua Castellana*. Argentina, Editorial Sopena, 1973.

ANTENOR NASCENTES:

Dicionário de Sinônimos. 5.ª ed. Rio de Janeiro, Lexicon, 2018;

Dicionário Etimológico da Língua Portuguesa. 4.ª ed. Rio de Janeiro, Lexikon, 2010;
- *O Problema da Regência*. 2.ª ed. Rio de Janeiro, Freitas Bastos, 1960.

ANTONIO FERNANDO BORGES, *Em Busca da Prosa Perdida*. São Paulo, É Realizações, 2013.

ANTÔNIO FREIRE, S. J., *Gramática Grega*. São Paulo, Martins Fontes, 2008.

ANTÔNIO GERALDO DA CUNHA, *Dicionário Etimológico da Língua Portuguesa*. Rio de Janeiro, Lexicon, 2010.

ANTÔNIO HOUAISS, *Dicionário Eletrônico Houaiss da Língua Portuguesa*. Rio de Janeiro, Editora Objetiva, 2009.

ARISTÓTELES:
- *Analíticos Primeros*. In: *Tratados de Lógica (Órganon) II*, intr., trad. y notas Miguel Candel Sanmartin. 2.ª reimp. Madrid, Editorial Gredos, 1988;
- *Analíticos Segundos*. In: *Tratados de Lógica (Órganon) II*, intr., trad. y notas Miguel Candel Sanmartin. 2.ª reimp. Madrid, Editorial Gredos, 1988;
- *Categorías*. In: *Tratados de Lógica (Órganon) I*, intr., trad. y notas Miguel Candel Sanmartin. 4.ª reimp. Madrid, Editorial Gredos, 1982;
- *Poética*, trad. y notas de Eilhard Schlesinger. Buenos Aires, Editorial Losada, S. A., 2003;
- *Refutaciones Sofísticas*, in *Tratados de Lógica (Órganon) I*, intr., trad. y notas Miguel Candel Sanmartin. 4.ª reimp. Madrid, Editorial Gredos, 1982;

- *Retórica*. In: "Obras Completas de Aristóteles" (coord. António Pedro Mesquita), vol. VIII, t. I, pref. e intr. de Manuel Alexandre Junior, trad. e notas Manuel Alexandre Junior, Paulo Farmhouse Alberto e Abel do Nascimento Pena, 4.ª ed. Lisboa, Centro de Filosofia da Universidade de Lisboa/Imprensa Nacional--Casa da Moeda, 2010;
- *Sobre la Interpretación*. In: *Tratados de Lógica (Órganon) II*, intr., trad. y notas Miguel Candel Sanmartin. 2.ª reimp. Madrid, Editorial Gredos, 1988;
- *Tópicos*. In: "Obras Completas de Aristóteles" (coord. António Pedro Mesquita), vol. I, t. V, trad., intr. e notas J. A. Segurado e Campos. Lisboa, Centro de Filosofia da Universidade de Lisboa/Imprensa Nacional-Casa da Moeda, 2007.

ARTHUR SCHOPENHAUER, *A Arte de Escrever*. Org., trad., pref. e notas Pedro Süssekind. Porto Alegre, L&PM Editores, 2005.

AURÉLIO BUARQUE DE HOLANDA FERREIRA:
- *Enriqueça o Seu Vocabulário*. 2.ª ed. Rio de Janeiro, Civilização Brasileira, 1965;
- *Novo Dicionário Aurélio da Língua Portuguesa*. 2.ª ed. revista e ampliada. Rio de Janeiro, Editorar Nova Fronteira, 1993.

BARSA, *Dicionário Barsa da Língua Portuguesa*. 2 vols. Rio de Janeiro, Barsa-Planeta, 1999.

BESCHERELLE, *L'Art de Conjuguer*, nouvelle éd. entièrement remise à jour. Paris, Hatier, 1990.

CALDAS AULETE & ANTÓNIO LOPES DOS SANTOS VALENTE:
- *Dicionário Contemporâneo da Língua Portuguesa Caldas Aulete*. 5 vols. Rio de Janeiro, Editora Delta, 1955;
- *Mini-Caldas Aulete – Dicionário Contemporâneo da Língua Portuguesa* (ed. Paulo Geiger). Rio de Janeiro, Nova Fronteira, 2004.
- *Novíssimo Aulete – Dicionário Contemporâneo da Língua Portuguesa* (ed. Paulo Geiger). Rio de Janeiro, Lexicon, 2011.

CÂNDIDO DE FIGUEIREDO, *Dicionário da Língua Portuguesa*. 2 vols. Rio de Janeiro, Mérito, 1949.

CARLOS ALBERTO DE MACEDO ROCHA & CARLOS EDUARDO PENNA DE M. ROCHA, *Dicionário de Locuções e Expressões da Língua Portuguesa*. Rio de Janeiro, Lexicon, 2011.

CARLOS GÓIS:
- *Método de Análise (Léxica e Lógica) ou Sintaxe das Relações*. 21.ª ed. Rio de Janeiro, Francisco Alves, 1956;

- *Sintaxe de Concordância*. Rio de Janeiro, Francisco Alves, 1955;
- *Sintaxe de Construção*. Rio de Janeiro, Francisco Alves, 1958;
- *Sintaxe de Regência*. Rio de Janeiro, Francisco Alves, 1938.

CARLOS NOUGUÉ:
- "A Perfeição Artística da Saga do Padre Brown", prólogo a GILBERT KEITH CHESTERTON, *A Inocência do Padre Brown*. Trad. Carlos Nougué. Porto Alegre, Sociedade Chesterton Brasil/Instituto Hugo de São Vítor, 2020;
- *A Gramática, Arte Subalternada à Lógica*. In: *Estudos Tomistas – Opúsculos*. Formosa, Edições Santo Tomas, 2016.
- *A Relação entre o Verbo Ser Copulativo e o Verbo Ser com o Sentido de "Ser em Ato"*. In: *Estudos Tomistas – Opúsculos II*, Formosa, Edições Santo Tomás, 2020;
- *Da Arte do Belo*. 2.ª ed. revista. Formosa, Edições Santo Tomas, 2021;
- *Das Artes Liberais: a Necessária Revisão*. In: *Da Arte do Belo*. 2. ed. revista. Formosa, Edições Santo Tomas, 2021;
- Prólogo a MIRIAM JOSEPH, IRMÃ, *O Trivium – As Artes Liberais da Lógica, da Gramática e da Retórica*. Ed. revista e atualizada, trad. e adap. Henrique Paul Dmyterko. São Paulo, É Realizações Editora, 2014;
- Se "Teogonia e Trabalhos e Dias", de Hesíodo, São Poesia. In: *Da Arte do Belo*. 2.ª ed. revista. Formosa, Edições Santo Tomas, 2021;
- *Suma Gramatical da Língua Portuguesa*. 2.ª ed./6.ª reimp. São Paulo, É Realizações, 2021.

CARLOS SPITZER, *Dicionário Analógico da Língua Portuguesa – Tesouro de Vocábulos e Frases da Língua Portuguesa*. Rio de Janeiro, Globo, 1957.

CELSO CUNHA & LINDLEY CINTRA, *Nova Gramática do Português Contemporâneo*. 7.ª ed. Rio de Janeiro, Lexicon, 2021.

CELSO PEDRO LUFT:
- *A Vírgula – Considerações sobre o Seu Ensino e o Seu Emprego*. Org. e superv. Lya Luft. São Paulo, Ática, 1996.
- *Dicionário Prático de Regência Nominal*. 5.ª ed. São Paulo, Ática, 2013;
- *Dicionário Prático de Regência Verbal*. 9.ª ed. São Paulo, Ática, 2010.

CÉSAR GUILMAR, *Aulas de Português*. Rio de Janeiro, Equipe Rio Concursos/Publicações Leviatã, 1994.

CHRISTA PÖPPELMANN, *Dicionário de Máximas e Expressões em Latim*. Trad. e adapt. Ciro Mioranza. São Paulo, Escala, s.d.

DOMINGOS DE AZEVEDO, *Grande Dicionário Francês-Português*. 2 vols. 4.ª ed. revista e atualizada por J.-J. Duthoy e J. Rousé. Lisboa, Livraria Bertrand, 1952.

ÉDOUARD BOURCIEZ, *Éléments de Linguistique Romane*. 4.ème éd. revisé par l'auteur e par Jean Bourciez. Paris, Librairie C. Klincksieck, 1956.

EDWARD SAPIR, *A Linguagem – Introdução ao Estudo da Fala*. Trad. J. Mattoso Câmara Jr. Rio de Janeiro, Instituto Nacional do Livro, 1954.

ÉMILE BENVENISTE, *Problemas de Linguística Geral*. Trad. Maria da Glória Novak e Luiza Neri. São Paulo, Companhia Editora Nacional/Editora da Universidade de São Paulo, 1976.

EMILIO ALARCOS LLORACH, *Gramática de la Lengua Española*. 4.ª ed. Madrid, Espasa, 1994.

EUGENIO COSERIU:
- *Sincronía, Diacronía e Historia (el Problema del Cambio Lingüístico)*. Madrid, Gredos, 1973;
- *Teoría del Lenguaje y Lingüística General*. Madrid, Gredos, 1973.
  - EVANILDO BECHARA:
  - *Minidicionário da Língua Portuguesa*. Rio de Janeiro, Nova Fronteira, 2009.
  - *Moderna Gramática Portuguesa*. 37ª. ed. Rio de Janeiro, Editora Nova Fronteira/Editora Lucerna, 2009.

FERNÃO DE OLIVEIRA, *Grammatica da Lingoagem Portuguesa*. 1536. Disponível na Internet.

FRANCISCO FERNANDES:
- *Dicionário de Regimes de Substantivos e Adjetivos*. Rio de Janeiro, Globo, 2005;
- *Dicionário de Verbos e Regimes*. Rio de Janeiro, Globo, 2008;
- *Dicionário de Sinônimos e Antônimos da Língua Portuguesa*. Rio de Janeiro, Globo, 1996.

FRANCISCO FERREIRA AZEVEDO, *Dicionário Analógico da Língua Portuguesa – Ideias Afins – Thesaurus*. 3.ª ed. Rio de Janeiro, Lexicon, 2016.

FRANZ BLATT, *Précis de Syntaxe Latine*, avant-propos par Jean Bayet. Lyon/Paris, IAC, 1952.

GLADSTONE CHAVES DE MELO,
- *Ensaio de Estilística da Língua Portuguesa*. Rio de Janeiro, Padrão, 1976;
- *Gramática Fundamental da Língua Portuguesa*. 2.ª ed. Rio de Janeiro, Livraria Padrão, 1970;

- *Iniciação à Filologia e à Linguística Portuguesa.* Rio de Janeiro, Ao Livro Técnico, 1981;
- *A Língua do Brasil.* 3.ª ed. atualizada. Rio de Janeiro, Fundação Getúlio Vargas, 1975;
- *Novo Manual de Análise Sintática: Racional e Simplificada.* 3.ª ed. revista e melhorada/2.ª tiragem. Rio de Janeiro, Livraria Acadêmica, 1971.

Isidoro de Sevilla, *Etimologías.* 2 vols. Ed. bilingüe prep. por José Oroz Reta y Manuel-A. Marcos Casquero. Madrid, Biblioteca de Autores Cristianos, MCMXCIV.

J. I. Roquete & José da Fonseca, *Dicionário dos Sinônimos – Poético e de Epítetos – da Língua Portuguesa.* Porto, Lello, 1949.

J. Marouzeau:
- *L'Ordre des Mots en Latin.* Paris, Société d'Édition "Les Belles Lettres", 1953;
- *La Prononciation du Latin (Histoire, Théorie, Pratique).* 4ème éd. Paris, Société d'Édition "Les Belles Lettres", 1955.

J. Mattoso Câmara Jr.:
- *Dicionário de Linguística e Gramática.* Petrópolis, Vozes, 1977;
- *Elementos da Língua Pátria.* 4 vols. 2.ª ed. Rio de Janeiro, Briguiet, 1938;
- *Para o Estudo da Fonêmica Portuguesa.* 2.ª ed. Rio de Janeiro, Padrão, 1977.

Jerónimo Soares Barbosa, *Grammatica Philosophica da Lingua Portugueza.* Ed. crítica, estudos e notas Sónia Catarina Gomes Coelho. Vila Real, Centro de Estudos em Letras – Universidade de Trás-os-Montes e Alto Douro, 2013.

Jesús-Antonio Collado, *Fundamentos de Linguística General.* Madrid, Gredos, 1974.

João Ravizza, P., *Gramática Latina.* 14.ª ed. Niterói, Escola Industrial Dom Bosco, 1958.

João Ribeiro, *Floresta de Exemplos.* 2.ª ed. Rio de Janeiro, Livraria São José, 1959.

José Carlos de Azeredo (coord. e assist.), *Escrevendo pela Nova Ortografia – Como Usar as Regras do Novo Acordo Ortográfico da Língua Portuguesa.* 3.ª ed. Rio de Janeiro, Instituto Antônio Houaiss/Publifolha, 2009.

José Oiticica:
- *Manual de Análise Léxica e Sintática.* 6.ª ed. Rio de Janeiro, Francisco Alves, 1942;
- *Manual de Estilo.* Rio de Janeiro: Francisco Alves, 1936;
- *Teoria da Correlação.* Rio de Janeiro: Simões, 1952.

L. Laurand, *Manuel des Études Grecques et Latines*, nouvelle éd. revue et corrigé. Paris, Auguste Picard, Éditeur, 1927.

Luiz Carlos Figueiredo, *A Redação pelo Parágrafo*. Brasília, Editora da Universidade de Brasília, 1995.

Larousse, *Le Petit Larousse Illustré*. Paris, Larousse, 1996.

M. Rodrigues Lapa, *Estilística da Língua Portuguesa*. Lisboa, Livraria Popular, de Francisco Franco, 1957.

Luiz Claudio Vieira de Oliveira, "Ave, Palavra", artigo em PDF (na Internet).

M. Said Ali:
- *Dificuldades da Língua Portuguesa*. 7.ª ed. Rio de Janeiro, ABL/Biblioteca Nacional, 2008;
- *Gramática Secundária e Gramática Histórica da Língua Portuguesa*. Ed. revista e atualizada. Brasília, Editora Universidade de Brasília, 1964.

Maria Helena de Teves Costa Ureña Prieto, João Maria de Teves Costa Ureña Prieto & Abel do Nascimento Pena, *Índices de Nomes Próprios Gregos e Latinos*. Lisboa, Fundação Calouste Gulbenkian/Junta Nacional de Investigação Científica e Tecnológica, 1993.

Maria Joseph, Irmã, *O Trivium – As Artes Liberais da Lógica, da Gramática e da Retórica*. Ed. revista e atualizada, trad. e adap. Henrique Paul Dmyterko. São Paulo, É Realizações Editora, 2014.

María Marta García Negroni (coord.) & Laura Pérgola – Mirta Stern, *El Arte de Escribir Bien en Español – Manual de Corrección de Estilo*. Ed. corregida y aumentada. Buenos Aires, Santiago Arcos Editor, 2005.

Mário Barreto:
- *Através do Dicionário e da Gramática*. 4.ª ed. Rio de Janeiro, Presença, 1986;
- *De Gramática e de Linguagem*. 3.ª ed. Rio de Janeiro, Presença, 1982;
- *Fatos da Língua Portuguesa*. 3.ª ed. Rio de Janeiro, Presença, 1982;
- *Novíssimos Estudos da Língua Portuguesa*. 3.ª ed. Rio de Janeiro, Presença, 1980;
- *Novos Estudos da Língua Portuguesa*. 3.ª ed. Rio de Janeiro, Presença, 1980.
- *Últimos Estudos da Língua Portuguesa*. 2.ª ed. Rio de Janeiro, Presença, 1986.

Marshall McLuhan, *O Trivium Clássico – o Lugar de Thomas Nashe no Ensino de Seu Tempo*. Org. W. Terrence Gordon. Trad. Hugo Langone. São Paulo, É Realizações, 2012.

Martinz de Aguiar, *Notas de Português de Filinto e Odorico (Transcrição e Comentário)*. Rio de Janeiro, Organização Simões, 1955.

Napoleão Mendes de Almeida:
- *Dicionário de Questões Vernáculas.* 4.ª ed. São Paulo, Ática, 2006;
- *Gramática Latina.* 30.ª ed. São Paulo, Saraiva, 2011;
- *Gramática Metódica da Língua Portuguesa.* 46.ª ed. revista. São Paulo, Saraiva, 2009.

Noam Chomsky, *Aspects de la Théorie Syntaxique.* Paris, Seuil, 1975.

Othon M. Garcia, *Comunicação em Prosa Moderna.* 7.ª ed. Rio de Janeiro, Editora da Fundação Getúlio Vargas, 1978.

Paul Robert, *Le Petit Robert 2 – Dictionnaire Universel des Noms Propres (Alphabétique et Analogique)*, rédaction dirigée par Alain Rey, nouvelle éd. revue, corrigée et mise à jour. Paris, Le Robert, 1990.

Paulo Geiger & Renata de Cássia Menezes da Silva, *A Nova Ortografia sem Mistério – do Ensino Fundamental ao Uso Profissional*, 2.ª reimp. Rio de Janeiro, Lexicon, 2009.

Platón [Platão], *Crátilo*, in *Platón, Diálogos II.* Trad., introd. y notas J. L. Calvo, Madrid, Editorial Gredos (Biblioteca Clásica Gredos), 1983.

Porphyre [Porfírio], *Isagoge.* Texte grec et latin, trad. A. de Libera et A.-Ph. Segonds, intr. et notes A. de Libera, Paris, Librairie Philosophique J. Vrin, 1998.

Real Academia Española & Asociación de Academias de la Lengua Española:
- *Diccionario Panhispánico de Dudas.* Madrid, Santillana, 2005;
- *Nueva Gramática de la Lengua Española – Fonética y Fonología.* 2 vols. Barcelona, Espasa, 2011;
- *Nueva Gramática de la Lengua Española – Morfología y Sintaxis.* 2 vols. Barcelona, Espasa, 2009.

Ricardo Cavaliere, *A Gramática no Brasil: Ideias, Percursos e Parâmetros.* Rio de Janeiro, Lexicon, 2014.

Rocha Lima, *Gramática Normativa da Língua Portuguesa.* Rio de Janeiro, José Olympio Editora, 2010.

Rodolfo Ragucci, S. D. B., *El Habla de Mi Tierra – Lecciones Prácticas de Lengua Española.* 14.ª ed. Buenos Aires, Sociedad Editora Internacional, 1950.

Roman Jakobson, *Linguística e Comunicação.* Trad. Isidoro Blikstein e José Paulo Paes. São Paulo, Cultrix, 1969.

S. Thomae Aquinatis [Tomás de Aquino] Opera (subsidia studii ab Enrique Alarcón collecta et edita Pompaelone ad Universitatis Studiorum Navarrensis aedes ab A.D. MM.):

- *De Fallaciis* (opus dubia authenticitate);
- *Expositio Libri Peryermeneias*;
- *Expositio Libri Posteriorum Analyticorum*.

SANTIAGO RAMÍREZ, *De Analogia*. 4 vols. Madrid, CSIC, 1972.

SEGISMUNDO SPINA (COORD.), AMINI.BOAINAIN HAUY, ET AL., *História da Língua Portuguesa*. Cotia, Ateliê Editorial, 2008.

SILVEIRA BUENO, *Tratado de Semântica Brasileira*. 3.ª ed. São Paulo, Saraiva, 1960.

SIMÃO CARDOSO, *O Genitivo em Português (Contributos para uma Sintaxe e Semântica da Preposição "de")*. Porto, Universidade do Porto, Faculdade de Letras, 1988.

SOUSA DA SILVEIRA, *Lições de Português*. 4.ª ed. melhorada. São Paulo, Companhia Editora Nacional, 1940.

SUSANNE LANGER:
- *Philosophy in a New Key: a Study in the Symbolism of Reason, Rite, and Art.* Cambridge, Harvard University Press, 1957;
- *Sentimento e Forma – uma Teoria da Arte Desenvolvida a Partir de "Filosofia em Nova Chave"*. Trad. Ana M. Goldberger Coelho e J. Guinsburg. 1.ª ed. – 3.ª reimp. São Paulo, Perspectiva, 2011.

THOMAE DE VIO CAIETANI, *In Praedicabilia Porphyrii, Praedicamenta et Libros Posteriorum Analyticorum Aristotelis*. Venetiis, apud Haeredem Hieronymi Scoti, mdlxxxviii.

WALMIRIO MACEDO, *O Livro da Semântica: Estudo dos Signos Linguísticos*. Rio de Janeiro, Lexicon, 2012.

WINFRIED BUSSE (COORD.), FRANCISCA ATHAYDE, ET AL., *Dicionário Sintáctico de Verbos Portugueses*. Coimbra, Almedina, 1994.

ÍNDICE DE ASSUNTOS

A (preposição), 133
A metáfora, 104
Abreviação, 103
Acento agudo, 43
Acento circunflexo, 43
Acento grave, 43
Acentos diferenciais, 53
Acidentes das palavras, 69
Acreditar, crer (regência), 416
Adjetivo (primeiro quadro), 64
Adjetivo e gênero, 152
Adjetivo referido a um ou a mais de um substantivo, 448
Adjetivo, 149
Adjetivos (noções básicas), 64
Adjetivos determinativos (noções básicas), 64
Adjetivos e advérbios, 197
Adjetivos e dupla função sintática, 19
Adjetivos qualificativos (noções básicas), 64
Adjetivos qualificativos, 64
Adjetivos uniformes no superlativo absoluto sintético, 152
Adjetivos uniformes, 152
Adjunto adnominal (primeiro quadro), 355
Adjunto adnominal, 132
Adjunto adverbial (primeiro quadro), 364
Adjunto adverbial e complemento circunstancial, 365
Adjunto adverbial iniciado por de (exemplos), 365
Adjunto adverbial, 132
Adjunto não é sinônimo de "acessório", 369
Advérbio (notas), 132
Advérbio (primeiro quadro), 132
Advérbio (subclasses), 298
Advérbio de designação, 301
Advérbios (classificação), 300
Advérbios (colocação), 299
Advérbios (noções básicas), 66
Advérbios de afirmação, 302

Advérbios de dúvida, possibilidade, probabilidade, 302
Advérbios de exclusão, 301
Advérbios de inclusão, 301
Advérbios de intensidade, 300
Advérbios de lugar, 300
Advérbios de modo, 300
Advérbios de negação, 302
Advérbios de ordem, 301
Advérbios de retificação e de esclarecimento, 301
Advérbios de tempo, 300
Advérbios e grau dimensivo, 307
Advérbios em -mente, 305
Advérbios interrogativos, 303
Advérbios modificadores de verbos, 299
Advérbios modificadores verbos, 299
Advérbios no comparativo (uso), 306
Advérbios, 66
Afrouxar (conjugação), 247
Agente da passiva, 352
Agradar (regência), 417
Agradecer (regência), 417
Agredir (modelo de conjugação), 253
Aguar (acentuação), 53
Aguar (conjugação), 245
Ajoelhar (regência), 416
Alfabeto português, 37
Algo (emprego), 192
Algo (pronome indefinido), 191
Alguém (pronome indefinido), 191
Alguém e ninguém, 192
Algum (pronome indefinidor), 193
Alguns relativos variam em gênero e número, 206
Alterações na figura dos pronomes oblíquos, 166
Ante (preposição), 314
Antecedente do pronome relativo, 206
Antepor (regência), 418

Aonde (advérbio interrogativo), 201
Aonde (relativo), 211
Apaziguar (acentuação), 53
Apelar (regência), 418
Apócopes, 75
Apólogo (fabuloso) e fábula, 599
Após (preposição), 314
Aposto (de)nominativo, 360
Aposto (definição), 360
Aposto (enumerativo) antecipado, 362
Aposto (primeira espécie de), 360
Aposto (segunda espécie de), 361
"Aposto comparativo", 363
Aposto de epíteto (ou de alcunha), 361
Aposto de explicitação, 361
"Aposto distributivo", 362
Aposto enumerativo, 361
"Aposto explicativo", 363
Aposto individualizador, 360
Aposto resumitivo (inequívoco), 361
Aposto resumitivo, 361
Aposto, 39
Apóstrofo, 44
Apropinquar (conjugação), 245
Artigo (espécies de), 222
Artigo definido (omissão), 222
Artigo definidor e adjetivo santo, 234
Artigo definidor e nome próprio de pessoa, 225
Artigo definidor e sequência de adjetivos, 235
Artigo definidor e sequência de substantivos, 234
Artigo definidor e topônimos, 231
Artigo definidor, 222
Artigo e ambos, 234
Artigo e nome de obra literária ou dramática, 233
Artigo e nome próprio, 232
Artigo e outro, 234
Artigo e senhor, 234
Artigo e todo, 234
Artigo indefinidor (omissão), 236
Artigo indefinidor, 223
Artigos (colocação), 236
Artigos (noções básicas), 65
Artigos (notas morfossintáticas), 225
Artigos (outros empregos), 236

Artigos e preposições (contrações), 311
Artigos indefinidores (outros empregos), 236
Artigos são adjetivos determinativos, 222
Artigos, 65
Aspas, 520
Aspectos fornecidos aos verbos por sufixos, 99
Aspirar (regência), 419
Assindéticas (ordem), 371
Assistir (regência), 419
Asterisco, 521
Até (preposição), 314
Atender (regência), 420
Atual sistema ortográfico (cap. I), 37
"Auxiliares aspectuais", 354
Averiguar (acentuação), 53
Avisar (regência), 421
Banir (modelo de conjugação), 258
Bibliografia, 604
Brasil e Portugal, 498
Brasileiros e portugueses, 497
Caber (conjugação), 248
Cada (pronome indefinido), 191
Cada qual (locução), 191
Cada um (locução), 191
Captar (conjugação), 247
Catacrese, 105
Cedilha, 45
Certificar (regência), 421
Certo (pronome indefinido), 200
Chamar (regência), 421
Chave, 521
Chegar (regência), 422
Chorar (regência), 422
Circuito fechado, 128
Classes gramaticais (noções básicas), 63
Classes gramaticais e funções sintáticas (primeiro quadro), 130
Classificação dos substantivos, 133
Classificação dos sufixos de grau dimensivo, 147
Classificação dos sufixos de grau dimensivo, 71
Classificação dos verbos quanto à transitividade, 353
Clichê, 105
Colchetes, 520
Coletivo específico, 134

Colocação do possessivo, 187
Colocação dos pronomes pessoais átonos: regras, 495
Com (preposição), 315
Comentar (regência), 423
Comigo, contigo, etc., Sozinhos ou determinados, 168
Como (advérbio interrogativo), 201
Como adquirir e dominar o léxico, 532
Como sem antecedente, 381
Comparativos e superlativos especiais, 159
Comparecer (regência), 423
Complemento acusativo ou objeto direto, 334
Complemento circunstancial (primeiro quadro), 131
Complemento circunstancial, 349
Complemento indireto (duplo), 341
Complemento nominal (primeiro quadro), 333
Complemento nominal e adjunto adnominal, 357
Complemento nominal, 131
Complemento ou objeto indireto dativo, 341
Complemento ou objeto indireto relativo, 348
Complemento verbal (primeiro quadro), 131
Complementos circunstanciais por preposição, 350
Complementos e adjuntos, 128
Complementos relativos e complementos dativos, 349
Complementos verbais, 334
Composição mais propriamente lexical, 81
Composição por aglutinação, 82
Composição por justaposição, 82
Comunicar (regência), 423
Concernir, 258
Concisão conveniente (do parágrafo), 590
Concordância (duas espécies de), 447
Concordância com cerca de, perto de, etc., 473
Concordância com dar, bater, soar, 473
Concordância com expressões de sentido quantitativo, 464
Concordância com mais de um, 463
Concordância com nem um, nem outro, 462
Concordância com nomes próprios plurais, 476
Concordância com núcleos unidos por com, 467
Concordância com núcleos unidos por e, 469
Concordância com núcleos unidos por ou, 474
Concordância com o adjetivo anteposto, 449
Concordância com o adjetivo posposto, 451
Concordância com quais, quantos, alguns, etc., 466
Concordância com qual de nós, 467
Concordância com sujeito composto por nem, 471
Concordância com sujeito composto, 458
Concordância com sujeito oracional composto, 470
Concordância com tanto... Como, 468
Concordância com um dos que, 463
Concordância com um e outro, 461
Concordância com um ou outro, 461
Concordância dita "parcial", 457
Concordância do predicativo com sujeito, 454
Concordância do verbo ser, 477
Concordância do verbo ser: variações, 477
Concordância nominal e concordância verbal (cap. VI), 325
Concordância nominal, 447
Concordância nominal: apenas uma regra, 447
"Concordância parcial", 453
Concordância quando o predicativo é advérbio, 480
Concordância verbal, 455
Concordância verbal: regra geral, 455
Conectivos (noções básicas), 66
Conectivos absolutos (noções básicas), 66
Conectivos não absolutos (noções básicas), 67
Confraternizar (regência), 423
Conjugação da voz passiva, 294
Conjunção (espécies de), 374
Conjunção (primeiro quadro), 133
Conjunção e subordinação, 373
Conjunções (noções básicas), 66
Consoantes dobradas rr e ss, 38
Consoantes mudas, 38
Consoantes, 37
Constituir (regência), 424
Conto, novela, romance, 597
Contra (preposição), 315
Correspondência ou correlação verbal (primeiro quadro), 271

Correspondência pronominal e adverbial no discurso direto e indireto, 577
Correspondência verbal no discurso direto e no indireto, 574
Corrupção semântica, 104
Crase, 437
Crer (conjugação), 248
Cujo (pronome relativo), 211
Custar (regência), 424
Dado (pronome indefinidor), 199
Dar (conjugação), 244
Dativo com verbos causativos e sensitivos, 347
Dativo de posse, 345
Dativo de verbo de cópula, 345
Dativos da segunda classe de dativo e objeto direto, 343
Dativos livres: de interesse e ético, 346
De (preposição), 133
De todo (locução), 197
Debater (regência), 424
Deitar (regência), 417
Delinquir (acentuação), 53
Demais termos da oração, 332
Deparar (regência), 424
Derivação regressiva, 102
Desaguar (conjugação), 245
Desde (preposição), 316
Desfrutar (regência), 425
Desinência universal de plural, 140
Desinências de grau dimensivo dos substantivos, 147
Desinências de grau intensivo dos substantivos, 147
Desobedecer (regência), 430
Determinado (pronome indefinidor), 168
Dignar-se (conjugação), 246
Discurso direto e discurso indireto, 571
Discurso indireto livre ou semi-indireto, 571
Divisão silábica, 42
Dizer (conjugação), 248
Dois-pontos, 518
Duvidosos ou falsos tempos compostos, 294
"E nem", 302
É que, 203
Em (preposição), 317
Em ordem a (locução prepositiva), 312

Em que vs. "No que", etc., 204
Ensinar (regência), 425
Entre (preposição), 318
Entre advérbios e entre pronomes pessoais (correspondência), 578
Entre pronomes demonstrativos (correspondência), 577
Entre pronomes possessivos e pronomes pessoais (correspondência), 578
Enxaguar (acentuação), 53
Enxaguar (conjugação), 245
Escrever frases com as palavras colocadas segundo a intenção, 551
Escrever frases com lugar de destaque para a oração central, 557
Escrever frases com paralelismo morfossintático, 563
Escrever frases de todo claras, 551
Esquecer (regência), 426
Estar verbos terminados em -ear (conjugação), 244
Estilo e normas de estilo, 525
Estourar (conjugação), 247
Expressões metafóricas consagradas, 105
Extensão conveniente (do parágrafo), 586
Extensão ou ampliação do significado, 107
Falir (modelo de conjugação), 258
Fazer (conjugação), 249
Feminino dos adjetivos biformes, 152
Finalidade das normas estilísticas gerais, 526
Flexão de grau dimensivo dos adjetivos, 155
Flexão de grau dos adjetivos, 155
Flexão de grau dos adjetivos qualificativos, 150
Flexão de grau intensivo dos adjetivos, 155
Flexão de número dos adjetivos, 154
Flexão de número dos adjetivos ligados por hífen, 154
Flexão de número dos adjetivos primitivos, 154
Flexão do infinitivo, 484
Flexão dos numerais, 215
Flexão dos numerais cardinais, 215
Flexão dos numerais coletivos, 216
Flexão dos numerais fracionários, 220
Flexão dos numerais multiplicativos, 220
Flexão dos numerais ordinais, 214
Flexões dos substantivos, 135

Fonética e ortoépia, 56
Formação das palavras (cap. II), 63
Formação de novas palavras, 76
Formação de novas palavras (duas possibilidades), 76
Formação de novas palavras por composição, 77
Formação de novas palavras por derivação própria (ou sufixal), 92
Formação do feminino dos adjetivos, 152
Formas contratas demonstrativas, 176
Formas nominais do verbo (empregos), 281
Frase na escrita, 126
Frigir (modelo de conjugação), 254
Fruir (regência), 254
Funções sintáticas, 127
Funções sintáticas dos pronomes relativos, 206
Funções sintáticas e espécies de oração (cap. IV), 325
Futuro do presente simples e composto (usos semantossintáticos), 267
Futuro do pretérito simples e composto (usos semantossintáticos), 268
Gênero dos substantivos, 135
Gêneros de texto e gramática, 597
Gêneros de texto que se cingem às regras gramaticais, 600
Gerúndio (o que expressa), 282
Gerundismo e erro de paralelismo, 288
Gostar (regência), 426
Gozar (regência), 425
Grau dos substantivos, 64
Grupo adjetivo, 122
Grupo adverbial, 122
Grupo substantivo, 122
Grupo verbal e tempo composto, 458
Grupos, 122
Há uma só regra da crase, 437
Habitar (regência), 430
Haja vista, 476
Haver (conjugação), 249
Hiatos (acentuação), 53
Hibridismo, 101
Hífen, 45
Hipocorísticos, 103
Homonímia, 107

Impedir (regência), 427
Imperativo, 279
Imperativo (substitutos do), 280
Imperativo (usos), 279
Imperativo afirmativo e negativo, 280
Implicar (regência), 427
Importar (regência), 427
Impugnar (conjugação), 246
Indignar-se (conjugação), 246
Infinitivo (lugar nesta gramática), 281
Infinitivo e gerúndio e ênclise, 498
Infinitivo flexionado e próclise, 499
Informar (regência), 421
Iniciar (regência), 428
Insistir (regência), 429
Inteirar (conjugação), 247
Interessar, 429
Interrogativos invariáveis e variáveis, 201
Ir (conjugação), 255
Ir (regência), 422
Isto, isso, aquilo, etc. (Empregos), 479
Isto, isso, aquilo, etc. (Pronomes demonstrativos), 176
Já e mais, 308
Legítimo progresso semântico, 104
Lembrar (regência), 430
Ler (conjugação), 249
Letra h, 39
Letra h nos dígrafos ch, lh e nh, 39
Letra inicial maiúscula, 40
Letras k, w e y, 37
Levantar (regência), 417
Lhe e verbos de colocação, 347
Locução ou palavra composta por justaposição?, 122
Locuções adverbiais, 303
Locuções adverbiais e vírgula, 301
Locuções adverbiais vs. Locuções prepositivas, 303
Locuções como a toda a brida, a todo o galope, etc., 196
Locuções pronominais indefinidas, 191
Medir (conjugação), 254
Melhor e pior (comparativos), 307
Melhor e pior com particípio, 307
Metonímia, 106

Minguar (conjugação), 245
Mobiliar (conjugação), 245
Modo comparativo (dos adjetivos), 158
Modo indicativo (usos semantossintáticos), 263
Modo subjuntivo (usos semantossintáticos), 272
Modo superlativo (dos adjetivos), 152
Modos e tempos verbais (usos semantossintáticos), 263
Modos morfossintáticos de indicação de grau intensivo, 155
Moral parabólica, 105
Morar (regência), 429
Muito (pronome indefinidor), 193
Nada (emprego), 192
Nada (pronome indefinido), 191
Não escrever frases emaranhadas, 539
Não escrever frases labirínticas, 539
Não escrever frases picadinhas ou fragmentárias sucessivas, 544
Não escrever frases que façam o leitor desandar a leitura, 535
Não escrever frases que padeçam de ambiguidade, 536
Não escrever frases que padeçam de queísmo, 548
Não se dá crase, 438
"Nem tampouco", 302
Nenhum (pronome indefinidor), 193
Ninguém (pronome indefinido), 192
Normas estilísticas gerais, 526
Normas estilísticas gerais (cap. IX), 525
Nosso de modéstia e nosso de majestade, 189
Notações léxicas, 43
Notas do bom parágrafo, 585
Notificar (regência), 421
Núcleo do sujeito e do predicado, 128
Numerais, 213
Numerais (noções básicas), 65
Numerais adjetivos, 213
Numerais cardinais, 214
Numerais cardinais (emprego), 215
Numerais cardinais e numerais ordinais (quadro), 221
Numerais cardinais pelos ordinais (emprego), 218

Numerais coletivos, 215
Numerais fracionários, 216
Numerais fracionários (emprego), 220
Numerais multiplicativos, 216
Numerais multiplicativos (emprego), 220
Numerais ordinais, 214
Numerais ordinais (emprego), 218
Numerais substantivos, 213
O emprego de certas letras, 108
O qual (pronome relativo), 207
O que quer que (locução pronominal indefinida), 191
O(s)/a(s) (pronomes demonstrativos), 181
Obedecer (regência), 430
"Objeto direto interno", 340
Objeto direto ou acusativo (primeiro quadro), 131
Objeto direto preposicionado, 336
Objeto indireto dativo (primeiro quadro), 131
Objeto indireto relativo (primeiro quadro), 131
Obstar (conjugação), 247
Obviar (conjugação), 247
Olvidar (regência), 426
Onde (advérbio interrogativo), 201
Onde (relativo), 211
Onde e aonde com verbos de estada e de movimento, 201
Onde sem antecedente, 381
Onomatopeia, 102
Opor (regência), 418
Optar (conjugação), 247
Oração (espécies de), 368
Oração absoluta, 124
Oração absoluta (primeiro tratamento), 369
Oração assertiva, 124
Oração de substantivo + verbo sem sentido completo, 368
Oração declarativa, 124
Oração deprecativa, 124
Oração e anterioridade não cronológica, 372
Oração e frase, 121
Oração enunciativa, 124
Oração exclamativa, 386
Oração imperativa, 124
Oração imperfeitíssima, 123
Oração interrogativa, 125

Oração interrogativa retórica, 125
Oração mais propriamente dita, 123
Oração mais propriamente dita (primeiro tratamento), 368
Oração optativa, 124
Oração perfeita com duas ou mais orações, 369
Oração perfeita e absoluta (espécies de), 124
"Oração sem sujeito", 128
Oração sindética e assindética, 370
Oração subordinada (primeiro tratamento), 124
Oração subordinada adjuntiva e predicativa e relativo, 381
Oração subordinada substantiva apositiva, 378
Oração subordinada substantiva completiva nominal, 378
Oração subordinada substantiva completiva relativa, 378
Oração subordinada substantiva objetiva dativa, 378
Oração subordinada substantiva objetiva direta, 377
Oração subordinada substantiva predicativa, 378
Oração subordinada substantiva subjetiva, 376
Oração subordinante (primeiro tratamento), 368
Oração vocativa, 124
Orações adverbiais aditivas, 384
Orações adverbiais adversativas, 386
Orações adverbiais alternativas ou disjuntivas, 385
Orações adverbiais causais, 390
Orações adverbiais comparativas, 395
Orações adverbiais concessivas, 391
Orações adverbiais conclusivas ou ilativas, 389
Orações adverbiais condicionais (ou hipotéticas), 389
Orações adverbiais conformativas, 394
Orações adverbiais consecutivas, 396
Orações adverbiais continuativas, 389
Orações adverbiais da primeira espécie, 373
Orações adverbiais da segunda espécie, 390
Orações adverbiais explicativas, 386
Orações adverbiais finais, 397
Orações adverbiais modais, 397
Orações adverbiais proporcionais, 398
Orações adverbiais temporais, 398
Orações ainda imperfeitas, 123
Orações alternativas (ordem), 372
Orações assinalativas, 125
Orações coordenadas e subordinadas (quadro sinóptico), 400
Orações dubitativas, 125
Orações justapostas, 373
Orações perfeitas, 123
Orações perfeitas (afirmativas ou negativas), 125
Orações perfeitas (primeiro tratamento), 368
Orações sem sujeito, 128
Orações subordinadas (espécies de), 273
Orações subordinadas adjetivas, 274
Orações subordinadas adverbiais, 275
Orações subordinadas desenvolvidas, 374
Orações subordinadas reduzidas, 374
Orações subordinadas substantivas, 273
Orações subordinantes e subordinadas, 368
Orações suspensivas, 125
Otimamente e pessimamente, 307
Outrem a (pronome indefinido), 191
Outro (pronome indefinidor), 193
Outros modos de formação de palavras por composição, 77
Outros modos de formar novas palavras, 76
Outros paradigmas das classes gramaticais (cap. III), 121
Outros paradigmas e primeiros empregos, 121
Outros tipos de coletivos, 134
Ouvir (conjugação), 254
Pagar (regência), 431
Palavra e suas partes, 121
Palavra, unidade significativa mínima, 67
Palavras atemáticas, 74
Palavras de acentuação duvidosa, 48
Palavras monossilábicas tônicas (acentuação), 46
Palavras oxítonas (acentuação), 46
Palavras paroxítonas (acentuação), 47
Palavras proparoxítonas (acentuação), 47
Para (preposição), 318
Para bem usar da pontuação (cap. VIII), 503
Paradigmas dos verbos regulares, 239

Paradigmas verbais, 239
Parassíntese, 101
Parênteses, 518
Parte integrante, 332
Partes morfológicas das palavras, 87
Particípio "passado" (o que expressa, como o chamamos), 285
Particípio "presente" (o que expressa, como o chamamos), 287
Pedir (conjugação), 254
Pedir (regência), 432
Peneirar (conjugação), 247
Perante (preposição), 319
Perder (conjugação), 250
Perdoar (regência), 431
"Período", 126
Plural dos diminutivos em -zinho e -zito, 144
Plural dos substantivos, 140
Plural dos substantivos compostos (ou locuções substantivas), 144
Plural dos substantivos terminados em -ão, 141
Plural dos substantivos terminados em consoante, 143
Plural dos substantivos terminados em vogal ou ditongo oral, 140
Poder (conjugação), 250
Poema, 597
Poética ou literatura, 597
Ponto de exclamação, 505
Ponto de interrogação, 504
Ponto e vírgula, 517
Ponto-final, 504
Pontuação no discurso direto, 581
Pontuação: definição, 503
Pôr (conjugação), 250
Por que (não porque), 303
Por/per (preposição), 319
Porque explicativa e porque causal (distinção), 387
Posição do sujeito do verbo de elocução, 580
Posição do verbo de elocução, 579
Posição dos pronomes pessoais átonos, 494
Pospor (regência), 418
Possessivo como substantivo, 185
Possessivo de terceira pessoa e ambiguidade, 188
Possessivo e artigo, 186

Possessivos coexpressam outras noções, 185
Pouco (pronome indefinidor), 198
Predicado, 128
Predicado, 330
Predicado nominal, 330
Predicado verbal, 330
Predicado verbo-nominal, 330
Predicativo (primeiro quadro), 131
Predicativo (primeiro quadro), 132
Predicativo (primeiro quadro), 133
Predicativo (três modos), 356
Preferir (regência), 432
Prefixação (primeira espécie de composição), 77
Prefixos de origem grega, 80
Prefixos de origem latina, 77
Prefixos mais usados em palavras portuguesas, 77
Preposição (primeiro quadro), 133
Preposição (repetição), 322
Preposições, 309
Preposições (noções básicas), 66
Preposições e artigos (contrações), 223
Preposições e subordinação, 309
Preposições simples, 311
Preposições simples (carga semântica), 313
Preposições simples e compostas, 311
Preposições simples essenciais e acidentais, 311
Preposições: conectivos absolutos, 309
Presente do indicativo (usos semantossintáticos), 263
Pretérito imperfeito do indicativo (usos semantossintáticos), 264
Pretérito perfeito simples e composto (usos semantossintáticos), 265
Pretérito-mais-que-perfeito simples e composto (usos semantossintáticos), 266
Primeira classe de dativo, 341
Principais locuções prepositivas, 303
Principais radicais de origem grega como primeira parte na aglutinação, 85
Principais radicais de origem grega como segunda parte na aglutinação, 88
Principais radicais de origem latina como primeira parte na aglutinação, 83
Principais radicais de origem latina como segunda parte na aglutinação, 84

Principais sufixos verbais de primeira conjugação, 99
Proceder (regência), 432
Prólogo, 25
Pronomes, 161
Pronomes (noções básicas), 65
Pronomes demonstrativos, 176
Pronomes demonstrativos são substantivos ou adjetivos, 176
Pronomes impropriamente ditos (noções básicas), 65
Pronomes indefinidores, 199
Pronomes indefinidos, 190
Pronomes indefinidos (paradigma), 190
Pronomes indefinidos como substantivos neutros, 190
Pronomes interrogativos, 200
Pronomes interrogativos e exclamativos, 205
Pronomes oblíquos, 161
Pronomes oblíquos átonos, 162
Pronomes oblíquos tônicos, 163
Pronomes pessoais, 161
Pronomes pessoais (empregos), 169
Pronomes pessoais oblíquos (empregos), 172
Pronomes pessoais retos (empregos), 169
Pronomes pessoais, sempre substantivos, 161
Pronomes possessivos, 184
Pronomes possessivos em referência a substantivo elíptico, 184
Pronomes possessivos são quase sempre adjetivos, 184
Pronomes relativos, 205
Pronomes relativos (empregos), 205
Pronomes relativos (exercício sintático), 205
Pronomes relativos: pronomes impropriamente ditos, 205
Pronomes retos, 161
Pronomes substantivos e adjetivos, 184
Provérbio ou adágio, 105
"Pseudoprefixos", 90
Pugnar (conjugação), 246
Qual (pronome indefinido), 192
Qual (pronome interrogativo), 204
Qualquer (não "qualquer um"), 199
Qualquer (pronome indefinidor), 199
Qualquer e nenhum, 199

Quanto (pronome indefinidor), 198
Quanto (pronome interrogativo), 205
Quanto (pronome relativo), 211
Quanto à frase (normas estilísticas), 533
Quanto ao léxico (normas estilísticas), 527
Quanto ao parágrafo (normas estilísticas), 584
Quanto sem antecedente, 381
Quatro normas (estilísticas) positivas, 550
Que (pronome interrogativo), 201
Que (pronome relativo), 206
Que com cunho seletivo, 203
Que é que, 203
Que nem sempre interrogativo, 203
Que sem antecedente, 381
Quem (pronome interrogativo), 204
Quem (pronome relativo), 209
Quem quer que (locução pronominal indefinida), 191
Quem sem antecedente, 381
Querer (conjugação), 251
Radical, 68
Raiz, 68
"Recomposição", 90
Recordar (regência), 430
Regência de alguns nomes, 405
Regência de alguns verbos, 416
Regência nominal e verbal; e crase (cap. V), 405
Regência: definição, 405
Regras da acentuação gráfica, 46
Regras de colocação dos pronomes pessoais átonos (cap. VII), 493
Relação entre o substantivo e o adjetivo, 147
Relembrar (regência), 430
Residir (regência), 429
Responder (regência), 430
Reticências, 505
Retórica, 125
Rir (conjugação), 256
Ritmar (conjugação), 247
Roubar (conjugação), 247
Saber (conjugação), 251
Se (indeterminador), 191
Se há um modo-padrão de iniciar parágrafo, 591
Seguir (regência), 418
Segunda classe de dativo, 343
Seis normas (estilísticas) negativas, 535

Sem (preposição), 321
Semelhante/semelhantes (pronomes demonstrativos), 182
Semivogais, 37
Sentar (regência), 417
Sentidos do termo crase, 437
Sequer (advérbio), 302
Ser (conjugação), 251
Servir (regência), 434
Sigla, 103
Silepses, 482
Símile, 105
Simpatizar (regência), 423
Sinais de pontuação, 46
Sinais de pontuação e seus usos, 504
Sinestesia, 105
Singular não coletivo para nomear coisas plurais, 147
Sinônimos e antônimos, 107
Sintaxe (noções básicas), 121
Sintaxe do verbo haver, 435
Sob (preposição), 321
Sobre (preposição), 321
Sobressair (regência), 423
Subir (modelo de conjugação), 254
Subjuntivo (empregos), 272
Subjuntivo (substitutos do), 278
Subjuntivo nas subordinadas adjetivas, 274
Subjuntivo nas subordinadas adverbiais, 275
Subjuntivo nas subordinadas substantivas, 273
Subjuntivo subordinado, 273
Subordinadas completivas e adjuntivas, 369
Subordinantes e subordinadas (segundo tratamento), 368
Substantivo, 133
Substantivo (primeiro quadro), 130
Substantivos (noções básicas), 63
Substantivos abstratos, 133
Substantivos abstratos (noções básicas), 64
Substantivos coletivos, 133
Substantivos comuns, 133
Substantivos concreto, 133
Substantivos concretos (noções básicas), 64
Substantivos concretos: comuns ou próprios, 133
Substantivos não numeráveis, 146

Substantivos próprios, 133
Substantivos que só se empregam no plural, 146
Sufixo adverbial da língua portuguesa, 100
Sufixos aumentativos, 70
Sufixos de grau intensivo, 70
Sufixos de grau superlativo dos adjetivos, 155
Sufixos diminutivos, 70
Sufixos flexionais de gênero, 69
Sufixos flexionais de grau, 70
Sufixos flexionais de grau dimensivo, 70
Sufixos flexionais de número, 70
Sufixos flexionais nominais, 92
Sufixos flexionais ou desinências, 69
Sufixos nominais, 69
Sufixos ou desinências modo-temporais, 72
Sufixos ou desinências número-pessoais, 73
Sufixos ou desinências verbais, 72
Sufixos que formam adjetivos de substantivos, 96
Sufixos que formam adjetivos de verbos, 98
Sufixos que formam substantivos de adjetivos, 94
Sufixos que formam substantivos de outros substantivos, 92
Sufixos que formam substantivos de substantivos e de adjetivos, 95
Sufixos que formam substantivos de verbos, 98
Sufixos que formam substantivos e adjetivos de outros substantivos e de outros adjetivos, 95
Sufixos verbais, 92
Sujeito, 127
Sujeito, 130
Sujeito (primeiro quadro), 325
Sujeito e ordem da oração, 328
Sujeito elíptico ("oculto"), 129
"Sujeito indeterminado", 129
Tal/tais (pronomes demonstrativos), 182
Tanto (pronome indefinidor), 198
Teatro, 599
Tema, 74
Ter (conjugação), 252
Termos da oração, 127
Termos da oração mais propriamente ditos, 127
Termos essenciais da oração, 325
Termos integrantes (espécies de), 333

ÍNDICE DE ASSUNTOS | 623

Til, 43
Toda parte, etc., Ou toda a parte, etc.?,, 196
Todo (pronome indefinidor), 194
Todo e adjetivo substantivado mediados por artigo, 196
Todo e possessivo mediados por artigo, 195
Todo e pronome o, 196
Todo e qualquer (locução), 196
Todo entre adjetivo e advérbio, 197
Todo o mundo, 195
Todo-poderoso e seu feminino, 197
Tossir (modelo de conjugação), 254
Travessão, 517
Trazer (conjugação), 252
Trema, 44
Três acentos, 43
Três classes de adjuntos, 355
Um (pronome indefinido), 191
Um e certo, 200
Um e dado ou determinado, 200
Unidade (do parágrafo), 585
Uso constante dos possessivos, 189
Uso do hífen, 112
Uso do verbo ser para realce, 481
Uso especial do acento grave, 441
Usufruir (regência), 425
Valer (conjugação), 253
Variações da regra da concordância verbal, 461
Vários (pronome indefinidor), 200
Ver (conjugação), 253
Verbo (primeiro quadro), 132
Verbo de cópula, 353
Verbo intransitivo, 353
Verbo ser concorda com o sujeito ou o predicativo, 477
Verbo ser usado unipessoalmente, 481
Verbo transitivo circunstancial, 354
Verbo transitivo direto, 354
Verbo transitivo direto e predicativo, 354
Verbo transitivo indireto, 354
Verbo transitivo indireto a dativo, 354
Verbo transitivo indireto a relativo, 354
Verbos, 238
Verbos (noções básicas), 65
Verbos abundantes, 259
Verbos abundantes da primeira conjugação, 259

Verbos abundantes da segunda conjugação, 260
Verbos abundantes da terceira conjugação, 260
Verbos com mais de uma regência, 463
Verbos com mutação consonantal no radical, 254
Verbos com mutação vocálica no radical, 253
Verbos defectivos, 257
Verbos defectivos (primeiro grupo), 258
Verbos defectivos (segundo grupo), 258
Verbos irregulares e anômalos, 244
Verbos irregulares e anômalos da primeira conjugação, 244
Verbos irregulares e anômalos da segunda conjugação, 248
Verbos irregulares e anômalos da terceira conjugação, 253
Verbos pronominais que deixam de sê-lo, 349
Verbos terminados em -iar (conjugação), 245
Verbos unipessoais e "impessoais", 261
Vestir (modelo de conjugação), 254
Vir (conjugação), 255
Vir (regência), 422
Vírgula, 505
Vírgula e apostos, 515
Vírgula e datas, 515
Vírgula e elipse do verbo, 515
Vírgula e etc., 516
Vírgula e mas e porém, 508
Vírgula e oração adverbial antecipada, 514
Vírgula e oração explicativa, 511
Vírgula e orações com adversativa, 508
Vírgula e orações com conclusiva, 511
Vírgula e orações com par aditivo, 507
Vírgula e predicativas explicativas, 511
Vírgula e sim e não, 516
Vírgula e todavia, contudo, etc., 510
Vírgula e vocativo, 515
Vírgula: empregos, 505
Visar (regência), 434
Vocativo, 366
Vogais, 37
Vogais e consoantes de ligação, 75
Vogal temática, 69
Voltar (regência), 422
"Voz passiva sintética", 459
Vozes verbais, 290

Do mesmo autor, leia também:

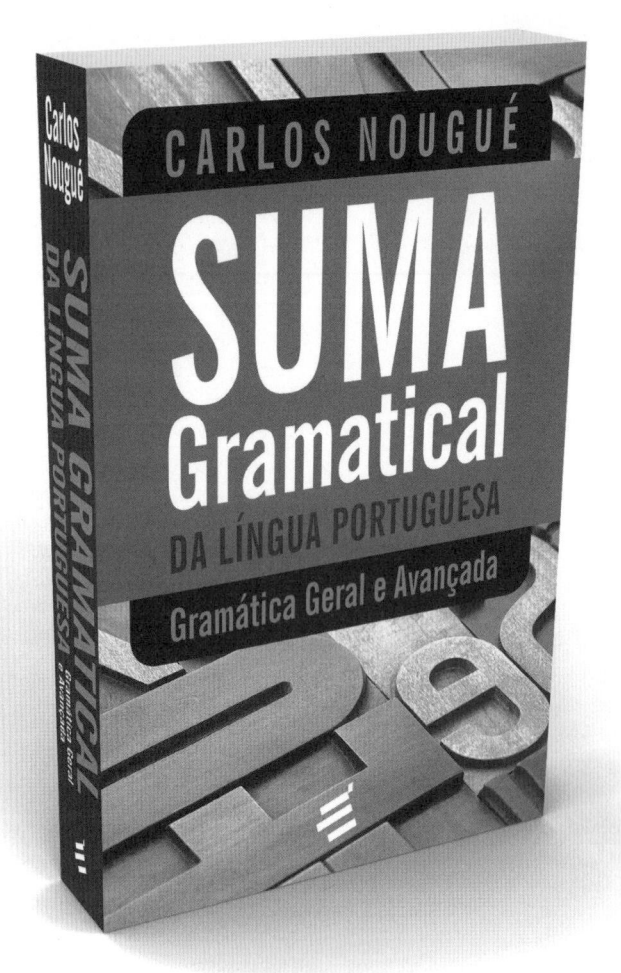

A *Suma Gramatical da Língua Portuguesa* é uma gramática com dois importantes diferenciais: tem amparo em escritores não literários e fundamento filosófico, dirigindo-se tanto ao interessado em conhecer melhor sua própria língua, quanto ao estudioso que pode beneficiar-se de uma abordagem teórica pouco comum. Um gramático de sólida formação aristotélico-tomista, ou seja, um autor firmemente comprometido com o rigor lógico, com a precisão conceitual e com a clareza da linguagem.

facebook.com/erealizacoeseditora   twitter.com/erealizacoes   instagram.com/erealizacoes   youtube.com/editorae

issuu.com/editora_e   erealizacoes.com.br   atendimento@erealizacoes.com.br